A HISTORY OF THE WORLD

世界文明史

林立树 著

图书在版编目(CIP)数据

世界文明史 / 林立树著. —北京：中央编译出版社，2014.5
ISBN 978-7-5117-1936-2

Ⅰ.①世… Ⅱ.①林… Ⅲ.①世界史－文化史 Ⅳ.①K103

中国版本图书馆CIP数据核字(2013)第282259号

本书为中国台湾五南图书出版股份有限公司授权
在大陆地区出版发行简体字版

世界文明史

出 版 人：	刘明清
出版统筹：	董 巍
选题策划：	韩慧强
责任编辑：	王媛媛
特约编辑：	邢艳琦
责任印制：	尹 珺
出版发行：	中央编译出版社
地　　址：	北京西城区车公庄大街乙5号鸿儒大厦B座(100044)
电　　话：	(010) 52612345 (总编室)　　(010) 52612363 (编辑室)
	(010) 66130345 (发行部)　　(010) 52612332 (网络销售部)
	(010) 66161011 (团购部)　　(010) 66509618 (读者服务部)
传　　真：	(010) 66515838
经　　销：	全国新华书店
印　　刷：	北京中兴印刷有限公司印刷
开　　本：	787毫米×1092毫米　1/16
字　　数：	610千字
印　　张：	29.00
版　　次：	2014年5月第1版第1次印刷
定　　价：	98.00元
网　　址：	www.cctphome.com　　邮　箱：cctp@cctphome.com
新浪微博：	@中央编译出版社　　　　微　信：中央编译出版社 (ID：cctphome)

本社常年法律顾问：北京市吴栾赵阎律师事务所律师　闫军　梁勤
凡有印装质量问题，本社负责调换。电话：010-66509618

目录 CONTENTS

上编

卷首语 2

序 3

神权时代 5

源起 6

第1章　多神时期(1) 9
近东文明 10
近东文明之一——美索不达米亚 12
　　一、政治变迁 12
　　二、文物 14
　　三、思想及宗教 15
　　四、法律及日常生活 16
近东文明之二——古埃及 18
　　一、源起 18
　　二、政治变迁 18
　　三、神话与宗教 19
　　四、社会 20
　　五、金字塔及木乃伊 20
　　六、象形文字 21

近东文明之三——亚述..22
　　一、政治..22
　　二、文物..22
近东文明之四——希伯来..23
　　一、源起..23
　　二、政治变迁..24
　　三、宗教..25
　　四、社会..26
　　五、婚姻..26
　　六、生活..27
近东文明之五——腓尼基..27
近东文明之六——西台..28
近东文明之七——波斯..29
　　一、地理环境..29
　　二、崛起..29
　　三、政治..30
　　四、帝国..30
　　五、宗教..31

第2章　多神时期(2)..32

南亚文明——印度文化..32
　　一、古印度文明..33
　　二、吠陀文明..34
　　三、政治发展..36
　　四、宗教改革..37
　　五、印度人思想..39
　　六、印度文学与科学..40

第3章　多神时期(3)..41

古典文明..41
古典文明之一——希腊..41
　　一、地理环境..43

- 二、政治变迁 ... 43
- 三、文学 ... 51
- 四、史学 ... 51
- 五、戏剧 ... 52
- 六、哲学 ... 54
- 七、艺术与建筑 ... 56
- 八、生活 ... 57
- 九、宗教与竞技 ... 58

古典文明之二——希腊化文明 ... 59
- 一、亚历山大大帝功业 ... 61
- 二、后亚历山大时期 ... 62
- 三、哲学 ... 65
- 四、文学、史学与艺术 ... 67
- 五、科学与医学 ... 68

古典文明之三——罗马 ... 69
- 一、地理环境 ... 70
- 二、崛起 ... 71
- 三、历史变迁 ... 72
- 四、政治 ... 81
- 五、法律 ... 83
- 六、社会 ... 83
- 七、经济 ... 85
- 八、罗马生活 ... 85
- 九、罗马文学与史学 ... 86
- 十、罗马衰亡 ... 89

第4章 一神时期(1) ... 91

启示文明 ... 91

启示文明之一——基督教 ... 91
- 一、基督教的时代背景 ... 92
- 二、耶稣之出生 ... 92

三、耶稣基督之门徒 ... 93
　　四、教义 ... 94
　　五、基督宗教合法化经过 ... 94
　　六、教会及修会 ... 95
　　七、异端与争议 ... 97
　　八、传教 ... 97

启示文明之二——日耳曼 ... 98
　　一、部族 ... 98
　　二、社会 ... 101

启示文明之三——伊斯兰教 ... 102
　　一、穆罕默德 ... 104
　　二、教义 ... 104
　　三、扩张 ... 105
　　四、文化 ... 106

启示文明之四——拜占庭帝国 ... 108
　　一、帝国(Byzantine Empire)的出现 ... 108
　　二、政权 ... 110
　　三、法律：《查士丁尼法典》 ... 110
　　四、东正教会 ... 111
　　五、艺术 ... 112
　　六、文化 ... 112

第5章　一神时期(2) ... 113

欧洲中古时期 ... 113
　　一、政治 ... 113
　　二、社会 ... 126
　　三、生活 ... 130
　　四、教士、修道院与教会改革 ... 133
　　五、政教冲突 ... 138
　　六、大学(university) ... 140
　　七、思想 ... 142

- 八、中古史学 143
- 九、艺术 144
- 十、外交：十字军东征 145
- 十一、黑死病(Black Death) 147

第6章 神权王权转型期 150

世俗化文明 150

世俗化文明之一——文艺复兴 151
- 一、原因 151
- 二、特色：人文主义 153
- 三、成就 155
- 四、对社会影响 159
- 五、北方人文运动 161

世俗化文明之二——海路开通 163
- 一、欧洲人海外探险之起源 165
- 二、欧洲人海外探险之动机 165
- 三、欧洲人海外探险的条件 166
- 四、欧洲人海外探险经过 167
- 五、影响 170

世俗化文明之三——宗教改革 175
- 一、背景 176
- 二、源起 177
- 三、改革经过 177

世俗化文明之四——宗教战争 188
- 一、日耳曼 189
- 二、法国 189
- 三、荷兰独立 191
- 四、三十年战争(1618—1648) 193

结语 197

附录：通识教育中——西洋史理念与架构之重建 198
  摘要 198
  一、问题与困惑 199
  二、理念之重建 200
  三、架构之重整 203
  四、教学与展望 210

下 编

卷首语 212

序 213

王权时代 217

第7章　前理性时代(17世纪) 218
  政治变迁——王权政治 219
    一、西欧专制王权 219
    二、西欧宪政王权 225
    三、东欧专制王权 230
  社会与文艺 237
    一、社会 237
    二、文艺 238
  思想——科学革命 241
    一、科学思想的发展 242
    二、科学革命的历史条件 243
    三、科学革命思想的建构 244

四、科学革命的结果ㅤ247

第8章　理性时代(18世纪)ㅤ248

政治变迁ㅤ249
　　一、美国：独立革命ㅤ250
　　二、法国：大革命ㅤ253
　　三、英国：王政ㅤ263
　　四、中欧与东欧的政治ㅤ265

思想与文化ㅤ269
　　一、启蒙运动ㅤ269
　　二、进步史学ㅤ275
　　三、文化表现ㅤ276

社　会ㅤ278
　　一、贵族社会ㅤ278
　　二、农人社会ㅤ280
　　三、市民社会ㅤ280

经　济ㅤ281
　　一、经济理论ㅤ281
　　二、经济活动ㅤ282

生　活ㅤ283
　　一、天候与交通ㅤ283
　　二、寿命ㅤ283
　　三、人生历程ㅤ284
　　四、疾病ㅤ285
　　五、饮食ㅤ286

人权时代ㅤ287

第9章　反理性时代(19世纪)ㅤ288

政治变迁——国家主义政治ㅤ291

- 一、19世纪上半叶欧洲政局 ... 291
- 二、19世纪下半叶欧洲政局 ... 297

工业革命 ... 304
- 一、源起 ... 304
- 二、经过 ... 304
- 三、工业化的发展与影响 ... 306
- 四、新生活 ... 307

政治思潮 ... 309
- 一、自由主义(Liberalism) ... 309
- 二、国家主义 ... 310
- 三、乌托邦社会主义 ... 311
- 四、马克思社会主义 ... 312

文艺思想 ... 312
- 一、文学 ... 313
- 二、音乐 ... 315
- 三、哲学 ... 316
- 四、艺术 ... 318

自然科学发展 ... 320
- 一、生物学 ... 320
- 二、心理学与社会学 ... 320

史学——浪漫史学及历史主义 ... 321

第10章 后理性时代(20世纪) ... 323

政治变迁——国际政治 ... 331
- 一、一次大战前的情势 ... 331
- 二、国际情势 ... 335
- 三、第一次世界大战 ... 337
- 四、第一次世界大战后的重建 ... 340
- 五、第一、第二次世界大战间歇期 ... 344
- 六、第二次世界大战 ... 353

		七、二次大战后世界秩序的重建 364

		八、冷战 368

		九、冷战后期至后冷战时期(1975—2000) 376

		十、非洲 383

		十一、东北亚 392

		十二、东南亚 393

		十三、南亚 395

		十四、中东 398

		十五、拉丁美洲 406

经　济 409

		一、国际新经济架构 409

		二、跨国经济体制出现 410

技术革新 411

		一、二次大战前的科技发展 412

		二、第二次世界大战后的科技发展 413

社会生活 415

文　化 417

		一、思想方面 417

		二、文学 421

		三、史学 423

		四、心理学 426

		五、艺术 427

		六、电影 428

		七、音乐 429

		八、次文化 430

		九、新文化 432

展望21世纪 435

结　论 436

附录：历史中的文化课题——对西方"文化"

概念的省思 437

　摘要 437

　一、文化的定义 438

　二、文化的研究 439

　三、当代的文化研究 446

　四、结论 451

参考书目 453

世界文明史

上 编

卷首语

自从系上安排担任"世界通史"这门课后,即着手寻找教材,发现坊间有关这方面著述,除了王曾才先生的《世界通史》及同窗李恭蔚之大作外,多为翻译或编辑本。王先生一书获普遍采用,可惜只写到地理大发现,虽然还有《西洋近代史》一书可资弥补,但整体感不足。有鉴于此,乃试图撰写一本世界史。

从构思、提笔到草成,不觉已4年了。期间几度犹豫,究竟写升等论文还是写教科书重要?之前,花了3年写了一本美国通史,又花了两年编写了一本高中世界文化以及一本高职世界文化教课本,如今再写世界史,又要耽误三年,彷徨再三,最后还是决定以写世界史为先。升等固然可喜,但嘉惠下一代,让学生上课有所依循,更有意义。在利己与利他的冲突与煎熬之下,终于步履蹒跚地向前迈进,所幸,一切有了眉目。

采用"世界文明史"作为书名,是在几度慎重思考之后,才做出的决定。世界是一座舞台,角色缤纷;文明是演出剧本,高潮迭起。世界文明循着舞台的剧本,角色的穿梭,展现人类的光芒。也许有人质疑,这种说词与目前流行的多元文化趋势相左。其实不然,世界之为世界,必有时代主流,一味将各文化并陈,除了杂乱之外,也只是附和西方人的"伟大"与"宽恕",并无法窥知历史的真相。毕竟,世界的文明迄今仍是西方为主体的活动。本书以"世界文明史"为名,就是要从历史的主轴中看出历史的途径,依各文明出现在世界舞台的先后,循序陈述。此外,以"世界"为名,自然不能置中国文明于世界之外,但基于中国文明有其独见,国人习惯专论处理,本文亦不例外,尚请读者了解。

本书之草成要特别感谢我的两位辅仁大学研究生:黄耀董对全书的校正、袁小涓的计算机打字;90学年度辅仁大学历史系一年级以及进修部历史系一年级同学的帮忙校读,尤其是项俊超的热心,令我感动。此外,我的太太林真,不辞辛劳,在书成之际,为全书总校一遍,提出许多宝贵意见,并予订正,特别藉此表达内心最诚挚的谢意。最后一定要谢谢五南图书出版公司的抬爱,没有这些人的鼎助,就没有这本书的问世。

林立树
辅仁大学历史系
2002年9月

序

读历史的人都不禁会问到一个问题，历史是什么？学者专家各有其说，惟司马迁的说法最贴切。他认为，历史是"究天人之际，通古今之变"的一门学科。历史不同于其它学科，它是一门活的学问，强调的不是古今，也不是天人，而是际变。是非、善恶、对错、得失都是一种定论，究其详实即可，惟是非之间、善恶之间、对错之间、得失之间，一时难察，惟有求其通变之道。故历史之难在其"无常"，而是否有"常"及如何求其"常"，即成为史家的关心所在。

有人说，历史是过去所发生的事，因此如何找到真相最重要。其实过去所发生的事无法再现，历史所能做的只是如何重构过去的现场，换言之，历史所能把握的不是回头看，而是回到过去往前看。历史不只是知识，更是智能，知识与智能不同：知识成就别人，智能成长自己。新左派史家认为，历史不是过去式，而是未来式。这种说法固然有其偏见，但也透露了历史与其他学科的不同性。就拿历史和小说来看，历史讲的话是别人的话，小说讲的话是自己的话。自己讲的话讲了就好，别人的话必须考证说过了没有。这就是历史学所说的史料。有多少证据讲多少话，但不是原来的人在讲话，而是由史家替他讲，造成了历史学的难题所在，别人说了没？怎么说？但也让人知道，史家是怎么说？说什么？

世界史为近代史学研究的趋势，以整合各地区人类历史的既往与发展为撰述方向，国人近年来亦以世界历史为教材，惟"世界史"一词为何，却不无令人好奇。世界与地球不同，世界是一种主观体现，童话的世界、情人的世界、老人的世界皆有不同；地球则是客观存在，随着地理世界的改变，对历史世界的认识亦发生重大变化，希腊、罗马人之世界自不同于阿拉伯人世界，全球接触时代，西班牙、葡萄牙人的世界观与中国人、印度人的世界观，显然不同，如何整合彼此差异，各界瞩目。

严格说来，二次大战之后的世界史是欧洲人世界观的体现，由近东文明、古典文明、启示文明、启蒙文明至多元时代文明，无一不是以欧洲或西方人为本位的世界观，在世界史的论述中，东方、伊斯兰、印度、拉丁美洲，不过是边陲，是点缀欧洲红花的绿叶。由坊间世界史课本的撰述中不难感受到西方文明之富裕与成就，以及非西方文明的落后与贫乏，尽管对中国、印度以及日本有推崇之处，但并非主流趋势，而是多元价值的同情与施舍,甚至是文化多元论下的牺牲品[01]。因此,撰写世界史必须了解并承认西方文明的冲击及影响,而非一味摆脱西化观念的影响,建构世界史的体系,而如何突破这个瓶颈,也就成为学界的挑战。

历史(history)不是故事(story),而是他(he)的故事,表示历史乃一"求真"的课程。世界史存真不易,各地区人民皆有其看法及诠释。如何摆脱民族本位看待世界困难重重,本书撰述基于"文明"立场沿用公元年序,致力去除偏见或误会以免失真或附会。世界文明史之论述就史实部分,循世界舞台的表演情状,可分为几个段落:近东文明、古典文明时代(希腊、希腊化、罗马)、启示文明(中古)时代(初期、盛期、衰期)、世俗化时代(文艺复兴、宗教改革、地理发现)、科学时代、启蒙时代(工业革命、都市社会)、多元时代(由一、二次世界大战至信息网络),但究其演出精神及意义依序为神权、王权、人权三个时期。综观人类文明之提升,不过由神至人的过程。神权时期可分为多神(近东、古希腊、罗马)与一神(基督宗教、伊斯兰教)两个时期,多神时期,生活诉诸神明,一神时期,圣神至上。以后进入世俗化时期(文艺复兴、宗教改革、地理发现),神权没落,君权抬头,然不足以服众,乃藉"君权神授"巩固一己地位,由专制而开明,成为"王权时期"。17世纪科学兴起,启蒙运动、工业革命改变了人类的思维及生活方式,王权无法满足历史需求,人权抬头。人权源于美国独立革命及法国大革命:天赋人权、革命人权。惟美法地理不同,际遇有别,美国人权一帆风顺,法国人权一波三折,欧洲国家适应之际,保守、自由、改革、守旧、冲突、和谐,各有所据,造成主义流行,学说横生,世局陷于迷乱,一次、二次世界大战,人类饱受煎熬,流离失所,和平倡议顿生,人权呼吁,人道理念,大行其道,世界遂由多元逐渐迈向整合。

撰写世界文明史诚非易事,昔日多偏重政治解说,然随着社会发展,政治已非少数人之事,对社会文化之关切日深,历史写作亦由政治扩及社会及文化层面,本书之论述即循此脉络,在重要政治历史事件之外,注意社会文化之演变,为读者提供理路及方向。由于材料丰富,一册过于庞大,故分上下两册出版,以王权时代作为界分。上册以17世纪之前的历史为内容,下册则由17世纪至21世纪。

---

01 多元文化(Culture Pluralism)是不同的文化同列并存,没有优劣之分,轻重之别,文化多元论(Multi-cultural)是在一种文化架构之下,包容其它文化。

神权时代

　　神究竟是一种具体的形象,抑或是抽象的概念,迄今仍争论不休。但因此而否定"神"的意义,不免因噎废食。在人类历史活动过程中,神是一种寄托,是对人有限存在的一种补偿。由洪荒未辟到人文社会的建构过程中,人在面对浩瀚大千宇宙,遭遇自然灾难迫害,感慨生命无常之际,拟藉助"超人"的存有,安定"人"的存在,构成了神权社会。

　　神权之发展由繁多到一统再分歧。早期人类活动受限于地理条件,多呈孤立状态,依赖"神明"庇护,近东、希腊、罗马诸神林立,各有所宗,神话普遍存在,各地传诵,巫道盛行[01],迨"基督"入世,神权抬头,诸神臣服,一神当道,从此西方基督教、西亚伊斯兰教、南亚佛教、东亚儒道,分别成为历史舞台主角。惟从世界史角度来看,基督教一枝独秀,不仅席卷全欧,更影响其它地区。

　　神权时代可以分为一神与多神两个时期。多神是指诸神林立的时期,从近东到罗马信奉基督为国教止,一神时期由基督教教化日耳曼人至教会改革而分裂为止。

01　巫代表古文化的内涵。过去研究古文化多从断代或器物的角度,将之视为远古史或上古史,再不就是旧石器或新石器历史,尽管陈述了古代的遗迹和文物的价值,但并未能显现当时人的生活。巫是当时人的生活态度,有白巫、黑巫之分,巫师相当今日的老师,巫术相近今日的学术。严格说来,巫不是术,而是一种思维,一种生活之道,只是到宗教一统之后,一般的小巫被视为妖术,科学发达之后更被贬为魔术。

源 起

　　历史不外乎探讨人时地因果的关系与意义，其中又以人与地最重要。没有地，人无以生；没有人，一切将归于寂静。地由何而来，如何形成，人源于何处，始于何时，皆令人好奇。一般说来，对于人与地之了解有两途：一为神造说，一为进化论。综观人的理解过程可分为神学及科学两阶段，以17世纪为分水岭。神学时期，人对许多外界问题及现象无法解释，乃藉由"神明"来"立命"，使得生命得以续往。科学时期，人对外界问题及现象逐渐明白，藉由"知识"来"安身"，使得生活更富裕。而"安身"与"立命"即成为世界历史发展轨迹。

　　地在古代称为大地，在今人则叫做地球。大地孕育了人的生活条件，但也局限了人的发展；地球扩大了人的视野，但也造成人类的危机。古代的大地可分为海与陆，神话中的神祇也是以大地之母为主，然后有海神、地神、天神以及其他各种自然界的神灵，构成了古代文明的基础。其中以犹太教(Judaism)经文的记载最具影响力。根据《圣经》(Bible)记载，上帝六天造齐万物，第七天休息，其中第一天有了日，第二天有了天，第三天上帝说，"天下的水要汇于一处，使干涸土地显露"，于是就有了大地。《圣经》的权威主导了欧洲及其它许多地区人对大地的认知，16世纪基督教会势力式微，上帝的教条已无法圆融人类对各种现象的好奇，对地球的探索也有了新的发现。随着望远镜的问世，人类从此可以系统地探测宇宙的奥秘。经发现，地球不过是银河系中的一个球，而银河系其实也是宇宙里数千个星系之一。20世纪的人认为宇宙是经由"大爆炸"而形成。大约在150亿年前，从一个极其灼热而稠密的"点"引起爆炸，导致星球林立。牛顿认为宇宙呈静止状态，但是至20世纪，爱因斯坦提出相对论，认为宇宙不是呈静止状态，而是相对动态。星体起源于宇宙空间的气体云，只要气体受到某一种扰动，使一球状小区域变得比它周围的气体略为稠密，引力就会稍强，吸引更多的物质，而结合为一天体。

　　至于人由何处来，更是古今的大悬案。尽管说法林林总总，但归纳起来仍不外乎神造说及进化说两种。18世纪以前，多数西方人接受上帝造人的说法。《旧约圣经·创世记》(Old Testament Book of Genesis) 说，"天主上帝以泥土造一男人，名为亚当 (Adam)，朝他鼻孔吹一口生气，他才有了生命……这时男人自己仍没有伴侣，于是，天主上帝使他昏睡，在他昏睡时，取他一条肋骨，然后愈合他的伤口。上帝以这人身上取出的肋骨造了一个女人，名为夏娃 (Eve)"。神造说启示了人的由来，却窄化了人的视野，也阻碍了人的进步，待启蒙运动 (Enlightment) 兴起，神造说已无法融通，19世纪生物学家达尔文 (Charles Darwin) 提出"物种起源"及"物竞天择"学说后，有关人的来源有了不同的看法。人是由低等生物演化而来，影响考古学家前仆后继探寻人的祖先，并有了不同的看法。有人从一元角度认为人来自共同祖先，也有人从多元角度认为人类祖先不一。不过时序不一，早晚先后而已。

根据进化论 (Evolution)，人类发展依对脊椎及脑容量的了解可以分为四个阶段：猿人、直立猿人、真人、现代人，前两者以脊椎区分，后两者以脑容量分辨。猿人大约在距今300万年前于非洲坦桑尼亚附近活动；直立猿人大约在距今180万年前至20到30万年前在爪哇及中国北京一带活动，真人大约在距今20万、30万年前到5万年前在中国及欧洲出现，包括海德堡人 (Heidelberg Man)、尼安德塔人 (Neanderthal Man)、克鲁麦农人 (Gro-Maguan Man) 人；现代人大约在距今1万年前左右出现。从器物使用角度来说，史前人类属于旧石器时代，公元前8000年左右进入新石器时代，公元前6000年左右出现农业生活，人类由逐水草而居的游牧形态进步为安土重迁的定居形态。早期人类大半为穴居，社会处于蒙昧及野蛮状态，采群居生活。群居生活依血缘关系，由群婚制可以了解早期人类社会的结合是性，属母系社会。母亲生下子女后，男孩与别的男孩住在一起，女孩与别的女孩在一起，以后这群男孩与这群女孩成婚，当然就会出现兄妹或弟姐配的情形。一直到历史序幕掀起之后，才进入父系社会，有了配偶制、一夫一妻制，部落社会逐渐形成。

人类登上历史舞台，粉墨演出，除了舞台之外还得有台词，当然少不了唱腔，也就是一般所说的语言与文字。人从什么时候开始会说话？怎么说？颇令人好奇。基本上说来，有几种不同的说法：一种认为受手势影响，一种主张来自模仿，另一种表示是情感发抒，还有一种为劳动创造，近代则盛行由脑容量大小来说明使用语言的情形。这种一元的解释并没有办法说明事情的真相，至少无法回答，为什么不同的地方会出现不同的声音？因此对语言的诞生迄今仍是推测性质。惟一可以说明的是，在全球200个国家及地区中，所使用的语言超过五千种，据统计，大约有5651种。学者根据个人所见，将之划分为七大或九大语系。其中以印欧语系、汉藏语系使用人口最多。至于文字，大约于公元前4000年左右出现，有人根据穴洞的壁画，认为在1万年前已经有文字符号使用。据研究，世界上的文字大约有3000多种，可以确定的有400多种，文字的发展依序为结绳记事、图画文字，其中以岩画文字出土最多，在北美、亚洲、西伯利亚都有发现。文字是人类由蒙昧进入文明的关键，迄今所了解，最早人类使用的文字有埃及的象形文字 (hieroglyphic)、两河流域的楔形文字 (cuneiform)、中国的甲骨文及腓尼基 (Phoenicia) 的文字。除了地与人之外，历史的价值在其意义的彰显,一般多循因果律来探究意义,更以"前车之鉴"自许。因果律与果因律不同。因果是一种臆测,果因是一种归纳,臆测往往被视为不科学,归纳虽然科学,但是却有以偏概全之嫌。严格说来,历史既不能用因果也不能用果因论来解释,而应该从生态学的角度来看待问题。每一个人、每一件事都有其发展的自然过程,不能因为某一种需求而牵强附会。能认同每一个存在的意义,历史才有其价值。

第1章
多神时期(1)

人类历史活动舞台全貌

近东文明

翻开人类文明发展历史,近东 (Near East) 地区是源头所在,对近东文明的好奇也就成为历史重要的篇章。"近东"一词来自腓尼基人 (Phoenicians),他们航行地中海,以意大利半岛为界,分东西二方,从此历史就有了东方及西方之分。古代之近东指地中海以东地区,包括今日之中东在内。近东文明奠基于三条河流所形成的二个地区,一为底格里斯河 (Tigris River) 与幼发拉底河 (Euphrates River) 冲积而成的美索不达米亚 (Mesopotamia)[01];另一为尼罗河 (Nile River) 所形成的尼罗河谷,两区皆属"河流"文明,得水利之便,亦受水患之苦,政治、经济、社会发展有其局限。惟两地地形不同,埃及封闭,河流定期泛滥,两河流域地形开阔,河流泛滥无常,影响历史发展有别,埃及国祚较长,变迁不大;两河流域政治诡谲多变,各国争霸一时,由苏美尔 (Sumer)、阿卡德 (Akkad) 而巴比伦 (Babylonia) 再亚述 (Assyrian) 而新巴比伦 (Neo-Babylonia),其间兵戎纷扰、战祸连结、文物兴衰,徒供后人凭吊。

> 公元前 50000 年左右真人出现
> 公元前 8000 年左右人类进入新石器时代
> 公元前 6000 年左右人类开始农业生产
> 公元前 3200 年左右人类文明诞生
> 公元前 2800—前 2300 年左右近东地区苏美文明
> 公元前 2700—前 2200 年左右埃及古王国时代
> 公元前 2050—前 1800 年左右阿卡德王国时代
> 公元前 2300—前 2150 年左右埃及中王国时代
> 公元前 2000—前 1600 年左右巴比伦王国时代
> 公元前 1570—前 1090 年左右埃及新王国时代
> 公元前 1500—前 1000 年左右印度吠陀文明
> 公元前 1450—前 1200 年左右西台王国时代
> 公元前 745—前 612 年左右亚述王国时代
> 公元前 550-330 年左右波斯王国时代

---

01 美索不达米亚 (Mesopotamia) 为希腊语,意指尔河之间的土地。

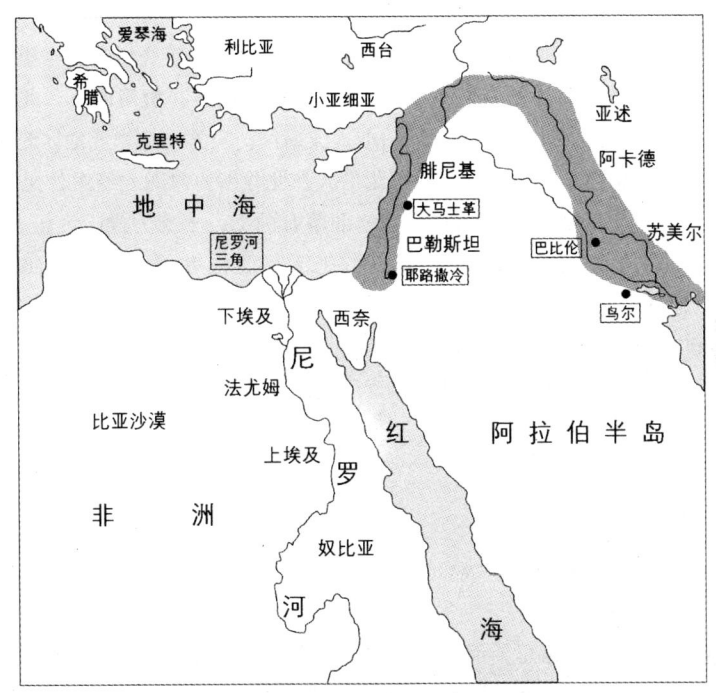

近东埃及与两河流域各王国分布图

（深色区域即一般所谓的肥沃月弯）

近东文明源始于两河流域和埃及，相逢于以色列。以色列人游走两河流域、埃及之间，生活艰苦，生计困难，今生失意，祈求来生，《圣经》庇护众生，成为西洋文化传家宝典及西方社会发展支柱。波斯为近东文明的终结者，政治、武功，皆属上乘，其宗教上的善恶二元论思想对基督教产生重大影响。为进一步了解近东诸文明的发展，兹分别加以详述之。

近东文明之一——美索不达米亚

近东文明始于美索不达米亚地区。美索不达米亚泛指由幼发拉底河及底格里斯河所形成的地带,两河发源于今日土耳其的阿曼尼亚(Armenia)山区,蜿蜒南下,北方为沙漠区,南方为6000平方哩左右之沼泽区,最后汇入波斯湾。美索不达米亚地区先后有苏美尔人、阿卡德人、巴比伦人、亚述人、新巴比伦人在此建国。时间大约由公元前3200年至公元前539年。历史推断,最先抵此定居的部落有两支,一支为操闪米语(Semitic language)的游牧民族闪米特人(Semite),如希伯来人,居住在阿卡德(Akkad,又叫Agade,今日巴格达附近)。另一支为苏美尔人(Sumerians)来自东边,以农耕为主,善于筑城,公元前3000年他们在美索不达米亚南端建立许多城市,艰苦耕耘、努力经营。两河之间的美索不达米亚地区文明于此展开,美索不达米亚成为"文明的摇篮"(Cradle of Civilization)。

一、政治变迁

1. 苏美尔

苏美尔人(Sumerian)沿底格里斯河、幼发拉底河及其支流居住,并在当地筑城。较著名的有沿幼发拉底河的乌尔(Ur)、乌鲁克(Uruk),沿底格里斯河的拉格斯(Lagash)。各城市独立发展,居民以渔获为生,用芦苇和泥土等建材筑屋,生活不定,交通不便,政局未能统一。

苏美尔人居于河流两旁,在天威叵测、天道不明之下,以服从、宿命作为生存最高法则。为取悦、安抚诸神尤其是护城之神,居民在各城市中心盖神庙,沿其周围筑房舍住家,祈求神明保佑,减少洪水泛滥,不使为害社稷。神庙外形庞大,内部华美,建材以石块为主,由于本地不产,需取自外地,因而促进对外贸易发展。公元前2000年两河流域首座阶梯状金字塔形神庙筑成,由教士(priesthood)担任祭司及管理工作,负责寺庙领地之农品生产及牲畜的供养。过去历史家视这段时期为神权政治(theocracy)时代,但今人研究发现,寺庙只拥有大部分土地,并未治理城市,城市中大部分土地系人民私产,由一位国王或地方首长管理。

苏美尔人社会分为四个阶层:贵族(nobles)、贵族自由属民(free clients of the nobility)、平民(commoners)及奴隶(slaves)。贵族包括国王、皇亲、大教士、高级官员。国王由平民选出,领兵作战,由于战争关系,权倾一时,人民难望其项背,王位世袭,王宫媲美寺庙,象征权力至上。国王土地由奴隶及贵族自由属民耕作。贵族自由属民为自由人,依附贵族,为贵族耕作,拥有一小块土地供营生,但所有权仍归贵族及寺庙所有。贵族为社会之中坚,平民是自由民,不隶属于贵族,社会及政治力量逊于贵族，多来自拥有私地的大家庭，国王不得任意侵占他们土地。平民拥有市政发言权，并获得法律保护。奴隶，部分为外国人或战争俘虏，亦有因犯罪或欠债为奴者。奴隶被鞭打或被烙印，端视主人态度而定，可以用钱赎身。

苏美尔人奠定了两河流域之经济、社会、思想架构，后经闪米特人传播得以显扬。尽管苏美尔人文化发达，但经年累月，无休无止的冗长战争消耗了国力，最后为阿卡德国王萨尔恭大帝(Sargon the Great)所灭。[01]

2. 阿卡德

阿卡德(Akkad)位于苏美尔北方，为闪米特族一支，酋长萨尔恭于公元前2371年征服苏美尔，完成帝国霸业，建都阿卡德，并率军深入地中海。虽然帝国年祚有限(2371—2230 B.C.)，但却将美索不达米亚文化传播各地，由美索不达米亚东部上行至叙利亚北部，西行至埃及。根据考古学家对1964年及1975年出土遗物的研究，在今日的叙利亚(Syria)艾伯拉(Ebla)所发掘的泥板(Clay tablets)即能证明艾伯拉地区的书写艺术来自美索不达米亚。阿卡德帝国由于无法解决土地及人口问题，未几即告衰微，苏美尔人一度复兴，但终为巴比伦人(Babylonians)取而代之。

3. 巴比伦

巴比伦人是属于闪族一支的阿摩利人(Amorites)，来自阿拉伯(Arabia)，沿幼发拉底河中游地区居住，称为巴比伦(Babylon)。巴比伦地理条件良好，控制底格里斯及幼发拉底两河的贸易，苏美及阿卡德往来交易皆须途经此地。巴比伦商人沿底格里斯河北上至亚述及安那托利亚(Anatolia，即小亚细亚，现在指土耳其之亚洲部分)，沿幼发拉底至叙利亚、巴勒斯坦(Palestine)及地中海。基于贸易需要，巴比伦地位日益巩固，力量日渐强大。在汉谟拉比国王(Hammurabi)任内，国家趋于安定、统一，终而在美索不达米亚文明中占有一席之地。汉谟拉比于征服苏美尔及阿卡德后开始经国大业，政治上扩大王权；文化上，致力于弘扬巴比伦之神马杜克(Marduk)为美索不达米亚众神之神。[02]汉谟拉比吸收外来文化，确立了本土文化的价值及贡献，使《汉谟拉比法典》(Code of Hammurabi)成为重要文献，远传至安那托利亚、叙利亚及巴勒斯坦。继巴比伦人之后，两河流域政权几经辗转，落入亚述人(Assyrians)手中。

---

01 该位阿卡德国王的真实姓名无人知晓，萨尔恭(Sargon)为当时人们给他的称号，意指"真正的国王"。

02 马杜克神(Marduk)是巴比伦城的守护神，根据美索不达米亚的古代神话，马杜克神创造了天与地，在地上建筑圣殿，并且制定各种祭祀仪式。参阅：陈义编译，《美索不达米亚神话故事》（台北：星光出版社，1988)，第25—40页。

4. 新巴比伦

公元前7世纪后，亚述帝国因地方人民不满统治，纷纷反抗而迅速没落。公元前626年加尔底亚人 (Chaldeans) 与来自伊朗，操印欧语 (Indo-European)[01] 的米提 (Medes) 人联盟，公元前612年攻破亚述。尼尼微城被毁，政权瓦解，消失于历史之中。[02] 加尔底亚人建立了新巴比伦王国 (New Babylonian)，攻陷耶路撒冷 (Jerusalem)，征服犹大王国 (Kingdom of Judah)，将数千犹太人强迁至美索不达米亚，史称巴比伦之囚 (The Captivity 586 B.C.)。新巴比伦王国国运短祚，公元前539年为波斯帝国 (Persian Empire) 所亡。

二、文物

1. 楔形文字

人与动物之差别在于符号的应用，文字是主要分辨，文字超越时空局限，累积前人经验，促成文明社会诞生。动物只有声音，没有文字，因而处于野蛮状态。人类最早文字大约在9000年前出现在近东地区，至4000年前开始普遍运用，随着实际需求，图像符号传递需求增加，进而发展出象形文字 (pictographs)，每一符号代表一项东西。这些象形字刻在湿的泥板上，待其干燥后，成为泥块，清晰可见，令人一目了然，此即后来的楔形文字。

苏美尔人的楔形文字发展过程有三：象形 (pictograph)、表意 (Ideogram)、语音 (Phonetic sign)。最早只有象形，象形依其外观表述事物，然象形字有其局限，表象明确，表意困难。譬如"女奴"一词即必须将女人 (▽) 与山 (⋈) 两字搁在一起 (⋈)，因为苏美尔女奴多来自山中。继象形之后，发展了表意符号，传达概念，如用星星 (*) 代表天、神等。以后又发展为语音符号，传达讯息更趋广泛，比如用两条并行线 (≈) 代表 a 或水，进而代表 in 意涵。in 是一种"关系"语言，很难用图像表述，于是聪明人士乃藉由同音字 a 的象形"水"来示意。语音文字促进了抽象观念的沟通。苏美尔文字书写困难，学习不易，仅少数专家辨识使用。[03] 公元前2500年苏美语言学习逐渐普遍，学生多为男士，来自富家，书记学校 (scribal schools) 训练严格，为美索不达米亚文化的教育水平奠定了基础。

---

01 印欧语系是指今日从印度到欧洲西部和北部边界线的语族，他们是今日欧洲拉丁语系、斯拉夫语系、日耳曼语系和印度语、波斯语与希腊语的共同祖先。

02 尼尼微城陷落后，所有被亚述征服过的民族无不欢欣鼓舞，《旧约圣经·那鸿书》(Old Testamant Book of Nahum) 中记载："尼尼微荒凉了，有谁为你悲伤？"

03 当时文字多运用于祭祀和商业用途，识字者多为祭司和商人。

2. 建筑雕刻

两河流域缺乏石料及木料，泥砖为主要建材，由于保存不易，遗留古迹不多。苏美尔人建筑的典型代表为多级寺塔，呈梯状，上端为寺庙，结构雄伟，线条单调。[01] 亚述时代建有王宫，外观宏伟，但遭战火破坏，未留下完整宫殿。新巴比伦建筑壮丽，考古发现，新巴比伦王宫具相当规模。相传国王尼布甲尼撒为减缓妻子（一位来自异乡的公主）思乡之苦，着人在城墙上遍植花草树木，并将塔楼镶满了蓝青色琉璃砖，被后人誉为世界七大奇景之一"空中花园"。[02]

雕刻方面：苏美尔人的雕刻品较单调，人物多呈静态姿势、鹰钩鼻、大眼睛、圆头颅。巴比伦雕刻表现较丰富，《汉谟拉比法典》的石柱浮雕，线条有力、神情肃穆，汉谟拉比神态安定，风格厚实。亚述浮雕最脍炙人口，1839年英国考古学家拉亚德 (A.H.Layard) 前往尼尼微，在底格里斯河附近发掘出巨硕雕像、有翼的牛、人面狮身、人头狮，使得亚述历史再现曙光，其中以楔形字的出土对艺术史冲击最大。楔形文字内容从王室对战后的记录到平民信函，非常丰富。亚述国王好战，艺术家奉承迎合，雕刻战争细节。阿休巴尼帕 (Ashurbanipal) 国王时代亚述艺术家依战争始末雕刻，驻足观赏，可知其经过，由发兵至降敌，一目了然。此外尚有猎狮雕刻作品，这是一种王室运动，象征国王保护百姓，驱逐邪恶，详细说明了由准备至猎捕到射杀的经过。亚述艺术具写实风格，与埃及热情、幽默不同，素材较严酷、作品写实，技巧精细、逼真，对波斯影响颇深。

三、思想及宗教

数字是对具体事物的抽象概念，运用数字程度代表人类文明进步的状态。美索不达米亚地区居民长于计算，以六、十、六十为单位，有平方、立方、平方根、立方根的演算，他们用数字处理具体的生活问题如凿渠灌溉计划、建寺庙王宫等。

医疗行为有驱魔、服药、手术三项。美索不达米亚人认为疾病肇因于邪恶的精灵。采驱魔方式或者用臭味苦药逼走病魔。随着医学知识发达，用药比率渐增，亦采手术治疗，手术失败将遭严惩，根据《汉谟拉比法典》记载，医生为贵族动手术失败导致贵族死亡或失明，双手将遭切剁。

两河流域宗教及神学思想由苏美尔人，经阿卡德及巴比伦而蔚为大观。他们认为世界是由众神管理，诸神地位不等，有些负责较重要工作如音乐、法律、性；也有些负责较次要工作如制皮革、编织篮子。美索不达米亚诸神，相貌似人，生活方式与人近似，

---

01 根据现代估计，建筑这样一座寺塔，需要1500名工人每天工作10小时，累计15年才能完工。
02 古代世界七大奇景的称呼始于古希腊人，除了空中花园外，其它六个分别为埃及金字塔、罗得岛石雕、埃及亚历山大港灯塔、小亚细亚毛所洛斯庙、爱菲索斯 (Ephesus) 阿提密斯庙、奥林匹克宙斯神像。

除了权力较大、永生不死、可以匿迹隐形外，诸神具人性特质，有情绪、会报复、重饮食、组家庭，居住在富裕的伊甸园 (Eden) 中，怡然自得。当地人将自然灾害视为神的惩罚，他们祭拜神明并非礼赞神圣，而是畏其威力。诸神所为，动机不明，人们只能祈福或牺牲奉献以保平安。

早期人类相信神话，以后研究神所说的话成为神学，发展至近代不信神的话，重视人学及人的语言学。上古时代神话是解说宇宙奥秘及人类的起源。根据苏美尔人的传说，太初之际只有大海，海造就了天地，相连相生，天地诞生了恩利尔 (Enlil)，将天地分开，并创造了诸神。巴比伦神话内容近似，太初也是大海、天神泰马特 (Tiamat) 生了诸神，后来想杀死诸神时，巴比伦守护神马杜克却杀了泰马特，并将她的身体分割为天地。这些神话试图回答哲学中宇宙论的一个问题："万物源起"。他们用一种可观解的自然现象来说明一切，满足人们的情绪及好奇。美索不达米亚地区人们不相信复活来世，不重视灵魂，不主张修来世，没有豪华坟墓，人死了草草埋葬，人民信神是乞求保佑，替神筑庙，供奉饮食，祈神恩赐。

苏美尔人神话影响广被，《吉尔伽美什史诗》(Epic of Gilgamesh) 流传久远。诗代表了一个民族或一个国家的过去，叙述了英雄的得失，全民的成果，史诗可作为史料，了解社会的实况。吉尔伽美什为乌鲁克的国王，性情乖张，众神造野人安奇度 (Enkidu) 与之对抗，两人化敌为友。伊西塔 (Ishtar) 女神爱上吉尔伽美什，但他不为所动，女神为惩罚他，让安奇度病亡，刺激吉尔伽美什寻长生之果，但遭巨蛇窃走，吉尔伽美什徒劳无功。[01] 史诗文采动人、智慧过人，全诗论及生死、人神及永恒等问题，时代虽已久远，话题推陈出新。《圣经》、《古兰经》(Koran) 中不乏取材诗文之处。

四、法律及日常生活

1. 法律

有关美索不达米亚地区人们生活情形，由《汉谟拉比法典》记载可见诸一斑。两河流域各民族均有法典，惟有《汉谟拉比法典》完整保留下来，《汉谟拉比法典》于1901至1902年间在波斯（伊朗）苏沙 (Susa) 出土，为一块黑色石柱，高八呎，直径两呎，上刻有44段8000个楔形文字。《法典》共有282条法规，涉及内容可分为六大部分：动产、地产、商业、家庭、伤害与劳工。《汉谟拉比法典》并非美索不达米亚首部法典，与早期的《法典》相似，奉神旨意，建立法律与正义，促进人民幸福，刑法有鞭打、焚烧、断手足等方式。汉谟拉比认为他有责任维持正义，有义务规范人际关系，促进和谐生活。法典特色有二：刑罚视社会地位而定，贵族与平民不同，平民与奴隶也不同。其次犯罪

---

01 参阅．陈羲编译，《美索不达米亚神话故事》，第67—122页。

量刑，采"以眼还眼，以牙还牙"，但视社会地位而定。贵族伤了平民眼睛，可以罚金而不须还眼。《汉谟拉比法典》开始了"法律程序"(legal procedure)，当时并无检察官一职，没有起诉制度，须由事件两造者到庭自诉，分别具状说明有利自己的理由。指控别人谋杀，未能证实，将遭处死。法律严苛，防止诬告陷害。美索不达米亚法典特别重视巫师与巫术，任何人被控有巫术，不论是否属实，皆须接受水的考验，由神判定，将被告丢入幼发拉底河，如果灭顶则有罪，漂浮不沉则无罪。在法律程序中，值得一提的还有，一旦法官作成判决，不可翻案更动，否则将罚重金并遭驱逐，目的在确保审判质量，符合正义公平。《汉谟拉比法典》显示当时已有保护消费者的措施，商人必须担保其货品质量及售后服务，譬如船匠替人造船漏水，须免费修复，建商盖屋须提供生命担保，发生倒塌人命之事，皆须偿命，商人不得任意提高借贷利息，否则处罚没收。[01]

美索不达米亚地区城市犯罪情形严重，大盗不止，承平不易，由于房屋多为砖造，强盗入侵方便，只好严刑以待。依《汉谟拉比法典》，强盗当场被捕处死，趁火打劫者丢入火中。酒店是罪恶渊薮，犯罪者多聚集于此。店东多为女性，也有卖淫，虽不名誉但并不犯法，当地人民酷饮，酒店获利颇丰，但酒品违法掺水将被处死。

2. 生活

美索不达米亚地区人民生活以农为主，佃农普遍，田租以一年为准，租金用谷物计算，由于耕作技术不发达，需用心经营，否则良田迅即成为废土，将遭严重惩罚。耕作靠沟渠，保护沟渠亦成为农民之要务，任何失职均将受罚，佃农不能缴交田租将被贩卖为奴。纺织业是主要工业，牧羊利润高，牧羊人必须保护羊群免遭攻击或不慎走失。美索不达米亚地区丰年多、人口旺。

男女婚姻根据协议(business agreement)，由新郎及岳父安排一切，男方提聘，如果聘礼被接受，女方家长也会给女儿一笔嫁，婚后嫁妆归女人所有，证明其身份与权力。新郎与岳父同意之后，即拟定一份契约，合约必须双方同意才能生效，违约者须高额赔偿。婚姻双方若未成年，由父亲代签，女方可住在自家至成年，这段期间有名无实，一旦成年，自行成家。结婚后女方不贞将被处死，根据《汉谟拉比法典》，如果妻子被发现与人通奸，将被捆绑在一起丢入河中。男人可以请求国王宽恕妻子，也可以控诉妻子不贞，女子必须在族群代表前自白，如果无罪可携带嫁妆离夫而去，女人谋杀亲夫将被处死。丈夫在家中位高权重，可以出售老婆、小孩为奴还债。儿子不得反抗爸爸，对父亲动粗将斩断双手，父亲可自由领养小孩，决定小孩前途，但不可以任意断绝父子关系，须由族人决定。小孩首次犯错将获宽恕，一再重犯则可以断绝关系。男人之遗产多留给女人，再传给小孩，已婚女人可以做生意，有不少成功例子。总之，美索不达米亚人已有相当生动的文化。

---

01 美索不达米亚人颁布法律主要是为了制止斗争，他们认为，一个总是采取暴力手段的人如果记住，不论他怎样加害于人，都会受到法律同样的处罚，那么他也许不会再施暴。

近东文明之二——古埃及

古埃及是近东文明的瑰宝,国祚2800年(3100 B.C.——332 B.C.),历经30个王朝统治,其间治乱兴衰不一,最后为亚历山大大帝(Alexander the Great)所征服。埃及王朝终结,埃及文化仍幸存于世,迟至公元前47年,罗马恺撒大帝焚毁亚历山大图书馆,391年狄奥多西一世(Theodosius I)皇帝关闭帝国境内所有异教神庙之后,埃及文化才逐渐湮没,鲜为人知,仅赖少数文献如《旧约圣经》中的《创世纪》、《出埃及记》(Exodus)、古希腊史家希罗多德(Herodotus)的作品《历史》(The Histories),以及后来的一些游记记载,得知埃及的生活点滴。

埃及文化之重现得力于1798年7月法国拿破仑(Napoleon Bonaparte)挥军进攻埃及。虽然远征埃及遭到谴责,但却改变了世界的风貌。从此被遗忘的埃及文化重现世人眼前,埃及文物出土,激发世人对埃及的狂热,研究埃及遂成为一门显学。

一、源起

"埃及"一词系希腊人对埃及人的称呼。尼罗河孕育了埃及文明,影响遍及社会、历史、文化各层面,希罗多德称埃及为"尼罗河之赠礼"(gift of the Nile)。尼罗河水流稳定,定期泛滥,与幼发拉底河及底格里斯河的不定期肆虐、大规模破坏迥然有别。尼罗河每年9月涨水,河水涌入谷地,形成沼泽;11月底水退,土壤经冲积之后,成为肥沃易耕的黑土,为埃及人提供了生机。尼罗河对埃及之恩泽可由1822年英国史家布克哈特(John Burckhardt)眼见埃及人在泥土中掘洞,将种子撒入播种,轻易营生的记载得知一斑。

尼罗河统一了埃及,河流宛如一条高速公路,方便各地区人民往来。先民何时迁入尼罗河谷,建立农庄不得其详,惟至公元前3100年左右,约有40座农庄彼此来往,促成早期埃及政治的一统。埃及除了土地资源丰富之外,并多巨石可作为建筑及雕刻的素材,泥土可制陶器,金矿作饰品及宝石,本土欠缺不产的材料均可就近取之,如铜来自西奈(Sinai),木材取自黎巴嫩(Lebanon),无需向远方寻求。由于地理环境关系,埃及人自成体系,尼罗河东西两面伸入沙漠,南方努比亚大沙漠(Nubian Desert)及尼罗河大瀑布阻止外人入侵,北临地中海对外联系,公元前3250年两河流域之建筑技术、材料以及文字等遗迹在此出现。公元前1680年及公元前1580年埃及北方曾被希克索(Hykso)人侵入,但并未中断或影响埃及文化。

二、政治变迁

埃及政治因地利之便迅即统一。国君称为"法老"(pharaoh)[01],演进过程不得其详。

---

[01] 埃及的统治者并不把自己叫做"法老","法老"一词是《旧约圣经》中的用法。

早先有上、下埃及之分，[01] 各自发展。大约公元前3100年左右曼尼斯(Menes)统一埃及为一个王国，从此进入王国时代，王位家传。后人为了研究方便将埃及史分为旧王国、中王国、新王国等几个阶段，惟各家说法并不一致。一般说来埃及国势以旧王国最盛，中王国已开始转弱，许多权力落入贵族手中，十八王朝法老何马斯一世(Ahmos I)宏图大志，开拓国运，埃及进入新王国时代，但过分扩张，导致消化不良，内忧外患接踵而至。

海外民族入侵，导致埃及衰亡。埃及得地利之便未曾料及外人入侵，由公元前11世纪至公元前7世纪，埃及陷入长达400年的政治动乱中，历史上称之为第三中间期(Third Intermediate Period)，政局不稳，外患频仍，近东各小国纷纷崛起，无视法老威势。埃及内忧不已，予近邻入侵机会，北非之利比亚(Libyans)渗入尼罗河三角洲建立王国。自公元前950年至公元前730年利比亚统治了北埃及，他们在三角洲地带建立都市生活，虽然利比亚人改变了三角洲的风貌，但仍同化于埃及文化及宗教之中。南埃及方面，努比亚(Nubia)向北扩张至尼罗河谷，亦逐渐为埃及文化同化。努比亚及利比亚人虽皆为尼罗河新贵，但蛮夷入侵埃及，游牧文化向农业文化俯首是不争的事实。此后埃及曾一度恢复统一，但好景不再，公元前525年被并入波斯帝国，公元前332年再为亚历山大大帝征服。

埃及政治、宗教中心人物为法老，领导全国。法老位高权重，被视之为鹰神何拉斯(Horus)的化身。在埃及宗教神话中何拉斯是尼罗河神欧西瑞斯(Osiris)之子，象征法老是人间的活神。法老不仅是埃及人与诸神之间的媒人，而且维系人、神、自然与社会间的和平及尼罗河流域的繁荣，确保诸神照顾埃及人。法老主持正义、维护和平。第一中间期与第二中间期，内乱外患频仍，法老地位岌岌可危，幸赖继位者强势镇压，政权得以延续。

三、神话与宗教

埃及人的宗教信仰具政教合一色彩，藉宗教信念，靠宗教仪式，巩固法老治权。在宗教信念方面，埃及为多神信仰，各地方有其神祇。随着政权转移，政治统一，地方神祇依附政治势力消长，出现全国的神祇及地方的神祇，譬如上埃及以鹰为保护神，下埃及以蛇为保护神，统一后，鹰即成为埃及全国之神。再以太阳神来说，瑞(Re)原为太阳神，阿蒙为一城的保护神，当埃及统一后，该城之阿蒙即与太阳神结合，成为太阳神阿蒙－瑞(Amon-Re)。神作为权力的象征由十八王朝法老阿克纳顿(Akhenaten)的决策可见其一斑。阿克纳顿得势后，为巩固权力，宣布将本地信奉之太阳神阿顿(Aton)，作为全国惟一的神，并禁止对其他地方神信仰，遭到强烈反对，死后继位者又恢复信奉阿蒙－瑞。

---

01 上埃及（Upper Egypt）指埃及南部，下埃及（Lower Egypt）指埃及北部。

在埃及人所信奉的神祇中，尼罗河神最重要。埃及气候稳定，时序变化循常。夏季炎阳逼人，大地干裂，尼罗河水涨后，淹盖大地，经热空气吹袭，大地湿润，埃及得以常在，过去、现在相依互存，这种循环现象成为宗教信仰依据。埃及人相信尼罗河之神欧西瑞斯，每年死一次，其妻伊西斯(Isis)每年助其重生，故又称冥王(King of Dead)，依据人类的良知，决定何人可以永生。阿努比斯(Anubis)是狐头神，每年帮助伊西斯让欧西瑞斯复活，与欧西瑞斯一起照顾亡者，是埃及葬礼中重要的神。[01]

在宗教仪式方面，主要是神庙举行的祭祀，但只有法老、大臣和僧侣可以参与，普通老百姓无缘与会，惟宗教性节日除外。从理论上来说，每座神庙最高祭司都是法老，但实际上法老分身乏术，只能委由大祭司代行，新王国时代大祭司多由政府官员兼职。此外由于神庙众多，一般事务须由专人处理，形成僧侣阶层。

四、社会

埃及社会没有阶级制度，除了上层统治者之外，主要有平民及奴隶。埃及平民位于社会经济下层，赖官吏恩泽为生，税吏最扰民，税赋约占收成的20%。埃及人不论贫富贱贵皆有上诉权，脍炙人口的故事《雄辩农人的故事》(The Tale of the Eloquent Peasant)描述农人古纳奴布(Khunanup)遭到高官之从仆抢劫，古纳奴布将案情禀告高官，遭延置，迟迟未判，古纳奴布公开指责高官失职，法老获悉，立即要求这名官吏裁决，结果农人胜诉。

奴隶在新王国以前并不普遍，社会下层人士可以凭才能晋升，典型的例子可由《旧约圣经·出埃及记》之中窥知一二，约瑟(Joseph)初抵埃及时不过是一名奴隶，后来地位上升仅次于法老。不过大半的平民与奴隶地位相差无几，不能轻易自由离开农地，农人被迫从事修筑金字塔及建凿运河等工作，年轻人被迫加入法老军队，从事打战或劳务。

五、金字塔及木乃伊

埃及人笃信灵魂不死，认为死亡不是生命的终结，而是迈向永恒的国度，因此十分重视尸体的保存，包括修建陵墓、制作木乃伊、建造金字塔。埃及人认为人有三部分：肉身以及肉身之外的卡(Ka)及巴(Ba)。卡是一个精神体，形成个人内在的一部分，埃及人的坟墓本意就是"卡的住所"。"巴"是灵魂，人死的时候，灵魂会离他而去。

金字塔(Pyramid)是埃及法老的陵墓，中译为金字塔，取其外形与"金"字相似。

---

01 有关埃及宗教观念之研究，可参阅：邓世安，*A New Interpretation of an Old Egyptian Myth*,《辅仁历史学报》第8期(1996, 12)，第1—32页。

迄今存有 80 座，最早为筑于第三王朝的阶梯金字塔[01]。第四王朝开始把阶梯金字塔变成四边呈平整斜面的真正金字塔。古埃及金字塔以四王朝时代在吉萨(Giza)兴建的古夫(Khufu)、哈夫拉(Khafre)及曼考尔(Menkaure)的三座金字塔最负盛名，其中又以古夫最雄伟，被誉为世界七大奇景之一，高 137 公尺，基座边长 227 公尺，塔身由 230 万块、每块由重 2.5 吨的石材砌成。哈夫拉金字塔规模次之，以附近的狮身人面像(Sphinx)著称。第六王朝以后，金字塔兴建中衰，中王国时代再度复建，十八王朝停建，但二十五王朝以后也有金字塔建筑。

金字塔是埃及文化的特色，沉稳、庞大，具宗教政治意义，外形仰天而立，象征协助法老死后登天，塔内贮存法老身后所需物品。埃及人在法老死后，将尸体涂上防腐剂，用布包妥，制成木乃伊，为了预防意外，他们将法老肖像刻在硬石上，确保法老灵魂长生不死，从艺术角度来看，法老肖像结合了真实与抽象的两面性，掌握了人的本质，也披露了埃及雕刻的特色——严肃、平静、无年龄之分。为了让法老的"卡"在精神世界长生，法老在世间的一切用品，于墓中均不缺，如食物、饮料、仆役、随从、高级饰品、畜牲等。旧王国时代，艺术家为"卡"仿制书记、官吏及兵士、仆役雕像，在墓内墙上绘画农业生活情景、宗教庆典、打猎及花园、水池，还有家具等，说明了 4500 年前埃及人生活实况。

六、象形文字

埃及象形文字影响后世深远。[02] 大约于公元前 4000 年左右出现，由表意符号到表音符号再部首符号，早先为祭司所使用，公元前 8 世纪发展为俗体文字，20 个声符成为腓尼基人 22 个字母文字的基础。古埃及文字复杂难懂，仅少数书记及祭司使用过，埃及文明衰亡后，此一文字无人能解读。1798 年拿破仑远征埃及时，法国考古队发现一座公元前 195 年的石碑，上刻有古埃及象形文字和古希腊文之对照表，这个石碑开启近代学者对古埃及文的解读工作，隐藏在象形文字之后的古代埃及历史方为人所知晓。[03] 象形文字复杂难懂，必须经过严格训练，学生学习文字由抄写经典作品开始，书吏是一种专门职业，他们的努力为埃及留下许多文学、诗歌、故事。纸莎草是埃及人的书写材料，不仅自己使用，还大量出口。

---

01 金字塔起源于平顶长方形的马斯塔巴墓，原意为"凳子"，后改良逐层缩小重叠。
02 象形文字 (hieroglyphic) 原为希腊语，意思是"祭司雕刻的图形"。
03 该石碑即为著名的罗塞塔石碑 (Rousset Stone)，法国人尚皮里欧（Jean-Francois Champollion）在 1821 至 1822 年间成为第一位正确解读古埃及象形文字的人，因此被今日的古埃及学家尊称为古埃及学之父。

近东文明之三——亚述

亚述(Assyria)于公元前9世纪,从美索不达米亚北方崛起,由于地处开放空间,外患频仍,在南方巴比伦、北方强悍部族威胁下,为求生存,不得不发展军事。

一、政治

亚述控弦近东地区长达200年。公元前859年亚述国王沙曼尼斯首先开始对叙利亚及巴勒斯坦人展开长期攻伐,重创西部部落,再征服巴比伦及北埃及,后因长期对外作战造成内部不稳,邻近近东国家崛起反抗。亚述雄霸近东,令近东各国望而生畏,进军安纳托利亚、叙利亚、巴勒斯坦,所向披靡,以色列及其他各小国纷纷降服,公元前717年至公元前716年萨尔恭二世率军攻打埃及,法老降服、并进贡。萨尔恭三世剿平北方宿敌巴比伦,建立亚述帝国,领域包括底格里斯河东部及北部至埃及中部之地。尽管地方人民不满亚述统治,纷纷反抗,但遭血腥镇压。[01]

亚述成功赖其目光远大,军事组织严密,作战武器新颖。亚述军队作战以步兵为主力,携带矛、剑,着盔甲护身,部分兵士骑马、乘车,弓箭手着重装备,部分担任现在的炮兵工作,负责摧毁敌人防御城墙。亚述人在围攻城堡方面,发明了许多重要的军事技能,如工程队、筑桥、救生衣。总之,亚述人作战,表现英勇,战术、战斗均有过人之处,经常是战无不胜,攻无不克。

亚述人不仅擅长军事作战,并了解治国之道,将邻近土地置省,派亚述官员治理,省外之地,设独立国家,归亚述领导。独立国王由亚述王遴选,通常是传承或效忠支持亚述者。亚述帝国道路通畅,交通便捷,往来方便,因此尽管叛乱事件层出不穷,但王室均能迅即获知,——平叛。公元前7世纪后,亚述帝国快速没落。公元前626年巴比伦崛起,与来自伊朗的米提人联盟,于公元前612年攻破亚述,为后来波斯崛起奠定基础。亚述首都被毁,政权瓦解,消失于历史之中。

二、文物

经过近代考古学家长期探勘、考察,亚述之谜逐渐解开。1839年英国考古学家拉亚德的发掘,让亚述历史再现曙光:出土文物有巨硕雕像、长翼的牛、人面狮身、人头狮,其中以楔形文字出土为艺术史开创新页,楔形文字内容从王室对战后的记载到平民信函。亚述王宫浮雕脍炙人口。亚述国王好战,艺术家奉承迎合,依战争始末,逐一雕刻,由发兵至降敌,一目了然;另一类雕刻作品是猎狮,这是一种王室运动,象征国王保护百

---

01 亚述人在古代近东诸民族中以残暴见长。有次亚述大军平定巴比伦叛乱后,将全城百姓屠杀殆尽,并将尸体切碎拿去喂狗、猪、兀鹰。

姓，驱逐邪恶。雕像详细说明了由准备到猎捕至射杀的经过。亚述艺术具写实风格，与埃及热情、幽默不同，素材较严酷、写实，技巧精细、逼真，对波斯影响颇深。

近东文明之四——希伯来

在近东文明中，希伯来人(Hebrew)[01]的发展意义重大。由于先天不足，后天失调，辗转各地，赖先知启示，得以长存，为西洋文明孕育生机。希伯来、以色列与犹太三者异名同实，希伯来为族名，以色列为国名，犹太为宗教名称。居住在两河流域美索不达米亚地区的人和埃及人称希伯来人为哈比鲁(Habiru or Hapiru)，意思是无家可归的一群人，或住在底格里斯河那边的人，他们原先可能住在美索不达米亚北部，发展落后，社会贫穷，后转往迦南地(Canaan)[02]，遭逐再迁往埃及，为埃及人所奴，在摩西(Moses)的激励领导之下，重返迦南地，建立家园，不久内乱，分裂为二：北方以色列国后亡于亚述；南方犹大国后为新巴比伦所灭。从此犹太人散居各地，立志复国，但犹太文化凝聚一体，成为世界文明重要的一支。至于希伯来人为何称为以色列人(Israel)？根据《旧约圣经》记载，希伯来人随先知亚伯拉罕(Abraham)离开美索不达米亚进入迦南时，采长老乔布(Job)之名，称为"以色列之子"(Children of Israel)，因此享有以色列之名。[03]

一、源起

希伯来人活动详载于《旧约圣经》(Old Testament)之中。《旧约圣经》与《圣经·新约》(New Testament)皆为《圣经》一部分，《旧约圣经》为希伯来人建国史，《圣经·新约》则为耶稣基督传教史。[04]《旧约圣经》共19卷，内容分为四部分《律法书》(Torah)、《历史书》(History)、《先知书》(Nebiim)、《诗文集》(Songs)。《律法书》又称《摩西五经》(Five Books of Moses)，共五卷，有《创世记》、《出埃及记》、《利未记》(Leviticus)、《民数记》(Numbers)、《申命记》(Deuteronomy)，记载上帝创造天地及万物和人类以及古代以色列人的传说、法典与教规。《历史书》12卷记述了以色列民族形成的历史。《先知书》16卷，包括史书和预言，是先知讲道精华所在，《诗文集》以诗歌和小说为主，有《乔布记》(Job)、《诗篇》(Psalms)、《箴言》(Proverbs)、《传道书》(Ecclesiastes)、《雅歌》

---

01 希伯来人又称为犹太人(Jews)或以色列人(Israel)。
02 迦南地位居叙利亚南部一带。
03 《旧约圣经·创世记》记载，乔布曾与一位天使格斗一个晚上，因而得到"以色列"的称号，意指"神的士兵"(Soldier of God)。
04 今日犹太教只承认《旧约圣经》，不承认《圣经·新约》的合法性。

(Song of Songs)、《杰里迈亚哀歌》(Lamentations) 等 6 卷。[01]

根据现代学者研究,《旧约圣经》的历史最早可追溯至公元前 950 年至公元前 800 年间,知识分子搜集希伯来过去的传说,包括神话、歌谣、谚语、法律等编纂成册,集结成文,以后再加上先知、祭司及史家的记载成书。考古学家研究发现阿摩利人 (Amorites) 于公元前 1800 年迁入巴勒斯坦,与当地操闪米特语 (Semitic-Speaking) 的迦南人杂居,随后希伯来人抵达,时间不详,埃及十八王朝时,部分希伯来人或被俘或自愿地移民埃及,从事劳力及苦力工作,亦有部分仍留居巴勒斯坦。根据《旧约圣经·出埃及记》,公元前 13 世纪,摩西 (Moses) 率领一群希伯来人共 12 个部落离开埃及,一般相信这 12 个部落领袖为犹太人祖先亚伯拉罕 (Abraham)12 位曾孙,他们四处浪迹,途中摩西去世,由乔书亚继续肩负使命,进入巴勒斯坦,历经血战、杀戮,争获栖身之地,其间坎坷不平、挫败不已。其势力逐渐向北,一度接受土著文化,信奉闪米特人的神祇巴尔 (Baal)。

二、政治变迁

希伯来人大约于公元前 1028 年在迦南地 (Canaan) 定居,历经扫罗 (Saul)、戴维 (David)、所罗门 (Salomon) 三位贤主勤政,国势强盛。希伯来人主要敌患为菲斯汀人 (Philistines)。公元前 1000 年左右扫罗 (Saul) 出任希伯来的精神领袖及实际领导人,结合 12 个部落为一个王国 (monarchy),采中央集权,由国王独揽大权,率军与菲斯汀人作战。扫罗之后,其属下大将戴维 (David) 英勇善战,才智敏捷,继续对菲斯汀征战,捷报频传,进而对其他邻邦发兵,占领耶路撒冷后,积极建设、筑堡,作为政治、宗教中心。

戴维在位 40 年,政治安定、国运昌隆,其子所罗门 (Salomon) 继位,加强巩固政权,打破过去 12 个部落疆界,划分为 12 区,将希伯来发展为近东强国。所罗门在耶路撒冷修建宏伟教堂、造宫殿、盖城市、筑路,与北方腓尼基敦睦友谊,使希伯来成为世界贸易中心。为了支付开销,他大肆征税,建筑教堂,放置约柜 (Ark of the Covenant——希伯来宗教文献储存之处),使得耶路撒冷教堂成为希伯来王国宗教中心、政治团结象征,祭司在此举行宗教仪式、祈祷、奉献。所罗门执政得失参半,批评者认为,为了统合其他宗教,信奉希伯来神雅威 (Yahweh) 以及推动各项建设计划,导致财困民贫,民怨不已,但推崇者却赞誉他将落后的王国发展为商业重镇。公元前 922 年所罗门死,希伯来分裂为二,北方称为以色列王国 (Kingdom of Israel),建都撒马利亚 (Samaria),南方为犹大王国 (Kingdom of Judah),以耶路撒冷为首都。公元前 722 年北方之以色列王国被亚述人征服,南方犹大王国苟延残存,至公元前 586 年为新巴比伦王国所灭,犹太人被俘往巴比伦,即史上所称"巴比伦之囚",以后犹太人"散亡"幸存于各国之中,赖祈祷与风俗凝

---

01 现代中文《圣经》版本可分基督教版与天主教版,前者是英文直译中文,后者是拉丁文直译中文,因而许多名词的翻译大不相同,例如,天主教称《摩西五经》为《梅瑟五经》,《出埃及记》为《出谷记》。本书对《圣经》名词的翻译实行台湾通行的基督教《圣经》版本,非天主教《圣经》版本。

聚一体，至 1948 年才复国。[01]

三、宗教

希伯来人信奉犹太教，主要信仰依据为《旧约圣经》，影响基督教徒、伊斯兰教徒乃至当代人的思想至深且巨。这是由雅威神 (Yahweh) 与希伯来人所签的一份协议及其构成的契约 (Covenant) 精神。根据《旧约圣经》记载，雅威神 (即后来之耶和华 Jehovah) 在西奈山 (Mount Sinai) 向摩西显示，他与希伯来人签订了一份契约，如果希伯来人信奉他为惟一的真神，他将视希伯来人为选民，保护他们免于敌患。希伯来人坚信雅威神将率领他们挣脱埃及控制，寻找新的伊甸园，他们遵守摩西所启示的《十诫》(Ten Commandments)，作为生活伦理规范，不得偷窃、谋杀、欺骗或卖淫。[02] 雅威神与美索不达米亚及埃及的神明不同，他不是神子，也无妻子和家庭，从一开始就是人神同形，后来逐渐丧失人形，精神留存，因此希伯来人视雕像为偶像崇拜。雅威神最早只是希伯来神，与其他巴勒斯坦诸神并存竞争，但不久希伯来人信奉雅威神为惟一真神，开始一神论 (Monotheism) 信仰。

雅威神被视为造物主，原意为 (he cause to be)，统御宇宙自然力量，包括太阳、月亮、星星的运动；无所不在，同时又是一位具有人格的神，照顾每个人，介入人间事务。希伯来之一神迅即为全民信奉，虽然有人排斥信奉雅威神，劝勉人们尊重契约，但泰半人士仍接受雅威神。希伯来人信仰忠贞，绝少变节，毕生努力成为选民。

根据《十诫》，希伯来先知及祭司制定法律。希伯来人最早的律法或摩西法律 (Mosaic) 与《汉谟拉比法典》一样严苛，但发展至公元前 15 世纪至公元前 11 世纪，因先知的人道态度，情形改善，公元前 626 年先知杰里迈亚 (Jeremiah) 充分显现宽容态度，认为雅威神要求人们正直并保护无助及弱者。杰里迈亚重视慈悲及正义，要求人们不要犯错，以免雅威神不悦，他摒弃"以眼还眼"的做法，认为：愤怒与宽恕一体两面，雅威神虽惩罚犯行者，但却不毁灭忏悔者，这一代犯错受罚，下一代仍有希望获救。

以色列亡国之后，犹太宗教即负起承先启后、维系犹太人团结的功能。犹太人靠着宗教仪式，特别是祈祷和礼俗规范延续命脉。犹太人的祈祷一天有三次：晨祷、午祷、晚祷，逢节日集体祈祷，主要节日有逾越节 (Pesach, 纪念犹太人逃离埃及)、住棚节 (Sukkot, 纪念以色列人漂泊岁月住在帐篷的日子，后为秋收的欢乐日子) 等。礼俗有割礼、食品禁忌等。拉比 (Rabbi) 是犹太人活动中重要人物，他是犹太教老师，负责解释所

---

01 1948 年，联合国大会通过巴勒斯坦分治案，同意犹太人在巴勒斯坦建国，同年 5 月以色列共和国 (Republic of Israel) 成立。
02 《十诫》包括：(一) 不可信奉其他神明；(二) 不可雕塑偶像；(三) 不可冒上帝之名；(四) 謹守安息日；(五) 孝顺父母；(六) 不可杀人；(七) 不可卖淫；(八) 不可偷窃；(九) 不可作假证；(十) 不可贪恋他人财物。

有的犹太教律法。以《祈祷书》(Mahzor) 为主，其中包括《密西拿》(Mishnah) 及《塔木德》(Talmud) 两部书。前者有 6 卷，记载了犹太教的典章、诫命和习俗，后者为犹太教神学家哈拿西 (Judah ha-Nasi) 之评注，是律法汇编、处理人生各方面问题，是犹太人智慧的贮藏所，被视为犹太人的百科全书。

希伯来一神与美索不达米亚诸神不同，美索不达米亚诸神善变难知，希伯来人认为雅威神可以被察知，只要信神将获保护、致富。美索不达米亚人自认微不足道，常为神明忽视，希伯来人也自谦渺小，但却自认是神的选民，不会遭遗弃。美索不达米亚人相信诸神扬善厌恶，但神不具伦理教化功能，希伯来人则以提升道德标准来取悦神明。

四、社会

翻阅史料不难发现，古代文献对贵族生活的记载较为详尽，对一般平民则不多，惟希伯来例外。《旧约圣经》中所披露的材料，不乏对农人的记载，因此对古代希伯来人了解也多于其它地区人民。根据记载，希伯来人最早移居巴勒斯坦时仍属游牧部落性质，至建国后，部落式微，一统观念浮现。部落时代，良田、沃土、水塘属于公有，每年由公家决定轮耕方式。当游牧发展为农耕后，公有土地转为私人拥有，从此部落共主日趋没落，家庭扩权，家长声望日隆，家族权力伸张。

希伯来人最早的社会组织为家庭，父亲具无上权威，决定家人生死。公元前 8 世纪城市生活削弱了家长的威权以及对家庭的控制力，家长无法再定夺子女的生死。犹太女人随着社会的变迁，行动渐受限制，尤其在宗教活动方面。早先，女人可从事节庆祭司及宗教礼仪活动，甚至还有女性先知，但供奉雅威神不久即成为男性专属活动。雅威神被视为圣神 (god of holiness)，信徒必须身心纯洁，女人由于月经、生子被视为不洁，大大减损其宗教地位，即使参加宗教仪式，也必须与男士区隔，女人活动被限制在家中，照顾家庭。

五、婚姻

希伯来人重视婚姻，游牧时代规定一夫一妻，但定居后不然。由于医疗知识缺乏，生活条件简陋，女人面对的艰难尤多，如不孕、婴儿夭折、容易衰老，因此有一夫多妻现象。但一般人生计不易，多维持一夫一妻，太太是家庭的支柱，女人的智慧及工作受到尊重。订婚和结婚是件大事，一般多早婚，婚事由双亲安排，配偶多为大家族远房表亲，虽然希伯来风俗允许与外人结婚，但因担心受异教影响，不久即限制异教间通婚。新郎父亲向新娘父亲下聘，这种风俗流行美索不达米亚地区，并流传至今巴勒斯坦的阿拉伯人。聘礼普通是现金，数额视两家社会地位及财富而定，新郎亦可以劳力代之。结婚当天男方给新娘及其家人礼金，按美索不达米亚礼俗，新娘父亲不必准备嫁妆，但在希伯来，女方没有嫁妆，男方在离婚时可不必赔偿。在美索不达米亚地区，婚姻是一项法律契约，而非宗教仪式。离婚限由男方提出，女方不可。离婚条件很简单，女性通奸将遭处死，男性通奸则否，希伯来人不赞许离婚，期望已婚人士能共度一生。

希伯来人婚姻重视生育，任何男人死前未有子裔，其兄弟依法有义务娶其遗孀，所生之子可承续亡者产业，如果兄弟拒绝，遗孀可向长老控诉。子裔延续血脉，确保家产，长子拥有特权、地位及责任，父亲辞世，由长子出任家长，所获遗产多于其它兄弟，女孩要出嫁离家，地位远不如男孩。生儿育女是件苦事，雅威神禁止杀婴。根据《旧约圣经》记载，生产多靠产婆助生，新生儿沐身用盐擦洗，用布包裹，通常母亲亲自育婴，3岁断奶。小孩出生，母亲随即命名，长大之后可以任意改名，男孩出生8天之后举行割包皮礼，象征男孩归属希伯来社会，履行雅威神与亚伯拉罕的契约。教育小孩是母亲职责，教导小孩明辨是非，熟悉社会价值。男孩长大后，父亲开始教授孩子历史、宗教、读写、工艺技巧和贸易。成年后即开始踏入社会谋生，一般终生务农，生活单调，缺少变化。女孩子牧羊、汲水。井水区是社交圈，女孩在此与其它人接触，赶集者在此让骆驼休息。男孩子亦牧羊，但多半在郊外，他们练习投掷技术，做一些轻便工作如采收葡萄、摇晃橄榄树枝捡果实，长大后则从事粗笨工作如耕耘、收成。

六、生活

希伯来人重视土地，不仅赖以维生，并藉之怀古。土地内有祖先的坟，当人们生活艰苦不得已出售土地时，也都限于近亲。王权扩张后，农家首当其冲，遭到危害。少数希伯来人开始收购贫户及弱者的农地，王室建立大农庄，雇用希伯来及外国奴隶及佃农耕作。虽然《旧约圣经》要求王室及富农善待奴隶及劳工，但严格说来，他们的处境与其它地区相仿，也有部分农主将田地租给自由农，并提供种子及牲畜，租金为收成的一半。希伯来城市发展促成许多商机，尤其是手工艺及贸易，当时较为特殊的行业有磨面、烤面包、制陶、纺织、木匠，属于家庭性质。儿子与父亲，女儿与母亲一起工作，情况好时，雇用一些帮手，这些以工艺为生的家庭多半住在同一条街巷之内，迄今未变。公元前6世纪有公会组织，类似欧洲中世纪的吉尔特(guilds)，保护并协助会员。随着工艺发展，贸易热络，所罗门时代国王垄断贸易，在腓尼基人(Phoenicians)协助下，组织船队前往红海港口贸易，同时也拓展陆上贸易，此时涉外贸易由腓尼基人把持，犹太人只能从事国内贸易，工匠及农人出售货品多半采用直销方式。

近东文明之五——腓尼基

腓尼基人(Phoenicians)是闪米特人一支，长久以来盘踞黎巴嫩海岸一带，与埃及人、西台人同一时代并存，较独立自由，以海上探险、贸易为生，重要城镇有西顿(Sidon)和泰尔(Tyre)。腓尼基人于公元前12世纪势强，公元前10世纪开始向海外扩张，殖民地遍及地中海各地，最远曾到达今日突尼斯(Tunisia)，公元前813年建立迦太基城(Carthage)，与罗马争夺西地中海霸权失败。[01] 腓尼基属都市文化，靠商业致富，发明字母文明，贡献良多。腓尼基基于商业需要放弃楔形文字，发明由22个辅音字母组成的文字系统，每一个字母代表一个声音，简单易明，好写又好念，希腊人模仿，用于书写，后罗马人衍生为拉丁文，影响现代西方各国。腓尼基人是古代最优秀航海家和探险家，文化受近东及爱琴海区域影响，艺术品精巧，石浮雕、牙雕、木雕，尤为杰出。

近东文明之六——西台

自公元前16世纪至公元前12世纪，西台人在近东地区权倾一时，影响深远。西台人(Hittites)自希克索人(Hyksos)离开安纳托利亚(Anatonia)（今土耳其亚洲部分）进入尼罗河三角洲后，即盘踞该地，发展为强权，向东扩张。西台人属印欧语系，最新考古证实，他们大约于公元前2700年以和平渐进方式进入安纳托利亚，与当地人通婚、缔盟，并接受当地信仰。公元前19世纪当地发生惨烈战斗，城市严重破坏、断垣残壁、哀鸿遍野，令人不卒目睹。西台国王哈突西里斯一世(Hattusilis I)在哈图沙斯(Hattusas)修筑城堡，抵抗邻敌。哈突西里斯曾孙马西里斯一世(Mursilis I)继位后，扩张西台版图至巴比伦，在卡赛提(Kassites)族人协助下，马西里斯一世于公元前1590年左右，攻占巴比伦城。西台人侵入巴比伦地区时，卡赛提人(Kassites)控有安纳托利亚，马西里斯一世返国遭族人暗杀，王国顿时陷入内乱，外患随至。

公元前1475年后西台势盛，威震中外。泰勒比尼斯(Telepinus)降服贵族，苏比鲁里马斯二世(Suppliuliumas Mursilis II)收复叙利亚，公元前1300年左右马西里斯之子在叙利亚卡得西(Kadesh)一役中，阻止埃及拉美西斯二世(Rameses II)军队，双方僵持不下，后签署首度和约，彼此结盟，至前13世纪后遭外力入侵而没落。[02]

西台政治系由地方官吏长老(Elders)治理政务，以务农为主，工匠制作陶器、衣饰皮货、金属工具[03]；商人贩卖货品、传递讯息、互通有无，奴隶位于社会下层。上层贵族，出身皇亲国舅，为国王幕僚。西台贵族强悍，政局不稳，国家易遭外患；位于贵族下层是武士，有权召开武士大会(pankus)听取国王施政报告，但无参政权，可设立法庭惩治罪犯。国王是全国行政首长、军事统帅、首席大法官、最高祭司，对外代表西台，处理外交事务，战时率军作战。王后辅佐祭礼、襄助外交事务。西台人进入两河流域后，渐为当地同化，采用楔形文字、公布法典，接受美索不达米亚之神话、传说、诗歌及艺术。

---

01 迦太基与罗马的争霸史称布匿克战争(Punic Wars)。
02 公元前1286年，一支神秘的海上民族摧毁了西台文明。
03 现在考古发现，西台人的制铁技术胜过当时近东地区其他文明。

近东文明之七——波斯

在近东诸多文明中,波斯发展最晚,但武力最强。波斯人(Persians)是伊朗高原最重要部族之一,属印欧语系,来自中欧与南俄,定居里海(Caspian Sea)及波斯湾(Persian Gulf)之间,依地理命名,受美索不达米亚文化影响颇深,后发展为一庞大帝国,声威远播。波斯人长于治国,重视外交手段,尊重属民,允许他们沿用固有本土风俗及宗教,促成近东政治一统,并保存文化多元。

一、地理环境

古代波斯即今日伊朗,高山峻岭、沙漠广袤,帝国中央高原盘踞。波斯地理由里海延伸至波斯湾北端,西邻底格里斯河、幼发拉底河,东起印度河谷,四周山脉与海阻隔。中央高原地形高峻,内有广大平原,绿洲遍布,二大沙漠散布其间,高山地区,受海风湿气影响,雨量丰沛、土地肥沃,与其他干燥不毛之地,迥然有异,高原中部沙漠地区炙热难熬,生活不易。由于地理位置及地形分布,波斯扮演了东西通道要角,使得俄国及中亚民族纷纷南下寻找合宜住地,面对横阻其间大沙漠时,转而向东或往西,前往美索不达米亚及印度。

二、崛起

公元前1000年左右伊朗地区住有米提人(Medes)及波斯人(Persians),称为伊朗人(Irans)[01],属游牧民族,善于牧马,精于乘骑,勇于作战。他们在此建国,组织简单,国王只是一名将领,下有战士,组成战斗队伍。国王拥有地产,收入靠田地生产及税收,农民提供劳务,工匠生产大众所需物品,社会下层奴隶从事笨重劳务,为国王及贵族料理家事。

伊朗人于公元前7世纪开始普遍利用铁具务农,生产增加,生活水平提高。农业为小农形态,农人耕作单位小,农民个性倔强,较富自由。各国国王善于利用丰富资源如铁、铜、宝石,收买亚述盗匪,并以马匹对外贸易,加强与近东邻国来往。

随着历史进展,伊朗两大族群渐趋合作,波斯人定居波斯比亚斯(Persepolis,今日伊朗南部),米提占领米提亚(Media),在艾巴纳(Ecbatna)建都。米提人经常遭遇北方游牧民族袭击,以及亚述军队的侵略,公元前710年与波斯联合为一王国,并控有南方的波斯,公元前612年与巴比伦人合作制服亚述帝国。随着米提的兴起,美索不达米亚以东地区的地位渐趋重要。

---

01 伊朗意为"雅利安人的土地"(land of the Aryans)。

三、政治

公元前550年居鲁士(Cyrus the Great)推翻米提的控制,建立了波斯强国。他以伊朗为建国目标,不分波斯人或米堤人,更以宽阔的心情,豁达的胸襟,面对先进的文化,这与埃及狭隘、排外的作风不同。居鲁士尊重近东各国文化,允许被征服地区人民在波斯统治之下保存既有制度、宗教、语言及生活方式。

居鲁士为促进伊朗人联合,向外扩张。其目标有二:控制西部,使之成为伊朗贸易终点;占领伊朗东部,解除游牧民族入侵压力。惟迄公元前550年,波斯形势依然严峻,北方利底亚王国国富民强,西部巴比伦势力强大,西南方埃及虽然国势不振,但有沙漠、海洋庇护,东方强悍的游牧民族伺机侵入伊朗。公元前546年居鲁士首先征服利底亚,在其都城沙帝思(Sardis)扎营,并派军降服位于安纳托利亚沿岸的希腊城邦,占据港口,监视地中海。继利底亚之后,居鲁士向东发展,征服印度西部的土地,西抵美索不达米亚,公元前541年居鲁士大军进入巴比伦城,军纪严明,善待降民,容忍异教,重建都城,深获人心。他容许犹太人重返巴勒斯坦,发还礼拜圣品,在耶路撒冷重建雅威神殿,获得《旧约圣经》礼赞为雅威神的牧羊人。

四、帝国

居鲁士死后,继位者完成近东地区霸业。公元前525年居鲁士之子刚比西斯(Cambyses)征服埃及,其后国内发生变乱,贵族大流士(Darius)夺取王位,继续霸业,先后进军希腊,但久攻不下,被迫折返,终大流士一生,波斯未曾在欧洲立足。大流士领军进入印度,公元前513年印度西部划归波斯行省,领地包括印度河谷,大约从公元前550年至公元前513年约37年光景,波斯从被治者跃居为统领安纳托利亚、埃及、美索不达米亚、伊朗及西印度的世界帝国(world empire)。

波斯人善于统治,不采用恐怖手段,延用官僚技术,凝聚向心力。由于疆土广阔,非一人之力可为,波斯乃将帝国划分为约20个省分,每省占地约数百平方里,各省设有总督一人,由米提或波斯的贵族担任,他们多为国王近亲,径向国王负责,各省驻军之军官亦归国王直接管辖,国王派遣王室人员监督各省及其官员。波斯为了加强行政管理,大肆修筑公路,增进往来,其中最有名的是皇家公路(Royal Road)长约1677英哩,沿小亚细亚海岸的希腊城市,由伊非休斯(Ephesus)至伊朗西部苏沙(Susa)之间,设有111个驿站,备有良驹,传达讯息。其他道路联结帝国各地,由小亚细亚沿岸至印度河谷。[01]波斯便捷交通网方便国王统治,增进货物交流,提升波斯国王地位,而被誉为万王之王、大地之王。

---

01 古希腊史家希罗多德(Herodotus)对波斯的信使赞不绝口,他形容他们:"无论刮风下雨,无论酷暑寒冬,无论夜色多么朦胧,都不能阻止信使跑完指定的路程。"

五、宗教

早期波斯宗教为自然崇拜，信仰多神，阿胡拉马兹达 (Ahuramazda) 为万物之主。太阳神 (Mithra) 负责正义及救赎，月亮、地球、水、风皆有神，其中火神最重要。没有繁琐的神学信仰，马吉 (Magi) 是祭司，主持祭礼，唱赞美诗，照顾圣火。公元前 600 年左右，祆教 (Zoroastrianism) 的琐罗亚斯德思想开始流行。

琐罗亚斯德 (Zoroaster) 生平不详，生辰不明，大约活跃于公元前 6 世纪前后。琐罗亚斯德宣教方式近似摩西，以神性及人类生活为题材，他认为生命是善恶二端无休止的战争，波斯宗教中阿胡拉马兹达代表善与真，阿利曼 (Ahriman) 是邪与恶，两神对峙长达数千年。琐罗亚斯德认为，人类不该成为两神冲突的牺牲品，每个人应就真善或邪恶中择一而从。个人有选择自由，亦应为其决定负责，每个人都将面临最后审判，阿胡拉马兹达将审判死者生前是否正直，以便决定他们生活。琐罗亚斯德宣扬"最后审判"观念，强调阿胡拉马兹达决定人的永生。在琐罗亚斯德理念中最后审判，是指人依其善恶行为决定死后是否可以到天国。凡与阿胡拉马兹达作伴皆可获得永生，任何撒谎邪恶的人，均将无法获得永生并将承受痛苦、黑暗与惩罚。琐罗亚斯多德提出教义之初，曾遭到反对，后为波斯国王大流士信奉，经王室保护，推行全国，广为接受，达数百年之久，波斯衰亡，但祆教则继续影响基督宗教思想。

第2章
多神时期(2)

南亚文明——印度文化

印度是一个神秘的国度，宗教色彩浓厚，由于缺乏编年记载，整体发展不易建构，影响历史研究困难重重，惟经由宗教文献提供的断简残篇及遗留下来的神话诗歌，脉络依稀可见。大致说来，可分为五个阶段：古文明时期、吠陀文明时期(Vedic Age)、列国及宗教改革时期、外力入侵时期及现代文明时期。

印度古文明大约于公元前 2500 年至公元前 1500 年左右，在印度近阿富汗的印度河地区发展。古印度人自称为"波罗多国"，活动范围在印度河一带，印度河梵文叫"信度"，波斯人称此地为"欣度"(Hindhu)，古希腊史家希罗多德将印度河流域称作"印度斯"(Indus)，一直沿用迄今。吠陀时期是指雅利安人入主印度后之政局，由公元前 1500 年至公元前 600 年。列国时期由公元前 600 年至 10 世纪，此时除了兵事纷扰外，宗教改革是时代大事，耆那教及佛教追求众生平等，丰富了印度宗教的内容，扩大了生活领域。12 世纪后，外力介入，穆斯林（伊斯兰教徒）、蒙古人、英国人相继入侵，为印度带来创伤。1858 年英国更将印度纳为殖民地。二次世界大战后，印度脱离英国统治，成为现代独立国家。

公元前 2500 年左右印度古 文明出现

公元前 1500 年—公元前 600 年吠陀时期

公元前 600—前 1000 年左右列国时期

公前 6 世纪耆那教、佛教兴起

公元前 317—前 180 年孔雀王朝

公元 60—前 320 年贵霜王朝

公元 3 世纪至 5 世纪笈多王朝

公年 12 世纪后阿拉伯人、蒙古人入侵

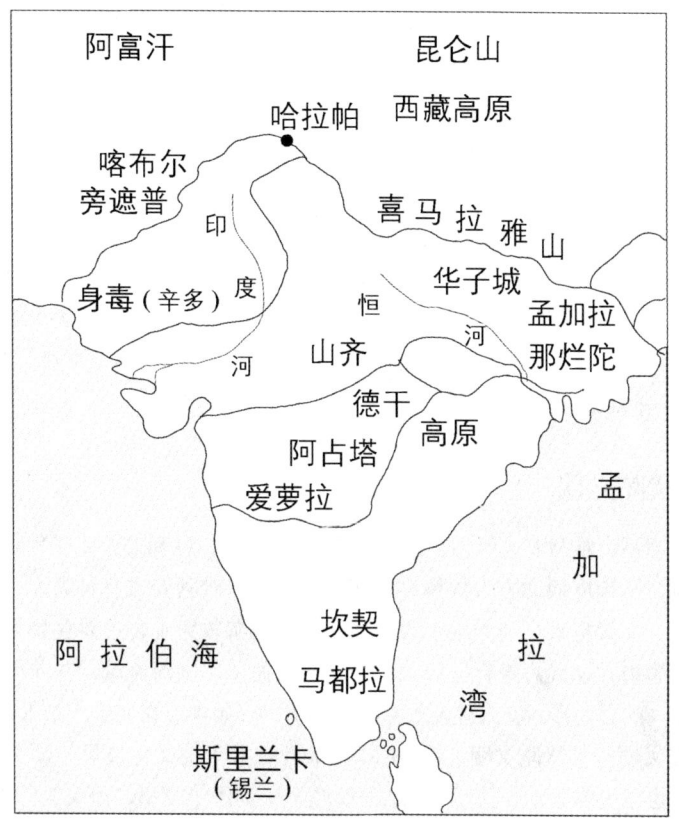

印度地图

一、古印度文明

古印度得以重见天日,有赖考古学的进步。英国自从将印度纳为殖民地后,积极从事考古及探勘工作。英国考古局在哈拉帕(Harapa,今巴基斯坦境内)挖掘出古迹,于1924年9月宣布这是"一个久远未知年代的人们所创造的高水平文明"。研究证明,印度古文明大约是在公元前2500至公元前1700年间,幅员达50万平方公里,遗址有250多处,其中具代表性的有哈拉帕、摩衡诸达罗(Mohenjo Daro)二地。根据出土古物,哈拉帕城分为东西两部分,东城环境差,多为平民居住,西城地势高,房屋高大,可能是统治者居住,城的南部是公共墓地。摩衡诸达罗亦分为东西两部分,东城多为民宅,建材为砖,这是一种火砖,取材自印度河边的土和泥,用火烧成砖,有公共设施,如排水系统、公众集会场所。

古印度人是谁,来自何处,迄今仍未有明确统一的说法,在过去,达罗毗荼人(Dravidians)被视为印度河流域最早的原始居民,他们皮肤颜色较深,鼻子扁平,现代学者则认为印度河文明来自多种族。印度文明以印章最具特色，经发现有2500多枚，印章上刻画图形和文字符号，是目前世界上已知最早的文字体系，因而有人将古印度文明称为印章文明。迄今为止，已被鉴定出的印章文字有400多个，仍有许多秘密待破译。此外绘有几何图形的彩陶，如缸、罐、盆、碗等，古朴大方。经考古研究，古印度文明时期社会贫富差异明显，国家雏形形成，祭司在社会中享有极高的地位，在一般人的眼中，他们具有特殊才能，并可与神灵沟通。居民为防止洪水泛滥，用石块筑起护墙。当地人已开始种植棉花，使用铜制工具，生活水平颇高。公元前1700年左右印度古文明突然不留痕迹地消失了，迄今仍找不到真正的原因。[01] 几百年后，一支来自西北方的外族人侵入印度河流域，并延伸至全次大陆，创造了新文明。这批外族被称为雅利安人(The Aryans，梵文"贵族"的意思)。

二、吠陀文明

吠陀文明系由雅利安人所创。公元前2000年左右，雅利安人或受气候变化或是人口增加的影响，从印度西北方大规模移入南亚次大陆。雅利安人身材高大，皮肤白皙，头发呈金黄色，鼻梁挺直，与当地土著不同，他们以游牧为主，主要食物为牛，个性剽悍好胜，能骑善射，以武力进行征服工作，终于占据了印度河流域，并向恒河、大陆中部及南部扩张。此后，雅利安人逐渐放弃游牧生活，开始学习农业生产技术，饲养动物。

雅利安人创造了吠陀文明。《吠陀》(Vedas)是古印度文化最早一部文献资料，既是宗教经典，也是史料总汇、文学大系。"吠陀"一词源于梵语，原义为知识，成书之前，已在口头上流传多时，最早诗篇可能出现在公元前3000年。《吠陀》是祭词和对神明的诗歌，当时有四种祭祀官，各自应用颂文祷词，以后形成四部《吠陀》：可分为《本集》(Samhita)、《梵书》(Brahmanas)、《森林书》(Aranyaka)、《奥义书》(Upanishads) 四个部分。《本集》是吠陀文献的基础和核心部分，有四部：《梨俱吠陀》(Riga Veda)、《耶柔吠陀》(Yajur Veda)、《沙摩吠陀》(Sama Veda) 合称"三明"，还有一部《阿闼婆吠陀》(Atharva Veda)。在这四部吠陀中，《梨俱吠陀》年代最久远，内容是在赞颂吠陀诸神的颂诗，全书共10卷，赞诗有1028首。《耶柔吠陀》又叫《祭祀明论本集》，是婆罗门祭祀时吟诵的诗词以及如何祭祀的散文集，全书有诗2000首。《沙摩吠陀》又名《歌咏明论本集》，是婆罗门进行祭祀颂诗时，唱歌的汇集。全书共1549首歌。《阿闼婆吠陀》又名《禳灾明论本集》，大部分是对怨敌、邪恶的咒语和消灾的巫术，反应当时人们的思想和情感。《吠陀》使用诗化的语言，使人过目难忘，给人留下许多诠释空间。《梵书》是对本集进行解释的文献，又称《婆罗门书》，采用大众比较了解的梵文(Sanskrit)所写，宗教色彩较强烈，反映了婆罗门教地位日升。《森林书》又称为《阿兰若书》，是那些年老、退休

---

01 考古学家推测，一系列的洪水和地震，使得印度河水改道，淹没人口稠密的地区。此外，北方游牧民族的时而入侵，亦摧毁了城市并占领土地。

隐居在森林之婆罗门的沉思言论。《奥义书》又称为《乌波尼沙德》，是教师传给学生的神秘教义，是吠陀体系的结尾，从宗教层面来看，说明了印度由原始宗教信仰走向婆罗门教的经过。

吠陀文化可以分为早、晚两个时期。早期信奉吠陀教，崇拜多神，有繁琐祭祀。有关其活动情形可以从《梨俱吠陀》见其端倪。时间大约从公元前1500年到元前1000年。此时雅利安人由游牧走向农业。晚期活动则发展至恒河流域，由公元前1000年至公元前600年，信奉婆罗门教，崇拜多神，主神有三：婆罗门神，为创造之神；毗湿奴，为守护之神；湿婆，毁灭之神，又是舞蹈之神。婆罗门教教义有二：一、梵我一如，要人摒弃社会生活，压制贪欲；二、业报轮回，相信转世，善有善报，恶有恶报。此时有两部伟大的史诗出现，《摩诃婆罗多》(Mahabharata) 及《罗摩耶那》(Ranmayana)，使得这个时代称为"英雄时代"(heroic age)。人民生活以农业为主，使用铁具耕种，种植棉花，纺纱织布。国王地位提高，权力扩大。每个国家规模都不大，疆域也不固定，国与国之间经常发生冲突与战争。

吠陀文明奠基于种姓制度 (caste system)。种姓制度是什么？迄今仍无法有一个明显的定义。从历史发展来看，雅利安人南下为了要与当地人区隔，乃以语言及肤色为基准，将人分为两大瓦尔那 (varna)，后来演变为四大瓦尔那[01]；婆罗门 (brahman，祭司)、刹帝利 (kshatriya，武士)、吠舍 (vaishya，牧人、工匠、商人) 和首陀罗 (shudra，劳动者)，使得过去肤色的分类依据不再，而加入职业因素。婆罗门教的祭司利用原人普鲁沙用自己的身体创造世界的"颂词"，造出四个种姓："他的口是婆罗门，他的双臂变成刹帝利，他的腿成为吠舍，而从他的脚上生出首陀罗"。根据经典，"一个人身上最洁净神圣的部位是口，它是食物入口，又是赞歌出口，因此生于神口的婆罗门也是神圣的，生于双臂的刹帝利位置比婆罗门低，应从事作战或治理国家的工作，生于腿的吠舍已有不洁的俗气，所以应终身辛勤工作，至于首陀罗，由于生于肮脏的脚，因此是不洁的、低下的，应恭顺地为其他种姓服务，就好似双脚应支撑起身体一样"。婆罗门、刹帝利和吠舍都属于再生种姓，可以进行轮回，升到高一级种姓，首陀罗只有一生，没有资格进入轮回。随着时代的变迁，种姓的严格区分已无法符合时代需求，原先的规范有了松动，高种姓的人可以去从事原先较低等种姓的工作。尽管职业及婚姻的禁忌受到冲击，但是各种种姓之间仍存有一种对立及敌视的态度。目前印度的种姓数大约有1万个。

种姓制度是从规范行为中来制约人的行为。除了要求个人自觉外，并拟定一套严格的惩罚制度，如果有人违背，将受到严处。但高低种姓之间还是有差别。一位婆罗门若违反规定，程度轻，可以透过斋戒、苦行的方法弥补。但是种姓低的就不一样。除了上述四种种姓之外，还有一种最下层的人：旃荼罗 (candala)。他是由首陀罗与婆罗门结婚之后所生子女，他们违反规定，被逐出本姓，被认为是有罪的、肮脏的，过的是最悲惨

01　瓦尔那的字面意义是"肤色"，但特指每一阶层特有的肤色。

的日子。

自吠陀文明以来，印度人终身遵行达摩思想 (dharma)，有如中国人奉行儒家、道家思想。达摩是根据万物有灵和灵魂转世观念创造出来的一种人生理论，这种理论认为人的行为是造业，什么样的业就有什么样的果报，因果轮回报应，人生的目的在实践达摩。根据达摩，人生分为四个时期：梵志、家住、隐居、苦行。梵志期有人称为学生期。在这段期间，梵生要辞别父母，跟随老师学习，内容包括经典、知识、祭祀仪式，学习期限要持续十年以上，漫长又辛苦；家住期主要是结婚生子，此外还要经营生计，参加社交活动；隐居期是生命价值升华的体现，也是生命中重要的一段，追求对圣典的体验，摒除杂念，达到身心净洁的地步。苦行期苦行者四处云游，以苦为乐，每日思考最深奥的梵天，追求心灵的解脱。在印度神话中，苦行者是形体越枯槁，精神越高尚。[01]

根据印度人所撰《爱欲书》可知，印度人重视情欲，认为那是生命的原义。在印度神话中，爱神叫伽摩，赤裸上身，头戴花带帽子，手持弓箭。箭头是花朵，谁被他射中，心中即燃起爱情之火。为了调和节欲与爱欲，印度人提出"法、利、欲"的人生艺术。法是遵循圣典，利是追求财富，欲是满足感官。古印度人不否定欲，但反对过度纵欲。由于欲不是洪水猛兽，人可以享受，就出现一批专门研究爱欲，并传授这方面知识的人，使得印度社会中有许多关于这方面的文艺作品：如拥抱像、亲吻像、欢乐图。

三、政治发展

印度政治由于国家未能统一，各王朝纪元不一，难以详述。大体说来，自公元前1500年以来，政治局势承平时间不多，其间虽有盛世、贤君，但难恒久，较著名者有孔雀王朝的阿育王、贵霜王朝的迦腻色加，笈多王朝之旃陀罗笈多二世，以及戒日王等。他们皆有一统印度之势，可惜随着人物更迭，朝政衰败，帝国乍见，动乱再起，分裂复见。12世纪穆斯林大举入侵北印度，大肆掠夺，印度遭受重大伤害。15世纪蒙古人以此建立大蒙兀儿帝国，1858年英国军队进入印度建立英属殖民地。

印度政治分北南两地，北方为外来统治者，南方为原住民。无论南北，早期均为部落性质，后来北方出现王朝，南方则呈分裂状态。部落时代族老或国王为领袖，但并没有绝对权力，大权在贵族组成的"大会"之中，他们审议所有的问题，王位世袭，偶尔也由大会指派。发展至后期，王权扩大，下设有重臣、将军、司祭官等，几近独裁统治。有关印度政治发展叙述如下：

印度第一个王朝孔雀王朝 (Maurya) 系由旃陀罗笈多 (Candragupta) 所建。公元前317年这名刹帝利贵族率军击败印度西北的马其顿部队，并进一步推翻恒河地区强国摩揭陀 (Magadha) 国难陀王的统治，并吞周边邻国，建立了印度历史上第一个大帝国。旃陀罗笈

---

[01] 印度人认为，修行是要脱离轮回，达到称之为"涅槃"(nirvana) 的最高境界，这不是进入天堂，而是与婆罗门神合为一体。

多孙子阿育王(Ashoka)主政时代,孔雀王朝盛况空前。阿育王在位36年(公元前268—232)版图包括除泰米尔地区以外,整个印度和阿富汗相当大的一部分。任内筑道路、设驿站、植树、挖水井、建粮仓、凿运河、修水池,并立有许多石柱,说明治国的理念。孔雀王朝由公元前317年至公元前180左右终结,以后印度进入分裂状态。

第二个重要王国为贵霜王朝,大约由公元60年到公元320年左右。孔雀王朝衰弱之后,印度陷入动乱之不安之中。公元60年左右位于中亚地区的游牧民族贵霜(中国称为月氏),陆续占领了印度大部分地区,续孔雀王朝之后建立了贵霜王朝,一直到3世纪才分裂为许多小国。对印度人来说贵霜王朝是外族,因此他们对印度及东西文化采兼容并蓄的政策,贵霜人经由控制下的印度、中亚、西亚的交通枢纽,对外进行贸易,造成了空前的繁荣,形成了丰富多彩的贵霜文化。贵霜王朝以迦腻色迦一世(Kaniska)时代国势最盛,不仅控制了整个北印度,还包括中亚伊朗,向南一度到达卡提阿瓦半岛。佛教亦于此时广泛传播。

印度第三个重要的王朝是笈多王朝,由公元3世纪到公元5世纪。公元3世纪贵霜王朝瓦解,北印度再度分裂,旃陀罗笈多一世崛起,在恒河流域东、中部建立笈多王朝,待沙摩陀罗多统治后,向外扩张,武功显赫,征服恒河上游、印度河流域东部、南印度马德拉斯西南区,海上到达马来半岛、苏门答腊和爪哇。旃陀罗笈多二世继位(即超日王),一面采用联姻的办法,加强与北印度和德干地区酋长门的关系,一面向西北印度的几个小国进攻,继续扩大帝国版图。王朝采中央集权制,将土地永久性赐给一些贵族,发展出一种土地分封制度,史上称此时期为封建制社会。笈多王朝重视印度正统文化,人才辈出,宗教、哲学、文学、艺术繁荣,可以算是印度文化的黄金时代。

笈多王朝于5世纪亡于匈奴,此后印度无中央王权,全国陷入分裂状态。其中戒日王(Harsa)在7世纪曾一统全印度,但只是昙花一现,死后,一统崩溃,印度陷入分裂与割据之中,一直到12世纪穆斯林侵入次大陆为止。这段时间,印度经济不稳、政治分裂、贸易中断、文化退滞。

12世纪到17世纪,穆斯林统治了印度次大陆。1205年前后穆斯林征服了从印度河口到恒河下游的整个北印度地区。穆斯林统治印度大约可以分为两个时期:德里苏丹时期,由13世纪到16世纪,时间曾遭遇多次蒙古人侵袭。莫卧尔帝国:1526年帖木儿的后代攻陷德里,建立莫卧尔帝国,印度进入一个新的时代,后因统治者奥朗则布虔信伊斯兰教,排除印度教,引起内乱,帝国衰弱,地方势力兴起,西方势力乘虚进入。

四、宗教改革

公元前6世纪后印度进入列国纷争时期,16个国家相互争战,传统婆罗门教种姓制度所维持的独大局面以已无法继续,种姓中的第二阶级刹帝利逐渐抬头,试图从宗教上打破垄断,出现改革浪潮。此时社会思想有两大趋势:一为信奉婆罗门,另一个是沙门。沙门思潮派系众多,主要有二派:耆那教、佛教。

耆那（原意为大智大觉）教于公元前6世纪兴起，有24位师祖，最后一位创教者筏驮摩那（刹帝利种姓），尊称"大雄"，生年不详，卒于公元前527年，30岁出家修行，经12年成道，在恒河下游组团传道。耆那教强调禁欲及苦行，苦行戒律繁琐、严明、对教徒衣食住行都有近似苛刻的规定，重视对肉身的折磨，教义为：业报轮回、灵魂解脱、非暴力、苦行、反对婆罗门、守五戒、不杀生，解脱之道有三：正智（领悟真理）、正信（宣传真理）、正行（实践真理）。耆那教在北印度及南印度都有信徒，大雄死后，内部分裂为白衣派：主张穿白衣行乞；裸体派：坚持裸体行乞，又称天衣派。目前耆那教在印度有信徒约300万人。

佛教于公元前6世纪兴起。与耆那教一样，反对婆罗门，反对吠陀权威。它是由迦毗罗国释迦族的王子乔达摩悉达多所创。佛教始于佛陀，所谓佛教就是佛陀所说的教理，同时也是佛陀所开悟的教。乔达摩·悉达多王子，幼年丧母，曾受过良好教育，长大后娶妻生子，29岁出家，苦修6年，未能悟道，后受一位村姑启示，至菩提树下潜心冥思，顿悟而成佛（领悟真理的人），称为"释迦牟尼"（释迦族的圣人），时年35岁，以后开始向弟子讲述悟道的经过，80岁圆寂。

佛教的基本教义是《四谛说》、《八正道》《缘起说》。《四谛说》为：《苦谛》，凡人皆有生老病死之苦；《集谛》，有苦必有因；《灭谛》，解脱才不苦；《道谛》修道入涅槃。其理想是泯灭私欲，达到无苦的境界。《八正道》是正见、正思、正语、正业、正命、正精进、正念、正定。缘起说认为"诸法从缘生，诸法从缘灭"，并以此为基础提出"三法印"或"四法印"：诸法无常、诸法无我、涅槃寂静；再加上一切皆苦。据此得知，佛教探讨的是如何摆脱人生的苦难，它否定神的存在，也不讲神，主张众生平等，鼓吹善有善报，恶有恶报。佛教的戒律很多，主要有五：不杀生、不偷盗、不邪淫、不妄语、不饮酒。充分表现了对现实生活的不满，它要人民安于现状，放弃斗争，追求来世幸福。

自释迦牟尼创教后，佛教向外传播，惟内部人士对教义有不同的看法，分裂为"上座部"与"大众部"，以后更分裂为许多派别，形成大乘派佛教，小乘派佛教。"乘"有"运载"或"道路"之意，大乘教认为，传统的佛教上乘部只讲自我解脱，就像一条只能载几个人的小船，故称之为"小乘"，而他们自许为"普度众生"，帮助众生脱离苦海，故为"大乘"。小乘保持了早期佛教传统，大乘则走向宗教化、世俗化。公元7世纪后大乘佛教出现一个支派，称为"金刚乘"。它是大乘佛教和婆罗门教、印度民间信仰的混合产物，宣扬语密、身密、意密三密相应，即身成佛。佛教经过阿育王及贵霜王朝迦腻色加的积极推广，成为世界级的宗教。其发展途径是：大乘在中国、日本、韩国及越南占优势，称为北传佛教，主要经典为汉译梵文大藏经；小乘教则先后成为缅甸、越南、高棉和寮国的国教，称为南传上座部佛教，经典为巴利文大藏经；密教与中国西藏原始宗教"苯教"结合，成为喇嘛教，传入中国青海、内蒙古、尼泊尔、锡金、蒙古、俄罗斯西伯利亚地区和印度北部，称为藏传佛教，经文为藏文大藏经。

除了上述两者之外，印度人信奉最多的是印度教。印度教系长时间在印度各地方，由各种的文化因素融合、重迭而形成，一方面包含着各种高度的哲学，一方面也有低俗的庶物崇拜，没有单一的形式，可以自由信仰任何神。印度教信奉的神多达3亿以上，但在印度教的万神殿上只有梵天、毗湿奴及湿婆三位主神。这三位主神象征"三位一体"，各神形象不一，有其化身，譬如梵天是四头四手，骑一白马，巡视四方；毗湿奴有四双手，手握轮宝、法螺、莲花及仙杖，骑着金翅大鹏鸟或躺在巨蛇上，肚脐上生出一朵大莲花，上坐梵天，其化身有鱼、龟、野猪、人狮、侏儒、罗摩、佛陀等；湿婆骑着一双白色牡牛，手拿神枪、战斧及金刚杵，也经常被雕成三头、四面、十臂斗行象，手持十八般兵器，或各种神秘的手印。印度教简化了婆罗门教的烦琐礼仪。印度教重视种姓制度，要求遵守种姓制度中个别的生活方式，保持个人的幸福与社会秩序。印度人传教以寓言、神话为主，他们采用各种譬喻及各类故事，或深入浅出，或由浅入深启导民众。

五、印度人思想

印度思想重视"智能"，而非知识。智能与知识不同，智能成长自己，知识成就自己，智能成全别人，知识是超越别人，智能在面对问题，知识在解决问题，导致印度的发展不同于西方。人间大事无非是在调和天人、人人之际的关系。印度人在这一方面与西方有显著的不同。印度人相信有来世，注意调和天人的关系，他们认为主宰天国与人间的关系是"大法"(Dharma)，将"大法"提升到"绝对者"的地位，视为宇宙的根本。万物依赖大法，"大法"中最高的存在，是一种行为规范，也是一种行为准则。为了让大法可适用各教派，因此规划一些基本的原理，包括"宽容"、"非暴力"。至于人人关系，印度人将人与动物并列，归入有生类，同等对待。譬如佛教徒称释迦牟尼为"两足僧"，就是认为人与动物是平等的，其区别仅在"两足"与"四足"而已；人与人是平等的，将他人当作自我的延伸，进而视他人与自我为一体。

印度思想充分表现在"幻觉之上"。"以幻济道"是印度人传教的方式与手段，这种"幻"不只是一种修持，也是一种教育，充分表现在"故事与世事"之中。在佛教的经典之中，有许多自我牺牲的故事，譬如一位国王对受难的人有求必应，他发奋不让一位有求他的人失望，最后为了信守诺言，把自己的双眼挖出来，给行乞的瞎眼婆罗门。这些故事的例证非常多，不论其实情如何，印度人却深信不疑。

印度以宗教立国，但社会确有许多现象与宗教教义格格不入，令人好奇。印度人热衷禁欲，但却人口爆炸，这种现象引起学者好奇，究竟印度人如何处理这类问题？印度人重视贞节，妇女穿着如过分大胆就会引起人指指点点，但在电影常出现湿纱丽（即女子纱丽被雨水淋湿，肉体若隐若现），就令人不解。瑜伽是印度人最大的智慧，用来修神、修身、修德、修教，是印度人对人类文化的一大贡献。瑜伽是梵文Yoga，原意是用轭连结来驯牛驭马。瑜伽术强调控制器官，调服心神，修炼者通过调整呼吸等手段，使器官服从心志,属于一种宗教与哲学结合的修身养心术,是"圆满的自我认识",具有修神、修身的功能,通过对自我精神和肉体的绝对控制实现从人世解脱,是印度人生活中重要的修炼。

六、印度文学与科学

印度文学从吠陀时代起,就与宗教产生密切关系。早期的文学作品用"吠陀梵语"及"史诗梵语",主要的代表作有《摩诃婆罗多》及《罗摩耶那》两大史诗。"摩诃婆罗多"有十八篇故事,叙述盘涂五王子与股鲁百王子之间因王位战争所引起的十八日大战争,内容穿插许多神话及传说,网罗宗教、伦理、哲学、法律等,有古印度文化百科全书之雅号。"罗摩耶那"是诗圣瓦尔米基所撰,有关罗摩的言行录,文辞优美,词藻华丽,为印度文学之先驱。

从第 1 世纪起印度文学走入"古典梵语"写作时代。最早的代表作家为马鸣(Asvaghosa),主要的作品有《佛所行赞》(*Buddhacarita*)和《美难陀传》(*Sauncarananda*)这两本书宣传佛教义理,结构严谨,语言简洁、纯净、修辞丰富。笈多王朝时代古典梵语文学达到全盛时期,超日王时期大力推动文学,促成繁荣的创作时代,此时文学的主要特色为:文学创作开始与宗教分离,以纯文学的形式出现,体裁更加丰富。笈多王朝衰弱后,梵语文学在戒日王奖励之下,依然延续。随着政治局势不稳定,文学也开始衰弱,由于梵语受语法成规限制,渐与世俗方言脱节,民众对梵言的了解越来越困难,导致古典梵语文学没落,方言文学兴起。

印度文化予人较强烈的感受为艺术。建筑方面,古印度的城市设计精良有目共睹,楼房、排水系统、梯角,建材以砖为主,不漏水。印度建筑偏爱洞窟,为一大特色,佛教的卡莱(Karle)洞窟,被公认是最美的。在印度建筑上,德里铁柱、素索姆拉特寺庙(Somnath)是重要的代表。中世纪以后印度建筑因穆斯林人主,有了新的风格,即印度与穆斯林结合,印度人在清真寺建造中融入印度传统,印度一些基本花纹、几何图案,透过工匠之手,进入新建筑。除了建筑之外,雕塑、绘画也有重大的成就。雕塑主要是各类神像和神话故事,雕工精细,形象充满美感,如舞蹈中的湿婆,栩栩如生,从古至今,受人喜爱。雕塑中也常见到有关日常生活的主题,如穿的衣服和使用的器具等。

印度科学不太发达,主要受到宗教束缚。数学起源于祭祀,有极大数和极小数观念,发明了"0","0"大约是公元前 2 世纪出现的,这个概念与印度思想中的"空"的概念有关系,这个在一切数字中最细微的 0,是印度人对全人类最微妙的礼物。印度人重视祭祀登坛形式,大小有严格限制,促成几何学发展。印度医学评价甚高,特别强调日常卫生、注意健康和延寿。此由印度寺庙讲究卫生,佛教律藏中有许多养身之法,都足以证明。早期印度人用咒语医病,后来逐渐进步,特别重视心理疗法。两本医学著作《揭罗迦本集》、《苏修鲁多本集》涉及医学各领域,对外科及医学道德着墨较深,颇受重视。

第3章
多神时期(3)

古典文明

  古典文明为世界文明重要一支,涵盖时间约为公元前11世纪至476年西罗马帝国覆亡为止,希腊文明、希腊化文明(Hellenistic)及罗马文明为其代表。希腊文明始于"神话",进而发展为柏拉图的"对话"[01],由人神关系论及人文关系;希腊"神话"与近东文明不同,希腊滨临爱琴海域(Aegean Sea),海路分隔,互不相害,影响希腊人的宇宙观,观解多于敬畏,人神关系趋于圆融,将神视为人的理想,透过竞技与竞赛方法,达到神的境界。人不是依赖神的恩赐或垂怜度日,而是经由自身努力提升人的尊严和地位。希腊神话未论及宇宙,希腊"对话"则为对宇宙自然的好奇,经由探究宇宙成因,触及人的心灵活动。"对话"满足了希腊人的求知欲,丰富了希腊人的智慧,使希腊人成为爱智的民族。当近东国家发展神权、王权之际,希腊人开始关切现世生命的意义与价值,希腊文化遗产除了神庙、神像、坟墓之外,逻辑及人文思想更享誉史坛。希腊化时代(Hellenistic Period)包括亚历山大大帝(Alexander the Great)及其后统治时期,此时希腊文明随着军事扩展与近东文化结合得以发扬光大。罗马文明表现与希腊文明不同,罗马征服四周邻地之后,与当地人共享罗马制度,创造了世界国家(world state)。罗马人除了军事征战的丰功伟业为人津津乐道外,罗马法、拉丁语及行政措施皆为后人传承、仿效。

古典文明之一——希腊

  对古典文明的热爱与探究一直是人类努力的方向,希腊文明内容,除了传说及文献

---

01 "对话"观念引自柏拉图的《对话录》(*Dialogue*),说明希腊人思维方式的进展,由对神明的关注到对人的认识。

记载之外，古迹的发掘也是重要成分。德国商人施莱曼(Heinrich Schliemann)发掘特洛伊城(Troy)，让世人认识迈锡尼(Mycenaeans)古迹；英国考古学家伊文斯(Arthur Evans)爵士在克里特岛(Crete)重现迈诺安的文物，对希腊文明再现功不可没。这些文物的出土经由文献的比对，使得古文明愈发真实亲切，影响后世更加景仰先人各项成就。

希腊历史根基于希腊半岛，概分为两期。希腊时期约从公元前2000年希腊人抵达半

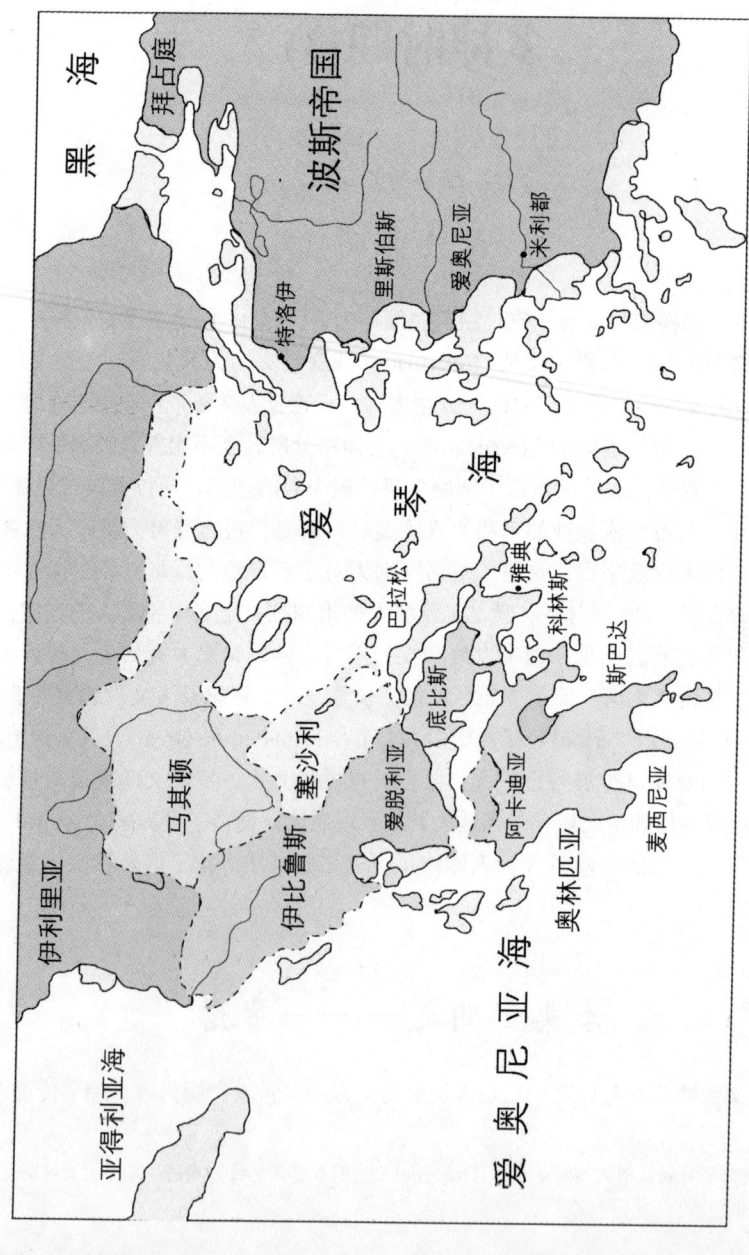

古希腊文明

> 公元前 2000—前 1200 年左右迈锡尼及迈诺亚文明出现
> 公元前 1450 年—前 1150 年克里特岛迈锡尼文明鼎盛
> 公元前 1150—前 750 年希腊文明黑暗时期
> 公元前 800 年左右希腊诗人荷马
> 公元前 750 年左右希腊进入城邦时期
> 公元前 508—前 502 年前雅典克里森时代
> 公元前 490—前 468 年波希战争
> 公元前 431—前 404 年波罗奔尼撒战争
> 公元前 359—前 366 年马其顿菲力浦时代
> 公元前 336—前 323 年亚历山大时代

岛,至公元前338年马其顿崛起,击败希腊为止;希腊化时期由亚历山大大帝东征,至公元前148年罗马征服希腊化的东方为止。

一、地理环境

人类文明发展受制于地理环境,至深且巨。古希腊人称其住地为希腊 (Hellas or Greek),包括爱琴海中的列岛岛屿及希腊半岛。半岛上的巴尔干山系延伸至近东和埃及,河流短促,形同小溪,夏天枯干;东线海岸曲折多港,海岛罗列,促进希腊与小亚细亚地区的往来。希腊多山,地形分割零散,影响人民来往,爱琴海岛屿大小不一,有些如同珊瑚礁,无法供人居住。希腊政治发展受限地理,城邦林立,各自为政,道路交通,崎岖难行,影响国家统一。

二、政治变迁

希腊政治发展依序可分为迈诺安 (Minoans) 及迈锡尼时期 (Mycenaeans 约 1650 B.C.—1100 B.C.)、荷马英雄史诗时期 (1100 B.C.—800 B.C.) 又称黑暗时期 (Dark Age)、城邦及诗人时期 (800 B.C.—500 B.C.)、古典时期 (500 B.C.—338 B.C.)。

1. 迈锡尼与迈诺安时期 (1650 B.C.—1100 B.C.)

迈锡尼与迈诺安文化分别发生在希腊半岛与克里特岛,相互影响,为希腊文明燃起火炬。迈锡尼文化源于希腊半岛,希腊人何时定居希腊半岛迄今不详,可信的说法是,公元前1650年希腊人在希腊半岛之婆罗奔尼撒 (Peloponnesus) 建立迈锡尼。在此以前原住民村庄散落,由半岛北方之占萨利 (Thessaly) 至南方的麦西尼亚 (Messenia),希腊人抵此后与原住民融合,创造了今日学者所谓的迈锡尼文化。有关这段时间历史记载空白,

荷马 (Homer) 史诗《伊利亚特》(*Iliad*)、《奥德赛》(*Odyssey*) 保存些微，惟真实存疑，所幸 19 世纪德国商人施莱曼沉迷《伊利亚特》，决心探其究竟，在现代土耳其挖掘出特洛伊城，并在希腊掘获迈锡尼及其他城市，让湮销已久的希腊文明再现于世。[01]

迈诺安文化源于克里特岛 (Crete)。20 世纪初英国考古学家伊文斯在克里特岛寻获久已为人遗忘的迈诺斯 (Minos)，并以克里特岛迈诺斯国王之名命名，称为迈诺安文化 (Minoan culture)。迈诺安人在新石器时代抵达克里特岛，公元前 1650 年左右，发展出鼎盛的文化。他们曾发明"线型 A"(Linear A) 书写文字，迄今仍存谜难解，无法提供任何有关当时社会政治的线索。根据考古学探究迈诺安文化遗物的王宫时发现，大约在公元前 1650 年克里特出现许多王宫，其中以诺萨斯 (Knossus) 最负盛名，它是迈诺安社会之政治经济中心。社会上层为国王及贵族，下层为农人、水手、牧羊人，已知进入铜器时代，社会富裕、和平。曾与埃及人贸易，船只航行深入爱琴海，建立许多贸易据点，并到过希腊本岛。

迈锡尼文化较迈诺安晚。希腊人抵迈锡尼定居后，拓展城市为贸易据点，底比斯 (Thebes)、雅典 (Athens)、泰尼斯 (Tiryns) 及皮洛斯 (Pylos) 皆成为生活重镇。政治为王国形态，国王与贵族居上位，王宫是国王的权力象征及财富所在，有珠宝、装饰品、陶器、武器、毛衣及其他国王生活必需品。遗物中有许多手稿，用希腊文"线型 B"(Linear B) 记载、登录一些税收及国王财产清单。国王下有技工、商人、农人，分工生产，归王室管辖，社会下层为奴隶，属国王及贵族所有，也为技工服务。

迈诺安人与迈锡尼人早期和平往来，迈诺安文化也顺利进入希腊半岛。公元前 1450 年迈锡尼人攻击迈诺安人，摧毁许多迈诺安王宫，掠夺诺萨斯王宫宝物，统治该岛长达 50 年。稍后诺萨斯遭遇一场风暴，毁于一旦，有关详情，争论不一，理论上诺萨斯是遭到自然灾害，但无法证实，也有人认为是纵火造成，不无可能。考古学家无法推定真正原因，不论真相如何，希腊半岛上的迈锡尼王国却从此一枝独秀，地中海商业活动得以迅速扩张至安纳托利亚、塞浦勒斯 (Cyprus)、埃及。迈锡尼文化空前繁荣，王宫扩建，城堡强化，但繁荣之余，和平不见，公元前 1300 年至公元前 1000 年，王国频遭攻击，且被摧毁，原因不详，后人认为系多利安人 (Dorians) 所为。不过现代语言学家发现，多利安人在迈锡尼时代已定居希腊，时空不合，考古学家也认为多利安人如果不在当时进入希腊，也是在城毁之后一段时间才进入希腊。考古鉴定认为亦非外患所为，因为找不到外国遗物证据。根据传说，最有可能是迈锡尼王国之间惨烈战争及王室衰微所致，此后即进入历史上所谓的黑暗时代。

---

01 古代的特洛伊城因战争或天然灾害，前前后后重建多次，每次均重建在前次被毁的遗址上，因此，特洛伊城是典型的城上城。许莱门共挖到九座古城，他认为第二座遗址就是荷马史诗中的特洛伊城，但现在考古学家认为应该是第七座城。

2. 黑暗时期 (1100 B.C.—800 B.C.)

黑暗时期的希腊历史，晦暗不明。据史诗记载，对外拓展活动频繁，部分希腊人航往克里特岛，建立新居；部分希腊人前往爱琴海及小亚细亚沿岸，使得爱琴海成为希腊内海；留在当地的住民则建立希腊社会，承续迈锡尼文化。

有关黑暗时期历史有三部当代著作：《伊利亚特》(Iliad)、《奥德赛》(Odyssey) 及《神谱》(Theogony)。《伊利亚特》与《奥德赛》系公元前 700 年左右为荷马所撰，有人认为是荷马根据当时流传的故事所辑，[01]《神谱》则为希腊诗人海希奥德 (Hesiod) 所写。荷马及海希奥德述说了希腊人想象中的过去，包括铜器文化及从迈锡尼世界崩溃到希腊文化再生阶段的历程。

《伊利亚特》叙述迈锡尼大军远征的故事，荷马描述了亚该亚 (Achaeans 希腊古名) 联军围攻小亚细亚的特洛伊城，迈锡尼国王亚格曼农 (Agamemnon) 与其同僚阿奇力斯 (Achilles) 两人间的争执，以及特洛伊城沦陷的经过。《奥德赛》叙述奥德修斯战后返乡的故事，奥德修斯是亚该亚攻打特洛伊城的英雄。这些诗篇真实待考，其中不乏夸大之处，但多少具有人性成分。荷马描述住在奥林匹克山 (Mount Olympus) 诸神观看特洛伊城之役，耐人寻味，引人深省。荷马笔下之诸神多取自美索不达米亚，不同的是奥林匹克诸神具有人的概念。[02]

《神谱》叙说宙斯及其后代 (即神话中的铁丹族) 诸神。宇宙始于混沌 (Chaos)，后出现大地之神"加亚"(Gaea)，生下天神乌拉诺斯 (Uranus)。加亚和乌拉诺斯生下海洋之神欧辛 (Ocean) 及天地之神克罗诺斯 (Cornoss)，克罗诺斯将天地分开，成为诸神之王。海希奥德之《神谱》具浓厚道德色彩，克罗诺斯之子宙斯 (Zeus)，击败邪恶的父亲并僭位为王，生下正义、合理、和平、光明、美丽诸神。海希奥德认为宙斯是正义之神，厌恶坏事。

希腊神话中有十二位神。宙斯 (Zeus) 是一切神与人之主 (罗马人称为朱彼得)。他的姐姐也是他的妻子，天后希拉 (Hera)，管婚姻与生育。宙斯儿女众多，有阿西娜 (Athena) 管智慧、阿芙罗蒂 (Aphrodite) 即维纳斯 (Venus)、太阳神阿波罗 (Apollon)、海神波赛顿等。希腊诸神是他们生活的重心，希腊人先将他们的梦想和希望寄托于神，然后透过神话和礼拜仪式去寻找神，再获得梦想和希望。在希腊神性世界中，人不是经由苦修、崇拜过程中亲近神明，而是由节日、竞赛中体现神明。在城邦时代，由于城邦的利益和个人的利益不可分，神具有"保护"的角色，而成为"保护神"。

---

01 相传荷马是一位盲人，靠说故事维生，有点类似中国古代的说书人。现代学者认为，《伊利亚特》与《奥德赛》是由多位不知名的诗人假荷马之名所汇编而成的大部头史诗。

02 古希腊人是人本主义者 (Humanist)，崇尚有限和自然，而不崇拜来世和超凡脱俗。所以，他们拒不赋予诸神令人畏惧的形象，也不捏造任何人类是堕落和罪孽的造物观念。

3. 城邦时期 (800—500 B.C.)

希腊以城邦政治享誉史坛，城邦不是建筑形式，而是一种公共生活领域，以神坛祭祀为中心。希腊城邦 (polis or city-state) 源于何时不得其详，惟迄黑暗时代末期，已渐普遍。各城邦形同独立，三个城邦势力较大：斯巴达 (Sparta) 辖有拉科尼亚 (Laconia) 及麦西尼亚 (Messenia)；雅典统一阿提加 (Attica) 半岛；底比斯 (Thebes) 拥有布奥西亚 (Boeotia)。其他各城邦实力相去不远，势力伯仲，幸存而已。

从地理上说，城邦包括城堡及其周围乡下地区，人民住在城内。公元前 5 世纪，城市四周有墙，主体为山丘上的城堡又称卫城 (Acropolis)、公共广场及市集 (agora)，卫城上筑有神庙、祭坛、公共纪念碑以及祭拜城神之殿堂。市集原为武士聚会场所，后来成为城邦政治中心，有商店、公共建筑及法庭。城内无人居住之地，包括可耕地、牧地及荒地。农人日出而作，日入而息，在荒地挖石块，寻找饲料，城市兼具了都市及乡村两种生活。城邦大小视地理环境而定，人口数目欠详，依哲学家柏拉图说法，5000 人最理想，由于人数不多，彼此相识，个人与团体之间关系密切。城邦是人民往来场所，更是处理公共事务所在。民间风俗即城邦法律，希腊人城邦众多，法律自然不同，与罗马仅一部万民法大异其趣。

城邦政治形态不一：有 (1) 君主制 (monarchy) "一个人统治"，君主代表城邦，王位依法取得，尊重民权；(2) 贵族制 (aristocracy) "由贵族治国"；(3) 寡头制 (oligarchy) "少数人的统治"，少数人多为富人，不分身份、背景；(4) 民主制 (democracy) "人民统治"，全民执政，不论身份、背景[01]；(5) 专制 (tyranny) "一人专政"，其权力取得多为非法，通常利用财富颠覆政权而取得权力。希腊城邦政治采何种模式视情况而定，富人掌权多采寡头制，人民参政则为民主制。希腊城邦市民心手相连，休戚与共。城邦团结可期，但却排外有加，外人不得分享希腊人所有，甚至在希腊出生的外人毕生无法成为市民 (citizen, 或称公民)，女人无政治地位，尽管可以参加宗教仪式，担任祭司，但却不得从事公务。虽然希腊城邦各自独立，但不乏城邦联盟组织 (leagues of city states)，这种希腊邦联政治体系类似美国早期邦联制度，各邦联合组成中央政府，共同处理外患，但分别独立处理内政，邦联政治运作不易，各邦公民保有自由与自治，影响希腊人无法凝聚为一政治实体。

随着城邦发展，希腊迈入扩张时期，版图、艺文、政治均有显著表现。版图上，东至黑海、西抵西班牙；艺文上，诗人摆脱传统英雄传说，开始描写人间生活；政治上，斯巴达、雅典跃登历史舞台。

(1) 海外扩张

促使希腊人远赴海外的动机不一，主要原因是希腊人逐渐由黑暗中苏醒过来，人口

---

01 民主 (democracy) 由希腊文 "人民" (demos) 与 "统治" (Kratos) 组合而成，意为 "由人民进行统治"，公元前 508 年古希腊雅典首先实施民主制度。

增加、社会富裕,但繁荣之后,问题丛生。希腊土地狭窄、贫瘠、人口日增、耕地日损、土地不敷使用,迫使希腊人远赴异地谋生;此外,渴望新生活,热爱冒险,加速了海外发展活动。

希腊人是航海民族,视海如同高速公路,对地中海了如指掌。地中海气候温和,地理环境优越,适合航海生活,希腊人荡漾其间,遨游四处,东至塞浦路斯(Cyprus)、西赴马耳他(Malta),建立殖民地。由公元前750年至公元前550年,希腊海外扩张已由希腊半岛及小亚细亚进入爱琴海北岸、爱奥尼亚(Ionia)[01]、黑海、北非、西西里、意大利南部、法国南部及西班牙。黑暗时代希腊人将爱琴海变成希腊内湖(Greek lake),如今希腊人又征服了地中海。

殖民活动需庞大组织及周详计划,从事殖民之城市称为母城(metroplis),决定赴何处殖民、如何移民及由谁负责,再搜集粮米、补给品以及农业种子。母城必须提供船只,一旦准备妥当,大事底定,由领袖(oikist)下令动身启航,全权负责,直至殖民人上落户,择妥庙所及政府所在地。新政府行政运作自如之后,始交付权力予新领袖。由于殖民工作务实,殖民地人际关系日趋平等,与母城渐行渐远,迈向独立。殖民的特色有二:新城邦承担公共事务分量较旧城邦重,影响新城邦重视制度;新城邦殖民地点已跨越希腊沿岸,对西方文明产生重大影响。[02]

(2) 城邦政治

希腊城邦虽多,但具代表性的有二:

A. 斯巴达

斯巴达于公元前八百年后开始扩展其城邦疆域,成为希腊强权。斯巴达人遭遇的问题是人口过多、土地不足,为解决困难,向外征战,攻打伯罗奔尼撒西南肥沃地区的麦西尼亚(Messenia)。两次麦西尼亚战争,奠定国本。公元前735年,第一次麦西尼亚战争(Messenian War),长达20年,斯巴达人获胜,重新划分土地,将当地人民发配为奴。公元前650年麦西尼亚农奴暴动,引发革命,造成第二次麦西尼亚战争,持续近30年,过程惨烈,血流成河,斯巴达动员全力,上下一心,赢得战争,但也影响斯巴达城邦加紧对政治、社会控制。[03]

两次麦西尼亚战争对斯巴达政治生态产生重大影响。战争期间非贵族与贵族并肩作战,出生入死,贡献良多,战后要求与贵族分享权力,迫使贵族同意让步。斯巴达政治家莱克尔加斯(Lycurgus),拟定莱克尔加斯政体(Lycurgan regimen),无论在政治、经济及社会上皆推陈布新。从法律观点视之,废除了贵族制,建立了寡头制,两位国王握有

---

01 小亚细亚西海岸中部及其附近爱琴海岛屿的古名,公元前1100年为希腊人的殖民地。
02 古希腊移民在意大利南部和西西里岛建立的殖民城市统称为"大希腊"(Magna Graecia)。例如,现在意大利南部大城拿坡里(Naples)就是古希腊移民建立的殖民城市,其原意是"新城邦"(Neapollis)。
03 斯巴达的统治阶级约占全国人口的1/20,享有政治特权,但也因而必须时时备战,防止农奴的叛乱。

军政大权，30 人参议会包括两位国王及 28 位长老，研讨内政外交事务及准备交付立法会议审议法案。立法会议由斯巴达全民组成，行政事务由公民选出的五人执政团 (ephors) 负责。斯巴达人将麦西尼亚土地划分给全体公民，由农奴 (Helots) 耕作，并以恐怖手段控制农奴。根据莱克尔加斯政治制度，斯巴达为军国主义国家，每位公民须忠于斯巴达，接受军事训练，男孩年满 12 岁即入伍从军、睡草席、接受严格身体磨练及军事训练，直至 24 岁成为前线战士为止，此后终生备战，军事训练未曾稍息，长幼传承。

斯巴达女人与其他希腊社会女人不同，不穿戴珠宝及美服，相信身体健壮有助优生。她们生活较不受约束，虽没有参政权但却可参加公开活动，女人和男人一样坚强自立。斯巴达女人与爱国主义结合，以身为战士之妻或母亲为荣，特别重视勇敢，代代相传。

B. 雅典

雅典政治与斯巴达不同，采民主制度，将政权赋予全体公民。公元前 7 世纪末，雅典动乱、社会失序，原因不详，公元前 636 年及公元前 632 年雅典贵族西伦 (Cylon) 征服卫城，企图独裁，但遭农民阻止。公元前 621 年达柯 (Darco) 在农民重大压力之下，公布雅典城邦首部法典。第一部属于全民的法典由此产生。

雅典政治历经三个阶段：君主专制 (公元前 700 年以前)、贵族统治 (700 B.C.—599 B.C.)、民主时期。有关君主专制情形不太清楚；贵族统治时期设有贵族会议，称为阿雷奥帕古斯 (Areopagos) 会议、九位执政官 (原为三位) 负责宗教、军事、行政、司法，原为每十年一聘，后改为每年一聘。贵族统治时期冲突不断，农民不满，梭伦趁势而出，希腊民主政体诞生。希腊民主发展历经了三个阶段：梭伦 (Solon)、克里森 (Cleisthenes)、皮利克里 (Pericles)。据了解，梭伦出身贵族，以贸易致富，与其他贵族靠土地生财不同，因此上任后除设法让农民减轻债务负担外，就是削减贵族势力，将非贵族的有钱人纳入权力体系。他保留了九位执政官，但让有钱人可以选选，设立一个以部落为主的 400 人会议 (Council of 400)，由三个上流阶级代表组成，监督官员与制定公民大会议程。公民大会由男性公民参加，但议程由 400 人会议决定，因此权力有限，司法审判权交给全体公民代表。梭伦改革经过几年，贵族争权，冲突复见。公元前 508 年克里森获执政当局委请修宪，历时三年左右。克里森曾一度遭放逐，此次重来，必须要获得平民的支持，因此满足人民需求成为首要之务。克里森设计一套复杂的制度，组成 10 个新部落，各部落选出代表参加 500 人会议及担任行政官员。500 人会议系由年满 30 岁以上的公民组成，10 个部落各派 50 名代表，任期 1 年，一生只能出任两次，并不是所有的公民都可以出任代表，只有相当财产的人才够资格。城邦的决策机构为公民大会，原则上由年满 20 岁以上的男性公民组成。有资格出席公民大会的公民总数约为 3 万人左右，议程由五百人会议决定。雅典的行政官员由公民中选举或抽签产生，每年约任命 600 名行政官员，任期一年，年龄得在 30 岁以上，一生只能担任同一种公职一次。在克里森改革中比较受人注意的是"陶片流放制" (Ostracism)，利用陶器碎片，经投票方式，将不受欢迎的人放逐，期限 10 年。第三个重要的人士是皮利克里，生于公元前 495 年，公元前 460 年左右在政坛上崭露头角，以后一直是雅典政坛上的头号人物。他是民主激进人士，认为一切权力都是众人共有的，所有官员都必须向 500 人会议以及公民会议负责。在他任内，任何一个人要取得公民权双亲都必须是公民，在此之前，只要双亲中有一位是公民即可获得公民资格。

雅典虽被誉为民主殿堂，但与今日民主不同。雅典民主政府表面上让百姓拥有政治权力及责任，但事实上贵族仍位居要津，妇女及奴隶不具政治权力，外人亦未享有公民权。雅典民主并非让公民选出官员，而是要求每位公民也能履行多数官员的责任。雅典公民既要投票也要服务公职，人民就是政府，法律之前人人平等，多数民意决定法律，个人与国家的关系在于国家为市民而存在，市民为国家尽心。

4. 古典时期 (500—338 B.C.)

古典时期政治充满杀伐之声，波希及婆罗奔尼撒两大战役由攘外而内讧，迫使希腊退出历史舞台，天命犹或人祸，迄今难断，历史之为历史，不在其然，而在其所以然。

(1) 波希战争 (Persian Wars, 499—479 B.C.)

波希战争为东西之间重要战役，影响文明发展。战争源于公元前 499 年，位于小亚细亚之希腊属地爱奥尼亚反抗波斯，而遭其报复所致。公元前 490 年波斯进击雅典，在阿提加 (Attica) 平原马拉松 (Marathon) 一役受挫[01]，不甘善罢，再度兴兵，公元前 480 年波斯国王薛西斯 (Xerxes) 亲率大军入侵希腊。值此危难之秋，希腊人同仇敌忾，万众一心，斯巴达陆军、雅典海军，发挥所长，制敌机先。波希大军先在尤波亚 (Euboea) 北部山顶、阿特米亚恩 (Artemisium) 外海之詹莫皮莱 (Thermopylae) 隘道相逢，波斯军容壮盛，气焰高涨，惟希腊不为所惧，斯巴达英勇奋战。公元前 480 年希腊海军与波斯在雅典南方色拉米斯 (Salamis) 会战，尽管波斯势众，但仍为希腊所败，波斯海军退却，希腊胜利在望。次年希腊联军的斯巴达将领波沙尼亚斯 (Pausanias) 及雅典将领阿里斯弟得斯 (Aristides) 联手，于布奥西亚 (Boeotia) 小城邦普拉特拉 (Plataea) 处歼灭波斯军残众。波希战争希腊获胜，意义非凡，从此东方君权不再直接挑战西方，希腊政治、思想成为西方文明之楷模。

(2) 波希战后 (478—431 B.C.)

波希战后，波斯战败，爱琴海情势丕变，波斯海上霸权不再，雅典乘势而起。公元前 478 年雅典及其盟国在阿里斯弟得斯领导之下，组成提洛同盟 (Delian League)。这支强大的海上联盟为一个自由组合之联盟，旨在解除波斯对爱奥尼亚的统治，由雅典提供大半战舰、船员，并决定盟国应担负多少船只及金钱。[02] 雅典视盟国为属国，镇压异己、扶

---

01 马拉松一役，波斯海军败溃，希腊军队指挥官米勒喜底斯 (Miltiades) 派一名士兵费迪皮底斯 (Pheidippides) 从战场奔赴雅典报捷，他在跑完全程并报告胜利后倒地累死，这便是马拉松赛跑运动的起源。

02 提洛岛 (Delian) 是爱琴海中的一个小岛，雅典人将盟国金库设于此，并为同盟总部。后来雅典贪图黄金，公元前 454 年，将提洛岛上的公共财产运回雅典卫城，收为己有，而且订立严格的盟约，要求盟国绝对服从雅典，稍有拂逆便严惩不贷。从此提洛同盟徒具虚名，雅典帝国形成。

植傀儡、横征暴敛、加紧钳制。公元前467年在小亚细亚尤里棉顿河 (Eurymedon River) 击败波斯大军,迫其退出爱琴海。公元前494年至公元前429年,皮利克里 (Pericles) 主政,采帝国主义外交。公元前459年,雅典与斯巴达反目,雅典占领布奥西亚 (Boeotia)、米格拉 (Megara) 及爱吉那 (Aegina) 后,在埃及和布奥西亚受挫,从此希腊形成为两大强权。公元前440至公元前430年代雅典加强对盟国控制,并与斯巴达支持的科林斯 (Corinth) 对峙。

(3) 婆罗奔尼撒战争 (Peloponnesian War, 431—404 B.C.)

婆罗奔尼撒战争为斯巴达与雅典之间的内战,持续近30年,战争惨烈、瘟疫四处、饥饿普遍、到处断垣残壁、尸骨荒野。战争正式开始于底比斯人 (Thebes) 攻击普拉特拉 (Plataea) 附近的城邦。以后7年之间,斯巴达及其盟军五度侵入阿提加 (Attica),雅典坚守抗拒,斯巴达未能得逞。公元前430年雅典遭瘟疫肆虐,死亡无数,皮利克里亦遭感染身亡,继位者克里欧 (Cleon) 执政,展开反攻,双方互有胜负,僵持10年,死伤无数,满目疮痍,公元前421年,斯巴达与雅典在尼西亚斯 (Nicias) 缔和。从此双方进入冷战时期,迨欧西拜得斯 (Alcibiades) 主政后,冷战复炽成为热战。欧西拜得斯为雅典贵族、皮利克里远亲、苏格拉底 (Socrates) 学生,任内发兵攻击位于西西里岛的城邦叙拉古 (Syracuse),不幸失利。西西里岛战役过后,婆罗奔尼撒战争进入最后阶段。斯巴达虽缺乏海军却利用雅典内讧接近波斯,允诺将爱奥尼亚交还波斯,波斯乃协助斯巴达造舰。斯巴达一旦拥有船舰,即与雅典在爱琴海展开对决,公元前405年斯巴达大将里桑德 (Lysander) 率舰于艾格斯普塔米 (Aegospotami) 一役摧毁雅典舰队,此后斯巴达一路挺进,围攻雅典,至其弃械投降,结束了为期27年的婆罗奔尼撒战争。

5. 古典希腊没落及马其顿 (Macedonia) 崛起

公元前404年婆罗奔尼撒战争结束,斯巴达将领里桑德 (Lysander) 率军击败雅典,希腊和平在望,但事实不然,战火烟硝不散,杀戮征战不止,城邦政治,穷途末路。为了止战,各邦意见分歧,归纳为二:一是"和平共存"(Common Peace),希腊各邦不分大小,和平共存,任何城邦不得侵犯邻邦,各自保有法律及风格。公元前386年,希腊人据此,与波斯签缔和约,惟和平共存陈义过高,无法约束列强如斯巴达、雅典及底比斯的霸权野心。另一是联邦主义 (Federalism),加强各邦联系成立联盟,由各邦提供人力、资源、防御外患。在公元前4世纪,希腊约有10个类似联盟组织,虽未结合成希腊联邦,但却影响希腊化时代的政治。

希腊城邦内讧之际,北方新强权崛起,公元前359年国王菲力浦二世 (Philip II) 领导马其顿,跃为希腊霸主。马其顿资源丰厚,土地肥沃,东临爱琴海,虽属落后地区,但腓力是位富才智,有教养,具魅力之领袖,年轻时曾赴底比斯居住数年,学习希腊政治、外交、军事,充分了解马其顿需求,深知马其顿的大患是雅典,平定边界蛮族之后即南下攻打爱琴海西北部地区。公元前338年底比斯、雅典联军在察罗尼亚 (Chaeronea) 的布

奥西亚 (Boeotian) 城遭逢马其顿大军，被菲力击败，古希腊文明曲终幕落。

三、文学

希腊文学本于史诗，有：荷马史诗及神谱。荷马史诗包括《伊利亚德》、《奥德赛》两篇，书写了希腊人所信奉、在奥林匹亚山上居住的 12 位主神的生活点滴，《神谱》则追述了希腊诸神之源由，类似现代人所强调之族谱、家谱。希腊诸神与近东被敬畏的神明不同，他们体现人的企图心及完美性。希腊人试图透过体育及其他竞赛活动，达到礼神的最高境界，因此阅读希腊神话不能由神到人而应由人到神的角度，了解人的一切努力都在神的身上表现出来。换言之，希腊神话融合了生命的现实与梦想，开创了艺术与文学的领域。

希腊文学作品丰富，主要代表人物有阿希罗奇斯 (Achilochus)，他生于帕罗斯岛 (Paros)，为一位贵族的私生子。由于身份关系，无法承继祖产，另寻发展，自谋生路。这位杰出诗人的作品与时下一般诗人歌颂英雄不同，以标榜自我为主。由于热爱海洋生活，勇于冒险，诗作十分真切、感人。他一生行谊发人深省，曾与帕洛斯一些同好赴爱琴海北部之塔梭斯 (Thasos) 殖民，爱上一位小姐叫尼欧布勒 (Neoboule)，但遭女方父亲反对，阿希罗奇斯不甘受阻，诱拐其妹妹，后来离开塔梭斯，充当外籍佣兵。阿希罗奇斯一生反映了彼时社会风尚：偏爱精力无穷、体力无限、自信自恃、冒险过人的英雄；歌颂勇于突破现状、面对未来、建立新家园的豪杰。

另一位代表作家为莎布弗 (Sappho)。莎布弗于公元前 7 世纪生于里斯波斯岛 (Lesbos)，此地海风徐徐、艳阳高照、景色怡人，莎布弗周旋于贵族妇女，生活于欢乐之中，诗文创作以个人情感为主，擅长情欲表述：大胆、坦诚、不隐讳。莎布弗为双性恋者，诗文不乏同性恋的语句。古代文学将莎布弗与女性同性恋联想在一块，英语中的女同性恋 (Lesbian) 即取自莎布弗家乡名叫里斯波斯 (Lesbos) 的小岛。希腊人接受双性恋，男女可拥有同性或异性伴侣。在莎布弗声称拥有许多女伴之后，仍有一名男子不以为忤，向她求婚，但她以生育年龄已过加以婉拒。阿希罗奇斯与莎布弗两人诗作，尽管风格不同、精神有别，但皆富有浓郁个人主义，且忠于自我，希望感动别人，与人分享经验、思想及智慧。

四、史学

希腊史学为后世典范，赖波希及婆罗奔尼撒两次战争得以催生。希罗多德、修西提斯 (Thucydides) 两位史家，开史学风气，名垂青史。色诺芬 (Xenophon) 扩大视野，合称为希腊三大史家。

希罗多德被誉为史学之父，生于小亚细亚之哈里卡那斯乌斯 (Halicarnassus)，年轻时四处旅游，后来移居雅典。著有《历史》一书，记载波斯帝国发展，详述雅典、斯巴达的崛起，埃及和塞西亚 (Scythians)[01] 的风俗、地理，以及波希战争的点点滴滴。这项工作艰巨困难，在报章不见、交通不便、旅行不易情形下，希罗多德完成了不朽巨作，内容涵盖近东及希腊重大事件。希罗多德写作源自其个性好奇，酷爱旅行，搜集见闻，字句斟酌。英国史学家柯灵乌 (R. G. Collingwood) 在《历史的理念》(The Idea of History) 一书中推崇希罗多德的史学：描述人的行为，提供了人对人的认识，展现人文主义，使得历史由传说写作转变成历史科学，进而被称为史学之父。[02]

修西提斯是希腊另一位杰出的史家，以撰述《婆罗奔尼撒战史》(History of the Peloponnesian War) 名显于世。修西提斯是雅典将领也是位政治家，亲身目睹战争经过，后因战败遭放逐，得以有闲暇搜证并赴战场查证，加上本人地位显赫，易于接近层峰，了解决策所在。修西提斯重视人性，关心战争期间人性表露，公元前430年雅典瘟疫流行，修西提斯描述瘟疫以及雅典人在战争、疫情肆虐之下的绝望神情，他同时记录了柯西拉 (Corcyra) 岛内战血流成河的惨状，除了谴责战争的不公平及不人道外，并论及人性的悲哀及不忠。修西提斯认为婆罗奔尼撒战争严重摧残希腊人的性格，从此圣贤不再、荣誉不见，人性之丑陋，隐然见于权力、野心之争夺中。修西提斯治史强调当代之重要，坚持命运操纵在自己手中，反对神干涉人类事务的说词，史坛誉之为政治史与心理史之父。[03]

色诺芬是古典希腊中第三位重要史家，也是位军人，对事物观察入微，大作《长征记》(Anabasis March into the Interior) 共分七卷，叙述希腊佣兵协助波斯王子小居鲁士 (Cyrus) 夺取王位失败后，被迫沿着小亚细亚内陆撤退，最后返归希腊本土的过程。全书提供了关于希腊军队和波斯帝国的许多史料，具军事、文学价值，对后世影响颇大，由于个人参与长征，书中难免有些渲染夸大溢美之处。色诺芬撰述历史扩大了历史研究领域，重视历史上的经济因素，开创以人叙事的新体裁。

五、戏剧

希腊戏剧 (drama) 在西方社会中是最早关心个人权利、社会约束、善恶本质的艺术情状。戏剧的特色在凸显冲突的表现，透过艺术方式描述、了解并说明生命中基本的冲突。戏剧之发展与宗教节庆有关，早期由城邦当局制作、富人赞助，剧作家将剧本送交执政官，选出佳作，指派剧团为剧作家表演。虽然多数剧作已湮没于世，但由遗存保留作品中，仍可感受到执政官的格调品味。剧本不乏争议之处，但未见白色恐怖事件。

希腊戏剧，有口皆碑，后人争相传诵的有三位悲剧作家、一位喜剧作家。希腊悲剧起源难考，传说与信仰酒神戴奥尼索斯 (Dionysos) 有关，酒神信仰强调官能之享乐，也象征大自然生生不息。希腊盛产葡萄，葡萄藤蔓冬枯春生，象征死而复生，葡

---

01 塞西亚 (Scythians) 指黑海 (Black Sea) 北岸之地，今日的克里米亚 (Crimer) 一带。
02 R. G. Collingwood, *The Idea of History*, rev. ed (Oxford: Oxford University Press, 1993), p.17-20.
03 Ibid., p.28-31.

萄可以酿酒，因此酒神足迹所及，信徒身披葡萄藤、顶礼膜拜。祭酒神时演出酒神颂（Dithyramb），50位男子围绕在祭坛旁载歌载舞，个个身披山羊皮颂诗，称为"羊歌"。英文的"悲剧"（tragedy）可溯及希腊文的"tragoedia"，意为"山羊"。

希腊悲剧作品题材多出自神话，个人没有创作自由，最早的悲剧作家艾斯奇勒斯（Aeschylus）是第一位描写战争中被俘者垂死挣扎痛苦的作家。《奥勒斯提亚》（*Oresteia*）为其代表作，这出剧共有三部曲，主题讨论背叛、谋杀及妥协之道。第一部曲《亚格曼侬》（*Agamennon*）述说亚格曼侬自特洛伊战后返乡，遭其妻克莱婷（Clytemnestra）与姘头伊吉瑟斯（Aegisthus）联手杀害，第二部曲《奠酒者》（*The Libation Bearers*）描写克莱婷及亚格曼侬之子奥勒斯提斯（Orestes）为父复仇，杀死母亲及其姘头。第三部曲《复仇女神》（*Eumenides*）讨论奥勒斯提斯罪行。愤怒的诸神咸认为他忤逆不孝、弑亲乱伦，要求处死，12位陪审团团员在阿西娜设立的法庭中投票，6票赞同、6票反对。阿西娜投出关键性一票，同情开释，结束了冤冤相报的观念，开启一个新时代。艾斯奇勒斯试图用理性及正义斡旋冲突。剧作所显示的意义为：民间倾轧不得危害社稷，群体生活必须维系和谐与关爱。

第两位剧作家索佛克里斯（Sophocles）关心个人与政治问题，剧作《安蒂歌妮》（*Antigone*，希腊女神）讨论在部落与城邦之间，人与人之间的冲突。在这出剧中波里尼西斯（Polynices）攻打自己国家，战死沙场，底比斯国王克利欧（Creon）拒绝发还尸体，波里尼西斯妹妹安蒂歌妮震怒。依照风俗，安蒂歌妮必须埋葬其兄，克里欧有权不容许波里尼西斯埋葬在城邦，但无权不容许下葬在其他地方，克利欧一意孤行，迫使安蒂歌妮求助神明法律。索佛克里斯藉由剧作强调维持社会祥和必须承认法律、遵守法律。索佛克里斯另一部巨作《伊底帕斯王》（*Oedipus the King*）及其续集《伊底帕斯在科罗讷斯》（*Oedipus at Colonus*），屹立西洋文坛，历久不衰，成为后世写作典范。《伊底帕斯王》是一部讽刺作品。故事叙说伊底帕斯遭神明诅咒，迫其弑父娶母，虽力图抗拒，逃避命运，但身不由己，最后，赫然发现此为神意，乃弄瞎双眼，四处逃亡。续集《伊底帕斯在科罗讷斯》有戏剧化转变，剧作阐述了残障国王所遭受的煎熬及无比的耐性，使他获得殊荣，诸神推崇有加。索佛克里斯两部著作，引发争论，其实，作者不过想说明人应当执行神的意旨，神意不可测，但却有其正义及公理。就心理学而言，伊底帕斯故事激发了不合理的希望和恐惧，这种希望和恐惧潜隐在人类意识深处，成为后来心理学家佛洛伊德（Sigmund Freud）所说的"伊底帕斯情结"或恋母情结（Oedipus Complex）。[01]

第三位剧作家尤里皮底斯（Euripides），亦撰写有关城邦中人际冲突的问题。继尤里皮底斯之后希腊戏剧写作以人为主，神沦为次要。尤里皮底斯认为人的灵魂是仇恨、妒嫉与理性冲突的场合，人际之间的爱憎出于情绪超过理智。他的剧作充满浓郁社会气息，震惊雅典人民，被指控亵渎、偏见、荒唐，以致有生之年较不得意，惟对后来罗马戏剧

---

01 参阅：Sigmund Freud, *Interpretation of Dreams* (N.Y.: Buccaneer Books, 1985).

写作影响重大。

希腊喜剧 (comedy) 堪为一绝。喜剧多于宗教节庆中演出，主题为政治及政治人物，多具有嘲讽性质，语调滑稽戏谑兼而有之，表现在粗拙的丑角对白和临场机智上。代表人物亚里斯多芬 (Aristophanes)、热爱家园、批评时政、嘲讽大人物，如皮利克里、苏格拉底、尤里皮底斯等。雅典当局，宽大包容，察纳雅言，未予查禁，令人钦佩。雅典喜剧充分表现出西方的民主精神，以及喜剧的挖苦特质，在其他东方社会或许闹剧常有，但喜剧却不多见。

六、哲学

希腊哲学系由人的角度而非神的立场，来探索人的意义与价值。这种思维方式与近东不同，由对宇宙之成因到对知识的好奇，奠定了人生的发展方向。希腊哲学源起于爱琴海及地中海，海陆相隔，人可以不受海水影响且无所畏惧，对宇宙、人生的看法，理性大于神性 (Mythological terms)。远在诗人时代，小亚细亚沿岸的爱奥尼亚思想家即产生对宇宙成因的好奇，火？水？原子？还是数字？各有看法，各有坚持。希腊第一位哲学泰利斯 (Thales) 由巴比伦处习知数学、天文学，由埃及处习知几何。他与近东哲学家思路不同，近东人们视月蚀为恶魔现身，泰利斯则认为是自然现象，可以自然方式解释。在探讨宇宙的本质时，泰利斯相信是水，这或许只是一种根据肉眼观察推断的经验论，谬误必然，但却敲开科学思维之门。阿纳克斯曼德 (Anaximander) 承继泰利斯思路，是位从抽象思考探讨普遍观念的学者，致力寻找普遍与独特之间的调和。每一个人、每一件事物都具独特性，人与人、事与事之间的普遍性如何产生则是关注的焦点。阿纳克斯曼德提出宇宙本质为"无穷"(boundless) 一说，既不确定亦无法毁灭，地球飘浮不定，依事物远近维持平衡。他认为人类是由低等生物演化而成，生物最早来自水中，长有鳞片，稍后有些爬行登陆，去除鳞皮，开始"新生"。这项看法与后来达尔文的"进化论"近似，但早了 2000 多年。爱奥尼亚另一位哲学家赫拉克里特 (Heraclitus) 认为，宇宙的主要元素为火，世界无头也无尾，"世界既非神造亦非人为，现在如此，将来也如此，宇宙是无休止的火，有起有灭，宇宙虽然永恒，但变化无常。"此外还有一位德谟克里特 (Democritus) 提出，宇宙是由肉眼看不见、无法摧毁的原子所构成。总之，先苏格拉底的希腊哲学主要在探讨宇宙构成要件是什么？火、空气、数字还是水？

这种哲学思维至有医学之父之称的希波克拉底 (Hippocrates) 身上有所改变，由对宇宙转为对人的探索。希波克拉底希望用合理方式来解释宇宙现象，透过经验而非依靠宗教及神秘以了解人类疫病的原因。他在《论空气、水及住所》(*On Airs, Waters, and Place*) 一文中强调气候、环境对健康的影响。希波克拉底及其后人所提出的医学理论对后世的影响，一直到 18 世纪为止。希波克拉底认为人类身体有四大体液：血液、黏液、黑胆汁及黄胆汁 (blood, phlegm, black bile and yellow bile)。这四种液汁保持平衡，身体健康，任何一种过多或过少都会形成疾病。[01] 希波克拉底哲学由宇宙推及人的本身，并将医术发展出一门特殊的行业。

希腊哲学至哲士派 (Sophists) 后，走向探讨人的方向。哲士派原是指有智慧博学的人（又被称为诡辩学家），四处游历，以教导年轻人为生。他们对哲学的看法不一，但皆同意人是研究的主要对象。宇宙的问题不在物的本身，而来自人的感受，庄子说"如人饮水，冷暖自知"，就是这个道理。从此哲学由宇宙论走向人生伦理的探究。他们坚信透过教育，可以培育智者，训练年轻人，经由哲学及修辞，圆满人生。诡辩学家强调逻辑及字义的重要性，批评传统信仰、宗教、礼仪、神话，甚至怀疑城邦的法律地位。基本上他们认为事无绝对，只是相对存在，基于感观的认识，是非观念是流动的，没有永恒。[02] 某些保守的希腊人批评这群人放任随便，颠倒是非，危害社会。

继哲士派之后，希腊出现三大哲学家，苏格拉底、柏拉图 (Plato) 及亚里士多德 (Aristotle)，他们将希腊思想由神话世界发展成对话哲学，为古典希腊哲学思想开启了知识论的新页。苏格拉底其人神秘难解，没有著作，也不曾留下只字词组。根据柏拉图描述，他生于雅典，喜好沉思、发呆、长相丑陋，眼凸、肚大、狮子鼻，毕生从事哲学活动。苏格拉底关心"知"，他认为惟有知道善，才有可能做善事，但如何有知却非易事，他试图从逆反角度来建构知的可能，他说他"只知道一件事，就是他一无所知"，这种"无知"被人称为"苏格拉底的反讽"，他藉此不断揭发人们思想上的弱点来追求真知。他不认为自己是位教师，只承认是位"接生婆"，让每一个个人自己活下去。苏格拉底认为感官随波逐流，理智是永恒不变的，人必须发挥理性，知道快乐，才会快乐。公元前399年，苏格拉底对知的追求方式被控"宣扬新的神明，腐化青年人"而遭定罪处死。有关苏格拉底之死，众说纷纭，但后人追念的是他维护真理、不肯妥协、临死不屈的典范，被认为是真理的斗士，与耶稣为信仰而死一样，"死而复生"。

第二位哲学家柏拉图为苏格拉底学生，成就有二：一、撰写《对话录》(*Dialogue*)，二、创办学校，以传说中希腊英雄阿卡戴慕士 (Academus) 为名，被称为"学园"或"学院"(Academy)，教导哲学、数学与体育。柏拉图承续苏格拉底对知的探索，认为知是一种观念，是自然界中"永恒"不变的事物，人类道德社会中"永恒"不变的真理。他认为自然界中有形的东西是流动的，物质世界的每一样东西，受时间侵蚀发生变化，惟有做成这些东西的形式即精神模式或抽象模式才永恒不变，譬如马是流动的，会老、会死，但马的观念不变。因此被称为观念论者 (idealist)。他认为人类居住的是一个理性的世界，无法用感官察知，必须用理性来认识，惟有理性世界才有永恒世界。所谓"柏拉图式的爱情"即在告知青年男女，爱情之可贵不在变化无常的"喜欢"，而是永恒不变的情爱观

---

01 此一医学理论的缺点是影响后世医生流行以"放血"治病。
02 诡辩学派哲学家普罗泰歌拉 (Protagoras) 有一句名言："人是万物的尺度"(man is the measure of all things)。这句话概括了诡辩学派哲学的要义。

念。柏拉图的大作《理想国》(The Republic)，主张一个国家应像人体一样，由三部分组成，人有头、胸、腹；国家应有哲学家、战士及工匠，"理性"在头部、"意志"在胸部、"欲望"在腹部，经由理性治国就会有完美的国家，他认为女人和男人一样可以经由训练培养理性思考能力，担任统治者。

第三位哲学家亚里士多德，思想承续苏格拉底、柏拉图对知的好奇，由实际观察中提出知识的内容，成就则远在两人之上，是西方哲学思想界的奇葩。亚里士多德生于马其顿，61岁至柏拉图学院进修，父亲是位医生，影响他不仅成为哲学家亦是位伟大的生物家。亚里士多德著作等身，共写了170本书，迄今保存的有47本，作品多为演讲笔记。[01] 亚里士多德与柏拉图不同，柏拉图关心永恒的形式，亚里士多德则注意到自然界的变化，重视实地研究，将知由理念层面落实到生活层面。他认为形式存在事物之中，而非事物之上，形式就是事物的特征，譬如马是流动的，马的形式永恒不变，但是马的理型是在看到若干匹马后形成的观念，因此马的理型或形式是马的特征，构成了马的种类。亚里士多德认为实在界除了柏拉图提出的形式与质料之外，另外还有"目的"及"动机"的原因，合称为"四因"说。通过四因才可能了解事物的"动"、"静"两面，洞察问题的真相，获得真知。亚里士多德并将事物分类，各有其所属类目或次类目，更创立逻辑，说明事物间的推论关系。由自然界到人界、从宇宙论到伦理学，亚里士多德经由上述概念提出生活的"中庸之道"，强调平衡、节制、和谐才有快乐，政治，应避免流于极端，君主制、贵族政治、民主政治各有利弊，惟有受教者才能称职。

七、艺术与建筑

1. 艺术

艺术有雕像、雕塑、陶瓷等。早期雕像受到埃及人影响，出现一种男性直立的裸体雕像。这种称为库拉斯(Kouros)的雕像长久以来一直被认为代表人体美，事实上，它只是献给神的祭品。呆板的姿势，两脚立在地上，左腿向前迈半步。比较能代表自由个体的雕塑作品为在雅典城发现的"驮小牛者"，注意整体的和谐风格。雕塑表现在建筑上，特别是神庙山墙上的群体雕塑，具个人风格，主题是神话故事，艺术家根据自己对神话的理解与想象重新创作。至于陶器可分为黑线陶和红线陶，图案表现出神话的故事，但多为实用的器物，因此重要性往往被忽略。

2. 建筑

建筑以神庙最具代表性，公元前5世纪后半期雅典执政皮利克里为歌颂雅典治绩，大肆修建神庙，认为此举不仅有助提升雅典形象，并可繁荣经济。公元前447年修建帕

---

01 古代没有印刷术，当时一本书的分量相当于今日的一篇短文。

特农神殿 (Parthenon)，接着兴建神殿入口 (Proylaea)、雅典娜女神庙 (Athena Nike) 及爱瑞克西恩神庙 (Erechtheum)，统称卫城。这些建筑设计精巧，工程细腻，多利安式圆柱高耸入天，神殿右边是供奉阿西娜女神的小庙，方圆大小与入口相得益彰，神殿圆柱上有爱奥尼亚式雕刻 (Ionic friez)，述说了波希战争经过。左边为爱瑞克西恩神庙，庙中有数座古代神龛，南边即闻名的女神像庙门口柱廊 (Portico of the Caryatids)，玄关上方至屋顶有多座雅典少女的雕像。由此可看到卫城全景。艺术家认为，卫城是希腊艺术与精神的缩影，虽然艺术主题为诸神，但其代表精神却是人与理性，希腊诸神为人神同形，艺术家则雕刻成人形，因此在荣耀神明时刻，歌颂的往往是人。卫城艺术作品展现出希腊理性思维：平衡感、有限性、宁静祥和，显示出贵族的特质：理性、尊严、承诺。

希腊神庙重视圆柱结构。一般说来圆柱款式有三：多利安式 (Doric order)、爱奥尼亚式、科林斯式 (Corinthian order)。多利安式圆柱厚重、凹槽深，柱顶较简单；爱奥尼亚式圆柱纤细、凹槽浅，柱头为涡卷形；科林斯式圆柱更细致，凹槽浅，柱头装饰复杂。[01]

八、生活

希腊人物质生活条件有限，然而生活欢愉。根据考证，希腊人已有床铺、柜子、椅子、桌子、篮子、草席、凳子、陶器、烹饪工具、珠宝等物品。除了衣服及毛毯自制外，一般家庭生产上述物品能力有限，多向外采购。雅典人住宅简陋，无论豪宅、寒舍，建筑方式相似，房屋面向内院围绕而筑，卧房多在上层，下层主要房间有二，饭厅及毛织工作房，有些工匠及艺人则另有店面或工作房。室内家具不多，有长椅、橱架、小餐桌、茶杯及陶罐。房子内院有井、祭坛及洗脸台，乡下人家养牛、猪、羊，利用驴子、猴子运输，在城市中也到处可见到山羊、鸡只、猫狗四处徘徊。希腊人食物有小麦、大麦、扁豆、橄榄、无花果及葡萄，常见佐料为大蒜及洋葱。希腊人常吃鱼、鸡肉及蔬菜。女人和面、烤面包，偶尔也做些蜂蜜和芝麻，橄榄油除了煮菜外，也用做油灯燃料及外伤药膏。除了节日庆典祭礼之外，不太吃肉，但斯巴达战士例外，每天均可分得一小块肉及用血、醋、盐及猪肉煮的黑肉汤。

希腊人多从事技艺工作如陶工、铜匠、造船、制革，缺乏专长的人只能靠劳力维生，但须与奴隶竞争，奴隶多为外国人、野蛮人，工作有报酬。希腊奴隶很多，受法律保护，可获得自由。主人虐待奴隶事件时有所闻，但杀害奴隶于法不许。雅典奴隶多从事家庭及部分室外工作，譬如带小孩、教书写、看管年轻人，奴隶生活方式与主人近似，有技艺的奴隶可从事公共建筑等工作。奴隶尽管与自由工人竞争，但却无法取而代之，自由

01　1755 年，德国考古学家暨艺术史家温克尔曼 (John Winckelmann) 为文反对当时繁华富丽的巴洛克 (Baroque) 风格，提倡古希腊人所崇尚的俭朴之美，主张以希腊的艺术理想为典范，追求"万古不变的永恒美"。自此之后，西方兴起复古运动，希腊风席卷全欧及美洲，产生"新古典主义"(neo-classicism) 流派，希腊风格的圆柱因而到处可见。

工人仍为希腊社会主体。

希腊人以农为生，除了少数幸运者拥有良田沃土外，大半人的土地贫瘠，收成有限，许多家庭捉襟见肘，一年努力仅足糊口，遇上荒年凋景，更是度日如年，惨不忍睹。希腊人闲暇打猎，将打猎视为运动，乡下、城市皆然。他们追逐兔子、野鹿及公猪，打猎丰收则犒赏加菜，富人骑马打猎，其他人则牵狗步行。打猎可以展现个人的胆识及勇气，在各类猎物中，以山猪最难对付。

希腊女人的生活实况由于史料不足，史家看法不一，鲜有共识。一般人多循文学与艺术层面了解，少从历史层面探究。史家关注政治、外交、军事等题材，对女人的研究、探讨较少，事实上，希腊女人在家庭经济生活中扮演要角。自由女人的市民地位受法律保护，只有她的小孩才可能成为公民，外国人与奴隶皆不可能。法律保护女人多基于对男人的考虑，譬如强奸罪比诱奸罪量刑轻，因为诱奸须获得女人同意，法律考虑的不是丈夫的感受，而是孩子的合法性。女人出嫁，嫁妆获得社会及法律保障。通常女人出嫁，都会陪嫁一块地和一些钱，归先生管理，但并非先生所有，离婚时，须归还女人。有地位的女人多在家中活动，少与外界接触，女人生活周旋于女流之间，也参加公开节庆、献礼及丧礼。女人主要工作是养育小孩、看管家奴及仆役。有空制作毛衣，先在内院清洗羊毛，再拿进房屋，缝制成衣，有时漂染着色。女人也烹饪食物或指挥佣人工作，一般说来，穷女人日子过得较自由，她们在田里干粗活，至公共广场兜售货物，从事一些男人的工作。雅典女人中妓女生活很自由，妓女有两类，一类只提供身体服务，另一类除了貌美之外还有才智。这些名伶游走男人社会，由于才华能力出众，颇受男人喜爱。典型的例子是皮利克里的情人阿斯帕斯亚 (Aspasia)，传说她也是苏格拉底的女友，受皮利克里青睐，与当时许多杰出思想家平起平坐，论学讲道，红极一时，惟皮利克里辞世之后，即没落潦倒，最后以鸨母终老。

希腊人接受同性恋，认为同性恋与异性恋皆属正常，不以为忤。有关希腊人看待同性恋态度之细节不得其详，可知的是，同性恋以贵族居多，贵族对同性恋看法不同，歧见也多。许多人认为，同性恋只不过是年轻人发展异性恋过程中的一个阶段性的爱。贵族武士重视肉身关系，相信武士也可以是爱人，会打仗的人更加勇猛与助人。不管怎么说，同性恋确实是公开的性关系。[01]

九、宗教与竞技

希腊人的宗教信仰方式与近东不同，希腊人没有固定信仰对象和教条，虽然各城邦的希腊人同样崇拜宙斯、阿波罗 (Apollo)、雅典娜 (Athena) 等神，但各城邦所奉行

---

01 参阅：K. J. Dover, *Greek Homosexuality*, rev. ed (Cambridge, Mass.: Harvard University Press, 1997); 翁嘉声：《身体之社会建构：对希腊 Pederssty 及同性恋之初步探讨》，《西洋史与国别史课程教学研讨会论文集》（台北：辅仁大学历史研究所，1999）。

之仪式不同。希腊没有类似《圣经》一样的经书，希腊宗教重视仪式大于信仰，宗教仪式不一定，与道德行为无关。没有任何特定生活规范，没有像埃及或希伯来人一样的祭司。希腊祭司负责管理庙宇、财产及指导仪式进行，但并不制订宗教教规或条文。简言之，希腊宗教无教会权威亦无规章条文。希腊宗教供奉诸神，没有聚会所，也没有礼拜堂，依个人需求至不同庙宇，参加不同的节庆。祭坛设在室外，典礼多充满欢乐气氛，节庆典礼属于社交活动而非虔诚祈求。除了奥林匹亚山上诸神之外，各城邦各有其神，亦有其礼仪。城邦祭神活动邀请各界参加，不论是否信奉，所显示的意义在彰显对城邦效忠。希腊人共同的宗教庆典活动是在奥林匹亚(Olympia)，纪念宙斯，在戴尔菲(Delphi)纪念阿波罗。奥林匹亚的节庆活动包括目前奥林匹克运动会所举行的许多竞赛项目，每四年举行一次。[01] 竞赛的项目主要有五类，分别有赛跑、五项(跳远、铁饼、标枪、摔跤、赛跑)、拳击、摔跤、战车比赛。比赛获胜者可以获得桂冠，是由橄榄枝编成，也有由野生芹科植物、松枝编成。在戴尔菲举行的琵西雅(Pythian)运动会也是每四年举行一次，举行项目较奥林匹克多，包括有文学和音乐。上述两项运动会将希腊人生活凝聚在一堂。

古典文明之二——希腊化文明

"希腊化时代"一词意指希腊文化与东方文化的融合时期，长达3世纪之久，由亚历山大入主希腊至罗马帝国第一位皇帝屋大维(Octavian)于公元前30年将埃及并入版图为止。[02]

希腊化文明之特色有三：一、世界化；二、城市化；三、多元中心化。首先是世界化：希腊文化经由马其顿入侵波斯，进而与波斯、埃及文化结合，亚历山大鼓励希腊人与波斯人通婚，开辟世界文化门户。其次是城市化：亚历山大为完成霸业，在东方广建城市，以亚历山大为名的即有16座，这些城市具希腊城邦特色，有体育馆、露天剧场、图书馆。三是多元中心文化：雅典不再是希腊文化的惟一中心，埃及的亚历山大港逐渐重要。

---

01 公元前776年开始，古希腊人每四年举办一次奥林匹克(Olympic)运动会，3世纪被罗马皇帝下令停办。19世纪末，法国人库柏当(P. de Coubertin)倡议恢复举办奥运会，1896年雅典举办首次现代奥运会，之后每四年轮流由世界各大城市举办，参赛的国家与人数也越来越多。

02 "希腊化时代"一词是由19世纪末德国史家朵伊森(J.G.Droysen)所提出，在他之前的史家将这段希腊文明过渡到罗马文明的时期视为混乱过渡时期，而朵伊森是第一位将这段时期视为完整历史时期的史家，进而写成名著《希腊化时代史》(Hellenismus)一书。参阅：陈致宏：《德国史家朵伊森(J.G.Droysen)的历史思想与现实意识——以〈希腊化时代史〉为研究对象》(台北：台湾大学历史研究所硕士论文，2001)。

亚历山大东征图

公元前 336 年马其顿被刺身亡
公元前 334 年亚历山大开始东征
公元前 330 年攻陷波斯帝国
公元前 323 年亚历山大去世
公元前 275 年三位将领三分天下

一、亚历山大大帝功业

希腊化历史，源起于马其顿腓力，经亚历山大大帝征战而发扬光大，希腊文化因此弘扬域外，东西文化进而交融一堂，西方个人主义、思想、生活方式逐渐普及，亚历山大大帝功不可没，历史誉之为大帝 (the Great)，实至名归。

1. 其人

公元前 336 年马其顿国王腓力遇刺身亡，由年仅 20 岁的亚历山大继位。亚历山大幼年在父亲腓力浦、母亲奥林匹西亚 (Olympias) 蓄意栽培下，接受良好的教育。公元前 343 年腓力聘亚里士多德担任家教，教导亚历山大有关希腊文化、文学、哲学以及各种实用知识。16 岁即被任命为马其顿摄政，18 岁参加恰罗尼亚 (Choeronea) 之役，击败希腊军，公元前 336 年继承先父志业，准备进军波斯，至公元前 334 年率领马其顿及希腊军队的联军 3.5 万人进入小亚细亚，随军有哲学家、诗人、科学家、绘图师、动植物专家。历史家柯里斯西尼斯 (Callisthenes) 指这次东征不仅是场军事战役，更是一项移民探险活动。[01]

2. 征战

亚历山大一生从事征战，大军所向披靡，由征服波斯，进军印度，再返回两河流域。公元前 334 年出兵小亚细亚，三年之内，获得三场重大胜利，分别在格旺西乌斯河 (Grancins River)、伊皮萨斯 (Ipsus) 及奇加美拉 (Gaugamela)，并攻下波斯城 (Persepolis)。公元前 330 年攻陷波斯帝国，杀死波斯国王。亚历山大野心不止，众旅反对，他解散了希腊部队，但将愿意跟随者整编为佣兵，配合马其顿部队，继续征讨亚洲其他地区，一路苦战，四年间征服巴克特里亚 (Bactria) 以及波斯帝国最东部的地区。公元前 326 年越过印度河 (Indus River) 深入印度，此后战事转趋艰苦。大军抵至希发西斯河 (Hyphasis River)，众旅不愿挺进，亚历山大眼见目标在即，军士裹足不前，怒不可遏，但苦于军队坚持，不得不委屈妥协，南进阿拉伯海 (Arabian Sea)，再转西，穿过格得罗西安沙漠 (Gedrosian Desert)，由于地形不熟，大军损失惨重，途中不支倒地者难以计数。公元前 324 年亚历山大抵两河流域之苏沙，战事告一段落。次年，亚历山大在巴比伦去世，享年 32 岁，一代伟人从此陨落。

亚历山大改变了地中海以东的政治形态，摧毁了统治近东达 200 年之久的波斯帝国，在东方设立新城市约 70 座，其中 16 座后来以亚历山大命名[02]，打开了希腊文化进入东方之

---

01 古希腊史家亚里安 (Flavius Arrianus) 所著之《亚历山大远征记》(*Anabasis of Alexander*) 一书，是目前所知记载亚历山大东征最重要的文献史料。
02 最大、同时也是最有名的一座是埃及尼罗河三角洲的亚历山大港（现今是埃及最大港），该港市建有希腊化世界最大的图书馆，是希腊化世界的知识中心，但不幸毁于公元前 1 世纪的一场火灾。

途径。历史对其功业评价不一，持正面看法者多赞誉其促进东西文化交流，反对者则抨击其残暴不仁。

二、后亚历山大时期

亚历山大死后不到一周，帝国陷入为期40年的内乱，亚历山大政权无人可以取代[01]，公元前275年，三位将领三分天下。安提哥那 (Antigonus Gonatas) 成为马其顿国王，在希腊半岛建立安提哥那王国 (Kingdom of Antigonid)，至公元前168年为罗马征服；托勒密 (Ptolemy) 在埃及建立了托勒密王国 (Kingdom of Ptolemies)；塞流古 (Seleucus) 建立了塞流卡斯王国 (Kingdom of Seleucids)，版图由小亚细亚至印度。公元前263年，小亚细亚西部波加姆城 (Pergamum) 的希腊统治者尤曼尼斯 (Eumenes) 挣脱塞流卡斯统治，获得独立，建立波加姆王国 (Kingdom of Pergamum)，虽然塞流卡斯国王丧失东方偏远省份的政权，但希腊影响力并未消失。希腊人并在今日土耳其及阿富汗建立王国，扩张至印度北部。[02]

1. 政治

希腊化时代政治形态可分为希腊本土及近东两地。希腊本土：为联盟政体，其中以希腊西部及中部之阿多利亚联盟 (Aetolian League) 和在婆罗奔尼撒的亚该亚联盟 (Achaean League) 势力最强。[03] 近东方面：亚历山大将希腊的自治城邦发展为城市的王朝政治。城市与城邦不同，城市是王国的一环，一切考虑，王国优先，有市民议会、立法议会、由行政长官主持市政，但不得自行从事外交、缔约、交战事务，国王得过问城市所有内政事务，派遣特使监督。在城市中，精英分子权力较大，本地人及非希腊外国人权力较小，法律亦不同，促使外国人愿接受希腊文化，以提升自己地位，但也有不少人如犹太人极力抗拒。希腊化城市有剧院、庙宇、图书馆、市场、百货商场；文人、诗人、教师、艺术家荟萃，是资源丰沛的文化中心，商机无穷、文风鼎盛。亚历山大死后，其麾下将领试图仿效建立王朝，但始终无法获得希腊人对城邦类似的效忠精神。希腊化世界国王们，藉助更多希腊人治理国土，鼓励希腊人向东方移民，建立城市，但却不赋予城市自治权，使得城市缺乏生机，各国只能维持僵局，无法突破。

2. 社会

希腊化社会人口复杂，阶级不一，希腊人居领导地位，东方人次之，犹太人则貌合

---

01 相传亚历山大死前，诸将问王位要传之何人？他回答说："王位属最强者。"因而他死后不久，手下将领便开始互相残杀，出现一连串的战争。
02 最东部的希腊化王国不久即被印度兴起的孔雀王朝（Maurya Dynasty）所消灭。
03 这两个联盟均缺乏强有力的中央政府，公元前146年分别被罗马帝国所并吞。

神离，表面同化，内心自主，地位最低。

马其顿人及希腊人多为统治阶层，在东方担任政治、军事、外交要职，经由国王委派，不经选举，是希腊化时代职业官僚团体。除了出任军职外，希腊人也从事艺文工作，国王们为建设希腊城市，广泛延用希腊建筑师、工程师、技工，将希腊文学、艺术、文化移植亚洲。这种方式固然可以增进国家发展，提升政府形象，但也僵化了领导阶层，一旦希腊人投靠意愿低落，王国又不愿接纳东方人，政府即无以为继，衰弱可期。

东方人的态度往往影响了希腊化的成效，在地中海沿岸与近东小亚细亚地区表现不同。地中海沿岸以埃及为代表，托勒密王国早先无意提倡希腊文化，只兴建了一座托勒密城，保留埃及传统语言、宗教、生活方式，以法老之名理政，埃及人仍可跃居要津。但至公元前3世纪以后，托勒密王国不再晋用埃及人，禁止百姓迁徙，加强控制。由于旅居埃及的希腊上层人士与土著鲜有来往，希腊人住在亚历山大及托勒密，从事金融、任官、执法等工作。公元前2世纪情势转变，希腊人与埃及人开始通婚，进行文化交流，学习埃及语言，接纳埃及信仰以及生活方式，埃及人亦采用希腊风俗及语言，并出任公职、参加军旅。希腊、埃及文化渐次融合。

在小亚细亚西部地区，塞流卡斯国王沿底格里斯河及幼发拉底河建立许多城市及军事据点。塞流卡斯依赖希腊人维护国防，将军事据点设在土著村庄附近，刺激土著人接受希腊人生活方式、文化。在小亚细亚及叙利亚，土著村庄仿效希腊，发展为希腊化城市。公元前3世纪，他们更将文化传入印度次大陆。东方人尽管接受希腊文化，但仍保存固有生活方式，双方未能完全融合，但相互交流结果，也形成了独特的希腊化文化。

犹太人的表现较为特殊。在希腊化城市中犹太人被视同外国居民，获准组织自治区(politeuma)，享有许多自治权并拥有宗教信仰的自由。犹太自治区可自选官吏，由会堂的拉比(领袖)执法，等于是希腊化城市中之城市。犹太自治区与希腊化城市相似，服从国王命令，王室不干涉犹太宗教。惟塞流卡斯国王安蒂欧其斯(Antiochus Epiphanes)曾企图镇压犹太宗教，希望透过文化结合，凝聚力量，对付罗马。除此之外，犹太人未曾遭遇任何宗教迫害，尽管犹太人取得希腊公民即有选举权，可担任公职，但犹太人多不愿如此。不过生活在希腊化城市中，犹太人多少会受到影响，许多犹太人学习希腊文，翻译《圣经·旧约》，会堂礼仪用希腊文，选用希腊名字，采用希腊贸易制度等，但不论表面上如何同化，内心世界仍是犹太人，与希腊人不同。

希腊化时期女人的社会地位提高，参与经济活动增多，可从事医疗及其他工作，并跻身诗人、哲学家，但仅限于富人。女人可参加一些政治活动，通常是作为祭司，偶尔也服务公职，有因功获得外邦荣誉公民殊荣，在希腊化的哲学思想中，犬儒学派(Cynics)视女人为个体而非家庭或国家的一分子，强调男女地位平等。希腊化时期女人可以从事贸易交易，但多少仍受制男人。譬如在埃及，希腊女人处理交易时有关购物、售货、租地、借钱仍需要男人代表签字。

3. 经济

亚历山大及其后继者在经济上促成东西贸易网络，刺激商业，开发新市场。不过人民生活、工作方式并未有重大转变，物资需求与公元前5世纪雅典时代相去不远，服饰、家具、工具式样如昔。

(1) 贸易

亚历山大东征，开启商机，增进东西了解，促进双方互动。他在波斯京城搜获大笔金银及其他财货，建造新城市，修筑道路，拓展海港。东方希腊化诸国领袖更铸制钱币，减少兑换，方便贸易。

塞流卡斯王朝及托勒密王朝时期的贸易范围，包括印度、阿拉伯以及非洲沙哈拉沙漠地区。骆驼商旅携带贵重货品，运抵希腊化王国城市，再由希腊人转手。除了奢侈品外，基本民生必需品如原料、谷类、工业品的交易亦相当热络。希腊化各王国谷类生产除自足外可供外销，但希腊及爱琴海各城邦不然，由于产量不敷所需，仰赖埃及和俄国南部的克里米亚输入小麦。输出品则为橄榄油、酒、鱼等。当叙利亚生产橄榄之后，希腊橄榄油面对竞争，只好转往意大利出售；鱼类则是在晒干、盐渍之后出售，鱼为重要输出品，由于价格低廉，穷人可享用，盐为进口品，腌肉则是奢侈品，此外尚有蜂蜜、干果、胡桃及蔬菜。希腊化时代不乏奴隶交易，战争是其主要来源，数目不详，但为数可观。希腊本土城邦及希腊化王国皆有奴隶市场。惟托勒密王国例外，由于经济因素，担心奴隶与自由劳工竞争，因而坚决反对奴制，其余各地，奴隶普遍，对经济发展帮助大。

(2) 工业

工业进步缓慢，劳工仍是生产主力，劳力便宜，来源充裕，使得国王无意鼓励发明省力科技。值得一提的是阿基米德旋转器(Archimedean Screw)用于抽水，将水抽入沟渠，或抽出矿区。工业以采矿为主，阿提加之索里斯(Thorius)矿工用手挖矿，工作条件极差，工作非常艰苦，男人挖采稍有懈怠，则遭鞭打，小孩捡拾矿石，老死终生。矿石除了金银之外，铁是重要金属，但制作粗糙、简陋、质量差。在各类消费物品中，陶器分量重，多半自制，陶器用于厨房，简陋如昔，不过已有涂黑釉的壶与碗。陶器始于雅典，但渐为人模仿，不久红釉陶器(Samian)在市场流行。总之新科技产品未发展，但货品项目增加。

(3) 农业

希腊化国家重视农业，佃农租金及农地税金是王室重要收入，国王重视农业改良，托勒密王国时代从事稻米种子实验，改良品种。希腊作家撰写农业手册，讨论如何经营大农田耕作，讨论土壤类别，播种收获时机，畜养农场动物。埃及自立国以来采中央集权，对农作种植、牲畜饲养均有规范，托勒密王国承续埃及作风，重视规划，挖掘沟渠、灌溉农田，其成就非其他各地所能相比。

4. 宗教

随着亚历山大东征，希腊宗教仪式逐渐流行东方。希腊国王们在筑城之际也建庙，规定祭拜奥林匹克诸神的仪式，展现征服者的宗教威望。希腊宗教重视仪式及节庆，举办各项文学、音乐及运动竞赛，不仅生动活泼，且有益身心健康，但在面对东方神秘宗教时，这种关心仪式，不过问信仰 (belief)，无关情绪也不论及罪和救赎的做法或态度，终究无法满足人们的精神需求。与东方宗教相比，希腊宗教显然空泛，为了探究生命的意义与人生的价值，有思想见地的人转向哲学，其他人则倾向迷信、神秘、占星术，也有人归诸命运。

希腊人视宗教为个人行为，希腊宗教仪式仅对少数接纳希腊文化的东方人构成影响。为了满足多数人需求，并尊重希腊领导，东方出现新的"神秘宗教" (mystery religions)。神秘仪式结合了希腊与东方宗教，满足祈求永生的人。希腊人早已习惯阿提加对伊留西斯神 (Eleusinian) 的神秘崇拜，因此对新的神秘宗教也不以为忤，对入会仪式也不陌生。传统希腊神秘宗教局限一地，如今则流行各地。神秘宗教宣称可助人解除噩运，相信灵魂不死，主要精神为：信者经由入会仪式，与神明结合，神祇死而复活，信者因信得救。神秘宗教要求信者在成为圣者之前，须经过一段宗教戒律生活考验，一旦通过，即入会学习宗教神秘仪式。入会仪式，重视情绪表达，象征步入新生。

在诸多神秘宗教中，较受瞩目的有信奉埃及的希拉匹斯 (Serapis) 神及伊西斯 (Isis) 神。希拉匹斯系托勒密国王所创，结合埃及神欧西瑞斯 (Osiris) 及希腊宙斯、普拉托 (Pluto, 地狱王子) 及艾斯卡利庇乌斯 (Asclepius)。据说希拉匹斯为众人之神，审判灵魂，善良、正直的人可获永生，许多希腊人视他如宙斯。至于伊西斯，地位超过希拉匹斯。追随她的人将获永生。伊西斯是希腊化时代最重要的神，是婚姻、生育女神，尤受女人敬拜。希腊宗教与东方宗教之间没有冲突，人们信仰不会偏执一方，希腊人或东方人颇能把握到他们信奉神明的相似之处，信仰同一神明，但信奉方式不一。简言之，希腊化宗教是一种宗教普世主义 (universalism) 和个人永生。[01]

三、哲学

希腊化时期哲学思想鼎盛，哲学派别林立，喜好探讨人生哲学，追求人生幸福，究其原因为：城邦衰微、研究政治兴趣淡薄；世局多变，世事难料，试图从哲学中寻求永恒不变道理。此时哲学人才辈出，学派渐兴，有犬儒、伊壁鸠鲁 (Epicureans)、斯多噶

---

01 希腊化时代还流行崇拜密特拉神 (Mithras) 的密特拉教 (Mithraism)，这个宗教何时出现，目前尚未为人所知。只知道密特拉神是祆教中的一个小神，后逐渐为许多波斯人所信仰，传至各地。相传密特拉神曾降生人间，为人类解除了旱灾和大洪水，并宣布12月25日是一年中最神圣的一天，是太阳的生日。密特拉教流行于希腊化社会的下层民众之间，信教者相信经过一连串复杂仪式后，可以脱离现世，得到永生。学者相信，密特拉教深深影响后来基督教的教义与宗教仪式。

(Stoics) 三家，各持一端：犬儒学派宣扬简朴生活，伊壁鸠鲁派弘扬喜乐至善，斯多噶派强调躬行实践。尽管各派争长道短，但均重视自足 (self-sufficient)，关注永恒，认为不必在意现世物象，执著永恒真理才有快乐可能。

1. 犬儒学派

犬儒学派要求人摆脱物质、回归自然、争取自由；规劝众生抛弃腐化的传统风俗及习惯，过简朴生活。[01] 犬儒学派学者强调人的真正幸福，不依赖外在物资，而是靠自然的一切。该派系由雅典人安提塞尼斯 (Antisthenes) 所创，经其弟子戴奥其尼斯 (Diogenes) 发扬光大。戴奥其尼斯身体力行，将理念付诸实践，据说他住在一个木桶之中，除了一袭斗篷、一支棍子与一个面包袋之外，一无所有。有一天正在享受日光浴时，亚历山大趋前探望，问他所需有何？戴奥其尼斯回答说：“别挡着我晒太阳。”这个故事提示后人，富贵权势如亚历山大也无法给予人们真正所要，大自然才能给予人所需。戴奥其尼斯未曾设立学院，随机教育，街头、市集不嫌，对象不拘，他们强调自然，衣食简陋，打破政治禁忌，呼吁人民不必效忠特定对象，主张世界公民，重视人性，强调共同生活。犬儒主义哲学弃绝物资，难为众人接受，但对后世哲学发展影响深远。

2. 伊壁鸠鲁学派

伊壁鸠鲁学派主张人生应致力避免痛苦，追求快乐，快乐并非指感官上的享受，而是经由自我规范、节制与平静处获得。该派系由伊壁鸠鲁 (Epicruus) 在雅典创办，传说伊壁鸠鲁住在一座花园里，因此这个学派又被称为"花园哲学家"。伊壁鸠鲁接受德谟克里特 (Democritus) 的原子论以及苏格拉底另一位弟子阿瑞斯提普斯 (Aristippus) 的享乐主义，创立宇宙自然主义理论 (naturalistic theory of the universe)，不否认神的存在，但认为对人没有影响，主张人生至善之事是享乐，享乐不是纵欲，人应学会自制，通过内省而非外求获得和平，因此有人说伊壁鸠鲁主张寂静主义 (quietism)。伊壁鸠鲁指责政治活动，造成变动不安以及社会骚动，虽然他同意国家是人为的社会契约组织，但却不关心国家的政治结构，不论民主、寡头、君主或任何体制，均非理想国家 (ideal state)，理想国家应超越政治体制之外。

3. 斯多噶学派

斯多噶哲学是希腊化时代最盛行的哲学，对罗马法 (Roman law) 产生重大影响。主张自然是神意的表现，人惟有迎合自然才能获得快乐，人与自然应合而为一，彼此互助互惠。该派哲学系由季诺 (Zeno) 所创。季诺最初住在塞浦路斯 (Cyprus)，后来到雅典，聆听犬儒学派哲学后，认为过分偏激，另创门派，常在斯多亚 (Stoa) 讲学，故称为斯多噶学派。

---

01 犬儒学派 (Cynic) 在希腊语中意为"犬"，寓意是应该像畜牲一样自然而然地生活。

斯多噶哲学与伊壁鸠鲁及犬儒学派哲学不同，关心政治，重视俗务，但不鼓励改变现状，强调人应为国家尽责，世界国家 (universal state) 是伦理观念而非政治实践。他们不在乎成就多少，只在意生活是否道德。斯多噶学派最具体成就是建立自然法 (natural law) 观念，主张法是一种自然的产物，是正义与非正义之区分标准，法律大于行政权力，法律之前人人平等。斯多噶的世界一体观念以及自然法理念，对后来罗马人治理异族、外邦、罗马帝国的霸权行动合理化，有重大帮助。

四、文学、史学与艺术

1. 文学与史学

希腊化时期文学，讲究辞藻，情调感伤。埃及的亚历山大城为重镇，托勒密王朝建立图书馆，由王室资助专家学者进行研究工作，藏书近 50 万册手稿，其中以文学作品居多。学者翻抄旧本古书，古代文学因此得以保存。

希腊化时期的史学与古典时期不同，古典时期的历史是一种区域主义史观，希腊化时期则为世界主义 (cosmopolitan)[01] 史观。整个亚历山大帝国共同分享着的希腊世界史，不能靠目击者举证，只能由先前史家著作中以"剪刀与浆糊"方法编纂。代表人物为波利比斯 (Polybius)。波利比斯出身希腊贵族，受希腊教育，以希腊文撰写《历史》(*Histories*) 一书，描述罗马征服及统治世界的经过。史家柯林乌认为，波利比斯运用"历史"一词，并非用其最原始且相当普遍的意义，而是一种新的研究。历史没有永恒性，只是暂时可认知的准知识，历史不能成为科学，因为变动的事情是没有科学性。历史研究带给人是一个内在的成功，并非可避免生命中的悲剧，而是可激发面对命运的勇气。人的自由意志并非能控制外在事件的发生，而是在面对事件时，能控制内在的脾气。[02]

2. 艺术

希腊化时代艺术风气鼎盛，创作空间广阔。由于王室提倡，城市兴建，艺术品需求孔殷，风格由前期之讲究平衡与理想过渡到重情感、现实。亚历山大城是雕刻中心，著名的作品有《市场老妇像》(*Old Market Woman*)，塑造一位贫苦老妇人，手提筐篮，背负重袋，凄凉悲苦的景象。《垂死的高卢人》(*Dying Gual*) 表现一位战败的高卢战士杀死自己妻子之后，毅然自杀的情景，具有壮烈英雄气概，令人动容。《拉奥孔群像》(*Laocoon*) 是代表作，取材神话故事，特洛伊战争中，特洛伊的祭司拉奥孔，因识破天神帮助希腊人攻破特洛伊计谋，他和两位儿子被海神派来的巨蟒缠死。雕刻逼真，具写实特色。《迈洛亚的维纳斯》(*Aphrodite of Milos*) 是 19 世纪在爱琴海南部迈洛亚发现，女神像左右手

---

01 "世界主义"一词出自希腊语"cosmopolis"，意指"世界城市"。
02 Collingwood, *The Idea of History*, p.33-36.

失落、头部、身躯保持完好，形象美丽，面部冷漠，风格新颖，融合了希腊艺术之长，达到高度境界。

五、科学与医学

希腊化时代人才辈出，科学研究成果丰硕，影响深远。重要代表人物：天文学家亚利斯塔迦斯 (Aristarchus of Samos)，受教亚里士多德学院，认为太阳较地球大，地球及星球围绕太阳转，与亚里士多德的地球中心论相反，可惜其理论未受重视。公元前2世纪托勒密采用亚里士多德理论提出地球中心说，影响欧洲1400多年，至波兰天文学家哥白尼 (Nicolaus Copernicus) 提出反证，太阳中心理论才受重视。

其次是欧几里德 (Euclid)，是位数学和几何学专家，治学严谨，教学认真，深受学生尊敬，其代表作《几何原本》(The Elements of Geometry) 共12卷，总结了希腊数学知识，概念清晰，推理周延，论证有力，奠定了古典几何学基础，世界各国均有译本。

第三位大家阿基米得 (Achimedes) 是希腊化时代最伟大的数学家和力学家，实务、理论兼通。第二次布匿克战争中 (Second Punic War, 218—201 B.C.) 中，罗马围攻西纳库斯时，阿基米得发明许多机械装置，阻止罗马进攻。传说他利用投石机击沉敌舰，击退敌兵；此外并用起重机将罗马兵船抓住，抛向海外，船碎人亡；他更发明了阿基米德螺丝及滑轮组机械。阿基米德热爱纯数学，研究领域广泛，《论平面的平衡》(On Plane Equilibriums) 一书讨论了机械的基本原理：重量比与距离比的杠杆定律，他曾表示"如果给我一个支点，我可以推动地球"。《论浮体》(On Floating Bodies) 阐述浮力定律，提供了流体静力学的基本原理，"浸在液体里的物体，所减少的重量，等同体积的该液体的重量"。

第四位是埃拉托斯特尼 (Eratosthenes)，生于北非之塞尼尼 (Cyrene)，后赴雅典研究数学、哲学，再应托勒密国王邀请至亚历山大城担任图书馆馆长。他利用数学、几何和其他科学方法创立数学地理学，推断地球圆周为24675英里，与实际24860英里相差有限。他并指出地球呈球形，陆地被海洋包围，地表崎岖不平。埃拉托斯持尼的地理学受时代知识局限，对亚洲、非洲地理所知有限，但他所绘出的古代世界地图仍是较完备的一幅。

希腊化时代医学进步，医学研究迈入新里程。希罗菲拉斯 (Herophilus) 是位杰出解剖学家，解剖尸体，发现神经系统，将之分为运动神经与感觉神经两类。他同时研究人脑，分为大脑、小脑、肺及子宫等。伊拉西斯特拉斯 (Erasistratus) 进行人脑及神经系统研究，主张以食物控制及采吐纳方式治病。解剖学虽然盛行，但反对的亦有人在，希罗菲拉斯的学生菲尼奴斯 (Philinus) 及色拉庇 (Serapion) 于公元前280年在埃及亚历山大成立经验医学学院，反对解剖，强调观察及医疗，重视用药。希腊医学虽发达，但民俗医疗仍然盛行，符咒、巫术相当普遍，譬如用驴血与水混合或用盐腌的死猫肝脏来治发烧，用猪的颚骨磨成灰治骨裂，江湖术士还宣称可以用死人尚未火葬的头盖骨在夜晚盛泉水医疗癫痫，用酒烧的牛粪治疗忧郁症。

古典文明之三——罗马

罗马，梦中的情人，政客顶礼膜拜，墨客流连忘返，尽管帝国风姿不再，古城风韵犹存，竞技场、万神庙(Patheon)、图拉真(Trajan)圆柱，刻画了恺撒的风采，展露了奥古斯都的永恒。罗马一路走来，风尘仆仆，血泪交织，可歌可泣，其迷人之处究竟何在？论者多以罗马英雄事迹誉之，翻阅历史篇章，波斯之大流士及希腊之亚历山大表现

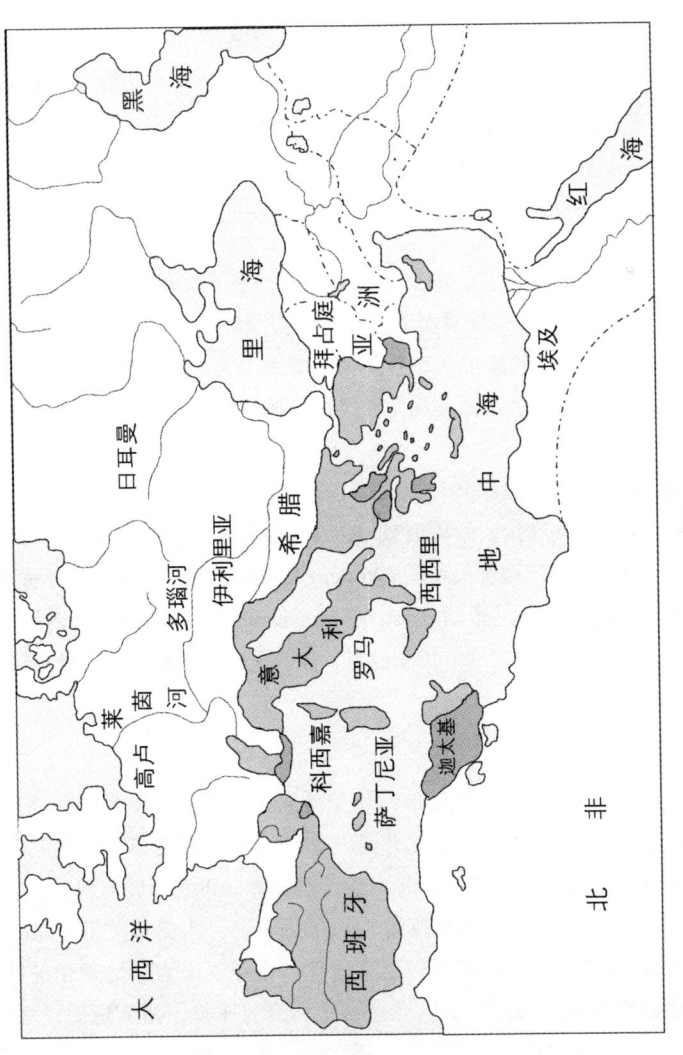

公元133年之罗马

> 公元前 900 年左右意大利半岛伊特拉斯坎文明初建
>
> 公元前 753 年罗马城兴建
>
> 公元前 509 年罗马共和国诞生
>
> 公元前 390 年高卢人攻陷罗马
>
> 公元前 264—146 年罗马与迦太基之间三次布匿克战争
>
> 公元前 133—123 年格拉古改革
>
> 公元前 44 年恺撒遭暗杀遇害
>
> 公元前 27 年屋大维(奥古斯都)掌权
>
> 公元前 4 年到公元 30 年耶稣基督在世
>
> 公元 31—180 年罗马承平时期
>
> 公元前 180—284 年罗马进入动乱时期
>
> 公元前 313 年君士坦丁大帝公布米兰诏书给予基督教信仰自由
>
> 公元 325 年君士坦丁营建新都君士坦丁城
>
> 公元 476 西罗马灭亡

并不逊色,何以钟情罗马?亦有人推崇其文化表现,但罗马文化承袭希腊,有目共睹。罗马真正成就何在?一言以蔽之,罗马制度。罗马之征服外邦,赖其军团组织机动作战,公路网络四通八达,商品经济刺激扩张,公共生活凝聚国力,法律规模切合民意。罗马之成就不仅得自罗马人,还有意大利人及外省居民,他们使得西方的罗马成为世界的罗马,并作为后人统一世界的指标。

罗马历史可粗分为两个阶段:共和以及帝国。共和时代 (Roman Republic, 509—27 B.C.) 罗马由小城邦发展为共和国,帝国时代 (Roman Empire, 27 B.C.—A.D. 476) 则由共和宪法过渡为君主帝王。476 年西罗马帝国 (Western Roman Empire) 灭亡,但帝国并未结束,罗马仍幸存东方,称为东罗马帝国 (Eastern Roman Empire),维系罗马名号不坠,至 1453 年才为土耳其人所灭。罗马盛衰,扩张经过,学界关心,政界热心,分别论述之。

一、地理环境

意大利半岛 (Italy Peninsula) 呈马靴形,位于希腊半岛西方,趾尖为西西里岛,居地中海中心,往南为非洲,由西西里至北非最北端距离不过百英里。半岛北方有亚平宁山脉 (Apennine Mountains) 贯穿整个半岛,为天然屏障,再北为波河河谷 (Po Valley) 及阿尔卑斯山脉 (Alps),东边为亚德利亚海 (Adriatic Sea),西侧有拉丁 (Latium) 平原及康盘尼亚 (Campania) 平原,土壤肥沃,适宜居住,多年以来为移民争相前往谋生之地。意大利属地中海型气候,温度宜人,冬季多雨,夏日干燥,河流短促,水量稀少,有些河流夏季干枯缺水。总的来说，地形仍较希腊半岛平坦，易于统治，但受制于地理条件，活动范围以地中海为中心，与伊比利亚半岛 (Iberian Peninsula) 接触多于与希腊往来。

罗马建于拉丁平原之台伯河 (Tiber River) 旁，位于南北来往辐辏之地，交通方便，四周有七座山丘拱卫，可防御外侮并阻止水患。罗马得地利之便，成为拉丁平原对外的政治中心。

二、崛起

一般人论述罗马多以公元前 753 年罗马城建立为准，将公元前 753 年至公元前 509 年视为罗马崛起时期。有关此前的历史，考古学家虽发现部分线索但细节不详。大致说来可溯及公元前 8 世纪希腊移民大举迁入意大利南部及西西里岛 (Sicily)，带来都市生活、城市文化后论起。半岛北方有伊特拉斯坎人 (Etruscan)，来自何处，究竟何人，无人得晓，公元前 1200 年至 750 年活跃于意大利。[01] 伊特拉斯坎人靠贸易致富，曾组松散的城市联盟，统治辖区北方最远到达波河河谷，南方抵拉丁平原及康盘尼亚平原，他们在拉丁平原建立城市，开拓都市生活。

根据考古调查，罗马人最早于公元前 8 世纪初期居住在巴拉丁山丘 (Palatine Hill)，深受伊特拉斯坎人影响。传说罗马城系由罗穆洛斯 (Romulus) 及瑞莫斯 (Remus) 所建。罗穆洛斯在罗马巴拉丁山丘建立据点，瑞莫斯则选在罗马亚芬丁山丘 (Aventine)，瑞莫斯嘲笑罗穆洛斯的筑墙工作，并从未盖好的墙上跳过，罗穆洛斯大怒，杀死瑞莫斯，并誓言"谁敢跳过此墙即纳命来"，罗穆洛斯不可踰越的墙即伊特拉斯坎人所谓的神圣界限 (ponerium)，区隔邪恶与不洁。[02]

公元前 753 年至公元前 509 年，罗马人接受了许多伊特拉斯坎人 (Etruscan) 的风俗习惯，尤其是政治制度。此外并自意大利南端之希腊人学习希腊文，加以变革为拉丁文，此一直沿用至中古欧洲及现代西欧。伊特拉斯坎对罗马影响深远之处，包括国王所使用的令牌，拉丁文叫"法西斯"（fasces，斧头刃），由国王随从持拿。罗马人驱逐伊特拉斯坎人之后，将持拿令牌的随从改称力古特 (lictors)，此外罗马人穿着的白羊袍 (toga)，还有拱型及圆顶的建筑设计，皆仿自伊特拉斯坎人。罗马人在伊特拉斯坎人庇护之下，伸入地中海世界，积极建设城市、寺庙及公共建设等，卡普托林 (Capitoline) 山丘成为宗教中心，朱庇特 (Jupiter) 神庙即筑于此地。[03]

---

01 现代学者多认为伊特拉斯坎人源自小亚细亚。
02 罗马城的建城神话反映当时伊特拉斯坎人与罗马人混居的情况。
03 朱庇特 (Jupiter) 是古罗马神话中上天的主宰，地位相当于希腊神话中的宙斯 (Zeus)。

三、历史变迁

1. 共和时期

罗马历史发展,由共和而帝国。共和时代,执政来自选举;帝国时代,王权扩张,王位趋向传承。待日耳曼族入侵,帝国分裂,其后西罗马于 476 年亡于日耳曼人,东罗马则于 1453 年亡于土耳其人。

共和时期罗马共和政治可分为前后两期。前期共和由公元前 509 年驱逐伊特拉斯坎国王,制定共和宪法起,迄公元前 146 年第三次布匿克战争 (Third Punic War) 结束;后期共和由第三次布匿克战争结束至公元前 31 年罗马后三雄之一的安东尼 (Mark Antony) 死亡为止。前后共和之形成缘起于罗马与迦太基 (Cathage) 冲突,历经三次布匿克战争 (Punic Wars, 264—146 B.C.),歼灭迦太基,雄霸地中海,罗马的命运为之丕变。

(1) 前期共和

根据罗马人的说法,公元前 509 年罗马驱逐伊特拉斯坎国王塔古思 (Tarquin the Proud),建立共和国。有关此前的历史,传说与事实杂陈,一般认为在王政时期 (Roman Monarchy, 753—509 B.C.),先后有七位国王执政。罗马共和建立后,开始对意大利半岛内各邻邦发动战争,最终统一意大利半岛。公元前 4 世纪首先着手对付伊特拉斯坎人,公元前 405 年围攻伊特拉斯坎城市维夷 (Veii),费时 2 年攻陷。此役之后,罗马声望如日中天,然好景不长,公元前 390 年遭高卢人 (Gauls,居住在今日法国地区) 重创,罗马城失陷。然而高卢人贪图财富胜于垂涎土地,于索取千镑黄金后,放弃罗马。罗马人重建都城,重整国力,重组军队,成立罗马军团,以 120 人为一战斗单位 (maniples),改良传统笨重的投掷武器,发展出配备轻便的投掷武器 (javelins)。罗马军团组织分为骑士、重装步兵及轻装步兵三级,依个人财力加入,没有钱财者不得至军中服役,最富者为骑士,二、三、四等财力者为重装步兵,五等财力者为轻装步兵。军团编组灵活,机动作战,得以征服拉丁平原。公元前 343 年,击败塞姆尼特 (Samnite),控有亚平宁山区及意大利南部。[01]

罗马降服四邻之后,并未奴隶或屠杀被征服者,反而善待之。这些被征服国家须与罗马签署盟约,接受罗马外交政策,并提供兵员,始能维持自治,且不必进贡。罗马并吞了被征服地区五分之三土地,建立三个殖民地。

公元前 290 年,罗马开始对意大利境外扩张,分向东、西、南三方进展:西方为伊比利半岛、高卢,遭顽强抗拒,战事进展缓慢,成果有限。东方希腊化世界国家较文明,人口众多,罗马采包容方式,未加并吞,仅监护看管。至于南方,罗马经由塞姆尼特战争 (Samnite Wars) 伸入意大利南部。公元前 282 年意大利南部的希腊城市塔伦顿

---

01 罗马征服意大利的战争总称为塞姆尼特战争 (Samnite Wars)。

(Tarentum) 面对罗马威胁，请求希腊西部伊比鲁斯 (Epirus) 国王菲鲁斯 (Pyrrhu) 援助，菲鲁斯英勇善战，两役获捷，惟损失惨重，"菲鲁斯的胜利"(Pyrrhic Victory) 即成为惨重代价胜利的谚语。公元前 275 年罗马人将菲鲁斯逐出意大利，进而占有意大利南部，从此罗马与迦太基由争夺西西里开始，展开三次布匿克战争[01]。最后，迦太基国破家亡，罗马志得意满，共和也由盛转衰。

(2) 三次布匿战争

罗马南下发展，西西里岛为必经之途。西西里岛位于北非与意大利之间，迦太基人在此活动，双方为争夺此地，发生三次布匿克战争。公元前 264 年双方争夺控制西西里岛与意大利海峡之间的要地麦西纳 (Messana)，而爆发第一次布匿战争 (First Punic War)，持续 23 年 (264—241 B.C.)。罗马在七次重大海战中获胜六次：公元前 241 年击败迦太基，占有西西里，将之划定为罗马行省；公元前 238 年乘迦太基衰弱之际，夺取萨丁尼亚岛 (Sardinia) 及科西嘉岛 (Corsica)。迦太基将领汉尼卡·巴卡 (Hamilcar Barca) 为重振迦太基，于公元前 237 年携子汉尼拔 (Hannibal) 率军进攻伊比利半岛，次年占领伊比利亚半岛南部地方，重建迦太基势力。罗马面对威胁，改以伊比利亚半岛东部艾布洛河 (Ebro River) 为国界，并增加在伊比利亚半岛的影响力。公元前 221 年汉尼拔与罗马大军在萨冈图穆 (Saguntum) 城发生冲突，爆发第二次布匿战争 (218—201 B.C.)，持续 18 年，过程惨烈，汉尼拔行军千余里，越过阿尔卑斯山 (Alps)，奇袭意大利，在特里比亚 (Trebia) 及特拉西门尼湖 (Lake Trasimene)，重创罗马大军。公元前 216 年坎那 (Cannae) 一役，罗马大军惨败，死伤部众约 4 万人。此后汉尼拔席卷意大利，许多罗马邻邦倒戈投降，但汉尼拔却未一举攻占罗马城，失去消灭罗马人的大好机会。

面对汉尼拔大军压境，罗马派出外号"大非洲人"的年轻将领西比阿 (Publius C. Scipio, Africanus Major)，仿效汉尼拔机动作战方式，重组军团。公元前 209 年西比阿大军抵伊比利亚半岛，夺回伊比利亚半岛，展开对汉尼拔攻击，密特洛 (Metaurus) 一役，罗马军围困汉尼拔于意大利南部。公元前 204 年西比阿直攻迦太基，罗马军团搭舰于北非登陆，迫使迦太基召回汉尼拔。公元前 202 年西比阿在札马城 (Zama) 附近击溃汉尼拔大军，西地中海从此落入罗马手中。第二次布匿战争后，罗马人对迦太基人心有余悸，为防范其东山再起，展开野蛮血腥、残酷不仁的第三次布匿战争 (149—146 B.C.)，罗马将领外号"小非洲人"的小西比阿 (Scipio Amelianus, Africanus Minor，西比阿之孙子) 摧毁迦太基，焚烧房舍，屠杀苍生，令人发指。[02]

罗马征服迦太基之后，向西入侵伊比利亚半岛，遭遇顽强抵抗。伊比利亚半岛物资丰沛，战士英勇，罗马大军经过长年血战，终于在公元前 133 年降服伊比利亚半岛。向

---

01 罗马人称迦太基人为布匿人 (Poeni)，称征讨迦太基的战争为布匿战争 (Punic Wars)。
02 小西比阿下令将迦太基城彻底焚毁，所有居民未死者即贩卖为奴。公元前 1 世纪在原址重建，成为罗马非洲省省会。470 年，再毁于汪达尔人 (Vandals) 之手。

东进击希腊化的东方世界，罗马大军所向披靡，节节获胜，马其顿、希腊、塞流卡斯等王国纷纷沦陷，公元前 146 年罗马独霸东地中海，许多王国归顺，被纳为行省。公元前 133 年罗马扩张告一段落、地中海成为罗马的内海 (Mare Nostrum Our Sea)。

(3) 后期共和

后期共和由公元前 133 年至公元前 30 年，约百年之久。自罗马击败迦太基后，领土扩张，政治、经济问题日趋复杂，尤其是军队问题最严重。罗马军团久战之余，兵源不足，过去征兵制渐趋不行，募兵制取而代之。从此军人成为常备军，部队沦为私属，不再效忠国家。这与共和体制下，军队于作战时动员，战后解散有所不同。这些常备军为佣兵，多募自无业游民，一雇 20 年，只服从主帅，造成军人拥兵自重，进而干政，终而爆发罗马政争。其次是政治方面：罗马自击败迦太基人之后，领土增加，版图扩大，中央无法有效管理，改实行省制度，每省设一个行政长官，握有大权，对中央定期进贡。最初中央尚能节制行省，以后行省坐大，苛捐杂税，层层剥削，官吏贪污严重，元老院 (senate) 无法统御，不得不仰赖军团将领，造成军团干政，将领夺权。经济方面：战争胜利带来丰硕财富，贵族生活流于奢侈，民间淫佚风气炽盛。奴隶增加，贫富悬殊，家庭组织破坏，社会问题日趋严重。导致共和后期，动乱兴起，改革家、野心家崛起，其中较具代表性人士有：

A. 提比留·格拉古 (Tiberius Graechus)

提比留·格拉古于公元前 133 年起担任罗马保民官。有鉴于罗马穷人及退伍军人问题严重，上任后即着手解决，建议将公地以小农场方式分配给穷人，遭贵族强烈反对。主要原因为贵族们长期大量侵占公地，据为私用，无意归还，对提比留提案，自然无法接受；其次，这项法案在平民会议提出，未曾咨询元老院；此外，他请求平民会议授权动用前帕加曼 (Pergamum) 国王给罗马人民的遗赠，资助改革计划，更令元老院不满。虽然这项举措合乎权限，但却史无前例，许多人质疑他试图拉拢百姓，甚至有人怀疑他准备独裁，也有人认为改革理念可取，但手段偏差，尤其规避元老院造成动乱。提比留被杀，罗马从此政治动荡不安。

B. 凯乌斯·格拉古 (Gaius Gracchus)

提比留死后，其弟凯乌斯继续改革之路。凯乌斯出身军旅，战功彪炳，口才出众，就任保民官后，致力协助穷人，推动法案，提供穷人廉价谷物，为其兄的土地政策辩护，并建议将穷人移民至意大利南部，一则减少罗马人口压力，减轻社会危机，再则提供无力谋生者一个新生的管道；此外凯乌斯更力促赋予全意大利人完整罗马公民权。惟这项提议甫经提出，四座哗然，群起反对，终其有生之年未能通过。惟这项提议确有先见之明，公元前 91 年罗马爆发内战 (Social War)，许多意大利人要求完整罗马公民权，经过 4 年 (91—88 B.C.) 动乱，元老同意给予全意大利人完整罗马公民权，世事荒谬可见一斑。凯乌斯改革一如其兄，急功好利，人谋不臧，引人非议，遭党派杯葛。许多敌对政客批评他顽固、强悍、好斗。公元前 121 年三度蝉联保民官，为了担心遇害，由武装支持者陪同前往，元老院下令执政官奥皮米乌斯 (Lucius Opimius) 维持秩序，但在一场混乱中凯乌斯遇刺身亡，改革再度陷入混乱。[01]

C. 马里欧斯 (Gaius Marius)

凯乌斯死后，罗马只维持了短暂和平，地中海情势即告生变，罗马内部再告不稳，动乱局势复现。公元前 112 年位于北非之罗马附庸国努米底亚 (Numidia) 国王贾卡刹 (Jugurtha) 作乱，罗马出师平乱，成效不彰，公元前 107 年，马里欧斯出任执政官，情势好转。马里欧斯非贵族出身，英勇善战，善于指挥军队，他容许没有土地的人加入军队，公元前 106 年击败贾卡刹，声名大噪。105 年日耳曼部落之一的喀布里人及条顿人 (Teutons) 迁居高卢并进入意大利北部，马里欧斯奉命驱离，再度膺任执政官，在挥军攻打喀布里人及条顿人之前，重组罗马军队，允诺奖赏士兵田地，公元前 101 年大军征服日耳曼人，马里欧斯提案授田战士，但遭元老院拒绝。此举严重伤害罗马军人对国家的效忠，转而寻求将领庇护。马里欧斯建军培育了一批职业军团，但却成为私人兵团，从此罗马军人叛乱事件不穷，社会秩序荡然无存。马里欧斯从公元前 108 年至公元前 100 年六度连任执政官，破坏罗马体制，公元前 86 年去世。

D. 苏拉 (Sulla)

苏拉出身贵族，公元前 88 年担任罗马执政。在他前往意大利剿乱时，罗马爆发派系斗争，苏拉获悉执政职务遭罢黜，乃立即班师返国巩固政权，后再领军至小亚细亚征讨旁图斯 (Pontus) 的变乱，此时罗马内部动乱复炽，苏拉再率军返罗马，遭遇马里欧斯军队顽强阻挠，经艰苦血战，入罗马城。从此大肆镇压异己，实行专制，开始一连串政治、司法改革，包括扩大元老院力量，削弱保民官权限，增加地方官员，维持罗马行省秩序，恢复法庭。公元前 79 年苏拉放弃专制，恢复共和宪法运作，但成效有限。

E. 西塞罗 (Marcua Tulius Cicero)

罗马共和末期，军人干政，权力倾轧情形严重，惟独西塞罗与众不同，他曾任罗马执政官，鼓吹和平，重视秩序。公元前 63 年平息一场反政府阴谋，但未采用武力执政，反而提出"和谐与秩序"理念。西塞罗以拉丁诗文见长，是一流的演说家，曾发表过上百篇演讲词，迄今保存 58 篇，其中以《论演说家》(On Orator)、《布鲁特斯》(Brutus) 及《演说家》(The Orator) 三篇最有价值，西塞罗演说有口皆碑，历史评价为"从人类口中讲出最卓越、最完美、最动人的语言"。此外西塞罗的《书信集》(Letters)、《哲学论文集》(Hortensius) 皆为后人重视，尤其《论共和》(On the Republic) 及《论法律》(On the Laws) 两文，公认为是佳作。他透过这些作品阐释政治理论，推动政治及社会改革。

F. 第一次三头政治 (First Triumvirate)

罗马共和后期，因版图扩张，军人效忠将领而不忠于国家，政治趋向衰败。继苏拉之后，庞培及恺撒掌权。庞培满怀野心，崛起于苏拉军队中，伊比利亚半岛一役，声势

---

01 这场混乱约有 3000 名追随凯乌斯的民众被杀害。

大涨，威胁元老院选他为执政。并与克拉苏 (Crassus) 合作，赢得执政地位，公元前 59 年恺撒成为执政，三人展开合作，组成第一次三头政治 (First Triumvirate)，史称此三人为前三雄。这次三头政治是一项私人协议，而非政府的机制，其形成与贵族派强硬态度有关。三人中以恺撒 (Julius Caesar) 最具实力，影响最大。

恺撒身为军人，富教养，出身贵族家庭，受过良好教育，文学造诣高，学术兴趣浓，口才敏捷，个性温柔，才智出众，受群众爱戴。恺撒是位精明的政治家，野心很大，远征伊比利亚半岛之役的英勇表现获得部众爱戴推崇。公元前 58 年膺任高卢总督，公元前 50 年征服全高卢。其著作《高卢战记》(The Conquest of Gaul)，详细述说了过程，这是部西方文学重要作品。公元前 49 年第一次三头政治走向分裂，恺撒率军渡过卢比孔河 (Rubicon River) 攻占罗马[01]，克拉苏战死沙场，恺撒与庞培由相互猜忌、冲突对峙，进而爆发长期血战，战场由伊比利亚半岛经北非至埃及，庞培虽然获得元老院支持，但仍于公元前 45 年为恺撒击败，逃亡埃及，恺撒追剿，埃及人杀庞培，献上首级。

恺撒在埃及，迷恋女王克利欧佩拉克 (Cleopatra)，喜获麟儿，拟将终身执政改称皇帝，引起元老院惶恐。公元前 44 年恺撒遭共和派元老暗杀，罗马内战再度复燃。

恺撒任内除了军事胜利杰出表现外，亦积极从事多项政治改革，首先打破意大利和各省的藩篱，凡效忠他的外省人民均可获得罗马公民权，其次，鉴于罗马人口迅速成长，草拟计划，将退伍军人以及近八万名穷人及失业人士移民至地中海，设立了 20 多个殖民地，包括高卢、伊比利亚半岛及北非等地，罗马文化亦经此传播至地中海。

G. 第二次三头政治 (Second Triumvirate)

恺撒在位时曾指定 18 岁的侄孙渥大维 (Octavian 或称 Augustus) 为继承人，他与恺撒的左右手安东尼 (Marcus Antonius) 及雷比达 (Lepidus) 组成第二次三头政治，史称后三雄，他们为恺撒报仇，击败发动谋害的守旧派贵族。但不久渥大维与安东尼交恶，安东尼自大、傲慢、善变，对渥大维构成威胁。公元前 33 年渥大维指控安东尼谋反叛国，称其受埃及女王克利欧佩脱拉克诱惑，逗留在埃及，对罗马不利。他于公元前 31 年率军在希腊之亚克兴海岬 (Actium) 击败安东尼与克利欧佩脱拉克海陆联军。渥大维结束罗马内战，揭开帝国时代序幕。[02]

2. 帝国时期

公元前 31 年，渥大维登基，被推举为奥古斯都（Augustus，意为伟大而神圣者），罗马由共和体制转变为君主宪政 (constitutional monarchy)，帝国于焉展开。罗马帝国历史分为前后两期、东西两国；前期由公元前 31 年至 284 年；后期由 284 年至 476 年。两国

---

01 从此"渡过卢比孔河"这句话被用来比喻为破釜沉舟之意。
02 安东尼与克丽佩脱拉克二人不久自杀身亡，雷比达 (Lepidus) 则被渥大维软禁。罗马长达百年的政局纷争告一段落。

分别为西罗马帝国及东罗马帝国,西罗马于476年衰亡后,东罗马势力依旧屹立于东方,迄1453年为止。

罗马帝国之不同于罗马共和,统治者集执政官、保民官权力于一身。早期帝国承平,有罗马和平(Pax Romana)之誉,随即派系斗争、兵戎交战,进入混乱时期:经济败坏、人心失散。随着基督教崛起、日耳曼族人入侵,帝国由东西分治而逐渐瓦解。

(1) 前期帝国

前期帝国可概分为两个阶段,由公元前31年至180年为盛世,180年后开始步入衰途。前半期可分为五个时期:

A. 奥古斯都时代 (31 B.C.—A.D.14)

奥古斯都平息纷扰罗马几近18年的内乱及无政府状态之后,试图恢复共和体制,重振国威。惟罗马此刻已不复昔日,主客观形势转变,重建共和并不简单。内政方面:奥古斯都由公元前29年后开始复原工作,包括重新草拟宪法及重建政府组织,加速裁军及加强行省的福利,防止日耳曼人侵扰疆界,维护国防安全。他首先举行人口普查,发现当时大约有7000万至1亿人之多,而其中约75%住在行省。鉴于人口过多,帝国政府无法兼顾,乃采用地方政府自治,但加强维系罗马与各省的关系,促进罗马统一。其次调整政府组织及人事安排。表面上倚重元老,实际上架空元老院权力,大权落入奥古斯都及其继承人手中。奥古斯都在宪政架构下提出"第一公民"(first citizen of the state, princeps)头衔,自称是全罗马最杰出的公民,位于平等众生之首,比其他人的平等多一点 (more equal)。虽然第一公民的权力看来与过去相近,来自宪法,事实上,却拥有元老所赋予之较大权力,包括人事任免权及军事指挥权。奥古斯都继位之初照例每年连任,尔后,元老院同意赋予他以前执政所有的权力及原来保民官 (tribunicia potestas) 召开元老院会议的权力,此后他握有了全国最高职衔及权力,公元前12年被推举为大祭司 (pontifex maximus),成为全国宗教最高负责人,距皇帝实权已相当接近。[01]

外交方面:奥古斯都任内继续恺撒外交路线,征服伊比利亚半岛后展开北上的扩张政策,将国界推展至今日德国一带。高卢方面除了小规模战争外,进展平顺,设立了12座新市镇,并修筑道路连系各镇与意大利间往来;讨伐日耳曼人方面并不顺畅。公元前12年奥古斯都下令军队越过莱茵河 (Rhine River) 对日耳曼人发动攻势,大军进至易北河 (Elbe River)。9年罗马将领瓦拉斯 (Varus) 在条顿堡森林之役 (Teutoburger Forest),遭日耳曼人击败,损失2万兵士,此后莱茵河成为罗马边界。但罗马大军深入多瑙河 (Danube River),在当地扎营、筑路、建城堡,与日耳曼人通商,传播罗马文化。[02]

---

01 奥古斯都自称"统帅"(Imperator),日久演变为"皇帝"(Emperor)一字。
02 罗马帝国的北方疆界以多瑙河 (Danube River) 为界,占有今日奥地利 (Austria)、巴伐利亚南部 (Southern Bavaria)、匈牙利西部 (Western Hungary)、塞尔维亚 (Serbia)、保加利亚 (Bulgaria) 及罗马尼亚 (Romania) 一带土地。

奥古斯都时代为防止日耳曼人入侵，关心边疆省区。为了指挥统一，他亲自部署军队并支付兵士报酬，包括奖金及退休金，确立了其在军中地位，并免除了过去军人不满，进而造反的借口。他采用移民方式，建立40个殖民区，分别在非洲、西西里、马其顿、伊比利亚半岛、高卢等地，调防驻守许多军人，助长了罗马文化的传播。罗马殖民方式与希腊不同，希腊殖民地各自为生、各自发展，罗马则隶属帝国体制，政治、经济、社会互惠，彼此休戚与共，团结一致，开拓发展。[01] 奥古斯都象征新展望与新时代的开端，帝国基业创新、君主宪政树立，罗马后人纷纷效法。由于第一公民系非世袭头衔，子嗣无法传承权位。奥古斯都生前与养子提比略 (Tiberius) 共享执政及保民官权力，并提携他为第一公民。公元14年辞世，遗言将大部分产业留给提比略，元老院亦正式请求提比略出任第一公民。

B. 朱理亚—克劳狄王朝 (The Juliam-Claudian Dynasty, 14—68)

奥古斯都死后五十年间，罗马统治权均来自朱理亚族 (Julian Clans) 或克劳狄族 (Claudian Clans)，故称为朱理亚—克劳狄王朝。主要皇帝有四位，提比略 (Tiberiuo) 及克劳狄 (Claudiuo) 两位皇帝英明廉能，国事承平；另外两位卡利古拉 (Caligula) 及尼罗 (Nero) 平庸无能，国事堪虑。罗马史家塔西陀斯 (Tacitus) 作品有详尽记载，他认为在朱理亚—克劳狄王朝时代罗马承平繁荣，尤其是克劳狄对政府官制的改革，贡献良多。朱理亚—克劳狄执政的最大难题是军人干涉。奥古斯都曾招募特殊常备军作为皇帝之卫队，称为禁卫军 (Praetorian Guard)，41年，禁卫军拥护克劳狄并暗杀了卡利古拉，元老院担心不接受禁卫军抉择将爆发动乱，只好勉予同意，而造成禁卫军干政的恶例。此后禁卫军凭其喜好，兴风作浪。在帝国前三个世纪中，为拥护意中人选，皇帝遇刺事件屡见不鲜，68年尼罗亦因此身亡。

C. 弗拉维王朝 (The Flarian Dynasty, 69—96)

尼罗死后，罗马驻高卢、莱茵及东方各地区的军队纷纷进逼罗马，拥兵护主，争夺王位。几番惨斗，最后东方军统帅维斯巴西安 (Vespasian) 获得胜利，70年大军入罗马城。维斯巴西安资才平平，无意改革，也无心解决军人干政问题，为了防止夺权哗变，指定其子提图斯 (Titus) 及图密善 (Domitian) 为继承人，建立了弗拉维王朝 (采其家族名)。此后第一公民正式成为"君王" (monarchy)，皇帝权力扩增，官僚制度扩大。维斯巴西安任内较重大之事件为镇压犹太地区的暴乱，由于尼罗皇帝处置不当，66年犹太地区发生严重动乱，70年罗马大军镇压耶路撒冷犹太人暴动，并奴役犹太人，摧毁犹太圣殿。[02]

外交上，弗拉维王朝承续奥古斯都遗志，其中图密善皇帝征服日耳曼人广大土地，

---

01 罗马在意大利半岛以外各地遍置行省，这些行省可分为两种："元老省" (Provinciae Senatoriae)，由元老院派人治理，设置在繁华无事之地；"皇帝省" (Provinciae Imperatoriae)，由皇帝派总督 (Procurators) 治理，设置在边陲蛮荒之地。

02 70年犹太暴动平息后，罗马人将巴勒斯坦的犹太人驱逐出境，以防止暴动再起，但从此犹太人流散欧洲各地，备受歧视。

并将之划定为罗马两个行省，此外击溃沿多瑙河活动的日耳曼族人，且加强对当地控制。图密善尽管功业辉煌，但因其手段残酷、待人严苛，为人憎恶，最后遭人刺杀。总的说来，弗拉维王朝时代罗马展现和平景象，兵团尚称守纪，为下一个时代"五贤君"(five good emperors) 奠定了基础。

D. "五贤君"时代 (Five Good Emperors, 96—180)

史家吉朋 (Edward Gibbon) 在其历史巨作《罗马帝国衰亡史》(*The Decline and Fall of the Roman Empire*) 中推崇96年至180年的罗马为"贤君"(good emperors) 时代。他们是：涅尔瓦 (Nerua)、图拉真、哈德良 (Hardian)、安敦尼 (Amtoninus Pius)、马库斯·奥里略 (Marcus Aurelius)。这段期间社会祥和、欢乐，为罗马史上一段盛世，尤其安敦尼时代繁荣景象，无与伦比。历史将奥古斯都至这段时期称为罗马和平 (Pax Roman)。有关这段时期的政治特色为：

a. 树立王权

安敦尼在位时，集王权理论与实际于一身。自奥古斯都以来，受共和体制影响，罗马皇帝虽有实权，但多保存第一公民头衔，至安敦尼时代才真正正名。安敦尼并非热衷权力，但迫于历史形势，为求王朝运作有方，乃集权一身。事实证明，皇帝制之行政效益高，统治方便，久而久之，皇帝权力日益扩增，专制范围更趋广泛。

罗马政府制度自奥古斯都以来，日趋周延。克劳狄建立了官僚制度，哈德良加以改良，将官僚制度确立为任官基础，由王室行政部处理日常事务，同时将军事与政务区隔，强调专业化，增加政府效能。

b. 军队战力减弱

罗马军团自奥古斯都以后，机动性不再，作战力减弱。奥古斯都之后的帝王不再扩充版图，军队任务仅为巩固疆界。弗拉维王朝时，罗马边界确定，城堡及观测站纷纷兴建，担负防御重责。罗马大肆修筑道路，方便城堡补给及调防，罗马军团成为警备军，从事长期驻防工作。军团人员与以前不同，由于意大利无法供应全数军队兵员补给，只剩下意大利官员，士兵则多来自边疆省份或文明较落后地区，在哈德良时代，变化更趋明显，罗马军人中真正罗马人越来越少，至3世纪非罗马军人对罗马及其历史传统效忠心日衰，关切日减。

E. 内战时期 (Barracks Emperors, 180—284)

3世纪期间，罗马内战不已，外患频仍，日耳曼族群入侵影响经济发展。马库斯·奥里略死后，政权几度易手，帝国陷入长期混乱的内战之中。自235年至284年的49年期间，有20位罗马皇帝先后登基，未能登位遇害者更不计其数，其中有些将领拥兵自重，割地自立，譬如波斯土穆斯 (Postumus)，在高卢建立自己的帝国历时十年 (259—269)；安利安 (Anrelian) 致力恢复秩序。这段时期罗马军人嚣张跋扈，争权夺利，史称兵营皇帝

时代 (barracks emperors)。[01]

内战导致外患。日耳曼人此时大举入侵，远因不详，近因来自亚洲部落西移。根据《哥德史》(History of the Goth) 所载，匈人 (Huns)[02] 攻打哥德人 (Goths)，哥德人攻击汪达尔人 (Vandals)，战败的部落像蜜蜂一样，朝罗马边界溃逃，哥德人于 258 年进入欧洲。当日耳曼人抵莱茵河及多瑙河边界时发现，罗马防卫疏漏，驻防多瑙河边界达西亚 (Dacia) 的将领德西乌斯 (Decius) 于 249 年造反，放弃边界防务不管，予哥德人可乘之机，乃大举入侵，寻求新居。3 世纪中叶，哥德人蹂躏巴尔干，向南远及希腊，甚至到达小亚细亚。法兰克人 (Frank) 进击莱茵河边界，入侵高卢东部、中部、伊比利亚半岛东北部。盎格鲁·撒克逊人 (Anglo-Saxon) 由斯堪地那维亚 (Scandinavia) 前往不列颠 (Britain)。[03]

(2) 后期帝国 (The Age of Late Antiquity, 284—476)

3 世纪末，戴克里先 (Diocletian) 结束罗马长期动乱，4 世纪初君士坦丁大帝 (Constantine the Great) 重建罗马。戴克里先将原奥古斯都的第一公民形式完全抛弃，而成为名实相符的专制君主 (Dominus)。第一公民 (princeps) 改为阁下 (lord)，强调皇帝是"上帝遴选"(the elect of God)，君权神授，甚至认为君士坦丁大帝与耶稣 (Jesus) 十二门徒地位相等。

戴克里先及君士坦丁大帝采用波斯帝国宫廷朝仪，皇帝头戴皇冠，身着皇袍，人民晋见皇帝须屈膝跪拜，并亲吻其袍子。君士坦丁大帝进一步引进宦官管理王宫，罗马皇帝成为东方君主。戴克里先深深了解帝国的弊病，绝非一个人可以处理，他也明白，各行省总督经常参与叛变。为了解决问题，将帝国分为东西两方，他本人直接管理东方，西方交由另一人治理，赋予"奥古斯都"(Augustus) 头衔，为共同皇帝。指定另外两人来协助治国，赋予"恺撒"(Caesar) 头衔，这项政制称为四人共治 (Tetrarchy)。戴克里先地位最高，具最后决定权。帝国东西两方并进一步各分为两个州 (prefectures)，每一个州设一位地方长官 (prefect) 向奥古斯都负责。戴克里先为削弱行省总督势力，将县组成一个政治单位 (dioceses)。剥夺行省总督军权，总督只剩下市政权。戴克里先政治改革，影响深远。[04] 君士坦丁大帝统治时 (306—337) 为加强中央集权，将帝国首都向东迁往经济较富

---

01 这些皇帝均由罗马禁卫军所拥立，在位时期均不长，百年之中只有一位皇帝得以寿终正寝，其余均死于非命。罗马禁卫军任意废立皇帝，甚至将帝位在罗马城内公开拍卖。罗马驻扎外省的军团也纷纷拥立自己的军队统帅或总督为帝，一时罗马帝国四分五裂，形成军阀割据之局。

02 匈人 (Huns) 是来自欧亚草原的民族，现代学者指出，匈人与秦汉时代称霸中国北方草原的匈奴族有血缘关系，但是否为同一民族，则尚待考证。

03 不列颠 (Britain) 岛南部为罗马行省，驻有罗马军团，4 世纪时罗马军团撤回欧陆，盎格鲁·撒克逊人 (Anglo-Saxon) 趁机入侵，不列颠南部的罗马行省也改称为"英格兰"(England)。

04 戴克里先设计的多元首制度在他死前即危机重重，盖政出多门，而且人人都想当惟一的皇帝，容易引发内战。305 年戴克里先退位，但他的西方同事马克西米安 (Maximian) 不想和他退位，不久内战就爆发了。

裕的君士坦丁堡(Constantionple)[01]，帝国从此正式分治[02]，西方帝国于476年亡于日耳曼人，东帝国至1453年方为土耳其人所灭。[03]

四、政治

罗马人以政治及法律见长，较重视实务，愿面对挑战，对有关理想国家或政治形式的空泛理论不感兴趣。罗马政治及法律是一系列传统信仰、风俗及行政命令的结合。罗马人建立各种制度、设立官吏、制定法律，解决问题。

罗马立国以来，社会阶层即分为贵族及平民两级。贵族(patricians)拥有土地、财富、政治权力，负责政务，带兵作战，制定法律。平民(plebeians)除了富者之外，在早期没有参政权，随着版图扩张，平民受雇参战者日增，对自身的权力倍加关切，部分与贵族争夺权力，形成罗马政治上的一大特色：追求平权，尽管平民获得有限，但为西方人类追求平等奠定了基础。

罗马共和时代，主要政治机构有元老院(Senatus)、执政(Consuls)、公民大会(Comitia Curiata)及平民会议(Concilicum Plebis)和保民官(Tribunes)。元老院源于伊特拉斯坎的元老贵族会议(Council of Noble Elders)，来自各氏族族长，共300位，多半出身贵族家庭，早先担任国王顾问。共和时代，元老则担任执政官或其他官员的顾问，名义上只能建言，没有立法权，但却有安排议事的权力，也就等于有法案的定夺权力。

公民大会为最早立法机构。王政时期的罗马为一拉丁部落，后纳入另外两个部落合并为三，每个部落有10个胞族，每个胞族有10个氏族，合计300个氏族，组成公民大会，有宣战、审判、选举国王等权力。至图利乌斯(Servius Tullius)国王在位时，从事改革，将过去以氏族为划分的政治结构，改以"区"(Century)为基准，采属地主义，只要居住在当地，经过登记便可成为公民，不像过去属人主义，只有少数人是公民，并依财产多寡将社会分为五种等级。罗马划分为193个"区"，即"百人团"，推动政策，每个

---

01 罗马帝国东部原比西部富庶，君士坦丁大帝有意在东方另建新都，增加国家税收。324年，君士坦丁大帝选中位居欧亚大陆交界的古希腊殖民城市拜占庭(Byzantine)为新都，经六年建设，于330年落成，称为"新罗马"(New Rome)，后人为纪念君士坦丁大帝建城之功，改称君士坦丁堡(Constantionple)。君士坦丁堡三面环海，易守难攻，成为罗马帝国东方的首都，476年后，且为帝国的惟一首都，1453年，土耳其人攻陷君士坦丁堡，改名伊斯坦布尔(Istanbul)，定为奥特曼帝国(Ottoman Empire)的首都。

02 从戴克里先之后，罗马帝国分分合合共达五次之多，帝国境内常常同时有多人自称皇帝，内战一直不断。后世史家为方便起见，将帝国西方称西罗马帝国，帝国东方称东罗马帝国。

03 当时人们认为，476年只是帝国西方被蛮族占领而已，帝国东方依然有罗马皇帝坐镇，罗马帝国并未灭亡，但后世史家仍以这一年作为古典文明的结束。

区一票，参与公民大会投票。[01] 由于贵族握有多数"区"的发言权，轻易否决平民要求。公元前471年，平民不满贵族专权，抗争获胜，组成平民会议(Tribal Assembly)。但事实上平民会议极易被贵族掌控，有钱的平民阶级获得利益之后，即成为新贵族。

共和国主要官员有两位执政官，任期一年，每年改选，战争时由两位执政官中选一人为独裁官(Dictator)，早先执政官仅限贵族，负责政务、召集公民大会、监督财政。以后设置财务官(Quaestors)协助政务，公元前421年财务官改为选举产生，平民亦可膺选。财务官管理公众财产，并且在法庭起诉犯人。公元前366年罗马又增设司法官(Praetors，又叫副执政)一职，公元前227年增为四位，当执政离开罗马，副执政代理视事。在罗马行政体系中，较重要的官员还有监察官(Censors)，设于公元前443年，职责为监督人民道德，决定元老院成员身份、公民登记及民间租赁契约。市务官(Aediles)有四位，视察街道及市场，主持节庆活动。保民官有权召开平民会议，否决行政官员的行动。

罗马政治发展，自共和时代以来即呈现贵族与平民间的"争权"(Struggle of the Orders)。平民的政治权利，系经由"战争"获得。罗马共和时代战争频仍，兵源不足，对平民的依赖日增，公元前494年，平民不满所获待遇，与贵族首度摊牌，威胁不再服兵役，并退出国家，离开罗马，这项杯葛成功，贵族被迫作出重大让步。公元前445年贵族通过法律(lex canuleia)允许平民与贵族通婚，承认平民有权选出自己的官吏：保民官。保民官可保护平民免受贵族官员独裁迫害，为平民向元老诉冤，此外，并要求法律透明化。过去罗马法律只适用贵族，他们可以在法庭辩护，利用法律保护自身利益，平民不满，要求编纂法律，刻在12块大铜板上，并予公布，促成《十二铜表法》(Law of the Twelve Tables)之产生：包括民法及刑法。以后更要求公布法律程序，中止贵族对法律之垄断，让平民充分获得法律保护。

平民获得的最大胜利，是在公元前367年通过《里西尼乌斯·色克斯蒂安法案》(Licinian-Sextian Rogations)。里西尼乌斯(Licinius Stone)及色克斯蒂安(Sextian L. Lateranus)是保民官，从事十年改革奋斗，他们虽然富有，却与贫民一起谴责贵族特权，要求贵族容许平民出任各级官职，由出任执政官到进入元老院，再过问国事。元老院最后批准允许两位执政官中有一位是平民，但这项法律并未化解贵族与平民间竞争。公元前287年再通过《荷丁西斯法》(Lex Hortensia)，承认平民会议决议，对贵族及平民均有约束力，解决长期以来之竞争。贵族与平民"争权"并未分化罗马，充分显示罗马人的务实与智慧：罗马人不因阶级竞争而分裂，反而促成和谐与团结。公元前287年罗马公民(Roman citizenship)观念诞生，法律之前全体公民一律平等。换言之，任何人不分贵族或平民、富人或穷人皆可出任公职高官，罗马公民一律平等。

---

01 "百人团"(Century)是罗马的基层军事组织，由于罗马共和国的政治组织是以军事组织为基础，公民大会亦被称为"百人团大会"(Centuriate Assembly)。

五、法律

《罗马法》(Roman law) 是古典文明相当重要的一项伟大成就。早先罗马人和其他国家一样，只有习惯法。待罗马人建国后，平民与贵族斗争情形严重，为保障平民权利，乃有《十二铜表法》出现。该法于公元前449年颁布，内容关系诉讼程序、债物、监护、遗嘱、契约、土地、婚姻等，对平民仍有许多不公。公元前3世纪中叶，罗马人随着疆土开拓，政局改变，制定《市民法》(Civil Law，又称《公民法》)，适用于罗马公民，主要内容包括行政管理、诉讼程序、家庭关系。公元前3世纪后，由于国土扩张，原来法律已无法适用，乃制定《万民法》(Law of People)。万民法是各民族共有的法律，除了罗马原有的法律规范以外，增加了一些其他民族的法律规范，注意商品贸易、经济契约。3世纪以后，罗马帝国逐渐衰微，罗马法也逐渐式微，不再有创新之处，而走向法典编纂之途，如《狄奥多西法典》(Theodosian Code)。

《罗马法》是古代社会中最完备、最具影响力的法律。它的基本精神是建立在自然法的基础之上，强调人人平等、契约自由。[01] 罗马人认为，法是治国之本，法律高于权力，法是一种自然权利，是衡量公平与正义的准绳。这种来自斯多噶自然法理论的观念，使得《罗马法》走出一条与希腊不同的道路：重视实务，不重理论。

六、社会

旧罗马社会重视家庭关系，实行家长制 (paterfamilias)，男人地位崇高，具生杀大权，可左右妻小，一旦发现太太与人通奸可以处死或离异，亦可将小孩贩卖为奴。男人在世时，儿子不得拥有财产，死后由妻小继承产业。尽管男人位高权重，但在处理重要家务时，通常会召集成年男人举行会议，家人可表述己见。女人在会议中没有正式地位，但在幕后往往扮演重要角色。家长制虽有瑕疵，但罗马人却抱怨不多，实际生活上较为宽容。

罗马奴隶来自战争及征讨，包括从伊比利亚半岛、非洲、希腊化东方世界到汉尼拔军营中的黑人等。罗马奴隶与后来种族理论无关，与个人幸运有关。作为奴隶，只能怪生不逢辰、际遇不佳而已。罗马未曾瞧不起奴隶，黑奴与伊比利亚半岛人获同等对待，非洲黑人及日耳曼人 (Germania) 最受欢迎，有才能的奴隶最后大多获释，由于获释奴隶 (Manumission) 众多，政府不得不设法限制。

奴隶为主人财产，获何种待遇，视主人而定，一般罗马人善待奴隶，西西里岛奴主

---

01 罗马哲学家西塞罗曾言："真正的法律是与自然协调一致的理性，它扩及所有人之中，始终如一，永恒不变。颁布有违这一法律的条例，是宗教所禁止，即便部分废止它也不可以，同时我们也无法通过元老院或公民大会来摆脱它的约束。"换言之，自然法高于一切，这一抽象的法哲学概念是近代西方大陆法系的源头。

对待奴隶较苛，他们大量购买奴隶，烙印、用铁链套牢，经常不给食物及衣物。公元前104年该地曾发生大规模叛乱，奴隶死伤无数，意大利亦有奴隶动乱情事，但情况较西西里岛温和。[01]

罗马城市幅员辽阔，人口众多，帝国时代约有50万至75万人之间，建筑美轮美奂。贵族住宅豪华讲究，平民杂居陋巷违建中，消防、犯罪问题严重，街道狭窄，下水道不足，排水不良，卫生条件欠佳，由许多遗留物的记录中可以看到"勿乱丢垃圾及勿随便弃尸"的警告禁令。罗马城市周边乡下地区粮作不敷所需，有饥馑之虑，帝国时代皇帝仿效共和时代办法，提供市民免费面粉、油及酒，防止因食物短缺及物价昂贵形成的骚动与暴乱。对非罗马公民，政府亦提供廉价食物，以防止投机商人在不景气时哄抬物价。罗马皇帝除了维持货物供需，照顾百姓之外，并确保穷人及懒人不会挨饿受冻。

罗马行省及边疆地区社会在安敦尼时代呈现荣景。罗马文明传播，移民增加，耕地面积日增，农业发展普遍，自由佃农当道。奥古斯都鼓励自由农耕作，安敦尼皇帝提供农人优惠贷款，方便承租以前由奴隶所耕种的土地。农人可耕种新的工地，小佃农成为罗马农业的台柱。

在欧陆地区，军队助长了繁荣。军团所驻之地发展容易，军人退伍后多在原服务所在地定居，由于在军中习得一技之长，当地人争相聘雇。退伍军人多以退休金创业，自谋生活。东部地区亦呈繁荣景象。罗马海军扫荡地中海海盗，方便商人贸易。大城市崛起，寺庙、喷水池、圆形剧场林立，生活较前富裕、舒适。繁荣同时，贸易急剧增加，英国、比利时成为谷类大宗输出国，英国羊毛业开始发展，意大利及高卢南部酒品大量生产，主要输往罗马、多瑙河、不列颠及莱茵河一带，橄榄推销至伊比利亚半岛南部及非洲北部，东方之叙利亚农人继续种橄榄，埃及生产谷类、成千上万吨的小麦供养罗马人，叙利亚及小亚细亚的原料及产品供养驻守美索不达米亚地区的罗马军队。行省的工业亦有显著成长，高卢及日耳曼的城市取代旧日位在地中海的制造中心。如阿利帝恩(Arretium)及卡布亚(Capua)成为玻璃、陶器、铜器的生产中心。至2世纪，高卢及日耳曼独占陶器市场，高卢之里昂(Lyons)发展为玻璃业制造中心，输往不列颠及日耳曼。2世纪末科隆(Cologne)成为玻璃生产中心，高卢技工发明马口铁技术，装饰塞尔特(Celtic)图案[02]，夺占北欧市场。罗马和平时代在北欧、西欧的卓越贡献，对西方社会影响重大，陆路、海路交通造就城市，带动了都市生活。

---

01 公元前73年意大利发生奴隶大暴动。7万名奴隶在一名名叫斯巴达克斯(Spatracus)的奴隶领导下反抗罗马暴政，暴动持续一年多。最后奴隶大军被罗马军团镇压，斯巴达克斯被杀，6万名战俘被钉死在罗马大道沿途的十字架上。斯巴达克斯后来成为反抗奴隶暴政的代名词。

02 塞尔特人为欧洲地区的原住民族，现只居住在爱尔兰、苏格兰地区。

七、经济

罗马经济与近东或其他地区不同。在古代农业社会之中，多数地区之经济生活为自给自足或半自给自足，惟有罗马采独特的商品经济，依靠海陆商业贸易网以及向外扩张市场而运作。经济发达主要视物流程度，"物尽其用，货畅其通"是最佳的写照。俗话说"条条道路通罗马"，从罗马的筑路盛况可证之一斑。罗马每征服一个地方，就建立大庄园，而罗马军队就开始修筑蜘蛛网般的公路系统，据统计，罗马帝国在高卢一省的公路就长达13000里，除了便捷的交通网外，罗马还大肆开采金银矿，铸造货币，以维系市场活络。为了建立交易体制，《罗马法》中详细规范了贸易和所有权的内容，并对契约作审慎的保护。

随着内乱及外患增加，罗马经济发展渐趋衰颓，尤其经日耳曼入侵后，罗马社会更趋贫穷。政府采货币紧缩方式，减少银含量，导致货币一落千丈，信用破产。帝国后期日常贸易及生产方式受战乱影响，矿产供应吃紧，金银渐趋枯竭，都市骚动，市场失序，旅途不安，技工、艺匠、商人纷纷逃难。值此困顿之际。戴克里先采专制手段缓和通货膨胀，发布敕令，限制最高物价以及工资，由于不实际，徒劳无功。君士坦丁大帝想将长久以来罗马包税制之税吏改为世袭制，由子承父业，稳定税收。为了挽救货币制度崩溃，税款改由货品取代金钱，为了稳定货源，限定职业不得更换。[01]

罗马帝国后期社会情况恶化，自由佃农多沦落为农奴。3世纪时，许多农人遭日耳曼人杀害，亦有的远走他乡避难，导致大量农田荒芜，大地主乘机兼并，因而发展为中古之庄园。小农面对乱世，为了图存，纷纷献出土地向庄主乞援，请求保护，有些还沦为奴隶。庄主资源丰富，财力雄厚，可以自给自足，甚至还自备军队，抗拒王室官吏索取。[02]

八、罗马生活

罗马人将一天24小时区分为白天12小时，夜晚12小时。夏天四点半起床，冬天七点半，因为地中海气候炎热，庄稼汉必须利用早晨凉爽时工作。早餐简单，通常只有面包和奶酪，早餐后即赴外工作。女人多半是家庭主妇，料理家事、纺布、编织羊毛、看管家奴、准备餐饮、照顾小孩。有钱人雇用奶妈，一般人多自己喂养小孩。罗马小孩喜欢养宠物，狗最普遍。7岁以前由母亲照顾，7岁以后女孩学习家事，男孩接受正规教育。罗马人中午正餐包括粗面包及麦片粥，还有包心菜、橄榄、豆子、猪肉。除了沿海居民之外，很少吃鱼，中餐会喝一些掺水的酒，饭后要午睡，但奴隶和雇工仍得工作。晚餐很简单，夜晚来临即上床睡觉。

---

01 4世纪以后，罗马繁荣的商品经济逐渐退回以物易物的原始经济形态，社会流动趋向停滞。
02 罗马帝国后期战乱不止，中央政府分崩离析，地方庄园主势力越来越大，形成一个个独立的小王国，农民也逐渐失去自由，终身必须生活在庄园中，形同农奴。

罗马人年历根据太阳和星星。农人观天决定何时耕种、播种、剪羊毛、从事家务；每年耕作，至少两次，最好三次。耕种工具式样多，有耙、有犁，利用牛及驴耕作，动物粪便用来施肥，小麦及亚麻是经济作物，富农种橄榄树、葡萄树，榨取橄榄油及酿酒，收成视土壤及天候而定。

在罗马城市生活中有一项特色是公共浴室普及。洗澡原为希腊人嗜好，早期罗马人不爱洗澡，尤其是冬天，如今却成了罗马人最爱。备有水池及健身房的大型公共浴室，成长快速，成为城市一大奇景，保守人士批评希腊这项习惯，浪费时间，鼓励偷懒。男性浴室除了可洗澡外，可至健身房运动、打球；女生也有公共浴室，但没有健身房。澡堂包括蒸气室、热水池和冷水池，此外还有小吃台或小吃房供人聊天、阅读。浴室建设宏伟，成长方形，中央大厅高敞明亮，最大的浴室可容纳千人。浴室是重要社交场所，有诗人朗诵、乐队演奏。人们藉此攀龙附凤或结交朋友，讨论事务，尽管卫道人士批评，浴室仍提供了罗马人清洁及健康的休闲。

罗马城市人的生活与农村不同，主餐在晚上，晚宴成为风尚。罗马有钱人以餐具和美食炫耀财富，主菜有肉、鱼，其中猪肉最受欢迎，副食有蔬菜及橄榄，偶尔宴客，会有孔雀肉及鸵鸟肉。餐后点心，通常是水果。罗马人以酒佐食，葡萄酒最风行，罗马富人尽情饱食，穷人、工人却一食难求。

罗马人喜好娱乐生活，格斗(gladiator)及竞技比赛最受欢迎。格斗种类包括人与人斗、人与兽斗、兽与兽斗，武士格斗源于伊特拉斯坎人举行葬礼时，为亡者举行血祭。即使重视人道的哈德良皇帝亦未能免俗，公元126年的六天武士格斗比赛，共有1835对武士与赛。参加格斗的武士不准携带任何防卫武器，靠血肉之躯拼杀，至死方休，因此存活机会渺茫。斗士包括罪犯、奴隶，还有战争俘虏，女人有时也参加格斗。观赏格斗的场合为竞技场，成椭圆形，以科洛赛姆(Colosseum)竞技场最宏伟，又称圆形大剧场，可容纳5万多人。在竞技场内少数斗士获胜可获得自由。尽管不少人批评反对，但多数罗马人乐此不疲，直至第3世纪基督教会禁止才告结束。除了武士格斗之外，罗马人还喜欢战车赛，帝国时代四支队伍红、白、绿、蓝彼此竞赛，多半人关心自己喜欢的队伍，而非竞赛过程，比赛车辆由两匹马或四匹马拉，跑7圈，约5英里，胜利者接受英雄式的欢呼。

九、罗马文学与史学

1. 文学

罗马文学始于共和国初期，以史诗及戏剧为主，代表人物有安德罗尼库斯(Livius Andronicus)，他将荷马史诗中的奥德赛翻译为拉丁文，为拉丁文学奠定了基础。普劳图斯(Titus Maccius Plautus)是喜剧大师，写过130多部剧本，他运用希腊题材，采罗马人布景，以中下层人士生活为主题，流传广远。泰伦斯(Publius Terentius)也是喜剧大师，奴隶出身，主人识其才，将他释放，后跻身上流社会，文风高雅，有六部作品，其中以《婆母》(*The Mother-In-Law*)、《两兄弟》(*The Brothers*)最具代表性，结构严谨、描写细腻。此外两次布匿战争催生了两位作家：尼微阿斯(Naevius Gnaeus)，用拉丁文写了有关第一次布匿战争的史诗，另一位是恩尼乌斯(Quintus Ennius)，模仿荷马史诗写了一部《年代史》(*Annales*)，一生作品丰富，被誉为拉丁文学之父。

共和国晚期出现一些多才多艺的人：西塞罗，是位杰出的演讲家及哲学家，自幼在罗马受过良好的教育，辩才无碍，具独特风格，传世演讲词有57篇，句法严谨，词汇优美。萨鲁斯特(Sallust)著有《喀提林阴谋记》(*The War with Catiline*)、《朱古达战争》(*The War with Jugurtha*)，叙事有条理，立论精辟，影响深远。卢克来修(Lucretius)，诗人、哲学家，著有《物性论》(*De Rerum Natura*)是一部博大精深的哲学著作，被认为是唯物论(materialism)哲学家。

帝国初期的史诗和诗歌表现杰出，代表人物有弗吉尔(Virgil)，是奥古斯都时代最伟大的诗人，出身富裕农家，受过良好教育，作品在中古时代甚受欢迎，教会视他为预示耶稣来临的预言家，学术界奉他为伟大的哲学家。他对西方文化及文学之影响力，仅有《圣经》超越其上，代表作有《牧歌》(*Edogues*)、《乔治克》(*Georgics*)及《艾涅德》(*Aeneid*)。《牧歌》为短篇田园诗，《乔治克》报导农村牧人生活之祥和与宁静，教导人们养蜂、种葡萄、橄榄，经营农场之道。弗吉尔观察细腻，注重小节，所书所写均来自亲身目睹而非辗转引述，诗作充满情感，文体感人。《艾涅德》更为力作，仿希腊《伊利亚特》、《奥德塞》形式，共12卷，前6卷描述英雄流浪，后者叙述战争，在这部作品中，弗吉尔表现出他对奥古斯都"世界理念"的推崇。弗吉尔作品中的情节、景物、人物，与荷马《史诗》的描述与刻画有许多相似之处，不过比荷马更具道德与政治目的。总之，《艾涅德》披露弗吉尔对罗马伟大的赞美。

贺拉斯(Horace)为罗马讽刺诗人、抒情诗人及文艺批评家。生于意大利南部，作品有《讽刺诗集》(*Epodes*)及《颂歌》(*Odes*)。贺拉斯出身微贱，日后成为奥古斯都好友，喜欢希腊文学，在雅典受教，奥古斯都获胜之后，他返回罗马，撰文歌颂罗马的繁荣与和平，并大肆炫耀罗马和平的光荣。歌集为其成名作，共4卷，将近113首，旨在表达其理想与信念，发人深省。

2. 史学

罗马史学习自古希腊，主要史家有李维(Livy)、阿庇安(Appian)、塔西陀(Tacitus)、普鲁塔克(Plutarichus)及恺撒。

李维曾受过希腊、拉丁文学及哲学的训练，著有《罗马史》(*The History of Rome*)，又称为"罗马自建城以来"(From the Founding of the City)。由罗马建城传说一直叙述到奥古斯都王朝，前后744年，全书共142卷，残留36卷，歌颂罗马人的光荣和伟大。李维搜集早期罗马历史传统记载，熔铸成一部连续性记载，成为《罗马史》。柯林乌认为李维的作品文学特质高，重视道德目的，具高度文学意义，叙事生动，文辞优美，被誉为"一部散文中的史诗"。01

阿庇安是罗马帝国时代最伟大的史学家，曾担任过埃及总督，撰有《罗马史》(Roman History)，共24卷，约11卷完整保存下来，是西方史学中记事本末体的创始者。阿庇安注重政治史及文化史，注意罗马共和国的内部斗争。在编写体例上，按国别及事件分篇，叙述前因后果。

塔西陀生平不详，后人多根据零星残篇，推测他生于高卢南部，受过良好教育，做过参将、行政财务官、执政官，120年左右去世。生平重要著作有《日耳曼志》(Germania)，叙述罗马帝国时代莱茵河边界地区的状况，详细记载古代日耳曼人社会生活情形。《历史》(Histories)，又称《罗马史》，叙述内战时期史事，由68年至96年，全书约12卷，现仅存前四卷及第五卷残篇。《编年史》(Annals)由奥古斯都写到尼罗皇帝，全书共16卷，记述54年历史的这本《编年史》以叙事为主，内有精辟的议论。但有人质疑他从道德立场写历史，是有计划地歪曲了历史。02 塔西陀的作品多系亲身经历记闻，因此可称为实录，叙事生动、文笔优美、结构曲折、风格典雅，作品受重视。

普鲁塔克家境富裕，具文化教养，父亲为历史学者，少年时代曾受过良好教育，旅游四方，任过公职，平生著作多达227种，留传下来大约有120种。传世之作为《希腊罗马名人传》(Parallel Lives)，有46篇。按照军事家、政治家、立法者或演说家分类，各用一个希腊名人搭配一个罗马名人，分23组，《希腊罗马名人传》用希腊文写成，瑰丽多姿，夹叙夹议，启人思想，对文艺复兴之人文思潮，启迪颇多。03

恺撒是位军事家、政治家，同时也是位史学家。恺撒一生戎马倥偬，但有不少言论，多已佚散，残存的脍炙人口大作为《高卢战记》，共8卷，其中7卷由他本人所撰，叙述恺撒征服高卢的经过，时间从公元前58年至公元前52年，第8卷为手下希楚乌斯(Aulus Hirtius)所撰。恺撒写此书是为了反击政敌，因此往往将自己的目的视为历史的目的，后人批评其作品有自我辩护、树立形象、威吓政敌之嫌。

《高卢战记》文风清雅，叙事简洁，易读易懂，雅俗共赏，老少咸宜。书中详载有关高卢、日耳曼及不列颠地区的山川形势、民族部落分布、阶级构成、财富和婚姻状况以及社会习俗，是后人研究西欧早期历史，尤其是高卢和日耳曼人历史的重要参考数据。

---

01 Collingwood, *The Idea of History*, p.36.
02 塔西陀在著作中痛斥罗马共和时期的美德在帝国时代已沦丧殆尽，试图唤醒罗马人的道德良知。
03 普鲁塔克开创了以英雄传记来写作历史的形式，同时代的著名传记还有苏维托尼乌斯(Suetonius)的《罗马十二帝王传》(*The Twelve Caesars*)。

十、罗马衰亡

历史事件大小轻重，端视其影响而定，罗马衰亡关系古典文明的衰落以及中古启示文明的兴起，是众所瞩目的焦点问题之一。有关罗马衰亡原因，各家研究，角度有别，看法不一，解释出入颇大。主要为吉朋的衰亡论：1764年英国史家吉朋独坐在罗马神殿的废墟上，聆听几位神父聊天。突然想到罗马衰亡一事，乃执着这份好奇，开始研究探讨，历经12年努力，于1776年出版《罗马帝国衰亡史》，成为英国史学重要作品之一，书中充满智慧、史料及幽默。吉朋认为罗马盛极而衰，由繁荣趋向萧条，由强大步入没落，是一场"可怕的改变"，这种史观影响西方近200年之久。尽管有许多史家不苟同吉朋的某些观点，但普遍接受其"衰亡"论。罗马灭亡真相究竟如何，问题复杂，一言难尽，吉朋将之归咎为基督教散播。他认为基督教所强调的人道、虔诚以及来生较今生重要均无法维持帝国之发展。[01] 但基督徒不能接受这个论点，因为基督徒虽然忠于宗教胜于帝国，然其人数有限，况且在东罗马帝国时代，基督徒一样效忠国家。其实吉朋真正探讨的不是罗马帝国衰亡，而是罗马何以存在如此长久？总之，吉朋的好奇，引起了不同的解释与看法。

除了吉朋之外，历史上对罗马衰亡的探讨还有其他看法。

生物学论：有些史家站在伪科学角度，以生物学的观念来解释，认为国家或帝国如同生物，由幼而长、再老而死，这种简单模拟方式，缺乏科学证据，只能算一种说法。

种族论：罗马人与亚非外邦人混种，影响罗马人丧失其生理及道德上的优越，这项说法难以圆融。东方人倘若不如罗马人，为何东罗马较西罗马多延续了1000多年。

铅中毒论：1983年《新英格兰医药期刊》(*New England Journal of Medicine*) 刊出一篇文章指出，罗马衰亡与铅中毒有关。由于罗马人使用铅壶、铅杯及铅制的水管，造成铅中毒及中风。但根据罗马人遗骸鉴定，铅使用并未逾量。上述说法忽略了罗马生活的多样性及复杂性。罗马虽然统一为一帝国，但各地生活方式、生活习性不一，仅凭罗马城判定罗马的衰亡，多少有削足适履的感觉。

经济论：马克思派(Marxian)史家特别执著这种看法，他们认为罗马经济衰退主因是过分依赖奴隶。罗马向北欧的拓展，出现许多新的生产中心，导致罗马在地中海地区的经济面临挑战，影响市场萎缩，经济活动停滞。这项解释有两大缺失，首先奴隶不是主因，古典时代末期奴隶已逐渐减少，且普遍获释，尤其在帝国后期，自由农已逐渐取代农奴。其次是高估北欧地区之经济竞争力，虽然罗马军队驻防边疆及日耳曼人的需求刺激新经济中心诞生，但这种情形在恺撒时代即已存在，且地中海地区一直是罗马经济活动中心。罗马帝国后期确遭遇重大经济问题，但究其原因并非来自奴隶，亦非发自北欧的经济竞争。

---

01 详见《罗马帝国衰亡史》之第15章及第16章。

政治论：这种论调比较为一般人接受。王位继承问题一直困扰帝国政府，未能设计出一套和平、正规的传承王权方式是衰亡主因；其次，军团权力太大，破坏国家发展，皇帝常遭暗杀，政府经常更迭，导致社会动乱不稳，影响政府处理危机能力。3世纪末以来，罗马经济危机趋严重，皇帝采货币贬值方式对应，使得中上阶级税赋增加，帝国体制膨胀，效率低落，这些原因加上百姓丧失信心，导致罗马衰亡。事实上用衰亡并不适宜，罗马终究不是亡于某一原因，不如用改变及发展才恰当。西罗马政治虽然无法延续，但政治制度、政治观念、法律、语言、建筑、道路皆成为西洋文明的典范。

第4章 一神时期(1)

启示文明

一神时期是一出上帝的剧曲，耶稣、安拉(Allah)的旋律，日耳曼人的演技。"启示"显现了500年至1500年世界文明的特质，政教的分合左右历史的发展。启示乃上帝旨意，无论基督显灵或安拉训示，皆不外乎将其"旨意奉行在人间"，这与启蒙之后以"民意"为依据的历史发展迥然不同。

按传统西方史家的历史断代法，将这1000年的历史称为中世纪(Middle Age)[01]，并分为初期(Early Middle Age, 500—1050)、盛期(High Middle Age, 1050—1300)及后期(Later Middle Age, 1300—1500)三个阶段。初期：强调日耳曼人入侵及旧政治社会解体；盛期：政教冲突趋烈，工商业逐渐复苏，城市兴起；后期：黑死病(Black Death)、英法百年战争(Hundred Years' War)影响封建体制(Feudal System)瓦解，国家形态渐兴。其实此一时期所显现的是基督教文化、拜占庭东正教文化以及伊斯兰教(Islam)文化的消长与冲突。476年西罗马覆亡，日耳曼人入主欧洲，罗马"地上王国"政权拱手让人，为延续命脉，乃藉基督之名，行教化之道，图权力之实，利用"天上王国"建立神权，以维系其权力不坠。严格说来，基督教神权时期，系自罗马人于380年将基督教奉为国教之后开始，至1453年土耳其攻陷君士坦丁堡为止，可以分为罗马公教，又称为天主教(Catholic)及东正教(Orthodox, Greek Church)两支。天主教具有普世的意思[02]，东正教是东方正统基督教的意思，两者之间互不谦让。东罗马自命名为第二罗马，10世纪俄国人(Russia)接受东正教，15世纪东罗马覆亡，俄国即以第三罗马自居。至于伊斯兰教，精神源自犹太教，

---

01 "中世纪"一词是17世纪欧洲人所创的名词，意指处于光辉灿烂的希腊罗马古典文明与他们自身所处"现代"(Modern Age)之间一个长期黑暗的时期，带有贬义，但现在学者已不再视中古为黑暗的时代。

02 Catholic 源自希腊文，意为普世 (universal 或 worldwide)。

于 622 年在安拉伯半岛的麦加城 (Mecca) 出现，藉武力传播，依附于安拉伯帝国之上，成为一个世界性的宗教，与基督教、佛教合称为世界三大普世宗教。伊斯兰教与基督教间的冲突一直延续到今日，仍未了结。

启示文明之一——基督教

基督 (christ) 是希腊字，与希伯来的"弥赛亚"(Messiah) 同义，意为救世主。[01] 犹太人长久以来就期盼着"弥赛亚 (基督)"的来临。耶稣是人名，耶稣的降临是应了犹太人经书 (救世主降临) 的说法。

> 公元前 4—6 年耶稣诞生
> 公元 30 年耶稣死亡
> 公元 5—57 年保禄在世
> 公元 313 年米兰诏书，基督教在罗马取得合法地位
> 公元 380 年基督教成为罗马公教
> 公元 529 年圣本笃清规
> 公元 800 年教皇加冕查理曼为皇帝

一、基督教的时代背景

罗马共和后期，内乱不已，犹太及东地中海地区皆遭波及，尤其犹太地区，骚动不安，农产破坏，瘟疫普遍。罗马为整顿犹太地区秩序，将当地政务交由地方官吏 (percept) 管理，由皇帝直接负责，宗教事务由犹太最高司法单位 (Sanhedrin) 处理。当时管理犹太的地方官吏多半昏庸无能，对于民怨往往视若未睹。40 年罗马总督彼拉多 (Pontius Pilate) 拟将个人雕像树立在耶路撒冷的寺庙中，引起犹太人强烈反感。犹太急进分子呼吁犹太人脱离罗马管辖，使犹太人与罗马陷入敌对状态。罗马加强控制，人民愈发不满，星星之火呈燎原之势。

二、耶稣之出生

耶稣 (Jesus) 原本是犹太教徒，被认为是"上帝是他的拯救者的那个人"，来自加利利 (Galilee) 的拿撒勒 (Nazareth)，加利利是巴勒斯坦北部的一省，轮流被犹太人及外

---

[01] "基督"的希腊语原意为"涂膏油者"，转意为"救世主"。

邦人控制。有关耶稣生平事略，多载于《圣经·新约》，四大福音《马可福音》(*Mark's Gospel*)、《马太福音》(*Matthew's Gospel*)、《路加福音》(*Luke's Gospel*)、《约翰福音》(*John's Gospel*)之中。[01]《马可福音》对耶稣的描述始于施洗者约翰(John the Baptist)，号召人们到巴勒斯坦约旦河受洗，有一个来自巴勒斯坦加利利省拿撒勒名叫耶稣的人，当约翰为他施洗时，出现了异象，从天上传下声音对耶稣说："你是我的儿子。"耶稣受洗后，开始传布上帝福音，后遭犹太大祭司控告冒渎上帝，判处死刑。《马太福音》对耶稣描述较《马可福音》详尽，列有耶稣一完整的家谱。耶稣祖先都非普通人，28代祖先为戴维王，14世代为亚伯拉罕(Abraham)。耶稣名义上的父亲为约瑟，但事实上是母亲尚在处女之身时受孕，于"希律王时代"诞生于犹太伯利恒城。接下去内容与《马可福音》相似，施洗者约翰为耶稣施洗。《路加福音》谈到耶稣诞生时指出，约瑟虽住在拿撒勒，却带妻子到伯利恒办户口登记，到达伯利恒时，因为客栈没地方让他们住，耶稣便在马槽中诞生。《约翰福音》则对耶稣的出生一无所述，一开始就讲到施洗者约翰，然后是一连串耶稣的事迹和教导。以上所言多根据《圣经·新约》版本，但从历史发展角度来看，却有不同的了解，有人甚至视耶稣为虚构的人物。中国大陆学者认为在1世纪左右的历史文献中，找不到有关耶稣的相关记载，《圣经·新约》中有关耶稣的记载有多处矛盾。耶稣诞生的圣诞节，是在354年的一份年历中才出现，原来是罗马人信奉太阳神的生日。至于耶稣的相貌，《圣经·新约》没有记载，根据历史，有不同的体现：早期为"牧羊人"造型，不留胡须，鬈发；3世纪为"哲学家"，左臂下夹着一本书，穿着短袖束腰的外衣，披着斗篷；罗马人信奉基督教之后，耶稣形象有了重大变化，头顶光环，高居宝座，展现出胜利者的姿态；文艺复兴(Renaissance)时期耶稣有了络腮胡须，他不仅是上帝之子，也是有血有肉的人；至18世纪，耶稣受到启蒙运动影响，变成脆弱无力、受难的苦像，双眼望着上苍；20世纪耶稣在"真实"的追求之下，更加人性化，坐在圣母腿上。

三、耶稣基督之门徒

在罗马政治不稳，狂热分子抬头，期盼救世主降临之际，耶稣出现乃时势所趋。耶稣宣扬和平，力劝信徒敬爱上帝，讲道以犹太教教义为本，强调不会改变犹太法律，并宣称其所建立的是精神王国，不在今生而是死后的永生，因而得以在犹太教堂传道。基督教与正统犹太教不同在于，耶稣坚持用自己的名字，而非耶和华。耶稣传教赢得部分民众支持，更引起官方关切，犹太逾越节当天，耶稣率众徒游行，声势浩大，引起罗马总督彼拉多紧张。彼拉多担心的并非耶稣是否为犹太人国王，而是如何维护社会秩序。当群众慷慨激昂围绕耶稣四周时，彼拉多惶惶不安，担心发生暴动流血事件，乃加以逮捕并判处死刑，钉在十字架上，6小时之后耶稣死亡。整件事件似乎告一段落，然而在耶

---

01 四部福音书中以《马太福音》成书最早，但却是耶稣死后三十年才写成。学者认为，四部福音书的作者并非在忠实记载耶稣的传教事迹，而是传播基督教义。

稣死后第三天，耶路撒冷开始流传耶稣复活，成为基督徒信仰的重心。复活代表着一份承诺，耶稣战胜死亡，给予基督徒永生。

耶稣孕育了基督教精神，但未弘扬基督教义，幸赖其门徒发扬光大。彼得 (Peter) 是第一位成为基督教派的领袖，他认为基督的教义非常适合犹太人，只有受洗及圣餐的仪式与正统犹太教不同。第两位重要门徒是保罗 (Paul of Tarsus)，他将基督宗教传至非犹太人居住地区，弘扬光大。保罗生于梭尔 (Saul)，当地富希罗文化色彩，保罗将基督精神与希腊罗马思想结合，开启一个新的基督文化。耶稣是上帝之子，教理适合全人类，包括犹太人及非犹太人。保罗影响力很大，他曾走遍罗马东部，宣扬耶稣教理，并说明耶稣为拯救人类而牺牲。保罗之后，基督宗教与犹太主义分道扬镳。

四、教义

基督教的基本教义有四：三位一体 (Trinity)、原罪说、救赎说、末日审判 (Last Judgment) 等。三位一体是基督教的主要精神，三位是圣父、圣子、圣灵 (Holy Ghost)。基督教认为耶稣在天上是天父，在人间是人子，而复活显现了圣灵。这种宗教理论从伦理学的角度很难被理解，造成后来的异端 (Heresy) 争论，其实三位一体所显现的意义是永生的概念：人子死后升天，再复活回到人间，如此人生才能面对死亡，从永生的期待中来安顿今生。原罪说取自犹太教亚当与夏娃遭诱惑偷吃禁果，犯了天戒，被逐出伊甸园 (Eden)，而人类也因此有了原罪。尽管对原罪的看法有不同的解释，但基本上，"原罪"不是"犯罪"，而是对上帝的"诚信"，因此"虔信"成为基督信仰最重要的一环。它为生命赋予了"意义"与"价值"。从原罪中出现了救赎的期待，人既然有罪，如何获免也就令人好奇。基督教认为，人无力自救，上帝遣派耶稣降临人间，为世人赎罪，拯救人类。至于末日审判，是相信世界末日将来临，亦即人终究难免一死，临死要接受审判，信耶稣将得救，灵魂会升入天堂，不信天主，灵魂将下地狱。

五、基督宗教合法化经过

基督宗教早期发展未获知识分子认同，因而传播困难。譬如史家塔西陀即反对基督宗教，指责其仇视人类；罗马人亦担心其排外性，缺乏社会感，有颠覆危险；许多异教徒认为，基督徒在圣餐中吃进替代耶稣身体和耶稣血的面包与酒，是一种野蛮行为 (Cannibalism)。异教徒认为基督徒的仪式不道德，也不合时宜，是东方神秘仪式中最坏的一种。早期基督宗教纵然被误解，尚不致遭受迫害。但久而久之，因为基督徒拒绝承认异教徒信奉的神，并称之为恶魔，认为任何人皆不该信奉异教神，而被指控为无神论。罗马人对宗教信仰只重视仪式而不过问精神，因此对基督徒的迫害有限，即使尼罗皇帝恶名昭彰，迫害基督徒也仅限于罗马城内。3世纪时，帝国情势不稳，开始迫害基督徒，但为时短暂。君士坦丁大帝为巩固政权，必须藉赖基督徒力量，乃改信基督教。[01] 380年罗马皇帝狄奥多里克将基督教奉为国教，基督教成为帝国惟一合法的宗教。

六、教会及修会

基督教之发扬光大、弘扬异域赖两大行政系统：教会和修会。教会为官方组织，修会为民间组织。

1. 教会

教会 (church，希腊文为 ekklesia) 一词大约是出现在 51 年左右，保罗给希腊北部色萨罗尼卡 (Thessalonica) 基督徒的信件中。早先保罗认为教会是基督徒的地方团体 (local community)，后来指的是地中海区域的基督徒。君士坦丁大帝时，基督教合法化，教会即意味着教会中的官员。[02]

教会组织严谨，最高位者为罗马教皇 (Pope)，这名词来自拉丁文，父亲之意的 papa，是全体基督徒言行的代言人。作为教徒的领袖，其权力来自耶稣"彼得磐石说"(Petrine Theory)，被尊为圣彼得的传人。[03] 罗马教皇最初由罗马地区教士和信徒所推选，11 世纪改由枢机主教 (Cardinal bishops，又称为红衣主教)。教会依教区大小，有总主教 (metriarchs)、主教 (bishops)、堂区神父 (priests)，各自管理其所辖地区的宗教事务，直接受教宗节制，教堂事务则由神父主持。

教会的发展，受惠罗马皇帝之助颇多，罗马后期皇帝期盼教会协同稳定秩序，巩固领导，此助长了教会发展。其中关键人物为君士坦丁及狄奥多里克两位皇帝。君士坦丁大帝于 313 年准予教会合法，免除教士税赋，解决神学冲突，维护教会教义，慷慨修建罗马教堂 (Latern Palace in Rome) 为教皇行所，宣布星期天为假日，可在家休息礼拜上帝，本人临死之际才受洗为基督徒。由于君士坦丁大帝的鼎助，基督教会成为重要的组织。380 年狄奥多里克进一步将基督宗教定为帝国官方宗教，拆除罗马异教的神像，导致信奉罗马传统宗教的人不满，转而迫害基督徒。他允许教会建立法庭，草拟法律称为宗教法

---

01 313 年君士坦丁大帝颁布《米兰诏书》(*Edict of Milan*)，予基督教合法地位，从此基督教徒不再受到罗马帝国的迫害。

02 基督教创教初期，传教地点多在城市，因而教士仿照罗马地方官僚制度，建立严密的教会组织。罗马帝国灭亡后，这些城市中的基督教会承担起政府职责，维持地方秩序。

03 《圣经·新约·马太福音》记载，耶稣对门徒西蒙 (Simon) 说："你是彼得 (Petrus，希腊文为磐石之意)，在这磐石上建立我的教会，阴间的权柄不能胜过他。我要将天国的钥匙交给你，凡你在地上所束缚的，在天上也要被束缚，凡你在地上所释放的，在天上也要释放。"西蒙自此改名彼得，领导耶稣所成立的教会，创立罗马教区，成为第一位罗马主教。中世纪时代，罗马主教自认是耶稣基督在世间的代理人，权力越来越大，地位越来越高，终于凌驾其他地区的主教之上，故有"教宗"之称，变成天主教会的最高领导人。

规 (canon)，裁决教士与俗人间的争执。狄奥多里克死时，基督教会已渐获得独立。

基督教会在中古社会得势是在法兰克王国 (Frankish Kingdom) 国王克罗维 (Clovis) 时。克罗维于 481 年起，先由自己开始，再率领族人信奉基督教。751 年宰相丕平 (Pepin the Short) 篡位，为取得合法地位，请教皇为他涂圣油并册封授职他为法兰克国王。为了感谢教皇，他出兵意大利，将意大利中部土地献给教皇称为"丕平献礼"(The Donation of Pepin)。教皇国 (Papal States) 从此诞生了。800 年查理曼 (Charlemagne) 获教皇利奥三世 (Leo III) 加冕为皇帝，提高了教皇的权力与地位。

2. 修会

基督宗教中，修会(即修道院)制度独树一帜，别具特色。修会依其性质可分为隐修、托钵及传教三类。1 世纪以后，基督宗教逐渐发展为城市宗教，但有许多虔诚教徒认为，城市乃罪恶渊薮，要避免堕落，最佳方式是远离尘世。他们谴责物欲、性泛滥、政治腐败，反对罗马社会价值观，认为《圣经·新约》中所说的基督生活已不存在这个不道德世界上，因而走避城市，远至人烟稀少之地。此外早期基督宗教为弱势团体，信徒备受迫害，基督徒尊称因信仰受害之教徒为殉道者 (Marrtyrs)。但自 4 世纪君士坦丁大帝宣布基督徒合法化，基督徒殉道精神无处容身。一些教士及小团体远离城市前往荒山穴居，或走入沙漠过简陋生活。这些人称为隐修士 (hermits)，取自希腊文荒芜之意 (eremos)。另外有一些居住在城市中的教士，他们以守贞、守贫的方式，托钵传道，对教会的发展贡献匪浅。

西欧修道院之发展困难重重。首先是气候，欧洲大半地区在一年之中有几个月气候严寒，冰冷多雾，不利独居；其次丛林密布，野兽四处，蛮族横行，危机四伏；最后，教会领袖不鼓励隐修生活，因为隐士往往自称获得神秘经验，能直接与上帝沟通。但由于团体生活可以培养慈悲、守贫、不自欺的美德，故教会未积极反对。埃及苦行者帕乔米奴斯 (Pachomius) 在尼罗河上游之塔本尼西 (Tabennisi) 建立第一座修道院，有数千人参加。第四、第五、第 6 世纪意大利、伊比利亚半岛、英格兰及爱尔兰纷纷出现修道院，较具代表性的有圣杰伦 (St. Jerome) 在罗马设立的修道院，许多贵族女流参加，教导《圣经·新约》以及苦修生活。约翰·卡西安 (John Cassian) 于 415 年在高卢马塞勒斯 (Marseilles) 附近建立两座修道院。540 年左右，罗马元老卡西欧多鲁斯 (Cassiodorus) 自公职退休，在意大利家乡威瓦瑞安 (Vivarium) 建立修道院，聘请有学养人士，发展成教育、文化中心，对后世影响很大。

在各修道院中以圣本笃 (Benedict of Nursia) 的影响最大。他于 529 年为在卡西诺 (Monte Cassino) 的教士撰写一系列清规，后推行至各地区的修会。圣本笃清规简单明了，列举了修道院生活的规则、纪律。要求每位教士不可有自毁性的纵欲行为，每天必须正式祈祷，唱赞美诗、读书及劳动。经过一年见习再宣誓三事：首先是守常，终生住在修道院；其次是向善，接近上帝；第三是服从。圣本笃清规将罗马精神引入西方修道院中，既有造物主的逻辑思考，也有罗马人重视秩序组织、尊敬法律的精神，体现做人处事的耐性、智慧，适合各地区、各层级的人。圣本笃清规暗示修道院生活是让人逐渐缓慢且平稳地离开尘世，且喜爱自己及热爱上帝。

修会强调生活的平衡与和谐。早期修会教士每日祈祷、学习、工作，不偏执某一方，维持生活的多样化与平衡感。日耳曼族入侵后，欧洲生活受影响，农村取代城市成为文明重心，修道院除了开垦、掘池、种植，经济上谋取自足，并肩负了教育及医疗的重任。

七、异端与争议

4世纪中，基督教会面临两大难题，一是耶稣本性所引起的阿利安主义(Arianism)神学争论。阿利乌(Arius)为亚历山大城一位神父，否认耶稣具有圣灵，与圣父同格。正统基督信仰，从复活的理论说明天父、人子的关系，认为耶稣乃三位一体：圣父、圣子、圣灵。阿利乌从生命的经验，认为圣父诞生耶稣，作为救赎的工具，耶稣不可能与圣父同格，这种认知显然与基督正统信仰抵触。阿利安主义被视为异端，由于其影响力庞大，君士坦丁大帝担心处理不慎，引发动乱，乃于小亚细亚之尼西亚(Nicaea)召集主教会议(Council of Niea)，后来称为大公会议(General Council of the Church)，确定正统基督教教义所主张的"圣父与圣子本体同一"，阿利乌被视为异端，从此开始皇帝干预教会理论，并以行政权力惩罚异端之先例。

其次是狄奥多里克与米兰(Milan)主教圣安布罗斯(St. Ambrose)间权力冲突。狄奥多里克下令安布罗斯将其主教座堂移交皇帝，安布罗斯复函拒绝，成为日后教会与国家互动的理论基础。安布罗斯说："你不可以违法侵占任何人的住宅，神的房子亦不可轻易被拿走。对皇帝而言，万物皆归其所有，但却不可认为对圣事拥有相同权力，如果要想长久在位，应服从神；古有明训，上帝的归上帝，恺撒的归恺撒，皇帝有皇宫，主教有教堂，皇帝治理百姓，而非教会建物。"安布罗斯坚持教会不受制于国家司法体制，在信仰方面，主教权力大于皇帝，基督社会之和谐与和平端赖主教与皇帝间的互动而定。如果发生冲突，教会之权力往往最后高于俗人，教会宣示有责任拯救全体人类，自然也包括皇帝在内。狄奥多里克接受安布罗斯论述，并臣服教会。

八、传教

大致说来，传教方式有三：布道、同化、悔罪。布道分教导及陶冶：教导内容为基督基本教义，陶冶是透过了解耶稣及其他圣人的生活，加强受洗者的信念。至于同化系抱持强调异教与基督教之间的共同点方式，缓和彼此之间的冲突。同化的最好例证是圣华伦泰日(Saint Valentine's Day，俗称情人节)，公元前150年以后，罗马人在春天降临的罗马新年举行牧神(Luperalia)节庆，祈求神明保佑五畜兴旺，年成丰收。3世纪时一位名叫华伦泰(Valentine)的罗马基督徒殉道，基督徒将牧神节与纪念华伦泰合并举行，定2

月14日为圣华伦泰日(至中古后期之前,与情人交换礼物无关),调和基督宗教与罗马习俗的关系。在基督徒传教中,悔罪最引人质疑并不易为人接受。悔罪是检视一个人的良知,最早从爱尔兰传教士开始,经由英格兰传教士向欧陆传播。其过程是忏悔者跪在教士旁,向教士告解,忏悔自己的罪过。告解通常是规定每周禁食三天,包括被认为是解救灵魂的菜、面包及水。

传教观念来自普世思想。耶稣门徒保罗力促基督徒将耶稣的福音(good news)传遍全人类,使得基督教成为普世宗教。罗马时代,基督团体向高卢及英格兰等地传教。高卢地区有圣马丁(Saint Martin of Tours),原为罗马军人,后受洗为基督徒,在里枯格(Liguge)建立高卢首座修道院,后来成为该地区福音传播中心,372年被授为图尔(Tours)地区主教。爱尔兰地区有圣帕特里克(St. Patrick 385—461),生于西英格兰一个信仰基督的家庭之中,在爱尔兰人(Irish)入侵之际,被俘至爱尔兰,过了6年放逐生活,后逃回英格兰,再向爱尔兰人传教,432年被授为主教,赴爱尔兰塔拉(Tara),向各部族传教,传播基督福音。445年获得教皇利奥一世(Leo I)许可,在阿玛(Armagh)建立教区,以修道院而非主教辖区作为教会组织中心。帕特里克传播拉丁文并教授《罗马法》,身后,多数爱尔兰人受洗为基督徒。[01]另一位杰出之传教士为圣哥伦巴(St. Columbra),在苏格兰(Scotland)西岸地区外海的一座岛上建立爱奥纳(Iona)修道院,向苏格兰匹克特(Picts)族人传教,哥伦巴努力有成,荣获"苏格兰传道者"(Apostle of Scotland)荣衔,其信徒并将福音传播至欧陆。英格兰于597年开始真正基督化,教皇格里高利一世(Gregory I)派奥古斯丁(Roman Augustine)率领一支教士团体前往英格兰传教,奥古斯丁像圣帕特里克一样,先感化国王艾斯伯特(Ethelbert)接受受洗,百姓跟进。奥古斯丁在肯特(Kent)首府坎特伯里(Canterbury)建立大主教教堂,国王及王后都在此受洗。[02]

启示文明之二——日耳曼

日耳曼人为游牧民族,活跃于中亚一带,拉丁文为军人或邻人之意,日耳曼人只是一个总称,其间部族众多,是近代欧洲国家之先驱。

一、部族

日耳曼人始于何时,源于何地,迄今不详,近代学者根据考古学及语言学,从遗骸、器皿、珠宝及武器等遗物中发现,日耳曼人族群不一,文化分歧,约略可分为三群。第

---

01 圣帕特里克不久就成为爱尔兰人的精神象征,特别是在爱尔兰移民最多的美国,每年都有盛大的圣帕特里克节(St. Patrick Day)庆祝活动。
02 坎特伯里从此成为英格兰的宗教中心,与政治中心伦敦分离,埋下中世纪英格兰政教冲突的种子。

公元 150 年左右日耳曼部落在罗马边界活动增加
公元 370 年左右日耳曼开始对罗马施压
公元 378 年安得里亚堡之役
公元 450—565 年日耳曼人建立许多王国
公元 496 年克洛维皈依为基督徒

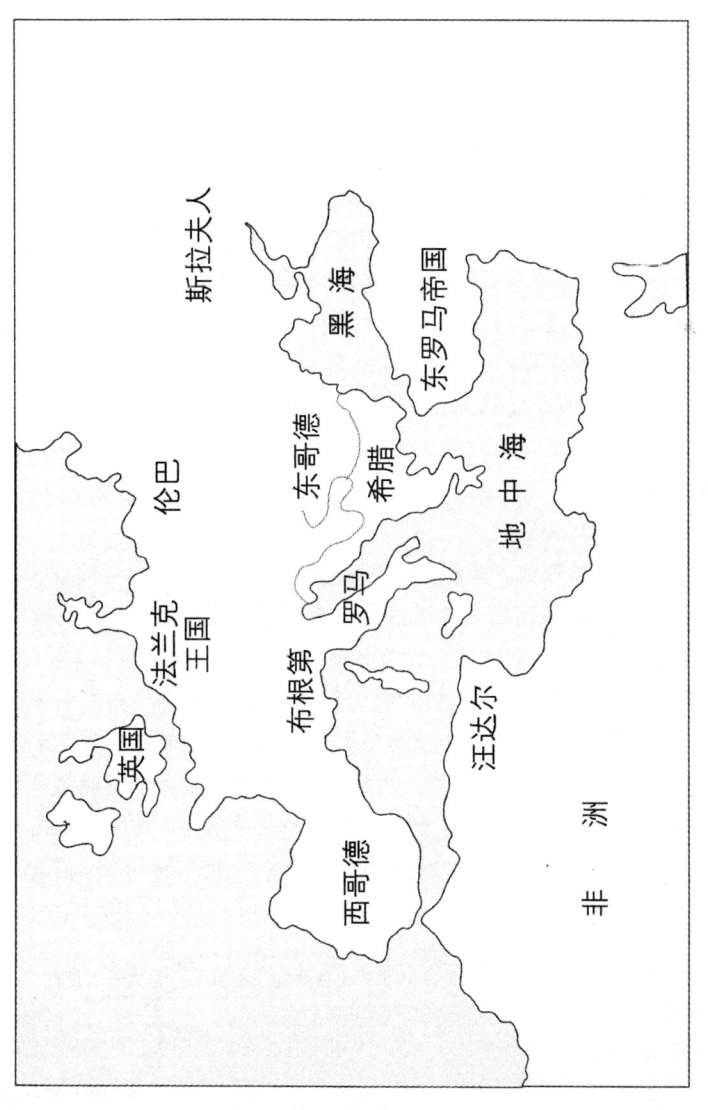

日耳曼民族分布图

一群住在北欧及波罗的海 (Baltic)，即今日德国北部、瑞典南部及丹麦；第二群住在易北河及奥得河 (Oder) 之间；第三群沿莱茵河及威瑟河 (Weser River)，靠近罗马边界，大约有 40 多个部族，其中 7 个部族跃上历史舞台，对后来欧洲文明产生重大影响，分别为东哥德人 (Ostrogoths)、西哥德人 (Visigoths)、汪达尔人 (Vandals)、布根第人 (Burgundy)、盎格鲁－撒克逊人 (Anglo-Saxon)、法兰克人 (Franks)、伦巴人 (Lombards) 等，其中又以法兰克人影响最大，建立法兰克王国为今日欧洲法国、德国及低地国的前身。150 年左右，日耳曼部落在罗马帝国边界莱茵河、多瑙河的活动增加，东哥德人及西哥德人在此定居，从事农耕、贸易，接受阿利安派的基督信仰。自 370 年左右日耳曼部族开始对莱茵—多瑙河边界施压。有关日耳曼人迁徙原因，史家多归因于人口过多、粮食短缺或者受匈人侵袭而南移，也有人认为是罗马提供日耳曼人从军机会，诱使日耳曼迁徙，各有一说，难以论断，问题的关键是日耳曼人如何与罗马人相处。

罗马人的活动，以地中海为中心，向意大利、伊比利亚半岛及北非拓展，意大利北方之高卢、日耳曼及英国是塞尔特人和日耳曼人的活动据点，罗马军队曾将罗马文化传播至这些地区，3 世纪中罗马式微，日耳曼文化重新抬头。日耳曼人与罗马人相处途径有：一、从军，至罗马军中服役；二、作为难民或战俘，住在高卢，受罗马地方官管辖；三、自由日耳曼人 (foederati) 居住在省会附近，较接近罗马人，受罗马文化感染，至 4 世纪有日耳曼族人出任军中要职，生活在名门上流社会中；四、376 年匈人西侵，大批日耳曼人加入罗马军队，其中以西哥德人及东哥德人最多，约有 2 万人。[01] 西哥德将领弗利泰格恩 (Fritigern) 请求罗马皇帝瓦伦斯 (Valens) 容许进入帝国，获同意，惟进入帝国之后遭迫害。罗马人迫使西哥德人出售自己同胞换取粮食，待东哥德人进入帝国境内后，情形更惨，因而发动叛乱。瓦伦斯发兵平乱，不幸于 378 年 8 月 9 日安得里亚堡 (Adrianople) 一役中失利，日耳曼人开始大举入侵。[02]

日耳曼人由 4 世纪开始迁徙，至 6 世纪告一段落，其中伦巴人则持续至 8 世纪。从 450 年至 565 年间建立了许多王国，除了法兰克王国之外，国祚不长，大致说来，西哥德人占有高卢西南部大部分地区，在吐鲁罗斯 (Toulouse) 建立据点，展开对伊比利亚半岛的统治，至 711 年被伊斯兰教徒占领；汪达尔人辖有北非；布根第于 6 世纪统治欧洲北部及西部部分地区；东哥德王狄奥多里克 (Theodoric) 在意大利北部之拉文那 (Ravenna) 建立首都，逐渐控有全意大利、西西里以及亚得里亚海。狄奥多里克采用结合日耳曼人与罗马人政策，与君士坦丁堡皇帝维持亲密关系，并聘用许多知名学者至政府工作。狄奥多里克贡献良多，惟身后政府分裂，554 年被东罗马帝国消灭；法兰克

01　哥德人 (Goths) 原居于北欧斯堪地那维亚半岛，4 世纪向南迁徙，在东欧一带受匈人压迫，分成两支，一支称为西哥德人 (Visigoths)，一支称东哥德人 (Ostrogoths)。

02　410 年，西哥德人洗劫罗马城，455 年，汪达尔人从海上再次洗劫罗马城，罗马两次被蛮族攻占，显示当时罗马帝国已无力抵抗蛮族的入侵。

王国国祚最久，法兰克部落领袖克洛维 (Clovis) 原先只是高卢西北吐奈 (Tournai，今日比利时) 地区的小酋长，486 年开始扩张土地，击败罗马将军塞格里斯 (Syagirus)，统治洛瓦河 (Loire River) 流域。496 年皈依为基督徒，获得教皇及高卢主教全力支持，以保护罗马天主教，反对日耳曼异教立场，发兵征服西哥德王国，将版图扩及比里牛斯山 (Pyrenean)，并在巴黎 (Paris) 建都。他是传说中梅洛维 (Merovech) 酋长后裔，因此建立了梅罗文加王朝 (Merovingian Dynasty)。克洛维后代征服了高卢东部之布根第以及阿尔卑斯山北部之东哥德王国。

二、社会

大约在公元前 800 年至前 500 年间，日耳曼人即在中欧之北方及斯堪地那维亚 (Scandinavia) 半岛南方居住，后迁往欧陆，占据罗马领地，其风俗、习惯影响欧洲达数世纪之久。由于日耳曼人皈依基督之前没有文字，无记载可寻。有关当时活动情形，最早史料为塔西陀的《日耳曼志》及恺撒的《高卢战记》，迟至近日始有人从人类学角度研究日耳曼社会。

1. 家族、风俗及阶级

日耳曼人缺乏现代人政治观，只有社会感。社会单位为部落 (tribe or folk)，同一部落的人具有共同的祖先，赖血缘凝聚，靠家族维系。习俗就是法律，是一种不成文法，存在部族长老心中，口耳相传。习俗规范一切，人人必须遵守，部落之间彼此尊重。日耳曼部落中之国王或部落领袖是部落之勇者或强者，由选举产生，领导作战，解决纷争，对外交涉，主持祭神献礼。国王身边有战友团 (comitatus 又叫 War band)，战士年轻勇敢，效忠领袖，奔驰战场，为国效命，战士之地位平等，但随着战斗持续不已，战友团亦出现阶级区隔，例如东哥德人与罗马人接触之后，即出现贵族战士，他们佩带罗马人生产之臂章凸显其身份。此后战士团朝阶级方向发展，在狄奥多里克时代征服意大利，要求分配土地，进而导致欧洲封建社会之形成。[01]

2. 法律

至 6 世纪末，由于基督传教士向日耳曼人传教，而了解日耳曼人风俗，乃鼓励日耳曼各部落酋长搜集、撰述、出版一些习俗规定。例如前往英格兰传教的奥古斯丁说服国王艾色伯特，将习俗记录下来，成为艾色伯特的判决 (Dooms of Ethelbert)，时间由 601 至 604 年。日耳曼法律将一切行为归咎个人，与政府无关。根据萨利安法 (Salian franks)，每个人的价值可以货币计算，称为人头钱 (wergeld; man money)。届龄服役的男人最值钱，其次是生育年龄的女人，然后是小孩、老年人，每个人的价值视其军事潜能而定。

---

01 参阅：布洛克 (Marc Bloch) 著，谈古谛译，《封建社会》(*Feudal Society*)（台北：桂冠，1995）。

如果杀人犯愿付人头钱，而受害家属也接受就可以和解。如果杀人犯拒绝付款，受害家属亦不接受，即进行血腥决斗。日耳曼人法律目的在防止暴乱，与正义无关。早先罗马人遵守《罗马法》，日耳曼人服膺日耳曼习俗，当日耳曼人皈依基督后，罗马人与日耳曼人通婚，习俗与法律交融，至第8世纪，界域不再，发展成封建法(feudal law)。

3. 日耳曼人生活

日耳曼人通常多居住在小村庄内，以农业及畜牧为生。日耳曼男人在平坦及海岸地区畜养牛、猪、羊、马、鸡、鹅，多数部落位于可耕地，种植大麦、小麦、燕麦、豆类，利用简单的木制犁具耕作，用铁制镰刀收割，用磨石研磨谷核，放入圆盘，烘制成饼，有些谷类发酵成为啤酒。女人的工作是育婴、碾磨谷物、保存谷物。根据史料记载，女人地位低落，是家庭财产，但法律也保护女人，例如，法兰克人的法律规定，男人碰撞女人要处罚金，如果是碰撞手肘以上部位，罚金高一倍。尽管如此，强暴、伤害事件仍时有所闻，寡妇被俘往往被迫结婚，也有女人靠美貌姿色得到宠幸，获得高位。在日耳曼社会中，以财富分辨身份，财产以牛只计算，身份凭此决定。自由人人数最多，须参加作战，奴隶从事农事、畜牧及家事。日耳曼社会为家长制，父亲可使唤太太、小孩及奴隶。采一夫多妻制。

日耳曼人以生产铁制品闻名，北欧多半地区铁矿丰富，浓密森林提供了木炭燃料，许多乡村有火炉及铁匠，制作农具及武器如剑、矛头、盾牌等。2世纪中，日耳曼人货物质量均有显著增加，其所生产铁制的剑较罗马武器优异。日耳曼生产系为战争，而非贸易需求，有时将财货视作礼物，证明其地位及财富。凡农村无法生产货品则靠掠夺及战斗取得，战争决定个人的身份地位及经济状态。

启示文明之三——伊斯兰教

伊斯兰教为穆罕默德所创，信徒叫穆斯林(Muslin)，信奉真神安拉，习诵《古兰经》，教义简明，不重视学理，不强调学习，因此信徒众多。伊斯兰教因回纥人信奉，传至中国，故又称为伊斯兰教，穆斯林则称为伊斯兰教徒。

穆罕默德(Muhammad)于610年左右，开始在今日沙特安拉伯商业城市麦加，进行传奇性的宗教活动。632年穆罕默德去世，安拉伯人开始推展其信条，100年后信徒遍布叙利亚、巴勒斯坦、埃及、北非、西班牙以及法国部分地区，安拉伯文化及希腊文化藉此经由意大利南部及西班牙中部传入西方，对西方文明造成重大影响。

伊斯兰教文化在精神上承续犹太文化，现实上符合游牧商旅文化。基督文化为农业社会产物，适合"安土重迁"的社会形态，聚会所、教堂是信仰重镇。伊斯兰教文化为游牧社会产物，迁就"变动不居"的社会需求，"朝"圣是信仰方式，清真寺以容纳教友

公元 622 年穆罕默德由麦加逃往麦地那
公元 632—661 年伊斯兰教向近东、波斯、北非传播
公元 661—750 年奥玛亚王朝时代
公元 751—1258 年阿拔斯王朝时代
公元 756—1031 年后奥玛亚王朝在北非及西班牙重建政权
公元 900—1100 年穆斯林学术黄金时代
公元 909—1171 年法提玛王朝先后在北非、埃及、叙利亚成立
公元 1095 年第一次十字军东征
公元 1258 年蒙古人征服巴格达

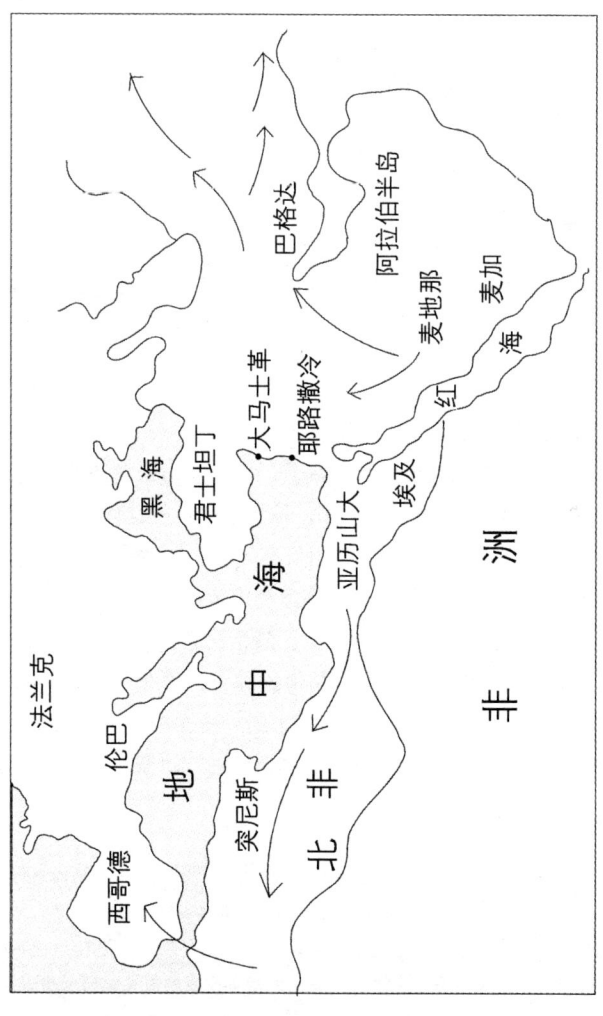

伊斯兰教扩张

为主，相较于基督教，并无严格的信仰仪式。[01] 麦加城为安拉伯人宗教信仰中心，安拉伯人至麦加伊斯兰教大寺院圣堂 (Kabah) 祈祷，圣堂内有一块黑石，安拉伯人视其为由天上所落下的石块。穆罕默德藉由宗教将安拉伯部落凝聚为强大的政治、社会团体。

一、穆罕默德

有关穆罕默德生平，除了《古兰经》外，记载不多，惟自他死后 1 世纪，有关的叙述逐渐传出。根据记载，穆罕默德于 570 年诞生在麦加，出生前父亲辞世，6 岁母亲病故，成为孤儿，由祖父及叔父扶养成人。及长，参加商旅，从事贸易，后结识富孀卡蒂亚 (khadija)，成婚。据《古兰经》记述，穆罕默德未受教育，自律性极强，信仰虔诚，童年时期出现间歇性神经质，意志恍惚，幻觉不断，610 年发病频率增加，一度不知如何是好，某日至麦加附近的希拉 (Hira) 山洞里静坐沉思，突然感应到天使加百利 (Gabriel) 训示他去传道，从此开始宣教活动，由其亲人及妻子开始。经过 10 年努力，许多穷人追随他，但却遭富人忌恨，展开迫害。此时麦地那 (Medina) 地区，众多大家族争权，给予穆罕默德可乘之机，他于 622 年逃往麦地那[02]，并在那儿发展，建立神权政府。经过 8 年努力，于 630 年打回麦加，使得伊斯兰教得以于日后发展为安拉伯半岛惟一宗教。公元 633 年穆罕默德去世，享年 63 岁。穆罕默德的祈祷文 (prayer recitation)，即为后来的《古兰经》，经由随从记载下来，死后汇编成章，651 年奥斯曼 (Othman) 将它出版。[03]

穆罕默德自命为犹太长老亚伯拉罕及耶稣基督的传人，其教义取自犹太教及基督教。

二、教义

伊斯兰教基本教义详载在《古兰经》中，这部经典被认为是安拉的语言，经天启传给穆罕默德，共 70 卷、24 章，分为麦加及麦地那两部分，内容多仿自《圣经》的说法，只是将上帝换为真主。此外，还有穆罕默德的言行集，称为圣训。教徒认为安拉是全能者，信徒必须顺服他 (Islam，字义为向神捐输)。他们相信有天国、地狱，所有的人都将面临最后审判。为了要让信徒进天堂，穆罕默德立下严格道德规范：每天祈祷五次，斋月须守斋、祈祷，有生之年要前往麦加朝圣一次，济助穷人，禁止饮酒、赌博、放高利贷，不得吃猪肉。安拉伯人尊重女性，《古兰经》对性有严格道德约束，男女一样，安拉伯人容许一夫多妻引人诟病，但在一个战争频仍的社会，寡妇不绝，一夫多妻可以提供安全保障，而非卑视女性。西方人惩罚妓女，安拉伯人则处罚嫖客。此外，伊斯兰教女人婚后拥有三

---

01 伊斯兰教的宗教戒律远比基督宗教简单，只规定信徒一天向圣城麦加朝拜五次、救济穷人、不吃猪肉、斋戒月期间，由日出至日落不准吃东西、一生至少要到麦加朝圣一次。
02 622 年穆罕默德的出走 (Hijrah) 成为伊斯兰历法的纪年之始。
03 《古兰经》中规定经文必须以安拉伯文书写，免除不同语文的翻译造成对教义解释的错误。

分之一之财产处理权，也是西方女人所不及。

救赎是安拉的恩赐，伊斯兰教人相信遵奉《古兰经》即可获救，但做好事未必得救。安拉全能全知，知道何人可以得救，惟虔诚信徒相信坚守信条才可以获救，为信仰捐躯、受难亦可以获救升天。

伊斯兰教徒与犹太人一样，于周五落日时刻，自行集体祈祷，不必聚集教堂内。伊斯兰教徒称犹太人及基督徒为"经书的民族"(People of the Book)。犹太教、基督教及伊斯兰教三种信仰皆奉行希伯来圣经 (Hebrew Scriptures)，穆罕默德以安拉的教义统合了沙漠游牧民族以及城市商人。[01]

三、扩张

安拉伯的政治发展与伊斯兰教相辅相成。伊斯兰教既是一个宗教也是一种政体，随着穆罕默德传教，版图逐渐扩张。穆罕默德死后，帝国版图继续扩张，但政权也几度易手。大致说来，先有奥玛亚王朝 (Umayyad Caliphate, 661—750)，继之分裂为亚洲的阿拔斯王朝 (Abbasids Caliphate, 751—1258) 及欧洲的后奥玛亚王朝 (Caliphate at Cordoba, 751—1031)。穆罕默德死后，安拉伯政治领导中心为"哈里发"(caliphs, 意为先知代理人)，采推举方式产生，最早是穆罕默德的岳父阿布巴卡 (Abu Beka)，以后陆续是第二代奥玛 (Omar)、第三代奥斯曼 (Osman)、第四代阿里 (Ali)。惟奥斯曼、阿里先后被暗杀，双方阵营陷入猜疑之中。奥斯曼后裔建立奥玛亚王朝。支持阿里的人则自称为什叶阿里，即什叶派 (Shiites)，支持正统哈里发的叫素尼派 (Sunna)。[02]

奥玛亚王朝取得政权后，哈里发成为世袭，并开始展开对外扩张的工作：往东占领阿富汗 (Afghanistan)、小亚细亚、远达帕米尔高原 (Pamir)；向南到达印度北部；在西方则征服突尼斯 (Tunis)、阿尔及利亚 (Algeria)、摩洛哥 (Morocco) 等地，此外并远征西班牙，714 年占领伊比利亚半岛大部分地区，732 年进军高卢，为法兰克人所败[03]，成为跨亚欧非三洲的大国。但由于内部的矛盾以及内讧，至 750 年穆罕默德叔父阿拔斯 (Abbas) 之后人阿布阿拔斯 (Abul Abbas) 兴起，灭奥玛亚王朝，建阿拔斯王朝，即东哈里发国 (Eastern Caliphate，726 年迁都巴格达)，中国人称为黑衣大食。

阿拔期王朝文物鼎盛，版图超过罗马盛期，包容各地风俗文化，但因内部矛盾加上原奥玛亚王室亡走欧洲伊比利亚半岛，在哥多华 (Cordoba) 建立独立的伊斯兰教王国，称为西哈里发国 (Western Caliphate)，即后奥玛亚王朝，中国人称为白衣大食；什叶派的

---

01 伊斯兰教向外扩张期间，对于基督教和犹太教采宽容态度，并未强迫他们改变信仰。

02 什叶派 (Shiites) 为安拉伯文"党派"之意，素尼派 (Sunna) 为安拉伯文"习惯"之意。前者认为只有阿里的后人才可以担任哈里发，后者则认为哈里发应由推选产生。

03 法兰克王国宰相"铁锤"查理 (Charles Martel, the Hammer) 732 年在今法国南部击败伊斯兰大军，阻止伊斯兰势力向西欧的扩张。

一支在突尼斯建立法蒂玛王朝 (Fatima Caliphate)，建都开罗 (Cairo)，中国人称为绿衣大食[01]。上述原因，使得帝国至13世纪开始式微。

四、文化

安拉伯人崛起之际，邻近地区拜占庭、波斯、印度、西欧等文化已高度发展，伊斯兰教为迎头赶上，采会通之道，吸收各文化精粹，而得以辉煌一时，惟其强调融合，缺乏"原创"精神，以致伊斯兰教文化迄今仍远远落后于西方基督文明。

安拉伯人尽管是一神信仰的民族，其重视文化发展的程度与基督教强调经典，排斥外来文化不同。安拉伯文化吸收了波斯文化、印度文化、希腊文化的精华并加以融通。采用的方式为翻译，在征服异族的同时，对当地优质经典进行翻译。在阿拔斯王朝时代，波斯文化最时髦，波斯历史、文学、哲学著作皆被译为安拉伯文，不但影响安拉伯人的生活方式，并影响当地语言。安拉伯人与印度透过商业与学术，一直保有相当程度的来往关系，印度数学、天文学、医学及文学等知识都被译介到安拉伯，特别是印度的数字。此外，由于安拉伯人占据许多希腊文化地区，特别重视希腊文化，古希腊典籍中重要的著作以及次要的作品都被翻译为安拉伯文。

安拉伯人重视教育，每一个人都有接受教育的义务。清真寺是初等教育的场合，儿童大约在七岁时入寺受教，学习《古兰经》及有关书写、文学、算术、地理等，初等教育之后，还有中等教育、高级教育、宫廷教育。在阿拔斯王朝时代，宫廷教育发达，经常请知名学者到宫廷讲学，成为学术重心，除了学校之外，安拉伯人亦非常重视修建图书馆，有钱人家喜欢藏书、兴建图书馆。

1. 文学

安拉伯人的文化表现出色，文学别具韵味，它的发展理路与其他文化相似，由诗歌到散文。诗有长诗、短诗之分，每年有赛会，散文以《古兰经》为代表，它统一了各地不同语言，内容有各地的传说、神话故事。阿拔斯王朝时代文风鼎盛，有两支学派"阿达卜文学"(Adab) 及"马开麦文学"(Magamah)："阿达卜"主张摆脱宗教，展开对非宗教知识的探讨，注重象征和讽刺；"马开麦"文学形式以故事为主，每篇故事反映某一社会现象，读来引人入胜，共有52篇，每篇独立成章，连贯起来，反映了社会生活。在安拉伯文学作品中《一千零一夜》(又名《天方夜谭》)最受欢迎。《一千零一夜》是描述一位国王痛恨王后对他不忠，将其杀死，此后每一晚娶一名少女，至翌晨将她杀死。宰相之女获悉自愿嫁给国王以解救别人。她每晚给国王讲一个故事，讲到深夜便以"欲知后事请待下回分解"，延缓国王对她的处决，一直拖了一千零一夜，

---

01 参阅：《新唐书·西域传》。

最后国王受到感动而与她结为终身伴侣。此书成书年代以及作者均不可考，可能是由传说加工而成。据说，最早的版本来自印度，经波斯传入安拉伯，以故事的形态表现当时的社会生活状态。

2. 艺术

除了文学之外，安拉伯的建筑有一定的风格，其中以伊斯兰教的清真寺最为典型。清真寺为信徒跪拜之处，也是神灵的住所。早期的清真寺非常简陋，由树干、土壤和泥土筑成，包含了三个基本要素：庭院、遮风避雨的屋顶和宣讲台。发展到后来，正面有凯旋门式拱形大门、大理石做的宣讲台、三座尖塔。清真寺重视装饰，用植物、几何和文字图案，装饰在墙、地毯及门窗上。

安拉伯人的音乐起源很早，从游牧时期开始，行走草原沙漠之间的生活，使他们有简单的歌曲，主要乐器为笛及鼓。随着伊斯兰教的发展，帝国的建立，以及与波斯、希腊、罗马文化的接触，乐曲丰富，曲调多样，建构了安拉伯音乐体系。

3. 人文自然科学

A. 史学

安拉伯人的史学发展大约可以分为两种形态：口传及笔记。口传多用于公元8世纪，帝国未建立以前；笔记则见于8世纪以后。口传历史多半是神话传说，《古兰经》及穆罕默德言行，也采口传心记的方式。公元8世纪后，安拉伯人向外扩张，与外来文化接触频繁，为了确保《古兰经》的惟一性、独特性、神圣性，笔记的历史诞生。早期的历史写作主要以部落研究及先知的生平为内容，故事体裁较多，到阿拔斯王朝后期，有了编年通史。主要的作家有：泰伯里、麦斯欧迪、艾西尔等三位。泰伯里被誉为"安拉伯编年通史的鼻祖"，一生著述百余种，其中最有名的是他详细为《古兰经》注释的《古兰经注》，及《历代先知与帝王史》。后者有13册，为规模庞大的编年史，由亚当写到安拉伯帝国，文笔流畅，文词优美。麦斯欧迪的著作以《黄金草原》享誉史坛，这是一部30册的历史巨作，内容丰富，触角广泛，可惜只存下四卷纲要。艾西尔被称为"十字军战史家"，撰有《全史》一书，记载年代长达1200多年，由创世起至欧洲第三次十字军东征为止。除了编年史之外，传记体及国别史也有相当的研究成果。

B. 地理

安拉伯人由于地跨欧、亚、非三洲，加上游牧及经商的需要，对地理方面的知识有相当的成就。主要的代表人物有：花剌子模(al-khwarizmi)、苏莱曼。花剌子模编《地形》一书，依海洋绘制地球，分为7个气候带，包括几个大陆。此书为后人研究地理提供重要参考。苏莱曼撰有一本有关中国与印度的见闻录，受到西方文学者重视。

C. 数学

安拉伯人对数学最大的贡献为安拉伯数字全球通用。阿拔斯王朝时将印度数字引进安拉伯，并在全国通用，以后传到欧洲，称为安拉伯数字，此外安拉伯数学家并将代数发展为独立学科，花刺子模被称为"代数学之父"。

D. 医学及天文学

安拉伯医学贡献良多。他们无论在医学理论或临床经验方面都有相当成就，已知用酒精消毒伤口。各地设有医院、药厂，医师必须经过考试才能行医。安拉伯医学书籍甚获欧人重视，代表作有《天花与麻疹》、《医学集成》、《医典》等，解剖学方面贡献很多。

安拉伯人重视天文学，阿拔斯王朝建有一系列的天文台，制作了许多观天的仪器，创造出安拉伯历法，包括太阳历及太阴历。太阳历为宗教用历，以穆罕默德出走麦地那(公元622年)为纪元元年，7月16日为元旦，一年有12个月，单月30天，双月29天，无闰月，一年354天天；太阴历为农业用历，平均每年365天。历法准确性非常高。

启示文明之四——拜占庭帝国

拜占庭文化(Byzantine Culture)系指330至1453年间以君士坦丁堡为首都的东罗马帝国文明。它以希腊文化和希腊化文化为基础，兼容古代东方文化以及犹太文化、罗马文化为一体，影响了整个地中海地区，为文艺复兴提供了素材，并启蒙了俄国文化。

一、帝国(Byzantine Empire)的出现

自罗马皇帝戴克里先提出四帝共治之后，帝国即陷入权力斗争当中，君士坦丁大帝

> 公元306—337年君士坦丁大帝在位
> 公元330年君士坦丁堡成为罗马国都
> 公元527—565年查士丁尼在位
> 公元842—1071年拜占庭帝国黄金时期
> 公元988年俄国人信奉基督宗教
> 公元1054年基督宗教大分裂
> 公元1202—1204年欧洲第四次十字军东征，攻入君士坦丁堡
> 公元1453年君士坦丁堡失陷，东罗马帝国结束

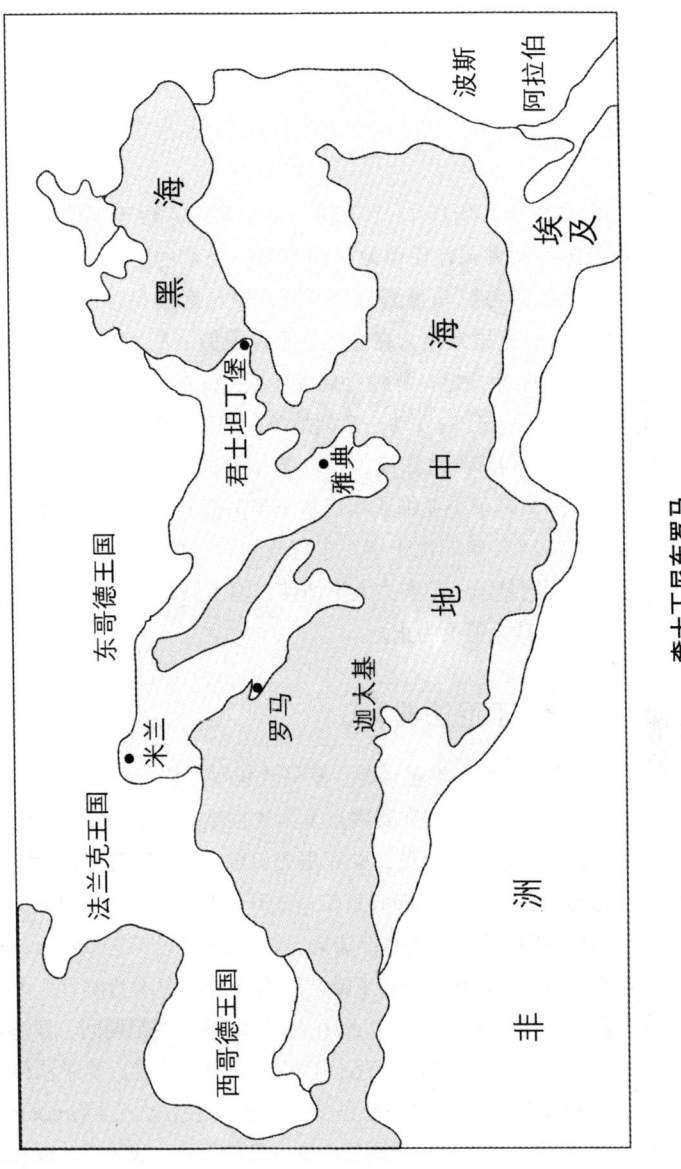

查士丁尼东罗马

父亲君士坦乌斯(Constantius)为西方罗马的"恺撒"。[01] 戴克里先对君士坦乌斯不放心,将其子君士坦丁大帝扣留在东方,甚至在他父亲病重时都不放他回去。后来君士坦丁大帝设法逃回西方罗马,并获军方拥戴为帝。[02] 他小心翼翼,先向东方罗马统治者伽勒俐(Galerius)输诚,并对基督徒提出多项保护措施,争取基督徒支持,进而完成霸业,在东

---

01 当时东西方各有一名统治者,称为奥古斯都,并各有一名副手,称为恺撒。
02 君士坦丁大帝在今日的英国约克(York)被部下拥立为帝。

方建立新都——君士坦丁堡(古名拜占庭)。476年西罗马遭日耳曼族入侵而灭亡,东帝国在君士坦丁堡延续政权至1453年为止。[01]

二、政权

拜占庭帝国持续1120年,历经12个王朝、93位皇帝。由于王位继承方式不一定,有血亲、宗亲、姻亲等不同方式,使得政权经常在不稳定的动乱之中,深深影响国家发展。东罗马皇位继承方式与罗马帝国时代不同,罗马帝国皇帝的继承人,一般先被皇帝收为义子,3世纪后戴克里先改为在皇帝之下设恺撒一职,进而出现共治皇帝。拜占庭帝国对继承制度没有明确规定,导致乱局发生。[02]就东罗马政局而言,以查士丁尼(Justinian)统治时期势力最盛,任内发动一系列战争,消灭汪达尔王国,占领了意大利南部、伊比利亚半岛东南部,但却无法守成。死后拜占庭帝国美梦不再,版图日益缩小。7世纪伊斯兰教兴起,帝国只剩下小亚细亚和巴尔干半岛部分地区,11世纪土耳其人占领了小亚细亚部分地区,1024年第四次十字军东征攻陷君士坦丁堡,建立拉丁帝国(Latin Empire),1261年拜占庭帝国复国,但实力大不如前,国土只局限在君士坦丁堡周围一带,苟延残喘至1453年被土耳其人消灭为止。

三、法律:《查士丁尼法典》

拜占庭帝国保存了罗马法典,贡献卓著。罗马法包罗万象,有法官判例、皇帝诏书、元老院立法、法律专家之意见以及法案实例。至第4世纪罗马法不仅庞杂且零乱,不切实用、过期、重复、矛盾之处比比可见,戴克里先(Diocletian)在位时即决心厘清法典,但仅口惠而已,一直到查士丁尼(Justinian)就位后才开始整理。他指派知名的法律专家筹组委员会,审视并重新编排法律,写成一部法典。《查士丁尼法典》(*Justinian Code*)可分为三大部分,一是《法典》(*Code*),去芜存菁,淘汰罗马法中不合时宜、矛盾、过时之处,并着手法学研究。二、《法学概要》(*Digest*):2世纪至3世纪期间,罗马法学家承皇帝之命对法律问题提供卓见,意见分歧,查士丁尼为了调和歧见,要求法律专家拟定方案,533年发行《法学概要》,将罗马法思想条文化。三、《民法大要》(*Institutes*):查士丁尼的律师编纂了《民法大要》。《法典》、《概要》及《民法大要》成为近代欧洲国家民法的基础,影响迄今。

---

01 中世纪时并没有一个国家国号叫东罗马帝国或拜占庭帝国(Byzantine Empire),在800年查理曼(Charlemagne)加冕称帝前,人们视东帝国是罗马帝国的延续,但这个国家采希腊语而非拉丁语,政策取向也以东方为主,与古典时代的罗马帝国大异其趣,后世史家为区别地中海东西文化的不同,称东帝国为拜占庭帝国。

02 拜占庭帝国能存在千年之久,主要是君士坦丁堡易守难攻,能够接二连三抵抗外族的入侵,加之高效率的官僚体系,在宫廷出现动乱时依旧维持帝国的正常运作于不坠。

四、东正教会

拜占庭帝国的宗教问题对后来历史发展深具影响。拜占庭信奉的东正教与罗马的天主教原来都在基督教的主要教区,早先罗马教会在所有教区中排名第一,以后君士坦丁堡教会地位日隆,与罗马争权,在第二次大公会议时,地位在罗马之后,但在其他教会之上,至第四次大公会议时君士坦丁堡的地位已与罗马平行。罗马不甘地位旁落,打起彼得教会的称号,坚持其为最高地位。两大教区展开斗争,至1054年终于正式分裂。拜占庭的东正教神学以七次大公会议的讨论为基础,特别是有关三位一体:圣父、圣子、圣灵的关系,将任何反对三位一体的思想视为异端,确定了正统的基督思想。东方东正教与西方天主教发展不同,东方坚持以《圣经》为信仰基础,不承认任何教会所制定的律法,强调各教会的平等来往。东正教较具包容精神,与伊斯兰教保持较密切往来。[01]

在东正教发展中,破坏圣像运动(Iconoclastic Controversy)最引人争议。圣像(Icon)是指绘制的宗教人物形象,主要是圣父和圣子。由专业的画师画在木板、墙壁或画布上,尽管圣经有规定,不可跪拜偶像,但是对许多不识字的人来说,圣像有相当的启示意义。这项运动于726年利奥三世颁布《禁止崇拜圣像法令》开始,至843年摄政皇后狄奥多拉(Theodora)颁布停止破坏圣像的《尼西亚法规》为止,持续117年。有关这个运动的发生原因,有宗教、政治、经济等因素。从宗教方面来说,由于基督徒圣像崇拜阻止了与其他如伊斯兰教的来往,为了和伊斯兰教接触,不得不禁止圣像崇拜。此外,皇帝通过破坏圣像运动可以净化并加强控制基督徒的思想;从政治方面来说,东西教会致力争夺主持基督教大会的权力,争取任命基督教高级教士的权力,控制调解和仲裁教会争端的权力;从经济方面来说,4世纪之后,教会财产急速增加,教会不仅得到大量地产、金钱和粮食,大肆兴建修道院及教堂,并且在经济上获得到许多特权,如免税权,征收教产税等。教会庞大的经济特权引起世俗皇权的担忧,利用宗教问题介入教会产业。破坏圣像运动导致皇权恢复对教会的控制,清除教会中的分裂势力,遏止教会产业继续扩大,更重要的是,打破了宗教艺术的规范限制,发展出多元化的古代艺术。[02]

东正教与罗马天主教间的冲突是基督教的大事。双方为争夺最高宗教地位,最后导致分裂。1054年7月16日教皇利奥九世(Leo IX)帕特使宏伯特(Humbert)至东正教的圣索非亚大教堂(Santa Sophia)作弥撒,开除大主教米哈伊尔一世(Michael Celularius)教籍,指责他亵渎神明。米哈伊尔一世反击,并对特使发出破门律(Excommnnciation),东西教会正式分裂。此后双方各有发展,在教义、礼仪、组织、制度各有不同,至第四次十字军东征占领君士坦丁堡后,东西对立情形更加严重。

---

01 参阅:罗渔,《认识东正教》,载于氏着《柏渠夕唱(上)》(台北:恒毅月刊社,1990),第403—409页。

02 参阅:庄尚武,《圣像破坏运动之研究》(台北:文史哲出版社,1989)。

五、艺术

拜占庭的艺术表现，主要有镶嵌画、壁画、纺织艺术、建筑、音乐、舞蹈。镶嵌画的材料是天然彩色石料，经切割成小块，或者是彩色玻璃块，黏在图案上，再用金片填在背景间空白处，会闪烁出奇光异彩，镶嵌画的内容有宗教也有世俗如花鸟等自然景象。绘画有壁画和插画，内容多为圣像画及圣经故事。画风传神而不写实，注重寓意，画面显得拥挤，缺乏美感。拜占庭之建筑可以教堂为代表。以罗马式的长方形建筑为基础，进行横向扩张，平面呈十字型。

拜占庭的艺术特点在其抽象性，这是基督宗教观与东方神秘主义(mysticism)结合的成果。艺术核心在表现某一种抽象的精神和反映神圣的情感，目的是在激发人的宗教情感，采用简单的线条及色彩的表现手法，因此艺术功能不是欣赏，而是启发思想，这使得拜占庭艺术处于一种神秘的状态之中。[01]

六、文化

拜占庭文化对斯拉夫人、安拉伯人、中古欧洲人皆产生影响。至6世纪时，斯拉夫人(slav)尚处于氏族社会，当9世纪拜占庭文化传入斯拉夫人居住的地区，对当地人造成重大改变。君士坦丁堡被东斯拉夫人视为他们的宗教和文化起源之地，他们以拜占庭文化为基础，发展出独特的俄罗斯文化。[02] 随着伊斯兰教的兴起，安拉伯人开始向外扩张，由于本身文化贫乏，于是大量接受外来文化，包括波斯、小亚细亚、拜占庭和印度。根据学者比较拜占庭文化与伊斯兰教文化，发现两者相互影响，由安拉伯文中有许多拜占庭时代的用语可见一斑。至于对西欧的影响，拜占庭文化保存了古典希腊罗马文化遗产，使其免遭毁灭，并为文艺复兴提供了丰富的内容。[03]

---

01 有人谓天主教是圣彼得的宗教，偏重理性和实用，东正教则是圣约翰(St, John)的宗教，偏重神秘与冥想。
02 10世纪俄国统治者接受东正教而非天主教，主要原因是东正教采政教合一制，皇帝权威高于教会，不会像天主教因政教分离而发生一连串的政教冲突事件。
03 1453年君士坦丁堡陷落，大批拜占庭学者将古典文学手抄本带到西方，这是意大利半岛出现文艺复兴运动的原因之一。

第5章
一神时期(2)

欧洲中古时期

在人类文明进展过程中，论及5至15世纪的历史，多以欧洲中古为代表，此时政治、社会经济、思想，文化对后期文明产生重大影响。

一、政治

欧洲中古政治发展可分为初期(500—1050)、盛期(1050—1300)、后期(1300—1500)三个阶段。初期政治以法兰克王国最盛，查理曼一统西欧，死后不久，三个孙子平分天

> 公元590—604年教皇格烈奇里一世在位，提高教会的政治影响力
> 公元800年查理曼获教皇加冕
> 公元843年凡尔登条约，查理曼帝国三分
> 公元962年奥大帝获教皇加冕为神圣罗马帝国皇帝
> 公元987—996年加贝统治法国，建立加贝王朝
> 公元1066年征服者威廉入主英国
> 公元1095年第一次十字军东征
> 公元1152—1190年霍亨史多芬家族的腓特烈在日曼主政
> 公元1154—1189年亨利二世在英国执政
> 公元1198—1226年教皇英诺森在位，教会势力达到最高
> 公元1248年第七次十字军东征
> 公元1305—1377年公元教皇分裂危机，巴比伦之囚
> 公元1378—1417年教会分裂

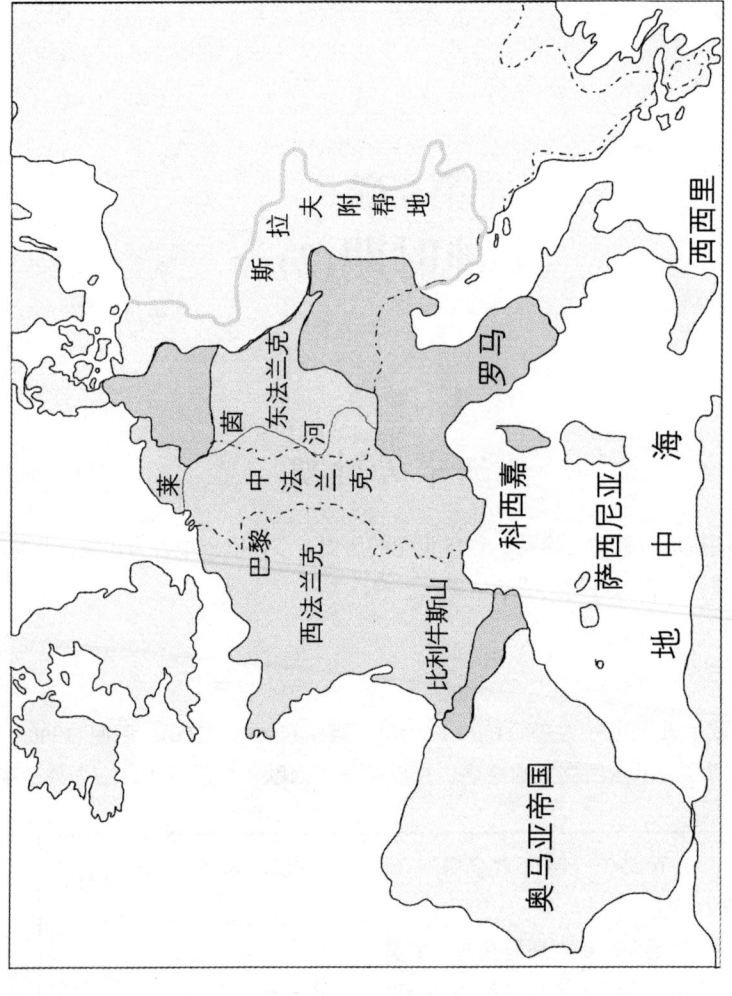

法兰克王国一分为三

下，分别是东法兰克王国(East Francia，今日的德国)、西法兰克王国(West Francia，今日的法国)、中法兰克王国(Middle Francia，今日的荷兰、比利时、卢森堡、瑞士和意大利北部)；盛期政治以法国、英国及神圣罗马帝国(Holy Roman Empire)为代表，俄国亦于此时踏上历史舞台；后期政治以百年战争影响最大，促进近代国家形成。

1. 初期政治

欧洲中古初期政治由混乱步入秩序，经历梅罗文加王朝、加洛林王朝，至查理曼帝国盛况空前，查理曼死后帝国分裂。

(1) 梅罗文加王朝

日耳曼人入侵欧洲后，彼此嚣战不已，王国林立。6世纪初法兰克王国在克罗维领导下，建立了梅罗文加王朝，范围辖及今日法国大半土地以及德国西南部。克罗维信奉基督教，获得教会支持，得以对抗其他日耳曼人。511年驾崩，梅罗文加王朝持续200年。

依梅罗文加王朝习俗，王位传承，采诸子平分制。克罗维死后，四子争权，彼此征伐，内战不已，暴力不止。[01] 558年克罗维幼子洛塞 (Lothar) 采残酷手段消灭异己，恢复祖业，但死后，内战依旧。法兰克王国长期内战予贵族阶级可乘之机。6世纪中叶法兰克贵族阶级藉与旧罗马元老联姻，推举主教人选，扩充势力。7世纪梅罗文加王朝政权落入少数宫廷官员手中，其中以宰相 (Mayors of the palace) 权力最大，不仅可掌理政事，并代理国王行事，影响梅罗文加王朝日渐没落。

(2) 加洛琳王朝 (Carolingian Dynasty)

7世纪法兰克王国宰相丕平 (Pippin of Landen) 开始重建法兰克王国，其曾孙丕平二世 (Pippin II) 于687年以武力消除内乱，丕平二世儿子铁锤查理 (Charles Martel, the Hammer) 于732年在都尔 (Tours) 击败伊斯兰大军，阻止安拉伯人向欧洲进军，并粉碎其他敌人，声望日隆。铁锤自714年迄741年去世为止，握有法兰克实权，但无名分，其子丕平三世 (Pippin III) 试图正名。按日耳曼习俗及法律，王位依血亲传承，丕平不愿被指控谋害懦弱无能的梅罗文加国王，乃利用教会影响力。他征询教皇：一位拥有实权的统治者是否应获得头衔？教皇扎加利 (Zacharias) 则表示，真正的国王得视其是否能维持秩序及正义而定，并于七五一年指出，拥有权力的统治者应同时具有名分。换言之，教皇打算承认加洛琳王室并同意丕平三世的王衔。751年丕平三世被选为法兰克国王。两年后教皇为争取法兰克人协助抵抗伦巴人侵犯，亲往高卢，为丕平授职，从此法兰克国王与教皇关系日趋密切。754年教皇史蒂芬二世 (Stephen II) 赐封丕平为罗马教会保护人 (protector)，丕平则回赠教皇最近被伦巴人夺占的北意大利土地作为报偿。756年丕平将拜占庭皇帝所拥有的意大利中部产业捐赠给教皇，称为教皇国，但只是象征性的文件赠予，一直到13世纪英诺森三世 (Innocent III) 教皇时才实现。丕平的慨允使其王位拥有特殊的精神及道德意涵。丕平是首位获教会授职的世俗国王，丕平死后，其子查理曼继位。

(3) 查理曼帝国

查理大帝 (Charles the Great)，被称为查理曼大帝 (Charlemagne)。根据史家描述，其人野蛮、粗鲁、多智、好文学、口才便捷、精力旺盛，一生之中为了拓展外交，结婚数次，有四妻六妾，65岁之后还养育小孩。他首先与伦巴国王之女儿德西特里乌斯 (Desiderius) 结婚，由于不孕，宣告仳离；第二任老婆海德加 (Hildegard)，12年内育有9子，死后查理曼再婚，娶东法兰克王国伯爵的女儿法斯特拉达 (Fastrada) 为第三任妻子，帮助对抗撒克逊人。尽管查理曼育有多子，但仅有三人成年，四位孙子传承了家族的香火。

查理曼一生丰功伟业，无论外交、内政皆名扬于世。

---

[01] 日耳曼蛮族原都是游牧民族，他们建立的王国仍保有游牧民族的习俗，没有固定的首都，也没有明确的财产继承制，更缺乏法律体系，暴力成为解决纠纷的惟一方法。

A. 外交：领土扩张

查理曼承续祖业，开疆拓土，任内发动战争逾 50 场，被称为中古初期最伟大战士。往北，征服现代法国北部，占领今日巴斯洛 (Basque country)，向西阻止伊比利亚半岛东北地区之伊斯兰教徒向外发展。在东方，与撒克逊人 (Saxony) 作战 30 年，将日耳曼部分部落纳入法兰克王国。往南，成就辉煌：773 年至 774 年，意大利北方之伦巴人再度威胁教皇国，查理曼发兵南下，将伦巴王国纳入版图，同时拥有法兰克国王及伦巴国王头衔。此外，并阻止巴伐利亚 (Bavarian) 独立，击败阿尔瓦族 (Avars)，使得后人得以移民多瑙河平原。805 年左右法兰克王国已占有欧洲大半土地，但不包括伊比利亚半岛、斯堪第那维亚半岛 (Scandinavia)、意大利南部及与东部斯拉夫人的边区 (marches or mark)[01]，成为欧洲自 3 世纪至 19 世纪拿破仑之间最大的一个帝国。

B. 内政

查理曼帝国治权与今日政府之治权显然不同。彼时仍以部落形态为主，广袤的农村世界及散落四处动乱频仍的庄园。大多数人们以农耕为生，贸易、商业机会不多，城市为主教及教会重地。查理曼经常旅行各处，镇压异己，打击异端，维持形象，树立权威。他没收大地主土地，争取小地主支持。与法兰克贵族合作，将地方事务交由二三百个族，分别治理，族长拥有军事及司法权力，任职终生。在地方与中央政府之间设有许多视察区 (visitorial district)，每年指派两位钦差大臣，一位贵族、一位主教，访问视察区，主持法庭，调查司法、财政及教会事务，匡正犯罪、道德、教育等问题。钦差大臣访察贵族，防止祖业私授，削弱查理曼权力。边界地带设有侯爵 (Margrave)，握有实权，维护安定。查理曼时代的统治依赖贵族之效忠及合作，虽然当时缺乏有效的统治机构，但却已有灵活的政治理念。查理曼之幕僚及顾问如主教们提出颇具见地的政治思想：政权来自上帝，治权得依法行事，人们必须服从统治者，统治者必须尊重法律。他们构想一个基督社会，由国王治理，维持和平、法律、秩序、维护正义。这些观念多半取自圣奥斯汀的理论，虽然对当时来说犹嫌生涩，但却奠定了中古及现代政治学的基础。

C. 与教会关系

800 年查理曼赴罗马访问并获教皇加冕，这是件历史盛事，学者为"查理曼加冕之意义"争论不休，查理曼所图何在？是否为了帝王头衔？教皇利奥三世 (Leo III) 安排加冕礼是否为了证明法兰克君王与教皇的关系以及教会的政策？虽然答案将永远无法揭晓，但一般可以同意的，首先是查理曼自认为基督国王，治理基督人民，他的格言是"复兴罗马帝国"(Revival of the Roman Empire)。查理曼志在复兴旧罗马帝国，并认同基督教。查理曼及其政府代表法兰克王国与基督理念的结合，构成了中古欧洲社会的两大支柱。

---

01 边区 (marches or mark) 是防卫边疆抵抗外族的军事地区，设"边疆伯爵"(margraves) 统筹军政。查理曼设立的重要边区有"西班牙边区"(Spanish March)、"丹麦边区"(Denmark)、"摩维亚边区"(March of Moravia)。

其次，以后日耳曼统治者均渴望得到帝王的头衔，以作为查理曼及古罗马传承者自居，巩固其地位。最后，教会强调，此事证明只有教皇有资格加冕皇帝。不论这是由查理曼王朝或由教会所主导，对日耳曼历史以及欧洲历史皆有重大影响。[01]

D. 文艺表现

814年查理曼大帝驾崩，帝国随之分裂，但他努力保存古文化及鼓励教育的政策为中古文化奠定基础。后人称查理曼时期为"加洛琳文艺复兴"(Carolingian Renaissance)。

查理曼位于亚琛(Aachen)的宫廷，容纳了全欧的学术人士，其中以阿昆(Alcuin)最负盛名。他于781年至804年担任皇帝的宗教及教育事务首席顾问，这位杰出多产之学者为皇帝草拟文件，书写道德规范，树立皇帝的行为标准。皇帝的信函成为后世基督徒政治领袖的行动依据。在查理曼宫廷中，学者们抄写书籍及手稿并修建图书馆，他们美妙的手写本称为"加洛琳小写字体本"(Carolingian miniscule)，其小写字体成为现代罗马字体的前身[02]。他们关注教士教育，训练教士读、写以及基本算术的能力，在全欧各地设立学校，不仅保存了古代作品，并掀起人们重新热衷研究古典希腊罗马的学术兴趣。

查理曼时代在文艺上的其他重大贡献有减少文盲人口，虽然知识未见普及，但教士与部分贵族则拥有基本识字能力；保存拉丁文化，促成9世纪时文艺上许多优秀作品问世，特别是文学上的研究；拉丁基督精神深入欧洲人内心，至10世纪罗马文化及基督文化成为西欧人思想及生活的中心，即便10世纪时维京人(Vikings)入侵也无法动摇。

(4) 加洛琳帝国之没落 (814—987)

查理曼死后，其子虔诚者路易(Louis the Pious)继位，路易在查理曼生前受封，信仰虔诚，受良好教育，但缺乏军人背景，无法赢得贵族骑士及军队效忠，使得帝国分裂难免。帝国崩溃原因众多，首先是版图辽阔，丛林浓密，河流湍急，强盗横行，交通不便，影响联系。其次，查理曼生前，帝国靠其个人魅力、精力，才得以团结，身后自然开始分裂。第三，帝国缺乏类似罗马行政体制，只有部落的效忠与凝聚，这些部落酋长关心自身地位及权益，无论公爵或主教都热衷产业，寻求自保，笼络随从。他们在管辖土地内，有各自的司法、军事及财税系统，对遥远的中央统治者虚应故事，只在乎自身的利益得失。第四，法兰克的习俗，由诸子平分祖产，加速帝国的分裂。817年至840年虔诚者路易将帝国分为数份，但继承者多表不满，路易长子洛塞(Lothar)、次子日耳曼路易(Louis the German)、三子丕平(Pippin)及幺子秃头查理(Charles the Bald)彼此内讧苦战，丕平不幸遇害，843年签订凡尔登条约(Treaty of Verdun)，三兄弟同意瓜分帝国。[03]

---

[01] 800年查理曼加冕为罗马皇帝的历史意义是西欧正式独立为一个政治与文化单元，从而与东方的拜占庭帝国切断宗主关系，今天我们所讲的西方文明(Western Civilization)可以说是以这一年为起点。

[02] 罗马字只有大写字体，从此有了小写字体。

[03] 虔诚者路易生性软弱，他的四个儿子为争夺土地在父亲死前即互相争战，甚至幽禁父皇，彼此混战达26年。838年，路易的三子丕平去世，840年路易去世，他所留下的帝国即被剩下的三个儿子所瓜分。

长兄获帝国中部土地，包括意大利南部以及缪司河 (Meuse River) 以东，西临隆河 (Rhône River)，东为莱茵河。不久，这个王国即分裂为许多小公国 (Principalities)，当法国及日耳曼王侯于 10 世纪至 12 世纪、13 世纪拟巩固王权，建立中央政府，该区即成为兵家必争之地，时至今日，情形如昔。帝国东部，大多数日耳曼地区划归次子日耳曼路易，帝国西部则给么子秃头查理，辖境包括亚奎丁 (Aquitaine) 及加斯科 (Gascony)，即中古及近代之法国。秃头查理后裔统治西部，至 987 年卡佩 (Hugh Capet) 被选为国王为止。日耳曼路易的后代治理东王国至 911 年为止。

查理曼帝国外患来自北、东、南三个方向。

北边外患为来自挪威 (Norway)、瑞典 (Sweden) 及丹麦 (Denmark) 的日耳曼人，这批人未受加洛琳文艺及基督教教化的影响，又称为维京人 (Viking)。"维京"一词源自维克语 (Vik)，有"溪流"之意，特别是指暗藏在溪流及海湾内掠夺路人的海盗。维京人于 787 年开始向外扩张，至 10 世纪中叶，占据欧陆大半地区以及英国，向东深入黑海，向西到达冰岛、格陵兰 (Greenland)，甚至北美海岸、长岛及纽约一带。维京人长于海上生活，船只灵巧、快速，船长 65 尺，可搭载 40 至 60 人，水手勇敢、具经验，航行欧陆河流，通行无阻。加洛琳帝国缺乏海军，又不重视海权，因而无法遏止维京人横行。有关维京人侵犯欧洲的原因，学者看法不同，有些学者认为人口过剩迫使外移，也有学者认为气候变化及收成不好不得不出走他乡，更有学者相信，维京人寻找贸易机会，恰逢查理曼帝国内讧，边防空洞，给予入侵良机。维京人残忍野蛮，他们首先展开攻击及掠夺，然后再进入所征服之地定居，由 876 年至 954 年占有英国及法国西北部诺曼底区和地中海上的西西里岛，故又称为诺曼人。

东方的外患为马扎尔人 (Magyar，又称匈牙利人)。他们于 890 年开始越过多瑙河往西推进，攻下意大利北部，迫使巴伐利亚 (Bavaria) 及撒克逊人降贡，后深入莱茵地区及布艮第，肆虐农村，俘房乡人，送至东方奴隶市场贩卖。马扎尔人并不从事殖民，只是掠夺、杀戮。不论是维京人或马扎尔人，他们制造恐惧，滥杀无辜，并将掳获人口四处贩卖为奴，从英国的港口、波罗的海 (Baltic Sea) 沿岸到易北河 (Elbe River) 及多瑙河的里根斯堡 (Regensburg)、隆河的里昂 (Lyons) 都有他们的足迹，奴隶是维京人的重要贸易项目。

欧洲南部外患为安拉伯人，他们不时骚扰意大利及伊比利亚半岛，伊斯兰教徒于 846 年攻陷罗马。至于伊比利亚半岛，自 8 世纪以来，大半地区已沦为伊斯兰教徒所有，安拉伯水手沿伊比利亚半岛，不畏大西洋风浪，攻击地中海普罗旺斯 (Provence) 沿岸，对欧陆的破坏，则不如维京人及马札尔人。

9 世纪的外患对欧洲产生重大影响，其中最重要的为加速封建制度发展。庄主依赖骑士保护，防止外力，维护秩序安定，贫贱百姓寻求强者保护，自由农沦落为农奴，欧洲社会瓦解，权力分化。另一项影响为文化，安拉伯人对欧洲伊比利亚半岛的农业发展贡献良多，维京人将其造船及航海技术传给欧人，将丹麦法律及风俗引进至英国东北及中部地区。部分学者认为，今日英国的大陪审团制度即来自丹麦。英国北方之约克 (York)

成为维京人与斯堪第那维亚人的贸易重镇。[01]

2. 盛期政治

此时欧洲政治发展重点地区为：法国、英国、神圣罗马帝国。俄国亦于此时接受基督信仰。

(1) 法国

9世纪至10世纪之间西法兰克王国仍处于外患、内乱动荡不安中。987年加洛琳王朝最后一位皇帝驾崩，各地贵族集会选出西法兰克王国内最强大部落领袖卡佩 (Hugh Capet) 为王，开始卡佩王朝 (Capetian Dynasty) 统治，至1328年查理四世 (Charles IV) 逝世，子嗣断绝为止。卡佩统治之初法国境内地方割据，地方领袖各自为政，各有法律、风俗、货币，国王管辖地 (Royal Domain) 幅员小。路易六世 (Louis VI) 治权仅限于巴黎及圣丹尼 (Saint-Denis) 附近之地，[02] 他信奉圣丹尼，奉其为法国保护神，以圣丹尼旗为法国王旗，被人戏称为圣丹尼国王 (Saint-Denis)。路易六世孙子腓力二世 (Philip II) 继位后展开统一工作，首先平定境内之叛变阴谋，然后攻占诺曼底 (Normandy)[03]，二年之内获得缅因 (Maine)、都兰 (Touraine) 及安茹 (Anjon) 等地，稳定法国北部之治权。13世纪腓力后裔继续拓展在法国南部的势力。路易八世 (Louis VIII) 发动战争吞并普瓦图 (Poitou)。路易九世 (Louis IV) 与普罗旺斯的玛格丽特 (Margaret of Provence) 成婚，朝地中海区域发展。腓力三世 (Philip III) 藉继承获得地中海沿岸的郎格多特 (Languedoc)，确定了法国中央权力与地方关系，他允许各省保存原有制度与法律，但由国王指派官方代表分赴南北地区督政，这些代表不是当地人，不可以在当地拥有土地。法国重视王室利益，王室体系由王室官僚组成。随着领土拓增，官僚体系日渐扩大，但地方势力依旧，形成一种上层中央、下层地方互动体制，一直维系到法国大革命 (French Revolution) 为止。至13世纪末叶，法国经由外交、婚姻、战争、继承等方式扩充王地，为近代法国奠定基础。

(2) 英国

英国在维京人入侵之前，境内部落林立，各拥其主，没有一统君王。878年西撒克逊 (Wessex，后称为 West Saxons) 国王阿弗列 (Alfred the Great) 开始一统大业，制定法律，扩大王权，建立国防体系，并将治权扩及西撒克逊以外的诸部族，王国迈向统一。1013年丹麦领袖斯温德 (Swend) 入侵英国，其子加纽脱 (Canute) 征服英国及挪威，成为两地君王，并在英国设立行政中心，推行盎格鲁·撒克逊人与维京人同化政策。死后爱德华 (Edward the Confessor) 继位，死后堂兄诺曼底公爵威廉 (William of Normandy) 声称

---

01 参阅：David Harris Willson & Stuart E. Prall, *A History of England*, third ed.(New York: Internation Thomson Publishing, 1984), p.20-25.

02 法王直接统治的地区被称为"法兰西之岛"（IIE-de-France），面积和今日美国佛特蒙州 (Vermont) 一样大，但这块土地是欧陆南北往来要道，法王得以向商人征收过路税，累积庞大的财富。

03 诺曼底 (Normandy) 是10世纪法王封给维京人的公国，诺曼底原意为北方人。

拥有英国王位继承权，1066年跨海征服英国，为英王威廉一世 (William I)，即英国史上所谓的征服者威廉 (William the Conqueror)。威廉征服英国后，将英国土地分封给诺曼 (Norman 即维京人) 人，并在各地派驻军队，要求封建领主直接向国王宣誓效忠。威廉奠定了英国基业，其重大成就有：首先是保留了英国地方行政结构，派诺曼人出任郡长 (Sheriff)，维持地方秩序、缉拿罪犯、审理囚犯、征税、组军、练兵，并实施保甲法，十人连保，彼此负责，首长为无给制；其次是保留了诏书 (Writ) 制度，这份由政府官员以方言笔录的行政命令，维持了中央政府与地方人民之连系，地方首长有权公布有关地方事务的行政命令；此外，威廉将诺曼审讯制引入英国，1085年与大臣们讨论，决定在全国实施审讯制度，调查全国土地，编印《土地勘查记录书》(Domesday Book)：记载中古英国社会、经济有关资料。威廉藉此掌握全国财产信息，并据以征税、分封，促成英国迈向一统。[01]

1128年征服者威廉孙女玛丽达 (Matilda) 与安茹伯爵杰佛利 (Geoffrey of Anjou) 结婚，其子亨利二世 (Henry II) 继承了诺曼底、安茹、缅因、都兰。1152年亨利二世与亚奎丁女公爵 (Eleanor of Aquitaine) 结婚，继承了位于法国西南部之亚奎丁、普瓦图、加斯科，开启"金雀花王朝" (House of Plantagenet)，它拥有英国全部与法国一半领土，英法关系趋于复杂。[02]

(3) 日耳曼

9世纪东法兰克王国加洛琳王朝式微，马扎尔人入侵，五大诸侯崛起，分别为：萨克逊 (Saxony)、法兰克尼 (Franconia)、史威比亚 (Swabia)、洛林 (Lorraine)、巴伐利亚 (Bavaria)。911年加洛琳王室路易国王驾崩，五大诸侯推举新国王，从此局势动荡不安。936年萨克逊奥图一世 (Otto I) 被选为王，平定诸侯叛乱，征服意大利、波兰 (Poland)、匈牙利 (Hungary) 等地，并协助罗马教皇约翰十二世 (Jhon XII) 平乱，961年即位为意大利王，962年教皇加冕其为皇帝。[03]

帝国皇帝系由教皇加冕而诞生，造成西欧政教冲突：教皇主张教权应在政权之上，而皇帝反对。1073年教皇格列哥里七世 (Gregory VII) 继位，鉴于教会腐败情形日益严重，下令改革，其中以教职不得买卖，并得由教皇任命，不受国王干涉等规定，引起皇帝不满，极力反对教皇改革，双方互不让步，亨利四世 (Henry IV) 于1076年与诸侯集会于奥姆斯 (Worms)，研议惩罚教皇，格列哥里获悉大怒，将亨利四世处以破门律，亨利四世

---

[01]《土地勘查记录书》亦称为"末日审判书"，意谓这份调查资料直到末日审判之时都能正确无误。

[02] 亨利二世是英王，同时也有法国各领地的公爵名号，按封建义务，必须向法王效忠，这双重身份使得英法关系十分复杂与紊乱。

[03] 这个帝国在1157年被称为"神圣帝国" (Holy Empire)，1254年改称为"神圣罗马帝国" (Holy Roman Empire)。

不得已负荆请罪获释[01]，但事后即与诸侯联军，攻打罗马，格列哥里七世亡走，1085 年病逝，克里门三世 (Clemen III) 被立为教皇。亨利四世死后，其子亨利五世 (Henry V) 继位，1122 年与教皇和解。教职由教皇颁授，但须在皇帝面前举行，皇帝对人选可以发表意见，教士必须对皇帝尽封臣的义务。1152 年霍亨史多芬家族 (Hohenstaufen) 的"红胡子"腓特烈 (Frederick Barbarossa) 试图进行统一大业，但由于手法残忍，未能收揽人心，以致功败垂成。从此与意大利分道扬镳，各朝向不同的历史道路上迈进。

1254 年康拉德四世 (Conrad IV) 去世，神圣罗马帝国情势大乱，20 年内中枢无人，1273 年哈布斯堡 (Hapsburg) 家族之鲁道夫 (Rudolph) 被推选为皇帝，平乱、拓土，奠定基业[02]，1338 年路易在位，于里斯 (Rense) 召开会议，宣称神圣罗马帝国皇帝之权力来自上帝。1356 年的《金玺诏书》(Golden Bull) 确立了帝国皇帝的产生方式，由三位主教，分别来自曼因兹 (Mainz)、特利尔 (Trier)、科隆尼 (Cologne) 以及布兰登堡侯爵 (Brandenburg)、萨克森公爵 (Saxony)、巴拉提纳伯爵 (Palatinate)、波希米亚国王 (King of Bohemia)，共 7 位，历史称之为"七选侯"。[03] 从 1438 年起帝国皇帝几乎全来自哈布斯堡家族，开启哈布斯堡家族盛世。

(4) 英法百年战争

英法百年战争催生了近代英国与法国，是中古的盛事[04]，也是近代国家主义的依据。究其原因有政治、经济等因素。

A. 原因

a. 政治方面

(I) 王位继承问题导致英法冲突：法王查理四世 (Charles IV) 于 1328 年死后，子嗣中断，卡佩王朝终结。查理四世的妹妹伊莎贝拉 (Isabella) 是英王爱德华三世 (Edward III) 母亲，要求其子继位，但遭法国贵族拒绝。法国贵族依据萨利安法律："禁止任何女性及女方子嗣继位"，要求将王位传给查理四世堂弟的侄儿华洛亚的腓力 (Philip the Valois)，导致英法冲突。

(II) 亚奎丁管辖权之争：英国原拥有亚奎丁，但遭法国国王腓力六世 (Philip VI) 占领，

---

01 1076 年亨利四世被教宗开除教籍，他被迫远赴意大利卡诺沙 (Canossa) 求教宗原谅。当时史家记载：这一年的 1 月奇寒，而且大雪纷飞。这月底的前七天，国王 (亨利四世) 带着一双冻僵的双脚，被教宗召见。他伸展双手作十字形，一再地呼求："可敬之父，请原谅我。圣父，我求你，请原谅我。"这就是中古历史上著名的"卡诺沙事件"。

02 哈布斯堡 (Hapsburg) 是莱茵河旁的一个城堡，为该家族之发源地，1274 年鲁道夫将帝国南方边境的奥地利 (Austria) 封给儿子亚尔伯 (Albert)，成为世袭领土，奥地利从此成为哈布斯堡家族的基地。

03 帝国皇帝一去世，新皇帝必须在 30 天内选出。1648 年后增加巴伐利亚公爵为选侯，1692 年再增加汉诺威公爵 (Duke of Hanover) 为选侯，选侯数增加为 9 个。

04 英法百年战争是断断续续的战争，其可分为四个阶段：(一)1337 年至 1360 年，英军主攻，(二)1369 年至 1380 年，法军反攻，(三)1415 年至 1420 年，英军再攻，英王即法王位，(四)1428 年至 1453 年，法军在贞德领导下反攻，获最后胜利。

1259 年英法签订巴黎条约 (Treaty of Paris)，英王同意做法国亚奎丁领地的公爵。1329 年，英王爱德华三世为保有亚奎丁治权，向法腓力王六世效忠。1337 年腓力六世决定收回爵位，造成英法战争，爱德华三世认为他有权管辖亚奎丁。

(III) 封建势力恶斗：法国封建贵族内部不合，部分贵族为稳固一己力量，效忠爱德华三世，藉此扩张权力。英法战争所以延宕不决，即来自法国王公间之内斗，部分贵族藉支持英王打击法王中央权力。

b. 经济方面

英法之间为着羊毛贸易、管辖法兰德斯人 (Flemish) 问题，交战经年。英国与法兰德斯 (Flanders) 间赖羊毛贸易，彼此互惠。法兰德斯商人及布料制造商仰赖英国羊毛，法兰德斯公民支持爱德华三世，担心与英决裂有碍经济繁荣，但法兰德斯为法王采邑，贵族支持法王。

B. 战争经过

英法两军积极部署备战。英军由爱德华三世之子黑王子 (Black Prince) 爱德华及贵族领军，包括由武士组成之骑旅、农人组成之步兵、矛兵及弓箭手。法国军队人数较多。1337 年，法军支持苏格兰军队入侵英国北方，蹂躏乡村地区，掠夺焚烧英国海岸城市。战争不久，形势改观，英军节节获胜，1339 年英军侵入法境。1346 年，法国北方克列亚 (Crecy) 一役，英国长弓 (Longbow) 箭手大败法军，以后又在波亚农 (Poitiers) 击败法国，掳获法王[01]；1415年，英军在亚森(Agincourt)再获胜，1419年攻向巴黎，惟法军并未屈服，最后赖法国村妇贞德 (Joan of Arc) 登高一呼，得以扭转颓势，反败为胜。有关贞德传说、故事，车载斗量，难以穷尽。她生于 1412 年，为香槟 (Champagne) 地区乡村一位富有农家女，虔信宗教。青少年时期自觉闻悉上帝与基督教圣人的声音，1428 年，自称听到声音说法王查理七世 (Charles VII) 将登基，英军将败，乃前往法国王宫说服国王，要求随军解救被围之奥尔良 (Orleans) 城。

有关圣女贞德之事迹，重要的并非她克服万难，晋见查理七世，或查理七世接见她，接受其说法，而是法国人相信了什么？法国人在战争中久居劣势，士气低迷，苦无对策，渴望奇迹出现。贞德身着男装、蓄短发，查理七世为之一惊，允其随军前往奥尔良。贞德对战技一无所悉，仅知如果能让法军不受诅咒，即可获胜。1429 年 4 月 28 日大军发至奥尔良，5 月 8 日英军即遭病困、粮乏而撤出奥尔良，10 天后查理七世登基，法国情势为之一变。

1430 年，贞德遭英国联军布根第人逮捕，并交予英人。英国将她送交教会当局审判，法国未加干涉[02]。英国不以政治而以巫术理由审讯，贞德身着男装被控与恶魔来往，1431

---

[01] 英国长弓的使用是中世纪战争上的革命，对日后的军队组织、战略和战术发展有深远影响，这也是英军能一再大胜法军的原因。

[02] 现在史家认为，贞德是被法王查理七世所出卖，才会被英国所俘虏。

年法庭判决其为异端，在鲁昂 (Rouen) 市场烧死，1456 年重审，恢复其名声，1920 年被尊为圣女。

奥尔良解危，法国人的信心恢复，法军声势重建。英国长期作战，人员伤亡日增，财政日趋枯竭，厌战心理日升，教士及知识分子力主和平，国会反对增加战费，法军逐渐收复诺曼底，并将英军驱出亚奎丁。1453 年战争结束，英国在欧陆仅保有加莱 (Calais) 一城。[01]

C. 结局

百年战争对英法两国社会、政治、文化皆造成重大影响。战争造成英法人口锐减。英国数十万亩土地荒芜，南部沿岸地区受创较大；而法国农村经济凋零残破，贸易中断，农民因战争受创，怨恨不满，溢于言表，造成社会不稳。

英国国会 (Parliament) 于百年战争期间，势力大增。由 1250 年至 1450 年，欧洲许多国家出现代议政治：法国三级会议、日耳曼国会 (Diet)、西班牙议会 (Cortes)，迄 15 世纪之后，代议政治日衰，仅有英国例外。爱德华三世作战需款孔殷，召集教士、贵族、武士、自治市民捐输，由 1337 年至 1377 年共集会 27 次，终爱德华任内五十年间，国会开会 37 次，促成英国国会集会惯例。武士及自治市民组成下院 (House of Commons)，贵族为上院，分别集会，下院逐渐控制国家财政。在 1341 年要求征收非封建税须获得国会同意，爱德华三世乃承认英王未经国会同意不得征税，英国国会制度逐渐完备。下院由议长 (speaker) 主持，代表下院出席上院 (House of Lords) 院会。[02]

法国情形不同，没有类似下院议会，但有许多地方议会。法国缺乏全国性议会系法国国王担心议会不可靠，贵族集会将威胁或危害国王权力。法王查理六世的顾问劝阻国王不得接受全国性代表会议，查理七世亦威胁将惩处类似建议。总之，法国领袖反对议会政治。

百年战争孕育了国家主义 (Nationalism) 的成长，英法两国在战时强调祖先、语言、风俗及地理的重要性，加强民族认同感。查理六世及爱德华三世皆将敌人视同外人、恶人，尤其在战争过程中，法国以驱逐外人作为战争的目标。[03]

3. 后期政治

15 世纪欧洲国家逐渐从混乱中建立王权政治。统治者采用富国强兵政治观念重建政府，首先是意大利，其次为法国、英国、伊比利亚半岛，神圣罗马帝国因封建王国拥兵自重，无法统一。

---

01 1558 年法军攻占加莱，英国失去欧陆所有的领土。
02 中世纪时，英国国会的权力强弱须视英王个人政治手腕而定，英王软弱，国会势强，英王强硬，国会相对弱势。
03 英法百年战争结束后，英法两国逐渐朝近代的"民族国家"(national state) 迈进。

当时的政治可以意大利城邦之寡头君王、法国路易九世 (Louiu IX)、英国亨利七世 (Henry VII)、亚拉岗王国 (Kingdom of Aragon) 的费迪南德 (Fredinand) 为表率，他们为巩固强权，罔顾道德，遵循马基雅维利 (Machiavelli) 学说，史学家称他们为"现代君主" (new monarchs)。这些君主要求人民效忠王室及国家，强调王权是在领地内可统辖各阶级及人民，坚持王室至上，无情镇压异己，尤其是贵族，各国表现不尽相同。

(1) 法国

卡佩王朝于 1328 年绝嗣之后，华洛亚王朝 (Valois Dyansty) 起而代之，随即陷入英法百年战争之中。战后法国局势不稳，内乱不已，人口锐减，商业萧条，农业失调。惟此时统治者，勤政治国，法国地位日益巩固。

查理七世，恢复王权，重振王威，调解亚根格雷斯 (Armagracs) 逾 30 年的内战。1453 年将英军逐出法国领土，重组王室议会，提高商人阶级地位，增加盐税及土地税，改革司法制度，重整军队，建立正规骑兵及弓箭兵，组成了第一支王家常备军；1438 年，公布《国是诏书》(*Pragmatic Sanction of Bourges*)，确定在教皇之上有一个议会，授权法王可以控制主教之任命，并取消教皇在法国的收入。国是诏书主张法王对法国教会拥有特别权力，使得法王权力更形扩大。

查理死后，其子路易十一世 (Louis XI) 继位，致力推展新工业，重视商人及外籍技术人员，与英国、葡萄牙及汉撒联盟城市结盟。在位期间法国经济活络，税赋翔实，国库充裕，军力增强，王室扩权，王国一统。1477 年乘布根第公爵 (Duke of Burgundy) 秃头查理 (Charles the Bold) 去世，入侵布根第，扩大东部的疆界。

路易十一世 (Lousis XI) 依赖中产阶级捐输，摧毁封建贵族，开启了现代专制王权的基础，被视为典型的新生代君王。

继路易十一世之后，另两位君王亦助长法国王室的拓展。首先是路易十二与不列塔尼的安妮 (Anne of Brittany) 的联姻，使得法国拥有不列塔尼 (Brittany)。其次是法王弗朗西斯一世 (Francis I) 与教皇利奥十世 (Leo X) 在 1516 年签署条约，双方协议法王废止《国是诏书》，教皇承认法国国王有选举法国主教及修道院院长之权力，从此法王控制了境内教会的人事权。

(2) 英国

百年战争之后，英国秩序动乱不安，贵族干政，地方纷扰，瘟疫肆虐，人口锐减。1455 年至 1471 年，约克 (York) 家族与兰加斯特 (Lancaster) 家族互斗而内战，约克家族采白玫瑰为徽章，兰加斯特采红玫瑰，史称玫瑰之战 (Wars of the Roses, 1455—1471)。这项内战严重破坏贸易、农业及国内工业。爱德华四世 (Edward IV) 即位后开始整顿治安，击败兰加斯特家族，并于 1471 年重建君权，以外交替代战争，减少国家支出，降低对贵族依赖，以巩固王权。爱德华死后其弟理查德三世 (Richard III) 继位，1485 年兰加斯特家族远亲亨利七世 (Henry VII) 击败理查德三世，以残酷、无情、神秘方式治国，开始了

都铎王朝时代 (House of Tudor, 1485—1603)。[01] 亨利七世即位之初，召开国会，由于不信任贵族，将王室的权力集中于王室会议，确保其法律地位及威权。王室会议的代表有12人至15人，多出身中层阶级，处理行政、立法、司法，或者准备国会签署之法律。王室会议中设有星法院 (Star Chamber，因法院屋顶漆有星星)，对付贵族，阻止贵族干预政事。法庭采秘密审讯，手段恐怖，严刑逼供，没有陪审团，这种刑讯背离英国普通法，但却有效遏止贵族蠢动。

都铎家族依赖地方官吏维护秩序，地方权贵治理地方事务，由惩治盗匪、监督时政、稳定工资物价到维持法纪不等。都铎政府政策与中上贵族利益不谋而合，故能获得支持。玫瑰战争铲除了具危险性的贵族，使都铎家族更方便统治。都铎为时局带来和平，终止无政府乱局，因而未遭反对。亨利七世重振王纪之后，内政上，提倡纺织业，建立英国海军，增加羊毛出口及税收；外交上，击退爱尔兰人入侵，并将女儿玛格丽特 (Margaret) 下嫁苏格兰国王，1509年亨利七世驾崩，英国无论内政外交臻至佳境，财政富裕，王室地位稳固。

(3) 伊比利亚半岛

伊比利亚半岛政治发展与法国、英国不同：半岛内王国林立，文化多元，语言、法律、宗教各有所据。长久以来，北方基督王国矢志一统伊比利亚半岛，驱逐安拉伯人及犹太人，并控制南方各国。755年安拉伯人在此建立后奥玛亚王朝 (绿衣大食)，至10世纪式微，北方五个基督王国崛起，分别为里昂王国 (Kingdom of Leon)、卡斯提尔王国 (Kingdom of Castile)、那瓦尔王国 (Kingdom of Navarre)、亚拉冈王国、巴塞隆纳王国 (Kingdom of Barcelona)。1031年，非洲信奉伊斯兰教的摩尔人 (Morisco) 入侵，建立许多伊斯兰小王国。到了15世纪中叶，除了南部的格拉那达王国 (Kingdom of Granada) 之外，整个半岛皆信奉基督教，1469年卡斯提尔公主伊莎贝拉 (Isabella) 及亚拉冈王储费迪南德 (Ferdinand) 联姻，成立西班牙王国 (Kingdom of Spain)。这项婚姻促成两个王室与两国人民的政治结合，虽然费迪南德及伊莎萨拉有共同外交政策理念，但西班牙王国仍为松散的邦联，各国自治，拥有其个别的国会、法律、法庭、币制、税制。

伊莎贝拉及费迪南德为提高王权，扫平叛乱，消灭贵族，在内政上的措施有：赋予

---

[01] 1483年理查德德德三世废黜并谋杀了他哥哥爱德华四世的儿子爱德华五世 (Edward V)，自立为英王，理奇蒙伯爵亨利·都铎 (Henry Tudor, Earl of Richmond) 以讨逆为名，从法国率军登陆英国，在英国中部的包斯华斯 (Bosworth) 击败理查德德德大军，理查德德德战败身亡，亨利·都铎自立为英王亨利七世。

城市警察权及司法权，由地方人士负责募兵并惩治罪犯，手段残忍。其次重建王室会议，驱逐贵族及大地主，减少影响力；王室会议拥有绝对的行政、司法及立法权，并可监督地方官吏。三者重视教会，关心主教任命问题，获得任命西班牙主教及美洲西班牙领地的主教任命权，天主教成为西班牙国教。外交上，费迪南德及伊莎贝拉于1492年1月6日顺利征服格拉那达，安拉伯势力被赶出欧洲大陆，8世纪以来欧洲人与安拉伯人间的冲突告一段落。1512年费迪南德再征服了北方的那瓦尔。

西班牙对犹太人采取较宽容政策。15世纪时，犹太人在西班牙拥有高职，包括金融家、医生、商人、税吏，影响力日巨，引起贵族不满。伊莎贝拉及费迪南德早期沿袭宽容政策，但不久发现许多信徒又回到从前的信仰，乃吁请罗马恢复异端裁判 (Inquisition)，审讯异教徒。西班牙之异端裁判所从表面上看来在确保天主教信仰，实际上是巩固西班牙政权，对犹太人、伊斯兰教徒、基督教异端分子大肆迫害。1492年，伊莎贝拉及费迪南德发布诏令，驱逐西班牙之犹太人，15万人逃亡，这种采整肃建立国家正统的方式，获得空前成功。1476年他们的女儿朱安那 (Joanna) 与拥有布根第、荷兰的神圣罗马帝国皇帝麦西米连 (Maximilian) 之子腓力 (Philip) 结婚，日后其子查理五世 (Charles V) 承续了广大的土地，而查理之子腓力二世 (Philip Ⅱ) 于1580年继承葡萄牙王国 (Kingdom of Portugal) 王位，伊比利亚半岛政权终获统一。[01]

二、社会

封建制度与庄园经济是欧洲中古时期的政治、经济、社会体制，有关封建制度研究迄今仍是政治学重要题材。中国历史上春秋时期亦有"封建"制度，惟两者相去甚远，中国之封建制度奠基于"普天之下莫非王土"的认知，将土地依爵位分封给公侯伯子男。这种由上而下的政治制度与欧洲由下而上及经奉献而分封所形成的封建不同。欧洲封建制度强调权利义务之间的分际。依照《韦伯字典》(Weber's Dictionary) 的解释，封建制度是于9世纪至13世纪在欧洲所出现的一种政府形式，政权为私人所有，并由地主均享。

1. 封建制度 (Feudalism)

封建制度是中古独特的政治制度。与近代国家体制不同，它是由贵族出身之领主对臣属与地主对农人形成的互动关系。这项制度缘起于罗马护民政策、佃农制度、梅罗文加及加洛琳王朝的赏赐办法以及异族入侵，小农寻求保护。欧洲封建制度各国不同，涵盖范围不定，许多地区如法国、意大利及日耳曼山区，不受封建局限，仍沿袭传统制度。

封建制度系以契约为基础所建构的权利与义务关系，奉行神意、习俗而非法律。统治者无权立法，只能循习行事。社会统治阶层有领主与臣属，国王是最高领主，册封土

---

01 葡萄牙王国是11世纪第二次十字军东征时，在伊比利亚半岛西部所建立的国家，1580年因婚姻关系与西班牙王国合并，1640年脱离西班牙独立。

地，对象包括武士、伯爵或公爵，皆为其臣属。臣属本身在其册封的领地(fief)之内亦可册封其他贵族，自己又成为领主，形成另一支领主与臣属关系。由于臣属既是领主又可以向不同领主领取封业，造成封建之错综复杂关系。无论领主或臣属名义上没有土地所有权，但实际上却拥有土地的世袭权。领主的权利为决定封业封册对象，并于臣属死亡，无子嗣时，收回封业。至于臣属，义务多于权利，必须服从封主命令，执行军事勤务，参加领主法庭。封主有庆典，需贡献礼物，继承或出售封业须纳重税。所有的领主与臣属生活均仰赖农民提供。农人及农奴(serf)是被统治者，他们住在庄园内，构成庄园经济。

2. 庄园经济 (Manorialism)

欧洲中古时代的经济别具风格，富有特色。与后来的资本主义不同，它系以庄园为主的农业经济，建构在土地所有权之上的一种活动体系。基本上说来，庄园经济的共同性是：它是一种依人划分建构的经济单位，由国王、贵族或骑士(knight)来管理，依土地制定法律，多数人依赖少数拥有土地的权贵而生活；但各庄园并不完全相同，随时间、地区、遭遇的不同，有所差异。

庄园的来源有三：一，世袭：罗马时代的贵族，拥有大笔土地，靠奴隶耕种。二，献地：法兰克王国查理曼时代许多自由农人因为战争，家园遭到破坏，乃将土地献给大地主，寻求保护。三，日耳曼人为游牧民族，战争及战利品是社会主要的财货来源，对战争有功人员最好的犒赏是分赠战利品，入主罗马之后，财货已不足分配，改用土地代替，把征服的土地分封给部下，由农奴来耕种，形成了庄园经济。

庄园既是一种经济生活也是一种社会体制。其生产结构可简单分为上下两层，一类为庄主或执事，不事生产；另一类包括农奴、奴隶及自由人(freeman)。庄主是庄园的主人，不一定住在庄园内，大多住在城市内。庄园的事务由一群执事处理，最重要是管家，负责收税，监督下人的工作，看管庄园的一切，是庄主的代表。另一位重要的人士是地方官，由庄园的佃农选出，是他们的领袖，也是代言人。他的生活条件比其他人好，但是非常辛苦，要了解每一个人，并熟知每一件事务，负责庄园经济的成败。庄园的下人中以农奴最重要，农奴既是自由的也是不自由的，从个人来说，农奴可以娶妻、育子、成家，并获分配一块土地耕种，偶尔也可能获得庄主赏识，而晋升为小贵族。其次是奴隶，没有任何财产，也没有权利，只是一群劳动者，随时可能被贵族卖掉。至于自由人，在身份及经济上是自由的，但必须自谋生活，负担很重，甚至比农奴生活还苦，因为农奴的生活由庄主安排，而自由人必须自己努力来维生。

庄园经济基本上来说是一种集体的分工生产方式，耕地多呈条状，每一名农民至少有一条耕地耕种。由于当时劳动力不足，因此许多工作个人无法承担，只能靠群力，如耕地、疏浚、割草；此外还有一些技术性工作如木工、炼钢、制面包等。所有庄园内每一个人都要被要求为庄主工作，每周一至五天不等。庄园生活虽然清苦一点，但与今日相比，显得宁静且安稳，人们由集体生活中找到乐趣。

3. 城市的兴起

欧洲城市受日耳曼人入侵及安拉伯人向外侵略影响，活动不见，多成为军事据点或宗教中心，少部分城市如意大利威尼斯 (Venice) 仍保持城市商业活动。随着欧洲政局稳定，欧洲城市逐渐复兴。

史家对欧洲城市兴起有不同看法：首先是将城镇视为自治市 (borough)。欧人于9世纪为防范维京人入侵建立城堡，当外患进逼时，附近的农人即入城寻求避难，后来商人赴此交易。其次是从事远地贸易的商人在此落足。大半的商人住在城墙外，待市场繁荣、人数增加后，他们另筑新墙，形成城市有数座墙围绕的奇景，这些人主要以贸易为生。第三是大教堂及修院。此地人文荟萃，交流频繁，有些大修院如巴黎圣母院 (Notre Dame)，创办学校，广纳学生，吸引商人来此，提供物资，进而发展为城市。此外，许多中古城市沿续古代城市如罗马军营，意大利港口，伊斯兰教徒的贸易据点；大致说来，中古城市有相通之处，皆筑有城墙保护，并有市场、铸币厂及法院。据估计，14 世纪，根特 (Ghent) 人口 5.6 万，布鲁日 (Bruges) 人口 2.7 万，巴黎、米兰、威尼斯、佛罗伦萨 (Florence) 等人口最多，约 8 万左右。城市居民形形色色，包括封建贵族、农人、工人等。

城市充满了各式各种的人群，提供各类各样的机会 (Men and Opportunity)。贵族、教士虽然对中产阶级充满敌意，但也不得不屈就现实，向利润、利害让步与妥协。中古时期，自由象征特权，市民自由意味着拥有居住及贸易特权，可争取参政及法律诉讼权。商人追求自由，影响后来农奴解放。[01] 12 世纪，英国伦敦及诺里奇 (Norwich) 等城市的法庭，引用《商人法》(Law Merchant) 处理贸易、债务、银行债信、营销合约等问题，促成后来司法独立。

中古城市筑有高墙，进出走城门，外人须获许可始得入城。城门清晨开启，守卫验货，负责收税缴交国王或地主。城门之内通道较宽广，为市集之地，中古城市主要功能为市集，有时整座城为市场。一般住宅，一楼为店面，从窗户可以看到货品，二楼、三楼为住家，生意兴隆时，楼房亦随之加高。城市空间不足，向上发展成为趋势，由于街道不宽，光线阴暗，空气污浊。房子建材多为木材或茅草，火灾最可怕，政府鼓励用砖石筑屋，各户人家养有猪、羊和马匹，排泄物堆积街头，影响观瞻，政府亦大力取缔。

4. 行会制度

中古时期之经济活动以行会 (guilds) 最富特色。各种行业皆设有行会，提供安全保障，减少个人风险，主要有商人行会及手工业行会两类。行会的成员有三：一为师傅，二为帮工，三为学徒。学徒要成为师傅，得提出"佳作"，经行会考核通过。10 世纪末

---

01 中世纪时，逃亡的农奴只要在城市住满一年又一天，就可变为自由人。

和11世纪初，从事对外贸易商人皆须加入商人行会 (Merchant Guilds)，工匠、技工则需加入手工业行会，如厨师、面包师傅、烛台工匠等。行会决定货物质量、产量、价格及工人人数等。11世纪末，商人工会逐渐富裕，并拥有组织寡头政府的实力，向国王贵族争取政权，国王本不愿让步，但碍于现实，只能同意地方政府自治。[01]

5. 贸易活动

11世纪欧洲人的贸易活络，商人纷赴城市赶集。远程贸易多，委由专人进行，合股投资分享利润可以减少损失。此时的贸易，在南欧方面，以意大利城市尤其是威尼斯，独领风骚，垄断西方世界在东方贸易市场，交易货品有威尼斯的盐、北非之香料、东方的绸丝等。西欧方面以法兰德斯最发达，法兰德斯地理条件优异，与英国仅一海之隔，可轻易方便地获得英国羊毛，双边经济关系密切。英国自罗马时代即以养殖羊群闻名，约克夏郡 (Yorkshire) 及林肯郡 (Lincolnshire) 土壤贫瘠、气候潮湿，不适合农耕，但宜于饲养羊只。12世纪以后，英国羊殖业倍数成长，羊毛大量生产，英国羊毛业蓬勃发展带动绒布业，林肯、约克、莱斯特 (Leicester)、北安普敦 (Northampton) 温切斯特 (Winchester) 皆成绒布业重镇。绒布业盛衰影响英国政局安定、人口多寡、国力强弱。

由11世纪末至13世纪，国际贸易发展迅速，导致经济活动产生重大改变。欧洲各城市贸易公司林立，信贷扩大，汇兑方便，资本主义 (capitalism) 精神诞生。商人寻找市场及商机，从事多项投资，藉买卖获利，竞争剧烈。有些学者认为资本主义于15或16世纪时出现，但若从资金营运、冒险投机、竞争方式以及多种投资兴趣来看，中古商人已具现代商业雏形，其中可以日耳曼之汉撒联盟 (Hanseatic League) 为代表。汉撒联盟为城市商业联盟，源于1159年卢比克 (Lubeck) 城之建立，后来卢比克与汉堡 (Hamburg) 签署互惠条约，垄断贸易，至12世纪，从荷兰到波兰将近200座城市加入联盟，其中卢比克一直位居领导角色。14世纪汉撒同盟的势力由北欧陆路延伸，沿意大利海路至法国、西班牙及葡萄牙等港口。同盟商人于13世纪末曾研究出一项重要商业行为，即商业注册，商人公开其债务及合约，以获联盟保证，孕育了北欧的信贷制度。[02] 欧洲商业催生了一批新兴富商阶级，其生活方式与以前不同：食物种类增多、饮食精致、礼仪新颖、使用刀叉、不再用手进食。国王们利用这批新兴权贵巩固政权，农人们藉此改善社会地位，但社会上真正统治者仍是贵族及教士。[03]

---

01 参阅：王任光编译，《西洋中古史史料选译》(台北：稻香，1993)，第142—143页。
02 15世纪地理大发现之后，欧洲商业中心转到西班牙和葡萄牙，汉撒联盟逐渐没落。
03 12、13世纪欧洲商业复兴，城市兴起，城市居民逐渐形成一个新阶层，其地位虽比不上教士和贵族，却比一般农民高，这些人称"中产阶级"(Middle Class) 或"资产阶级"(bourgeoisie)。

三、生活

1. 农人

欧洲农人多住在庄园内。庄园来自拉丁文,有"住所"(dwelling or prseidence)及田园(homestead)之意。面积由120亩至数千亩不等。庄园的耕地分为两区,一为地主种殖的"家园"(demesne: home farm),另一个是农人所有的耕地。农人必须为地主耕作,耕地分为几块,农作采合作方式,各庄园均有草地及森林,提供燃料及产品。

农人一生老死不离庄园,活动范围不超越25里地。生活圈子小且窄,重视家庭、敦亲睦邻,生活态度保守、父子相随。宗教活动为生活重心,他们在此培养认同感、安定心灵。惟农村生活劳动无休无止、单调、苦闷,酗酒平常。根据13世纪英国一项司法纪录,许多意外死亡来自酗酒,而酒馆中常出现决斗及暴力冲突。

农家多为核心家庭(nuclear family)结构,夫妻和小孩住在一起。14世纪以前,农人在20岁左右成婚,家庭成员多为五人,除了双亲之外,还有三名小孩。农村女人地位非常重要,大致说来,女人与父亲、丈夫一起至田间工作,受限于体能及怀孕,负担沉重。农家生活好坏视财富及土地多寡而定,贫穷农家住所建材多为木头、黏土、稻草所盖,没有窗户,有一间大厨房及卧房,大伙睡在一起,地板为泥土,由于没有窗户,煤烟四处,室内有高脚桌、椅子、床、衣柜、工具房及畜牲棚厂。富农可能有两层楼房,双亲及子女分房睡。农家有院子,种植洋葱、大蒜、红萝卜,储存过冬,大白菜最普遍。农人吃菜并非基于健康,而是肉食品欠缺,北欧地区产苹果、草莓、梨子,南欧则为柠檬、橄榄,女人负责生产蜂蜜及麦酒并运至市场销售。北欧平民酷爱啤酒,饮量惊人,农人主食为面包,材料为燕麦、大麦或玉米。面粉昂贵,很少使用,家庭主妇每周烘烤面食品一次。利用羊、牛乳制作奶酪,为主食之一。住在河边或海边地区的农人有鱼吃。许多森林地区严禁打猎,保留给贵族、国王专用,但农人常常偷猎兔子一类小动物打牙祭。鸡肉最富营养,一般人只有在圣诞节、复活节,而犹太人在收获节时,才有肉吃。至13世纪,食肉机会增加,人民生活获改善。农人清晨工作前吃早餐,有面包、洋葱、一片奶酪、牛乳或啤酒;主餐在中午,有大白菜汤、洋葱、豆子或一小片肉;晚餐多在太阳下山之后,多为中餐剩余物,也许有面包、奶酪、牛乳或啤酒。农家小孩会走路之后即帮忙双亲工作,收集鸡蛋或捡木材;长大后种菜、挤乳、帮忙耕作及收成,或煮饭。由于生活条件贫乏,小孩死亡率高。[01]

中古女人如何生产颇令人好奇。根据13世纪维也纳地区一份数据显示,女人生产多坐在椅子上,旁边有数位女子帮忙,有钱人请接生婆,穷人则靠亲戚朋友。两位女子摇动产妇催生,一位女子手持胡荽(芹科植物)种子清洁阴道,由于产婴过程粗糙简陋,加

---

[01] 中世纪农民之生活情况可参阅:王任光编译,《西洋中古史史料选译》,第65—87页。

上疾病肆虐及食物欠缺，使得中古盛期婴儿死亡率很高。

彼时家庭计划付之阙如，节制人口采弃养一途。由于粮食不足、天灾迫害，双亲无法自足时，多任由婴儿自生自灭。抛弃子女的原因除了无力抚养之外，也因遭敌人强暴受孕，或子女天生残障，比较人道的做法是送往修道院当献礼(oblatio)。根据最新研究，1000年左右弃婴情形较严重，以后200年随着农业情况改善，弃婴比例降低，此外，修会也因婴儿奉献，人数大增，譬如由1030至1070年，英国温奇斯特(winchester)修会85%的修士来自奉献礼。

农耕采"开放田地制度"(open-field system)，耕地分为三区，二区耕种，一区休耕。休耕期限一年，一部分耕地种冬季作物，如：燕麦、小麦，一部分种春季作物，如：豆子及大麦。作物种类视地方需要、土壤肥沃及饮食习惯而定。教区所在地如克隆尼修道院，多种燕麦，供马匹使用。耕作肥料靠动物排泄物，鸡粪养分最多，但数量有限，羊粪也有价值，至于牛只采放牧方式，牛粪搜集不便且耗时。至于农具，12世纪铁的产量增加，铁犁生产问世，13世纪木犁仍为生产主力，但已镶有铁边。14世纪工具有干草叉、铲子、斧头、耙等。马鞍的使用提升了马匹工作能力，对中古经济造成重大影响，促进农业革命。有些学者相信，西欧利用马匹从事农耕，使西方经济发展领先其他地区。

各地农业产量每年不同，气候影响最大，干旱、暴雨均造成欠收，依现在标准来看，由于土壤贫瘠、耕作品种少、肥料欠缺、收获偏低，当然也有些地区获得相当改善，相差达五倍之多。

平民生活重视宗教仪式，宗教仪式各地不同。各地宗教相互接纳，日耳曼人及塞尔特人受洗为基督徒后，各地宗教相互接纳，犹太教、异教、罗马宗教、基督教融合一堂，宗教成为新的结合，大家皆沐浴在团体的宗教生活中。乡村地区，教会为团体生活的重心，介入社会、政治、经济及宗教活动。个人一生重大事情皆受教会左右。人生下来后，迅即受洗，要成为教友必须让主教用手放在准教友头上，并在前额做出十字符号，才确定成为教友。告解为教友的主要活动，通常多在圣诞节、复活节或圣餐时举行，人们藉由告解抒发内心的焦虑与痛苦。年轻人常在教堂之院内求爱或在教区墓院内做爱，教士呼吁年轻人至教堂公开结婚，但许多人却私自结婚。教会祭坛供奉圣人多具地方性特色，男女皆向圣母玛利亚及地方圣人祈祷，他们认为圣人曾在世，了解男女问题所在。根据官方教会教条，礼拜基督仪式主要为弥撒，村民于周日或圣日站着或蹲在地板上(没有椅子)做弥撒，人生最后则希望葬在教区墓园，靠近圣地。

教会节庆在教堂院内举行洗礼、婚礼、葬礼或戏剧。剧本多以圣经佚事为本，先在教堂内，以后至教会走廊，最后至乡村广场演出。教士在教堂入口向教区信友宣读国王或教皇的信函或训示，法官巡回至各地，在教堂入口处开庭，在教堂的西侧衬有一幅最后审判场景图，审讯各类刑事及民事问题。远方各地的农人推着板车至教堂西侧的广场进行交易。宗教仪式有象征意义，譬如切一小片面包，女人会在刀上画上十字记号，乡村教士会在播种前在田地上洒水，象征新生，女人顺利生下小孩，会到教堂感谢，小孩受洗，在舌上撒一些盐，盐代表洁净、力量，希伯来人认为盐代表不腐烂，罗马人祭祠时，基督教徒受洗时用盐逐魔，加强婴儿信念。

中古时代年历依基督行事，有圣诞节、复活节、犹太收获节，圣人节日很多，教士在作弥撒时穿着不同色彩衣服，代表季节的改变，处处可见基督的景象。农人一生受家庭、风俗及教士影响，他们由教士处习知基本教会礼仪，弥撒用拉丁文，但证道用方言，人们经由教堂墙面上的画作了解圣经故事及宗教义理，如果教区富裕，教堂的绘画用彩色玻璃。当时文化就是基督文化，农人虔信上帝，相信好人得好报，罪人会受惩罚。罪来自恶魔，诱惑人做坏事，尤其是肉体犯罪。恶魔相当暗与黑，在中古小说中，恶魔常被描绘成为"不见天日"，对后来西方文明发展产生重大影响。对农人而言，生命不仅短暂且非常辛苦，能活过40岁的不多，一生皆在自然雷电风雨的惊慌中度过，对于人生福咎也无法理解，生命呈现强烈悲观色彩，他们靠信仰寻求希望，藉由赎罪免遭惩罚，进而获救。

2. 贵族武士

中世纪欧洲社会中坚分子为贵族，故又称为"贵族社会"。贵族人数不多，但影响力遍及政治、经济、宗教、教育、艺术各层面，直到19世纪为止。

中古时代贵族来自何处？令人好奇。10世纪及11世纪，教会作家用贵族(nobilitas)一词代表上层阶级，但未特别指明对象，13世纪贵族泛指"骑士"(knight, those who fight)，以打仗为职业，事实上，由10至11世纪，欧洲各地社会发展情况并不一致，各地风俗、社会模式亦不尽相同，如果将贵族及政治身份画上等号，未免牵强，且不合宜。

贵族小孩7岁之后不是送到教会，就是送往父亲的友人或亲戚处，学习正式武术训练，担任贵族私人随从，以后再为主人养马及备马。小孩接受训练由骑马开始，击剑次之，剑重约25磅，再学习掷矛、射箭、穿戴盔甲等；此外还要学读写拉丁文及遵守教会礼仪。孩童教育至21岁"骑士仪式"颁授为止。这项仪式盛行于英法贵族社会，是人生重要标杆，一旦成为骑士，即必须表现出有礼、慷慨等气质，并且要效忠领主，勇敢作战。[01]

骑士于父亲健在之时永远是小孩，惟有于父亲死后承继土地或财物的家业后物，如土地或财产，才能结婚，独当一面。有些人为此至30多岁或40岁才结婚，也有等到45岁才结婚的例子，这种规范造成许多的人伦紧张关系，甚至暴力行为。

青年一旦成为骑士之后即周游各地，家长会为他选一些伴侣，随从保护，这群人主要活动是战斗，包括介入地方斗争、加入十字军(crusades)、打猎及参加比武大会。其中值

---

01 中世纪著名的文学作品均以骑士为主角，例如法国的《罗兰之歌》(Song of Roland)、日耳曼的《尼布龙根之歌》(Song of the Nibelungs)、西班牙的《熙德之歌》(Poem of the Cid)，这些诗歌歌颂骑士精神，更助长了骑士之间较劲比武的风气。

得一提的为比武大会，一群武士骑马竞技，年轻人藉此获得正式作战经验，胜利者可赢得马匹及装备等战利品，并可享有盛名及好处。年轻武士多将精力及金钱用于制备马器、武器、赌博、饮酒及女人身上，所到之处，困扰滋生。外出游历时间约为二至三年，有些年轻人战死，有些伤残，也有些安然而返。

至于女孩，婚事最重要，男人喜欢和年轻小姐结婚，习俗的看法是，女人近30或30多岁，生育几率少，育婴有限，影响家庭兴旺。中古盛期，贵族女孩多半在16岁左右出嫁，女人一生命运如何多视其婚嫁对象而定。

男孩承继家产之后即告成年，从此可管辖领地及农民、保护教堂，身份高低视家产而定，由穿着打扮、餐肴铺陈、马匹仆从等方面的挥霍浪费可知其身份地位。贵族工作很多，依其财业、属民及地位而定，但共同的是必须接受地主或国王号召出战。12世纪时，西欧大部分地区的贵族一年工作约有40天，包括：在领主城堡守卫数天；在重要节庆如：复活节、圣诞节，参加领主的活动，当领主长子结婚或长女出嫁时，他们也要参加并慷慨相赠。贵族照顾位于各地之家业，任命一些干练之士帮忙征收税赋。13世纪末，在法国及英国之贵族大权在握，可仲裁骑士或农人之间的冲突，惩罚罪行，排解纷难。贵族素质不一，有的恶行恶状，剥削、迫害农人，有的待人以理，事事公正。女人掌管内务，包括煮饭、酿酒、缝纫、编织、照料牲口，男人以打猎及打战为业，外出时女人得兼顾田地事务。十字军圣战号角吹起，许多贵族响应义举，长年在外，女人工作更加吃紧。战争期间，贵族战死异域者多，寡妇倍增，但也让许多女人脱颖而出。[01]

中古盛期，贵族好战，破坏秩序，危害君主威权，教会呼吁停止战争，成效有限[02]。至13世纪，国王靠中产阶级支持，建立官僚体系，巩固王权，且十字军圣战也帮助国王去除部分贵族势力，但迟至近代才完全控制贵族势力。

四、教士、修道院与教会改革

1. 教士

中古时代，教士地位重要，主要工作为歌咏天主、祈祷上天降福社会，培育精英分子，为国王、大地主服务，保存古典文化，引进新学问。

教会之教士多于年幼时由父母呈献给教会，也有些是在成年之后才成为教士。他们作为教士理由不一，包括：来自上帝的召唤、厌恶物质主义及世俗的暴力、受别人鼓励、经商失败、缺乏机会、贫病交加等。女修道院通常是国王、贵族为其女儿、姊妹及母亲所建。富家女可透过捐赠修道院大笔金钱而入会，这种情形对后来女修道院之发展产生

---

[01] 中世纪后期，妇女地位逐渐提高，例如，西洋棋中开始出现代表皇后的棋子，这个棋子本初只行走一格，后来演变可以按直线和斜线任意行走。

[02] 教会呼吁交战双方为上帝而休兵，称之为"上帝的和平"（God of Peace）。

重大影响。英国威西尔 (Wilshire) 地区之安梅斯白里 (Amesbury Priory) 修道院即于 1177 年后陆续接受英王亨利二世及亨利三世 (Henry III)、爱德华一世 (Edward I) 之捐赠。院内有 76 位女修士、7 位教士、16 位下人，产业包括 200 只公牛、7 只母牛、23 匹马及 300 只猪、4800 头羊，每年有田租 100 镑及剪羊毛收入 40 镑，对当时而言，这是一笔庞大的收入。至 1317 年，修院内之修女人数高达 177 人。修女生活主要为宗教事务，其次为管理田地、产业、租金等，当然，女人亦从事编织、刺绣、缝纫等工作。

各地区及各修道院之生活起居情况不同，视环境、修院院长及捐款修建会院者之兴趣及爱好而定。尽管彼此差异，但皆为上帝服务，生活中最主要部分是祈祷。圣本笃修院僧侣每个白天七次、夜晚一次，唱圣歌祈祷和平、丰收，他们为家人、友人、国人祝福，贡献匪浅。僧侣祈祷获赠土地、献金，添购祭坛用品，装饰圣经、圣物。僧侣依不同工作，有不同职责。大致说来，有唱诗班、管理阶层、施赈，唱诗班僧侣 (cantor) 多为贵族出身，不须耕作农地，管理图书馆，小心保管书籍；管理阶层僧侣 (Clergy) 管理农人及从事农务工作的俗人 (Lay brothers)，俗人为仆役阶级；施赈僧侣 (Almoner) 照料左邻右舍之穷人，教堂司事 (Sacristan) 负责有关祈祷的用品；见习修士 (Novice Master) 训练新来僧侣，说明院规，歌咏读经。其中少数僧侣专注抄书，准备手稿。12、13 世纪，许多僧侣以学问渊博著称，他们熟悉教会及世俗法律。僧侣的医学知识相当发达，1066 年之前，英国即有丰富医学作品，记载许多草本药方及古代讨论肺病及胃病的医术，甚至有手术的记录，许多医师因此获得重金厚赏，英国国王亨利一世、亨利二世任内许多僧侣曾因医术精湛，而担任国王顾问。

修道院之收入多视其落座地点而定，有开垦农地，种植作物，养殖牲畜维生，也有一些修道院从事铅铁等矿业生产。其收入先供给自身需要，后再加以应用向外拓展市场，甚至兴办学校，提供旅客食宿等。修道院食者浩繁，花费庞大，导致经济危机。某些大修道院僧侣生活奢侈，衣着豪华，祭坛圣品考究，建筑庞大可观，生活方式近似贵族，因此入不敷出。如克隆尼修道院亦因此面临改革或撙节开支、借贷度日，以至债务缠身。迄 12 世纪为止，当时欧洲除了少数修会之外，多面对财政困扰。

2. 修道院改革

中古修道院多袭用早期圣本笃清规，查理曼时代曾大力支持修道院活动。由第 7 世纪至第 9 世纪，北意大利之波比欧 (Bobbio)、法国之卢埃乌尔 (Luxeuil) 及英国之查罗 (Jarrow) 修道院努力抄写古书，保存手稿，延续教育，并为修道院订立行为规范准则。惟帝国不振之后，修道院精神不再。维京人、马札尔人及安拉伯人先后入侵欧洲，肆虐修道院，有些宗教团体因逃难而溃散。加洛琳王朝分裂后，政治混乱，许多教会由地方封建领主掌管，他们自许或任命亲戚为大主教，保有妻妾。他们占据修道院的产业，享受修道院税俸，并出售教职。欧洲世俗力量渗入修道院，影响了宗教的精神规范，导致知识活动逐渐式微。11 世纪以后，修道院不得不展开一连串改革。

A. 克隆尼修道院

909 年亚奎丁地区公爵虔诚者威廉 (William the Pious) 在布根第近马坎 (Mâcon) 之处建立克隆尼 (Cluny) 大修道院。威廉宣布克隆尼修道院完全独立自主，不受封建诸侯及世俗领主管辖，只对圣彼得、保罗及教皇代表负责，公爵本人亦放弃对克隆尼修道院的主权。

克隆尼修道院在教会发展史上贡献良多、意义重大。首任大主教布诺 (Burno) 及第二任大主教欧杜 (Odo) 奠定了高道德行为标准。他们强调严格遵行圣本笃清规 (Rule of Saint Benedict)，但稍加改良，使它更重视精神生活：讲究祈祷，要求独身并反对买卖神职。11 世纪时，克隆尼修道院院长多为干练之士，审慎度事，在职年限久长，使得克隆尼修道院成为当时宗教及政治活动重心。俗人将其土地交给修道院保护，个人并接受克隆尼修道院的精神指导而得以幸免于动乱。在法国、西班牙，数百座修道院接受克隆尼修道院的保护。[01]

B. 西妥修道院

随着俗人捐赠的土地、金银财货的增加，修道院日趋富裕，院士生活日渐奢靡，教会精神式微，使得改革声浪不止，11 世纪末及 12 世纪初西妥修道院 (Order of Cistercians) 成立带来新的精神。1098 年，一群修士离开布根第之莫列司斯 (Molcsmes) 修道院，至西妥沼泽林地建立了新修道院。他们抱持崇高理想，肩负特殊使命，与世俗隔离，拒绝任何既有生产器具。西妥修道院早先只是排除繁琐的礼拜仪式，力求简朴，但演变至后来则拒绝世俗显贵人士介入修道院以免损及清规。西妥修道院第一批修士遭遇疾病、贫穷、人员不足的打击，但却不畏所苦，不惧所痛，坚持理念，保有诚心，终获成就。1112 年，圣伯纳 (St. Bernard) 与另外 30 名贵族毅然加入西妥修道院，声名大噪，12 世纪有 525 座西妥修道院，对欧洲社会产生重大影响，但也因而受政治、经济权力波及，与社会走向妥协。

C. 道明会 (Dominican order) 及方济会 (Franciscan order)

圣道明 (Saint Dominic) 出生于西班牙卡斯底尔，受过良好教育，担任过教士，虔信基督，主张武力制裁伊斯兰教徒，曾伴随主教向异域进行传教，但成就有限，后率众返法。1216 年，教皇承认其众旅 (Preaching Friars) 为一新宗教团体，目标为传教，该团体派人至各大学接受神学训练。

圣方济各 (Saint Francis)，意大利北方阿西西 (Assisi) 市一位富商之子。早年为纨绔子弟，后信奉天主，接受圣经指导，变卖父亲衣服资助整修圣多明我一座教堂，激怒父亲，方济各被迫交回衣服，但从此父子视同路人。方济多明我最欣赏《圣经》两句话，

---

[01] 克隆尼修道院与本笃会修院的不同在于建立"中央集权制"，本笃会修院是各自独立，但克隆尼修道院是所有的修道院均为分院，隶属于克隆尼母院，各分院院长 (Prior) 须听命母院院长 (Abbot)，母院亦有义务保护各分院的安全。

其中一句是"如果要追求完美，尽管去，卖掉家当，施予贫穷，将在天堂获得报偿，然后回来追随我"。另一句是耶稣对门徒所说的"旅途中不携带任何东西，没有面包，没有行囊，没有钱"。方济执着这些话并坚持安贫，以简朴、谦虚及喜悦的方式传教，获得多人跟随。虽然无意建立团体，但悟于形势，1221年教皇准许，其团体方济会成立。[01]

多明我会及方济会之教规与本笃会及西妥会之教规显然不同，首先是多明我会及方济会的会士为托钵僧(friars)而非隐修士(monk)，他们在城市中生活、工作，而不像隐修士一样遁世出家。其次托钵僧强调守贫，依《圣经》信条生活，没有财产，并靠教友供给生活所需，本笃会及西妥会之寺院本身有土地。

3. 教会改革

至10世纪，教会生活日趋腐化。罗马教会各派人士皆试图掌控教皇，扩张实力，当时教皇职位可以买卖，教皇威信及道德威望每况愈下。尽管罗马教会标榜传教精神，鼓励教士独身，4世纪以后已成为一种戒律，但发展到10至11世纪，多半的教士或结婚或拥有女伴，教会戒律和现实的落差使得俗人蔑视教士。

教皇利奥九世开始一连串改革运动。利奥九世(Leo IX)为日耳曼人，曾担任过都尔(Toul)地区主教，与罗马各派人士并无渊源，他反对买卖神职，大力推动道德改革，为西方世界树立了高道德行为标准。利奥九世之后，尼古拉斯二世(Nicholas II)继续改革，1059年在拉托朗(Lateran)召开会议，达成选举教皇的重大决定。自8世纪以来，罗马附近大主教组成特殊团体(College)担任教皇顾问，由教皇召集开会，这些大主教称为枢机主教(Cardinal bishops)，[02]拉托朗会议决议由枢机主教组成的"枢机主教团"(College of Cardinals)为选举教皇的惟一团体，迄今不变。拉托朗会议旨在削弱贵族对教皇的干涉权力，教皇悬缺时由枢机主教代理[03]，这项理念上的改革至格列奇里七世时造成政治风暴。格列奇里的改革运动导致12、13世纪新的异端出现。格列奇里七世禁止结婚的教士主持圣事，希望藉由民意迫使教士放弃妻妾，却造成俗人认为他们可以唾弃不道德教士，这削减了教士影响力，并促使陶纳派(Donatist)复现。陶纳派宣称凡由不道德教士所主持的圣事无效，深深影响教士地位。[04]

当时主张教会改革的教派有：(1)来自意大利北方城镇布雷沙的安诺德派(Arnold of Brescia)：坚持教士应守贫、排斥财富。(2)华尔多派(Waldensian)：由法国富商华尔多

---

01 方济会成立没多久便因为对修士是否必须过绝对贫穷生活产生争议，最后分裂为数派，直至今日。
02 枢机(Cardinals)一字来自拉丁文"Cardo"，为关键之意。
03 中古时代枢机主教团约有25至30人，多来自意大利，1585年有70人，1960年保禄六世(Paul VI)时增加一倍，全球各地均有代表。
04 陶纳派是指公元4世纪迦太基主教陶纳(Donatus)的追随者，这派信徒主张更纯粹的教会，反对教会的组织化和官僚化，不久就被正统基督教会宣布为异端，但仍在北非一带流传，直到7世纪被阿拉伯人消灭为止。

(Waldo) 所创，严厉抨击教会圣事及教会阶级，华尔多派强调得救靠祈祷而非圣事。
(3) 卡戴里派 (Cathars)：在法国称为艾伯塔派 (Albigensians)，反对教士阶级组织及教会圣事，甚至罗马教会，卡戴里思想富二元色彩，认为神创造了精神，恶魔创造了物质，灵魂为善，肉体为恶，善恶交战不已，惟有完全禁欲，才能免除邪恶，美好的生活不靠身体及物质。艾伯塔派进一步将人分为接受卡戴里派的完人及一生过普通生活的信徒，他们到死时才忏悔而获救。艾伯塔派在法国南部信徒众多，市民推崇"完人"的品德，女人接受其性别平等观，贵族则贪慕教士财富。教皇英诺森三世 (Innocent III) 鉴于法国南部天主教徒流失情形严重，宣布艾伯塔派为异端予以歼除，当教皇代表遭一名贵族刺杀后，宗教事件演变为政治事件，封建贵族背叛法王，法国北方地主加入围剿，从此法国艾伯塔派走入地下。[01]

13 世纪教会之改革反映了当时社会精神及思想。新兴城市社会需要具备高等教育地位之教士，他们守贞守贫守分获得大众爱戴，并深受中产阶级尊敬。教皇延用教士们至异端裁判所 (Inguistion) 任职，藉学理排除非正统思想。近代史家对异端裁判所屡有微词并责其不公，但对当时欧洲人而言，异端摧毁人的灵魂以及社会的凝聚力。

4. 异端裁判所 (Inquisition)[02]

中古异端裁判所源起于古希腊、罗马时代。希腊法律规定，拒绝敬拜希腊万神殿诸神处死刑，罗马则将持异端邪说者及亵渎神祇者列为叛国者，亦判处死刑。在东罗马帝国，皇帝判处摩尼教及其他异端者死刑。中古时代，基督教早期对待异端教派较宽容，利奥九世只以破门律惩罚异端。12 世纪意大利波隆那 (Bologna) 恢复引用罗马法，促成异端裁判所成立，至 13 世纪教会规定持异端邪说者必须被处死。

异端裁判所约束的对象仅限于基督徒，不包括犹太人及伊斯兰教徒，最盛时期大约是在 1230 年至 1490 年间。裁判法庭系由地方官吏在主教所提名的异端裁判官候选名单上，挑出 12 人组成。被控异端者在案发最初 30 天的"恩典时期"(time of grace) 认罪，只处以短暂监禁，倘若不认罪，则送异端裁判所。虽然教皇不赞同采用酷刑，但普遍仍采用严刑强迫认罪，包括鞭打、烙印、烤问、囚禁。手段极为残忍，有将被告手足放在烧红木炭上烤烙，亦有将犯人绑在三角架上，以绞盘拉其手足，也有将犯人全身桎梏，静坐在自己的排泄物上，或仰卧在冰冷地上。被判定有罪的人即使不死，也难逃无期徒刑的厄运。

异端裁判官定期开庭宣布罪犯及刑罚内容，悔改者如发表弃绝异端声明，则依不同

---

01 法国史家勒华拉杜里 (E.Le Roy Ladurie) 曾根据宗教裁判所的资料，写成《蒙塔犹》(*Montaillou*) 一书，详细描述出 12 世纪末艾伯塔异端在法国南部乡村的流传情况。参阅：E. Le Roy Ladurie, Montaillou: *The Promised Land of Error*, trans. Barbara Bray(New York: Vintage, 1978).

02 又称宗教裁判所。——编者注

情节量刑，拒绝悔改者当众被烧死。教会从不执行死刑，因为教会有句格言"教会远离血腥"，因而教士不得杀人，所有定罪的犯人，交由地方官吏处理，并以不流血的方式处理，死刑则以火刑烧死，以避免流血。

中古时代的异端裁判所与任何时代、任何国家、任何政权一样，试图维系教会绝对的统治地位，事实上也达到了预期目标。不但巩固了罗马教皇的地位，也延缓了基督教会的分裂达 300 年之久，但未能彻底解决异端问题，在波希米亚及日耳曼境内仍存有许多神秘的宗派，导致胡斯（John Hus）及马丁·路德（Martin Luther）之宗教改革。

5. 宗教地位面临挑战

13 世纪时，英法统治者声望日隆，严重影响教会威权，因为国王与教皇间争权夺势，损及教皇地位。1294 年，英王爱德华一世及法王腓力交战，双方为筹措战争费用，纷纷向教士征税，此事相沿成习，但教皇庞尼菲斯八世（Boniface VIII）却坚持国王向教士征税须获教皇同意，禁止向教会缴税。爱德华及菲力浦不以为然，采报复手段，菲力浦逮捕代表教皇的主教，庞尼菲斯要求外交豁免权，菲力浦则指控教皇，双方展开口水战。1302 年，庞尼菲斯宣称所有基督徒必须听命教皇，菲力浦幕僚则表示法国国王在其境内有充分统治权，仅须向上帝负责。法国雇兵入境意大利阿纳格尼（Anagni），逮捕教皇，不久予以释放。从此教会地位面临更大挑战。

五、政教冲突

政权与教权，孰重孰轻，一直是中古时代的政治难题，地上王国政权与天上王国教权之争，导致中古的政教冲突，其中关键问题为俗人授职（Lay investiture）及教皇的地位。

1. 俗人授职

俗人授职是中古政教之间的权力拔河，争执的是：教会职务究竟由俗人颁授，犹或是教会自封，悬而难决。[01] 格列哥里七世任教皇时，问题浮上台面。格列哥里七世早先为赫尔布兰德（Hildebrand）枢机主教，在罗马受过良好教育，旅居克隆尼修道院，接受宗教生活戒律，担任过教皇里奥九世（Leo IX）幕僚，自视甚高，自信心强，坚持己见，缺乏弹性，坚信教皇是圣彼得的传人，上帝在世间的代理人，教皇的命令即上帝的旨意。出任教皇后，开启新的改革，不仅提高教士道德并确立教皇权威。格列哥里七世强调教会自由（freedom of the church），要求教会人士应遵从教会法规并避免受到俗人干涉，教会官员不应由俗人任命。教会反对俗人授职非自 11 世纪始，几世纪以来，教会已有类似看法，格列哥里七世只是付诸实施，做些重大改变。由于封建王侯

---

01 中世纪西欧有所谓"双剑论"（Two Sword Theory），政权与教权各代表一剑，教廷以《圣经》上圣彼得持有双剑为证，主张教皇的教权高过世俗政权之上。

依赖教会人士颇深，格列哥里七世此举无异造成王室之不安。

1075年格列哥里七世在罗马召开会议，藉改革教会之时，公然反对买卖神职，同时也反对俗人授职。换言之，任何教士接受俗人授职将被免职，而任何俗人授予教士职位将被驱逐教会。格列哥里七世的改革，削弱了王室权力，提高了教皇权力，引起神圣罗马帝国皇帝亨利四世、英国威廉一世，及法王菲力浦一世 (Philip I) 的抗议，其中以神圣罗马帝国地区反应尤为强烈。格列哥里七世控诉亨利四世蔑视教皇，并强调不服从教皇即背弃上帝，亨利四世驳斥，遭开除教籍，经三天乞罪悔过，得以身免。之后，率诸侯围攻格列奇里七世。1076年1月由亨利四世所授予职位的神圣罗马帝国地区主教，宣布不再效忠教皇格列奇里。

2. 巴比伦之囚 (Babylonian Captivity)

教皇长久以来居住在意大利，13世纪末法国皇帝菲力浦四世 (Philip IV) 为了控制教会及政权，迫使教皇克里蒙五世 (Clement V) 定居法国东南部之亚威农 (Avignon)。克里蒙五世 (Clement V) 因身体不适，软弱无能，无力抗拒，任由摆布。至1376年止，近70年，共有七位教皇长驻亚威农，史家称之为"巴比伦之囚"[01]，影响教皇威信。意大利由于教皇出走，陷入混乱状态。罗马经济长久以来靠教皇地位支撑，如今乏人往访，经济萧条，许多虔诚信徒力促教皇重返罗马。1377年教皇格列哥里十一世 (Gregory XI) 将教廷迁回罗马，但随即不幸驾崩。死后，罗马人要求选出一位长驻罗马的意大利籍教皇。16位大主教：11位法国人，4位意大利人，1位伊比利亚半岛人，于1378年4月7日举行会议，经过两轮票选，一致选巴里 (Bari) 地区大主教普力格纳落 (Bartolomeo Prignano)，称为乌尔班六世 (Urban VI)，乌尔班六世从事宗教改革、废止买卖神职、规定教士一人不得身兼多职、不可旷职、不得奢靡，并打算开除一些枢机主教。乌尔班六世一意孤行，为当时带来危机。枢机主教们离开罗马转至亚那尼 (Anagui) 集会，宣布乌尔班六世之当选系受罗马暴民威胁，不能算数，要求他自行放逐。枢机主教们再前往丰地 (Fondi，位于罗马与拿坡里之间)，选法国查理五世 (Charles V) 的堂兄罗伯 (Robert) 为教皇，取名克里蒙七世 (Clement VII)，于是欧洲有了两位教皇，一位是罗马的乌尔班，一位是克里蒙七世，形成两主教大分裂，至1417年为止。

3. 大分裂 (The Great Schism)

值此两位教皇争执不下时刻，欧洲各国依政治需求，择一支持，法国承认克里蒙七世，苏格兰反英亦支持克里蒙七世，亚拉冈、卡斯提尔及葡萄牙经过一番犹豫，接受了克里蒙七世，英国及神圣罗马帝国皇帝承认乌尔班六世，意大利城邦则是先声援乌尔班

---

01 文艺复兴时期，意大利人文学家佩脱拉克 (Francesco Petrarch) 首先用"巴比伦之囚"称呼这段教会历史。

六世而后支持克里蒙七世。

大分裂造成宗教领导阶层争权夺势。欧人要求宗教改革呼声传闻已久，1324年即教会大分裂前半世纪左右，巴黎大学校长马西格里欧(Marsiglio of Pauda)出版《捍卫和平》(The Defender of the Peace)，提出划时代革命性的言论，主张国家是社会最高权力所在，教会隶属国家，没有司法权，亦不得拥有财产，教会的威权建构于由俗人及教士组成的会议之上，权限大过教皇，这种观点与中古长久以来强调"教皇至上"的主张背道而驰。

教皇谴责《捍卫和平》一书中的言论，将马西格里欧逐出教会，但并未压制住这种理念，反而在巴黎大学校长、神学家的杰森(John Gerson)及英国学者、神学家的威克里夫(John Wyclif)两人推崇之下继续发酵。威克里夫认为教皇宣称拥有俗世权力，并无根据，圣经规范了基督徒信仰与行为，基督徒阅读圣经是为自己，教会不得有财产，威克里夫被尊为宗教改革之先驱。威克里夫信徒称为"卢尔德派"(Lollards)，意谓"默默祈祷及咏诗者"(mumblers of prayers and psalws)。值此教皇地位争执不决之际，巴黎大学两位日耳曼学者亨利(Henry of Langenstein)及康拉德(Conrad of Gelnhauseis)呼吁召开宗教会议，当时分别在罗马及在亚威农(Avignon)的两位枢机主教，立即响应，于1409年在比萨(Pisa)召开会议，许多高僧及神学家建议废黜两位教皇，另选第三者。亚威农及罗马的教皇均不愿下台，形成教会出现三方对决的局面，最后在日耳曼皇帝西祺蒙(Sigismund)的强力干预下，在神圣罗马帝国的康士坦斯(Constance)召开会议，解决分裂问题：终止分裂、彻底改革教会、驱逐异端，谴责"卢尔德派"观念，选出新领袖，罗马枢机主教克隆那(Colonna)出任教皇，称为马丁五世(Martin V)。马丁五世解散教会会议，停止改革，分裂告终。教皇开始专注意大利事务[01]，但教会这次分裂激起16世纪改革的浪花。

六、大学(university)

13世纪后由于国家与教会需要人才孔殷，大学应运而生。大学一词源自拉丁文"Universitas"，具"大家"、"社团"、"行会"之意，主要目标在教育及训练人才。

1. 源起

中古初期，教士垄断教育资源，教导庄园贵族子弟拉丁文及阅读书写，惟仅限于少数人，不包括女孩。教育多半为训练教会及贸易的人才。由于社会重视国防，不鼓励兴学，学校数量有限。11世纪末，社会条件改善，政治稳定，经济好转，人才短缺，学校行情看好。加洛琳时代，惟一正式的教育机构为修道院及教区的学校。修道院重视宗教，课程包括研究《圣经》及教会文献，为了维持校园宁静，不太乐于接受喧闹的世俗学

---

01 15世纪以后，教皇越来越像是意大利的一个世俗君主，而不是西欧天主教会的领导者。

生。[01] 至 11 世纪，修道院始在繁华的市井地区办学，如意大利的波隆那 (Bologna)；此时，富商亦创办学校。至 12 世纪，法国的教区学校及意大利的市区学校皆发展为大学。

欧洲第一所大学同时分别设在意大利的波隆那及沙里诺 (Salerno)。波隆那大学的诞生与罗马法受重视有关，在西方社会中，《查士丁尼法典》一直不曾被人遗忘，经波隆那大学老师伊那里斯 (Irnerius) 提倡，一时蔚为风尚，欧洲学生争相赴学。使得波隆那在中古时代享有盛名。沙里诺大学以医学闻名，学生学习用药草及外科手术治病，于 12 世纪引进希腊医学，聘请来自安拉伯和希腊的医生，吸引大批学生，并获得王室重视。

12 世纪初，欧洲地区学生喜欢涌往巴黎，进入圣母院 (Notre Dame) 教会学校就读，学习古典逻辑及神学。该校颇富美誉，学者争相前往，其中以阿贝拉得 (Peter Abelard) 最负盛名。阿贝拉得为武士之子，曾赴巴黎求学，博览群书，立志教职，醉心逻辑，挑战宗教权威。其作品《对与错》(Sic et Non) 指出教会及教父作品中的矛盾，影响欧洲学风，刺激大学成长，如欧洲北部之巴黎大学，以及英国的牛津 (Oxford) 和剑桥 (Cambridge) 大学，它们各具特色，各领风骚。

2. 教育及课程

大学教员依其专业，如法律、医学、艺术、神学等，分隶不同学院。教授又称为学者，其思想、理论、写作均有独到之处。中古大学主要学科有七艺：文法、逻辑、修辞、天文、音乐、算数、几何，学者致力调合理性与信仰关系，经院哲学 (Scholastic philosophy) 是中古哲学的显学。

12 世纪初，古典希腊文化及安拉伯文化融入欧洲体系，13 世纪哲学家经由拉丁译本接触到外来文化，尤其是亚里士多德 (Aristotle) 哲学，他们发现观察自然、重视事实因果的重要性。学者试图由基督重新诠释亚里士多德学说，与亚里士多德原创精神，多所背离。经院哲学强调圣经的权威，但也保存了希腊文化和安拉伯文化中有关古代科学的知识，他们探究自然及宇宙问题的态度，为未来科学发展奠定基础。13 世纪经院哲学家倾力搜集各方面知识，编成《全书》(Summa)，包括法律、哲学、动物学、神学等。

中古大学教学采用讲课方式，老师朗读一段圣经文字、《查士丁尼法典》或亚里士多德理论，然后加以解释，学生抄笔记。这些材料经过整理，编成教科书，书本多为手抄，价格高昂，一般人无法购买，只能向别人借阅笔记。上课题材有限，学期结束没有考试，只有获得学位时才需要考试，通常教授决定学生该念多少书，学生准备妥当，向教师委员会申请考试。考试采口试，很难，如果过关，先获得学士学位，继续深造再获颁硕士或博士学位，有了学位才能教书，这种由成人 (学士 bachelor)，经主人 (硕士 Master)，到医人 (博士 Doctor) 的过程，迄今仍为学位颁授的依据。

---

01 这些学校称为主教座堂学校 (Catherral school) 或"修道院学校"。

七、思想

中古哲学又称为经院哲学，主要成就在神学方面，由教会人士主导，重视理性主义与神学的关系，特别表现在逻辑的思维，认为三段论法 (Syllogism) 为一切知识之钥，相信只要方法严谨，用字精确，人的理性潜能无穷。中古哲学思想源于希腊柏拉图及亚里士多德的哲学系统，融合伊斯兰教、犹太文化，经教会及修道院人士努力经营而发扬光大。就整个中古哲学思想而言，围绕在信仰与理性的争议之中，主要代表人物有圣奥古斯丁。他承袭柏拉图哲学体系，强调信仰高于理性。奥古斯丁生于北非，幼年环境不好，父母希望他努力读书，出人头地。在当地受完基础教育后，即前往迦太基继续深造。奥古斯丁在迦太基与一些哲学家及异端基督徒讨论知识及精神问题，383 年前往罗马，因身体不好，教学不受欢迎。387 年至米兰，偶然阅读圣保罗所写的罗马书后，受洗为基督徒，成为北非西波城的主教以及著名的传教士，致力维护正统基督教，总共出版了 93 本书籍及论文。

奥古斯丁主要著作为其自传《忏悔录》(Confessions)。这是一部文学名著，也是欧洲史上颇具影响的书籍之一，全书描写奥古斯丁道德的挣扎，知识精神与感官和物质欲望的冲突。《忏悔录》透露一个人的心灵变化与发展，含有浓厚古代世界的文化与哲学意味。许多希腊与罗马哲学家认为知识与德行一致，知道善，即可以善。奥古斯丁不同意，他认为一个人知道善，但由于意志薄弱，不一定会行善。人们未必会有一合理的知识行动，有学问的人也会败坏。《忏悔录》具有希腊"理型"及基督的思想，试图将希腊与犹太思想融合在一起。希腊人相信世界是一种观念，犹太人认为上帝自虚空中创造了世界。奥古斯丁认为，在上帝创造世界之前，"理型"存在于神的心中，藉此保存了柏拉图有关永恒理型的看法。

奥古斯丁的另一本重要著作《上帝之城》(City of God)，从道德层面解释罗马政府以及历史。奥古斯丁认为，上帝要藉"历史来实现天国理想"，人类历史显示有两种人，一种人住在情欲的巴比伦之城 (City of Babylon)，接受地狱之火考验；另一种人住在精神的上帝之城 (City of God)，沐浴喜悦之中。他认为，由于亚当堕落及人有犯罪倾向才出现国家，国家为必要之恶。惟有基督徒在上帝之城追求和平、正义及秩序，并且行善。政治无法超越道德，教会亦然。教会不等于上帝之城，但它关心拯救人类，对世人有责。

随着伊斯兰教的兴起，亚里士多德的学说受到重视。经伊斯兰教徒的传播，基督教社会面对柏拉图—奥古斯丁的思想与亚里士多德思想的优劣之辩。他们之间最大的争论在对"普遍性"的认知，柏拉图认为普遍的观念如狗、猫等，存在于真实的现象之外，求知的人主要是冥想普遍的观念，而不是研究现象世界，因为现象世界的普遍观念并不完美。奥古斯丁接受了柏拉图观念，但将其天堂改为"神明"，亚里士多德则认为，如果要肯定普遍的观念存在，由于它只存在于个别物相之中，只有研究现象的特殊面，才能认识普遍之物，因此他被认为是"实在论"(Realism)者。究竟上帝是一种观念还是实际的存在，引起中古思想家辩论，各持所见，其中以托玛斯·阿奎那(Thomas Aquinas)的努力最受肯定。阿奎那出身意大利皇族家庭，就读巴黎大学，毕生在旅行、教学、写作中度过。一生著作丰富，探讨有关哲学、神学、政治理论与道德等问题，试图调合理性与信仰的关系。其中以《神学大全》(Summa Theolog-ical)最具代表。该书讨论神学问题，仔细分辨理性与信仰的不同，坚持理性虽然可以说明上帝存在，但却无法用逻辑证明三位一体与原罪的信念，理性未能证实的事物并不表示违背理性，人们可以透过《圣经》的启示了解。阿奎那在探讨知识论(epistemology)时表示，个人的认知首先来自对外在世界的感觉，如视觉、听觉、触觉等等，其次来自理性，由心灵所显现的能力，他特别强调理性的认知，并以此证明上帝的存在，奠定了经院哲学的知识论。多玛斯观察自然世界万物，由地球、空气、树、水、鸟开始，再探寻万物之起源，如万物由谁创造、宇宙如何动、由谁来安排。他认为万事必有其理，因而理性必然存在，且与上帝息息相关，其学说成为天主教的基本教义。[01]

八、中古史学

在讨论基督史学之前，应先了解一下犹太史学。犹太人提出时间观念，通过神话和宗教仪式，将宇宙创造、人、族群与时间联系在一起，人类生活被视为一种时间的存在，一往直前，从而诞生了西方历史哲学。"创世纪"显示出空间与时间两者的存在，基于时间的诞生与运行，历史有了意义。希伯来人认为，上帝不受自然力约束，上帝的意志不在自然界中，而是在人类历史中实现。生活的规律不是重复而是前进。对希伯来人来说，上帝与尘世有一种历史的联系。犹太人将历史视为一种惟一的、统一的、普遍的发展过程。他们打破了过去人们所熟悉的历史界限，使历史成为普遍的世界史。而犹太人的历史观构成了基督教史学的基础。

基督史学最重要的理论是精神与肉身、天上王国与地上王国之辨。在精神与肉身方面，圣保罗指出，人的命运取决于上帝的意志，而不是靠个人的努力。因此人的任务是了解上帝的意志。其次是奥古斯丁的历史观。圣奥古斯丁创立了上帝之城的双城世界理论。他认为，人类原为一体，由于亚当犯了错误，因此产生了两种城市：上帝之城和地上之城。世界的历史是善恶斗争的历史。历史的过程不是人类的目的，而是上帝目的的实践，以上帝的意志为依据，人间的命运全系神的安排。这是一种进步的过程，在奥古斯丁看来，历史就是善恶两种人所组成的两个城市的斗争，而最后的胜利一定是上帝之城。

爱森(St. Anselm)的历史观与奥古斯丁不同，虽然仍未摆脱上帝之城，但进步的观点

---

[01] 经院哲学到中世纪末期逐渐腐化，学者讨论议题都是一些烦琐的神学问题，例如："一个针头上能站几个天使？"这种哲学为15世纪的人文学者所诟病，他们讥讽经院哲学为烦琐哲学。

已逐渐朝向世俗化。世界史是人类整体不断进步达到终点的历史。

总之，基督教史学成就在于：它创造了统一的纪年法；划分历史的发展时期；并且从基督教思想出发撰写历史。

九、艺术

中世纪艺术创作的名利动机薄弱，主要是为了荣耀上帝的崇高和表露对美的喜悦，其艺文中心在教堂。由1180年至1270年，仅法国一地，就有80座大主教教堂，五百座大寺院及数万座小教区教堂，资产庞大，耗材无数，与埃及修建金字塔相较，所用石材有过之而无不及。教堂建筑式样新颖，16世纪学者误以为这是5世纪哥特人所采用之形式，而称之为"哥特式"(Gothic)建筑[01]，事实上，它只是罗马式建筑(Romamegque)之反动。哥特式教堂多筑于城内，反映中产阶级之富裕及地位，并象征人们的虔诚。

欧洲中古初期建筑为罗曼斯建筑。9世纪及10世纪时，维京人入侵欧洲，焚毁木造教堂，11世纪大主教教堂改采耐火之石材建筑。石材天花板呈拱形，由于材质甚重，须靠厚墙支撑，窗子相对地变小，采光有限。整体说来，罗曼斯教堂的基本形状是石制拱形屋顶，衬以厚重之墙壁，北欧地区教堂则还有两座钟塔搭配，予人权威、安全的外观，代表准军事、贵族社会的风貌。

哥特式建筑源于圣丹尼(Saint-Denis)大主教休格(Suger)的构思。他在大主教任内决定重建圣丹尼教堂，1137年动工，1144年6月11日法国第一座哥特式教堂落成。哥特式建筑基本特色为尖拱、棱线屋顶、拱柱，最重要是内部采光好，教堂屋顶较罗曼斯教堂轻巧，墙薄，彩色玻璃镶入石材内，使得教堂内光线明亮。哥特式建筑由法国开始，随着王权扩张，传遍欧洲。其建筑过程为先由主教决定，再筹款，并向国王及贵族提出申请。由于休格采哥特式建筑颂扬法国王朝，使得哥特式建筑被誉为"法国皇家式"(French Royal Style)。

获得法国国王及中产阶级出资赞助，各城市竞相修筑哥特式教堂，1163年，圣母院大教堂开始修建，高114尺。1194年查特士(Chartres)大教堂重建，高119尺。波瓦士(Beauvais)地区人们于1247年开始兴建教堂，高157尺，但由于屋顶太重，1248年倒塌。

大教堂为教会及世俗人士提供服务，圣堂包括祭坛及主教座椅，供教士使用，其余则归一般百姓使用。教堂除了举行婚礼、洗礼及丧礼之外，并且在庆典时供民众聚会，而官员、行会会员亦可在此集会，教徒在此睡觉，爱人在此谈情，演员在此表演，总之，

01　16世纪学者乔治·法沙(Giorgio Vasari)因为轻视中世纪的建筑，认为它远不如古典时代的建筑，所以称之为"哥特式"，也就是野蛮落后之意。

教堂属于全民所有。

大教堂首要功能是经由视觉想象，教育人们基督信条，教堂成为神学的附属。主祭坛在东端，指向耶路撒冷，象征和平。教堂西面朝向落日，有接受"最后审判"的味道，北面阳光最弱，叙说《旧约》故事，南面大半沐浴在阳光之下，描绘《新约》典故，整个场景象征《旧约》的犹太人住在黑暗之中，基督的新约照亮了世界。教堂内雕刻、家具、彩绘玻璃皆有其宗教及社会意义。彩绘玻璃，亮丽动人，反映中古盛期艺术为哥德建筑与玻璃绘画结合的表现，主题为自然景象、乡村生活、百姓生活。总之，中古社会人们由农夫至国王皆为主题内容。

14世纪另一项艺术为绣帷，由修道院开始将刺绣悬挂在教堂墙上，由于更换容易，并可以保暖，很快取代壁画。早期绣帷主题限于宗教，后来骑士喜欢悬挂，题材亦通俗化，有森林狩猎等。

教会祈祷孕育出另一项艺术，为戏剧。长久以来有关基督诞生及复活的戏剧一直在大教堂中演出，13世纪时有关圣经或圣人的生活题材戏剧也进入在城镇中演出，这类"神秘剧"(mystery play)的表演场合，由教堂祭坛再教堂广场而至城镇市集之处，广受众爱，而人民也因此更了解宗教及信仰。

十、外交：十字军东征

欧洲外患多来自东方，上古为波斯人，中古为安拉伯人及土耳其人。十字军东征是教皇于11世纪末发起，是一场意欲收回安拉伯人及土耳其人所占有之土地而发动的圣战。

1. 原因

十字军形成的原因有：一、教皇与神圣罗马帝国皇帝之间的俗人授职问题。教皇藉招募大军攻打基督教的敌人，自然可以助长声势，提高权位。二、1054年神学分歧，拜占庭希腊教会与西方罗马教会不合，西方藉由十字军运动，加强罗马影响力，统合东西教会。三、1071年安拉伯人雇用土耳其兵士占领小亚细亚大半土地，东方帝国向西方求援。四、土耳其人攻陷耶路撒冷圣城，前往中东朝圣的信徒，惶惶不安，教皇对圣城沦落于异教手中感到震怒。

2. 经过

1095年教皇乌尔班二世(Urban II)前往法国之克勒蒙(Clermont)，号召发动对抗异教之圣战。他痛陈耶路撒冷之基督徒遭受迫害，呼吁基督骑士竭力以赴，对抗穆斯林。乌尔班二世并以暂时宽恕有罪教士方式，鼓励参加圣战，讲词动人，感人肺腑。来自法国北方之大地主以及神圣罗马帝国、意大利和英国地区成千上万、不分阶级的人士纷纷响应，加入十字军。其中以来自法国、莱茵河南部及巴尔干的教徒为多。

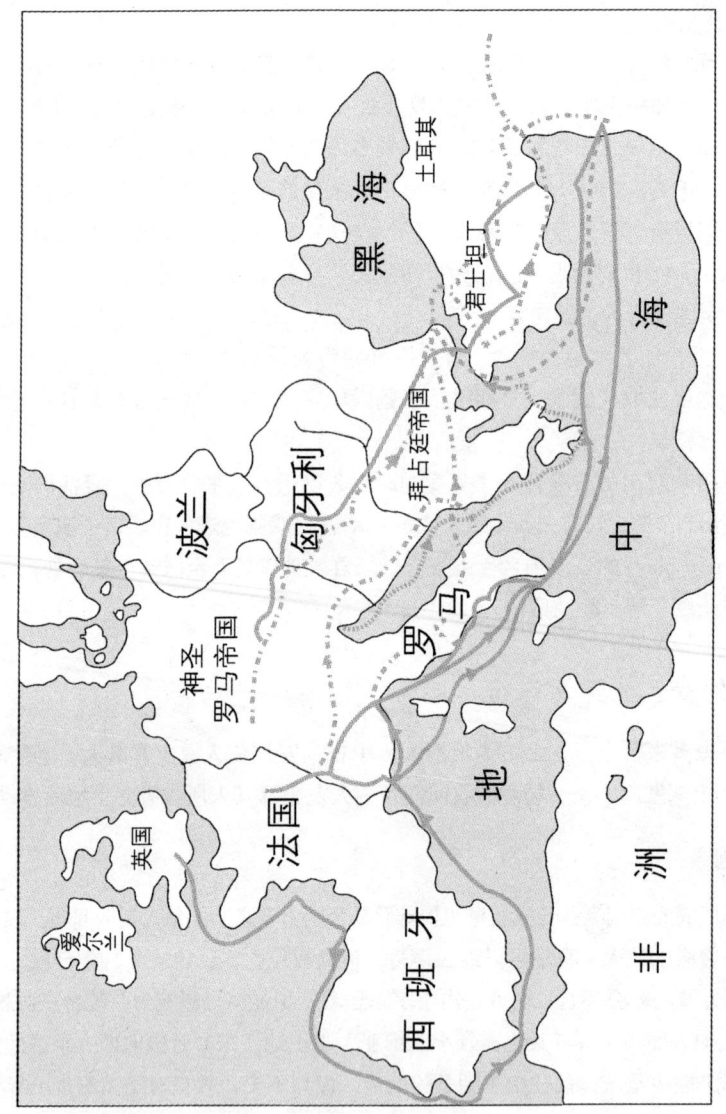

十字军东征图

　　这些人参加十字军的动机不一，主要受教宗激励，有的亦是为寻找刺激或追求贸易机会，有些国王欲借机铲除贵族以维护域内秩序而加以鼓励，有些渴望获得土地的年轻人则想把握机会至中东冒险。

　　十字军运动由1096至1270年，主要有七次(有些书认为有八次)，除第一次外，其他成效不大。第一次十字军参与者较具热诚，但对中东气候地理了解不多，虽然其中部分贵族具有军事经验，但彼此争权夺势，加上补给线欠缺完备，饥饿疾病肆虐，以致无数非战斗人员遭土耳其人杀害。但由于安拉伯人不团结，十字军于1099年收复耶路撒冷[01]，之后在耶路撒冷、以得撒(Edessa)、的黎波里(Tripoli)及安提阿(Antioch)等地建立许多据点，成立十字军国家。第三次十字军(1189—1192)颇值得一提。1187年安拉伯国王撒拉丁(Saladin)夺回耶路撒冷，神圣罗马帝国皇帝腓特烈、英国国王狮心理查德(Richard II, the Lion Heart)、法国国王菲力浦(Philip Augustus)合组十字军，拟收回圣城，声势空前，可惜领袖二心，战略不合，以致一事无成。1212年两支儿童十字军前往圣地，结果一支返回欧洲；另一支遭俘，成员被贩卖为奴。

第四次十字军准备不足，仓皇行事，由于十字军无法付清威尼斯运送人员至耶路撒冷的费用，被迫转往君士坦丁堡，造成罗马与拜占庭之间的关系紧张，十字军的攻陷君士坦丁堡，促成日后基督教的永久分裂。

3. 影响

十字军促使东方奢侈品进入西欧，至于文化上的冲击，各有说法，并不确定。惟11世纪末以来，东西经济、思想关系趋于紧密，十字军掀起中古盛期宗教狂热。十字军在叙利亚及巴勒斯坦沿岸，建立许多封建国家，续存2世纪之久，后为安拉伯人占有。十字军有两大影响迄今犹存，第一是穆斯林与基督徒之间的长期斗争，恶化了彼此的关系；第二是意大利商人在十字军所建国家内设立贸易据点，穆斯林征服这些国家后，仍鼓励与欧洲商人继续贸易，促进双方经济发展。

十一、黑死病(Black Death)

中世纪之劫数与黑死病有密切关系。黑死病导致欧洲人口锐减，侥幸未死的人，离乡出走，造成人口大迁移，影响社会体制崩溃。

学者对黑死病这场瘟疫从何而来，看法不一，有些主张大约于1331年左右自中国或中亚，经军人及商人传染至各地，在1346年传抵俄国南部之克里米亚(Crimea)。亦有人相信瘟疫为俄国南部之流行病。不论两者说法有何不同，经由克里米亚传至地中海抵西欧的看法相近。黑死病流行范围如此之广与船只发展有关，1300年之后，意大利商船桅杆由一改为三，承受风力增加，船只一年四季皆可航行，并能行驶于大西洋岸，鼠疫自然蔓延快速。

1347年10月，意大利船只将瘟疫传至西西里墨西拿(Messina)，1348年1月传入威尼斯及热那亚(Genoese)等地。再由比萨(Pisa)港向南传至罗马，东行至佛罗伦萨(Florence)及托斯坎尼(Tuscany)，进而侵袭神圣罗马帝国南部。法国虽严加防范，但病毒已达马赛(Marseilles)港并蔓延到朗格多特(Languedoc)及伊比利亚半岛。接着，1348年

---

01 第一次十字军占领耶路撒冷后，几乎将全城的伊斯兰教徒屠杀殆尽，安拉伯人因而痛恨西方基督徒。

6月两艘船只将病菌带到英国。从此欧洲遭瘟疫侵袭。

1. 病因

目前对该病之了解多根据两位病菌学家，一位法国人和一位日本人的研究结果。他们分别于1894年证实黑死病来自杆菌，这些细菌存于动物血液或跳蚤中，通常跳蚤寄生在啮齿类的毛发里，如松鼠或老鼠，至于为何是老鼠，迄今不详，惟老鼠常藏在船只中，随行至各地。黑死病传染途径有二：第一种是经由老鼠媒介，第二种是人与人间直接感染。

鼠疫流行与当时人的生活水平有关。14世纪城市卫生情形落后，街道狭窄，泥泞满地，动物尸体成堆，乞丐到处流浪，居家光线阴暗，空间拥挤不堪，房屋多用泥土营建，致使老鼠滋生方便。此外，当时个人卫生条件很差，虽有公共澡堂，但一般人不太沐浴，生病比率高，病媒传染力强。

鼠疫开始时的病症是病患在腋下、鼠蹊或颈项出现一粒像花生或苹果大小的疖。如果疖可以刺破，脓流出，病人即有救。病情发展至第二期，皮肤上出现黑斑或红疤，最后病人剧咳、吐血，二、三天后不治死亡，过程骇人见闻、惨不忍睹，中世纪时期对黑死病茫然无知，由14世纪史料中发现，医生只能减轻病人痛苦，对病情却束手无策。许多人相信黑死病系由空气中之恶魔传送，由于无知及偏见，出现许多残酷疗法，也有人认为是犹太人在基督教团体建筑物上施毒，污染水源，导致欧洲人屠杀犹太人。瘟疫传染速度惊人，各地都严加防范不准外人进入，由于当时没有精确人口统计数字，无法估计死亡人数。学者推估英国420万人口中，约140万人死于黑死病；意大利伤亡更大，1347年，佛罗伦萨人口约8.5万人，1348年黑死病入侵之后，损失约一半至三分之二之间。[01]

2. 冲击

可分为社会与心理两方面。社会方面，不论贫富，皆难逃脱病魔。富人虽较幸运，但受害例子不少，如：英国坎特伯雷两位大主教、英王爱德华三世女儿珍(Joan)，皆死于黑死病。值此乱局，教会负起稳定作用，教士看护病患、埋葬死者，因而教士死亡率节节上升，1350年后教士人数急速锐减，影响教会素质低落，种下日后走上改革之道。

黑死病对14世纪末欧洲经济所形成的冲击如何，史家看法不同，传统观点多持负面态度，如今有重大改变。新证据显示，这段期间英国经济表现不俗，1375年许多地主获利大于疫前时期，究其原委发现，14世纪初欧洲人口虽由于黑死病以致人口衰减，但生产力却因劳力、土地及资金的平衡而提高，因为劳力需求增加，工资上涨，收益

---

01 估计全欧死亡人数占当时欧洲总人口的三分之二。

分配趋向公平，资方不得不屈就现实而让步。此外，佛罗伦萨亦因这场瘟疫，经济日趋繁荣。

至于心理方面，瘟疫造成生离死别之痛，影响社会思潮趋于悲观。社会上一般人反应不同：有些人纵欲、放荡、寻求感官刺激；有些人守身、禁欲、虔诚信奉宗教；更有人如极端宗教团体，相互鞭打、自我惩罚、认为黑死病是上帝处罚人的罪恶。此外，黑死病影响当代文艺充满悲观气氛，最有名的题材《死亡之舞》(Dance of Death)，描述跳舞的骨头领着一位活生生的人，显现当时人缺乏信心，没有希望，生命呈现在挫败、抑郁与痛苦之中。在黑死病的肆虐中，中世纪逐渐结束。

第6章
神权王权转型期

世俗化文明

　　从14世纪到16世纪，世局遭逢重大转变，尤其是在欧洲社会，意大利式微、西班牙、葡萄牙崛起，象征了地中海势力的没落，大西洋实力的展现。意大利文艺复兴刺激欧洲人对古典文化的觉醒，带动了商业文化的发展，但由其式微可以看出，传统由城市所支持的活动已不合时代需求，必须由国家推动才可能见效，葡萄牙、西班牙的成就可以说明这种转变。这一时期另一件大事是基督教会势力遭逢严重挑战，基督新教各教派风起云涌，马丁·路德、卡尔文(John Calvin)动摇了天主教传统的地位，也重新划分了欧洲既有的版图和政治区块。此外，海运发达，商业活动增加，影响全球开始接触，基督宗教开始与非基督社会来往，开启了全球互通时代的来临。

　　一般历史书将这段历史命名为"变迁"或"过渡"时期，其所指涉的意涵是叙说由中世纪的神权到人权的发展。就这200年历史而言，神权所遭逢挑战的不是教义的本身，而是教会的权力。改革人士所质疑的不是耶稣的精神，而是教会的统治，他们向往保罗以前的基督，挑战教皇的特权。因此严格说来，只能算是世俗化时代，不能算是一个新的时代。至于经济活动，尽管商业活动日见频繁，但大半地区仍以农业为主，生活方式

　　　　公元1300年代古典人文主义复兴
　　　　公元1348年黑死病侵袭欧洲
　　　　公元1434—1494年麦迪西家族统治佛罗伦萨
　　　　公元1453年土耳其人攻陷君士坦丁堡
　　　　公元1454年活字版印刷术问世
　　　　公元1500年左右北方复兴运动展开
　　　　公元1527年罗马失陷，威尼斯成为文艺中心

依循传统，少有变化。文艺方面，人文表现受重视，但题材多以宗教为主，即便在意大利地区，也是如此。社会阶级已不限于传统的贵族阶级与农民阶级，中产阶级诞生，财富取得方式与前不同，促进城市发展，影响政治生态，王室抬头，开启王权时代的来临。有关这个时期的历史主题有文艺复兴、宗教改革、海路开通、宗教战争。

世俗化文明之一——文艺复兴

世界历史发展至14世纪发生重大变迁。在此之前，神为历史舞台的主角，人只是配角；之后，人的身份、地位逐渐提高，成为舞台要角，由对人的描述，到对人的关怀，进而争取做人的权利。文艺复兴是人文世界的开端，文艺是人的内在精神表现，复兴是一种再生，合而言之，文艺复兴即古典文艺再生之意。中世纪以来神学思想左右欧洲人的精神活动及文艺发展，凡事莫不依据《圣经》，重视礼拜耶稣。随着十字军东征、东西贸易活络、城市兴起、经济形态转变，中产阶级抬头，他们试图摆脱传统束缚，寻求新的生活内容，以别于主流的宗教文化，并与之分庭抗礼。[01]古典希腊文化，重视人的活动，提供意大利人除了神学之外另一种思考方式——人文主义(humanism)。这群从事人文探讨者被称为人文学者(humanists)。他们重视古典希腊、罗马文艺，以希腊、罗马文化为主题，强调人的内涵与价值，进而提高人的地位。此时神学思想虽然仍为时代主流，但人的内在精神备受重视，开启了近代世界的新思潮。

文艺复兴于14世纪至16世纪发生于意大利城市。有关其成因，学者看法不同，可由经济、政治及城邦倾轧三方面讨论。

一、原因

1. 经济

11世纪以来意大利北方城市威尼斯、米兰(Milan)、热那亚(Genoese)以及中部城市佛罗伦萨，由于贸易成长、金融发展，商业逐渐开始复兴。12世纪中叶，在富商积极努力经营之下，威尼斯靠海上贸易，繁荣富裕；热那亚及米兰与中东及北欧贸易往来有巨额利润。这些城市因地利之便，东西向贸易发达，造船业进步迅速，船只航行整年，可赴产地购货，并向远方销售，如自英国北方进口羊毛，经直布罗陀(Gibraltar)海峡输往

---

01 "文艺复兴"一词的历史意义可参阅：王任光，《"文艺复兴"的意义》，载于氏著《文艺复兴时代》(台北：稻香，1996)，第1—83页。

北非，获利甚厚。[01] 佛罗伦萨(Florence)地理条件不若上述城市便捷，但亦拥有巨额财富。佛罗伦萨属内陆城市，水运不便，但擅长经营金融，迄13世纪末，佛罗伦萨商人及银行家控制了教皇银行，为教皇收税，主导阿尔卑斯山两边的银行业务，范围遍及巴黎、伦敦、巴塞隆纳(Barcelona)、马赛(Marseilles)、突尼斯(Tunis)及北非港口。佛罗伦萨以羊毛业著称，自英国及西班牙购入上等羊毛，经过精致加工，制成毛衣，销售欧洲、亚洲、非洲，获利优渥。至14世纪初佛罗伦萨经济基础厚实，所以，尽管1344年英王爱德华三世拒绝偿还积欠佛罗伦萨庞大债务，迫使许多银行倒闭，加上黑死病侵袭，人口丧生泰半，以及1378年劳工骚动，威胁政治安定，但佛罗伦萨经济结构安稳如常，持续繁荣。

2. 政治

共和政体(communes and republics)的发展与意大利文艺复兴有关。意大利北方城市逐渐摆脱地方贵族的政治及经济系绊，由商会(merchant guild)组成政府，规范贸易、征税、维持秩序。12世纪米兰、佛罗伦萨、热那亚、西恩纳(Siena)、比萨(Pisa)的贵族为了寻找机会、提升地位、改善环境，亦设法与商人联姻，诞生了一批新兴社会阶级，即都市贵族，他们经由婚姻、经济利益、社会联系，彼此结盟，扩张权力。

这批社会新阶级不以血缘而以财产多寡、居住年限及社会联系作为身份识别准则，当时仅少数成年男子符合这项标准，可以出任政府官职。1300年专制君主(Signori)及寡头君主(Oligarchies)普遍得势，专制君主为掩饰其不合法性，表面上多服从法律，寡头君主虽有制宪，但却往往透过各种手段，让一群少数有钱商人拥有司法、行政及立法权。1422年威尼斯人口8.4万，仅200人有权势。佛罗伦萨人口4万，统治者有600人。15世纪的政治权力及文艺气息均表现在寡头君主的豪华宫廷内，君王在此颁定法律，接见外宾、约会、进餐，并表彰文艺，由庆生、婚嫁、受洗、丧礼的仪式中，炫耀财富。

3. 城邦倾轧

意大利文艺复兴时期各城邦效忠地方，以致无法促成意大利统一。15世纪意大利半岛五强林立：威尼斯、米兰、佛罗伦萨、教皇国及那不勒斯王国(Kingdom of Naples)，各城邦统治者无论实行专制、寡头或贵族政治，都镇压异己、征收税金、歼灭敌人、大肆营建。

在五个强大城邦之中，威尼斯为贸易盛地、殖民大国、国际强权，尽管以共和为名，拥有宪法，实际上是少数商人的寡头政治。米兰也以共和著称，但史弗礼(Sforza)家族采专制独裁统治，辖有北方数座城市。佛罗伦萨亦具共和形式，惟大权落于国家数个议

---

01 13世纪之后，欧洲造船技术大幅进步，开始使用固定舵、甲板，15世纪出现三帆船，后增至六帆。此外，各国纷纷建造火力强大的军舰，以争夺海上贸易霸权。

会手中，事实上由 1434 年至 1494 年银行业麦第奇 (Medici) 家族控制佛罗伦萨、欧西莫 (Osimo) 及罗伦佐 (Lorenzo) 幕后垂帘。意大利中部尤其是教皇国，自巴比伦之囚以来，由罗马几个重要家族把持，如教皇亚历山大六世 (Alexander VI)，因获得其子西塞尔·波尔亚 (Caesar Borgia) 军政奥援，得以确立其在教皇领地，他以残酷、严苛的手段迫使其他小城邦向他输诚。南部的那不勒斯王国长久以来一直陷于西班牙之亚拉冈王国及法国之斗争中，1435 年归并亚拉冈王国。[01]

意大利各大城邦多采用外交、间谍、收买情报等方式向外扩张，当北方欧洲各国趋向稳定、集权之际，意大利仍然处于弱肉强食之中，但也因此开启了欧洲外交之均势原则 (Balance of Power)。意大利任何一个国家想称霸半岛，必遭其他国家联合对抗以维持均势。为了维系各邦国之盟谊，文艺复兴时代之意大利各国出现了现代外交的大使馆，在各国首府派遣使节，维系政治与贸易关系。

15 世纪末，威尼斯、佛罗伦萨、米兰及教皇国彼此之间各怀鬼胎，各有所图，以致无法结盟，反而成为外国野心家觊觎、杀戮之地。首先是佛罗伦萨及那不勒斯企图联合占据米兰，米兰请求法国援助，1494 年法国国王查理八世 (Charles VIII) 介入意大利政局，佛罗伦萨、罗马、那不勒斯纷纷输诚。其次，1508 年查理八世之子路易十二世 (Louis XII) 与教皇及神圣罗马帝国皇帝马克西米连 (MaxiMilian) 在坎布来 (Cambrai) 结合，试图侵占威尼斯及其属地，不久教皇利奥十世 (Leo X) 即警觉到法国诚信可虞，别有所图，乃与西班牙、神圣罗马帝国另结同盟，驱逐意大利的法军，这项反法结盟暂获成功。1519 年查理五世继承祖父马克西米连出任神圣罗马帝国皇帝，法军于 1522 年重返意大利，双方展开长期的哈布斯堡—华洛斯之战 (Habsburg-Valois Wars)，意大利再现战乱。

16 世纪法国与神圣罗马帝国为争夺权利发生的无休止战争，导致意大利政治混乱、社会失序、城市残破。1527 年查理五世率军攻陷罗马，大肆破坏，影响重大。意大利城邦无法维持盟邦体系，更无从稳定形势或拟定共同外交政策，使得此后数世纪，意大利半岛一直陷入外患纷扰之中，迟至 1870 年才完成统一。

二、特色：人文主义

14 至 16 世纪，意大利人生活在一个新时代之中。知识分子态度与以前不同，倾向自觉 (Self-conscious awareness)，重视人的地位与价值，称为人文主义时代。主要代表人物佩脱拉克 (Francesco Petrarch) 被誉为人文主义之父。他认为，罗马帝国前两个世纪是文明的高峰盛期，日耳曼人入侵，造成罗马文明中衰，进入所谓的"黑暗"时代。虽然中世纪人们相信古罗马文化并未中断，罗马光荣依旧，但佩脱拉克及许多同时代人文学者则认为，由 4 世纪至 14 世纪是一个野蛮 (barbarian)、"哥特式"或"中间" (Middle) 时

---

[01] 亚拉冈王国将西西里岛与那不勒斯王国合并，称两西西里王国 (Kingdom of the Two Sicilies)，这个王国统治者一直为外国人，1860 年才为意大利民族英雄加里波底 (Giuseppe Garibaldi) 所消灭。

代，而他们所处的是一个新的时代，一个经历哥特式长期黑暗之后的曙光。这是个思想黄金时代，一个古典人文再生复兴的时代。诗人、作家、艺术家自认为处身于新的黄金时期，可称之为个人主义 (Individualism) 或人文主义的时代，他们关心古典文学及热衷恢复古典生活，开创新的世俗精神。

1. 个人主义

文艺复兴时代出现一种与中世纪不同的思路，即倾向个人主义。虽然中世纪时代也有不少杰出的个人，如 5 世纪的圣奥古斯丁、12 世纪的阿贝拉及吉尔伯特 (Guibert of Nogent)，各撰有自传，著书立言，表现个人的特殊性，但影响有限。文艺复兴时代出现许多具个人特质的文学家，代表文艺复兴个人主义 (Renaissance individualism) 兴起，相信人凭能力可以获得最高成就。

文艺复兴个人主义的中心内涵是追求荣耀 (quest for glory)，重视个性、才华、特殊能力开发。无论艺术家、运动员、绘画家、学者、雕刻家皆全力以赴，追求名望，渴望成功，争得成就。

2. 复古思想

复古包括寻找手稿、雕像、纪念物，学习古典拉丁文。意大利城市尤其是罗马的首长及富商，热衷搜集手稿、雕像及纪念物。教皇尼古拉五世 (Nicholas V) 本身即是一位著名的学者，曾搜集有 9000 件手稿，并计划修建梵蒂冈图书馆 (Vatican Library)，至教皇西斯督四世 (Sixtus IV) 修建了梵蒂冈图书馆，收藏古物极为丰富。意大利人向往古代生活，倾心拉丁古典文学，钟爱古典语言，认为较中世纪学者使用的拉丁文优雅，他们醉心古典纯正拉丁文，模仿古代学者之写作方式、体例以及公元前 4 世纪柏拉图学院的对话，重视观念的表达，而非观念的意义及效用，强调语言及文字上良好的沟通。

3. 世俗精神

世俗主义关心物质世界而非永恒的精神。世俗思想系经由感官所能探寻的范围内了解人的终极及对万物的最高解释。中世纪商人热衷追求利润，而教士则极力抨击私产。文艺复兴人们虽仍重视精神层面，如同中世纪一样，关心出世的问题，但也关心当下，尤其是物质方面。

14 世纪及 15 世纪意大利世俗主义 (secularism) 之发展，系基于 13 世纪经济变化及各城市富裕所致，居民关心利率升贬、个人花费、雇佣关系、船运期限而少过问忏悔、救赎。商人及银行家汲汲赚钱致富，追求闲暇舒适的生活，关心艺术。由于金钱可以满足感官享受，威尼斯、佛罗伦萨、日内瓦及罗马有钱且有地位的人开始享受生命，而不再执著于对上帝的朝圣。

三、成就

1. 方言文学

随着国家主义意识日深，方言文学渐受重视。欧洲人用地方及阶级语言对话、沟通，譬如在英国，百姓用英语，上层阶级用法语，官方文件及文学作品用拉丁文或法文。14世纪以后，方言不仅用于对话，也应用在文学作品上。此时欧洲方言作品代表作有三：意大利但丁 (Dante Alighieri) 的《神曲》(*Divine Comedy*)、英国乔叟 (Geoffrey Chaucer) 的《坎特伯里故事》(*Canterbury Tales*) 及法国维隆 (Francois Vilion) 的《大新约》(*Grand Testament*)。

(1) 但丁

但丁为佛罗伦萨贵族后裔，曾在市政府担任公职，其作品用意大利文写成，称为喜曲，以别于用拉丁文写的悲剧。一个世纪后，人们在其作品中加上"圣神"(divine) 一词，表示尊敬其作品及艺术风格。《神曲》是一部寓言三部曲 (Trilogy)，内有一百首诗，分为三个部分 (1+33+33+33)，每一部分代表一个世界：地狱、炼狱、天堂。但丁叙述他经由这些阶段到达天界的过程，书中以罗马诗人味吉尔 (Virgil) 代表理性，引导但丁经出地狱进入炼狱，在地狱中，但丁看到各种苦刑，藉味吉尔说明灵魂净化，在炼狱中，但丁的爱人比阿特丽斯 (Beatrice Portinari)，即诗人的神恩，引导他到达天国，沐浴在天使和圣人的乐园中。《神曲》描写当代及历史人物，评论世俗及宗教事务，从形而上学观点刻画当时人的心灵冲突。这是一部宗教诗文，批评教会当局。诗人采用不少古典文化，对当时而言，颇具现代意义。

(2) 乔叟

英国伦敦酒商之子，曾在英王爱德华三世及查理二世的内阁中任职，业余写诗，其作品《坎特伯里故事》搜集了许多长篇故事，叙事得体，30 位前往坎特伯里朝圣的信徒，各自说了一则故事。全书之序文介绍了场景及朝圣者背景，为了让读者对主题发生兴趣，乔叟对 14 世纪英国社会生活有详尽介绍，该书也反映出当时文化的冲突心灵：追求物质及世俗的今生，却也关心来生。

(3) 维隆

中世纪末期法国最杰出的诗人，出身贫寒，后赴巴黎大学求学，获得硕士学位，对学校严苛生活不满，1455 年与人决斗，杀害对手，被逐离巴黎，并加入窃盗集团，危害社会。他用黑道语言写诗，堪为一绝，其作品《大新约》采用穷人及罪犯的方言来反映社会另一阶层的生活。

中世纪盛期另一位多才多艺的作家是法国的比桑 (Christine de Pisan)。她是波隆那 (Bologna) 占星学教授之女，少女时代即借着父亲盛名接受良好教育，通晓希腊、拉丁、法国及意大利文学。婚后不久，父亲、丈夫相继过世，留下三名稚龄幼童，由母亲扶养，本人则潜心写作。作品丰富，有诗集、书籍，内容包括爱情、宗教、道德，其中《查理五世传》(The Deeds and Good Manners of the Wise King Charles V) 为历史著作，述说查理五世一生；《贞德赞美歌》(Hymn to Joan of Arc) 歌颂贞德的胜战；《女性之城》(The City of Ladies) 列举伟大女性的历史及其功业；其智慧才情多显现在其《自传》(Avison-Christine) 之中。她的名言是："有人告诉她，受教育的女人没有魅力，因此受教育的女人很少，她则认为愚蠢的男人更缺少魅力，因为愚蠢的男人很多"。

2. 人文学者、史学家与艺术家

(1) 人文学者与史学家之作品

人文主义孕育了一批人文学者，"人文学者"一词来自拉丁文"humanitas"，即西塞罗 (Cicero) 所谓受教育、有文明教养的人。人文学者研究拉丁古典中人的本质，强调人性 (human beings)、成就、兴趣及能力。

他们研究古罗马，但角度不同。中世纪时代从基督教角度诠释，文艺复兴时代不然。人文学者持怀疑态度，觉察自身地位，了解古典作家，虽然他们也是虔诚基督徒，但研究重点不在基督而在了解人性，充分掌握古代的道德思想。人文学者探讨人性，希望调和异教、世俗与基督信仰的关系，与中世纪学者之不同，在于以"自知"来行事。

主要代表人物有法拉 (Lorenzo Valla)、薄伽邱 (Florentine Boccaccio) 及马基雅维利 (Niccolo Machiavelli)。法拉强调感官欢愉的重要性，被誉为现代历史批评主义之父。法拉的作品《论君士坦丁大帝献礼的错误》(On the False Donation of Constantine)，仔细研究 8 世纪一项文件，发现：教皇接受君士坦丁大帝捐赠，拥有对西欧广大领土的统治权，为一假文件，削弱了中世纪以来教皇对世俗权力要求的依据。[01] 法拉的作品代表了文艺复兴时代的世俗精神，及其对过去权威、神圣作品的挑战。另一位学者薄伽邱的作品《十日谈》(Decameron) 大胆描述世俗社会中野心勃勃的商人、不贞的妻子及好色的教士所形成错综复杂、纠缠不清的关系。薄伽邱的《十日谈》包括一百则故事，取材一群逃避黑死病的十名男女，在佛罗伦萨所聊的一些话题，内容多为杜撰。他运用经验及个人想象，参考古代学者的观点写作，为意大利散文立下书写典范。

马基雅维利撰有政治书籍《君王论》(The Prince)。这本历史巨作，学界评价不一，一般被视为意大利城邦政治史，亦有人誉为新政治理论代表作。也有人分析其为讨论政府与社会问题的书籍，不论真实究竟如何，马基雅维利因而声名大噪，名垂青史。马基雅维利出身富家，受过良好古典教育，曾在佛罗伦萨共和政府担任公职，从事外交工作。1512 年佛罗伦萨麦迪奇家族重新得势，马基雅维利遭解职，放逐期间撰写《君王论》，教导统治者如何夺权、掌权、扩权。此书明白指出，市民与国家间的关系，强调人性自私

---

01 8 世纪后，罗马教皇宣称拥有公元 4 世纪君士坦丁大帝将罗马帝国西部诸省献给教皇的文件，这份文件被称为《君士坦丁大帝献礼》(The Donation of Constantine)，是教皇拥有世俗领土的依据。

自利，君王须以狐狸与狮子的特质，来掌握政权。这套学说异于中世纪以来的政治理论。自圣奥古斯丁以来，国家被视为亚当堕落及人性原罪的结果，政府提供正义法律及秩序。中世纪时代的政治学家及神学家强调政府的责任以及统治者应具高尚的道德及基督的准则。马基雅维利一反过去，认为统治者应关切做事的方法而非做事的准则，政府好坏得视其效能及统治者权力多少而定。马基雅维利并不赞同不道德行为准则，但相信政治行为不应受道德约束，他认为政府论政的态度是效能至上，无关一般道德行为准则。其另一部著作《论李维十书》(*Discourses of the Ten Books of Titus Livy*)，则倡导共和政府。一般人评价马基雅维利多接受其学说，视政治为邪恶、腐败、贿赂、不公，然究其深层，其思想发微于上帝无法完成一个永恒的完美秩序，而政治不能依靠上帝，必须循科学方式探索。[01]

(2) 艺术家

意大利文艺复兴最为人称道的是其艺术表现。14、15世纪的绘画、雕刻、建筑作品丰富，予人深刻印象。文艺复兴之艺术源起佛罗伦萨，受到当地富商阶级重视文艺影响，人才备受重视，发展至16世纪，罗马教皇重视，文艺作家身份提升，被称为文艺复兴盛期(High Renaissance)。此时艺术呈现出平衡、和谐及自制的风格，代表人物有达芬奇(Leonardo da Vinci)、拉斐尔(Raphael)、米开朗基罗(Michelangelo)以及威尼斯学派(Venice School)的画家。

(3) 艺术特色

意大利文艺复兴初期，艺术发展仰赖群力，有权有势的团体如公会或宗教团体委请专人从事艺术工作。譬如佛罗伦萨成衣商人修建佛罗伦萨大教堂的巨大圆顶，并邀吉伯蒂(Ghiberti)设计洗礼堂的铜门。佛罗伦萨政府聘请米开朗基罗雕塑戴维像，亦显现出集体赞助的趋势。大致说来15世纪初期艺术的素材以宗教为主，无论木刻、水彩画、石雕、绘画等，均富有相当的宗教教育功能，传播信仰，重视道德。

15世纪末赞助艺术者由集体转为个人：商人、银行家、教皇。王公支持艺术以炫耀其家世，花费大笔经费修建教堂、壁画、宗教画板、墓园，其中以佛罗伦萨的麦迪西家族(Medici)花费最多。15世纪后，艺术主题更趋向世俗化，古籍研究深化了对中世纪思想的了解，上古时代诸神的生活、爱情成为绘画及雕塑的重要题材，而赞助艺术的本人及其家人也是题材之一，人们希望藉此能不朽。绘画耗资庞大，也成为炫耀财富的方式。文艺复兴艺术形式与中世纪不同，个人的肖像是艺术的时尚，新兴中产阶级经常以浪漫骑士或宫廷社交绘画凸显本人地位，而不是像中世纪一样反映精神的理念。文艺复兴的人物绘画重写实，乔托(Giotto)开创写实主义画风，重视人体及脸部表情，而非长久

---

01 马基雅维利认为，命运女神(Fortuna)是人的半个主宰，人为使命运女神时时护佑，必须精通谋略之术，一个精明又福运在身的国王，终能统一意大利。参阅：史基纳(Quentin Skinner)著，蔡百铨译《马基雅维利》(*Machiavelli*)(台北：时报，1983)。

以来僵硬的形象。雕塑家多那太罗(Donatello)对佛罗伦萨艺术的影响深远,仅次于米开朗基罗,其作品刻画出人性的不同面向。中世纪艺术在描绘裸体时,具有强烈的精神及道德内涵,多那太罗则表现出古典的自觉及平衡感。另一位画家是佛罗伦萨的马苏奇奥(Massuccio),被誉为现代绘画之父,可惜生年不长,他开创了新的写实风格,大胆采用黑白对比。文艺复兴艺术除了写实外,色彩丰富、装饰细腻,流行于全欧,成为国际时尚。大致说来艺术家以较科学及自然方式描绘人体,女性呈现放纵肉欲,男性展现强壮英勇。

3. 艺术三杰及威尼斯学派

文艺复兴时代艺术人才济济,但有三位著名的艺术家被誉为文艺复兴三杰:第一位是达芬奇(Leonardo da Vinci),精通自然科学、数学、天文学、音乐等,在艺术上表现深受后人推崇。其主要作品有《最后的晚餐》(The Last Supper),这是一幅画在米兰圣玛利亚修道院墙壁上的油画,取材自圣经·新约,描绘耶稣与十二门徒共进最后晚餐的情景,当耶稣向众人宣布有人出卖他时,众人多样的表情,予人深刻而强烈的感受,全画展现了人物的复杂心情。另一幅不朽的名画是《蒙娜莉莎》(Mona Liza),画中的夫人肖像是谁,迄今仍未定论。妇人表现出一种典雅、安详又富有灵气的气质,显现出女性美。蒙娜莉莎的笑容,温柔甜美,生动自然,充满魅力,耐人寻味,令人百看不厌,后人誉之为"神秘的微笑"。第两位是米开朗基罗,在建筑、绘画、诗歌、雕刻上都有不朽的作品。其代表作在雕刻方面有《哀悼基督》(Pieta),用大理石雕琢而成,表现出一位内心沉痛、表面祥和的少妇,刻画了人文思想的最高意境。《大卫像》(David)也是用大理石雕刻,竖立在佛罗伦萨市政广场上。《摩西》(Moses)雕塑了摩西获悉有人违反十诫的愤怒表情。在绘画方面,西斯丁教堂(Sistine Chapel)的拱顶壁画《创世纪》(The Genesis)显现了先知和女预言家的完美形象。西斯丁教堂的壁画《上帝的最后审判》(The Last Judgment),表现了得救上天堂和被判下地狱的情景。在建筑方面,他参与圣彼得大教堂建造工程,设计了被认为是世界上最大和最美的巨型圆顶,高130尺,直径40尺。第三位是拉斐尔,这位卓越的画家,被誉为"画圣",英年早逝,只活了37岁,作品典雅,表现出一种完美与宁静,题材丰富。主要代表作有《雅典学院》(School of Athens),描绘了古代哲学家论学的场景,《教义争论》(Disputa)表现教会人士对基督三位一体的争论。此外,还画了一系列的圣母像。

威尼斯画派大盛于16世纪,反应当时威尼斯的繁华与荣景。此派画作歌颂生活的欢愉与奢侈,偏爱色彩与光线,作品热情奔放。代表人物有:提香(Titian),善于运用色彩,作品表现人物的精神,让人易于产生美感。主要有《人间的爱与天上的爱》(Sacred and Profane Love)描绘了大自然的优美风光与丰满健壮的妇女形体,《忏悔的玛格达林》(Pesaro Madonna)以妓女改邪归正为题材,也刻画出少女的美。他并为查理五世及菲力浦二世画了肖像。乔尔乔内(Giorgione)善于利用室内背景为装饰来绘画,代表作品有《暴风雨》(*The Tempest*)、《田园欢庆》(*Fete Champetre*)。丁托列托 (Tintoretto) 喜欢采用蓝色、灰色及银色，画作代表有《耶稣洗脚图》(*Christ Washing the Disciples' Feet*)、《施洗者约翰的降生》(*The Birth of John the Baptist*)。

4. 艺术家的地位

文艺复兴艺术家的社会地位显著提升，艺术家被视为自由知识分子，他们不为一般大众创作，以免有失身份，而只接受王公贵族之委托创作。艺术家之名望视其赞助人而定，他们赖此维生、致富。每一位艺术家都曾受过实务训练，例如米开朗基罗 13 岁时在奇兰达约 (Ghirlandaio) 处做过学徒。有名的艺术家门生亦多，吉贝尔蒂 (Lorenzo Ghiberti) 在为佛罗伦萨做铜门时即拥有 20 位助手。艺术家收入优渥，吉贝尔蒂每年收入 200 金币与政府首长 500 金币相比，还算不错。达芬奇每年收入 2000 金币，米开朗基罗为西斯丁教堂绘画拱顶，代价 3000 金币。艺术家地位显赫，备受礼遇。中世纪时代相信上帝创造万物，认为艺术家无原创价值。文艺复兴艺术家认为天赋异禀，常规无法约束，艺术作品乃个人独创，超越传统、规范及理论，麦迪西称画家为"神圣"(divine)，换言之，分享了上帝的权力。文艺复兴艺术的服务对象仅限于少数富商贵族，并未嘉惠广大民众，这群少数受教之人文主义学者及艺术家很少关心一般群众，彼此间的隔阂持续几世纪之久。

四、对社会影响

文艺复兴对意大利及欧洲社会造成多重影响，产生重大改变，其中较重要的为教育理论、印刷及女人地位。

1. 教育理论

人文学者致力教育工作，重视道德行为，对统治者的教育，偏重教育结构及目标，教育课程以历史、修辞为主，重要的代表著作有巴达萨斯·卡斯蒂利昂 (Baldassare Castiglione) 的《廷臣论》(*The Courtier*)，此书为教育力作，旨在训练年轻人成为一名有理想、有操守的绅士，强调上层阶级人士应接受良好教育，娴熟音乐、舞蹈、诗作、骑术、角力、数学、口才、文笔。此书流传广泛，对近代欧洲贵族阶级，影响深远。[01]

2. 印刷

印刷是文艺复兴时代重大成就之一。印刷与纸张之使用互为表里，欧洲人早先多采用牛皮或羊皮记事，12 世纪安拉伯人将中国纸张引入欧洲，改变了欧洲人书写之材质。同一个世纪中国之印刷术也传入西方，这是一种将文字与图像刻在木板上，经染墨

---

[01] "通才" (Renaissance Man) 是人文学者的教育理想，成为日后欧洲中上阶层教育子女的目标，直到今日。

再拓印的技术,不过由于一块木板只能刻一个字,生产成本昂贵,制作费时,经古腾堡 (Johann Gutenberg)、福斯特 (Johann Fust)、薛佛尔 (Peter Schöffer) 三人研究,改良为活字印刷,即将每一个字母刻在一块小木板上,藉由木板移动,拼出不同的字,省时省钱,促进印刷事业发展。印刷术影响无远弗届,自古腾堡圣经印刷版本于 1456 年问世后,50 年间,欧洲人生活发生重大变化;政治方面,政令倡导摆脱传统,口述改用文宣,人民经由政府宣传品,了解政情,王室、贵族利用文宣品表述立场,分辨敌我。政治超越过去地域效忠的局限,新的政治团体出现,国家意识产生。社会方面,识字人口增加,影响人民的生活,早期的书籍及宣传品虽多为宗教主题,随着学生、家庭主妇、商人、中上层阶级热衷不同的题材,出版商不得不印行有关医药、旅游等实务性书籍,人们经由阅读感受到各种不同的经验。文化方面,可以透过印刷品、采朗读方式,将讯息传给不识字的人,消除了识字者与文盲者间的文化鸿沟。

3. 女人地位

中世纪盛期,上层女人只能拥有较多的财产及政治权力。文艺复兴时代不然,意大利城市的女孩、男孩都能接受相同教育,学习写字及古典文艺,许多女人同时研读拉丁文及希腊文,熟悉奥维德 (Ovid) 及弗吉尔诗词,通晓一二种现代语言,如法文及西班牙文。少数女人对文字、演说、论文及诗词均有杰出的表现,赢得人文学者盛名。

劳拉 (Laura Cereta) 是典型的范例,她来自伦巴布雷西亚 (Brescia) 的统治阶级家庭。在父亲教导之下,熟知语言、哲学、神学及数学,15 岁结婚时文艺造诣相当,遭遇到女人所共同面对的难题,选择丈夫、家庭或远离尘嚣,专心研究。婚姻带给女人家庭重责,会妨碍女人发挥潜能,劳拉选择了婚姻,但不过 3 年,18 岁即成为寡妇,以后的 12 年岁月中全力学习,忍受其他妇女嘲讽、男人敌视。劳拉不以为忤,她认为平凡的女人除了装扮自己之外,空洞无物,女人地位次等并非造物者之安排,而系女人自找,知识并非与生俱来,必须经由学习,要不畏难苦,才可能改变地位。劳拉所言属实,但男人却不以为然,担心女人一旦学习,将一反常态,并拒为女人,因而极力毁谤攻击之。

中上层女孩接受古典教育外,还学习绘画、音乐及舞蹈,想做一名典雅端庄、温柔婉约的女人。文艺复兴女人受教情形,虽优于中世纪女人,但由于男人受教治理公务,使得女人仍必须承担家事。一位受良好教育的女士也必须学习料理家事、装饰宫廷。

文艺复兴时代之爱情生活与中世纪不同,中世纪时代教导男士取悦女人,而文艺复兴时代则要女人讨好男人。女人必须在婚姻之内才可以有性生活,男人则可以有婚外的性生活。由女性遭强暴的事例中可以察知女人的地位,由 1338 年至 1358 年对威尼斯一项非正式的研究中发现,当地法律对强暴案的处罚与其他罪行相较,量刑不算重,强暴已婚妇女罪刑较未婚女孩高,但也不过 6 个月徒刑或罚锾,若是贵族强暴一名普通女子则刑责更轻,但普通男人强暴女性贵族将遭严惩。

五、北方人文运动[01]

15世纪下半叶，意大利文艺复兴思想及观念传抵北欧。加上法国、日耳曼、英国的学生相继前往意大利留学，追求新知，并将古典主义、个人主义、人道主义与本土文化融合，促成北方人文运动。北方人文学者与意大利人文学者不同，意大利人文学者虽然也是基督徒，但较关注世俗及希腊罗马文化，北方人文学者致力于基督理念的社会改革，关心生命的伦理，通过古典文化结合基督文化，强调以理性而非教条作为生命的基调。与意大利人文学者一样，他们对经院哲学不满，主张从人文角度致力道德及制度改革，相信人性虽然因罪而堕落，但基本上仍是善良的，可以透过教育方式改造。

北方之人文学者的代表人物有：

(1) 英国

摩尔(Thomas More)，英国人，是17世纪英国社会史及思想史泰斗。一生岁月坎坷不平，先在伦敦律师养成所(London Charterhouse)学习做律师，后结婚执业，酷爱古典文艺，经常接待一些外国及英国的人文学者。亨利八世时出任公职，派驻法兰德斯(Flanders)为大使，后因宗教理念，反对亨利八世再婚，被送上断头台。撰有《乌托邦》(Utopia)一书，对社会提出全新的论点。《乌托邦》从字面来说是"不存在"(nowhere)，描述新世界大陆之外一个小岛上的理想团体，在这里所有的小孩接受良好教育，学习古典希腊罗马文艺，重视社会平等。《乌托邦》认为社会之病来自贪念，法律之慈悲应大于正义，理想国人民重理性，追求完美的生活。

莎士比亚(William Shakespeare)，英国人，戏剧家兼诗人，一生写了37本剧本、2首长诗、154首十四行诗。代表了文艺复兴时代文学的重大成就，题材丰富、语言生动、人物多样，故事内容反应英国社会的生活，堪称为英国文学的泰斗。史学家将其作品分为三期：第一时期为历史期，有历史剧、喜剧、悲剧。内容多取材英国由13世纪到15世纪的史实，除了强调王权的重要之外，并歌颂爱情的意义，代表作有《亨利五世》(Henry V)、《仲夏夜之梦》(Midsummer Night's Dream)、《威尼斯商人》(The Merchant of Venice)、《罗密欧与朱丽叶》(Romeo and Juliet)；第二时期为悲剧时期，著名的"四大悲剧"就在这个时候问世，包括《哈姆雷特》(Hamlet)、《奥塞罗》(Othello)、《李尔王》(King Lear)、《麦克白》(Macbeth)。其中以《哈姆雷特》最脍炙人口。故事描写哈姆雷特王子的父亲被叔父杀死，母亲改嫁，王子察明真相，展开复仇。最后在决斗中杀死叔父，自己也中毒箭死亡。剧本强烈表现了个人不畏强势，孤军奋战的勇气，充分代表了文艺复兴时代个人主义的精神与悲剧。第三个时期是莎翁晚年的作品，文气不若前尖锐锋利，批判精神亦大不若前。作品以传奇为主，代表作为《暴风雨》(The Tempest)，以宽容、和解为主，情节充满人世的悲欢离合，但都以大团圆为结局。

---

01 这里的"北方"是指阿尔卑斯山(Alps)以北的地区，包括法国、英国、西班牙、日耳曼等地。

莎士比亚作品系以人文思想为基础，对英国社会作了深刻的描述，他相信人的才能取用不绝，赞美高尚的感情。他的剧作多呈现最真实的人生，早期的作品较多喜剧，充满浪漫气息，对现实赞美多于嘲讽，对人生肯定过于批评，晚期对人生有更多的体认，使他的悲剧更有力，尤其对人性的刻画，更具观察力。

(2) 荷兰

伊拉斯莫士 (Desiderius Erasmus of Rotterdam)，荷兰人。幼年失怙，进入修道院，虽然极端厌恶修道院生活，但仍钻研拉丁文，十分钟情古典文艺。1499 年前往英国巧遇柯列特 (John Colet)，思想产生重大转变，开始从人文角度研究、解释圣经。认为救赎不是像天主教实践中赎罪的形式，而是一种发自内在的、心的改变。伊拉斯莫士著作等身，代表作有《阿德基思》(Adages)，由希腊及拉丁角度讨论行为伦理；《基督教王侯的教育》(The Education of a Christian Prince) 研究普塔克、亚里士多德、西塞罗、柏拉图的作品，由理想及实际层面论述统治者之性格；《愚人颂》(The Praise of Folly) 是部世俗的讽刺书，呼吁基督教儿童的教育应力求简单、自然。伊拉斯莫士的斯学术思想中心主题有二：一为教育，认为教育是改革之道，导正道德及思想的关键，教学的课程为解读《圣经》及古典文艺；二是基督哲学，基督是精神的内在状态，不是形式也不是礼或法律，基督教是基督的生命、言行而非神学，山中圣训是基督的精华。

(3) 法国

拉伯雷 (Francoic Rabelais)，法国人文学者，深受文艺界喜爱，具有特殊的世俗观点，其代表著《卡冈都亚》(Gargantua and Pantagnuel) 是世界文坛的巨作。这部喜剧作品充满浓厚、幽默的草根味，有不同层面的意义，第一是巨人卡冈都亚及其子的冒险喜剧故事；其次是讽刺法国社会；第三是教育改革计划，第四是拉伯雷的写实风格，使读者可以获悉文艺复兴世界，对知识的好奇。整本书叙述卡冈都亚在旅途中遇到许多不同人士，藉此讨论宗教、政治、哲学及教育等问题，并论及当代和世俗生活中许多失序现象。拉伯雷并未直接抨击当代制度，但挖苦那些学究、教士、不实的律师，他相信制度塑造个人，可助人具有道德健康的生活，与摩尔理想国中自制的生活不同。拉伯雷笔下的铁雷马 (Thélèma)，生活在感性的追逐之中，铁雷马嘲讽传统宗教及社会制度，其名言为随心所欲，随意吃、喝、睡、工作、游泳、打球。拉伯雷深信人性善，相信"人的本质是笑"，祈祷应简单合理，他将追求欢乐与古典理性结合。

蒙田 (Michael de Montaigne)，法国杰出的散文作家，酷爱古典作品，关心人类生活，强调个人重要性，他认为"事有两面，有可能，也有不可能"，人可怀疑和不信宗教权威，也不盲从理性，其作品《随笔》(Essays) 笔调亲切自然、充满诗意。[01]

(4) 西班牙

塞万提斯 (M.de Cervantes)，出身没落贵族家庭，后得罪教廷，被判入狱，构思大作

---

01 "随笔"(Essays) 一词源自法文 "essai"，本意为 "试验"，是一种新的文学形式。

《唐吉诃德》(Don Quixote)。全书共两部，先后发表，是一部讽刺性小说，对16、17世纪西班牙社会提出无情的批判，作者藉小说主人翁唐吉诃德(Don Quixote)的狂想及愚行，嘲讽西班牙的黑暗社会、教会的专横及人民的生活困苦。唐吉诃德幻想自己是一名骑士，穿上破旧盔甲，提着长矛，骑匹瘦马，带着一名农民做侍从，三次出门做游侠，济世救人，除暴安良，错把风车当巨人，旅店当城堡，羊群当敌人，闹了许多笑话，也吃足了苦头，几乎丢了老命。这部书被认为是一部写实作品，目的在丑化骑士文学，对后来欧洲写实主义的文学发展有重大启示。

世俗化文明之二——海路开通

在人类历史文化接触过程中，15至17世纪是一个重要的里程碑，从此世界与全球结为一体。史家对这一段时期的历史了解多从西方的角度，称之为地理大发现时代，或是欧洲人的扩张时代。由葡萄牙、西班牙开始，荷兰、英国、法国等继之，欧洲人的基

公元1394—1460年航海家亨利王子在世
公元1400年代西班牙及葡萄牙发展新航海技术，向海外移民
公元1482年葡萄年人抵黄金海岸建立据点
公元1492年哥伦布抵圣萨尔瓦多岛
公元1494年多德西拉斯条约区隔西葡之航海探险方向
公元1487年狄亚士绕过非洲南端好望角
公元1498年达加玛绕过南非好望角抵印度
公元1500年葡萄牙探险队抵巴西
公元1519年科蒂斯抵墨西哥，击败阿兹特克人
公元1520年麦哲伦绕过南美
公元1531年西班牙军队击败秘鲁的印加人
公元1600年代欧洲开始第二阶段海外殖民活动
公元1602年荷兰东印度公司成立
公元1607年英国在北美第一个殖民地詹姆市镇成立
公元1608年法国在北美魁北克建立殖民地
公元1609年荷兰对北美提出殖民地要求
公元1620年清教徒抵美国普里茅斯
公元1624年荷兰建立新阿姆斯特丹（后来的纽约）殖民地
公元1650年荷兰西印度公司成立

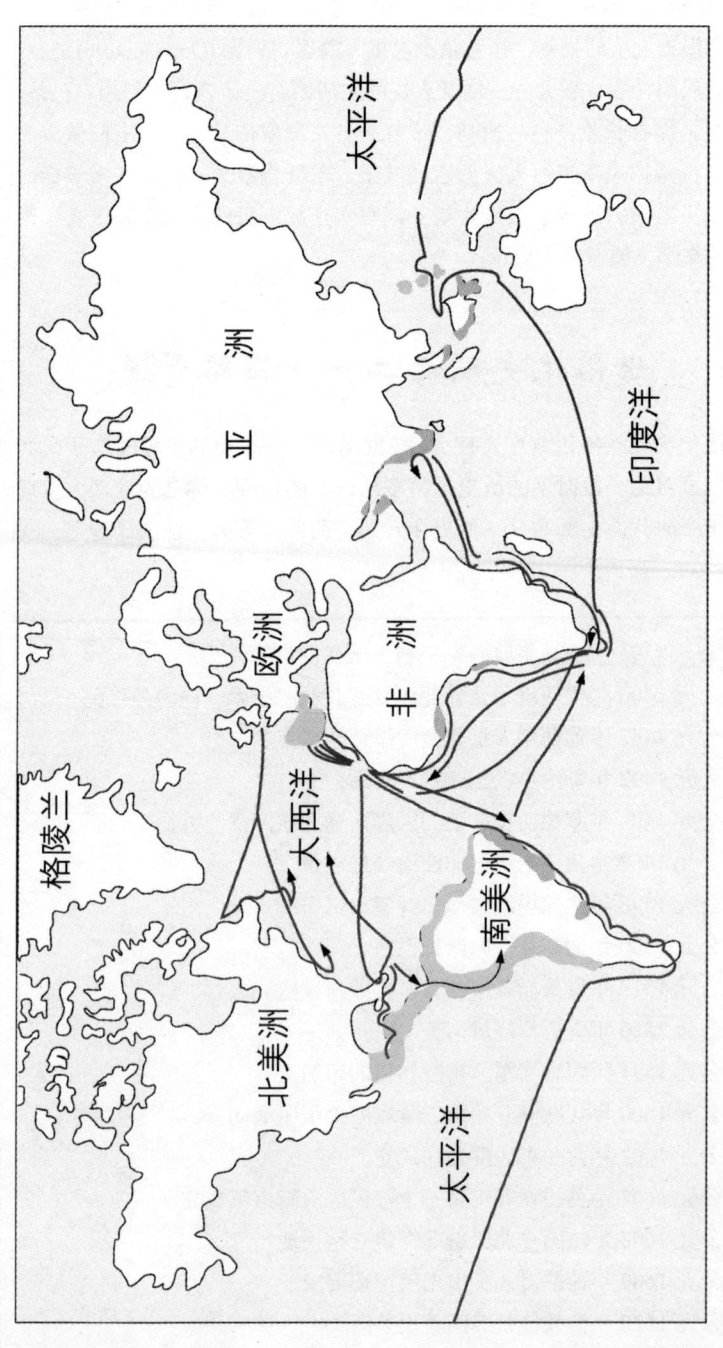

海路开通

督思想、科学技术、地理知识,向外传送,而欧洲人也向世界各地移民,远及北美、南美、非洲、印度、中国、日本及许多太平洋岛国,带动了殖民浪潮,孕育了殖民文化。这种以西方为中心重视西方东来的影响认知,往往忽略东人西行的冲击。15至17世纪代表东方力量的主要是土耳其人。1453年鄂图曼土耳其人攻陷君士坦丁堡,说明了东方文化西进的事实。拜占庭的失陷,巴尔干半岛的紧张情势在在显示了东方文化对西方的影响,然受材料不足所限无法陈述,只能提供看法,供参考。

一、欧洲人海外探险之起源

论及海外探险,欧洲有多次向外移殖记录。9至10世纪期间位于北欧之维京人,越过大西洋到达格陵兰(Greenland)及北美东岸,并在冰岛、爱尔兰、英格兰、诺曼底、西西里建立据点;11世纪至13世纪十字军向外探险,征服其他地区的异教人士,可惜群龙无首,缺乏共识,而告昙花一现。15世纪欧洲人随着航海技术发达,中国退出印度洋[01],安拉伯世界分裂,加上受欧洲本身十字军东征、文艺复兴、宗教改革的影响,活动方向由地中海转向大西洋及太平洋。此外,土耳其人的威胁也适时提供了机缘,穆罕默德二世(Mohammed II)于1453年攻陷君士坦丁堡,继续向巴尔干半岛西北挺进,至16世纪控有地中海东部,震惊欧洲人,转而加速发展探险活动。

15世纪海外探险由西班牙与葡萄牙开路。西班牙自伊莎贝拉及费迪南德联姻后,大力支持海外探险,筹措经费,解决困难。葡萄牙尽管位于欧洲大陆西南一隅,却一马当先,成就非凡,1415年占领摩洛哥(Morocco)北方一座安拉伯城市,开启欧洲海外探险及取得新领土的热潮。葡萄牙海外探险意在探金、向安拉伯人传播基督福音及争取印度香料市场。

二、欧洲人海外探险之动机

欧洲人赴海外探险动机繁多,原因复杂,有人归因于人口压力,其实未必。黑死病造成欧洲人口大量流失,迄1500年仍未正常。少数欧人于16世纪移民美洲,半数在途中遇难,半数抵美后返乡,其间真正耐人寻味的原因。大致说来有几种可能:

首先是十字军东征,激励了西班牙、葡萄牙的爱国情操,希望将穆斯林及异教徒皈依为基督徒,因而促成欧洲人向外扩张。西班牙皇后伊莎贝拉热衷感化安拉伯人信奉基督,尤其是格拿那达地区信奉伊斯兰教的摩尔人。13世纪末,伊莎贝拉鉴于对安拉伯人作战,无法获得全胜,乃转向非洲及美洲,感化当地土著。

---

[01] 15世纪明成祖曾派太监郑和七次出使西洋(当时的西洋指今日东南亚一带),扩大中国与南海国家的贸易,并拥有印度洋以西的海上优势。但后来明政府实施海禁政策,一度兴盛的中国航海事业遂告没落。

其次是西班牙新兴上层阶级的青年子弟认为国内经济、政治发展机会渺茫，因为老贵族占有肥沃农地、垄断都市政务官位，且大商人及少数贵族把持纺织业及皮毛业，促使许多雄心万丈青年人只得赴美找良机。

第三是政府支持、鼓励。由于航海费用庞大，私人心余力绌，须仰赖官方赞助，亨利王子(Prince Henry the Navigator)的赞助导致葡萄牙人在香料贸易方面获利，伊莎贝拉及费迪南德的支持亦为西班牙带来巨额财富。荷兰透过荷兰东印度公司(Dutch East India Company)努力，于1650年成为欧洲金元王国，英国较其他国家晚约1世纪。

第四是历史学者常将地理发现视为是欧洲人继文艺复兴对世界的好奇心，试图了解更多人民及地理所致。15、16世纪宇宙论、自然史、地理学的兴起，唤起知识分子撰写书籍，热烈讨论新世界问题。

第五是香料的刺激。欧洲大陆地区没有丰富蔬果，饮食单调乏味，香料能为不新鲜或盐腌食物增添口味。12世纪时随着十字军东征，姜、豆蔻、桂皮、胡椒等输入欧洲，不仅为单调的食料添加美味，并可供作药物或宗教仪式使用。香料传入欧洲，拜意大利威尼斯人马可波罗(Marco Polo)之赐，他曾到过中国，出版了《东方见闻录》(Book of Various Experiences)，刺激了意大利与亚洲间的香料贸易，并垄断了亚洲与欧洲间的贸易。香料产于中国及印度，早先经印度洋运至波斯湾(Persian Gulf)，再由安拉伯人越过安拉伯沙漠运至地中海港口。14世纪末，中国明朝皇帝禁止外人通商，加上鄂图曼土耳其人侵入东地中海、安拉伯人越过北非，欧人被迫另谋途径前往亚洲香料市场。

总之，海外探险主要动机是追求物欲，诚如葡萄牙航海家狄亚士(Bartolomeu Diaz)所说，他的探险动机为"服侍上帝，拯救苦难，追求财富"。柯特斯(Hernando Cortez)在征服墨西哥之后曾表示："此行志在黄金而非耕耘农地。"尽管探险有相当的传教诱因，如探险家抵达美洲后立即请求政府派遣教士，但基本上仍不免有致富贪念。诚如16世纪一位外交官所言："宗教是皮，金银是骨。"

三、欧洲人海外探险的条件

海外探险不能仅凭主观意念，更重要的是客观条件。首先是科技发展。1350年以来，欧洲人致力枪炮研发，利用铁或铜制造炮身，发射铁球或石球。这种新武器，隆隆巨响，火光四射，骇人见闻，昔日固若金汤的城堡也失风采不再，应声而倒。1453年君士坦丁堡之失陷即为明显例证。君士坦丁堡城池森严，欧洲人据此承续罗马光荣。土耳其皇帝聘雇西方技术专家，制造65门小炮、1门巨炮，这门大炮需靠数百只牛拉动。100人操作，填弹时间长达2小时，尽管笨重，却能发挥威力，在两天之内攻下君士坦丁堡。

早期大炮发展遭遇许多技术上的困难，铁炮虽较铜炮制作价廉，但发射效果有限，而且容易爆炸，伤及炮兵。铜炮由铜锡合成，不易腐蚀，但价格昂贵，炮身笨重，移动不便，填弹费时，精确度不够，不适合陆地作战，但可用于海上战斗，进而刺激欧洲海外扩张。

其次是船只发展。古代船只多为狭长、无蓬、用浆划的船,称为长船(galleys),靠人力操作,由奴隶或罪犯充任,航行地中海,从事防御任务。这种船只适合航行于地中海风平浪静之海域,但无法行驶于波涛汹涌,水深不可测的大西洋。黑死病肆虐欧洲,人口大量减少,船夫日渐不敷所需,驱使发展仰赖较少人力的新船只。

15世纪葡萄牙研发出小型轻便的三桅轻快帆船(Caravel),速度虽然较慢,但载运量大、机动性强,配上大炮,可以对付大船,这种以风力取代人力,并配备军火的新船只,使得欧洲海军及战力雄霸世界。

其他方面有指南针帮助船员在大海中确定方向,星盘天文观察仪判定纬度,进而了解本身位置,地图、海图提供了有关距离、海水深度及地理的信息。[01]

四、欧洲人海外探险经过

欧洲人向海外探险以1600年为界,区分为两个阶段

1. 第一阶段

(1) 葡萄牙

葡萄牙从事海外探险始于觊觎非洲金矿。黄金早先多用于教堂、宫殿与富人家庭的装饰及展示,随着意大利商业及国际金融活动成长,黄金逐渐成为国家货币基础,葡萄牙经济贫穷落后,为增加国威则大肆开采金矿。15世纪欧洲金银财货多来自西非的苏丹(Sudan)或今天迦纳(Ghana)等地,由安拉伯商旅将之从汀布杜(Timbuktu)经非洲北方之撒哈拉沙漠运至地中海港口。如今葡萄牙强行介入,亨利王子详细规划探险路线,于约翰二世(John II)时,葡萄牙在几内亚(Guinea)港口建立贸易据点及港口,深入内陆汀布杜,将金子运往葡萄牙首都里斯本(Lisbon),葡萄牙人从而垄断了欧洲的金子流通,但并未因此满足,继续由非洲西岸南下,1487年,狄亚士绕过非洲南端好望角(Cape of Good Hope),遭遇飓风,被迫驶返。1497年葡萄牙展开第二次探险,曼纽尔(Manuel)国王派遣13艘船,由伽布尔(Pedro Alvares Gabral)率领,在狄亚士协助下,前往印度建立贸易据点[02],他们绕过好望角,到达印度。此行半数船只遇难,六艘载满香料船只于1501年7月返抵里斯本港口,获利丰厚。此后,葡萄牙每年3月出船探险,里斯本成为亚洲货品的吞吐港。

葡萄牙海外探险最大劲敌为安拉伯人。长期以来安拉伯人控有印度洋地区的香料贸易,获利甚丰,不愿善罢。葡萄牙展开摧毁安拉伯人的港口或占为己有。阿布奎(Alfonso

---

01 指南针是中国人所发明,约在1190年传入欧洲。
02 葡萄牙在印度建立的殖民地称为果亚(Goa),是葡萄牙在远东的贸易中心,这个殖民地一直到1975年才为印度政府所收回。

de Albuquerque) 被任命为印度总督后，大肆攻击安拉伯人的贸易据点，开启 16、17 世纪殖民帝国主义的野蛮行为。

(2) 西班牙

A. 哥伦布 (Christopher Columbus)

继葡萄牙海外探险活动之后，意大利热那亚人航海家哥伦布获得西班牙政府资助，开始向东方探险。由西班牙之帕罗斯 (Palos) 出发，越过大西洋，到达巴哈马 (Bahamas)。1492 年 10 月抵达他命名的圣萨尔瓦多 (San Salvador)[01]，并误以为此地是印度。哥伦布为虔诚基督教徒，此行虽为聚富但也多少具有宗教宣道使命。由 1492 年至 1502 年，哥伦布四次远航美洲，到达加勒比海 (Caribbean) 各重要岛屿，如海地 (Haiti)、波多黎各 (Puerto Rico)、牙买加 (Jamaica)、古巴 (Cuba)、特立尼达 (Trinidad) 及中美洲之洪都拉斯 (Honduras)。哥伦布至死仍坚信他所发现之岛屿在印度岸边。事实上，他为西班牙觅获一个新世界。加勒比海岛屿又称西印度群岛 (West Indies)，土著接受基督信仰，古巴、波多黎各则为西班牙带来黄金财富。

西班牙探险、淘金对当地人民影响重大，印第安土著不堪矿工生活衣食营养不足，死亡惨重。1492 年当地人口约 10 万，至 1570 年仅存 300 人，西班牙改由巴哈马及非洲输入黑人至矿区工作。此外，西班牙此行目的在淘金，一旦金矿获利短少，则另觅致富之途。

B. 麦哲伦 (Ferdinand Magellan)

1519 年西班牙国王查理五世指派麦哲伦寻找一条直接前往亚洲东南沿岸外的摩鹿加群岛 (Moluccan)。麦哲伦由西南航行，经大西洋至巴西，继续南行，经过一个以他为名的"麦哲伦海峡"(Magellan Strait)[02]，抵太平洋，再西行至马来 (Malay) 群岛后[03]，不幸遇害身亡。死后，探险队继续航行，经由印度洋、好望角及大西洋返回欧洲。[04] 尽管此行遭遇风浪、变乱、饥馑及疾病等侵扰，但成果颇丰，除了证实地球是圆的以外，更解开了太平洋之奥秘。

C. 柯特斯 (Hernando Cortez) 及皮萨罗 (Francisco Pizarro)

柯特斯为西班牙人，受西班牙对黄金、土地及荣耀感的诱惑，于 1519 年曾率 600 人、17 匹马、10 门大炮抵墨西哥，透过武力、外交，3 年内攻陷阿兹提克帝国 (Aztec Empire) 首都提诺蒂德兰 (Tenochtitlan, 今日墨西哥市)，俘虏蒙提苏玛 (Montezuma) 国王，建立墨西哥城 (Mexico City)，作为新西班牙 (New Spain) 首都。1531 至 1550 年西班牙获得沙卡

---

01 圣萨尔瓦多是 (San Salvador) 救世主之意。

02 "麦哲伦海峡"(Magellan Strait) 就是欧洲航海家一直在寻找穿过美洲大陆的"西南航道"(southwest passage)，至于另一条"西北航道"(northwest passage) 则在 20 世纪中才为人所发现。

03 马来 (Malay) 群岛即是欧洲口中的西方岛屿 (Western Isles)，麦哲伦以西班牙国王菲力浦二世 (Philip II) 之名称为菲律宾群岛 (Philippines)。

04 麦哲伦率领 5 艘船和 280 名水手出发，3 年后只有一艘船和 18 名水手得以生还回国。

帝卡斯 (Zacatecas) 丰富银矿。另一位西班牙人皮萨罗于 1531 至 1536 年率领少数人马，攻占南美的印加帝国 (Inca)，建立西班牙殖民地，并且在利马 (Lima) 设置都城。[01]

2. 第二阶段

欧洲海外探险至 1600 年进入第二阶段。当时，西班牙随着哈布斯堡家族的政权不稳而式微，葡萄牙则面临荷兰的挑战与威胁。由 1630 至 1650 年荷兰取代了西班牙、葡萄牙在大西洋、太平洋的据点。

(1) 荷兰

尽管美洲财富源源不绝流入西、葡，但未见帮助，反而是西班牙哈布斯堡家族统治下位在今天比利时的安特卫普 (Antwerp) 城后来居上，成为欧洲财政金融中心。中世纪以来，此地市集为贸易盛事，荷兰是意大利与波罗的海之产品交换重镇，安特卫普得地利之便，迅即成为贸易中心，英国羊毛，波罗的海的小麦、毛皮、木材，葡萄牙香料，西班牙水果，法国酒、染料，意大利绸缎、大理石、镜子均在此交易。该城码头每次停泊船只达 2500 艘，5000 名来自不同地区的商人在此相聚。西班牙银纷纷滚入荷兰，安特卫普盛极一时。然至 16 世纪末，阿姆斯特丹 (Amsterdam) 取代了安特卫普城成为欧洲金融中心。荷兰积极向外扩张、探险，于 1602 年设立荷兰东印度公司 (Dutch East India Company)，为荷兰谋取财源，并取代葡萄牙在东南亚的势力。1650 年荷兰西印度公司 (Dutch West India Company) 在北美渐露头角，大量掌控非洲与美洲之间的贸易。[02]

(2) 英法

英、法向海外探险，初期的发展成就不如西、葡，有立竿见影之效，但却后来居上。1497 年住在伦敦之热拿亚商人卡伯特 (John Cabot) 航往巴西，途中发现纽芬兰 (Newfoundland)。次年再度至新英格兰探险，最远抵达德拉瓦 (Delaware)，但不曾发掘金银。1607 年在北美维基尼亚建立第一个殖民地詹姆斯镇 (Jamestown)，英国在亚洲、非洲方面的殖民活动，透过英国东印度公司 (England East India Company) 展开活动。法国受到 30 年战争 (Thirty Years' War) 影响，海外发展较晚，其主要活动据点在北美。卡提尔 (Jacques Cartier) 于 1534 至 1541 年展开数次航海探险活动，曾到达加拿大 (Canada) 之圣劳伦斯 (Saint Lawrence)，但法国一直到 1608 年才建立第一个永久殖民地魁北克 (Quebec)。英、法之殖民活动不同于西、葡，虽然两者皆在掠夺财富。西班牙、葡萄牙着眼于金矿，一旦矿石不见，即前功尽弃；英、法则追求烟草、棉花之财富，努力促使

---

01 为何西班牙能以极少数兵力便征服美洲印第安人建立的古老帝国？现代学者认为，欧洲人所带来的疾病让美洲原住民大量死亡，欧洲先进的武器让印第安人无力抵抗，美洲传统文化因而消失。参阅：贾德·戴蒙 (Jared Diamond) 著、王道还、廖月娟译，《枪炮、病菌与钢铁》(Guns, Germs, and Steel) (台北：时报，1998)，第 3 章。

02 荷兰商人在北美哈德逊河 (Hudson River) 口建立新阿姆斯特丹 (New Amsterdam)，为荷兰在北美的贸易中心，17 世纪中叶为英国所夺取，改名纽约 (New York)。

殖民活动生生不息。

五、影响

1. 欧洲方面

由 1400 到 1650 年，欧洲开始面对一个新世界，一个背离传统地中海为中心走向大西洋与太平洋的世界，一个基督与非基督接触的世界，一个新的资本主义市场的世界。在西方以其优势统制非西方之际，也建立了西方文化霸权心态，从此文明与野蛮、进步与落后主导了文化的深层结构。在西方人的歧视、宽恕、包容、谅解之下，从中心与边陲的世界观，进展为多元中心乃至全球文化。站在世界史的角度，15 世纪以前，除了亚历山大及恺撒之外，西方对东方的影响是有限的，但从此以后，西方成为世界的代名词。而全球也在西方的引领之下，逐步产生联系。

15 世纪西方国家向外扩张，获得许多具体成就，并奠定现代世界文化的基础，包括：刺激资本发展、寻获西方到东方的海上新路线、殖民美洲、了解非洲、证实地球是圆的。其中以西班牙获得最大成效，不仅垄断海上贸易并大肆侵占美洲财富，但后来由于黄金大量涌入，造成通货膨胀，影响经济发展，导致西班牙衰落。1600 年后北欧国家以新的资本主义经营策略，利用金融组织，发展农业、工业，促进北方经济起飞，影响欧洲发展重心移往大西洋。

西班牙与葡萄牙向外发展对当地人民带来重大冲击。在非洲方面，葡萄牙并未与当地国家建立友好关系，而只是贪图金银财货，并从事奴隶买卖。在亚洲方面，1650 年以前，各地区受影响程度不同，印度以及马来群岛无法阻止西方海上势力，不得不向外国势力低头，遭到葡萄牙及荷兰等国无情剥削，葡萄牙曾侵入中国两次[01]，至于日本、土耳其、安拉伯则抗拒欧洲的入侵。

继西班牙、葡萄牙海外活动之后，荷兰、英国、法国的海外发展方向有所不同，他们不再重视金银财货，而是展开移民，将西方文化传播到异域，开展了世界文化的新局面。

2. 美洲的发现

欧洲人向海外探险除了认识到非洲、亚洲之外，更重要是来到一个在欧洲历史上全新的地方，即美洲，欧洲人称此地为新大陆。在欧洲人的历史认知中，首先，世界的极限是印度。根据地球是圆的学说，往东到印度，往西也会到印度，因此他们将美洲看成是西印度，欧洲各国在此地设立的贸易公司皆称为西印度贸易公司。其次，美洲分为北

01　葡萄牙人于 1557 年占领中国珠江口外的澳门半岛 (Macau)，作为其在远东的商业据点，直到 1999 年才归还中国政府。

美及中南美洲，中南美洲是地理名称，文化上称为拉丁美洲。据说拿破仑为了要与英国区别，将英国拥有之地称为北美洲，而将中南美洲称为拉丁美洲(Mesoamerica)。

在欧洲人未抵达美洲之前，最早来此的是越过白令海峡(Being Straits)到达安拉斯加(Alaska)的亚洲人，时间距今约两万年前。以后往南发展，公元前 1.3 万年抵秘鲁，7000 年前左右到智利，以后的进展不见历史记载，一直到欧人侵入之后，美洲才进入世界历史舞台。

促进美洲文明进展的主要有两种人：一为原住民，一为移民。原住民即一般所称的印第安人。据统计，在欧洲移民于 15 世纪抵美之前，印第安人口总数约 3000 万，语言复杂，母系父系社会并存，各部族自行发展其文明，其中迄今仍具代表性的是其农作物：玉米、马铃薯、可可、烟草等。15 世纪后欧洲移民进入美洲，影响美洲发展重大，改变了原住民的命运。大致说来美洲地区的发展可以分为北美及中南美两地来论。中南美洲的发展依年代顺序可以分为三期：

形成期(Formative 150)、古典时期(classical 150—900)、后古典时期(postclassical 900—1492)。

(1) 形成期

形成期的历史活动地区在墨西哥中部，发展出历史上所谓"奥尔梅克"文化(Olmec)。此时社会由乡村发展为城市，生活以制陶、编织皮革为主，教士掌权，商人社会地位高。在这个神权社会中，教士主导一切生活。公元 2 世纪一支新的文明出现，一直延续到 10 世纪，称为古典时期，为中南美洲的黄金时期，可媲美欧洲的希腊与罗马。文字、时间、神庙、贸易等文明活动日趋频繁，主要的代表为马雅文明。

(2) 古典时期：马雅文明

马雅文明是由印第安人马雅族所建构的文明。主要活动地区在墨西哥，北部及中部为尤卡特(Yucatec)及乔瑞安(Choilan)语的族人；高地为卡米那鸠幼(Kaminalijuyu)人，已有简单文字及房舍。发展至公元前后，建立了城邦，以神庙为中心，居民散布四周，组成公社，由贵族执政。4 世纪到 9 世纪文化昌盛，9 世纪末突然中断，原因不详。一般将之解释为人口过剩、内部斗争、外力入侵。10 世纪墨西哥地区的托尔特克人(Toltecs)人南下，在奇钦-伊查(Chichen-Itza)建都，并在尤卡坦半岛建立一系列新城，与马雅人同化，为马雅文明带来了另一次高潮，一直到 15 世纪中叶才因内部斗争而衰落下去。

现代人所知道的马雅文化是西班牙人所发现，西班牙占领美洲新大陆后，滥杀祭司，烧毁原住民书籍，以致后人对马雅文明的了解，在缺乏原典情形下，只能透过西文，因此了解有限。大致说来，马雅文化可以供人省思的为其金字塔建筑。与埃及不同的是，它不是法老的坟墓，而是神明的祭坛。用巨大的石头筑成，雄伟壮观，塔四周有阶梯，阶梯用浮雕装饰，顶端是祭神的庙坛，虎塔(Tigre)和猴塔(Monos)是两座最大的金字塔。马雅人重视历史，建有石柱碑，刻上象形字，记载重大事件的年代和内容，目前发现有几百个石柱，据学者推断最早的石柱为公元 292 年之物，最近的则是公元 1516 年。

马雅人的历法及象形文字为后世推崇，当地天学家计算出一套太阳历法，其精确性为当时之冠。他们将一年分为 18 个月，每月 20 天，再加上五个宗教日，一共 365 天。马雅的历法与农业的季节有关，他们可以算出日蚀的时间，月亮行星运转的周期。文字方面，根据一九四九年所发掘出的一件玉饰，上有古典时期的马雅文字，专家认识到马雅文字是祭司所专用，他们用头发制成笔，用无花果做纸，记录马雅神话、传说、礼仪、历法、编年史、祈祷文等。西班牙人接触到马雅文字时视之为"魔鬼作品"，而予以焚毁，只留下三部手抄本，分别藏在马德里及巴黎等地。

(3) 后古典时期

① 阿兹特克

随着古典文明的结束，中南美地区另一支文明兴起，即阿兹特克文明 (Aztecs)。历史上将它载入后古典时期，其活动地区在墨西哥中部沿海地带。阿兹特克人是托尔特克人中的一支，原居住在墨西哥北部，14 世纪在酋长特诺奇 (Tenoch) 的带领下抵特斯科科湖 (Texcoco) 的一个小岛上，开始建立新的都城，命名为特诺奇蒂特兰 (Tenochtitlan, 即今日的墨西哥城)。并向外扩张，成为墨西哥盆地的盟主。

随着版图扩展，阿兹克人的社会结构产生变化，由旧式部落发展为城市形态，男人是社会的主角，女人活动范围限于家中，贵族及教士为社会的上层，享有特权，负有重责。平民表现良好者可晋身为贵族，技工缴税但不需服兵役，农人种田并服兵役，此外还有佃农及奴隶。

阿兹特克人生活以农业为主，崇拜自然神，他们认为众神必须靠血才能永保青青及活力，如果没有血就会变老且衰弱，因此有杀战俘向神献祭的习惯。擅长建筑，首都特诺奇蒂特兰的营造历时两百多年，全城分为四大区，区中心是以大庙为主体的建筑，包括统治者及贵族的房屋及宫殿，全城建有 40 座金字塔形庙坛，其中以谷神特拉德洛克神庙 (Tlaloc) 最耀眼，这座金字塔高 35 公尺，有 144 级台阶，气势雄伟，湖水道路相映，衬以白色高大建筑物，景色优美。

阿兹特克人擅长医学及天文学。巫医除了祈祷、符咒、巫术以外，并懂得用药，特别是各种药草，如用奎宁治疟疾，已知用麻药进行麻醉，从留存的抄本图画上，可以发现当时人对人体器官了解很深。天文方面，由发掘的"太阳石"中可以知道他们的历法，与马雅人相近，每月有 20 天。阿兹特克人精于雕刻，想象丰富，雕像体裁多与宗教有关。

② 印加 (Inca) 文明

印加文明为南美安第斯文明的一支。安第斯文明源于公元前 4000 年左右，活动地区包括今日委内瑞拉、哥伦比亚、厄瓜多尔、秘鲁、波利维亚及阿根廷等地，于公元前3000年至1000年左右逐渐发展出政教制度，筑有宏伟的庙宇和宫殿，并生产丰富的陶瓷器、珠宝和纺织品。安第斯文明发展可以分为三个时期：狄亚瓦那哥 (Tiahuanaco) 帝国、奇姆 (Chimui) 帝国及印加帝国。公元1532年为西班牙人所灭。

根据传说，印加人自称为"太阳之子"，早先住在安第斯山的南部狄亚瓦那哥 (Tiahuanaco)，以后迁移至中部的库兴科 (Cuzco)，公元1200年左右在此地建国。以后几百年的岁月里，他们以务农为生，过着村落生活，社会结构为部落形态，有宗教信仰。随着对外战争的增加，开始朝君主政体发展，加强军备，向外扩张。较有名的君王有：维拉哥加 (Viracocha 1438)、巴加库堤 (Pachacuti 1438—1471)、胡阿那加皮克 (Huayna Capec) 等。

安第斯山脉，高山峻岭，气候严寒。印加人为克服环境，展现了高度的技巧，他们精于铺设道路、修筑沟渠、开凿运河，营建城市，沟通有无，使得印加幅员广达38万平方公里。印加发展过程中与其他地区一样，遭遇人口过多、粮食不足的困境。他们采用制式经济 (command economy)，没有货币，没有信贷，只有少量的境外交易。政府规划各种经济活动，将土地分配给各户，并强迫耕种。家长在政府监督之下，督导耕作，收成缴交国家仓库。工人必须从事大众建设，为贵族及王室工作。社会以阶级区分，其中贵族多为王室的亲友，地位殊荣，担任政府高官，享有相当礼遇及一定报酬。次一等阶级为小贵族，包括被征服的贵族，出任地方官员。这两种阶级的人，受一定教育，穿着华丽，饮食优渥，住宅舒适，不必纳税，亦不会受酷刑。第三种阶级的人为普通工人，规定只能住在农村中，穿着、饮食受限，有一定工作。奴隶是最低一层阶级的人，多为战俘，为贵族服务。随着阶级社会的发展，女性地位逐渐下降，但上层阶级的女人仍具有相当地位。丈夫身亡，妻子可以继承全部遗产。整体说来，女人受到歧视，不准上法庭作证。下层妇女必须至田间工作，所有的女人都必须管家、育婴、照顾男人。漂亮的女子会被选入王宫做王妃，或被迫到庙会侍奉神明，也有被牺牲作为祭品的。

印加国王位高权重，从仆如云，王宫建筑华丽，为政府行政中心，主要的工作为负责战争、征税、祭神等。政府主要官员为四位总督，分别治理四个省区。每个省区幅员相当美国纽约州的大小。各省区再分为四十个区，由副省长及其助手管理。最基层的政治单位由十家组成。各级层层负责，管理百姓一切生活。

印加帝国统治者的权力有二途：一者利用军队控制，军队采用征兵制，乡村小孩在家乡接受军训，20岁应召入伍，服役两年。军队编制分别以10人、50人、100人、1000人为单位。全国有常备军20万人，驻防各地，镇压任何可能的反叛。另一者是利用宗教仪式控制人心。宗教为多神，主要为太阳神。战俘或女人往往被作为献神的祭品。演变至后来，王妃及从仆在国王死时必须陪葬。为了要确立国王的神性地位，延续国家的命脉，国王死后被制作为木乃伊，坐在王位上，重要节日出巡，接受万民膜拜。

印加人关心社会秩序及国家安全，因此不重视哲学与美学，叛国及怯懦是大恶。没有文字，也没有其他民族的图像，一切靠口语相传。公元 1532 年，西班牙军队入侵，屠杀印加人，导致文化失传情形严重。

③北美印第安人

北美印第安人发展与中南美印第安不同。他们未曾修建大城市，以织布、珠宝及陶器闻名。北美印第安人之生活，早期以狩猎为主，随着农业的发展，生活方式改变，许多印第安部落群居在乡村，食物供给渐趋稳定，闲暇增加，各项艺术、建筑、制陶技术渐次发展。

在北美诸多部落中、俄亥俄河 (Ohio river) 流域的霍普威尔文化 (Hopewell Culure) 较富盛名。大约在公元 600 年之后，该地印第安人在肥沃地区种植玉米，开始建筑土冢作为祭祠中心及安葬之地。随着社会发展之后，土冢愈加精致、最大的占地高三十尺、宽 200 尺，土冢内部有陶器、珠串、羊毛衣、铜饰物以及其他对象。土冢有蛇、乌龟及其他动物的造形。据估计，全美地区共有印第安土冢逾 10 万座，是研究早期印第安文化的重要资料。

北美印第安人主要分布在西部地区，各部落生活因环境差异而有所不同。大部落多生活在农业发达地区，加利福尼亚 (California) 印第安人住地阳光充足，食物充裕，西南地区的朴布罗印第安人住在贫瘠的沙漠之中，西北海岸地区印第安人渔产丰富，平原地区印第安人则浪迹落矶山脉 (Rocky Mountains) 与密西西比河之间，猎捕野牛。东北地区印第安部落组成政治联盟，与其他印第安人或欧洲人竞争。这个政治联盟称为易洛魁联盟 (Iroquois League)、由五个部落：摩霍克 (Mohawk)、塞纳—马恩省卡 (Seneca)、欧奈达 (Oneida)、奥伦多加 (Onondaga) 及卡尤加 (Cavuga) 所组成，住在现今纽约州一带。易洛魁社会男女结婚，男人必须住进女方家的集合住宅与女方母亲、姊妹及家人同住。一个村落约有 50 个集合住宅，男人打猎、捕鱼、穿鹿皮衣服，戴珠子及插羽毛。他们是自然崇拜者，认为大自然中之动物、石头、树木、风、雨都有精灵，有一种看不见的力量，人惟有在梦中才能与此力量接触，他们相信梦，梦见作战失利即班师还朝。

东南区印第安人善于筑土墩，被称为密西西比"寺庙土墩"(Temple Mound) 文化，村庄围绕着一个祭典土墩。这种文化至欧洲人抵达时式微，东南印第安人口，随着瘟疫、饥荒、人们四处散居，大大减少，土墩文化可以纳西兹 (Natches) 为代表。纳西兹族印第安人于 1600 年初沿密西西比河居住，由一位国王统治，高的庙内，部落中另有一位女"太阳"，权力庞大。纳西兹社会阶级有四，大太阳是最上阶级，阶级间可以通婚。

东南地区印第安部落在欧人抵美后结合成为五大文明部族 (Five Civilized Tribes)，包

括巢克图族 (Choctaw)、溪族、契卡索族 (Chickasaw)、色米诺族 (Seminole) 以及查罗其族 (Cherokee)，其中查罗其族发明字母，出版报纸，并撰写一部宪法。五大文明部族以务农为主，爱好和平，但由于欧洲移民垂涎其土地，被迫迁移。[01]

世俗化文明之三——宗教改革

宗教为神的国度，人的精神支柱；上古流传神话，中世纪重视神权，近代讨论神学。神话时期，人类懔于自然万象，乞求神灵，消灾解厄。欧洲中世纪时期日耳曼族群争霸，藉神显灵，神权抬头，教会地位，蒸蒸日上，定于一尊。近代以后，基督宗教面临挑战，教会地位不再，神学日趋重要。严格说来，所谓宗教改革 (Reformation) 不是基督宗教本

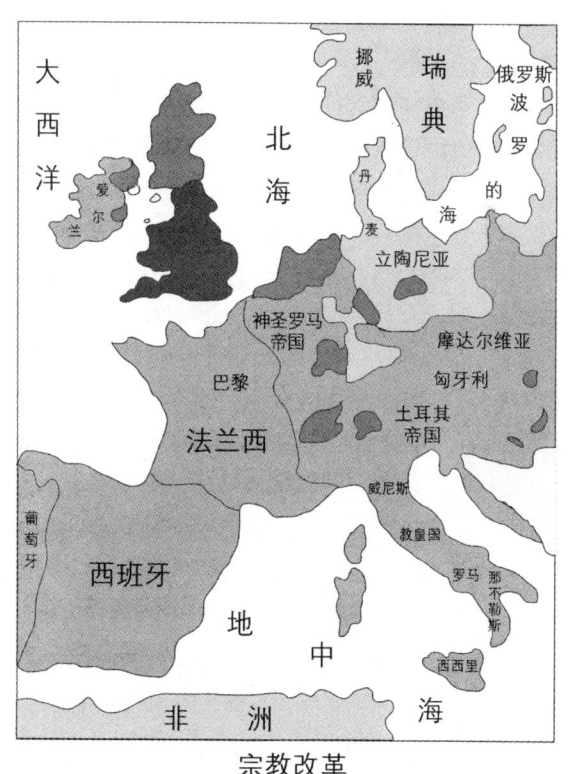

宗教改革

░ 路德教　■ 喀尔文教
▓ 天主教　█ 英国国教

---

01 请参考林立树著，《美国通史》，台北：五南，2001 年，第 3—10 页。

> 公元 1415 年宗教改革者波希米亚的胡斯被烧死
> 公元 1483—1546 年马丁·路德在世
> 公元 1509—1564 年加尔文在日内瓦进行宗教改革
> 公元 1517 年马丁·路德在威登堡张贴九十五条宣言
> 公元 1545—1563 年特仑会议
> 公元 1555 年奥古斯堡和约
> 公元 1556—1598 年西班牙菲浦国王执政
> 公元 1568 年荷兰革命
> 公元 1588 年英国击败西班牙无敌舰队
> 公元 1618—1648 年三十年战争
> 公元 1648 年威斯特发里亚条约

质，而是教会的改革。宗教有内在本质(essence)及外在形式(form)两面，宗教本质劝人规过向善，各派精神趋一，无所谓改革，惟教会形式、礼仪规范则各派不同。罗马人信奉基督宗教为国教以后，罗马帝国崩溃，西罗马遭日耳曼人侵，中枢不再，教会负起传承重责大任，藉教会之名，行世俗政权之实，维系了"神圣罗马"于中世纪近千年之久。然教会组织亦因世俗政权之人事纠纷、权力争夺、利益分配，为人诘难，教会之原始精神不见，教会的种种措施，遭人质疑，加上社会变迁、经济发展，地方势力崛起，基督宗教一统面对挑战，基督新教：路德派(Lutheran)、卡尔文派(Calvinists)、英国国教派(Anglican)顺势兴起。教会变革，在所难免。

一、背景

任何改革得觅一源头，基督宗教改革旨在消除教会势力，因此必须寻求教会之前的道理作为理论基础，保罗为耶稣重要门人，其观点即成为改革的依据。早在基督宗教初期，圣保罗即告诫其门徒："不要以外界行为作为个人行为的表率，要以个人的心智来决定行为。"以后相继有许多圣者提出类似改革的看法。15世纪宗教改革蔚然成风，主要是教会领袖地位低落所致。历经13世纪教皇与日耳曼皇帝腓特列二世(Frederick II)间政教冲突、"巴比伦之囚"及"大分裂"之后，教皇威望日趋衰微。此外，14、15世纪宗教会议迎合大众意见，要求改革，人文学者如伊拉斯莫斯等人指责教会堕落腐败，更重要的是社会形势转变。

16世纪初，社会对教会之批评，多为教士之道德及教会行政而非教义。14世纪以来，教会规定教士必须绝对独身，但执行困难。许多教士，尤其是上层教士，拥有妻妾，常遭检举违反独身、性生活不检点，甚至被控酗酒、赌博、华服，姑且不论其犯行，但明显违反教会清规。其次，欧洲教士受教程度不如俗人，许多人文学者批评教士对群众宣读一些连自己也不懂的拉丁经文。而最令人诟病的是，许多教士，尤其是高层教士，身兼多项要职，分身乏术，不务正业，只顾收取税赋。许多在罗马教廷服务之意大利官员同时在英国、西班牙及日耳曼兼有职务，他们领取当地税金，作为薪俸，引起民怨，如英国亨利八世 (Henry VIII) 的首相伍尔西 (Thomas Wolsey) 担任约克地区大主教 15 年，未曾履行职务。法王路易十二世 (Louis XII) 的外交官杜布拉特 (Antoine du Prat) 担任森斯 (Sens) 地区大主教，临死前才踏入教区。

虽然 15、16 世纪政府拟提高王权，惟因税收不足，窒碍难行，当时财富多集中在教会之教区或主教手中，谋求互惠成为趋势。英国、西班牙、法国及神圣罗马帝国之教会官员为君王服务，使其得以管理教会，不少教会人士参加王室会议，担任外交官、财政官、法官、总督。主教亦同时兼为教会及国家服务，并由教会支薪，除了英国之外，大半国家的贵族位居教会要职，教会人士生活奢侈与教会强调简朴大异其趣，许多教皇如庇护二世 (Pius II)、西斯督四世、英诺森八世 (Innocent VIII) 等皆利用教皇权势、财富满足个人私欲。

二、源起

15 世纪末、16 世纪初教会内部，某些个人及团体出现改革诉求。14 世纪末一群荷兰虔诚人士自称"共同生命体" (Brethren of the Common Life)，主张简朴度日，服膺《圣经》，探视病患，济助贫寒，教导人们准备过修士生活。这群同道经由祈祷、反省、阅读《圣经》，将宗教化为个人及内在经验，要求基督徒以基督为榜样，追求简单完美的生活，强调《圣经》对精神生活的重要性。15 世纪他们在荷兰及日耳曼、莱茵河地区建立据点，开始宗教复兴。

另外，在意大利的圣爱 (Oratories of Divine Love) 组织亦致力改革。这群教士团体，经由祈祷、传教活动，恢复教会精神，他们与中世纪教会教士所采避世方法不同，致力传教，办理慈善活动，如设立医院、领养孤儿，以积极方式服侍上帝。16 世纪初欧人仍对罗马天主教会深具虔诚信心，村民游行纪念圣人，中产阶级人士前往罗马朝圣，上层阶级关心教会，社会各阶层人们为教会奉献时间与金钱。教皇亦热衷教会改革，教皇朱里乌斯二世 (Julius II) 于 1512 至 1517 年在罗马召开会议，出席主教多为意大利籍，他们强烈希望教会改革，提高教士知识水平，消除腐败，并提出教义革新。

三、改革经过

教会改革发自内省，来自批判，由路德教派开始，经卡尔文教派而英国国教派。他们推翻了天主教会的一统地位，开启了现代教会多元的幕帘。

1. 马丁·路德

16世纪日耳曼教士马丁·路德掀起基督宗教改革(Protestant Reformation)浪潮。路德并非一时之选，只是一名矿工之子，后成为神学教授。他代表了当时经由教会改革，寻求拯救之途。

(1) 其人

马丁·路德生于日耳曼撒克逊(Saxony)的艾斯里本(Eisleben)，在家排行第二，父亲以矿工为业，后成为矿场老板。他在父亲刻意栽培之下入学，后前往埃福特(Erfurt)大学，21岁获得硕士学位。父亲希望他研习法律成为律师，荣宗耀祖，光辉门楣，奈何造化弄人，命运戏人。某次雷雨，路德饱受惊吓，转念成为一名修道士。在未与父亲商议之下，于1505年径往埃福特的奥古斯丁修道院，1507年取得教士资格，以后再获神学博士，自1512年迄1546年去世为止，一直担任威登堡(Wittenberg)大学《圣经》教授。马丁·路德尽管在修道院虔诚祈祷忏悔、斋戒，但心灵仍无法平静，他对罪恶及拯救无法释怀。有心理学者研究发现，路德早年岁月由1505年至1515年曾遭到严重的内心创伤，路德违背父愿视如违反《十诫》，造成严重的内心冲突，宗教生活无法消除精神上的困扰，以后几年之中，他曾发作三次癫痫，进而陷入得救的思索，并探讨生命的意义。在神父劝进之下，阅读了圣保罗所写的书信，改变了对基督教义的看法，开始相信，获救并非来自外在仪式，而是对基督的虔信，强调信念为上帝对人的恩惠，信念无法赚取。马丁·路德终于找到自己、上帝以及信念。01

(2) 改革

马丁·路德改革因缘际会，享誉史坛，肇始于张贴在威登堡大学(University of Wittenberg)的《九十五条赎罪券宣言》。赎罪券与天主教会忏悔礼(告解礼)有关，根据天主教的说法，每一个人的罪系因远离上帝及爱所造成，为了与上帝修好，有罪的人必须向教士认罪，并乞求忏悔。譬如一名小偷必须送还赃物，并向牧师忏悔。通常是祈祷或做好事，称之为暂时悔改，没有人知道上帝最后要求的是何种悔改。赎罪券的基本原则有三：第一，上帝仁慈且正直；第二，教会可以应用基督及圣人建立的功德；第三，教会有权将这些功德赐予罪犯，早先赎罪券赦免暂时的惩罚，12世纪开始，教皇及主教授予十字军赎罪券，中世纪后期人们普遍相信赎罪券完全赦免对罪的惩罚，并可获准进入天堂。

威登堡大学位于马格德堡(Magdeburg)，由27岁的大主教阿伯特(Albert)管辖，他同时身兼哈伯斯达特(Halberstadt)的长官以及曼因兹的大主教。这三项职务均由教皇指派，此时教皇利奥十世(Leo X)正致力修缮圣彼得教堂，但苦于经费短绌。阿伯特大主教

---

01 现代心理学者爱力克森(Erik H. Erikson)曾对马丁·路德的青年时代进行心理分析，指出他当时有"认同的危机"(Identity Crisis)。参阅：爱力克森(Erik H. Erikson)著、康绿岛译，《青年路德》(Youth Man Luther)(台北：远流，1989)。

乃向奥格斯堡 (Augsburg) 银行巨子富格 (Fuggers) 调现,并许以几个教会职位回馈,这件事仅少数人士知悉,利奥十世允许阿伯特在日耳曼发行赎罪券偿债。威登堡位于神圣罗马帝国萨克森公爵腓特烈 (Frederick the Wise) 的管辖内,腓特烈禁止在其国内销售赎罪券,威登堡的人们由萨克森越过易北河前往境外购买赎罪券。阿伯特雇请道明会修士特策尔 (John Tetzel) 销售赎罪券,特策尔大肆宣传"只要金币在金库响起,灵魂即从炼狱解脱",并订出价目表,效果显著,每个人不仅为自己,亦为其双亲、亲人、友人购买。路德目睹无知百姓趋之若鹜,无心忏悔,深以为憾。1517年10月31日圣人日 (All Sain't Day) 前夕,在威登堡城堡的教堂大门上张贴了《九十五条赎罪券宣言》,讨论神学并公开辩论。路德坚决否认罪行可以特赦,并批评教皇的特赦权及财富,更质疑"为什么教皇拥有巨富,却利用穷人的奉献而非个人的钱财来整修圣彼得教堂?"这些宣言由拉丁文翻译为日耳曼文并印行发行全国,从此神学争辩日盛。路德立论基础是《圣经》中未有特赦之说,反对者认为,否决特赦的合法性即否定《教皇》的权威。问题的关键是教会的权威何在?《圣经》犹或教会?

路德于1518至1519年专研教皇历史,1519年他与代表天主教之英格斯喀特 (Ingolstadt) 大学校长埃克 (John Eck) 在莱比锡 (Leipzig) 举行公开辩论,否认教皇及教会会议的权力。教皇谴责路德之说,并下令焚书,要求他在两个月内收回前言,否则逐出教会。1521年1月3日驱逐面临最后定案之际,争论益形扩大,神圣罗马帝国陷入混乱,十分之九的人为路德叫阵,十分之一不支持。值此喧嚣混乱之际,年仅21岁的查理五世在伏姆斯 (Worms) 举行首次帝国议会,发表诏令,要求路德出席说明,路德拒绝收回前言,坚持不愿违反良知,被宣判违法,但萨克森公爵却提供保护。

(3) 宗教思想

由1520至1530年间路德草拟基本神学教理,作为新教会及其他基督团体信仰的依据。"新教" (Protestant) 一词来自一群改革派日耳曼王公,他们于1529年,在史培雅 (Speyer) 集会"抗议" (protested),他们抗议天主教的决议。早先新教指路德派 (Lutheran),但自从许多抗议派教会团体出现后,即成为非天主教之基督徒通用语言。路德派的宗教思想正式于1530年奥古斯堡忏悔录 (Confession of Augsburg) 中形成,其主要论述:第一是人如何得救?传统天主教认为靠信仰和善行可以获救,路德认为惟有信心才可获救,神而非人决定谁应得救,与善行或圣事无关。其次,宗教权威何在?长久以来,天主教理认为教会权威存于《圣经》及教会传统教导之中,路德则强调仅存于《圣经》的上帝语言之中,依个人良心认知,他鼓励人人阅读《圣经》。第三,教会是什么?路德以为教会属于基督信徒所有,中世纪教会则将教会与教士视为一体。第四,基督生命最高形式为何?中世纪教会强调修会的优越地位,宗教生命大于世俗生命,路德认为不论世俗或宗教,每个人依其感召为上帝服务,新教是基督的改革宗教。

(4) 对社会之冲击

至1521年路德学说大行其道,广受欢迎,无论教会及政治各界皆注意其存在,日耳曼杏坛、舆论宣扬其理念，徒众四处，其魅力何在？令人好奇。根据历史家研究发现，中世纪时代两项特色提供其理念抒发管道，广为流布的有利条件。首先是 15 世纪以来市府对宗教人士之特权及免税不满，教士、修女既不必缴税亦无须服役，同时教会拥有大笔财富，市府决将教士纳入征税及服役规范之中，并须接受市民法庭司法管理。其次是布道，中世纪时期传教重视布道而非圣餐，许多城镇举行布道大会，聘请受过高等教育的牧师，一年布道百场，每场约 45 分钟，1517 年，路德理念广受欢迎。

除了城镇之外，乡下地区农人趋之若鹜地追随路德。路德出身农家，深切体会农人艰苦，农人则对路德挑战教会威权感佩，尤其服膺其言"基督徒是最自由的地主，不受制任何人"。这些具煽动性的言语易挑起社会骚动。15 世纪中叶，日耳曼农人已发动数起变乱，16 世纪初情形尤为严重。1523、1524 连续两年，谷物欠收，情势更加恶化。1525 年史瓦比安 (Swabian) 地区农人在梅明根 (Memmingen) 集会，草拟《十二条款》(*Twelve Articles*)，谴责地主，抱怨贵族没收公地、征收新税金、强征农人服役。路德先与农民同一阵线，抨击地主，但反对用武。他警告说："尽管统治者不公、恶劣，但不足以作为骚动、叛乱的借口，惩罚罪恶非众人之事，而是统治者的责任。"他反对以《圣经》支持农人要求，表示《圣经》与世间正义或物质收成无关。大规模暴动首先在莱茵河区爆发，蔓延至日耳曼中部及南部地区。农民采用路德的口号"上帝的正义"及"上帝的话"(God's righteousness; Word of God) 寻求社会及经济的公平。但路德未予声援，并渐行渐远，路德认为自由是自由服从上帝，不受罗马教权的束缚，而非反对合法的世俗政权，叛乱将毁灭文明。鉴于贵族倾力围剿，路德反对农民有其苦衷，因为他必须依赖贵族对抗教皇才能幸存。据估计，1525 年约有 7.5 万名农人遭杀戮。[01]

(5) 改革成功之道

路德之理论取自圣彼得致罗马人书中的话："让每一个灵魂臣属更高权力，惟有上帝有权，任何人违抗上帝所建构权力即抗拒上帝旨意，须受谴责。"据此，路德神学提高政权而贬损教权，重视实在的权力，对日耳曼影响重大。1525 年的农民叛乱提高了世俗君主的权势，农人的经济略获改善，许多圈地、森林归还公用。

一般人论及路德改革成功的原因时，多归因于印刷术发明使其理念能迅速传播，以及路德的便捷口才，让知识分子或一般农民皆为其动人语言所惑。路德主张以信为基础，重回早期教会精神，以《圣经》及基督生命为主，抛弃繁琐的仪式，许多人文学者深受影响，如兹文里 (Ulrich Zwingli) 致力瑞士城市的宗教改革，卡尔文 (John Calvin) 也接受了路德的大半思想。

1523 年路德翻译的德文《圣经·新约》出版，加速宗教活动民主化。路德鼓励人人阅读《圣经》，广受中产阶级欢迎。商人之所以支持新教，因为他们不满教会拥有庞

01　1525 年，马丁·路德撰写小册子《反对杀人的农民贼寇》(*Against the Thievish, Murderous History of Peasants*)，支持日耳曼王侯镇压农民暴动，而之后数百年日耳曼地区再也没有类似的农民暴动事件。

大资产以及教会人士生活奢靡。路德强调坚信得救,采教理问答方式,以诗歌、赞美词宣扬福音。教理问答,简单易明,德文版《圣经·新约》分全本、精要两种版本,"全书"(larger Catechsim) 罗列有关信仰的要文,"简本"(Shorter Catechism) 则以问答方式说明十诫、祈祷、教徒信条、圣事等,适合所有信徒研读。

2. 卡尔文教派 (Calvinism)

约翰·卡尔文于 1509 年生于法国东北部之诺庸 (Noyon),早年遵从父命,学习法律,但非志趣所在。1531 年父亲去世,转而投入神学,使他成为一位强烈批评教会缺失的福音改革者。1530 年代历经一场出乎意料的信仰转变,相信上帝的旨意会在日常生活中实现,被邀至日内瓦 (Geneva) 从事宗教改革。1541 年建立神权政治,使得日内瓦成为 16 世纪基督改革派的典范。

卡尔文思想充分体现　其《基督宗教教义》(*The Institutes of the Christian Religion*) 一书中。该书于 1536 年出版,卡尔文相信上帝全能,具绝对治权,在上帝之前,人性懦弱,人不过像一粒沙,没有自由意志,也不能主动获救,上帝聪敏过人,在世界之初即决定得救人选。换言之,卡尔文神学强调"预选说"(predestination)。根据圣奥斯汀及圣保罗学说,人们从悲观的角度探讨上帝的本质,认为《圣经》中上帝充满慈悲与正义,人们不知是否可以获救,而且极可能受天谴,善行是获选得救的征兆,人应该敬奉上帝并努力工作,而非浪费时间去关心得救。人之所以为神接受,并不是因为个人努力或自身功绩,仅仅是耶稣死在十字架上,洗清了人类的罪。虽然"预选说"令人感到悲观,但却激发 16 世纪后人类的潜能,由荣耀上帝发展为世俗功绩,影响后来资本主义发展。卡尔文唤醒了日耳曼人的高道德标准,强调《圣经》至上。卡尔文经由布道及教育改革,传播上帝的话语,他在 1541 年出版《日内瓦教义问题》(*Genevan Catechism*),适合大人、小孩诵习,可作为生活指南。

卡尔文之改革,于 1530 年代始于日内瓦,主张由教士主政并驱逐异端,引起当地民众的不满,被迫出走斯特拉斯堡 (Strasbourg)[01],结识其他改革者,修正理念。1541 年返回日内瓦,重新主政,与国会展开长期对峙,主张由教士负责道德及宗教活动。这个日内瓦宗教会议包括 12 位俗人及教士,卡尔文担任永久主席,对日内瓦城市改革,贡献卓著。会议目的在监督每一个人的生活,警告不守秩序生活的人。卡尔文相信"改错是惟一向主认罪的良药",因此要求生活严谨、公开斋食、夜晚宵禁、绝对禁止穿着时髦、跳舞、玩牌、酗酒。宗教会议虽监视私人道德生活,并未严格执行。卡尔文虽有其政治影响力,但日内瓦之大权仍在市府手中。

卡尔文在日内瓦的改革对许多 16 世纪欧人而言是"最标准的基督宗派",许多来自法国、英国、西班牙、苏格兰、意大利受教会迫害者纷访日内瓦,卡尔文声望日隆,成

---

01 斯特拉斯堡 (Strasbourg) 位处法国和神圣罗马帝国边界,缺乏强有力的统治力量。

为各地争先仿效的典范。"宠召 (calling) 是宗教殊荣",人人"努力工作"、"做好工作"以便取悦上帝,它刺激了人的活力。总之,卡尔文宗教改革强化了政府组织,满足了社会、经济之诉求。[01] 卡尔文教派与路德教派不同,不仅反对教皇更反对腐败政权,加上卡尔文用法文而非拉丁文写作,传播方便,对 16、17 世纪各国政局变化,影响深远。

3. 再洗礼派 (Anabaptists)

"再洗礼"一词来自希腊语,被称为是急进派的宗教改革,相信只有成人才可自由选择宗教信仰,参加宗教团体。小孩子受洗乃荒谬之事,由于缺乏《圣经》基础,因此孩童时代已受洗的信徒须再受洗。再洗礼派接受《圣经》及路德派的教义,希望重返早先基督精神。信徒们重视内在之光,认为只有少数人获有内在之光。强调基督团体与基督国家不同,换言之,教会与国家分立,当时盛行国家教会,再洗礼派重视宗教自由成为一种反动。再洗礼派团体或教会各自独立、互不关联、自选教士、自理教务,容许女性出任教士,拒绝担任公职,亦不服兵役,属和平主义 (pacifism)。主张如果基督教讲和平,基督徒就不应战斗,要学习耶稣的慈悲,吸引穷人、失业、无知者。信徒多半来自城市如苏黎世 (Zurich)、巴赛尔 (Basel)、奥古斯堡 (Augsburg) 及纽伦堡 (Nuremberg) 等地,由于强调教会与国家分离,引起政府忧心,因此在斯特拉斯堡、瑞士等地,遭到迫害或驱逐。

4. 英国教会改革

(1) 远因

英国宗教改革,受经济、社会、宗教因素影响,于亨利八世 (Henry VIII) 国王时全面展开。究其原因首先可溯及 14 世纪"罗拉德"(Lollard) 的影响。15 世纪在英国南部及中部地方,工人尤其是制衣工人受罗拉德思想启发,重视阅读、解释《圣经》,不重视圣事。罗拉德反对教会置产,买卖僧职,为亡者祈祷,强调个人向上帝径行负责。其次是英国人文学者威廉·丁道尔 (William Tyndale) 呼吁"《圣经》透露真理","我们必须信神而非信人",促进改革风潮。丁道尔于 1524 年前往威登堡拜访路德一年之后,出版英文版《圣经·新约》,由商人经安特卫普携带进入英国,加上罗拉德宣扬个人阅读《圣经》,卑视圣事以及由俗人统治的宗教观,奠定了英国新教思想。第三是 16 世纪初,教士知识低落,教会财富引人觊觎,遭人嫉妒,当时英国教会拥有五分之一土地,并享有全国十分之一的税金,教会甚至收取葬仪费,惹人厌恶,造成诉讼。第四是伍尔西 (Thomas Wolsey) 身兼数职,遭人诟病。伍尔西为屠夫之子,担任牧师,1507 年被指派为亨利七

---

01 20 世纪德国社会学家韦伯 (Max Weber) 在那具争议性著作《新教伦理与资本主义精神》(*The Protestant Ethic and the Spirit of Capitalism*) 中指出,卡尔文教派的禁欲主张有助资本的累积,促进了近代资本主义的发展。

世礼拜堂的本堂神父。1509 年亨利八世鉴于他能力出众，精力过人，不次拔擢为枢密院顾问，1515 年成为枢机主教及大法官，1518 年为罗马教皇特使，管辖英国教会，裁决婚姻、任命教士等事宜。伍尔西位高权重，贪得无厌，兼任多项教会职务，包括温奇斯特及林肯主教职衔、修道院院长，搜刮财货，遭人白眼，掀起反教情绪。

(2) 近因

英国宗教改革系由英王亨利八世的离婚事件而起。亨利八世迷恋宫中女子安博琳 (Anne Boleyn)，希望结束与发妻亚拉冈的凯瑟琳 (Catherine of Aragon) 的婚姻关系，但碍于当时法律、外交及神学上的限制，不能如愿。凯瑟琳原为亨利兄长阿瑟 (Arthur) 之妻，婚后五个月阿瑟去世，亨利娶之。亨利与凯瑟琳成婚时，曾获教皇朱里乌斯二世 (Julius II) 赦免凯瑟琳与其兄阿瑟的早先婚姻关系及法律问题。婚后 18 年夫妻鲽鲽情深，恩爱有加。凯瑟琳育有六子，但仅有一名公主玛莉 (Mary) 存活。1527 年左右，亨利开始有了婚变倾向，他沿用《旧约圣经·利未记》(Old Testament Book of Leviticus) 的一段话，"人若娶弟兄之妻，这本是污秽的事，羞辱了他的弟兄，两人必无子女"，强调上帝为惩罚他娶了嫂子而断其子嗣。亨利表示，女人继位 (指玛莉)，将使英国重陷 30 年玫瑰战争时的危机，因而请求教皇克里门七世 (Clement VII) 宣布他与凯瑟琳的婚姻无效，玛莉也不是合法子女，无权继位。克里门七世未予同意，除了个性优柔寡断之外，受困于日耳曼路德宗教改革及神圣罗马帝国与法国在意大利之纷争，更重要的理由是亨利辩称，朱里乌斯教皇宽恕他娶寡嫂违背上帝法律。当亨利八世的离婚提议传抵罗马之际，恰逢马丁·路德大肆谴责教皇不当之时，如果克里门七世答应亨利八世终止与凯瑟琳婚姻关系，并承认前任教皇朱里乌斯二世举措不当，无疑支持路德控诉。克里门七世不愿造次，更不想自取其辱，乃搁置亨利八世所请，1527 年凯瑟琳侄儿查理五世攻陷罗马，教皇更难裁决。

亨利八世不为所动，一意孤行，恰于此时，坎特伯里 (Canterbury) 大主教去世，亨利八世指派克兰姆 (Thomas Cranmer) 继位。克兰姆讨好亨利，为了排除亨利八世与安博琳婚姻障碍，承认上次婚姻无效，新的婚姻于 1533 年 5 月 28 日举行，9 月伊丽莎白 (Elizabeth) 诞生出世。

亨利八世基于罗马教皇拒绝其婚事，乃决定脱离教皇管辖，他利用国会改革英国教会，相继通过一些法案。1533 年，《禁止上诉法》(Act in Restraint of Appeals) 宣布英王为英国最高统治者，具有绝对权威，禁止任何人向罗马教皇提请诉讼。1534 年的《教士服从令》(Submission of the Clergy) 要求教会人士向国王输诚，未得国王许可不得公布宗教法律。1534 年之《最高统领法》(Supremacy Act) 宣布国王为英国教会最高领袖，这些法案在国会下院引起热烈争议，支持国王者深切明了此举将导致国王与罗马永久决裂。反对国王者如洛查斯特 (Rochester) 的主教费雪 (John Fisher)，在亨利七世的丧礼中演讲，严厉谴责教士懦弱胆怯，不敢反对国王；人文学者摩尔毅然辞谢大主教职，拒绝依《最高统领法》宣誓，反对教皇权威，接受英王为教会领袖。费雪、摩尔及其他反对者后来皆被处死。

安博琳与亨利八世结婚未曾生育男孩,日后亨利八世指责其通奸、乱伦,于 1536 年将她送上断头台,国会迅即宣称其所育女儿伊丽莎白为非法公主,造成王室继承陷入混乱,而由亨利八世裁决。亨利八世再娶妻珍·赛姆 (Jane Seymour),喜获麟儿爱德华 (Edward),以后又娶了三位太太。1547 年他向国会修正 1536 年之决定,让玛莉及伊丽莎白地位合法并确定王位先传儿子再传女儿。1535 年至 1539 年,他接受首相克伦威尔 (Thomas Cromwell) 意见,解散英国修道院,结束英国修道院九百年生活,驱离修士、修女,没收修道院土地,售予中、上层人士或移作战费,这项举措,嘉惠上层阶级。

对亨利八世的宗教改革反应不一,有人支持,有人反对。1536 年,北方掀起英国史上大规模的反叛行动,显示相当多群众不满政府干涉宗教。亨利八世改革保留了传统天主教之教条及仪式,但同时接受新教的论述,并指派一位亲新教人士,出任其子的家教。总之,亨利八世之宗教改革影响英国政府更加集权,大笔教会土地归王室管辖,首相克伦威尔扩大王室权力,设立新的行政部门,为现代英国王室权威奠定基础。

1547 年亨利八世辞世,英国教会陷入左右摆荡之中,新教、天主教各有得意之时。首先是爱德华六世 (Edward VI) 继位,新教当道,克兰姆大主教简化礼拜仪式,邀请新教神学家至英国,并草拟《祈祷书》(Book of Common Prayer),载明英国教会的各种仪式。爱德华六世早死,姐姐玛莉继位后,英国重返天主教门户,玛莉承续母亲凯瑟琳理念,为一虔诚天主教徒,废止了新教的法条、恢复天主教教规,但她与查理五世之子,西班牙的菲利浦二世成婚却引起英国人异议,此外,处决数百名基督徒,也恶化了她与百姓的和睦友谊,许多基督徒因而逃亡欧陆。[01] 玛莉死后,妹妹伊丽莎白继位,英国教会开始趋于稳定,伊丽莎白就职,合法性遭多人质疑,以致地位不稳,天主教徒要求一名天主教国君;另外许多流亡的新教徒人,要求废止英国教会中天主教教规,净化 (Purify) 教会。[02]

伊丽莎白信奉新教,但却采中间路线,重视教会尊严以及政治秩序,只要人民不发生宗教纷乱,随人自由,自封为"英国教会最高负责人等"(Supreme Governor of the Church of England, etc.),至于"等"为何职不明确。伊丽莎白统治初期,人民顺从英国教会,并将各种仪式规格化,人人须参加教会仪式,违背者将受刑。1563 年主教会议通过《三十九条款》(Thirty-Nine Articles),这是英国教会的基本教条,终伊丽莎白任内,英国国教迈入新的里程碑,仪式依旧,修院不再,教士可婚,主教仍维持教会官衔。[03]

5. 苏格兰的宗教改革

16 世纪初苏格兰天主教会日趋腐败,路德派渐受欢迎,迫使苏格兰天主教会走向改

---

01 玛莉女皇迫害新教徒之举使其被英国人称之为"血腥玛莉"(Bloody Mary)。
02 这批人被称之为清教徒 (Puritans)。
03 英国国教派传至中国后,被称为"圣公会"。

革。苏格兰国王詹姆士五世 (James V) 及其女儿玛丽 (Mary) 信奉天主教，与法国为盟，反对改革。苏格兰贵族支持改革，诺克斯 (John Knox) 主导了整个改革运动。诺克斯个性顽固、心胸狭窄、热衷布道、致力改革，曾赴日内瓦就教卡尔文，并为他工作，决定仿效卡尔文模式改革苏格兰教会。1560 年诺克斯说服苏格兰国会立法终止教皇权力、取消弥撒，违反者处死。诺克斯建立苏格兰长老会 (Presbyterian Church)，由长老 (presbyters) 而非主教 (bishop) 管理。苏格兰长老会严格遵守卡尔文教条，礼拜仪式简单隆重，重视传道，1564 年诺克斯所撰《共同秩序书》(Books of Common Order) 成为教导手册。苏格兰长老会与英国清教徒关系密切。

6. 爱尔兰之宗教改革

爱尔兰长久以来即对英国的政治、贸易剥削政策不满，宗教改革深化彼此敌意。英国人一向看不起爱尔兰人，视其为蛮族，1536 年英国要求爱尔兰国会通过与罗马教会断绝关系，由英国国王治理教会，爱尔兰教会乃因循英国模式改革教会，没收天主教财产，但许多爱尔兰人基于政治考虑，仍信奉罗马天主教。

7. 北欧瑞典、挪威、丹麦之宗教改革

瑞典、挪威、丹麦之宗教改革皆由王室主导，信奉路德派。14 世纪末，丹麦国王治理瑞典、挪威及丹麦三地，1520 年瑞典贵族格斯道佛·瓦萨 (Gustavus Vasa) 成功推翻丹麦统治，获得独立，格斯道佛·瓦萨出任国王，没收教会土地，要求主教效忠瑞典王室，瑞典改革家奥拉斯彼区 (Olaus Petri) 翻译《圣经》，全力支持格斯道佛·瓦萨，仿路德派方式组织教会，稳固瑞典王权。至于丹麦和挪威国王克里斯钦三世 (Christian III)，则将教会财产释还俗人，并建立路德教会，挪威由丹麦治理至 1814 年，因受丹麦影响，以路德派为国教。

8. 天主教改革 (Counter-Reformation)

由 1517 年至 1547 年，新教迅速传布，遍及全欧，天主教势力面临挑战，但自 1540 年之后，欧洲除了荷兰之外，新教发展出现瓶颈，不再有所突破。究其原因，史家研究发现 16、17 世纪天主教会进行改革，可分为两个发展阶段：1517 年前，天主教改革是试图激发新的精神；1540 年代天主教改革系针对新教所发，希望说服离异分子重返天主教会，以免造成天主教会失势。

面对新教形势看好，1512 年教皇朱里乌斯二世在特仑特会议 (Trent Council) 中提出改革呼吁，以后继位者亦有主张，但基于意大利情势不稳，成效不大。教皇国介于法国与神圣罗马帝国权力角逐之中，左右为难，甚至遭池鱼之殃。1527 年教皇克里门七世支持法王弗朗西斯一世 (Francis I)，导致神圣罗马帝国攻陷罗马城，俘虏教皇，从此教皇关心意大利政局尤胜于改革，喜欢绘画的心情更大于改革行动。

天主教会改革有赖大公会议,一般教皇多不愿召开类似会议,以免权力遭剥削。克里门七世去世后,法尔尼斯 (Alexander Farnese) 为求胜选,允诺两位日耳曼主教,一旦膺选,将召开会议,结果法尔尼斯当选,成为保禄三世 (Paul III)。他指派数名博学热衷改革之士出任大主教,并在 1545 至 1563 年间在特仑特 (Council of Trent) 召开会议,不仅改革教会并与新教妥协。路德派及卡尔文派教士皆获邀与会,葡萄牙、波兰、匈牙利、爱尔兰各派代表参加,但神圣罗马帝国主教与会不多。这项会议从一开始即面临沉重压力,新教诸派坚持以《圣经》作为讨论基础,双方壁垒分明,无法融通,其次受到国际局势困难的牵制。查理五世担心帝国疆土因路德派贵族疏离而削弱,因此反对任何引起路德派不满的措施。至于法国国王则反对天主教与路德派妥协,希望神圣罗马帝国因宗教歧异而国势衰微。此外,教会方面,有些主教强烈主张教会会议权势位于教皇之上,但另有些主教认为此举将导致教会分裂,意见不一,看法分歧。

特仑特会议虽然有上述困难,但亦有其成就,尤其是教义及纪律问题。大会确认《圣经》及传统均为教会真理及权威依据,肯定七大圣事及传统天主教对圣餐中之面包及酒变成耶稣的肉和血的说法。至于纪律方面,特仑特会议要求主教住在教区内,禁止多元主义、圣职买卖以及出售赎罪券。主教在教区内拥有全权,每两年必须视察辖内各教堂,此外大会亦要求重视教育,训练教士,规划课程,让穷人子女参加,也教导一些俗人。[01]

特仑特会议虽未满足各方期望、与新教未达成协议,改革未曾立即展开,但却奠定了教会再生及改过的基础。特仑特会议对教义及纪律的规范成为罗马天主教信仰、组织、运作的根基。

9. 天主教新教会

天主教改革重心为建立新教会、提升教士及人民的道德及知识水平,他们由教育着手。主要的教会有:

(1) 乌稣来恩会 (Ursuline Order)

乌稣来恩会由梅里西 (Angela Merici) 创立,以教育女子著称,梅里西为贵族之女,曾于北意大利家乡布雷沙 (Brescia) 地区致力于服务穷人、病患及文盲多年。1535 年设立乌稣来恩修会,强化天主教会与异教竞争,这所女子修会只教导年轻女子,教养未来的妻子及母亲,1544 年,教皇保禄二世承认其为宗教团体,成长迅速,在法国及新大陆受欢迎。

(2) 耶稣会 (Society of Jesus)

耶稣会由西班牙人罗耀拉 (Ignatius Loyola) 所创,他曾参加军旅,捍卫天主教,全力

---

01 特仑特会议同时颁布《禁书目录》(Index),将马丁·路德与卡尔文等人的著作列为禁书,实施出版检查制度,文艺复兴以来欧洲的思想和学术自由气息为之中挫。

阻止新教蔓延，并让安拉伯人、拉丁美洲印第安人皈依为天主徒，而且在欧洲推展天主教教育。某次战役，不幸腿部严重受伤，以后开始研究基督神学及其他宗教书籍，放弃军旅生涯，成为基督战士。经过一年隐居、祈祷、苦修，对宗教有更深体认。罗耀拉个人颇具魅力，在巴黎接受大学教育，1540年，与六位同伴获得教皇同意成立耶稣会，会员为耶稣会士 (Jesuits)，他们经由教育宣扬《圣经》，挑战新教，从事改革，为时不久即广纳信友。[01]

耶稣会为高度中央集权组织，会士须经过二年见习考验，新会士虽然仍采传统守贫、守贞、服从的誓词，但特别重视服从，忠于教皇及会长。耶稣会具有现代半军事化特性，为教皇效命，改革教会。耶稣会学校教学采用人道主义课程及方式，首先关心穷人小孩，再教育贵族小孩，耶稣会在政治上表现突出，为了达到目的不择手段，不顾个人安危，勇往直前。1550年前往印度、日本传播天主教义，至17世纪传抵巴西。[02]

10. 改革之反动：猎巫行动 (witch-hunt)

15世纪天主教从消灭异端到铲除异己，展开一系列的猎巫行动。猎巫对象多半是女人，女性主义者将之归罪为男性霸权文化的表现。究竟什么是巫？为什么要猎巫？令人好奇。

巫与宗教不同。宗教关心的是团体，而巫重视的是个人。在宗教大一统的期许之下，女巫的个人行动自然就会成为被攻击的对象。心理学家将女巫归咎于女人的情绪不稳或女人的地位旁落，这种说法固有其可取之处，但女人处于社会边缘，也是事实。在猎巫的历史记载中，1599年耶稣会学者马丁·德里欧 (Martin Del Rio) 对女巫的一段描述，影响后人对巫的不良印象。他在说到女巫向魔鬼宣誓效忠集会时写着：她们身上涂着死婴油膏，骑着一只动物，通常是山羊，当她们抵达时，有一位恶魔在她们中间，典礼开始时，她们摆出许多非自然的姿势，再吻其肛门。然后依天主教的仪式，在一起吃饭、饭后跳舞、性交，稍后，个别报告自上次集会以来所做的邪恶的事，并由恶魔决定表现情形酌量惩罚。以后再由恶魔加持功力，各自赋归。

根据文献，最早猎巫行动起因于社会流行疫病或农作物欠收，由于无法找出原因，怪罪犹太人，并认定是巫师作法，乃将之处极刑。10世纪时特里夫斯 (Treves) 主教勃鲁姆 (Reginon de Priim) 写了部提供主教阅读的"主教会规" (Canon episcopi)，确定了女巫的形象：在夜里骑着一把扫帚或一只动物，从窗户、墙壁或烟囱去参加巫魔会。11世纪教会异端分子被描述成青面獠牙模样，礼拜魔鬼、举行黑色弥撒、食人祭礼、集体淫乱。

对巫术的正式镇压至1480年代才出现。1420至1430年代，法国地区开始对巫术镇压，

---

01 耶稣会的成立宗旨是要修士成为"耶稣基督的士兵" (Solider of Jesus)。
02 16、17世纪来到中国、日本传教的传教士，例如沙勿略 (St. Francis Xavier)、利玛窦 (Matteo Ricci) 等人皆为耶稣会神父，耶稣会并在巴西建立独立自主的传教村。

1484 年教皇英诺森八世颁布一道谕令 (Summis desiderantes VIII)，授予两位宗教裁判官行使宗教对巫裁判权的合法性，被视作追捕巫师的合法文件。15 世纪末，大肆追捕巫师机构成立，16、17 世纪猎巫活动到达盛期，以后随着商业活动增加，猎巫行动先后由宗教法庭及世俗法庭承办，采调查诉讼而非控告诉讼方式进行。所谓调查诉讼是经人检举后由司法单位进行盘查，对检举人保密；控告诉讼是由控方提出告诉，但必须举证，不得诬告，两者的差别在检举人诬告的机会大小。猎巫的告诉属调查诉讼，诬告成分大。究其发展，整个猎巫的行动可视为从宗教消灭异端发展为铲除异己的整肃活动，目的在巩固天主教的法定地位，并图一己之私利。[01]

世俗化文明之四——宗教战争

16 世纪欧洲政局，随着教会大一统的瓦解，神圣罗马帝国各邦别有所图，而告动荡不安。此时欧洲各国宗教态度不一，有依附天主教者，有支持新教者，合纵连横，莫衷一是，不仅宗教界线不明，政治意涵也不清，野心者有之，图存者有之。在政治理论家推波助澜之下，局势一改往昔，混乱不已。主要的政治人物有神圣罗马帝国皇帝查理五世、法国弗朗西斯一世；战事有神圣罗马帝国与法国的冲突、荷兰独立、英国与西班牙的海战以及三十年战争。

> 公元 1519 年查理五世登基
> 公元 1521—1555 年日耳曼与法国进行五次战争
> 公元 1555 年奥古斯堡和约
> 公元 1556 年查理五世退位
> 公元 1572 年圣巴特缪日大屠教
> 公元 1581 年尼德兰联合王国成立
> 公元 1585—1589 年三亨利之战
> 公元 1588 年英西海战
> 公元 1598 年南特诏书
> 公元 1618—1648 年 30 年战争
> 公元 1648 年西发里亚条约

---

01 信仰新教的地区亦有猎巫行动，17 世纪日耳曼和美洲殖民地纷传猎杀女巫事件。参阅：张弘毅，《17 世纪新英格兰清教徒的"巫师追猎"及其原因分析》，《辅大历史学报》第 6 期 (1994, 12)，第 165—189 页。

一、日耳曼

首先说明神圣罗马帝国情势，自东法兰克王国式微之后，政局未能一统，境内王公侯国林立。955 年，奥图一世 (Otto I) 击败入侵的马扎人，成为民族救星，962 年，教皇加冕奥图一世为神圣罗马帝国皇帝，但帝国并未因此而一统。至 15 世纪，日耳曼境内有四类政治组织：王侯邦国如萨克森、勃兰登堡、巴伐利亚等；教会邦；自由城市，约 50 国；帝国武士，超过千人。1356 年《金玺诏书》规定帝国皇帝须经选举方式推选，因而中央形同虚设，而从 1438 年起，帝国皇帝又几乎全来自哈布斯堡家族。

哈布斯堡家族藉婚姻扩充势力，由马克西米连一世 (Maximilian I) 开始。1477 年起，他先后与布根第公爵查理的女儿玛丽 (Mary) 结婚，获得尼德兰、法兰康特 (Franche-Comte)；1490 年娶不莱登尼女继承人安妮 (Anne)；1493 年娶米兰公爵侄女比安卡 (Bianca Sforza)，获得米兰。他与玛丽所生儿子菲力浦 (Philip) 与西班牙公主裘安娜 (Joanna) 结婚，生了一个儿子叫查理 (Charles)，即历史上的神圣罗马帝国皇帝查理五世。查理经由其父执辈的婚姻关系，继承了广大的土地，包括奥地利、尼德兰、法兰康德、亚拉岗、那不勒斯、西西里、卡斯提尔、美洲属地，并被选为神圣罗马帝国皇帝，使得哈布斯堡王室成为 16 世纪前半期的一统王国的主人。查理五世的帝国也因而名显于世。

查理五世帝国幅员辽阔，尽管内部各邦只是个别效忠，但仍对法国构成威胁。法国不甘处于被包围之中，对日耳曼展开长期作战，终查理五世与法王弗朗西斯一世，两人冲突不断。1521 至 1555 年查理五世与法国瓦洛王室进行五次战争，战场多在意大利北部及德意志地区。法国的战略是使神圣罗马帝国长期陷入分裂之中，造成欧洲局势扑朔迷离。法国天主教国王支持路德派王侯对抗信奉天主教的查理五世。查理五世逊位之后[01]，帝国一分为二，其弟费迪南德一世 (Ferdinand I) 拥有哈布斯堡领土及帝国名号；其子菲力浦二世获得西班牙、美洲、西西里、那不勒斯及尼德兰 (Netherlands)。菲力浦二世有乃父之风，继续与法作战，巩固地中海霸权，与安拉伯人在北非作战，成为 16 世纪下半期的国际风云人物，极力巩固天主教势力。

二、法国

法国于路易十一世时代摆脱了黑死病、百年战争的阴霾，国势逐渐恢复，农奴消失，封建租金及劳动服务易为现金，农人生活改善，人口增加，新土地开垦，国内外贸易活络，新兴港埠建立，商业中心日益繁荣。

弗朗西斯一世及其子亨利二世 (Henry II) 相继登基后，推动行政革新，贵族虽保有总督头衔，然大权已告旁落，王室指派的官员 (bailis or seneschals) 总揽财政及司法大权。1539 年弗朗西斯一世下令法国王室法庭负责审理全国事务，采法文为官方语言，并征收

01　1556 年查理五世宣布退隐，到修道院度过余生。

土地税，训练常备军。

16世纪上半叶，法国与神圣罗马帝国之间的战争不断，造成国家财政重大负担。弗朗西斯一世为支付开销，除了征税及借贷之外，并拟订二项计划开辟财源：包括卖官鬻爵、与教皇缔约。卖官鬻爵不过一时，所得有限，因为官位买卖可以世袭，继承人或配偶因此免税，造成社会出现一批免税阶级，并有司法豁免权；与教皇则签订《波隆那协议》(Concordat of Bologna)，法王承认教皇地位在宗教会议 (universal council) 之上，教皇则准予法王指派法国主教的权力，从此法王财源广增，并可控制教会。迄1789年法国大革命为止，波隆那协议使得法国成为天主教国家，不得接受基督新教，也不得背叛罗马，但却也造成法国教会内部困扰，教职人员必须取悦政府官员。法国教士的晋升，视其对国家贡献而非宗教奉献，主教也不热衷提升教区的知识及道德水平，教士也不太关心信徒们的需求，一旦马丁·路德及卡尔文宗教改革理念散播，必然会获得法国人民回响。

1518年路德改革理念传抵法国之际，并未引起重大改革，但卡尔文教不然。由于卡尔文用法文而非拉丁文撰述，因而获广泛回响。中产阶级、艺术界人士以及居住在巴黎附近的人反应热烈，基督新教人士不畏大学批判、政府查禁及酷刑严惩，持续增加。迄亨利二世驾崩，法国约有4000个新教组织，2150个传教所，十分之一人口信奉卡尔文教。[01] 法王弗朗西斯一世笃信天主教，展开迫害，亨利二世继之，亨利二世死，三位稚子先后继位，分别为弗朗西斯二世 (Francis II)、查理九世 (Charles IX)、亨利三世 (Henry III)，由母后凯瑟琳 (Catherine of Medicic) 摄政爆发三亨利之战。

凯瑟琳摄政时期，法国有三大政治势力：一位是法王亨利三世、另一位是天主教的吉斯亨利 (Henry of Guises)，还有一位是信奉新教的那瓦尔国王亨利 (Henry of Navarre)，史书称为"三亨利"。凯瑟琳试图左右逢迎，求取平衡，她将女儿玛格丽特 (Margaret of Valois) 嫁给信奉新教的那瓦尔亨利。1572年8月廿四圣巴特缪 (Saint Bartholomew) 日，巴黎天主教徒利用婚礼时机对休京拉派 (Huguenots) 新教徒展开屠杀、约1.2万名休京拉派新教徒遇害[02]，那瓦尔亨利答应改信天主教得以幸免不死。1576年他逃出巴黎重回新教阵营，三亨利之战 (War of the Three Henrys, 1585—1589) 于焉展开：信奉天主教的吉斯亨利、信奉基督新教之那瓦尔亨利，以及信奉天主教的亨利三世三人之间的混战。

亨利三世与吉斯亨利同样信奉天主教，但却视吉斯亨利为其心腹大患。吉斯亨利与天主教贵族组成神圣联盟 (Holy League)，不仅要消灭休京拉派新教徒，而且想逼走亨利三世，由吉斯家族取代王位，法国从此陷入历时15年的暴乱与无政府状态：农业荒芜，商业萧条，饥馑遍地。值此国事凋零之际，一群主张改革的政教分离派 (politiques) 力挽狂澜，深信扭转大局有赖王权伸张，宗教信条难担大任，他们倾向承认休京拉派的合法性，并组织压力团体。凯瑟琳死，吉斯亨利及亨利三世被暗杀之后，那瓦尔亨利即位，

---

01 法国的卡尔文派被称之为休京拉派 (Huguenots)。
02 这一天被称为"圣巴拉缪节大屠杀" (The St. Bartholomew's Day Massacre)。

改信天主教，称为亨利四世 (Henry IV)，是法国波旁王朝 (House of Bourbon) 的第一位国王。亨利四世骁勇善战，善于权谋，矢志重振法国，为了拯救国家，不惜牺牲宗教原则。[01] 1598 年颁布《南特诏书》(Edict of Nantes)，准予休京拉派在两百多个城市的信仰自由，亨利四世及《南特诏书》为法国专制奠定了基础。[02]

三、荷兰独立

1. 源起

新教改革促使荷兰自西班牙统治手中获得独立。荷兰为尼德兰十七省中之北方七省，南方十省为今日之比利时 (Belgium) 及卢森堡 (Luxemburg)。南北地形气候不同，北方以商业为主，南方以农业为生；北方多新教徒，南方为天主教势力。尼德兰十七省原为布根第公爵所有，后成为神圣罗马帝国皇帝查理五世领地，但各省自治，自订法律，自行征税，行政事务交由议会处理，各省派代表参加，重大事项须经各省批准认可。1520 至 1530 年间，马丁·路德宗教改革冲击尼德兰，吸引许多人信奉，1556 年查理五世逊位，其子腓力二世承续了尼德兰统治权。尼德兰人对查理五世与腓力二世态度不同，他们认为查理五世为尼德兰人，愿接受其统治，但却视菲力浦为西班牙人，而排斥其统治。

腓力二世时代，尼德兰地区盛行卡尔文派信仰。1559 年腓力二世指派其同父异母妹妹玛格丽特 (Margaret) 为尼德兰摄政王，玛格丽特为人自负，自视甚高，为了压抑新教徒，乃恢复宗教裁判所，遭人非议，此外要求增税更增加反感。1556 年 8 月，卡尔文教派狂热分子借口粮价上昂，展开暴动，大肆破坏，教堂成为攻击目标，约三十多座教堂受损，暴动由安特卫普 (Antwerp) 蔓延至布鲁塞尔、荷兰、根特等地。

腓力二世派阿尔瓦公爵 (duke of Alva) 率 2 万名西班牙部队，自马德里前往尼德兰平乱，阿尔瓦对新教教徒及政治异己，展开血腥杀戮，仅 1568 年 3 月 3 日这一天即有 1500 人被问刑处决，此外，阿尔瓦更征收十分之一货物交易税，引起地方不满。由 1568 至 1578 年间，尼德兰十七省及西班牙的天主教徒与基督新教教徒冲突扩大，西班牙讨伐无功。1576 年十七省在沉默者威廉 (William of Silent) 领导下，联合行动，1578 年腓力二世派其侄儿巴马 (Parma) 的公爵法尼斯 (Alexander Farnese) 前往征讨，法尼斯率领佣兵，采围攻方式，逐一敉平各城市，严禁卡尔文派传播，驱离卡尔文教徒，西班牙哈布斯堡王室保住了南方十省，但北方七省在荷兰领导之下，于 1581 年成立乌特勒克联盟 (Utrecht Union)，宣布独立，诞生了尼德兰联合王国 (United Provinces of Netherlands)[03]，但腓力二

---

01 亨利四世久攻巴黎不下，最后以"巴黎值得一台弥撒"为由，宣布改宗天主教，巴黎市民因而为他打开城门，拥立为王。
02 《南特诏书》所允许的宗教自由到了 1685 年为法王路易十四 (Louis XIV) 所废止。
03 这个国家是荷兰的正式国号，但中文世界仍以荷兰称之。

世不愿接受现状，继续对荷兰施压，荷兰被迫向信奉新教之英国女王伊莉萨白求援。

2. 英西海战

英国在伊莉萨白时，国内清教徒与天主教徒之间斗争倾轧，对荷兰求援，面临两难。如果军援荷兰必与腓力二世反目，如果不派兵，荷兰将遭西班牙入侵，可能祸及英国。伊莉萨白的考虑有三：一、荷兰为英国羊毛主要市场，战争妨碍羊毛输出，减少财政税收，危害英国经济；二、沉默者威廉于1584年7月遭暗杀，新教损失一位卓越领袖；三、安特卫普之失陷象征天主教在尼德兰得势，英国担心西班牙下一步将入侵英国。有鉴于此，伊莉萨白筹募25万英镑及2000名军士，于1585至1587年间赴荷兰，引起西班牙不满。此时信奉天主教的苏格兰皇后玛丽(Mary)因反对伊莉萨白，于1587年2月18日被处死，消息传抵马德里，更让西班牙愤慨。腓力二世自许为天主教捍卫者，继承了中世纪皇权，他曾于发妻玛丽(Mary Tudor)死后，向伊莉萨白求婚，希望藉此使英国信奉天主教，遭拒绝，教皇们鼓励他讨伐英国，西斯督五世(Sixtus V)更允诺提供腓力二世100万金币，协助西班牙军队攻打英国。法尼斯认为要屈服荷兰就必须攻打英国，断绝其对荷兰的支持。腓力二世担心自中南美洲所获得，输入尼德兰的银子血本无归，因而决定出兵攻打英国。当时考虑的计划有二：一是腓力二世海军顾问所提，派遣150艘船由里斯本出发，攻击位于英伦海峡(English Channel)的英舰，再入侵英国。另一项建议为在法兰德斯(Flander)募集舰艇及军队，展开横越海峡攻击。西班牙认为在英国天主教徒支持下，理当获胜，但遭法尼斯反对，腓力二世采折衷方案，他准备派一支舰队，由里斯本前往法兰德斯，并与法尼斯会合，掩护船只越过海峡，运送法兰德斯军队。

1588年5月9日，拥有130艘船、3万名大军的西班牙无敌舰队(lArmada)由里斯本港口出发，与英国150艘船组成的舰队在英吉利海峡遭遇。英舰船身较小，但速度快捷、机动性快、火力较强；西班牙弹药不足、粮食短缺，不敌英舰，许多船只沉没，仅约65%返回港口。[01]

3. 结果

这场战役对世局产生重大影响，虽然西班牙战后重新整军，并让南美洲的白银继续流入西班牙，但腓力二世已无法再用武力统一西欧，亦无法征服英国。伊莉萨白继续提供荷兰经援及军援，尼德兰维持1581年的势力划分，1609年腓力三世(Philip III)同意休兵，承认北方七省独立。

---

01 这场战争英西两国海上势力消长的关键，之后西班牙国势逐步衰微，英国则蒸蒸日上，成为欧洲新强权，并与法国争夺海上霸主地位。

四、三十年战争(1618—1648)

由1618年至1648年,天主教与新教徒在神圣罗马帝国境内发生的一场重大战事。由于各邦国纷纷寻求外国奥援,而酿成国际战争。这场为期三十年的战争,使得日耳曼遭严重破坏,优势不再,西欧国家开始主导世局。战后欧洲宗教问题,渐趋稳定。有关其过程叙述如下:

1. 原因

三十年战争发生原因繁杂,有宗教冲突、国际纠纷、领土野心、经济利害、政治仇恨等,其中以宗教与政治为重。

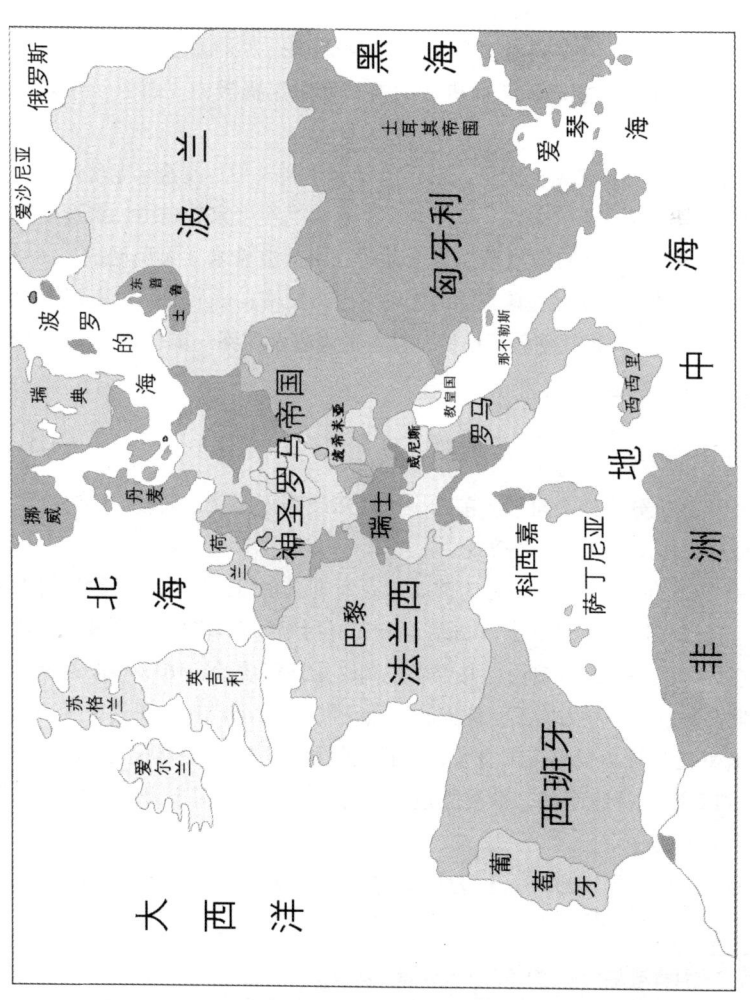

1618—1648三十年战争时欧洲各国分布图

(1) 宗教方面

自 1555 年奥古斯堡和约 (peace of Augsburg) 之后，神圣罗马帝国各王国纷纷独立，中央政府威权不再，奥地利维也纳 (Vienna) 的哈布斯堡皇帝徒有虚名，缺乏实权。根据奥古斯堡和约，各王国有权决定其子民信仰，但只限于在路德派与天主教派之间做选择，如今卡尔文教派传入，情势转趋复杂混乱。卡尔文教派不顾和约规定，吸收多位王公信仰，引发危机。信奉卡尔文教的邦国联合新教城市，争取外国支持，于 1608 年筹组基督教联盟 (Protestant Union)，天主教也于 1609 年立即组织天主教联盟 (Catholic League) 响应，双方牵制，不越雷池，帝国遂分为两大势力。

(2) 政治方面

神圣罗马帝国境内王国林立，主要为七大选侯。受宗教改革冲击，分为天主教及新教两大势力，其中哈布斯堡家族信奉天主教，辖有奥地利、西班牙、捷克、匈牙利等地，1556 年查理五世逊位，经奥地利费迪南德一世统治后，传位给孙子马泰阿斯 (Matthias)，无子嗣，王位由其堂兄忠贞天主教徒堂兄费迪南德二世 (Ferdinand of Styria) 承继，他是位忠贞天主教徒，西班牙的哈布斯堡家则极力支持这位亲戚，维护天主教权势。

1617 年费迪南被选为波希米亚国王，来年出任匈牙利国王。波希米亚境内多为捷克及日耳曼人，信奉路德教、卡尔文教、天主教，享有相当程度宗教自由。费迪南坚信天主教，并试图打击新教，当他打算查禁新教活动时，引起波希米亚人民反抗。1618 年 5 月 23 日基督新教教徒将费迪南派往谈判的两名属下由布拉格 (Prague) 一座堡垒窗户推下。这两人竟然未死，天主教说是天使救了他们，基督徒则表示摔到一堆马粪上，所以不死。不论真相如何，这件事掀起了三十年战争的序幕。[01]

2. 过程

史家将三十年战争分为四个阶段。前三个阶段新教陷入困境，旧教占优势。第四阶段，法国加入战局，协助新教，局势改观。

第一阶段由 1618 年至 1625 年，称为波希米亚时期。由费迪南德二世领导的天主教联盟与巴拉丁选侯腓特烈 (Federick of the Palatinate) 所领导基督教联盟在波希米亚进行内战。波希米亚人争取宗教信仰自由，并寻求脱离哈布斯堡统治。1618 年波希米亚人驱逐费迪南德二世，并选腓特烈为国王，称为腓特烈三世 (Federick III)，可惜好景不长，费迪南德二世不久继任为神圣罗马帝国皇帝，派兵攻打腓特烈。白山之役 (Battle of White Mountain) 腓特烈兵败，费迪南德二世乘胜追击，将波希米亚之基督新教铲除。十年之间，波希米亚成为天主教天下。

第二阶段由 1625 年至 1629 年，称为丹麦时期。丹麦国王克里斯钦四世 (Christian

---

01 这就是著名的"布拉格抛窗事件"(Defenestration of Prague)。

IV) 为新教领袖，打算在神圣罗马帝国境内谋取政治利益，介入战争，但为天主教佣兵队长华伦斯坦 (Albert of Wallenstein) 所败，战后，华伦斯坦地位日隆，受费迪南德二世皇帝倚重，他乘机建立私人部队，图谋帝国。华伦斯坦私心自用，罔顾捍卫天主教重责大任，导致国家分裂。至1629年哈布斯堡形势转好，天主教耶稣会士要求皇帝颁布《还原诏书》(Edict of Restitution)，让天主教收回于1552年遭基督新教侵占的财产；准许天主教与路德派传教活动，但不包括卡尔文派信徒在内。费迪南德二世解除华伦斯坦军职，提高哈布斯堡地位，致力统一帝国。

第三阶段由1630年至1634年，为瑞典时期。瑞典国王阿道尔法 (Gustavus Adolphus) 献身新教，支持神圣罗马帝国内遭迫害之基督新教教徒，协助遭放逐的马德堡 (Mecklenburg) 王公，并获法国国王路易十三 (Louis XIII) 的重要幕僚黎希留 (Richelieu) 主教支持。1631年阿道尔法率领一股装备精良、武器精良的军队在拜汀斐德 (Breitenfeld) 一役获捷，1632年续在吕城 (Lützen) 获胜。瑞典介入三十年战争对日耳曼历史及新教发展影响匪浅。阿尔道法的胜利终止了哈布斯堡王朝统一日耳曼的野心，瑞典影响力伸及波罗的海沿岸。惟阿尔道法死后，瑞典军队于1634年在诺地林根 (Nördlingen) 一役受挫，瑞典军队陷入孤立之中。

第四阶段由1635年至1648年，为法国介入时期。法国17世纪以来，与哈布斯堡为敌。1622年荷兰与西班牙作战，法国支持荷兰，1635年黎希留向西班牙宣战，并以军援、经援协助瑞典及神圣罗马帝国境内反哈布斯堡的王公。战争旷日持久，法国联合荷兰、瑞典、丹麦、萨伏衣，摧毁神圣罗马帝国辖区之农业、贸易。双方均无法迅速获得决定性胜利，迟至1648年才达成和平。神圣罗马帝国分别在孟斯特 (Münster) 与法国及在欧斯那布鲁克 (Osnabrück) 与瑞典人谈判，签订《西发里亚和约》(Peace of Westphalia)，承认日耳曼王国的独立治权，有自行决定参战、缔和的权力。神圣罗马帝国统一局面不再，三百多个王国各有权势，不受中央节制[01]，荷兰、瑞士独立亦获承认，法国及瑞典国际地位改善，法国获得亚尔萨斯 (Alsace)、梅兹 (Metz)、图尔 (Toul) 和凡尔登 (Verdun)，版图大增，威望日升。瑞典获大笔赔偿金以及对波罗的海领土的管辖权，成为北欧霸主。该约还否决了教皇参与神圣罗马帝国宗教事务的权力，基督宗教对政治的影响力日趋衰微。

西发里亚条约延续了奥古斯堡和约，从此卡尔文教派与路德派、天主教派拥有相同的宗教地位，日耳曼北方诸王国信奉基督新教；南方诸王国信奉天主教。

3. 影响

三十年战争结束欧洲统一帝国的美梦，此后各国主权平等，影响后来德意志统一延缓了两个世纪，而法国成为欧洲的巨人。此役对德意志地区经济社会造成重大伤害，人

---

01 德意志地区从此陷入长期分裂的局面，一直到1871年才得以统一。

口锐减约三分之一，城市居民及五分之二的乡村农民，因战争及瘟疫而死亡，部分侥幸者纷纷逃亡其他地区，[01] 德意志地区经济大坏，无论是农业、家畜、商业、贸易，损失都难以估计。奥古斯堡受创尤深，物价上扬，通货膨胀情形严重，劳力不足。总之，三十年战争影响德意志社会一蹶不振。

01　1648 年德意志地区人口数由 1618 年的 2100 万下降到 1300 万。

结 语

　　文明来自生活经验的累积，具有进步的特性，从摆脱原始的自然状态，而发展为人为的聚落。尽管伴随进步的成果是福祸兼具，但进步的事实是不容抹煞的历史定律，它显现了人与禽兽差异之所在。

　　从公元前3200年左右，两河流域文明诞生，人类历史的篇章掀开，以后尼罗河、黄河、印度河、爱琴海、地中海地区相继出现文明活动，但仍不出地区局限。待基督教、伊斯兰教、印度教出现后，地区的发展迈向整合，文明有了新气象。

　　罗马是基督教国家化的催生者。自狄奥多西皇帝尊奉基督教为国教之后不久，西罗马政权旁落，但却藉基督天上王国之名，延续地上王国之实。政教冲突也因此成为了欧洲中世纪历史的基石。伊斯兰教在安拉伯地区亦随着军事征伐，向外发展。神权政治成为中世纪历史的最佳写照，封建社会、庄园经济表现了欧洲中世纪文明的特色。随着文艺复兴、宗教改革、海域开通，欧洲社会开始接触到非基督或非安拉的文化，对基督宗教产生重大影响。在内忧外患的冲击之下，世界文明逐渐浮现，宗教战争，东西文化交流，扩大了欧洲人的视野，进而刺激世俗文明的出现。从此神权地位式微，王权抬头，人权发展，人类文明的主角由神而为人，科学革命，启蒙运动为新时代的文艺、思想主流，人类文明迈入新境界，有关王权时代的历史发展将于下册介绍。

附录：通识教育中——西洋史理念与架构之重建

一、问题与困惑

二、理念之重建

    1. 空间：河流、海、洋、太空

    2. 时间：时间感

    3. 历史精神：古典、启示、启蒙、后启蒙

三、架构之重整：

    1. 政治：神权、王权、君权、民权、人权

          子民、臣民、国民、公民、网民

    2. 社会：劳力、财力、智力

    3. 经济：生产、消费

    4. 文化：马路、道路、网络

    5. 思想：神道、人道、言道

四、教学与展望

摘要

    通识教育在整个大学教育中所扮演的地位与角色亦如一对男女在恋爱与婚姻中的地位迹近。恋爱时刻，男欢女爱全凭个人情欲与道德认知，"喜欢与否"关系着未来的续往，如何激情、劝说也就成为得失的关键，学生是否热衷通识课程也是如此，凭一己之念，视课程是否具有吸引力而定。婚姻不然，男女共室，纵然有所不满，仍须接受法律制约，"相安无事"关系着未来的前途，而如何迁就、忍耐则被视为成就的准绳。学生对专业课程勉力而为，亦复如是。因此在大学任通识课程的老师备为艰辛，不仅形象要好，还得魅力十足才行，否则言者谆谆，听者藐藐，事倍功半，徒劳无功。

    通识难教，历史更难引人入胜。传统以来的大学联考的考题走向及制式高中历史标

准教材撰述，实令学生对历史怯步。如何振衰起弊似乎难为了通识课程中的历史老师，除了教学之外，还必须纠正学生过去对历史的偏差观念。历史课程之设计往往是教学成败的凭借。尤其是西洋或世界史的教学，因着文化的疏离，以及高中教育的忽视（指二、三类组学生），导致学生"混学分"的念头不断，影响历史教学质量。历史成为通识教育之一环，其教学自有不同专业之所在，否则如何区辨两者之不同？据此，本文将就非专业历史学中之西洋史理念及架构谋一思路，就教专家学者，冀为大学通识教育中西洋史觅一坦途。

一、问题与困惑

"通识"一词源于欧洲。鉴于科学分际，专业隔阂，影响全人教育发展，而有"通识教育"之诉求。美国哈佛大学据此设定课程，让专业领域学生研习非专业之一般科目，以健全思维整合科际。通识之意义在提升大学生之素质，提高文化水平。但观乎国内各大学之通识教育，属于工具性、应用性的科目较受欢迎，而人文素养课程，尤其历史，反而是聊备一格，兴趣缺缺，此种现象令人疑窦。

历史集通识教育之大成，内容丰沛，素材万般，教授困难，一般陈述多不外人、时、地、因、果五项，历史教育工作者在面对浩瀚的史料时，亦不免据此申论。对非历史系同学，尤其是许多未曾接触西洋史的同学，这无疑是一种折磨与痛楚：繁多庞杂的题材，陌生艰涩的人物，模糊不清的年代，是是非非的论断令人无所适从，造成学习瓶颈，影响学习意愿，如何突破窒碍即成为问题关键。

通识课程中西洋史教学惯由历史专业人士担任，历史教师基于专业认知，任课教授之际不免采专业方式，依编年体例，重视断代的分际，溯古论今，由远而近。百家众说不离上古、中世纪、近古、近代、现代之途，然观其思辨不免困顿，学生亦因学习对象不一，往往陷于纷争、困扰之中。究竟西洋上古、中世纪之分野何在？西罗马灭亡，日耳曼入侵？基督教成为罗马国教？林林总总，不一而足。中世纪、近古之区分为何，文艺复兴、宗教改革、商业革命、王朝兴起等，众说纷纭，往往令学生无所适从。对专业的历史系学生，断代之区分有其必要，但究通识课程而言，未免困扰再三，不仅无趣，甚至感到无聊。如何区断，有赖新意。

西洋史范围地缘辽阔、国家林立、语言复杂、文化层次、观念不一，如何统合，清晰脉络，诚非易事，而孰重孰轻亦考验了教员的能耐。过去讲述历史多以政治为主，历史教育为少数治者服务，历史的陈述也多偏重帝王生活及朝代兴亡，然而观乎西洋历史各国兴亡，繁多不一，挂一漏万，若仅限于少数国家，不免予人削足适履的感觉。值此多元社会，多元价值观体系之中，勉强以某单一事功论成败得失，已无法再满足学生需求。若继续迁就政治得失，亦将丧失历史教育的精神。

19世纪以来社会发展丕变，社会问题渐受重视，历史研究教学亦可由政治史发展为社会史,对社会认知不免受到马克思(Karl Marx)阶级论影响。20世纪中叶,撰述社会史多以韦伯(Max Weber)或马克思学说作为标杆,历史教学者在两种显然对立的思想体系之中,捉摸不定,历史解释也就更令人困惑。对专业史学系同学而言,历史研究的冲突与矛盾可经由原典书籍的校勘与对照之下获得纾解,惟通识课程之选材有限,若偏于一隅或局限一方,皆会产生遗珠之憾,甚至造成更严重的分歧。

晚近以来,历史学习已由政治、社会走向文化,更添增学习的多元化。文化史是目前的历史走向,惟取材标准不一,角度不同,往往浮海求生,择木而栖,以致丧失历史的全貌,导致历史成为艺术史或建筑史,甚至成为一部生活史。对通识课程的学生而言,类似的题材或较易感动,较富生趣,但历史之为历史,有其意义价值,如何兼顾历史严肃、轻松的两面性,换言之政治、社会、经济、文化、思想并重,则有待努力。

历史讲究意义,研读历史之目的为,经由"论述及辩解"为人类的活动寻求意义并赋予价值。因此历史学习多依附建构在"因果"的认知与诠释中,试图"为往圣继绝学,为万世开太平"。历史学者也特别强调"鉴往知来"的重要性,这种"功能"教学行之有年,渐为人津津乐道。但随着朝代的变迁,新科技、新产品的问世,人们对知识的判断与前有别。早先社会重视劳力,知识为少数精英分子所把持,工业革命之后,财力地位日增,知识在谋求财富,今日知识挂帅,人人轻而易得,"知识"地位与角色较前显然不同,知识的目的不是财富而是知识本身,"因果"的历史认知也就引人疑窦。严格说来,历史知识并不切合"因果"论的条件,因果臆测性大于推论,较符合社会学的研究方法。社会学者搜寻各种相关数据,经由科学方法的析辨,拟出各种可能发展,获得具体可行的方案,逐步推行。因此社会学特别重视方法之取得以及工具之运用,而不强调文词的优雅,表述的情境。历史不同于社会科学即在其为"果因"的诠释。一般调侃历史学者多以"后见之明"来讽刺其"马后炮"。"果因"的推论,必有理路可循,但事实真相是否如此,颇令人生疑,因此历史不能侧重方法,反而接近文学,有其解释性的价值。

人文科学多以文史哲三科为主,重视"真实"感。哲学求真理,历史究真相,文学讲真情。但其中以历史的真相最难。随着时间的流失,真相大白似乎只是研究者的诠释,究竟真相为何,一直陷于言人人殊的分歧之中。任何企图以"惟一"真实说服群众者皆将丧身于群众之中,因此如何诠释历史,即成为历史的真相。

意大利史家克罗齐(Croce)至理名言"历史是当代史"的说法正代表了历史的多元性不确定感,尤在20世纪90年代的网络文化之中,统一的命题,大众文化,已为分众文化所取代,而如何重建历史的理念,为通识课程开辟一条新理路,结合不同科际之整合,有赖历史素材之重构。

二、理念之重建

人文活动不免受制时空。时间系人为而成,空间则非人所能生成,讲述历史若能把握到时空的特色,再注入人文的精神,予以分辨,历史风貌即可焕然一新。

1. 空间

西洋史的空间状态，可略分为河流、海、洋与太空四个不同的领域，观其不同，可察知其特殊贡献与意义。河流文明以世界四大古文明为主，包括中东两河流域、埃及尼罗河、印度恒河及中国黄河。河流两岸地区得水流之便，土地肥沃，自然资源富裕、人类活动赖以发展。但水可利之，适足以害之。河流两岸人民固然可得天厚，赖以幸存，进而谋求发展，但水陆重迭、不定期泛滥成灾亦造成当地人民敬天畏神，忧患意识的特殊性。观乎河流两岸民情及其发展，多少雷同皆出于抗涝的集体需求，君主专制、多神信仰，虽然其间变化亦有部分出入，但河流空间所孕育的文化性格有其共同的取向。研究历史同学倘若能由地理环境存异求同，则不难理出早期人类文明的特殊意义。

海的环境不同于河流，海陆对峙的情态，使倚海为生的民族不必经常处于"逃难"的惊惶之中。希腊、罗马人的怡然自得、宁静悠闲则是最佳的写照。民族的个性除了本性之外，习性是影响其发展的主要因素。希、罗人之表现不同于埃及、两河流域、印度、中国，可循此而窥其大要，希腊、罗马文化奠定了西洋文化的基础，地中海、爱琴海的影响不可谓之不浅。

希腊、罗马历史随着蛮族入侵，伊斯兰教及土耳其人之出现而衰亡，欧洲进入封闭状态，内部迈向融合过程，河流海陆民族彼此适应，文艺复兴、宗教改革显现了其间的调合，封建领主、庄园经济诉说了其生存的方式。

大洋的冲击与挑战掀起了欧洲新一波的文明巨浪，临近大西洋的国家（西班牙、葡萄牙）、英国、法国、德国，相继于16、17、18、19世纪登上历史舞台，领引着历史的巨轮向前挺进。大洋波涛汹涌，刺激人们冒险犯难的信心与毅力，"人定胜天"的期许成就了近代文明的丰富表现。新航路、新大陆的发现、科学主义诞生、资本主义盛行、工业文明的欣欣向荣，为人类谱出了骄傲的乐章，也带来了重大的创伤，国家主义的对抗，资本主义与共产主义的分立，一次大战、二次大战的破坏，显露了文明的危机与灾难，促进人类对已有价值作深层的思考。

二次大战核武器的出现以及美俄太空竞赛的发展提升了人类文明发展的层次，星际争霸以及通讯卫星无远弗届的影响力，在在促使了现代国家不得不走向"区域整合"的方向；"结盟"、"组织"逐渐凌越国家之上，后现代的社会跨越了国家的障碍，"跨国公司"、"全球媒体"日趋重要，南北世界的差距逐渐扩大，这一切均赖太空"科技"使之然。美国拥有太空之霸权亦即成为20世纪的盟主。

上述四种环境孕育了不同的文明表现，学生循此入门，认知到地理的影响，不难觉察到个中特色，掀起研读历史的趣味。

2. 时间

时间是历史的基石，没有时间，历史即无从发生。时间究竟由何而来，上帝所为？

犹或人力所为？不在本文讨论范围，惟人受制于时间则是任何人无法改变的事实。随着时代的更迭，人对时间的把握亦有转变，古代人没有钟表，一切作息随日月而定，由太阳年或太阴历的发展，可以觉察到其与人文的关系。随着科技进步，人对时间的认知更趋精确，分秒必争的心理，影响了人际的来往与互动的模式，也区隔了现代人与古代人的认知，如何厘清时间的冲击是研究历史者不可不察的一课。

基于人是落实于时间内存在的此一理念，习史者可以从时间的角度综理历史的进展，比较同一年限内的诸国历史发展情形，进而辨析各国的文明程度。麦克尼尔的历史作品即循此撰述，予以耳目一新的感觉。

过去的历史写作多按编年体例，渐次论述，不易显现其价值，倘若能凌越常态，由时间"感"的认知，把握每一不同阶段的时间观念，历史将另有情趣。后现代历史观有一句发人深省的话语："虽然有过去、现在、未来的存在，但不一定依序发展"；对制式历史教育者而言，确有暮鼓晨钟的意味。其实，真正的时间除了时间本身之外，还有人的时间感。

3. 历史精神

历史的精神关系着人文活动的变迁，大致说来西洋历史演进可概分为四个阶段：古典、启示、启蒙、后启蒙。

古典时间包括了希腊与罗马两个重要的文明。定名为古典是辨别其今日与希腊、罗马的不同，泛指由公元前1100年至公元后476年，在欧洲巴尔干半岛及意大利半岛的人文活动。古典的特色为简朴、率真，它为今日西洋文化奠定了基础。希腊的城邦政治、柏拉图的原型哲学、希罗多德的史学、罗马的成文法、政治体制都成为今人师法的对象。

启示文化足续古典之后，欧洲人在日耳曼人入侵之后，因时因地制宜所发展的文化。启示文化承续了中东两河流域希伯来一神思想，将摩西的十诫律则视为社会行为的依据，包括一般人所言的中世纪时代、文艺复兴及宗教改革。

相对于启示文化的"上帝"中心论是启蒙运动的发展，17世纪的科学思维突破了束缚，在以"人"为中心的架构中运作，此后"革命"不绝如缕，科学革命、政治革命、工业革命、文艺革命，丰富了西方的文化资产，提升了人文境界，各种主义相继提出，社会风貌急剧变革，都市取代了乡村成为活动的重心。

以"人"为主的历史架构自二次世界大战后逐渐松动，取而代之是以"语言"为中心体系的"后启蒙社会"来临，信息传播无远弗届的影响力，美苏霸权形态的改变，消费经济的趋势，网络文化所形成的虚拟世界等大大改变了昔日社会的真实感。后启蒙文化为历史研究掀起了新的一页。

对通识历史教学而言，上述的理念摆脱了过去专业陈陈相因的编年困惑，以及狭窄的地域观念，由人类四个不同重大活动层面，再衬上人文活动的重大变迁，重新探讨，历史的趣味也呼之欲出。

仅仅只是理念的陈述，仍无法进入历史的深层，为了进一步让学生把握到内容，可由其架构政治、社会、经济、文化、思想等不同面向加以讨论。

三、架构之重整

历史之架构奠基于"发现"、"发明"与"发展"之不同认知层面。在古典社会及启示文化之中，历史知识的"真实"性多来自发现。由"日出"到"日落"的循环中，发现宇宙的奥秘及律则。上帝的"真实"是人类的目标，探讨上帝的旨意成为人类的价值所在。随着宗教改革运动的激化，上帝依旧，但上帝的旨意却在人为的创造之下，有了不同的新意，"发明"取代了"发现"，惟一不再，哲学的诠释性增强，如何构思出一套为人信服的架构则言人人殊。发明时代以科学、多元为基础，开启了20世纪的进步风貌。二次世界大战人类面临空前浩劫，进步学说面对质疑，发明理论日趋消弭，发展理论蔚然成风，"组合"凌驾发明之上，"随身听"、"电子表"、"手提电脑"等复合概念产品纷纷问世，这些新科技不是发明而是发展，媒介成为事物的核心，电讯、传媒成为生活的重心。语言取代了人的地位，结构及解构主义也就形成本世纪文化的特色。

历史的结构因着时代的不同亦有其新的风貌，换言之，历史结构不是发现也不是发明，而是承继过去既有的认知，重新作一番组合与安排，符合现代化的需求。大致说来可依下述几方面论之。

1. 政治

政治是一种"治者与被治者"的互动关系，表现在"服从"与"顺从"之间的差异。服从由上而下，顺从由下而上，两者不同。一般叙述政治多重视帝王、领袖、元首之治道或强调政治制度、政治统御等方式，较少论及百姓的政治态度，以致政治史成为权力争夺、权利分赃的"日记"，歌颂政治人物丰功伟业，分析政权得失兴衰之道，忽略黎民百姓与治者的关系。洛克虽然提出由下而上的同意关系，但并未勾划出政治的深层结构。

纵观历史变迁，政治取向若由被治者的角度论衡较符合大众需求，通识历史教育不能自外，应冲突网罗，觅寻新意。有鉴于此，本文由被治者角度提出政治的变迁史：子民、臣民、国民、公民、网民五者。经由五民的发展历程，解读历史上神权、王权、君权、民权及人权的政治演进，不仅可厘清政权的形态，也显现出治者与被治者的依存状态，再经由比较相互间的差异，文明的意义及成就即昭然若揭。

子民代表着一种上下"垂直"的绝对命定关系。神恩、人子的思维，主宰了互动的模式。上古社会中之埃及、两河流域、印度、中国皆不乏类似的形态，西洋中世纪神权历史尤足以说明个中三昧。作为子民的政治所呈现的是一种绝对服从关系。源于知识之闭塞，对自然的畏惧，敬天、畏神是政治的常态，经书是统治的工具，迷信或坚信是运作的方式。统治者立基于神人一体的地位，政教一家，政治透过宗教方式定于一尊。

子民的观念在原始社会中是一种自然的存在。畏天知命是人文的基本精神，随着部落族群的兼并，王国出现，王权逐渐得势，子民转移为臣民。由西方古典社会、希腊城邦政治、罗马共和政治及帝国政治中可窥知一斑。

臣民所显示的也是一种专断的统治模式，但这种来自彼此攻伐征服。"胜王败寇"的政治关系，经由"马上得之，马下治之"，呈现出不稳定的状态，一旦王权不张，诸侯林立，侥幸不得，政治即陷于混乱态。希腊后期之雅典与斯巴达以及罗马共和帝国时代前三雄后三雄之争霸夺权，均属于王权的伸张。中世纪时代日耳曼部族坐大，东哥德、西哥德、汪达尔、法兰克等部落彼此争战，王国纷纷成立，其中以法兰克人成就最为显著，东法兰克、西法兰克奠定了近代德国、法国的宏规。日耳曼部落之王国基业不稳，为长治久安，鸿图大展，王国不免亦走向与宗教结合，将臣民蜕变为子民，以利统治，开启君权时代之来临。15、16、17 世纪帝国林立，王朝轮替，西班牙、葡萄牙、英国都铎王朝、法国波旁王朝、神圣罗马帝国哈布斯堡王朝，由君临天下到君权神授，说明了君权之下臣民的处境。帝国貌似神远，有君主立宪、开明专制、极权专制之别，而上下之互动关系亦不免祸福不定。国际上因着联姻，王位继承战争不止。

随着美国革命、法国大革命之爆发，文献立国取代了神旨及传承。国民跃登历史舞台，民权得以伸张。惟此时国民之"权利义务"观念仍多止于"认可"的层面，而非"认同"的状态，国民的权利多来自统治者的施惠及慨允。自 1789 年后，欧洲各国之政权风雨飘摇，革命不绝如缕，国家认同需求日殷，"公民"时代来临。公民不同于国民，国民讲究属性，公民则重视自主性。政治模式由征服易为同意，"选举"成为时尚，政权之取得莫不以此为合法管道，人权广受关注，民主蔚然成风。

由选举塑造之民主社会，迄 20 世纪末面临新的挑战，政党政治的强力运作破坏了选举的基本精神，选贤与能不再，政党分赃日盛，群众成为大众，民主精神沦丧。随着因特网文化之出现，分众社会逐渐成形，网民不同于公民，既无年龄亦无阶级之区分，只有知识之区辨，任何有能力上网的人皆可以脱离被治者的束缚，治者与被治者不再呈现垂直关系而是水平互动，开创政治的新局面。网络是一种虚拟真实，在网络的社会结构中，物理上的真实性得以隐匿，影响政治活动至深且巨，投票行为不必公开，政治表现安全性增高，人权更加巩固。

从子民、臣民、国民、公民、网民的变迁过程中，可以感受到人类文明的进步。神权、王权、君权、民权、人权的消长更说明了西洋文明的意义与价值。

2. 社会

社会是一种意义，也是一种结构，由成员凝聚而成，表现在张力之上。社会成员不过男女、老少及据此形成之各种类别：如种族、宗教、工会，以及各种阶级，如贵族、中产、平民等。如何化繁为简，抽丝剥茧为社会变迁寻获法则，委属不易。惟社会发展不离驱力 (driving force) 倘以"劳力、财力、智力"三面论衡，或有可能为社会把脉并见其端倪。

纵观西洋社会上古、中世纪甚至近古时代历史，劳力是社会的发展主力，劳力社会生产条件落后，生存不易，社会成员彼此依偎互动，共存共荣，主要结构为农业及狩猎，农事由人畜分担，工具多为手工，劳动是社会的主力，人与人之间的关系密切。近东埃及、古典希腊、罗马，中世纪蛮族皆不离劳力社会规范。其间虽因地理条件、人文际遇不同，发展有别，但社会的基本发展理路则趋近似。

"男外女内"是劳力社会最大的特色。粗重精致则为区隔分际的准绳，武力、功能、耐力为得失成败的考虑，无论是胜王犹或败寇皆领风骚，社会上下阶层明显，宦吏世家与平民奴隶泾渭分明，研究这个时期的社会，若由"上下通"之管道着眼，了解下层人士如何与上层人士往来，上下易位可能则有新义。中国人的社会张力以"教育"为凭借，西方人则以"教士"为管道，两者显然不同，发展有别。

劳力社会之生产力以人为主，在面对大自然变化莫测之际，如何众志成城是其生存要件。集体意志、休戚与共是不可或缺的共识。作为自然人的存在，群力是生存的要件，而如何维系群力，是主政者成败的关键。由血缘近亲至部落共主，经彼此兼并攻伐，城邦、国家渐次形成。

财力社会不同于劳力。财力社会近似托夫勒 (Alvin Toffler) 在《第三次浪潮》(*The Third Wave*) 书中所述说的第二次文明，即"工业现实"社会，奠基于科学思维，重视"观念与假设"，强调"意识形态"的分歧。

财力社会在"人定胜天"的价值观推动之下奉行"进步"法则。阶级冲突日剧，人与自然的战事演变为人与人的战争，达尔文的进化论影响日甚。财力社会的主要生活形态为工业与都市。以往生产工作分散于田野之中，现代集中在城市里，大量人口集中于少数中心点，旧日村庄枯萎、死亡，新的工业中心崛起，烟囱取代炉火。精确与标准的要求更高，无论时间与空间观念皆产生重大变化，市场扩张、贸易发展，人际关系异于往昔，"金钱"成为指标。人与人之关系往往视财帛而定，人与真实世界渐行渐远，金钱的"媒介"地位蒸蒸日上。人的地位凸显，但受害情形更趋严重。

财力社会促成了王朝扩张，殖民主义诞生，带动阶级革命，国家主义，欧洲各国之间征伐不断，宗教纷争趋烈，文艺活动普及，文艺表现通俗，上下阶级犹存，但其间流通性扩大。

二次大战之后，财力影响依然，但性质已有更迭转变。智力革命蔚为风尚。智力社会逐渐形成，不同于过去知识的应用，智力所彰显是"知识为知识服务"，知识的对象不再局限于工具及生产，自动化是特色，知识创造的财富不是财富的累积，而是财富的流通，电子业、计算机业成为社会的媒介。

智力时代亦即丹尼尔·贝尔 (Daniel Bell) 所说的后工业时代。这个时代的社会特征可称之"分众社会"，与工业时代大众社会，劳力时代群众社会不同的是，分众社会是"认同"的结合而非"认可"的服从关系。社会动荡是常态，人与人关系不仅紧张也趋空洞，个人的心理挫折较重。统治者与被统治者的关系为选票,阶级区分不若前期明显,财富与社会地位关系转淡,有钱并不一定显贵或受尊重。人望、名望、声望、清望各有所归,不再聚于一身,价值体系重构。

智力藉由教育普及而获得,公立教育的推广,助长了智力时代的来临,但人自身的价值逐渐沦丧,"心理瘫痪"是时代的病痛、社会工作人员及心理健康机构到处可见,社会的和谐性不见,其中以美国社会之表现尤为醒目。

综观上述发展可以得知,西洋史社会发展受制生产力。劳力社会人力至上,社会意识强烈,人际间互动频繁;财力社会机器逐渐取代人力,追逐财富影响人际互动,阶级对立情形严重;智力社会知识挂帅,人际互动不再凭借血缘,小区观念凌驾宗观之上,人与人之来往不拘泥阶级,而是一种认同。

3. 经济

经济活动不外乎生产与消费两者,传统社会人类经济活动生产重于消费,消费视生产力而定。但文明发展至工业生产之后,消费之地位逐渐摆脱生产束缚,甚至凌驾其上,如何分辨两者之差异,也就把握到西洋经济之变迁。

以生产为导向的经济行为中,人所占据的空间虽广,但人所能利用的空间却非常有限,游牧时代人在疏空的环境中逐水草而居,演进至农业社会人将自身窄化局限在有限有生存空间中,种植畜养以生存为要务,举凡食衣住行育乐任何与营生相关之事务,皆可量力而为,若生产不足所需,则透过交易或掠夺方式适应。上、中世纪时代物物交易的行为法则即奠基于此,经济思想简单易行:生产、囤积、消费,过多的消费被视为浪费。有关这一阶段的经济除了描述生活之需求及生产方式之外,并无精致的经济理论。

随着工业的降临,生产方式转变。专门化、集中化、极大化逐渐在为经济活动的方式,"分工"使得劳力生产有了重大的进步。专门化带来了专业的热潮。市场横亘于生产者与消费者之间,经济行为明显地分割为生产者和消费者。人们改变了对时间的态度,农业社会,朝出而作,暮入而息,守时观念薄弱,至18世纪,工厂式生产兴起,同步化作业需要更精确的合作,至1790年钟表开始普及到社会各阶层,不仅工作,社交生活也开始受影响,一切井然有序。工业时代生产倾向集中化;能源、工作均倾向集中,大企业造就了托拉斯之出现,大规模的生产导致供需失衡,马尔萨斯《人口论》中所关切的生产不如人口成长的恐惧亦遭质疑,人们所担忧的不是生产而是消费。1929年的世界金融危机暴露了人类经济活动的新隐忧。

大规模自动化生产以及电讯传媒的欣欣向荣,使得"消费文化"成为经济的主流。市场是惟一的考虑,广告成为消费的中介,如何经由广告刺激消费是整个经济行为的重心。交易行为由物物至纸币转为信用卡,交易方式由先付款再取货到先取货再付款,分期付款成为时髦,市面充斥产品,如何让人采购是思考重点,由零售店至百货公司到大卖场,物流分货。由超商至直销等变化可以感知到经济活动今非昔比。

20世纪90年代经济销售已非物物的交易，而是观念的沟通，买卖双方经由赠品、产品说明达到目标。股市、金融是本世纪经济的特色，期货交易、汇兑决定了市场的兴衰。了解到经济活动的大幅度更新，西洋经济史的发展即可知其一斑。而经济史亦不必再局限少数专业的经济思想之中。

4. 文化

文化是生活的表征，五花八门，包罗万象，要将西洋文化浓缩在一个概念之中，无疑蝼蚁撼树，自不量力。但观乎整体文化现象，不离沟通之道，阻绝不往，文化无从表现，解其通道亦可观知一二。

依沟通管道，西洋文化可概分为马路、道路、网络三个过程。马路是人走出来的，道路是人筑出来的，网络是人创造出来的。由其间之不同，可以察悉到人与自然的关系。马路阶级，人与自然休戚与共，物理空间容纳了"真实"的生命；道路阶段，人与自然若即若离，合成（化学）空间改变了真实的内容；网络阶段，人与自然泾渭分明，电子空间取代了物理世界，虚拟真实出现。

马路文化泛指科技文明发展以前的人类活动。这个时期包括近东、古希腊罗马、中世纪、近古时代文化，虽然各地区表现不同，但其生活工具以手工制品为主，文化艺术表现诸如陶器、青铜、铜器、铁器等多呈自然风貌。

马路文化地方色彩浓厚，人神共容，文化表现与神明关系深厚，无论建筑、艺术以及生活内容皆摆脱不了神明的旨意，敬天畏神成为文化的重点，祭祀是重要的文化仪式。这个时代，时间观念淡薄，流速缓慢，日出日落是生活的指标，昼夜是文化的分野，是非、善恶分明。文化的表现以模仿自然为主，一切都是自然的仿本。

道路不同于马路。道路系人为开凿而成，无论车道、铁道、航道都证明了人定胜天的事实。马路时代人受制于自然，道路不同，随着科学思维的诞生，工业革命的发展，技术的进步，人开始逐渐摆脱自然的规范，其中以电灯的发明影响最大，电灯打破了传统二元极化的对立思考，昼夜不再受限于日月，灯光取代了日光，文化的表现也有了不同。

道路时代的文化不再执著敬天畏神，人文意义增强。与过去不同的是，人与人的真实感生变，玻璃窗扭曲了人与自然的接触，马路时代无论行走、乘车，无所阻隔，道路时代乘坐汽车、飞机、火车多透过玻璃窗与外界联系，车速、船速改变了事物真实感，影响了人的感知。文化与感知关系密切，感官与速度有关，如今随着速度的变化，感知有所不同，文化表现亦随之生变，无论饮食、穿着、住宅、行动、育乐、节奏不同，方式不一，从文艺复兴、宗教改革以来，欧洲各国发展可窥见一斑。

道路文化沿续马路文化而成，虽然彼此之间"真实"有别，但人与自然间的关系未变，只是程度不同。惟时序迈入网络文化之后，情势丕变，虚拟真实(Virtual Reality)出现。过去人所赖以为生的客体世界面临主体意识的侵扰，计算机终端机成为文化的主体。

网络是计算机科技与语言的哲学结合。网络之崛起拜美国国防部先进研究计划局

(ARPA: Advanced Research Projects Agency)之赐，它掀起了通讯革命，并为全球网络奠定了基础。当1957年10月苏联发射第一枚人造卫星旅行家(sputnik)至太空，引起美国关心，不到一个月又成功发射旅行家二号后，美国开始研拟设立一个由国防部负责，具高度研发功能的机构，促使先进研究计划局诞生。这个机构原以军事任务为主，包括一连串太空计划如全球监视卫星、空中防卫截机、战略轨道武器系统、载人太空部等，但受到"国家航空暨太空总署"成立影响，乃将研究重心转移到长期的基础研究，并从顶尖大学与实验室延揽精英，着手科技发展，并朝计算机网络进军，促使网络诞生。

网络文化突破了传统文化中之时间、空间以及据以所形成的"真实"性，网络文化之时间观念，不同于传统的自然时间及现代的时钟时间，追求"无时间的时间"观念。虽然计时算分的概念依旧，但对时间的处理则迥然有别。以往线性、不可逆转、可以量度、可以预测的时间，逐渐遭受破坏。网络时间混合了各种时态，强调随意而非循环的方式运行，并以技术逃脱现实的时间，达到无时间的时间。戴维·哈维称之为"时空压缩"(time-space compression)。网络时间两大特色为"实时"(real time)和"及时"(just-in-time)，强调弹性管理自己的时间。

网络空间是一种流动空间(space of flows)，不同于过去的地方空间(space of places)，它不是一个形式，而是一个过程，受流动空间的结构性支配，它以知识为基础，围绕着网络而组织。网络空间概念，使内、外、近、远、这里、那里等变得不重要。网络空间强调和"身体无关"，它教导我们重视心思敏捷而非外表美貌，重视机智而非体力，重视个性的内容而非皮肤的颜色。在网络空间系统之中最重要的是感觉，一种回馈技术(feedback technology)将提供直达神经系统的碰触。幻觉和真实物体的感觉没有分别，在这个新时代之中，自我与他人、男性与女性、自然和机器，甚至生与死之间的界限都将泯除。"真实"这个词将丧失一切意义。

网络文化侵蚀了真实领域，不相信真实，所谓真实只是暂时的共识，只是科技演变上的一个小阶段，身体也非真正地存在，只是意识形态如态度、信仰，预存观念的混合物，本身取决更大的、在整个文化中起作用的经济和政治力量。

网络中人之角色与社会角色不同。社会角色如母亲、情人、教师、朋友，取决当下我们在何种人群关系中。社会角色总是在物理世界的限制之内被圈限和维持的，大部分的人可以发展出统合的自我。网络上性别转换是常态，这种多重人格错乱，形成人类健康上的危机。在网络社会中，今天是存在的与似乎存在的竞争、上帝与微软的竞争。音效取代了声音本身，电视和收音机逐步扩大了人类的视野。数字运动不在模仿真实，而是要取代真实，"击败物质并将之转为非物质；字词造就了血肉"。

5. 思想

人与动物不同在于思想。动物依情感用事，人则循理智认知。思想开启了知识大门，累积了活动经验，扩大了人类生存空间，丰富了人的生活内容。思想史之流变关系了文明的成就及文化的表现。大致说来，西洋思想史演进可分为三个阶段：神道、人道及言道。

神道思想普遍存在于早期人类社会中。彼时人类知识累积经验有限，对大自然各种现象无从究竟，对各种灾变及奇景，知识穷尽，为安顿情感只能采祈求方式，将自然现象合理化。合理化不同于合理，合理化来自主观的解释，将形内与形外、形下与形上作一秩序安排，合乎人的感官需求。

心理学家马斯洛 (Maslow) 在《动机与性格》(Motivation and Personality) 一书中曾指出，人的性格可分为七个层面或三个阶段：安全、生计、理想。藉其理论不难得知，在安全的期盼中，人类早期崇拜自然力量的原因。神是自然力量的原动力，埃及、巴比伦等地的拜物、多神信仰可见一斑，随着文明进展，多神自然崇拜（或称为自然宗教）逐渐进化，成为人神同形，神不再是外在的，而存在于人的本身，从此西方宗教观念逐渐成熟。

严格说来，宗教是一种观念，试图经由"永生"的信仰来安顿今生的生命。宗教不同于教会，宗教是一种终极关怀的情操，教会是表现这种情操的组织，西方基督宗教衍生出天主教会及基督教会组织，由于对圣经诠释的方式，礼拜的仪式出现分歧，宗教改革因应而生，影响神道思想至深且巨，并波及政治、社会发展。17世纪以后欧洲受到科学主义影响，启蒙运动逐渐蔚为大观，成为思想主流。启蒙运动是奠基于人本哲学的人文运动，相对于昔日神道思想，它强调人道思想，重视人文价值，表现在进步观上。达尔文进化论一改过去神造的观念，重视物种进化的原理，"优胜劣败"的思想左右了18世纪的经济、社会、政治的观念。大致说来，西洋近代哲学思想变迁可概分为17世纪经验主义哲学、18世纪启蒙哲学、19世纪浪漫哲学、20世纪实用哲学。传统形而上、绝对、命定的观念蜕变为相对、可能的实用思想。

进序进入20世纪，西方哲学思想由人道走向语言结构，开启了言道思想的发展。结构主义是对西方"人道主义"的一种叛逆。过去建构于"逻辑中心论"的理性人道主义，至19世纪遭尼采质疑，并提出"非理性人道主义"，进而演变为存在主义。不论理性人道主义或存在主义，基本的概念是"主体"、"自我意识"、"个人"、"存在"，脱离不了人的主体。随着二次大战结束，存在主义在法国引起二派对立，一派强调人的重要性如沙特，另一派则认为人已经在历史舞台上太久了，要求人退出舞台，转而寻找无意识的结构与客观性，其代表人物为海德格尔，重视语言，主张"语言是存在的家"，人只是语言的看护者。

结构主义受语言学发展影响，以索绪尔 (Ferdinand de Saussure) 为甚，他认为语言与言语 (parole) 不同。语言是文化深层结构，受社会发展影响，属于一种先行的存在，言语是在语言架构影响下的表达方式。在一个语言系统中，能指与所指的对应关系完全是人为的，而非绝对的。

结构主义于60年代盛极一时，但很快即遭到了来自内部"太凯尔"(Tel Quel) 团体的挑战，这个前卫派文学理论组织，于1960年于巴黎成立。他们批评结构主义"取消中心却又把结构奉为新的中心,反对文本有统一意义,却又用固定的二元对立模式解释一切问题,使得结构主义走向自我封闭和教条主义,与逻辑中心论相去不远。导致解构理论出现"。

"解构"不是一种抽象的理论,而是具体的批评实践,是一种阅读方式。解构大师德里达(Jacques Derrida)将自己比喻为"零杂工"而不是"工程师",没有组织系统。他主张读是随便挑一本书,选一个词开始,玩弄阅读游戏。他把整个文化看作一个文本(text)读它,参与到它的游戏中去,因此解构是总结并重构理论体系,并以游戏方式对待之。言道思想不同于神道及人道,过分重视语言的结构让人产生不确定的焦虑感,影响人与人的互依与互信,而如何再重新结合三者是西方历史发展的方向。

四、教学与展望

德国哲学家韦伯将教育与政治视为一项志业。志业不同于职业,职业追求名利,重视成就,志业讲究利他,重视奉献。政治之目的不在图个人私欲而是关心百姓、厚生利民;教育之目的亦不在圆一人之梦,而是作育人才、造福人群。

历史教学是一门发人深思、启迪蒙昧的课程,历史不同于其他课程在其兼具时代性及历史性、群众性及个人性,经由过去,知其所由,透过群众,得其所以,上下古今,纵横左右,不仅自立,并可利人。

西洋历史不同于中国历史在于西洋史之结构由下而上,而非由上而下,上下之间互动,流变性大,因此取法于中时,妥协多于征服,历史的人文精神格外彰显,因此在教导西洋史时不能依循传统中国史之教学方法,须悟其精神,辨其差异,识其理路,才能得知一二。

通识课程不同于专业历史,如何在通识课程中激发同学学习热望,进而达到预期目标,必须从"现代"角度,让不同专业的同学不致受背景局限,望而生畏,甚至敷衍了事。"现代"为每一位同学共同熟习之题材,不会受专业否定,教授西洋史老师立足现代,必能唤起同学关注。一旦认同现代之后再采用"比较"方式溯其过去,帮助同学藉由中西、古今之差异,感受到先人或外人之成就及表现,进而使历史课程得以欣欣向荣。

历史课程不免人时地之影响。只要让同学把握到关键时刻,不必强迫重复记忆,即可能激发学习的乐趣。根据本文所提出的基本架构,再衬以重大变迁年代,历史的意义也就浮现。

总之,通识课程历史教育中之西洋史理念及架构有其重整之必要,过去依附在专业历史的编年架构固有保存的必要,但在诠释及教学过程中,已无法克尽其功,如何改弦易辙,有待集思广益,本文不揣简陋,提出一些个人浅见向前辈请益。

世界文明史

下 编

卷首语

《世界文明史〈上〉》出版后，许多关心的朋友经常问，下册什么时候出版，迫使我不得不全心全力地投入。在这一年半当中，除了每周20小时（日、夜间部）的授课外，几乎全花在《世界文明史》的撰稿中，每一个字都是亲手键入电脑。就我这个年岁来说，是件不容易的事情，但是终究完成了。回头看看25万字，还真不简单。全书末并附有论文一篇，介绍西方学界对文化研究的探讨，曾在《哲学与文化》月刊发表，作为本书对文化之补充。

《世界文明史〈下〉》撰写较〈上〉困难许多，除了有丰富史料之外，还需面对多元分歧的看法，既不可能面面皆顾，也不可以独厚一家，只能就所闻所知，得一理路，窥豹一斑。其实，一部世界史充其量所能处理的也只是"流变"的观念。正如司马迁所说的，"究天人之际，通古今之变"，强调的不是"古今"、"天人"，而是"流变"。这是本书撰写的态度，也是努力的方向。文中自有不少疏漏之处，尚祈专家斧正。

本书之完成首先得感谢北一女中单兆荣老师对全书的卓见及提示，其次是辅仁大学历史研究所的同学，特别是陈淑贞、叶承远的热心校阅，还有太太林真的鼓励。当然，最重要的是五南出版社的支持，没有他们就没有这本书的问世。

林立树

辅仁大学历史系

2004年1月

序

人类文明活动自17世纪之后出现重大转变,特别是在西方世界,随着自然科学观念的出现,启蒙运动的发展,进步思想取代保守观念成为历史进展的动力。传统维系社会运作的宗教及教会,势力日衰,地位日微,新兴崛起的科学地位日隆,成为新社会的宠儿。从此科学成为人类活动的依据,由科学到科技的发展,描绘了近代人类的新精神轨迹。西方文化更据此成为世界文化的主轴。

纵观此一时期及其稍后的历史发展,可以"王权"与"人权"做区隔,并以"启蒙"、"理性"两词一以贯之,17世纪可视为前启蒙理性时期,18世纪为启蒙理性时期,可合并为"王权时代";19世纪为反启蒙理性时期、20世纪为后启蒙理性时期,统称为"人权时代"。

17世纪之所以被视为前启蒙理性时期,系基于过去以"神明"为主的人类活动,至此开始褪色,由宗教所引导的社会组织及政教权力影响日衰,藉由"神明"所带来的"君权神授",及其所催生的王权政治大行其道,立宪王国及专制王国在英国、法国逐渐得势,但这种政治的更替并非全面性,许多国家仍维持原状不变。在学界,一些思想家,经由仪器的精进,对天文的观察有了新发现,特别是哥白尼,提出"太阳是宇宙的中心",一改过去的"地球中心论",影响人类思维至巨且大,从此观察及经验成为知识获得的条件,科学成为人类思想的主要依据。法国的笛卡儿及英国的培根学说成为主流思想。

在17世纪之前西方社会与东方相去有限,各居一方,偶有战争,不过土地、财货而已,在思想与生活方面,改变有限。但从此之后,双方接触频繁,西方不仅开始影响东方人的思想并改变了当地人的生活。西方人透过战争、经济、文化等方式,建构了西方的"霸权":早期采帝国主义船坚炮利的手段进行,中期则改以资本主义的经济渗透,晚近以来则以多元文化方式,让东方人心甘情愿的接受西方文化,并以此自许为世界公民。

随着航海活动增加,商业行为开始在人类历史舞台扮演重要的角色。商业改变了财富的观念,金银货币的动产地位日渐重要,进而取代土地的不动产地位,影响人类生活从追求安土重迁,发展为追逐财富而变动不拘。至于欧洲之外的世界,在这段期间少有改变,除了西方列强继续其殖民开发工作,引发殖民地人民的抗争之外,各地区人民生活依循传统。土耳其仍是西方国家的重要威胁。

18世纪人类活动进入启蒙时代。启蒙理性是一种宏观的思维,主张透过"一"的建构可以为人类的发展找到一条通路，基本上说来，它是延续了神学中"一"的理路，为人类找到一条非宗教信仰，而以人的理性为中心的出路；这种宏观的历史认知是以自然科学理论为基础，强调理性的思考与归纳的法则。

18世纪后期人类对自然观解进入到对社会的关怀。这也是史家霍布斯邦所说的双元革命(dual revolution)中，政治革命的年代。美国革命及法国大革命开启了"人权"的新页，宪政渐受重视。尽管此时欧洲许多国家王权运作如昔，但历史的趋势已有不同，从此王权地位开始旁落，民权观念提升。法国思想家引领新风气，大肆讥讽神权，"百科全书"取代"圣经"成为生活的指南，"英明"替代了"神明"，法国大革命的"自由、平等、博爱"理念成为人类努力的目标。尽管许多专制保守国家视法国大革命将法王路易十六送上断头台为洪水猛兽之举，更视群众为万恶之源，但对其所倡议的精神却不敢怠忽，从此民主精神、共和政体与专制立宪纷扰各国，开启了政权多样化的时代。

启蒙改变了西方社会发展的面向，拉大了东西文化的差距，在此之前各地文化尽管不同，但差异有限。自从科学进入西方人的生活领域之后，西方社会进步一日千里，对东方社会产生一种轻蔑的态度，视东方为其过去历史的遗存，更以文明与野蛮来区隔两者的差异，将东方等同野蛮，而自诩为文明，在好生之德的天命感之下，起教化之心，行帝国之实。这种进步的文明观至20世纪虽因东方国家独立，而易以为多元文化，但潜藏在西方人的意识形态依旧是文明的傲慢，救赎的信念。

启蒙催生的理性态度加上批判的精神，激化人的内在潜力，也导致对当下的不满，1830年及1848年的革命，欧洲人惊觉到，自然科学的理性，有其制约，用于社会或人文世界有许多不周全之处，孕育了"浪漫主义"理路，西方走入反理性时期。这种来自德国的新文化精神席卷了整个欧洲，特别是康德的"批判学说"(纯理性批判、综合理性批判、批判力批判)；黑格尔"历史哲学"的"辩证法"，为后世人文研究开拓一条康庄大道：以感官取代理性，建构"人文科学观念"，取代"自然科学理性"，以"多"取代"一"作为历史的通路。

在前启蒙与启蒙时期，历史的舞台系以英法为主角的演出，岁序转入19世纪，英法地位依昔，但德国、意大利、俄国、美国也站上舞台，地位日显。1860年意大利与1871年德意志的统一形成了法德之间的紧张关系，一直延伸至一次大战与二次大战。两霸相争，损己利人，俄国、美国蒙利。冷战的降临说明了历史的残酷事实，"江山代有才人出，各领风骚数十年"。

19世纪人类进入霍布斯邦所谓的"双元革命"中的另一场革命：工业革命，及其所形成的工业资本主义。它改变了人类的生活：从此"命运"不再，"情欲"日重，"原罪"成了"原欲"，"偶然"成了"必然"，人从期待救赎转化为自救。工业革命最大的特色为生产力的转变，农业或游猎时代，人力是主要的生产工具，人与人处于一种依赖状态，随着时代的更迭，人类从衣着开始，有了新意。原料由兽皮、树叶，改变为羊毛、棉花；方式由纺纱到织布，水力取代人力成为生产的工具，由于水力运作场合受限，人类将之改良为水蒸气，工厂因而得以离开河流两岸，火力成为主要生产工具，从此机械力量取代人力。工业革命依其生产力不同，可以分为三个阶段：第一个阶段为自然力，如风力、水力、火力；第二个阶段为电力，摆脱了自然力的限制；第三个阶段为核子动力，生产力因而加速扩大。工业发展依原料来源可分为两个时期：19世纪时多为天然资源，造成欧洲工业国家，争夺海外殖民的帝国主义风潮；二次大战，各国在自然资源取得不便的情形之下，研发了人造的合成原料，解决了燃眉之急，也将工业发展带往新的方向，促成大量生产的消费社会。

工业资本主义是一种经集资而进行生产的行为，非个人能力所及，必须仰赖群力方得以实现。这种由工人及机器在工厂工作的生产方式，将工人聚集到新的场合，导致了都市的降临，造成了人与人之间的矛盾，改变了传统的生活方式，并衍生了许多新的社会问题。在工业社会之前，人的居家与工作场合在一起，人与人来往多限于亲戚血缘团体，少有社会关系，彼此的身份呈现上下的伦理关系，相互之间的矛盾，可循伦理习俗处理，工业社会之后，人的居家与工作场所分离，人与人的相往多无血缘关系，必须寻一构成社会互动的非血缘关系，马克思提出了划时代的阶级观念。尽管马克思的见解造成学术界的物议以及社会的纷扰，但不可讳言，马克思揭示了社会关系的奥秘：上下而非平等的互动。这种奠基于非血缘的关系，由于不是自然天成，可以经由斗争取得，并可取而代之，因而造成社会的动荡与不安。它所显现的意义可以今日社会通行的"名片"中，窥豹一斑。拥有亮丽名片头衔的人受到尊重，没有头衔的人被人轻忽。在资本主义社会没有名片的人，是群众，他们没有身份，不具个人地位。

在资本主义理论之中，除了马克思之外，德国另一位社会学家韦伯(Max Weber)也有相当重要的见解，受人注目。他撰有《清教伦理与资本主义》一书为资本主义合理化进言，主张资本主义是清教徒寻求救赎的世俗化表现，因着个人努力、虔诚、执著，带来物质的成就。这种精神随着后工业社会的来临，美国企业家泰勒(Taylor)提出科学管理的口号之后，有所改变，此后"科学管理与资本主义"取代"清教伦理与资本主义"，历史进入晚期资本主义时代，这个社会与前期不同，缺少了人文的关怀，增多了功利的色彩。

自19世纪以后，社会成为人文关心的重点。综观人类文明进展，可概分为神、自然、社会三大历程，古代人生活经验有限，在遭遇困难之际，"面对"的情况多于"解决"的时刻。为了平息内心的惶恐不安，只能依附"神明"指引，关心的主题是神。随着生活经验的累积，人类处理事物的能力增加，对"神明"的依赖减少，现实的"自然"取代了虚拟的"圣神"，诸神或一神转化成为"自然"。人经对自然的了解，进而起克服自然之心。在人与自然的对立之中，人为了接受自然的挑战，免除自然的迫害，必须携手合作，形成人与人的紧张关系，构成了社会，也产生了心理压力。意大利历史学家维科(Giovanni Vico)说得好："人所能解决的问题是人所创造的问题。"从此社会是人类最大的包袱。这种观念可以由人类社会走向多元看其端倪。而心理学与社会学即成为当代学术界所关心的题材。

20世纪是一个后(post)理性时代，"后"不同于"反"也不同于"超"，以前对于重大的事件惯用"超"，显示一种特别的表现，如超人、超文化、超社会等，今天则改用"后"，如后文明、后现代、后工业社会、后现代主义，让人有一种踏步不前而生活在空隙的感觉。[01]这个时代也被认为是意识形态的终结时代。美国学者华特·威克(Watts Wacker)认为这是"理性脱序"的时代，过去的理性理论已被混沌理论所取代。在混沌中，人不能做什么，不能计划，也不能一路推论到底，人只能存在。旧逻辑的规则是，经验是最佳的导师，但在变化不断的时候，经验可能是最差劲的老师。理性建立了我们所知的一切，事物中的常性，现在的世界，则是用感知了解一切，不但无法掌握，更无法判定。理性制约不在之后，自由成为凝聚的张力，后理性时代于焉出现。

在这个时代中，全球政治因各国纷纷追求进步，互不见让，对立态势明显。由于没有任何国家可以一统天下，结盟成为常态。一、第二次世界大战之发生即因结盟关系，而一发不可收。战争确立了西方民主与共产的对立。二次大战后的世局由1945年战争结束，进入冷战阶段，此后的历史发展由1946年至1989年可以分为两个阶段，第一个阶段称为冷战时期，第二个阶段为冷和时期。1989年苏联瓦解，东欧变天，冷战结束，美国独大，开始遂行其天道使命，尤其在2001年，9·11事件后，更是不容许他国挑战其国际地位，监控中国，干预朝鲜，消灭阿富汗的本·拉登及伊拉克的萨达姆。美国此举是否得宜，解读不同，但从历史观之，仍有穷尽的时刻。

二次大战期间，参战国为求胜战，无不尽其所能发展国防工业，产能量化。战后国防工业需求不再，将国防工业移往民间工业，成为一种趋势，它促进了民间工业的快速发展。随着大战的结束，计算机的普及，消费文化引领风骚，大众文化渐成气候，新个人主义盛行。它不同于传统的个人主义，不是在摆脱政治及经济的束缚，而是追求自我(self)，不相信团体，标榜走出自我约束(self-control)，重视自我实现(self-fulfilment)，强调感觉的重要，否决理性的可能，主张"理性已经终结"，形成后现代破碎、微观的文化观。

神学与科学之争说明了人类历史的变迁大要，神学左右了17世纪以前人类活动长达数千年之久，科学不过400年光景，但两者的成就却有天壤之别，科学带动了进步的发展，丰沛了现实生命的内容，但也为人类内心带来前所未有的焦虑与不安。死亡是人的共同心结，也是必须面对的终极，科学犹或神学可以助人走入极乐，是所有历史学者共同努力的方向。本文撰稿除陈述历史事实之外，并希望藉此唤起对人生更深层的思考。

01　Daniel Bell, *Post-industrial Society*, p. 59.

王权时代

人类历史统治权的进展系由神权经王权至人权。上古、中世纪、近古时期，人类受制自然，难以抗衡，凡事敬天畏神，以天命为依归，政治惟神旨或圣旨是从。贵族是社会的中坚，农民与农奴是社会的下层，生活以农业为主。宗教改革之后，神权独尊的地位动摇，罗马天主教不再一枝独秀，各基督教派林立，与世俗政权结合，造成王权势力坐大。由17世纪至18世纪，欧洲王权当道，专制王权与宪政王权在君王至上的基础之上竞相发展，服膺重商主义经济理论，赴海外抢夺市场，并建立海外贸易公司，为殖民活动奠定基础。

值此扩张国力之际，新思维顺应而生，其中以科学的思想影响最大。在此之前人类的思维受限于基督宗教，多循亚里士多德的理学思路基础，少有创新，如今在宗教改革的激励下出现重大的变化，特别是对宇宙的认识。地球不再是宇宙的中心，太阳成为宇宙的中心，人的视野与观念出现转变，人的能力逐渐受到重视。科学开始取代神学成为人类思维的依据。

科学的诞生改变了国际间的政治生态环境，以前的世界处于多元的形态之下，各国往来有限，尽管战争不断，但地方势力犹存。科学兴起，普遍化、制式化了各国的发展，而有了强弱、优劣的差异，欧洲成为世界的中心，基督教成为欧洲世界化的外衣，从此整部世界史就是欧洲史的化身。

第7章
前理性时代(17世纪)

1603—1625 年　英国詹姆斯一世统治年间
1607 年　美国在北美建立第一个殖民地詹姆斯镇
1625—1649 年　英王查理一世统治年间
1640—1688 年　普鲁士国王腓特烈统治年间
1642—1648 年　英国内战
1643—1715 年　法王路易十四统治年间
1648 年　三十年战争结束签订 Westphalia 条约
1649 年　克伦威尔控制英国政府
1688 年　英国光荣革命
1689—1725 年　俄国彼得大帝统治

　　宗教改革的骚动与欧洲人赴海外探险活动所带来的新发现，严重冲击了 17 世纪欧洲的思想界，传统的教条与信念无法解释当代的许多问题，逐渐褪色。为了应付新局，新思想、新观念开始诞生，并受到重视。但长久以来根植人心、左右人类的旧观念，无法在一夕之间消失，形成新旧观念的激荡：学界进取、民间保守的矛盾现象，故称之为"前理性时期"。

　　前理性时期意味着理性的思维未能普及，仅限于少数知识分子的活动，由天文的观象开始到宇宙的活动，在此以前，即一般称为中世纪的时代，人类生活凭借的是信仰，对上主的信心，思想的对象为上帝，上帝是造物主，舍上帝，人类将无立足之地。如今上帝依旧，但上帝的规范却是"理性"的，可以探究的，从此开启了科学革命的大门。

　　科学是一种思维，不是生活，因此多数百姓仍生活在传统习俗之中。执政者为巩固权力采王权体制,或专制或立宪,打压贵族,拔擢中产阶级,培养了一群政治新秀,成为往后政治的主角。经济方面,长期维系社会安定的农业经济,虽然仍是生产的主力,但为了竞争,各国纷纷开始重视商业活动,加强资本活动,并追逐利润。对西欧以外的国家,这种改变还是很奢侈的行为,他们依然维持着传统的生活。

政治变迁——王权政治

王权为一介于神权与人权之间的过渡型政治。神权时代,贵族及教士当道;人权时代,人民是头家。王权政治君临天下,标榜君王权力至上,强调王室法律地位,面对的是如何削弱贵族及教士的势力,并能控制人民。

17世纪欧洲政治摆脱封建体制,进入王权政治(monarchy government)。一位有权势的君王,凭一己之力统治一个国家,他们往往需面对贵族的挑战、各地的骚动、公开的叛乱。除少数意大利地区如热那亚(Genoa),采共和体制之外,欧洲地区多实施王权,形态不一,有专制王权(absolute monarchy)及有限王权(limited monarchy)[或称为宪政王国(constitutional state)]两种。专制王权是政治的主流,可以法国路易十四为代表,历史上称他在位的时期为专制王朝时代(age of absolutism),相信君权神授,国王所有的权力均来自上帝,代表上帝治理百姓,只有上帝可以审判国王,抗拒国王如同攻击上帝的命令。有限王权是一种宪政体制,但在17世纪各国尚无今日的成文宪法。瑞典贵族于1720年代要求皇后接受权力约束的文件才承认其统治权。多数国家立宪的文件,并不正式,只是记载贵族根据传统所要求的特权。英国的宪法起源最早,《1215年大宪章》(Magna Carta),迫使国王约翰(King John)接受权力的约束。宪政国家设有国会,[01]最早的国会在公元930年成立,称为Icelandic Althing。法国、西班牙虽有国会,但徒具形式,很少召开。英国及瑞典的国会较有实权。

一、西欧专制王权

专制国家因人而治。专制国王相信君权神授,尽管只对上帝负责,但仍须尊重世俗法律。国王在其辖区内拥有绝对权力,可限制宗教活动,约束人民自由,他们为了稳定政权,建立官僚体系,培育中产阶级,寻求贵族合作,形成君王、贵族、官僚之间既联合又斗争的关系。专制国王采用税收方式,促进经济活动,增加王室收入。他们成立常备军,扩充势力,依靠秘密警察,巩固政权。17世纪的专制与20世纪的独裁(totalitarianism)不同,独裁控制全国各方面的事务包括文化、宗教、经济、政治,属于"全面控制"(total regulation);专制则有局限,多止于政治、经济。

---

01 国会今日英文称为 Parliament,但在欧洲几世纪以来都叫 diet,源自拉丁文 diaeta,集会的场所。

1. 法国

法国17世纪的专制王权系指由亨利四世至路易十四，大约从公元1600年至1713年，百年之间的法国政权，主要君王有亨利四世、路易十三、路易十四、路易十五。在此期间法国国势如日中天，索利 (Sully) 及黎希留 (Richelieu) 的辅佐功不可没。

(1) 亨利四世

亨利四世是波旁王朝 (Bourbon dynasty) 的第一位国君，也是13世纪法国路易九世执政以来第一位勤政爱民的法国国君。他听取重臣索利公爵建议，同情百姓遭遇、重视百姓需求、减低农人沉重税负、筹建财库，对买官而获免税者征收特别税；重视海外贸易，补助印度贸易的公司；设立全国交通网；建立国际和平机构，奠定了法国专制基业。

亨利四世及索利在位12年，法国政局稳定、经济繁荣、形势大好，可惜天不从人愿，1610年遇刺身亡，法国陷入动乱之中。

(2) 路易十三

路易十三于9岁继位，王公贵族见其年幼可欺，乘机作乱夺权。摄政皇后麦迪西 (Marie dé Medici) 宠信佞人，挥霍无度，国事大坏。路易十三稍长亲政，摆脱母后，指派黎希留 (Richelieu) 大主教辅政。黎希留于凯瑟琳摄政时参加阁员会议 (council of ministers)，后担任会议主席，1624年成为法国最高行政长官，辅佐路易十三，提升法国王室威仪，为法国文化奠定了基础；此外更摧毁封建堡垒，严惩阴谋叛逆贵族，打破贵族长年以来拥兵自重，图谋私利，妨碍中央一统之政局。

黎希留辅政颇具成效，内政方面：整顿吏治，将全国分为32个区 (districts)，每区派驻一位王室督察 (intendant)，由国王直接任命，负责法律、警政、财政。督察位高权重，可径行处理事务，执行王室命令，削弱地方贵族势力，巩固国家威权，予休京派信仰自由，但严防贵族藉此谋反，更不得拥兵自重。外交方面：力图突破神圣罗马帝国哈布斯堡对法国围堵形势，与哈布斯堡的敌国合作。1631年和信奉路德教之瑞典国王阿道尔法 (Gustávus Adolphus) 缔约，对抗信奉天主教之哈布斯堡王室，更介入三十年战争，对神圣罗马帝国政治发展造成重大影响；为法国取得在阿尔萨斯 (Alsace) 东部及阿拉斯 (Arras) 北部广泛的权益。文学方面：促成法国学院 (French Academy) 诞生，编撰法文字典，并于1694年出版，法国学院享誉各地。

黎希留的新政耗资庞大，仰赖税收支应，但法国政治经济结构不利税收。17世纪法国经济仍属地区性质，地方绅士控制地方税收，贵族免税并有优渥养老金制度，影响国家财政收入困难。政府与地方分享财税，使得法王无法掌有全国税入，不能彻底专制。

黎希留死后，由其推荐的马萨林 (Jules Mazarin) 继续辅佐路易十三。马萨林为意大利外交官，曾在黎希留主持之国务院内工作，政治经验丰富，1641年成为枢机主教，1643年入籍法国。同年，路易十三去世，稚龄的路易十四继位，马萨林掌权，萧规曹随，继续黎希留政策。在黎希留及马萨林两位良相佐国，努力经营之下，政府官僚体系膨胀，官员高达6万人。1648年，马萨林提出增加国家收入新办法时，君主与贵族之间爆发内战，群众骚动，暴乱四起，巴黎及法国惨遭浩劫，战争持续达十二年之久。内乱影响路易十四治国态度，由于他与母亲在战乱中饱受威胁，甚至遭无理对待，产生独裁念头，强调中央集权重要。

(3) 路易十四

路易十四于5岁继位，22岁亲政，在位72年，是欧洲史上在位最久的一位皇帝，任内法国王权臻至专制极盛。他自称"朕即国家"，仅向上帝负责，以太阳为标徽，相信自己是一切权能的根源，权力只受到神的戒律和自己良心的限制，因此被誉为太阳王(Sun King)。他将"君权神授"理论表现得淋漓尽致，学者称17世纪下半叶为大时代(Grand Century)，哲学家伏尔泰(Voltaire)赞颂此时期为"路易十四时代"(Age of Louis XIV)。

路易十四身材高大、貌俊、稍胖、好女色，本人涉猎广博，略通拉丁文，能讲流利的意大利文及西班牙文，书写优美法文，熟悉法国历史及欧洲地理，信奉天主教，相信君权神授。其治国态度谨慎、沉稳，处事原则要求"亲自目睹(I shall see)"，有人形容他"外表出众，举止高尚，但态度冷峻，寡言少语，令人望而生畏"。他治国用心，不辱国君盛名，史家常赞誉其"驯服"一向反对法国王室专政的贵族。惟事实考证，此言略嫌夸张，他只是善于与贵族合作，获得贵族支持。

任内政绩卓著，后世推崇，主要贡献在：

A. 内政方面

削弱贵族权力。路易十四即位，竭尽所能削弱贵族权势，阻止上层贵族参与国务会议，减少他们过去对国王的建言及参政权。他利用各种封赏爵号，颁授给居住在凡尔赛宫内的贵族，鼓励贵族远离封地，溺于犬马声色的生活之中，并让他们保有贵族应有的尊严，以争取他们甘于合作。加强中央集权：路易十四将宫廷权限凌越于政府部门之上。他在政府中设立国务会议，亲自与会，指派督察执行国务会议决策，强化重要的中央机构。凡尔赛王宫为他与地方直接沟通管道，藉此提高中央权力。1685年法国成为欧洲高度集权国家：建立职业官僚体系，分层负责，免除争权。终其任内，他不指派阁揆亦未召开国事会议(Estates General)，积极推广监理官制度，由中央委派官员至各地方。透过情治系统及恐怖手段治理国政。简言之，路易十四集大权于一身，使得王廷成为权力中心。

路易十四扩大官僚体系，修建凡尔赛宫，加速军队改革，支付浩繁，导致财源不足，加上法国税收采包税制，包税商催收的税款往往短缴国库，形成税商渔利，政府短收，同时为了不让贵族参政，免除贵族税赋，造成税收大量流失。为了改善国库短缺现象，他指派柯伯特(Jean-Baptiste Colbert)负责筹措。柯伯特为富商之子，为王室综理财务，他认为法国的财富须用于国家，故致力推展重商主义(mercantilism)，由国家来规范经济活动，尤其是贸易活动。按照17、18世纪经济理论，国家强弱视财富，尤其是金银财货而定。为了累积金子,必须出超大于入超。他坚持法国全力外销而不内输,随着财富累积,国家威权自然提升。柯伯特采奖励方式,振兴旧工业,发展新工业,要求各行各业组织工会,老板对工人拥有绝对权力,并以特权优惠,鼓励外国技工及厂商移居法国。此外,大肆修建道路、运河。为了保护法国货物生产,废除许多国内税,提高进口关税,阻止外国货物竞争。最大成就是建立强大商船舰队,运送法国货品。采贴补法国船东及鼓励船商训练船员的方法,使得法国船只从1661年至1681年间增加十几倍。他试图将加拿大纳入法国版图,募集四千农人乘船赴加拿大魁北克(Quebec)定居。1684年法国探险家拉沙勒(La Salle)沿密西西比河南下为法王路易十四取得美国之路易斯安那。他更加强海军建设,使得法国海军成为大西洋沿岸的第三权国和地中海的第一权国。

路易十四相信王位统一及国家威权有赖宗教一统,因此痛恨国内宗教派别林立,认为不信仰正统的天主教便是不忠于国家,强调法国应该"一位国王,一条法律,一种信仰"。1685年取消南特诏书,要求关闭休京派教堂、学校,禁止天主教徒改信休京派,并驱逐死忠分子。南特诏书取消后,有20万至50万休京派教徒亡走海外,对法国外交及经济造成相当影响。这些信奉新教休京派的技工、军人及商人前往荷兰、英国及普鲁士,加深基督徒对路易十四的不满,严重损及法国税收。

B. 文化方面

主要是修建凡尔赛宫(Versailles)。路易十四丰功伟业,史书赞誉不在话下,其精心建筑的凡尔赛宫为后世景仰。这座王室宫廷,距离巴黎十里,是法国国王权力中心,也是17世纪西方文明的轴心,在现代则以典藏誉满全球。凡尔赛原是路易十三的狩猎行宫,也是休闲场合。经路易十四的建筑师精心设计,将这座幽暗单调的别墅改建为美丽的乐园:呈U字形,视野辽阔,室内装潢布置富丽堂皇,衬有大理石雕像,绣帷的饰挂、银器及豪华家具,其中以镜厅(Hall of Mirrors)最负盛名,反映出日耳曼及法国历史篇章;屋顶天花板四侧烛光处处,照耀了路易十四征战功绩的画作。凡尔赛宫非凡气派,引起许多王国国君仿建,如俄皇彼得(Peter)及普鲁士国王腓特烈(Frederick)。

其次是推广法文:路易十四在位期间极力推广法文,使得它成为当时社交、外交界的通用语言,学术界亦逐渐舍拉丁文而就法文。法文风行全欧,流行瑞典、俄罗斯、波兰、日耳曼宫廷之中,俄国贵族法文程度尤胜于俄文。

C. 外交与军事方面

路易十四在外交上采扩张政策,试图将法国的边界推展到庇里牛斯山、阿尔卑斯山和莱茵河,并阻止日耳曼统一及奥国与西班牙的合并。他自认为是军事英雄,具有大将风范,利用战争提高法国在欧洲的声望及地位。1666年指派娄武伐(François le Tellier,即Louvois)为战争部长,建立职业军队,训练严格,纪律严明。军队归国家所有,由国王亲自指挥。设立军需部负责军队粮饷,护理团照护伤员,统一制服及武器规格,并有一套周详征兵、训练及升迁制度,使法国军队雄霸一时。

a. 向外扩张

路易十四承续黎希留以来的外交扩张政策,自 1667 年起藉各种理由,向外扩张:首先挥军入侵法兰德斯 (Flanders) 及东部法兰康特 (Franche-Comté),占领 12 座城镇,包括商业重镇里耳 (Lille) 及杜兰 (Touraine);5 年后再率部众 10 万进攻荷兰,荷兰不敌,不惜决堤,以淹水政策防御。战争持续 6 年,神圣罗马帝国及西班牙亦加入战局,最后在 1678 年签订尼玛根 (Nijmegen) 条约:法国获得法兰德斯地区多数城镇,以及法兰康特之全部地区。1681 年再兴兵围攻史特拉斯堡 (Strasbourg),三年后挥军进入洛林 (Lorraine) 省,大军发至所向无敌。惟自尼玛根一役之后,路易十四优势不再,1689 年荷兰王子威廉 (William of Orange),也是路易十四头号敌人成为英国国王,与奥古斯堡联盟合作,包括神圣罗马帝国皇帝、西班牙及瑞典国王、巴伐利亚、萨克尼及巴拉提那 (Palatinate) 选侯,与法作战,旷日持久,不分胜负,法国财政因而大坏;1694 年路易十四动员 20 万部众,对抗经济实力雄厚的荷兰及英国,导致财源枯竭,财政部采通货贬值,卖官鬻爵等方式增加收入,应付战争所需,影响农人负担增加,农民暴乱时起。

1688 年至 1694 年法国气候不良,年成不好,粮作减产三分之一,小麦售价直线攀升,饥民四处,许多省区死亡人数倍增,全国人口约减少十分之一,制造业及出口业萎缩,法国人民生活捉襟见肘,求和心切,路易十四休兵五年,但不久又投入西班牙王位继承战。

b. 西班牙王位继承战 (War of the Spanish Succession)

这场战争发生于 1701 年至 1713 年间,主要原因为领土纠纷。西班牙在神圣罗马皇帝查理五世时代领土遍及全欧,惟自西班牙国王查理二世就位后,因个人心智不全,治国无方,又无子嗣,坏了大局。1698 年欧洲列强开始争夺查理二世死后的西班牙在法国及神圣罗马帝国间之土地。1700 年班牙皇帝查理二世去世,法国及神圣罗马帝国皇帝因与西班牙均有联姻关系,皆表示享有继承权。查理二世遗言将西班牙王衔及帝国领土传给法王路易十四孙子菲利普 (Philip of Anjou),但规定西班牙与法国王位不得合而为一。路易十四接受遗嘱而不遵守条约,引起英荷不满。荷兰及英国不承认法国占领西属尼德兰以及西班牙在其他地区的土地,他们担心西法结合将严重颠覆欧洲均势。1701 年英国、荷兰、奥国、普鲁士结盟对抗路易十四,宣称要力阻法国成为欧洲之超强,阻止法国在北美、亚洲及非洲的贸易力量联盟。这场战争长达 12 年,1713 年双方签订乌特勒支 (Utrecht) 条约。路易十四孙子菲利普保有西班牙王衔,但法国与西班牙不得结合,法国将纽芬兰 (Newfoundland)、诺瓦斯克夏 (Nova Scotia) 及哈德逊湾 (Hudson Bay) 地区土地让予英国,英国获得参与西班牙在非洲的奴隶贸易。奥国获得西属尼德兰,荷兰所获最少。乌特勒支条约影响深远:均势原则受重视,任何国家不得超强;西班牙不再为强权,英国势力抬头;欧洲人获得国际合作经验。乌特勒支条约终止了法国外交扩张政策。路易十四向外征伐 35 年,最大成果是取得史特拉斯堡 (Strasbourg),但亦为法国带来严重财政困窘。1714 年,法国濒临财政破产边缘,1715 年 9 月 1 日,路易十四驾崩,欧洲人终于松了一口气。

(4) 路易十五

路易十四利用中产阶级巩固政权，终其任内，贵族委曲求全。死后，长孙路易十五继位，年仅 5 岁，奥利安 (Orléans) 公爵摄政，专制王权面临挑战。奥利安公爵恢复巴黎高等法院，法院法官员为路易十四为建立官僚体制所拔擢的中产阶级人士，至 18 世纪，已成为世袭贵族，他们可将财产传承子嗣，削弱了法国专制王权势力。1740 至 1748 年，奥国王位继承战争影响法国财力，路易十五为解决财政危机，于 1748 年指派一位财监进行征税计划，每个人不论社会地位如何，均需缴纳 5% 所得税，此举引起长期以来享受免税的贵族、教士和部分富有中产阶级反弹及抗争，巴黎法院拒绝批准这项征税法案，国王让步，新法不了了之。

随着七年战争 (1756—1763) 结束，法国财政渐趋困窘，政府试图征税，遭巴黎法院反对，质疑王室权势，宣称国王权限仅止于保护自由。1764 年政府停止战时税捐，知识分子及地方响应，散发文宣，主张国王此后未经巴黎法院同意不得径行征税，强调巴黎法院代表全国。路易十五虽然重女色、轻国事，但为捍卫专制，有所坚持，他愤怒的指责巴黎法院："你们是我的职员，只有我才有权力。"1768 年指派莫比乌 (René de Maupeou) 为大法官，镇压异己，莫比乌废止巴黎法院并驱逐法官，派遣王室官员担任法庭职务，重新对贵族特权人士展开征税。1774 年路易十五辞世，路易十六继位，年二十，羞涩，有抱负。即位之后为了取悦贵族，将莫比乌革职，恢复巴黎法院，尊重民意。但人民则希望能建立代议政府，双方落差太大，结果形成一位弱势的君王，面对宣称代表法国的法院，双方关系陷入僵局，影响法国财政危机，政治骚动不安。

2. 西班牙

西班牙的专制与法国不同，法国专制仰赖国内行政统一，财政统筹；西班牙则依赖自秘鲁、墨西哥输入金银充实国库，振兴国势，一旦金银财货中断不继，则国势必趋下坠。大致说来，16 世纪西班牙声威如日中天，17 世纪沉沦为二流国家即种因于此。

(1) 内政

西班牙自菲迪南与伊萨伯拉联姻后，成为欧洲强国，朝专制王国发展，筹建常备军、征收国税，向海外拓展，占有美洲大部分土地，自秘鲁、墨西哥输入金银，充实国库，建立强大海军，垄断欧美之间航运。

西班牙国王菲利普二世虔信天主教，驱逐国内之摩尔人及犹太人，影响中产阶级未能形成气候。国力转趋中匮，只能仰赖国外金银财货之输入。西班牙人不重视贸易，轻视金钱，认为赚钱是一种鄙陋的行为；推崇贵族生活仪态，赞誉不事生产的职业，期盼成为教士。据史料记载，仅卡斯提尔 (Castile) 省即有 9000 座寺院。西班牙金银入口，对国家发展影响深远。首先是通货膨胀，纺织生产成本提高，丧失在国际市场竞争力，商人纷纷放弃生产；其次是贵族缺乏生财之道，为维持身份，只好提高租金，迫使农人离乡背井，远离耕地，涌入城市，乞食度日，导致农田荒芜，生产严重不足；第三是在南美挖矿，工作环境恶劣，矿工染疾率增，矿产质量日差，国内王室花费不减，国家债务反增，国王应对无方，只能赖债不还，影响国家信用；第四是此时西班牙国王多为平庸无能之辈，菲利普三世、菲利普四世、查理二世相貌平凡，小眼、下颚突起，缺乏魅力、魄力，以致国是不彰。菲利普二世将国政托付勒玛(Lerma)公爵，此人假公济私，循私枉法。菲利普四世则信任奥利瓦里斯(Olivares)伯爵，奥利瓦里斯精明能干，充满精力，有想法，提出新的税收计划，试图恢复西班牙帝国光荣，重振国威。惟此举导致对荷兰的战争，以及与法国的长期战斗，待西班牙介入三十年战争后，国库更形空虚。

(2) 外交

西班牙国王菲利普二世矢志捍卫罗马天主教，讨伐新教国家荷兰，并防止英国伸援。1588年西班牙无敌舰队为英军所败，帝国从此一蹶不振。西班牙自1640年后遭逢葡萄牙及拉塔罗尼亚(Latalonia)等地叛乱，1643年法国在比利时痛击西班牙军队，1659年双方签订庇里牛斯条约(Treaty of the Pyrenees)，结束法西两国长期战争，西班牙被迫割地，从此不再忝为强国。

(3) 西班牙没落

西班牙于17世纪没落，肇于缅怀16世纪荣景，未能展望未来所致。首先是西班牙之专制王权权力核心在国务会议，但成员多为贵族，且握有实权；其次，西班牙之专制依赖奴隶生产及金银输入，一旦供应不足，国势自然相形见衰；第三，西班牙最傲人之处在其军事辉煌成就及坚信罗马天主教，17世纪西班牙人力、财力不足，无法继续对外作战，国内缺乏商业理论及科学认知，衰败可以想见；第四，西班牙没落与哈布斯堡王朝衰弱及王室治国无方有关，西班牙国王缺乏改革意愿，国内弥漫失败主义及悲观论调，小说家塞万提斯(Miguel de Cervantes)的大作《唐吉诃德》(*Don Quixote*)，充分刻划了此时西班牙的情境："理想却不现实"。

二、西欧宪政王权

17世纪除了专制国家之外，还有宪政国家(constitutional state)，可以英国、荷兰为代表。宪政主义(constitutionalism)国家强调政府依法统治，讲求政府权力与人民自由间的均势。宪法可分为成文法与不成文法两种，成文法加载文献档案内，经司法裁定可以修正，如美国。也有些宪法同时兼具成文及不成文法，如英国及加拿大宪法，包括国会法规、司法判例、传统习惯等。所谓宪政国家，不论成文法或不成文法皆须依法行事。

1. 英国

英国王权发展历经四个阶段：一为詹姆斯一世(1603—1625)、查理一世(1625—1649)国王与国会争权时期；二为克伦威尔国会专政时期(1649—1660)；三为查理二世(1660—1685)、詹姆斯二世(1685—1688)恢复王室时期；四为光荣革命时期(1688)。由于国王来自外国（苏格兰），因此与本土的国会发生权力冲突，国王权限受制，国会力量抬头，双方拉锯造成政局动荡不安。1688年光荣革命再迎外人入主（荷兰国王），国会势力更加高涨，影响英国成为国会至上的国家。

(1) 国王与国会争权

1588年英国女皇伊丽莎白一世主政，聪明睿智，审慎处理国政，小心选择阁员，与国会相处友善，治绩斐然。死后中枢无人，1603年由其苏格兰侄子詹姆斯斯图亚特 (James Stuart) 继位，称为詹姆斯一世 (James I)，开始斯图亚特 (Stuart) 家族统治，由于王室来自国外，从此王室与国会冲突日剧。詹姆斯一世受过良好教育，统治苏格兰35年，具政治慧见，但缺乏群众魅力，与人民期待显见落差；此外苏格兰腔调不易为英国人接受。詹姆斯深信君权神圣不可侵犯，君王仅对上帝负责，尽管措施不当，百姓只能消极抗拒，人民不忠须接受惩罚。詹姆斯这种理念引起国会下议院强烈不满，待其子查理一世于1625年继位后，情势更加恶化，究其原因有三：

A. 财务问题

英国国会下议院掌管国家金融，国王若要增加经济支出，将给予国会扩权机会。伊丽莎白死后，詹姆斯一世即面对经济困窘问题，但只要小心处理，不是问题，可惜詹姆斯一世奢侈浪费，大肆挥霍，以致负债沉重。英国下议院掌管国家财经，乘机扩权。16世纪末及17世纪初西敏寺的贵族由讨论王室费用开始，进而要求参与政治、宗教及外交事务。

B. 社会变化

16世纪以来，英国社会有了显著改变：在宗教改革冲击之下，寺院解散，教会土地让售，许多人受惠致富；农业技术改良，土地收获增加；圈地放羊大量繁殖，羊毛业发达；海外投资增加，股份有限公司兴起，由16世纪末至17世纪初英国出现许多资本家，在国内外投资致富。这批新兴权贵，受过良好教育，知识水平较高，他们控制下议院，进而与上议院甚至国王争权。斯图亚特王室国王们昧于现实，认为议员此举挑战君王神权，由1630年至1640年国王与下院议员冲突时起，查理一世试图摆脱国会，径行专制，导致国家陷入危机之中。

C. 宗教问题

17世纪初，英国人对亨利八世及伊丽莎白的宗教改革结果日益不满，清教徒 (puritan) 要求净化英国国教中的天主教色彩，诸如华丽的弥撒祭袍及仪式、教会祭坛的位置及戴结婚戒指等繁琐的事务。究竟谁是清教徒，身份难以认定，根据学者研究显示，17世纪英国清教徒人士多信卡尔文教，强调节俭、竞争、努力工作、避免欢乐，将罪恶与贫穷视为懦弱及不道德。这种教义后来被称为"基督教伦理" (protestant ethic)、"中产阶级伦理" (middle-class ethic) 或"资本伦理" (capitalist ethic)。

查理一世支持坎特伯雷 (Canterbury) 地区大主教洛得 (William Laud) 的政策：各教会必须采用繁琐的仪式及奢华的典礼。洛得坚持教会仪式有一定规格，并透过教会法

庭 (Court of High Commission) 监督执行，引起英国人担心会再遵奉天主教教义。1637年，洛得要求苏格兰地区教会须遵守两项规定：一是采用新祈祷书，仿英国国教的《共同祈祷书》(Book of Common Prayer)；二是建立主教辖区。此举遭苏格兰长老会强烈反对，进而采取行动。查理一世执政11年来，不曾召开国会，即使征税也采临时权宜方式。但为了平乱、军费所需，不得不于1640年11月召开国会。1641年下议院通过三年法 (Triennial)，要求国王每三年召开国会，并弹劾大主教洛得，废除上院及教会法庭，着手废止主教制度。查理国王为防御苏格兰人入侵，不得已接受请求，恰于此时，爱尔兰动乱，爆发内战，暂时解决了政治上的困境。

爱尔兰于1171年被英王亨利二世征服后，即遭英国人残酷统治，无情剥削，宗教改革之后，情势更趋恶化。爱尔兰人信奉天主教，与英国国教冲突，导致英国加强迫害，由宗教而经济再政治，当地人民愤慨，进而爆发叛乱。查理一世应对失措，国会又拒绝提供军队转而向贵族、地主征税，引发国王与国会之间的内战，由1642年至1649年，最后查理被送上断头台，结束了两造之间的冲突。

(2) 克伦威尔 (Cromwell) 摄政时期

查理一世死后，王政中断，共和政体 (commonwealth) 起而代之。从理论上说，国会拥有立法权，国务院掌控行政权；事实上克伦威尔自率军击败王室后，即握有实权，并以军权执政，自称摄政 (Protector)。

克伦威尔 (1599—1658) 为贵族出身，曾担任下议员，由于采清教徒的精神整顿军队，击败皇军，赢得盛名。1653年国会决议将政权交付摄政 (protector) 及国务会议，每三年召开一次国会，国会拥有征税权。克伦威尔拒不接受，继续军管，实施半戒严法，将英国分为十二个军区，各由一位将军治理。

克伦威尔信奉清教主义，对英国国教信徒持包容态度，惟对爱尔兰天主教徒采高压手段。1649年他以野蛮残酷方式镇压爱尔兰人，影响英爱关系迄今怨恨难了。他管制新闻、关闭剧院；在经济上，采用重商主义，实施航海法 (Navigation Act)，要求英国货物必须用英船运输，导致与荷兰间之贸易战争；欢迎犹太移民，以提升英国国力。

1658年克伦威尔去世，其子理查德 (Richard Cromwell) 继位，但庸弱无能，次年5月便告退位，专制政府瓦解。英国人渴望恢复习惯法，维系社会稳定，清教之圣人政治太不实际，军权政府只是一场梦魇。1660年英国又恢复至王权政治。

(3) 王室恢复

1660年英国王室复辟，查理一世长子查理二世 (1660—1685) 登基，国会两院复议，英国国教、习惯法、地方政府恢复旧观。复辟王朝的问题有二：首先是如何对待清教徒、天主教徒及其他教会分离分子；其次是国会与国王的关系为何？新国会于1673年颁定法律 (Test Act of 1673)，统一宗教规范，拒绝英国国教圣事者，不得有选举权，亦不得出任公职、传道、教书，甚至集会，惟这项规定并未执行。查理二世在政治上与国会和睦相处，指派五名国会议员担任政策顾问，取五人名字第一个字合为 (Cabal)，使得行政、立法管道畅通。这是英国后来内阁 (Cabinet) 的前身，奠定了阁员必须向国会负责的原则。

英王与国会的关系是基于国王召开国会以及国会支持国王有足够税收。尽管国会相信查理君权神圣但却不给予足够收入，1670 年，查理与法王路易十四秘密协议，法国国王每年提供查理二世 20 万英镑，查理则放宽对天主教的约束，支持法国对抗荷兰，并改信天主教。这项秘密协议曝光之后，英国掀起反天主教风潮。此外查理二世之继位问题引起国人关怀，查理二世虽有多名私生子，却无合法子嗣，其兄弟纽约公爵詹姆斯二世 (James) 将可望继位。詹姆斯二世公开表示自己为天主教徒并将建立天主教王朝，引起百姓不安，国会通过法案拒绝天主教徒继承王位，但查理二世解散国会，阻止法案实施。

詹姆斯二世 (1685—1688) 继位，指派天主教人士至军中、大学、地方政府任职，试图恢复专制。为获得各教派人士支持，发布大赦，给予宗教自由。此时詹姆斯所面对的问题有二：一是七位英国教会主教向国王陈情大赦不合法；其次是 1688 年元月詹姆斯二世的皇后产下一名男婴，英国人担心从此天主教王朝降临，方便法国干政，乃提请詹姆斯二世的女儿，信奉基督新教之玛丽 (Mary) 及其荷兰丈夫威廉 (William of Orange) 王子回国主政。1688 年 12 月詹姆斯二世及其皇后携子逃亡法国，接受路易十四保护，1689 年威廉及玛丽入主英国。

(4) 国会至上时期

1688 年至 1689 年的政变，史称"光荣革命"(Glorious Revolution)。在少许零星战斗情形下，专制君权被推翻。威廉及玛丽自国会手中接受王位，承认国会握有最高权力。1688 年光荣革命确立英国日后君王统治方针：国家权力由国王与国会分享，国王权利来自被治者的同意，国会通过权利法案 (Bill of Rights)，为近代英国宪法奠定基石。国会每三年集会一次，司法独立，法官只要不违法即可独立行事，承平时期不设常备军，防止军政府独裁。权利条款允许基督徒子民可以在法律许可条件下武装自卫，维护宗教信仰自由。

(5) 英国宪政的影响

英国宪政服膺洛克政府论学说，重视人民生命、自由及财产的权利。政府之职责在维护这项自然权力，一旦违背，人民有权加以推翻。洛克并将政府论学说引申至经济自由、私人财产及政治自由，对 18 世纪启蒙运动产生重大影响。1688 年光荣革命并未促成民主革命，只是赋予国会较大权力。国会代表中产阶级，一般平民仍无发言权，因此英国光荣革命所建立的只是宪政王国、中产阶级的新贵族政府。

英国宪政改革催生了现代政府的内阁制。内阁为私人小房子之意，统治者与幕僚在此研商国事。内阁制度是一种民选的民主制度，各党派推出候选人角逐议会席位，获胜的多数党议员组阁，如无党过半，则由两党联合内阁，一旦议会对内阁法案提不信任案，则解散议会，重新改选，再组内阁。阁揆系下院多数党党揆，是立法首长也是行政首长，向众院负责，是国王的第一重要大臣，故称为首相。

2. 荷兰

1648年三十年战争结束，签订威斯特发里亚和约 (Peace of Westphalia)，荷兰正式获得独立，从此成为欧洲强权之一。17世纪荷兰科学、艺术、文学成就非凡，历史上称之为尼德兰黄金时代 (Golden age of the Netherlands)，其表现迄今仍为人津津乐道。

(1) 政治

荷兰系由七省联合组成，每一省均由一名富商出任"督政"，治理内政，握有实权。七省设有联邦国会 (Federal Assembly，或称为 States General) 处理外交、战争事务。国会没有统治权，各项议题、事务需获得各省同意。国会在每省派驻一名代表 (stadholder) 为最高行政长官，主持典礼，负责国防事务。威廉 (William the Silent) 的儿子毛里斯 (Maurice) 及威廉刘易斯 (William Louis) 分别在各省担任代表，督政致力维护地方独立，其中以荷兰省最具实力，海军独领风骚，财富傲人，控制全国及联盟国会。联盟国会在荷兰首都海牙 (Hague) 集会。

联合七省的政府组织在17世纪独树一帜。荷兰政体不属君主制而是共和制，政府由富商及财阀控制，他们并非贵族而是有势力的中产阶级，生活节俭、工作努力。共和国为松散联盟，基于邻国西班牙及英国、法国虎视眈眈，重视军事防卫。

(2) 宗教

荷兰对宗教采宽容政策，各种信仰均受欢迎，即使犹太人也不例外，政府不干涉任何人私下的宗教活动。外国资金投资纷纷涌入，阿姆斯特丹银行 (Bank of Amsterdam) 信用获国家保证，成为本世纪欧洲贷款的信用交换中心，各式各样人群汇集阿姆斯特丹，码头停泊船只处处可见，盛况空前。

(3) 经济

荷兰经济以渔业为主，每年由6月至12月，渔船航行英国海岸及北海作业，捕捞鲱青鱼。随着渔业发展，造船业迅速成长。1600年以前，荷兰船只在欧洲占有率最低，至1650年有1.6万艘商船，占欧洲半数。荷兰人自挪威进口造船用木头，自法国输入葡萄，自波兰、东普鲁士、瑞典进口小麦及染料。外国商人向荷兰购买许多物品，如显微镜、钻石、陶器、亚麻。但荷兰真正财富来自转运而非出口。

1602年荷兰政要组织荷兰东印度股份有限公司 (Dutch East India Company)，在50年之内分享了葡萄牙在东亚的贸易，占有好望角、锡兰 (Ceylon) 及马六甲 (Malacca)，并在各地建立贸易据点，1630年代投资者每年可收回利润高达35%。1621年荷兰成立西印度公司 (Dutch West India Company)，展开对拉丁美洲及非洲贸易。荷兰贸易累积大笔财富，至17世纪，生活水平居全欧之冠，甚至排名世界第一，阿姆斯特丹及鹿特丹 (Rotterdam) 谷仓满溢，粮价平稳，工资优渥，生活富裕。

荷兰海外贸易波及政治，在东亚及拉丁美洲颇有斩获。1652年荷兰在非洲南端开普镇 (Cape Town) 建立燃料站，供船只横渡太平洋使用，惟自1651年起与英国进行了三次争夺殖民地的战争。第一次在1651年，英国颁布"航海条例"，荷兰不满，要求废止，英国拒绝，荷兰乃于1652年对英国宣战，称为第一次英荷战争，英国以较先进的武器取得优势，迫使荷兰签约，承认"航海条例"。第二次英荷战争于1664年英国占领荷兰在北美的殖民地新阿姆斯特丹(今日纽约)开始，至1667年7月双方签订和约为止，其间互有胜负，最后在情势有利荷兰的情形下收场。第三次英荷战争是由于英法结盟，对抗荷兰而引起的，从1672年到1674年，由于担心法国势力增强，英国与荷兰单独议和。三次英荷战争，荷兰海上力量受到严重打击，贸易和经济实力下降，英国巩固了在海上的霸权地位。以后更因介入西班牙王位继承战，支持英国对抗法国，造成国力大损，财政大坏。1715年战争结束缔和，荷兰经济从此一蹶不振。

三、东欧专制王权

17世纪东欧政局多为专制王权，如奥地利、普鲁士、俄国。东欧之专制与西欧不同，西欧王国如法国路易十四时代，贵族式微，中产阶级抬头，农奴获释；东欧王国贵族势力依旧，中产阶级未兴，农人遭迫害。因此论及17世纪东欧政局之时，须先了解其特殊历史背景。

1. 背景

(1) 经济

自11世纪开始至17世纪中叶为止，东欧地区经济发展历经三阶段。第一阶段由1050年至1300年。此时东欧、西欧相去不远，但随着贸易、人口、城市成长，西欧林地减少，人民逐渐向外扩张，往易北(Elbe)河以外地区移民。为吸引居民，东欧贵族及统治者提供许多经济及法律优惠办法，如土地取得方便、个人拥有更多自由。至1300年东欧地区农人生活条件显著进步，农人获得自由，可任意迁徙，农奴减少。

第二阶段自1300年到1500年。1300年后欧洲人口及经济受黑死病影响，严重受创。东欧及西欧之贵族为解决经济问题，各尽所能，惟发展不同。1500年西欧许多地区农奴已完全获释，其他未释放地区农人责任亦告减轻，但易北河以东地区不然，至1500年农人再度成为农奴。东欧政权的措施有二：首先是国王及贵族颁布法律限制农人的迁徙自由，农人未经地主同意不得擅自离开农地，否则将予重罚。1500年普鲁士地区农人逃跑被捕后，地主将逃亡农民一只耳朵钉在柱子上，再给农人一把刀，要他自己动手割下耳朵。15世纪中叶以前，俄国农人可以自由迁徙，但至1497年后受到相当约束，一名俄国农人只准在收成后两星期内可以自由行动。其次是地主逐渐没收农人土地，并赋予更多责任，农人不仅无法有合理收入反而成为地主的奴工，至1500年代初期，东欧农人生活陷入苦境，遭地主无情剥削。

第三阶段由1500年至1650年，东欧农人的地位每下愈况，自由农沦为农奴。波兰地区贵族全面控制农人，决定生死；普鲁士地区至 1653 年通过一系列压榨农人措施，农人附属农地及地主；俄国农人于 1603 年起不得离开农地，一旦逃跑被捕，必须送还地主。17 世纪中叶以前，东欧各国农人的命运相似，不得擅自离开农地。

(2) 政治

东欧贵族政治权力远大于西欧贵族。中世纪后期东欧国家战争频仍，政治动乱，贵族阶级乘势而起，君主式微，某些王侯为承续王位寻求贵族奥援，以政治利益交换，因此当西班牙、法国、英国建立中央王权之际，东欧国家王室逐渐失势。东欧君主多出身贵族，因而关心个人权益重于国家，镇压农人，营造私产。他们与西方国君关注全民利益不同，虽然农人偶尔也挺身抗议，反对地主，但鲜有成果。贵族控制法庭，国王捍卫无力，在无人声援支持之下，东欧地区农人地位日趋卑微。

(3) 城镇衰弱

中世纪后期东欧城镇仍具有商业功能，至 16 世纪之后城镇优势不再，主要是贵族销售产品方式转变，不经过城市商人中介，而径行直接与外国买主交易，例如荷兰商船沿波兰 (Poland) 河及神圣罗马帝国东部地区直接运至贵族专属码头，导致贵族地位日趋重要。

2. 发展

17 世纪东欧各国竞争剧烈加上亚洲游牧民族入侵，王权逐渐抬头，专制王国成型。大致说来其特色为：(1) 直接向人民征税；(2) 建立常备军；(3) 与友好国家建立关系。由于各国历史背景不同、条件不一，专制程度不尽相同，其中以奥地利、普鲁士及俄国较具代表性。

(1) 奥地利

奥地利系哈布斯堡家族于 1700 年所建立的国家。哈布斯堡家族长期以来出任神圣罗马帝国皇帝，管辖奥地利及西班牙广大幅员疆土，三十年战争使神圣罗马帝国兵困马疲，国库空虚，不仅基督新教未能铲除，神圣罗马帝国及哈布斯堡家族本身声望亦一落千丈。战争失利造成危机，亦带来转机，哈布斯堡君王开始注意内部及东部问题，在奥地利建立一个统一的国家。奥地利建国须先面对内部三大势力：波希米亚、土耳其、匈牙利，所幸均一一克服，得以完成王业。

A. 波希米亚问题

奥地利境内主要为波希米亚问题。波希米亚境内种族复杂，捷克人为数最多，属斯拉夫民族，自 1526 年以来，由哈布斯堡王室兼领，但在此之前，当地人受宗教改革影响，改信基督新教，引起信奉天主教的哈布斯堡王室不满，采高压管理。1618 年捷克贵族控制波希米亚议会 (Estates)，反抗哈布斯堡王室，未能成功，革命被敉平，捷克老贵族悉数遭歼灭，侥幸未死者的财产，亦遭没收。哈布斯堡皇帝菲迪南二世 (Ferdinand II) 将土地分配给战争中的新贵，至 1650 年后，波希米亚贵族约 80% 以上皆为外国人，哈布斯堡王室利用这批新贵统治波希米亚，使得当地农人生活情形更加悲惨。农奴遭受无情剥削，残忍对待。

B. 土耳其人

奥地利另一个须面对的问题是土耳其人的进犯。土耳其人来自安那托利亚 (Anatolia，即今日之土耳其)，16 世纪中叶苏利曼 (Suleiman the Magnificent) 统治时，威震四方，版图由波斯西部越过北非至中欧中部。奥特曼土耳其人信奉伊斯兰教，与天主教的哈布斯堡为敌，帝国政治、社会结构不同于欧洲：私人没有土地，农地皆归苏丹；没有世袭贵族，所有的人皆为苏丹奴隶。苏丹每年征调征服地区巴尔干 1000 至 3000 名男性孩童至土耳其接受伊斯兰教作战及行政训练，杰出者出任官员，其余从军。

奥特曼帝国的政治运作奠基于向外扩张的霸业之上，只要战事顺遂，占领更多土地，即可掳获更多奴隶，增加税收，也可以让部众有更好收益。1529 年第一次包围维也纳吞并匈牙利之后，国势空前，惟在欧洲各国联合的抗衡之下，1570 年后西向扩展受阻，从此帝国荣景不再，国内骄兵悍将，使得苏丹权力日微，无法阻挡欧洲的军事行动。17 世纪末，奥特曼帝国苏丹力图整治，大刀阔斧改革，再度与欧洲基督教国家对决，先后占领波兰，与俄国展开长期作战，并于 1683 年第二次包围维也纳，长达两个月之久，后来为哈布斯堡联军，包括萨克逊 (Saxon)、波兰 (Poland) 军队所败。奥特曼土耳其从此一蹶不振，奥地利哈布斯堡王室解除了土耳其人的威胁，迈向中央集权，成为专制王权国家。

C. 匈牙利之反抗

匈牙利人多信奉基督新教，尤其是被土耳其人统治过的地区，不愿恢复为天主教徒。匈牙利贵族及农人较其他欧人更具国家意识，不忘找寻机会争取独立自主，因此，当哈布斯堡于西班牙王位继承战失利时，匈牙利人即挺身反抗。尽管叛军最后失利，但哈布斯堡亦接受妥协：匈牙利人承认哈布斯堡王室治权，但匈牙利贵族收回部分特权。

(2) 普鲁士

在 17 世纪之前，普鲁士为一公国 (Duchy)，属于条顿骑士团领地，后由霍亨索伦家族 (Hohenzollerns) 世袭。1618 年霍亨索伦家族同时担任布兰登堡 (Brandenburg) 选侯及普鲁士公爵 (Dukes of Prussia)。布兰登堡选侯与其他六个选侯国一样，参选神圣罗马帝国皇帝，惟军事力量薄弱。布兰登堡不邻海，位于法国至俄国之中，缺乏自然屏障，易遭外敌，土地贫乏，多为沙砾及沼泽，被称为神圣罗马帝国的沙匣 (Sand-box of the Holy Roman Empire)。30 年战争期间，布兰登堡遭瑞典及哈布斯堡军队蹂躏，人口锐减，许多乡村毁灭，声望跌至谷底，但也由于外国入侵，地方议会势力消灭，使得霍亨索伦得以走向专制之途。腓特烈威廉 (Frederick William) 即后来闻名的大选侯 (Great Elector) 登基，大肆压抑国会自主权，朝专制迈进。

A. 腓特烈威廉 (Frederick William) 的统治 (1640—1688)

腓特烈威廉于 1640 年即位，年仅 20，透过外交及战争方式统一国内三个不同的省区，包括布兰登堡 (指柏林附近之地)、普鲁士、日耳曼西部及莱茵河岸。这三个地区皆为德意志人居住，各有议会，握有权力，尽管三十年战争期间，无法年年集会，但权力依旧，任何税捐未经其同意无法开征。布兰登堡及普鲁士议会由贵族（容克：junker）控制，三十年战争之后各地贵族希望恢复在战时被搁置的征税权。1653年布兰登堡首开其端，1661年至1663年其他地方随后跟进，使得腓特烈威廉与各地区议会展开长期复杂的紧张关系。

腓特烈威廉的策略是首先让各地方议会同意其征税权；其次，扩充军队，削减地方议会势力。终其任内，税收增加三倍，军队规模扩大十倍。1688年，军人占全国人口3%，多为法国休京派信徒，这些人敬业乐群，效忠国家。

腓特烈威廉之成功得力于二项因素：第一是战争。自1648年以来，瑞典与波兰为控制波罗的海，战争不已；加上路易十四在西欧的战争，造成危机局势；俄国南部之鞑靼人于1656年冬至1657年肆虐普鲁士，杀人无数，更予腓特烈威廉整军机会。其次是普鲁士贵族长期主政，营私谋利，除了争取免税及剥削农人之外，无意与王室抗争，因此当腓特烈威廉在保证不危害其免税特权情形，而削弱其政治权力时，未遭遇重大反抗。

B. 腓特烈三世 (Frederick III) 之统治 (1688—1713)

1688年腓特烈威廉辞世，普鲁士发展成为统一国家，但幅员仍小，且政权不稳，与当时约二千万人口的法国相比仅为其二十分之一。腓特烈三世继位，虚荣浮华，处处模仿路易十四，宠信艺术家、音乐家，歌舞升平，任内惟一政治成就是参与西班牙王位继承战，获神圣罗马皇帝授予普鲁士国王 (King in Prussia) 头衔，称为腓特烈一世 (Frederick I)，普鲁士王国正式成立，死后传位威廉一世 (Frederick William I，1713—1740)，一反过去奢靡，普鲁士从此进入军人专制的国家。

C. 威廉一世 (Federick William I，1713—1740)

威廉一被称为"军头"(the Soldiers King)，雄才大略，整军经武，重视军容，四处招募干才，建立强大部队。他本人喜爱身着军服，生活严谨，每日校阅部队，对于军容不整者予以严厉惩罚。他重视军队，与当时欧洲情势紧张、战乱不已有关。他认为武力是解决问题的惟一方法，故用人惟才，建立强大的中央官僚集团，拔擢各方人才，使得地方贵族无力与中央分庭抗礼，进而服膺中央，为政府效命。终威廉一世任内，三流的普鲁士建立了一流军队。至1740年普鲁士人口居欧洲第十二位，军队人数排行第四，次于法国、俄国及奥地利，为以后200年的军事强权奠定基础。除了军事成就之外，威廉一世为人节俭，讲究纪律，促使普鲁士社会井然有序，人民遵守法律，成为"北方的斯巴达"(Sparta of the North)。死后由腓特烈二世，即腓特烈大帝 (Frederick the Great，1740—1786) 继位。

(3) 波兰

波兰系斯拉夫人所建立的国家，14世纪人民接受天主教。1386年波兰公主与立陶宛大公结为夫妻，使得两国在波罗的海及黑海之间统有广大领土。1569年两国正式合而为一，疆土广阔，可与神圣罗马帝国分庭抗礼。波兰在雅盖洛王朝 (Jagiello Dynasty) 统治时，成为欧洲最繁荣的国家之一。

波兰地域辽阔，民族复杂，土地为贵族所有，行封建制度，迟至16世纪以后，政府仍无法有效统治，地方色彩十分浓厚。波兰贵族尽管各自为政，但对外扩张却是有志一同，与瑞典及俄国曾发生长期战争，并握有普鲁士的宗主权，17世纪末年波兰国王苏必斯基(Jan Sobieski)率军击退土耳其人对欧洲的最后一次进攻，解救维也纳，创造光荣胜利。至18世纪后盛况不再，俄国开始干预波兰国王的继承问题，导致波兰于1772年起被瓜分。

(4) 俄国

俄国地理环境特殊，跨欧、亚两洲，公元1700年前，发展异于欧洲其他国家，以后则趋接近。俄国以斯拉夫民族为主，早先居住在中欧，罗马帝国后期开始迁移，称为东斯拉夫人（后来乌克兰人、俄国人及白俄人的祖先），第5至第9世纪进入今日欧洲苏俄及乌克兰一带。此地北方森林密布，南方草原辽阔。东斯拉夫人以游牧为生，已有简陋的农耕，待土地耗竭，则易地营生。9世纪维京人自斯堪的那维亚抵此，俄国历史称这批人为北欧人(Varangians)。维京人热衷贸易，沿斯堪的那维亚及北欧各地河口建立据点，掠夺斯拉夫部落并强行纳贡，将斯拉夫人贩卖为奴，故欧洲有些地方称斯拉夫(Slav)为奴隶(Slave)。俄罗斯早期的发展，经过维京人（大约由10世纪到13世纪）、蒙古人（大约由13世纪到15世纪）统治，待莫斯科公国兴起后才开始奠定今日的俄国基础。

A. 维京人统治时代

维京人为了巩固贸易，自称"东斯拉夫人的统治者"。根据传说，留里克(Ruirik)于公元860年左右建立王朝，奥列格(Oleg)时代在基辅(Kiev)修筑王宫。维京统治当地采同化政策，统治者娶本地女人为妻，接受东正教，采邦联方式治国。有关详情，迄今不详，仅知主政者重视贸易。这批斯拉夫化的维京人不知如何和平转移政权，因此每逢传承时刻，政争不断。为了化解危机及稳定秩序，1054年雅罗斯拉夫(Yaroslav)国王将基辅公国平分给五个儿子，这五个儿子死后，亦将其领土平分诸子，由1054年至1237年每一位王公都自命为留里克的后裔，使得局势更趋混乱。

B. 蒙古人统治时期

13世纪成吉思汗(Jenghizkhan，1162—1227)征服中国宋朝，以后向西发展，1242年前抵达匈牙利平原。蒙古军残暴、凶狠、滥杀无辜、焚烧城池，统治东斯拉夫人逾200年，在窝瓦(Vòlgo)河营建都城萨拉伊(Saray)，要求东斯拉夫王公称臣进贡，稍有不从，即予杀害。

蒙古人统治东斯拉夫人，利用归顺效忠的东斯拉夫王公负责征税。1252年莫斯科王公们成为蒙古人的新宠，他们严酷镇压异己，为可汗征税，获拔擢为大公，不久这些俄国王公着手铲除异己，并推翻可汗统治，其中以伊凡一世(Ivan I)及伊凡三世(Ivan III)尤引人注意。

C. 莫斯科公国崛起

a. 伊凡一世 (1328—1341)

伊凡一世被称为"钱袋伊凡"(Ivan the Moneybag)，吝啬小气，靠贷款致富。伊凡的心腹之患为特韦尔(Tver)地区之王公，1327年特韦尔地区人民起义，反抗蒙古人统治，伊凡被任命为俄蒙联军统帅，讨伐叛逆，平乱有功，蒙古酬庸其为税吏，并任命为莫斯科大公。伊凡说服基辅地区人民移居莫斯科，使其声望扶摇直上。

b. 伊凡三世 (1462—1505)

伊凡一世之后莫斯科大公渐成为专制独裁者，自称沙皇(Czar或Tsar，斯拉夫语恺撒之缩写)。1462年左右伊凡三世继位，不承认蒙古可汗为最高领袖，自命为可汗，自认为是恺撒及正统基督宗教传人，视其为欧洲国王为异端，沙皇是惟一的神圣统治者，俄国即第三罗马。伊凡三世与君士坦丁最后一位皇帝侄女成婚，更加强了这种印象。一旦俄国沙皇结合了基督教及可汗两种权力，专制政权乃告出现。

1505年莫斯科大公发展为俄罗斯，成为东斯拉夫地区的惟一合法统治者，强调君权神授，权力至上，使得农人丧失自由，贵族影响力衰减。伊凡三世于1480年代征服诺弗哥罗得(Novgorod)公国，没收80%的土地，迫使贵族移居莫斯科附近，将一半以上土地，据为私有，其余赐予新贵族，这些新贵多来自沙皇军中。至于旧贵族如果想保有田地，必须向他效忠。

c. 伊凡四世 (1533—1584)

伊凡四世史称"恐怖伊凡"(Ivan the Terrible)，究其原因与成长过程有关。3岁登基，8岁母亲遭人毒害，此后饱受老贵族欺侮，16岁撤换贵族顾问，开始自立成为沙皇，后娶妻安斯提西亚(Anastiasia)，来自罗曼诺夫(Romanov)家族，貌美贤淑。不久之后向蒙古宣战，由1552年至1556年为俄国扩充大幅版图。战争期间，乘机将土地收归国有，并收编所有贵族为国效忠。1557年开始西向政策与波兰及立陶宛展开为期25年的持久战。波兰—立陶宛在16世纪控有波兰及乌克兰等广大土地。战争期间，伊凡与贵族不合，争执冲突不断，加上爱妻安那提西亚遽然去世，从此性情大变，性格暴躁，行事残酷，铲除异己。他采恐怖方式，打击旧贵族，这些贵族的亲人甚至仆役皆遭池鱼之殃，无故被杀，田产没入，分配给新宠。旧贵族失势，新贵族未成气候，只能仰赖皇帝恩宠。

伊凡透过对外战争及对内镇压等方式治国，造成人口流失。新贵族谋生不易，压榨农人，迫使农人逃亡至外地维生，组织非法军队哥萨克(Cossack)。伊凡四世为解决困难，限制农奴离开农地，并协助贵族，获得他们支持。在伊凡四世统治下，贸易商及工艺匠皆不得轻易离开其住所及改变职业，以利收税。沙皇在16、17世纪控制矿业、工业，并垄断贸易活动，大宗盈利归沙皇所有，中产阶级无法成长，俄国发展出一套与西欧迥然不同的专制社会。

D. 内讧

1584年俄国强人"恐怖伊凡"四世去世后，举国陷入夺权的混乱之中。1598年伊凡四世之子狄奥多尔(Theodore)死后，情势更加恶化。由1598年至1613年俄国迈入混乱时期(Time of Troubles)，沙皇近亲彼此互相残杀，除了内讧之外，并勾结外人，使得瑞典及波兰人得以占领莫斯科。当哥萨克军队北上，屠杀农人、贵族、官吏时，情势更趋险恶，哥萨克要求沙皇恢复其自由，并容许他们选择农主，减少税赋，去除过分束缚。

内乱外患纷至沓来，迫使俄国贵族化干戈为玉帛，1613年选出伊凡的侄孙米哈伊尔·罗曼诺夫(Michael Romanov, 1613—1645)为沙皇，开始了罗曼诺夫王朝，至1917年俄国革命为止。为了收拾乱局，罗曼诺夫恢复专制，讨好贵族，镇压农奴。亚力西斯(Alexis, 1645—1676)继位后，两极化情形更趋鲜明，贵族因从军获更多免税权，农人地位则每下愈况，终于爆发大规模暴动。17世纪末俄国正统教会分裂，1652年基本教义分子尼孔(Nikon)致力宗教改革，希望引入希腊正统模式，但遭热心宗教事务的人士反对，认为尼孔反基督，剥夺"神圣俄国"的宗教，许多人出走教会，并组织非法"旧信仰"(old Believers)，但遭迫害，影响俄国人逐渐疏离教会而依附国家。此时哥萨克人因政府围剿再度动乱，在史登卡·拉津(Stenka Razin)率领下，于1670年至1671年沿窝瓦(Vòlgo)河上行，途中许多农民加入，高举不受压迫口号，他们杀害地主、教会高级官员，但最后为政府敉平，从此官方更加紧控制农奴，拥戴沙皇。

E. 彼得大帝

彼得大帝(Peter the Great, 1682—1725)体形魁伟，身高六尺七吋，精力旺盛，意志力坚强，热衷军权，1689年开始专制统治。

伊万四世时代俄军受挫波兰及瑞典军队，彼得矢志重整军容。彼时西方国家并未严重威胁俄国，仅在俄国骚乱之际，推波助澜而已。俄国于1667年自波兰获得大片土地，沙皇也在17世纪完成讨伐西伯利亚(Siberia)，迄1682年俄国版图为其他欧洲国家三倍。彼得登基后，继续向外扩张，当时俄军主力为骑兵，其次是步兵，军队属业余编组，战力无法与17世纪西欧各国匹敌，非经大力改革无以应付新局，迎接未来，彼得乃顺势而为。

a. 改革

彼得首先要求贵族不分贵贱，终其一生必须为政府工作或服役。其次为配合现代政府专业需求，筹办学校或大学，训练人才，譬如要求每一位贵族离家五年接受义务教育。第三将文武官职分为十四等级，每一个人皆必须由最基层做起，依才能表现升迁。彼得求才若渴，两度远赴海外学习、观摩，并延览人才至俄国服务，厚实国力。第四建立一支庞大的常备军，以农人为主，由贵族统领，人数逾20万。此外，另有一支哈萨克及外国人组成，逾10万名部众的特别部队。第五加强对农人征税，农人税赋提高三倍，农人必须赴国营工厂工作，生活越发艰苦。

b. 成就

彼得改革成就卓著，史书多有记载，其中以领土扩张方面最为显著，1700年至1721年，与瑞典发生大北方之役(Great Northern War)，俄国首先受挫，但彼得动用新军，1709年在乌克兰的波尔塔瓦(Poltava)击败瑞典国王查理十二(Charles XII)，从此瑞典无力反攻，俄国吞并爱沙尼亚(Estonia)以及现在拉脱维亚(Latvia)大片土地，成为波罗的海的霸主、欧洲强权。其次，西学输入，由于彼得热衷现代化，导致西方思想及西欧人才流入俄国，培育不少新人才。第三，彼得强调全民利益而非个人利益，获得百姓的支持。彼得改革有得有失，由于大多数农民及穷人未曾受惠，反对改革，农奴与贵族之距离日趋疏离。

总之，彼得统治使俄国政治更趋专制，现代化军队及国家观念深植俄国文明之中，影响俄国至18世纪，与西欧政治思想、制度日趋接近。

3. 影响

王权为东欧政治社会文化带来重大影响：贵族与王室互动方式改变，农人及下层人士地位更趋低落，军队职业化，军容庞大，税赋提高，专制权威加强，巴洛克艺术文化诞生。

中世纪盛期的理念呈现在高耸的哥德教堂上，专制王权则表现在巴洛克的王宫建筑之中。1700年中欧及东欧的君王热衷王宫建筑，显现王室权威。东欧各国之王宫竞相模仿凡尔赛宫，如1695年里奥波德(Leopold)皇帝为庆祝奥国军事胜利及显示哈布斯堡的威仪，在1695年建立宵布恩(Schönbrunn)皇宫。瑞典查理十一世于1693年下令修建皇宫，迄今仍为斯德哥尔摩(Stockholm)的中心，除了国王之外，小王公亦在其领土内修建王宫。

社会与文艺

一、社会

17世纪以前的欧洲在历史上被称为旧世界。人民生活方式与中世纪时代相去有限，尽管全球商业活动次第展开，资金累积比重增加，初期工业现象浮现，但欧洲大部分地区的主要生活方式仍然是农业。贵族拥有广大土地，多数人民依种植为生。有关这个时期的生活情形可由其人口分布及经济活动见其端倪。

1. 人口分布

有关人口普查迄1800年尚未开始，英国第一次现代化的人口普查在1801年，对此之前的人口情形只能臆测。据推测，18世纪初欧洲人口为12000万到13000万，约为20世纪末世界人口的七分之一。当时欧洲人主要住在乡下或农场内，法国是当时欧洲最先进的国家，仍有75%的人住在乡下。

至于当时人的寿命，根据18世纪作家约翰逊(Samuel Johnson)的一项研究报告，此时一般人的平均寿命不到 30 岁。17 世纪末时，法国北方人的平均寿命仅 20 岁，1755 年瑞典人的平均寿命为 30 岁，英国南部人大约在 35 至 45 之间。由于寿命短，所以三代同堂的情形较少，少有人知道他的祖父是谁。富人的寿命因物质条件好，平均寿命较穷人多 10 年。

2. 经济活动

大部分农民住在开放耕地的小村落中，小农为地主耕种，土地归贵族、国家或教会所有。不过在英国及欧洲部分地区已有圈地，商业经济逐渐展开。

论及欧洲商业经济必须回溯至中世纪的手工业行会制度，在这种制度之下，生产的方式历经三个过程：工资生产，由雇主提供原料，工匠加工成为产品，工匠除了自己的工具之外，并无资本可言，其所得只是工资。价格生产，属于一种定货生产，工匠自购原料，将做成的货品出售，其所得为商品的价格，而非工资。市场生产，工匠不待顾客订制，自行负责生产，将货品摆在店面或市场供人购买。这种生产方式的改变随着资本的扩大，商业活动的增加，而走向资本经济。

其次是圈地运动的发展。15 世纪英国发生了圈地运动 (enclosure)，由牧羊业开始。随着毛纺织工业的兴起，羊毛需求大增，牧羊业展开了圈地运动。在此之前不论是耕地还是牧地都采开放制 (open)，如今为了牧羊需要，得将牧地圈起来。中世纪为了耕作方便，地主的土地多分散，由佃农耕种；如今整合，使得许多小农失去耕地，被驱离土地。根据统计从 1450 到 1607 年在英国 24 个州有五分之一的土地被圈，影响经济活动至深且巨。失去土地的佃农移往都市谋生，改变了传统以来的报酬原则，刺激经济生产。第三为重商主义。重商主义是一种理论，强调政府直接干预经济政策，以增进国家的普遍繁荣。值此社会变迁之际，统治者不能再仰赖贵族，必须筹措财货，设法增加货币供给，让外国的金银流入自己的国家，为重商主义奠定了基础。这项政策的原则是增加成品出口，减少原料进口，经济政策由国家制定，使得社会生活由市镇转为国家指导。

依重商主义的理论，政府支持本国商人活动，对出口实行补贴，以奖金鼓励生产，树立关税壁垒，建立全国性关税系统，协助商人建立官方公司进行远洋贸易，如英国在 1600 年建立东印度公司，荷兰在 1602 年，法国在 1664 年也先后建立东印度公司。

二、文艺

17 世纪欧洲文艺思潮承 15 世纪文艺复兴风格，并受科学革命及商业资本主义影响，在文哲思想方面出现古典倾向，含有相当浓厚的唯物主义色彩。欧洲社会在海运大通、商业活动频繁情形之下，出现新的风貌。尽管旧社会结构依然存在，但新的社会趋势已渐浮现。

1. 哲学

西方哲学思维自亚里士多德之后进入中世纪神学时期，奥古斯丁承续柏拉图建构了信仰哲学；托玛斯延续了亚里士多德，融入信仰建立了经院哲学。近代哲学在这种历史条件之下，因着各国的文化背景，出现不同的哲学思维。大致说来可以分为三类思维：英国的经验哲学、欧陆的理性哲学、德国的心灵哲学。传统介绍这些哲学多依据文本，往往陷入哲学家的语汇之中。但由历史发展来看他们彼此间的差异，更能把握其哲学的精神。英国为一岛国，依海生活，对问题的认知以经验为准，法国为宗教冲突地区，理性的讨论，证明上帝的存在是文化的重心，德国要求统一，观念论也就成为理所当然。尽管这些学派强调不同，但皆不崇尚教条和权威，而重视理性及经验。

近代哲学由笛卡儿开始。

(1) 笛卡儿 (Rene Descartes，1596—1650)

1596 年生，只活了 54 岁。年轻的时候就有强烈的求知欲，希望洞悉人生和宇宙的奥秘，他认为只有透过理性才能获得确实的知识，不能完全听信过去人的说法，也不能完全相信感官。被誉为现代哲学之父。他关心的论题有二：知识如何可能？观念如何形成？他采用数学的方法进行哲学性的思考，用证明数学定理的方式来证明哲学上的真理；换言之，用理性来解决哲学上的问题，惟有理性才能使我们得到确实的知识，感官并不可靠。在建构自己的哲学体系之前，必须先挣脱前人的理论。他认为有一件事是真实的，就是怀疑。怀疑的时候一定在思考，就成为思考者，这就成了他的名言："我思故我在。"思考的我比感官的我更真实。世界上必有一个完美的实体，才会有完美的观念。这个完美的实体就是上帝。

笛卡儿学说是一种二元论，宇宙是一个外在的真实世界 (又称为广延或物质)，与我们思想上 (灵魂) 的真实世界不同。人有灵魂，也有广延，动物只有广延。人的灵魂有意识，动物没有灵魂，所以没有意识。人是一种二元的存在，动物只是机械的存在。人的身体十足是一部机器，但人的身体有灵魂，可以独立运作，不受身体影响。我们用理智所思考的事物并不发生于身体内，而是发生于灵魂中，因此完全不受广延的真实世界所左右。我们的身体会老化，但是我们的理性不会改变。因此他特别重视理性的价值。

(2) 弗朗西斯·培根 (Francis Bacon，1561—1626)

弗朗西斯·培根是英国人，家世良好，父亲为掌玺大臣，母亲受过良好教育。其主要著作有《学问的增进》(*The Advancement of Learning*，1605)、《新工具》(*Novum Organum*，1620)。

他将感官经验视作真实知识的基础，以改变整个自然科学的研究方法为志事，相信可以把人从错误中释放出来。其思想可以从下列几方面了解：

①科学的分类，将知识归类，开启以后学问研究的大门。

②科学的方法：他花了 12 年的光景，完成一部重要代表作《新工具》，讨论自然知

识和获得自然知识的方法。

培根的学说将学问分为三种：争辩的学问、雅致的学问、空想的学问并加以批评。他认为知识是累积的、实用的，科学必须是相互批评的。一个正确的实验或观察，经得起重复考验，即使是无数次，其结果是一样的。

他提出偶像论，认为这是人心的不同倾向，也是出错的地方。包括种族的偶像（人性）、洞穴的偶像（学养）、市场的偶像（语言）、剧院的偶像（哲学）。

③归纳法：知识是累积的，采用删除法，而非列举法。

(3) 斯宾诺莎 (Baruch Spīnoza，1632—1677)

荷兰人，他是第一位对圣经提出历史性批判的人，为自然命定论者。主要著作为《几何伦理学》，希望用他的伦理学来显示人类的生命是遵守大自然的普遍法则，人必须挣脱自我的感觉与冲动的束缚。他认为宇宙只有一个实体，上帝与大自然是一体的，所谓天性就是自然法则。

斯宾诺莎的思维是一种"一元"论，不同于中世纪神学的一元论在于，他以"大自然"取代"耶稣"，作为"上帝"的化身。这是理性主义人士的共同取向，他认为上帝（或自然法则）是每一件事物的内在因，上帝透过自然法则发言，而且只透过这种方式发言。换言之，上帝是透过自然法则来主宰世界，因此物质世界中发生的每一件事都有其必要性。

他认为，世界上只有上帝才拥有真正的自由，人可以争取自由，去除外在束缚，但永远不可能获得自由意志，我们不可能控制身体内发生的每一件事，也不能选择自己的思想，因此人没有自由的灵魂，无法获得真正的幸福，但如果体认到每一件事的发生都有其必然性，我们就可以以我们的直觉理解大自然，进而了解每一件事是有关的，每一件事是一体的，这样才有真正的幸福。

2. 文学与艺术

历史学者推崇路易十四时代之艺术及文学为"法国古典时期"(French Classicism)。17世纪后期，法国艺术家及文学家创作多模仿古典文学写作风格：规律、均衡及自制性。古典主义文学模仿古代希腊罗马文化风格，以古代的英雄形象为榜样，来塑造当代的人物形象，并依照理性规律，制定了戏剧三一律：地点、时间和情节的一致，具有严格的结构，束缚了作家的创造力。

波辛 (Nicholas Poussin，1594—1665) 被认为是法国古典派画家的佼佼者。他一生多半住在罗马，热爱古典文艺，认为绘画的最高境界应具有典雅、理性及秩序，而不是写实。波辛绘画偏好个人创作，题材为罗马史中的人物、马匹及建筑，都符合古代罗马风格，路易十四掌权后，开始干涉法国古典艺文创作，个人画风不再，艺术家开始被要求歌颂国王。路易十四爱好音乐及戏剧，其所钟爱的音乐家有卢利兹 (Jean-Baptiste Lullyz)，一位典型法国古典主义者，他所编作的宫廷芭蕾舞曲，风靡欧洲；康普兰 (Francis

Couperin) 以大键琴及风琴获宠；察彭弟尔 (Marc-Antoine Charpentier) 以宗教音乐幸进。路易十四热衷舞台剧，尤其是莫里哀 (Moliére) 及拉辛 (Racine) 的作品名垂青史。莫里哀原名鲍魁林 (Jean Baptiste Poquelin)，父亲以绣帷业致富，而他未承续父业，热衷戏剧，取名莫里哀，后成为剧作家、舞台经理、制作人、演员。以喜剧闻名，擅长讽刺世俗的虚伪与愚蠢，如《伪君子》(*Tartuffe*)，讽刺宗教的虚伪，作品塑造了一位伪君子的典型开象。故事主人表面上看来是一位虔诚的天主教徒，其实是一个心黑手辣、好色贪财的骗子；另一名女佣，却是一位大胆机智、言词锋利的善人，表现了莫里哀对下层阶级的同情。《暴发户》(*Le Bourgeois Gentilhomme*) 批评社会暴发户；《可笑的女才子》(*Les Femmes Savantes*) 嘲讽当时假道学对贵族沙龙文学和上流社会生活的追求，并揭露对社会的危害。莫里哀剧作讽刺对象为官僚而非贵族，虽仿古典形式，但富社会观察力。拉辛的作品多根据希腊罗马传说，题材为善恶之冲突，对白简明，结构对称，是法国古典派的最佳代表，迄今仍为人津津乐道。主要的代表作有《昂朵马格》(*Andromaque*) 及《费德尔》(*Phèdre*)。前者表现了不向敌人屈服的民族主义精神，后者揭露了贵族的腐败和荒谬。

米尔顿作有许多情诗，其中以《失乐园》、《复乐园》最具代表，《失乐园》描写撒旦对上帝的反抗，藉此歌颂英国革命者的斗争精神。

这一时期艺术风格以巴洛克为代表，此一名词原来的意思是"形状不规则的珍珠"，用来指意大利的建筑艺术风格，后来成为 17 世纪法国文化的代名词，流行于 1600 到 1750 年，影响遍及全欧洲，特别在西班牙、葡萄牙及西属美洲殖民地。巴洛克艺术的风格是稀奇古怪装饰的外表、追求奇特、以曲线代替直线，透过透视的手法，造成一种综合性的空中幻觉，打破内容与形式的平衡，加强形式和视觉的效果。巴洛克艺术可以启发人产生超越现实的想象，有一种无限意义的感觉，偏爱夸张，强调明暗对比，作品充满了对照鲜明的形式，在各种相互矛盾的对比中呈现张力，具有激励人心的效果。在艺术和现实生活上既可以看到夸张华丽的自我表达形式，也可以看到一股退隐避世的潮流。

在艺术方法，巴洛克的特色是浮华而矫饰，但同一时期也有人意识到世事无常，周遭美好事物终将消殒凋零。天主教利用巴洛克形式的壮丽和复制的结构，以人们易于理解的形式向人们宣传教义，米开兰基罗的《最后的审判》最具代表性。

思想——科学革命

17 世纪人类思想无论就其内容或形式，都出现重大转变，从此人类活动进入新的领域，人类文明迈向新的里程碑：科学时代降临。由神学到科学是人类进化的一种趋势。神学强调"信仰"，科学则是以怀疑为前题来建立"信念"，两者迥然不同。神学助人面对问题，科学教人解决问题，各有偏重。人生问题如生老病死，有其不可解处，致使人陷于"信仰与信念"之间，游走徘徊神学、科学之际，寻求"安身立命"之道。

科学是什么？胡适说得好："大胆假设，小心求证"，在假设的前题之下，没有绝对，也没有永恒。17世纪以前人类思想以宗教、神学为前题，犹太教、基督教、伊斯兰教、佛教教义左右了人的一生，由政治到社会乃至家庭生活皆然。17世纪后人类思想在科学的带动下，出现新的思维方式，崭新的世界观，重视世俗生活，使人类生活摆脱神权的束缚，迈向以人为中心的思考。

科学重视经验世界，强调眼见为凭，从对宇宙天文的观解发展至人文世界的重建。这种以"己"为中心的思维态度与宗教思考背道而驰，故称为"革命"思想，它掀起了18世纪启蒙运动，改变了政治、社会、经济、文化的发展方向，影响民主政治抬头，工业社会诞生，都市生活兴起，开启了人的世界史观。

科学革命以经验认知结合数学推论发展而成。批评古代巫术文化为"伪科学"、神学为"反科学"，认为科学的思考可以呈现客观的事实与普遍的真理，而巫术所处理只是个别的问题，没有普遍性，宗教所面对的问题尽管有其普遍性但却没有客观的事实。科学之发展非一蹴可及，有其长期发展历程，但史家看法不同，有些史家认为此时科学成就在于科学的思维本身，外来因素影响有限；有些史家则认为科学革命形成深受经济、社会、宗教变迁影响。究竟真相如何，可循其脉络观察。

一、科学思想的发展

科学思想之由来

在人类思想演进过程中，16世纪后期与17世纪的科学思维方式为人类生活开创了新页，其影响力仅古希腊可以相比，它不仅改变了思想，并建立了新的思维模式。文艺复兴与宗教改革虽然是历史中变迁的大事，但在思想方面仍沿袭传统旧习，少有变化。科学革命不然，讨论的问题相似，但思路不同，奠定欧洲新文化基础，并据此成为全球的主人。

欧洲的科学思想在1500年以前，承续罗马哲学家浦林尼(Pliny)及希腊亚里士多德的观念，认为宇宙是理性的结构，宇宙间事物息息相关，个体无法独自存在。此时的科学思想是依据亚里士多德逻辑中三段论证进行分析，观察事物依其质变而非量化，重质(qualitative)而不重量(quantitative)。从理性的角度寻找事物的关系，以现代人的说法，就是要从整体观察了解一个事物，也就是整体观，或者是从类似人的有机结构中掌握事物的关系，而非从个别事物归纳出关系。亚里士多德及形上学的理论强调，"个人是宇宙中一小部分"，不仅成为学院科学，更是应用科学包括医学、天文学、炼金术理论的根基。

亚里士多德的科学观可由其对天体的认知窥豹一斑。他认为宇宙天体由土、水、火、风之外的第五行(quintessence)所构成，第五行是一种完美、不坏的元素，而尘世只有四个元素，不仅不完美，且变化无常，其中有"轻"的元素如风和火，向上升，及"重"

的元素如水及土,向下沉,运行方向受外在、人为因素影响,捉摸不定,但宇宙中有一个不变的力量 (uniform force) 以等速推动物体,一旦力量不再,物体即静止不动。亚里士多德的天文及物理观念简单易明,有目共睹;他为上帝觅一住所,并为基督灵魂提供住所,符合基督教义,因而其学说得以流行 2000 年。他将人置于宇宙中心,介于上帝与低等动物之间,提供宗教思想更厚实基础。中世纪时代神学家们将亚里士多德学说与基督教义结合为一体,以地球为宇宙中心渐次向外:10 个星体,前 8 个星体分别是月亮、太阳、5 个已知的行星及固定的恒星,其余 2 个星体在各时代略有不同,10 个星体之外就是天际,为上帝住所及获救灵魂所在。

二、科学革命的历史条件

科学革命之形成除了个人天才因素之外,有其客观历史条件:

1. 中世纪思想及大学长期以来对科学之关注

过去许多史家以为中世纪轻视科学,事实不然。13 世纪以来,欧洲大学诞生,教授、学生人数增加,各大学为配合社会需求,培育律师、医生及教会领袖,哲学脱离神学独立为一门学科,专研抽象理论,科学在这种架构之下,亦告独立,成为一门学科,14、15 世纪首先出现在意大利,以后发展至西欧。各先进大学设立数学、天文学、物理学等课程,到 18 世纪末,获得长足快速发展。

2. 文艺复兴的鼓励

中世纪科学最大弱点在数学,文艺复兴研究古代知识,重新探讨希腊数学,大幅改变了 17 世纪欧洲的数学观念,他们努力解决上古数学之矛盾,意大利数学与其他艺术及人文研究齐头并进,王侯、富商亦支持数学研究。

3. 海外探险的激励

远航带来的航行问题,影响科学发展。远距离海上航行需要精确海图标示位置,1484 年初葡萄牙国王即指派一个数学委员会研究协助海员寻找纬度,完成了欧洲第一本航海手册。英国政府及大企业家亦致力推展科学教育,解决航海难题,伊丽莎白时代金融巨子葛里士瀚 (Thomas Gresham) 爵士在伦敦建立葛里士瀚学院,要求学校七名教授中三位教授专研科学,天文学教授且须直接担任有关航海科学课程,葛里士瀚学院之科学家地位在欧洲首次崭露头角,他们与皇家海军高官、造船与商业巨子关系密切,葛里士瀚学院在 17 世纪成为英国科学中心。1662 年伦敦皇家科学院 (Royal Society of London) 成立,出版科学刊物,召开科学会议。航海催生了许多新科学工具,如望远镜、气压计、温度计及显微镜,使得科学观察更趋精确。

4. 宗教的影响

有些史家认为基督新教理论刺激新科学诞生，尤其卡尔文教派重视人的良知，不重视宗教教条，因而促进科学探究精神，事实略嫌简单。其实在1630年前，宗教各派包括天主教、基督教及犹太教，多少都反对哥白尼学说，以后才有不同看法。早期天主教对科学敌意不深，文艺复兴时期意大利人对科学发展扮演了重要的推手工作，直到1633年伽利略遭受审判，反对宗教改革者开始敌视科学，造成1640年后意大利科学式微，基督新教此时因摆脱天主教束缚而热衷科学。譬如英国，自1630年后，教会冲突日剧，无人管辖科学，皇家科学社开始讨论科学，克伦威尔时代科学家们致力寻求中立角色，至1640年后快速成长。

三、科学革命思想的建构

古代对自然现象的认识多基于学术性，较少实用性；所获得的结果也是期待的，而非创造的。人们相信，宇宙生成有其目的，自然界的各种行为是要达到这个目的，配合重"质"不重"量"的态度，构成了因果论的发展。这种科学认知与我们今日的科学观相去甚远。今日的科学是以"数量"为基准，根据真实的观察，提出假设，再以数学来验证，为物理世界找出普遍的法则，摆脱个人情绪与语言的干扰，使世界呈机械而非有机或形上的存在。"为什么"、"是什么"是近代科学的精神。

近代科学观念并非突如其来，而是有迹可循：来自对天文的观察。与先前不同的是，宇宙的中心不是地球而是太阳。古代对天文的了解多以托勒密 (Ptolemy) 为代表，他是二世纪左右亚历山大 (Alexandria) 地区的天文学家，主要贡献在观察星象及天文时，以一种不同于过去的方式，了解星球的运行，解释星球运行时出现不规则的原因，主要代表作为《天理学》(*Almagest*)，认为地球是一个固定的、不能动的大物体，位于宇宙中心，其他一切星球都是绕着地球运转。这个学说支配了16世纪以前人类对宇宙的认识，待哥白尼等人之后出现重大改变。有关近代科学思想的进展可由下列人士见其一二：

1. 哥白尼 (Nicolaus Copernicus，1473—1543)

哥白尼于1473年2月生于波兰，10岁时丧父，由叔父抚养长大，受过良好教育，早期攻读美学与数学，后改读教会法，并获得帕度亚大学教会法博士学位。毕业后曾在大学教数学与天文学。后在叔父服务的教会担任牧师，叔父去世后，掌理教会的行政工作。哥白尼爱好天文，常至欧洲各大学研究教会法及天文学，彼时托勒密学说为学术主流，哥白尼觉得，托勒密从造物主完美无缺的角度提出的天文观，难以自圆，转而接受文艺复兴时代意大利人所讨论的古希腊人观点，以太阳而非地球，作为宇宙的中心。他从对宇宙的观察中发现：地球是圆的，由西向东自转，大气层随着地表运动；地球不是宇宙的中心，外行星是以相反的方向绕行太阳，太阳由西向东运行，星星则呈相反方向；

火星的逆行运动比木星大，越在外侧的行星，绕太阳做公转的时间越长。他认为太阳不动，恒星及行星，包括地球在内，皆围绕太阳运转。哥白尼见解新颖，但怕触犯当道，《天体运行说》(On the Revolutions of the Heavenly Spheres) 一书至1543年去世时，方出版问世。德国哲学家康德说，哥白尼把地球为宇宙中心转变为太阳，使人们对地球的价值观，甚至宗教观都有重大的"哥白尼式转变"。

哥白尼理论在许多方面超越托勒密。首先是星星不动，夜晚看见会动是地球自转所致，推翻了星球绕地球而行的理论；其次宇宙之大难以穷究，如果地球绕太阳运转一年，星星还在原地，宇宙之大可以想象；最后地球只是一个星球。则亚里士多德所谓俗世与天堂不同的观念则不攻自破，那么上帝宝座究竟何在，完美的王国又何在？哥白尼的学说立即遭到教会尤其是基督新教非难、挞伐。天主教反应较温和，直到1616年才正式宣布哥白尼理论错误。

2. 布拉 (Tycho Brahe，1546—1601)

出身丹麦贵族家庭，幼年目睹"日蚀"，印象深刻，矢志探讨天空星际问题，后赴国外求学，1572年以观察星象，声名大噪，成为欧洲天文界的翘楚，获丹麦国王赞助，建立了当时最先进的天文台。他以肉眼观察天空星象20年，留下丰富资料，但受限数学程度，毕生研究成就有限。他接受托勒密及哥白尼部分观念，主张所有星球皆绕太阳运行，而太阳及星球则绕着地球月亮体系运转。

3. 克卜勒 (Johannes Kepler，1571—1630)

出身日耳曼贵族家庭，接受路德派教士养成训练，曾担任过布拉的助手，相信宇宙展现一种神秘的数学关系以及天体的乐章。他研究星体运行，提出三项律则：第一是根据哥白尼理论，1609年提出星球以椭圆形而非圆形方式绕太阳运转；第二是星球在轨道运行速度并不一致。第三是星球绕轨道运转，时间与其距离太阳远近有关。克卜勒从数学上详细说明了"以太阳为中心"的天体关系，推翻了亚里士多德及托勒密的学说体系，并为后来地心引力说提供了基础，影响深远重大。

4. 伽利略 (Galileo Galilei，1564—1642)

意大利佛罗伦萨人，1564年生于意大利，1642年辞世，享年78岁，一生恃才傲物，看不起一般人。早年在父亲的培育下入比萨大学学医，但个人热衷物理，沉迷数学，1589年25岁时担任数学教授，采用新的方式，探讨机械运作，精心设计出现代实验方式：不预测将发生的情形，而是经由实验方式找到确实发生之事。

他将实验方式用于天文，并继荷兰人发明望远镜之后，制作一台用于观测天文的望远镜，发现月亮和地球一样，有高山也有深谷，既不平滑，也不光洁，更发现银河也是由无数的小星球组合而成；1610年他用望远镜观察木星，发现木星有四颗卫星，就和地球有一颗月亮一样;用望远镜看太阳,看见太阳表面有黑点,这些黑点不停地移动、改变、消失。这些发现证实了哥白尼的理论:太阳是宇宙的中心,并粉碎了天体完美的臆测,打破宗教及神学的权威思想,为科学革命带来重大成就。这种前卫看法在当时无法获得其他教授的认同。他们不愿意去看他所制成的望远镜,以为在那根管子里,一定藏有"魔术",因为这一切与当时盛行的亚里士多德学说不同。神学家指控他的理论为邪说异端。1632年他的著作《世界体系对话录》(Dialogue on the Two Chief Systems of the World) 在意大利出版,公开讽刺亚里士多德及托勒密的观念,并为哥白尼辩论,遭教会判定为异端,70岁那年遭逮捕,经过无数次审讯,要他悔改,放弃过去所言,均遭拒绝。尽管教会以酷刑威胁其收回,仍为所不动,不久即在丧女之恸与教会迫害的内外煎迫之下辞世。

5. 牛顿 (Isaac Newton,1642—1727)

牛顿于1642年生于英国伦敦,个性内向,父亲在其出生前3个月去世,母亲改嫁,与祖母相依为命。在叔父的栽培下,入英国剑桥大学三一学院就读,早期成绩平平,稍后才华显露,1668年获硕士学位,并开始在剑桥大学担任教职。牛顿爱好化学,热衷炼丹术,醉心长生不死的万灵丹,虔信宗教,怀疑自然。1693年精神失常,所幸后来复原。事实上他并非18、19世纪作品所赞美的绝对理性主义者(rationalist),不过是将实验与纯数结合,获相当成就。1666年开始对物理学提出一些看法,但却无法用数学证明这些理论,以后研究了几年光学,1684年再度投入物理学,潜心研读,废寝忘食,1687年出版《自然哲学的数理基础》(Mathematical Principles of Natural Philosophy) 又称为 Principia。

牛顿学说主要为地心引力,根据记载,1666年,年仅24岁的他,在一棵苹果树下静思时,忽然见到一颗苹果掉落,产生好奇,"为什么苹果是垂直掉落而非斜落"更激发他推测这是否与重量与距离有关,后来成为物理学重大发现。其次是天文学,他结合哥白尼、伽利略的天文学以及笛卡儿及培根的方法论,整合一套解释体系,以数学公式来解释运动及机械的关系。他的怀疑是,苹果会掉下来,月球为什么不会掉下来?如果地球对月球没有任何作用力的话,月球将沿着圆形轨道的切线方向飞出去,然而月球并没有飞出去,依然在圆周上绕着地球运转,表示月球一定受到地球的引力而被拉住,而永远在圆形轨道上运动。据此,他坚持,惟有经由观察及实验的假设才能获致结论。任何不以事实为基础的都不可靠,牛顿认为现代科学的前提是律则 (law),自然是一律则运行,由灰尘至巨星皆然,这就是他的宇宙观。

牛顿的另一项成就为光学上的发现。他用一块玻璃三角棱镜把日光分成彩虹的七色光,再用另一个棱镜恢复为白光;他认为光是由许多色光混合而成,且有色散的现象。望远镜的透镜没有经过色差的校正,成像的边缘因而会带有彩色,因此折射望远镜无法做到无色差的程度。1671年他制造了第一台反射式望远镜,使他当选为英国皇家学会会员。

牛顿明确地描述运动定律,准确地预测物体的运动状况,在古典物理学上贡献卓越。

当英国人赞誉其成就时，他谦虚地说："如果我看得比别人远，是因为我站在巨人的肩膀上"，使他更享誉寰宇。

四、科学革命的结果

现代科学之兴起在于摆脱"第一因"的思考，而寻求"第二因"的探索。牛顿不问"为什么会有苹果？"而提出"苹果为什么会掉下来？"摆脱了"上帝"的枷锁，走入"自然律"的研究，产生重大结果。主要有科学团体出现，较具代表性有1662年成立的"伦敦皇家科学院"(Royal Society of London)，1664年成立的"法国科学学院"(French Academy of Science) 共同研究，扩展知识，分享成果。其次是科学研究具竞争性，进步也就顺理成章。第三是科学革命不仅带来新的自然知识，而且有新的科学方法，除了理论与实验之外，具有高度批判性，不再依靠传统权威、圣经等追求知识。第四，17世纪科学革命仅止于科学思想，其他方面并不显著。

科学革命的影响除了上述之外，对以后人类生命的认知与生活的态度产生相当冲击。尽管此时神学的地位犹存，但已松动。由天文、地理到人文、社会，渐受其影响。科学的生命观是一种实事求是的生命，不再是听天由命，而是积极努力的人生；科学的生活是一种俗世的生活，促进了对现世的要求，而非等待来生的生活。这种观念与精神的改变，影响到下一个世纪启蒙运动的诞生。

第8章
理性时代(18世纪)

```
1700 年
1713 年    乌特勒支和约 (Peace of Utrecht)
1713—1740 年    普鲁士腓特烈一世在位
1715—1774 年    法国路易十四在位
1776 年    美国独立宣言发表
1789 年    法国大革命爆发
1793 年    法王路易十六被处死
1804 年    拿破仑称帝
1807 年    英舰在特拉法加角 (Trafalgar) 击败法舰
1812 年    拿破仑远征俄国失败
1815 年    拿破仑在滑铁卢兵败,被放逐圣赫勒拿马 (St. Helene)
           维也纳会议召开
```

18 世纪的欧洲正式进入史家所称之"理性时期"(The Age of Reason)。与前一时期不同的是,此一时期的理性思维已开始走出自然科学的领域,跨入社会科学的门槛,关心百姓的生活。

理性是一种以经验对象为内容的思考,强调事实与经验的重要性,为了摆脱宗教的羁绊,哲学家开始撰文讽刺教会的不是,法国的伏尔泰最负盛名,狄德罗编辑了一套《百科全书》取代《圣经》作为知识的根源,开启了"启蒙时期"。在这个新时代中,人类面临了前所未有的大变动,政治上,美国独立、法国大革命,奠定了"文献"立国的基础;经济上,欧洲向外活动加强,对外地的资源需求增加;文化上,己文化与异文化的冲突加剧,刺激基督教对外牧民工作;思想上,进步的信念成为生活的依据,文明成为世界一家的代名词。

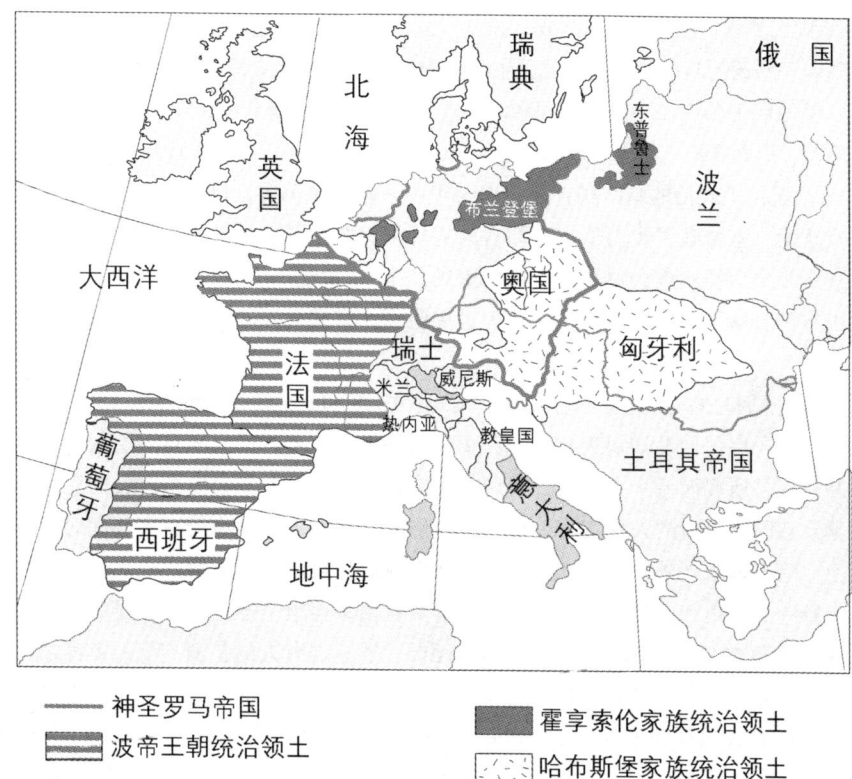

图例	
——— 神圣罗马帝国	▓ 霍亨索伦家族统治领土
▬ 波帝王朝统治领土	▒ 哈布斯堡家族统治领土

18世纪欧洲各王朝情势：哈布斯堡位于中欧，波旁王室统领法国及西班牙，北德有霍亨索伦家族。

理性时代尽管是一个新的时代，它冲击了宗教的无上权威，但并未否定"一元"的思维架构。科学理性取代了形上学的地位，建构了自己的思维霸权。普遍的、绝对的、理性的一元系以法国为基础的文化思维，自然引起德意志的不满，随着德意志追求统一，理性的一元开始面对多元的挑战。

政治变迁

18世纪以来，人类历史活动迈入新的里程碑，受科学革命影响，人对自然及社会的了解与以前不同。部分受启蒙运动影响的国家，传统政治架构松动，贵族、教士权位优势不再，王室地位面临挑战，人民头家，前仆后继，掀开现代民主共和政序幕。影响人类政治发展由神权、王权而人权。

18世纪美国、法国开风气之先，独立宣言、人权宣言标榜自由与平等，主张民主、共和，奠定了法治的基础，开启近代民主政治先河。惟两国历史情境、地理环境不同，际遇有别：美国民主始终如一；法国共和，一波三折，五度帝制共和，一路走来，坎坷不已，究其历程，耐人寻味。美法之外，其他国家无论专制或立宪，多沿袭传统，少有变化。

18世纪民主政治的基本精神是自由与平等。翻阅欧洲史，自由平等古来有之，古典希腊及犹太、基督教皆致力追求信仰自由的价值，并强调其神圣不可侵犯，宗教改革时期更进一步努力摆脱教会对信仰自由的束缚。至17世纪末18世纪启蒙运动时，人类追求自由与前有所不同，由宗教层面转为世俗层面，讲求人性的尊严，追求世俗生活幸福快乐。

18世纪的自由，重视自觉，立基个人人权 (individual human rights)。开明专制时代，君王视规范人民信仰及知识为其天职；革命时期看法丕变，反对来自上层的束缚，主张自由并非王公所赐而系个人良知，强调人民有权争取信仰及集会自由。美国宪法中的人权条款及法国大革命的人权宣言皆说明了政府必须尊重人民自由的事实。此时人们追求的自由，除了理念之外，并进一步要求建立新政府。自由人士坚信只有人民有权规范限制个人行动的自由，才能建立代议政府，落实自由。至于平等系指机会平等，法国政治学者托克维尔在其《美国的民主》一书指出，"平等是穷人的护身符"；换言之，平等让穷人有了希望。[01] 早期平等追求经济上的平等，但难有成就，不得不改弦更张。美国独立宣言起草人杰佛逊 (Thomas Jefferson) 在草拟初稿时先标榜追求财富 (the pursuit of property) 平等，但基于现实考虑后来改为追求幸福 (pursuit of happiness)，即为明显例证。自由分子认为贫富者的财产及收入不同，但人人可以有平等的机会。美国独立革命及法国大革命，自由分子试图以"才识"而非"出身背景"建构社会。在18世纪，欧洲机会均等尚属新观念，多数贵族、教士仍把持特权，新兴中产阶级开始垄断经济，平等仍处于抗争努力之中。

启蒙时代自由派人士相信科学、理性、进步，要求较好的政府及社会，追求个人自由、宗教宽容、言论出版自由、法律之前人人平等。不过此代议政府虽迎合社会新兴中产阶级人士，但也利于贵族。代议属有限民主，选举权赋予有产人士，英国自1688年光荣革命后的国会制度是最佳典范。18世纪自由主义所追求的也是争取知识分子而非普通百姓支持，重视政治问题，而非一般群众担心的经济问题。启蒙时期最具代表性的政治行动有美国革命与法国大革命。

一、美国：独立革命

美国是由欧洲国家特别是西班牙、法国、英国移民而形成。但随着欧洲局势的冲突

---

01 参看托克维尔 (Alexis de Tocqueville) 著，《美国的民主》(Democracy in America)，第284页。

与战争，美洲地区亦遭波及，法英争霸的结果导致英国独占北美殖民地。战后英国要求美洲殖民地人士在分享成果之余，亦需分担责任，承受部分债务。美洲人则以身份不同，待遇有别，拒绝合作，导致英国采取强制方式，拟定多种措施征税，干扰殖民地人民生活。不满的情绪加上少数有心人士的煽动，北美洲地区出现一股风暴，由税收及财务问题演变为抗拒国王暴政，终而形成美国独立革命。

1. 起因

美国独立运动是针对不满英国统治而生。自西班牙人前往美洲移民定居之后，英国、法国接踵而至。法国、西班牙在政府主导之下，于美洲开疆辟土，占有北美洲中部及西南部。英国发展较晚，集中在北美东部十三个地区(后来称为十三州)，民间自行开发，由国王颁发特许状，民间集资，采资本主义股份有限公司方式经营，后来居上，取代法国在北美洲的利益，并要求殖民地人士提供税收，挹注英国的支出。英国的要求固然合理，但是只征税收却不让殖民地人士参与英国议会，为地方发言，自然会导致反感，殖民人士以"没有代表的征税即暴政"为借口，展开革命行动。[01]

2. 经过

英国自1763年结束在北美洲与英国为期七年的法印战争(French-Indian War)之后，即加强对北美殖民地的管辖。除了严格执行法律之外，并加强缉私。继航海法之后，颁布一连串的经贸法律，1733年的蜜糖税法(Molasses Act)、1764年的糖税法(Sugar Act)、通货法(Current Act)、1765年的印花税法(Stamp Act)、1766年的汤森税法(Townshend Act)，引起殖民人士强烈反弹。至1770年，除茶类继续征税外，其余皆取消，但殖民地人士不满情绪已按捺不住，组织团体，从事抗争。首先出现的不满团体为"自由之子"(Sons of Liberty)，这是一群小商家、技工所组成的团体，他们抗拒并监督是否有人买英货，殖民地的女人组织"自由女儿"团体(Daughters of Liberty)抵制英货。1771年殖民地人士组织"通讯委员会"(Committees of Correspondence)，传播消息，协助激进分子草拟政策。由1770年至1773年间英国与殖民地间的冲突稍见缓和，殖民地人尽管同意英国可以对殖民地活动有些规范，但却坚持对殖民的人所征之税不得高过英国人。发展至1774年，情势急转而下，殖民地人士不满英国让"东印度公司"(British East India Company)茶叶免税进入波士顿，抵制之余，激进分子化装成印第安人，将价值75000元之茶叶倒入港内，发生"波士顿茶党"事件。英国采"不容忍法案"(Intolerable Acts)，禁止波士顿航运，至赔偿茶业损失为止；英国官员在殖民地犯法，转往英国而非美国法庭受审。此项决定引起殖民地人士强烈不满，但尚无意脱离英管辖之意，因为美洲殖民地的主权为英王所有，殖民者是在获得英王颁发特许状之后始可移民，因此少有反抗

---

01 参看林立树著，《美国通史》，五南图书出版公司。

英王之举。1774 年各州除乔治亚外，派代表组成第一次大陆会议 (The First Continental Congress)，发表《诉愿宣言》(Declaration of Rights and Grievances)，强调效忠英王，但反对自 1763 年以来国会对殖民地的征税。

1774 年之后，美英双方关系紧张升高，开始备战，1775 年英国在美驻军获悉，殖民地储藏军火，乃于 4 月 19 日派出七百名英军由波士顿出发前往康考特 (Concord) 摧毁美军补给。消息走漏，英军抵勒星敦 (Lexington) 之前，遭美国民兵突袭，双方开火，革命战役正式开启。1775 年 5 月 10 日第二次大陆会议 (The Second Continental Congress) 召开，组织大陆军 (Continental Army)，推华盛顿为大陆军总司令。随着冲突加剧，英王乔治三世态度转趋强硬，拒绝听取大陆会议的低调请愿，指责这群革命分子为亡命之徒。1776 年英国激进分子托马斯·潘恩 (Thomas Paine) 撰写《常识》(Common Sense) 小册子，严厉批评英王，唤醒美洲人士与英国决裂，刺激美洲人加速革命行动。

美洲人士力量薄弱，无法与英国对抗，必须依赖外国援助，乃积极争取与法国合作。法国自 1763 年以来难忘法印之战 (即七年战争) 的失败屈辱，伺机报复，1775 年 11 月派人与大陆会议秘密联络，几个月后，法国政府开始运送武器协助美洲人士。1776 年 6 月 7 日大陆会议代表，来自维基尼亚的理察李 (Richard Henry Lee) 提案，诉求独立，与外国结盟，大陆会议经过一个月辩论，在七月四日通过《独立宣言》(Declaration of Independence)。

《独立宣言》系由五人小组委员会起草，但实际上是杰佛逊 (Thomas Jefferson) 一人的杰作。宣言分三部分：前言说明美国独立的一般概念；其次列举英王乔治三世的不当措施；最后是对宣言的正式说明。宣言强调人生而平等，拥有追求生命、自由、幸福的权利。这份宣言与法国大革命的人权宣言被视为是人类以"文献"治国的开端。从此君权神授易为民权至上。美国也因此被视为"法治"国家。

独立革命战争由 1776 年至 1781 年告一段落。战争初期英军占优势，1777 年色拉脱加 (Saratoga) 一役改变了革命军的劣势，并获得法国的支持，1778 年法美签署两项条约，承认美国独立，约克镇 (Yorktown) 一役，英军败，大势已去，准备谋和。1783 年 9 月双方签订巴黎和约，英国承认美国独立，北临加拿大，南部以北纬 31 度为界，西部以密西西比河为界，美国拥有纽芬兰的捕鱼权，英美两国在密西西比河均有捕鱼权。

独立之后的美国为配合现实考虑，采"邦联"(Confederation) 治国，十三州各派两名代表组成国会 (Congress of United States) 有宣战、媾和、缔约，甚至铸造货币、确定度量衡、处理各州纠纷的权力。国会领袖被视为国家集会时的美国总统。在这个称为邦联条款 (Articles of Confederation) 的时期，美国有政府之名却无政府之实，效能不彰，有志之士不愿见美国如此沉沦下去，由召开贸易协商会议开始，进而发展为立宪会议，建立了美国的联邦政府。1789 年第一位总统华盛顿就位，现代美国正式诞生。

二、法国：大革命

1. 法国大革命 (1789—1799)

法国大革命惊天地、泣鬼神，为欧洲政坛投入巨变，有关原因复杂繁多，惟受美国革命影响至深且巨，数百名法国军官曾参与美国革命，其中以拉法叶 (Lafayette) 最为人津津乐道。他出身贵族，曾赴美与英作战，回国后大肆宣扬自由及共和信念，助燃了法国革命，开启了政治的新纪元。

(1) 原因

论及法国大革命必须对法国的政情有所了解。18世纪的法国，基本上是一个以农为主的国家，大半的人口依赖土地为生，农事活动以及农业收成端视天时而定，粮荒歉收最可怕，一旦发生，只能求助慈善救济，政府也仅能维持市场的供应及控制食物的价格。法国的经济与英国不同，由于小农拥有全国四分之一到三分之一的土地，以致无法像英国一样从事圈地运动，发展工业。财富多集中在少数贵族、教士以及一些靠贸易致富的新中产阶级手中。经济一旦动乱，流民四出，影响社会安宁，造成失序。过去在路易十四时代，王权因个人魅力得以伸张，路易十五、路易十六魅力不足，自然问题丛生。

A. 财政问题

路易十五为挹注国库，试图征税，开辟财源，遭巴黎法院反对，[01]影响政府威信。1776年法国可能较英国富裕，国债也不会高过英国，两国用于还债的费用也都占政府开支的一半，不同的是法国的利率为英国的两倍，显示法国偿债的能力较差。美国独立战争，法国为了一洗前耻，派军援助，耗资庞大，王室为弥补援助，拟征税却遭反对。至此，法国政府债台高筑，据统计，至1786年年度偿债额由1774年的9300万法郎成长为31800万。年度预算一半用于偿还利息，四分之一维持军队，6%支付王室开销，其余不到五分之一用于政府施政。政府财政捉襟见肘，不得已采破产方式，强迫债权人放弃部分债务。1780年代法国债权人多为军中的贵族、中产阶级，法国国王虽具专制之名，但却无力执行这项令人反感的政策。此时，法国既无中央银行，亦无纸币，政府无法印制钞票，刺激通货膨胀，减少赤字。法国通货为金币，经济萧条之际，黄金不易获得，只能靠增税，由于税制过时、落伍又不公平，改革成为必然趋势，然而兹事体大，影响深远，触及社会、政治各层面，一旦失序，革命应运而生。

B. 社会问题

18世纪法国社会仍以农业为主，土地是财富的主要来源，城镇为市集及法庭和地方政府的中心。大部分人民靠天吃饭，甚至依赖慈善救济维生，一旦出现农业欠收，百姓

---

01 法国此时在全国12个地方设有高等法院，又称为上诉法院。高等法院法官为贵族，一旦获得这个职位，国王即无权将其罢黜。他们有向国王谏诤权，国王可以要求高等法院登录他所要求的法律，但法院可以诉诸舆情或搁置。

就沦落街头。这种流民往往形成严重的社会问题。

此时法国人口达 2500 万，分为教士、贵族、平民三个等级 (Estate)。第一阶级教士约有 10 万人，但仅有少数高级教士享有特权，握有全国十分之一土地，免除赋税，每五年缴交"自愿捐"(voluntary gift) 给皇室，款项则由定期集会的代表们投票决定；他们并可向地主征收什一税，收入多半归地方教区之教会上层人士所有。第二阶级为贵族，包括皇室亲王、古老的武士家族、因公受爵的廷臣后人以及一些新发迹并晋身为贵族的小民。约 40 万人，拥有法国土地 25%，税赋很轻并享有许多中世纪时代遗留下的特权，甚至可向农人征税。第三等级为平民，包括少数富商及医生、律师，多半为农人及无一技之长的劳工，成员众多，身份复杂，其组合是配合贵族及教士阶级而形成，早期第三等级是乡镇代表，由选举产生，后来则由教士与贵族推荐。

C. 法院对王权的挑战

法国的王政尽管有许多不是之处，但对 18 世纪的时潮而言，推翻王权还是一件不可思议的事情，法国最高法院的法官扮演了举足轻重的角色。此时高等法院法官自许为中世纪的宪法守护者，以及全体法国人自然权利的捍卫者，高等法院逐渐扬弃诸如"王国"及"臣民"等字眼，而代之以为"国家"和"公民"，引领人民走向罗马共和国的思考。

D. 三级会议

法国财政问题日趋严峻，财政大臣卡洛纳 (C. A. Calonne) 提出新的财政改革计划，对所有的土地征税，同时催促教会出售其领土权以清偿债务，遭到第一与第二阶级的反对。卡洛纳一方面寻求舆论及民意支持，一方面要求教士在布道时代为传达其意见，此外更请求权贵会议 (Assembly of Notables) 为政策背书。[01] 尽管卡洛纳的政策最后未获支持，但将政策构想诉诸舆论的做法，以及权贵会议的代表们对于征税必经全国三级会议 (Estates General) 认可的坚持，为后来法国革命开启了一条理路。[02]

E. 思想方面

法国大革命与启蒙运动有多少紧密的关系，是学者好奇所在。严格说来，法国大革命与俄国革命相近，受思想影响的成分多于英国。换言之，法国与俄国革命思想走在行动之前，而英国是行动走在思想之前，所以英国的思想较保守也较成熟，法国革命与俄国革命较激烈，也较偏激。

大致说来，影响法国大革命主要的思想家有：孟德斯鸠 (Charles Louis de Secondat, Baron de Montesquieu) 与卢梭 (Jean Jacques Rousseau) 两人。孟德斯鸠于 1748 年出版《法意》(The Spirit of Laws)，将政府分为三大类型：独裁专制、共和国和君主国，他认为，任何政治团体都有演变为暴政的可能，他们总会将公益与私利混为一谈。因此必须透过

---

01 权贵会议是一个由全国重量级官员中拣选任命的团体。
02 参看王国璋译，《法国大革命》(Norman Hampson：The French Revolution)，第 34 页。

对政治机构的技巧性设计：立法、司法与行政的区隔，平衡社会内部的冲突，才可能维护个人的自由。《法意》是一本政治理论佳作，它提供地方三级会议以及各地高等法院一个抗拒王室专制的正当理性基础。孟德斯鸠三权分立的学说，在大革命期间一再地被许多宣传小册子引用，并且占据正统理论的地位。

另一位影响重大的人物卢梭，于1762年出版《民约论》(Du Contrat Social)。此书刊行，即造成轰动，一年之内重印了12版。他支持法国朝共和国体制发展，主张全体成年男子被视为公民，深信透过世俗手段，所带来的信仰，可以对社会造成重大的影响。卢梭的思想对革命思潮产生重大影响。

(2) 经过

路易十六之财政幕僚为解决经济萧条及税收不足，决定恢复课征一般土地税，并敦请国王召集权贵会议(Assembly of Notables)，但未获与会的部分贵族及高级教士支持。他们以地方议会管理政府支出作为支持的交换条件，但遭政府拒绝。贵族坚持变更税制，须获三级会议(Estates General)同意，国王为巩固威权，不理会贵族决定，径自发布命令征收新税。巴黎法院不表同意，宣称国王命令无效，并通过法律，限制国王权力，规定税收必须经国家同意，不得滥捕及囚禁无辜。路易十六拟解散法官，举国哗然，投资人撤资，雪上加霜，迫使路易十六不得不召开三级会议，法国大革命于焉展开，历经三级会议、国民会议、立法会议、国民公会、督政府几个阶段。

A. 三级会议

自1614年以来，三级会议不曾集会，如今重新召开，议会代表如何产生困扰政局。1788年至1789年法国教士、贵族及平民分别选举与会代表。第一阶级为教士，有291名代表，但高、低阶教士之间已出现对立，且日渐严重，整个等级已不再是一个整体，其中基层教士占多数。第二阶级为贵族，有270名代表，其中乡绅与朝臣之间对立趋明显，第三等级代表有578名，彼此素不相识，没有政党组织或政治领导，多半来自各省的律师或地方富农。

三级会议召开后，与会代表呼吁改革，要求将专制王室转型为宪政王权，每年召开三级会议，通过法律保障个人自由，改善教区教士地位，废止国内贸易障碍。与会代表对改革提议看法一致，但对该如何表决，采按人头计票(by head)或以阶级为单位(by Order)，争执不决。1614年以来，三级会议代表各自表决，再依其结果，按每一等级一票作最后表决，任何决定必须获得至少二个等级同意，才能通过。只要贵族与教士合作，即可享有特权。如今按人头计数表决，则贵族中的少数自由分子、教区出身的基层教士以及第三等级的大多数代表汇合起来将成为多数，政局将倾向改革。贵族代表警觉到事态的严重，主张循过去的习惯，以阶级为原则，三级各自表决。这项决定遭受第三等级中的知识分子及自由派贵族反对，他们要求单一国会确保基本改革。1789年席耶(Abbé Sieyès)撰文《第三等级为何？》(What is the Third Estate)表示，贵族是一小撮既得利益者，法国真正的力量是遭忽视的第三等级，政府虽允许第三等级代表人数与教士、贵族之代表总合相当,但分别集会,无济于事,这种换汤不换药的做法,平民依然无权。

B. 国民会议

1789年5月,一千二百名三个等级代表公开集会,未几会议即陷入僵局。第三等级代表拒绝与另二个等级妥协,除非国王下令教士、贵族与他们在一起开会。经过六周对峙,少数教区教士开始向第三等级靠拢,6月17日改名为"国民会议"(National Assembly),6月20日会议厅以整修为名,停止集会,将他们驱离,代表们转向网球场集会,举行了"网球场宣誓"(Oath of the Tennis Court),坚持在完成宪法之前绝不解散。

路易十六之态度前后矛盾,6月22日他向三个等级联席会议发表演说,主张改革,要求三个等级一起开会;但另一方面似乎又接受贵族意见,试图以武力解散三级会议,国王召唤军队18000人进驻凡尔赛,7月11日将财政部长及一些自由派大臣免职,惹下杀身之祸。

a. 巴士底狱失陷

在三级会议代表集会方式困顿之际,法国经济问题严峻。1788年谷物欠收,面包价格上扬,1789年7月各地区面包价格高达每磅40个铜钱,当时穷人连每磅10个铜钱都付不起,情况可知一斑。

粮荒、高物价造成经济危机,生产品需求下降,导致工人、商人失业者众。1789年底,近半数法国人等待救济,仅巴黎一地,约四分之一人口失业,巴黎人民不满溢于言表,革命风暴迫在眉睫。他们视经济失调为人为因素,要求政府稳定工人工作机会并提供足够食物,认为国王将温和财政大臣免职后,将仰仗贵族地主及投机客嘴脸度日,人心惶惶,谣言四起,情绪激化,蠢蠢欲动。7月13日巴黎人民纷纷武装保卫城市,7月14日数百名激进分子前往巴士底(Bastille)监狱寻找军火。巴士底城高百尺,墙厚10尺,长久以来作为监禁犯人之地,由80名退伍军人及30名瑞士籍警卫,负责守卫城堡。指挥官拒绝交出武器,并对群众开火,双方展开战斗,巴士底陷落,指挥官投降,遭暴民杀死,巴黎失守,市民推拉法耶为巴黎军指挥官,将波旁王朝的白色与巴黎城徽红、蓝色结合为法兰西的三色旗,国王被迫重新任用遭开革的财政官员并解散军队。值此之际,巴黎各地区农民揭竿响应,攻击地主,掠夺富豪,并焚烧封建档案,仅有少数幸免于难,组卫队寻求自保。农民暴动得寸进尺,占领旧公有地、森林,拒绝缴税,法国陷入大恐慌(Great Fear)之中。农人力图摆脱传统束缚。第三等级代表面对骚动乱局,允以赋税平等、废止苛刻税金及贵族特权,尽管后来表现与许诺不尽相同,但农人从此不再缴付封建税金。

b. 人权宣言

1789年8月27日,国民会议发表《人权宣言》(Declaration of the Rights of Man),这份文稿具有浓厚的美国独立宣言色彩,据说拉法叶曾与美国驻法大使,也是美国独立宣言起草人杰佛逊为此交换意见。宣言强调"人生而自由,具有平等权";"人拥有自由、财产安全,反抗迫害的自然权利"。此外,"除非证明有罪,每个人都是无罪";"法律代

表一般人的意志";"人有表达思想及意见的权利,拥有言论、书信、出版自由"。简言之,这份宣言强调人民主权,保障个人自由,讲究法律之前人人平等,政府由人民代表组成,依法而治,维护言论自由、新闻出版的自由以及财产神圣不可侵犯的观念。

司法革新方面以人权表现最具意义。革命前,各级及各地法庭叠床架屋,司法管辖权限不明,有钱人可以不断地提出诉讼。现今民事案件须先经"调解仲裁处"(bureau of conciliation),刑事案件要经陪审团审理。这些创举,令人耳目一新。此外,法官由选举产生,开风气之先。至于刑法也较前人道,犯人身上不再有烙印,五马分尸的酷刑也改由断头台行刑。[01]

c. 路易十六处境及国内情势

革命爆发后,国王的处境日艰,巴黎女人扮演了关键角色。这些女人多在成衣工厂工作,制作衣服供上流人士穿着,暴动发生之后,许多贵族逃难赴外,服饰供应有行无市,造成市场金融危机,百业萧条。教会无法济助穷人,失业增加,暴动不已。10月5日七千名妇人携带大镰刀、棍子、长矛由巴黎徒步前往凡尔赛,要求救济,她们冲入会议室,高喊开会无用,要求"面包",并闯入王宫。虽然当时国王可以召唤军队保护,但为了满足民众要求,恢复社会秩序,国王、王后及其子次日在众人簇拥之下前往巴黎,途中受尽羞辱、嘲讽,抵巴黎后国王权力尽失,仅有少许否决权。

由1789年至1791年9月两年期间,革命情势趋稳,国民会议草拟宪法:国王仍为国家元首,国民会议拥有立法权,省区重新划分,推行经济自由,禁止垄断行为,废除贸易障碍,教会财产国有化。此外,国民会议为了清偿皇室政府积欠的债务,需要大笔资金,想变卖教会财产,以筹措资金,于是要求教会放弃其部分财产,1790年通过《教士法》(Civil Constitution of the Clergy),利用抵押教会财产方式,发行货币,稳定国家金融,导致新政府与天主教会之间的严重冲突。由于法国教士不仅是旧制度下的一个等级,也是国际教会体系下的一分子,此举自然引起教皇不满,刺激外国干预。

法国革命欧美各国反应不一,有些人希望藉此彻底改变法国政治制度,但也有人持怀疑态度。英国保守派领袖柏克(Edmund Burke)即对法国革命之改革精神不以为然。1790年柏克出版《法国革命的影响》(Reflections on the Revolution in France)一书,大力捍卫欧洲保守主义思想,尤其是英国君王及贵族的特权,他支持非民选代表的国会组织,并预言法国的改革将导致混乱暴政。[02] 柏克的保守观点引起激烈辩论,英国中产阶级出身的渥尔史东尼卡夫特(Mary Wollstonecraft)即予反驳,这位在恶劣的环境中自食其力、自谋生活的老师、翻译员、作家,对柏克理论甚为不满。1790年撰文《男权的辩护》(A Vindication of the Rights of Man),主张奉行自然哲学(natural-law philosophy);1792年再发

---

01 对当时人而言,断头台是一种较不痛苦的处死方式,推出后获得议员吉洛丁医生(Dr. J. L. Guillotin)的赞许,使得后来断头台就以其名为名。

02 Edmund Burke, *Reflections on the Revolution in France*, 1790.

表《女权的辩护》(*A Vindication of the Rights of Woman*)，鼓吹男女平等，消除经济及性别上的不平等。

法国革命之初，欧洲国家认为此举可减少法国竞争力，咸表欢迎，但不久从逃亡赴外之法国贵族处获悉暴乱情形，态度生变。路易十六及王后于 1791 年 6 月逃亡失败，被暴民强迫回到巴黎后，奥地利及普鲁士国王即发表皮尔尼兹 (Pillaitz) 宣言，公开表示在列强一致同意情形下，将干预法国政局，恢复法国的法律和秩序。此举激怒了法国革命人士。

C. 立法会议

1791 年 10 月国民会议解散，立法会议组成，为期不到一年。与会代表大部分为经济富裕、受过良好教育的中产阶级，但年纪较轻且行事冲动。他们组织雅各宾 (Jacobin) 党，主张自由与革命，反对国王治国及外人干政，引起欧洲各国惶恐，联合一致讨法。法国 1000 万人民在自由理念鼓励之下，挺身抗拒，矢志打倒欧洲王室。1792 年 4 月法国宣布与奥地利、匈牙利、波希米亚等国作战，战争甫起，法国表现拙劣，普军与奥军在今日比利时会师击溃法军，法国巴黎危在旦夕。普奥军事威胁激起法国人爱国热情，立法会议宣布全国进入紧急状态，各地区自愿军聚集巴黎，号召群众高唱爱国歌曲，并谱出今日法国国歌马赛曲 (Marseillaise)。值此战争烟器弥漫之际，巴黎谣传国王及王后有谋反之嫌，巴黎人民决定进一步行动，1792 年 8 月 10 日，革命群众围攻图勒里 (Turileries) 王宫，国王及王后逃亡寻求庇护之际被捕，并遭囚禁。革命人士于 9 月 20 日解散立法会议，9 月 21 日召开国民公会 (National Convention)。

D. 国民公会

国民公会统治为时一年十个月，在这段期间代表普选产生，法国革命迈入激进阶段，史家称为第二阶段革命。1792 年 9 月政局失控，反革命贵族勾结外人传闻四起，群情愤怒，到处滥杀，外国震惊。1792 年 9 月 22 日国民公会宣布法国改制为共和国，采用新历，雅各宾党人士主政，这批大多数受过良好教育的中产阶级人士分为两派，一派为政治理念比较温和的吉伦特派 (Griondists)，另一派是由罗伯斯比尔 (Robespierre) 及丹顿 (Geroge Jacques Danton) 领导，较为激进的山岳派 (Mountain)，两派人士对路易十六叛国之处置态度不同，经过激烈争论，720 位与会代表中 361 位代表以一票之多，于 1793 年 1 月判决路易十六死刑，并送上断头台，路易十六在受刑时说："我无罪，故无惧于死，我愿死亡带给法国幸福，远离可见之危险"。路易十六死后吉伦特派及山岳派继续向外作战。1792 年 9 月 20 日，瓦尔米 (Valmy) 之役，法军遏止普鲁士人进犯后，进军萨伏衣，占领尼斯 (Nice)，进攻德意志莱茵区 (Rhineland)，取得法兰克福 (Frankfurt)；在北方，吉马庇 (Jemappes) 一役获捷，1792 年 11 月攻占奥属尼德兰。法军所到之处，废除封建，争取农人及中产阶级支持。1793 年法军几乎与全欧为敌，不仅与奥地利、普鲁士交战，并向英国、荷兰、西班牙宣战。不久，欧洲各国组织第一次盟军 (First Coalition)，将法国赶出奥属尼德兰。

法国革命后不久,巴黎即陷入政治党派恶斗之中。吉伦特派人及山岳派人虽在政策上相去不远,痛恨特权,要求经济自由、关怀社会,但彼此之间个人恩怨无法消除。吉伦特派人担心山岳派血腥独裁,山岳派也不相信吉伦特派,中产阶级的分裂与不合,使得巴黎工人成为左右政局的关键。

1793年春以来,法国经济萧条、通货膨胀、失业增加、粮食短缺,激进分子关心政治,下层阶级人士包括小店东、工匠、雇工及一些工人(Sans-Culottes)在一群年轻记者煽动之下,诉诸政治行动,争取面包。山岳派及吉伦特派早先联合,反对上述激进分子要求,但在军事挫败之际,山岳派人面对农人革命,痛恨吉伦特派人,开始同情激进分子。罗伯斯比尔加入激进活动,掀起暴动,迫使国民公会于六月二日逮捕三十一名吉伦特官员,大权从此落入山岳派手中,开始革命第二阶段,恐怖统治时期。

罗伯斯比尔及其他山岳派人进入公安委员会(Committee of Public Safety)后,颁布紧急处分权,镇压里昂(Lyons)及马赛(Marseilles)等地反政府暴动,但成效有限。1793年7月法国情势转趋不稳,前线战争失利,巴黎附近及法国东界以外地区不安,罗伯斯比尔改采计划经济,用强硬手段进行恐怖统治,维系革命政府政权,他们与激进爱国分子合作,强调促进平等经济,限制物价,维持巴黎的面包价格,凝聚了爱国情操,法国人面对外患,大肆征兵,扩大军队阵容,论功行赏,激励士气。战争对法国人而言不再是胜负,而是存亡之争。

罗伯斯比尔恐怖统治是法国革命中最惹人争议的话题,许多现代史家认为恐怖统治并非针对任何一个等级,而是对付任何反对革命政府人士,但对许多欧洲人而言,恐怖时期系存在1789年以来法国的普遍想法,以及对法国大革命血腥统治不满。

E. 热月反动(Thermidorian reaction)及督政团(Directory)

罗伯斯比尔及公安委员鉴于法军获胜乃放宽经济限制,但续加强政治钳制。他致力建立民主共和国,伸张正义,消除贫富差距,惟采独裁及血腥手段,排除异己。1794年3月罗伯斯比尔处决赫伯特(Jacques Hébert)等,二周后并将态度转趋妥协的丹顿等人送上断头台。激进分子及温和派人士有鉴于此,心生戒惧,乃阴谋叛变。1794年7月27日(法国热月:共和历法十一月),他们逮捕在国民公会演讲的罗伯斯比尔,并将他处死,法国革命似乎又回到初期状态。

热月反动推翻了恐怖统治,中产阶级重新寻求支持,国民公会废除经济管制,发行钞票,允许物价上涨,严格限制地方政治团体活动。这项举措受富人欢迎,但对穷人为害甚烈。法国政治秩序由于罗伯斯比尔整肃异己,一时无法平静,1795年巴黎百姓蠢蠢欲动,国民公会派军镇压,并公布新宪法,称为共和三年宪法(The Constitution of the Year III),保障中产阶级经济地位及政治优势,并选出五人执政督政团(Directory),法国进入督政时代。督政团执政整体表现乏善可陈,三年统治期间,既无理念,亦无目标,人心涣散,追求享乐。1797年全国大选,人心思变,督政团为维护私利,停止选举,并开始独裁统治,二年后拿破仑阴谋政变,建立个人独裁,法国革命曲终落幕。

(3) 史家看法

法国大革命影响遍及全球，对历史造成重大冲击，史家对其研究也就格外瞩目，尤其是在政治方面，特别是革命有否必要。英国保守政治家柏克 (Edmund Burke) 认为是不必要的。[01]他认为法国大革命之所以发生并非来自经济情况恶化，而是"自由"、"平等"一类颠覆性学说激励促成。

长久以来，史家多视法国大革命为贵族与第三等级精英分子，尤其是中产阶级间的斗争。中产阶级根据经济地位及阶级利益组合，至18世纪约有230万人，占法国人口8%，他们累积财富，提升文化，信心十足，对过去封建法律限制发展、贵族反对其需要不以为然，因而挺身而出，领导第三等级发动革命，摧毁封建特权，建立个人主义及市场经济。

这种看法近年来遭到质疑，引起学界争论。修正派史家 (revisionist historian) 对以18世纪法国具资本家心态的中产阶级与封建贵族之社会冲突解释法国大革命持怀疑态度，他们认为大贵族与小贵族的财富、教育及世界观均不相同，贵族与中产阶级的上层反而彼此相近、互相通婚。修正派史家之论点有三：第一，贵族并非封闭体系，而为一开放性结构，18世纪许多成功的平民可获得贵族身份，促进社会流动性。第二、贵族并非极端保守，许多贵族与中产阶级一样具有自由主义精神，支持巴黎法院，反对征税的决定。第三、贵族与中产阶级在经济方面并非对立，皆热衷投资土地及参与政府工作，希望在退休后购买田产，像大地主一样度日。

2. 拿破仑 (1769—1821)

1799年至1815年，拿破仑以一介军人，凭其军事长才，左右法国政局15年。拿破仑因缘际会，深切了解抚平法国内乱，统一全国赖巩固领导之道。他掌握先机，发动战争，义无反顾，所向披靡，战无不克，攻无不胜，缔造法国盛势，可惜英雄气短，终究毁于个人野心，难逃历史公断。

拿破仑于1769年生于科西嘉岛 (Corsica)，幼年离家从军，1785年担任法国炮兵少尉，1789年参加科西嘉独立之役，失败返法，献身革命，在新军中迅速蹿升，1796年及1797年指挥法军在意大利作战获捷，但埃及之役却不幸失利，拿破仑在消息抵达之前返国，声名得以不受影响。不久拿破仑发现部分议员对督政的软弱不满，乃图谋造反。彼时革命分子对十年动荡不安已难以忍受，进而渴望长治，而督政席耶 (Abbé Sieyès) 也不再拘泥1789年"谁是第三等级"的论点，提出"下层要信心，上层有威势"的说辞。

席耶期盼一位军事强人，促使拿破仑脱颖而出。1799年11月9日他密谋推翻督政，次日解散国会，拿破仑被提名为共和国第一执政，任期10年。1799年12月新宪法通过，

---

01 柏克是英国下议院议员，被称为保守主义之父，他最有名的代表作为《法国大革命影响》(*Reflections on the Revolution in France*，1790)。

确定了共和国政体，拿破仑成为法国真正统治者。1802 年执政任期延为终身职，1804 年变更国体成为法国皇帝拿破仑一世。

(1) 内政

拿破仑利用个人声望维持秩序，遏止内斗，更提供恩惠，与法国权贵妥协，换取效忠。1804 年发布市民法 (Civil Code)，稳定中产阶级。该法重申 1789 年法国大革命的二项基本原则：法律面前人人平等，保护私人财产。拿破仑及巴黎银行界名流建立法国银行 (Bank of France)，为国家及财阀谋利。此外，为维护农人既得利益，重新确立农人所得以及中产阶级地位，加强法国官僚体系地位，集中政府权力，任命行政区之长官，包括县长、副县长、市长等，并授予将领及官员们贵族身份，以换取他们的效忠。

拿破仑争取教会支持不遗余力，1800 年法国教士分为两派，一派支持效忠革命政府，一派流亡海外，反对革命政府，拿破仑本人对宗教未持定见，但关心教会是否维持和平及秩序。1801 年他与教皇庇护七世 (Pius VII) 签订《政教条约》(Concordat)，教皇同意被没收教会财产的现实，但遭法国政府停权的教士可恢复行使职权，法国主教由拿破仑推荐，再经教皇授职，法国教士薪水由政府支付。

至于内政方面，初期改革成就较大，许多法律及行政组织迄今仍为法人沿用。大致说来，这些政策为法国人带来安定感，但老百姓也相对付出代价。除了扩大统治者权力之外，任内并将革命以来所编纂之法典冠上拿破仑，称为《拿破仑法典》(Code of Napoleon)：主要内容有废除长子继承法，规定所有公民在法律之前完全平等，人民有选择职业的自由、信仰的自由。法典中，惟女人没有政治权利，必须依附父亲或丈夫，不得自己名字缔约或开立账户；革命时代所标榜的言论及出版自由不再。至 1811 年法国似乎又成为警察国度，巴黎报纸仅剩四家且多为政府喉舌，政治犯将遭受严惩。拿破仑忙于征战，内政多由福基 (Joseph Fouché) 负责，福基是个投机分子，在法国恐怖时代恶名昭彰，如今出任警察首长，审讯许多无辜百姓，任意逮捕囚禁异己，至 1814 年法国有政治犯约 2500 人。

(2) 外交

拿破仑成就主要表现在其对外征战的丰功伟业。欧洲为联合对法作战，前后组成多次联盟。第一次在 1792 年，第二次为 1799 年，第三次为 1805 年。其中后两次是在拿破仑执政后组成。综观拿破仑外交的表现可以分为四个阶段：

第一阶段

法国之外患主要为来自东方的奥国、俄国以及西方之英国。1799 年欧洲各国组成反法第二次联盟，奥、英两国连手作战。拿破仑先向奥地利及英国示好，但遭拒绝，乃率军东向，击溃奥军，1801 年签订吕维尔 (Lunéville) 条约，奥国放弃在意大利的占领地，德意志境内莱茵河西岸土地并入法国，但西面英国未放弃对抗法国。1802 年拿破仑为巩固国内政权与英签订亚眠 (Amiens) 条约，英国同意归还千里达 (Trinidad) 及 1793 年夺自法国的加勒比海岛屿，法控有荷兰、奥属尼德兰、莱茵河西岸以及意大利半岛大半地区，并左右德意志政局。拿破仑外交胜利之后，国内知名度大大提高，1802 年大权在握，野心更大，试图重画德意志版图，削弱奥地利，将德国西南部之二流国家并入法国，威胁英国在地中海东部的利益，限制英国与欧洲各国贸易。由于英国未退出马耳他 (Malta) 岛，拿破仑乃借口于 1803 年重启战端，将地中海舰队调往法国北部，1805 年 10 月 21 日特拉法加尔 (Trafalgar) 一役，英军大将纳尔逊 (Nelson) 率领海军击溃法国舰队，从此法国西行无望。

第二阶段

1804 年拿破仑登基为皇帝并兼任意大利国王，引起奥、俄紧张，认为此举破坏均势。奥地利、俄国、瑞典与英国组成第三联盟 (Third Coalition)，1805 年 12 月奥斯特利兹 (Austerlitz) 一役，法军获胜，俄国亚历山大一世撤军，奥国割让土地乞和。法普方面，近十年以来一直维持和平状态，但在俄国力促之下，威廉三世 (Frederick William III) 曾出兵援助抗法。1806 年 10 月拿破仑在耶拿 (Jena) 及奥尔斯泰特 (Auerstädt) 两役获捷，普、俄顽抗不降，1807 年春天拿破仑大军再发动攻势，俄国乞和。1807 年 6 月，法、俄元首在尼门 (Niemen) 河中一艘船上举行和谈，双方签订迪尔锡条约 (Treaty of Tilsit)，俄国同意拿破仑重组西欧及中欧版图，普鲁士丧失一半人口，俄皇亚历山大并允诺加强抵制英货，并且在英、法交恶时向英宣战。战后拿破仑重组德意志，1806 年摧毁德意志境内许多小国家以及神圣罗马帝国，并将德意志十五省，不包括奥国、普鲁士、撒克逊在内，组成莱茵邦联 (German Confederation of the Rhine)，自己担任"摄政"(protector)，控制了德意志西部，并将西普鲁士建成一个独立的"西发里亚王国"(Kingdom of Westphalis)，由拿破仑之兄弟杰罗姆 (Jerome) 出任国王，将过去普鲁士瓜分波兰所获得土地重组一个"华沙公国"(Duchy of Warsaw)。自此之后，拿破仑地位形同欧洲皇帝而非仅仅法国皇帝，其所建立的大帝国 (Grand Empire) 包括三部分，中心部分为法国曾占有的地方，至 1810 年包括比利时、荷兰、意大利北部部分地方，德意志在莱茵河东岸部分领土。第二部分即在法国疆界之外，拿破仑所建立的卫星王国，由其家人出任王位。第三部分为与法国联盟的奥国、普鲁士及俄国等独立国家，这些国家皆支持拿破仑之大陆政策。

第三阶段

拿破仑向外扩张版图，英俄是主要障碍，为了对付英国，他采用"大陆封锁"(Continental Blockade) 政策。1806 年 11 月宣布"柏林敕令"，并于来年提出两项补充法令，要求欧洲大陆国家封锁英国货物，停止对英国贸易，并没收英国在大陆的财产。英国于 1807 年发布"枢密院令"(Orders-in-Council) 回应，规定中立国船只只要先在英国停泊，就可进入法国港口，从事贸易。这种方式突破法国的封锁政策，使得它无法达到预期效果，反而带来更大伤害。

拿破仑征服欧洲各国，造成欧洲各国困窘。他将法国法律引进卫星国及同盟国，废止封建税捐及农奴制度，让许多农人及中产阶级受惠；但是却又将法国利益置于首位，强征重税，引起不满。1808年，西班牙人民不满拿破仑企图将西班牙交由拿破仑亲戚出任国王成为卫星国家而爆发革命。法军占领马德里(Mardrid)，西班牙人逃往山区展开游击战。尽管西班牙人民抗拒法国，变乱骚动日增，拿破仑无动于衷，继续进行霸业，1810年国势臻于鼎盛，惟独英国仍继续与法作战，并协助西班牙及葡萄牙游击队制造不安。

第四阶段

拿破仑鉴于大陆封锁政策，未能奏效，中产阶级及工匠受害颇大，在英国反封锁策略下，决定突破窘境；1812年6月发兵攻打俄国，此役共动员60万大军，三分之一为法兵，其余征自卫星国及同盟国。拿破仑之构想是，如果俄国沙皇亚历山大(Alexander)不投降，法国即在斯摩棱斯克(Smolensk)过冬，拿破仑抵斯摩棱斯克后，与俄国遭遇，波罗金诺(Borodino)一役，俄军自莫斯科退即，亚历山大下令烧城并拒绝谈判，大火焚烧五天，拿破仑不得已下令撤军，造成军事史上最大悲剧。俄军及寒冬对拿破仑军队摧毁大半，仅30万人得以幸免返国。拿破仑抵巴黎后，决定东山再起。此时奥国外相梅特涅建议法国缩小版图，允许他保留王位，但遭拿破仑拒绝。奥国、普鲁士、俄国、英国联合包围法军，作殊死战，他们签订肖蒙条约(Chaumont)，组成四国同盟。1813年拿破仑在来比锡(Leipzig)一役大败，联军于1814年3月攻陷巴黎。1814年4月4日拿破仑逊位，被放逐至意大利半岛外海的厄尔巴(Elba)岛，保有帝王头衔及法国政府每年200万法郎的俸禄，联军同意法国波旁王朝复辟，路易十八(Louis XVIII)登基，发布宪章(Constitutional Charter)，接受现状，保障市民自由。这部宪章与1791年宪章大体相似，法王为立宪君主，路易十八坚拒赔偿任何战债，亦获联军宽待。

路易十八老迈、丑陋、跛脚，无法与拿破仑魅力及功业相提并论，当拿破仑获悉法国情势不稳及欧洲外交窘状后，1815年2月冒险逃离厄尔巴岛重返法国，吁请法国人民支持。法国军人长年追随拿破仑，如今自然喜出望外，响应号召，路易十八被迫出亡，拿破仑重掌政权。可惜时不我予，好景不再，不过百日，即在联军的围剿之下，于1815年6月18日滑铁卢(Waterloo)一役，兵败被俘，遭囚禁于西非外海名叫圣赫勒拿(St. Helena)的一座小岛，路易十八再度重回法国，联军对待法国转趋严苛，拿破仑在岛上落寞孤寂，一世英雄于1821年郁闷以终。

三、英国：王政

英国斯图亚特王室统经威廉及玛丽(1688—1694)、威廉三世(1694—1702)、安妮(1702—1714)于1714年断嗣。国会以其优势地位，选出斯图亚特亲戚日耳曼的汉诺威家族(House of Hanover)来继承王位，从此英国王位传给日耳曼的汉诺威选候，名号为乔治一世(George I, 1714—1727)，以后继位者为乔治二世(George II, 1727—1760)、乔治三世(George III, 1760—1820)，因此可以说，18世纪的英国为乔治英国或汉诺威英国。

1. 内政

乔治一世不谙英语，尽管通晓多种语言，如拉丁语、法语、意大利语，但却无意学英语。大致说来，英国人对他印象欠佳，尤其喜欢挖苦他好色。舆论讽刺他乐于住在德意志，长途跋涉到汉诺威探视情人。乔治一世娶其表妹，但后来又指控她与人通奸，并将她囚禁三十年。有一名刻薄的英国人约翰逊(Samuel Johnson)如此叙述他："乔治，我一无所知，不希望知道任何事，不做任何事，也不想做任何事。"[01] 乔治一世怠于国事，给予国会扩权良机，要求国王宣示服从国会，加强控制国家预算及军队。由于乔治一世无意理政，促使英国内阁制度发展，国王顾问沃波耳(Robert Walpole)成为英国史上第一位首相。沃波耳并非贵族出身，是一名地主之子，后娶了一名富商之女，踏入政坛，进入国会。个人深谙政治技巧，一面支持汉诺威家族继承权，获得王室信任；一面争取国会的信任；此外，更将土地税由20%减为5%，赢得贵族欢心。任内处理因股票投机引起的南海泡沫事件，[02] 稳定金融，备受肯定。他的施政口号是："让羊有足够的草"。[03] 批评者认为他在收买人心，施惠支持他的人，并指控他的政府腐败。不论事实真相如何，他在位21年，为现代内阁政治奠定良好基础。继沃波耳之后，英国又出了一位贤能的首相威廉彼得(William Pitt the Elder)，他并非贵族出身，为一商人之子，由于家庭经营贸易获利，透过婚姻关系，进入社会上层，并被选为国会议员。英法七年战争(1756—1763)时担任英国首相，为英国带来胜利，稳定政局。

18世纪的英国国会与今日的民主国会相去甚远，当时虽然也有上下两院，上议院(House of Lords)以贵族为主，多来自贵族世家的长子，下议院(House of Commons)由选举产生，选举人的投票有资格限定，必须是成年男子，每年缴交财产税四十先令，因为有财产的人对国事较关心，全国可以投票人口约占3%，不到25万人。至于被选为国会议员的候选人，必须符合资格法(Qualification Act)，拥有价值300英镑的土地。据此得之，英国的下议院仍是由少数财阀及贵族所把持。

18世纪英国政治的另一项特色是政党政治。当时的国会由两党左右，分别是：托利党(Troy)及辉格党(Whig)。托利党支持王室比较保守，辉格党强调国会至上。两党领袖皆为贵族出身，辉格党在乔治一世时赢得首次大选，并主导以后两个世纪的英国政治。

汉诺威王室统治英国过程中，乔治三世最受瞩目。他生于英国，受教于英国，在位40年(1760—1820)，工作努力，爱国心强，但英国人却批评他心智不平衡，智力低浅。

01　Steven Hause William Maltby, *Essentials of Western Civilization*, p. 353.
02　1720年英国由于南海公司倒闭而引起一次严重的财政危机。1713年英国与西班牙订约，给予南海公司享有对西班牙奴隶贸易的垄断权，以及向西班牙在美洲的殖民地贩卖欧洲商品的权利，引起人们大量投资，疯狂购买股票。这种泡沫型的经济，旋即因人谋不臧而一泻千里。造成社会重大危机。
03　参看注第9，353页。

乔治三世是汉诺威家族首位关心政治、热衷治国的君主，采高压方式治国，不仅专断而且愚蠢，开除能干幕僚，镇压政党，选用低能臣属，以便专制，晚年精神不正常，1811年被剥夺权力。

18世纪英国政治局势不稳，民间要求改革声浪不止。据一项研究显示，从1735至1800年之间，英国都市骚动事件275起，主要的不满是饥饿，由于多数人生活在生死边缘，一旦面包价格上涨或需求不足，饥民即涌上街头。此外劳工失业也成问题，连带影响反爱尔兰人运动，因为劳工担心爱尔兰人抢了他们的工作。宗教仇恨带来社会问题，特别是反对天主教。1778年下议院通过废止对78000名天主教徒在英国的居住限制时，群众发起大规模的抗议行动。

2. 外交

18世纪英国对外战争不断，主要的战场在欧洲与北美、印度与公海。对手为法国与西班牙。事端为担心天主教势力扩大，以及法国的霸权。主要战事有：西班牙王位继承战，奥地利王位继承战，7年战争（Seven Years' War，1756—1763）。1688年以前英国的外交是亲法反荷，1688年以后英法成为敌人。[01] 双方争夺海上霸权，英国反对法国路易十四在低地国的扩张，防止法国与西班牙建立一个强大的波旁王朝。西班牙王位继承战，英国取得胜利，1713年乌特勒支条约确立了英国在欧洲的霸权。这场战争对英国的影响是战费与国债的攀升，中产阶级介入国事日深，王室、金融界、纳税人联结在一起，议会成为政治活动的重要场合。

战争让英国负债累累，乔治二世时高达1.38亿英镑，乔治三世时达8亿英镑。英国虽然在战场上捷报频传，但在国债方面也是节节上升。为了弥补财政上的赤字，英国政府采用征税方式，特别是对英属北美十三州，由货物税到印花税，引起民怨，当地居民要求参与国事，并以"没有代表的征税为暴政"作为诉求，掀起反英独立运动。乔治三世应变无方，加上过去遭英国击败的国家，法国、西班牙、荷兰纷纷提供援助，促使美国独立成功。

四、中欧与东欧的政治

18世纪欧洲政局发展深受启蒙哲学影响，多采开明方式治国，历史上称此时的中欧及东欧统治为"开明专制"(enlightened absolutism)时期，主要原因有三：一、国王及皇后无意放弃权力，哲士们顾及现实只能期望由教育君王，制定良法，促进人民幸福快乐。二、统治者愿聆听说教，并礼遇哲士，使得哲士们重视上层改革。三、哲士们不相信群众，18世纪农人及城市中的人多半迷信宗教及暴力。

---

01 摩根主编，《牛津英国通史》，商务出版社，第375页。

1. 普鲁士

18世纪欧洲史上的一件大事,就是普鲁士诞生。17世纪时勃兰登堡选侯(elector of Branderburg)获得普鲁士省,将它与布兰登堡结合,成为德意志境内第二大国(第一大国为奥国),并于1701年获神圣罗马帝国承认为普鲁士王国(Kingdom of Prussia),采专制体制,贵族(Junker)当道。在霍亨索伦家族(House of Hohenzollern)领导之下,由腓特烈一世、威廉一世(Frederick William)再腓特烈二世(Frederick II,1740—1786),即历史上闻名的腓特烈大帝(Frederick the Great),奠定了普鲁士的盛世。

腓特烈二世与其前两位国王不同。腓特烈一世无心政治,性好逸乐,仰慕法国凡尔赛宫生活。威廉一世性格相反,个性残酷,喜欢与军官士兵在一起寻乐。腓特烈二世喜好文化、文学,尤其诗词,擅长法语,不信奉父亲所接受的卡尔文教,接近无神论。1730年18岁之际,试图逃家未成,遭囚禁。后目睹结伴逃亡的友人被处死,改变态度,与家人妥协。即位后大肆扩军,向外扩张。

普鲁士扩张,奥国首当其冲。1740年奥王查理六世(Charles VI)去世,年轻貌美的女儿特蕾莎(Maria Theresa)继位,腓特烈二世立即发兵攻打西里西亚(Silesia),此举违反了普鲁士先前尊重"国是诏书"承诺,保证特蕾莎的继承权。此即历史上有名的奥地利王位继承战(Austrian Succession,1740—1748)。对腓特烈而言,这是扩大普鲁士权力的大好时机,虽然特蕾莎号召许多匈牙利贵族协助,但仍无法抵挡普鲁士大军。1742年特蕾莎被迫割让西里西亚予普鲁士,此后普鲁士人口倍增,达600万人,成为欧洲强权。

尽管1742年普鲁士称心如意,但腓特烈二世对特蕾莎决心收复西里西亚不敢掉以轻心。当英法两国于1756年为争夺海外殖民地,发生新冲突之际,奥国即与法、俄结盟。七年战争期间,联军拟攻打普鲁士并瓜分其土地,幸赖腓特烈二世率军英勇抵抗,终于化险为夷。

腓特烈二世仰慕启蒙运动文化,容忍宗教信仰自由,鼓励知识发展,改善学校教育,提升人民生活水平。他透过法律制度及官僚系统,进行改革,简化法律,废除刑求,速审速决,公正无私,培养官员诚信敬业。1763年七年战争结束之后即着手恢复农业,重建工业,腓特烈二世不强调君权神圣,主政务实,自许为公仆,勤于国事,重视政绩。他不曾试图改变现状,尽管不满农奴制度,但仅止于口惠而未曾释放农奴,贵族仍为社会中坚。

2. 奥地利

18世纪初奥地利帝国统治中欧地区,无论面积、人口、军力均优于其对手:普鲁士160万人口,巴伐利亚200万人口,奥地利1100万人口。

奥地利于本世纪起开始向外扩张:在尤金尼(Eugene)王子的卓越领导之下,哈布斯堡军队于西班牙王位继承战中,获得胜利,使得奥国在1714年的和约中获得比利时(奥属荷兰)、伦巴底(Lombardy)。17世纪末与土耳其帝国作战,取得匈牙利王国(Kingdom of Hungary) 及东欧大部分土地。至 1714 年为止，奥地利的土地西至比利时，东到贝尔格勒 (Belgrade，今南斯拉夫首都)，南至米兰，北到布拉格 (Prague)，加上神圣罗马帝国皇帝头衔。广大的版图虽然令人称羡，但也问题重重。查理六世 (Charles VI，1811—1840) 执政最主要的困扰是匈牙利。在土耳其人的统治之下，匈牙利贵族及国会拥有相当自主权，如今也要求查理六世给予同等对待。查理六世让步，使得奥国在发展中央集权时远落后普鲁士。另一件令查理六世苦恼的是继承人问题。查理六世育有一子，不幸早夭，王位只能传给女儿特蕾莎。但依当时的法律规定，女性不能出任皇帝，特蕾莎只能按奥国法律，接掌家族领域。查理六世执意要传位给特蕾莎，为了排除困难，草拟了国是诏书，表示奥地利领地不可分割，奥国王位将传给特蕾莎，并于 1719 年公布。此后到 1740 年他利用各种方式，不惜牺牲国家利益来争取认同。1740 年特蕾莎就位，长达 40 年。

特蕾莎 (Maria Theresa) 执政后，即因其女性身份面临各国杯葛，巴伐利亚、西班牙、撒克逊 (Saxony) 均宣称自己为王位继承人，普鲁士腓特烈二世要求以西里西亚 (Silesia) 交换承认国是诏书。特蕾莎拒绝，普鲁士入侵，爆发奥地利王位继承战 (1740—1748)。战争初起，特蕾莎连番受挫，普鲁士攻占西里西亚，法国、西班牙、巴伐利亚联合攻打奥军，幸赖英国与荷兰协助，才使哈布斯堡帝国免遭瓜分。1745 年巴伐利亚公爵去世，神圣罗马帝国选候选特蕾莎丈夫罗安立 (Lorraine) 公爵为皇帝，称为弗朗西斯一世 (Francis I)，稳定了特蕾莎地位。1748 年战争结束，普鲁士取得西里西亚。战后特蕾莎发愤图强，大肆改革，加强政府效能，提升国家势力：第一、改变国家与教会关系，提高政府地位，限制教皇的政治影响力。第二、行政全面革新，加强集权中央，消除省区间的差异，改革税制，强征贵族土地税。第三、改善农人生活，削减贵族对农奴以及自由农的特权。

1765 年特蕾莎丈夫去世，由其子约瑟夫二世 (Joseph II，1780—1790) 与她共同主政。1780 年约瑟夫二世亲政，加速改革，控制天主教会，宽容基督教及犹太教。1781 年废止农奴，1789 年宣布农人可用金钱替代劳役，但此举不仅贵族反对，农人由于缺乏金钱，亦表不满。当约瑟夫二世于 49 岁去世时，奥地利哈布斯堡帝国即陷入混乱之中，利奥波特 (Leopold) 继位 (1790—1792)，为维护秩序，被迫取消约瑟夫的改革方案，农人重返悲惨的岁月。

3. 俄国

18 世纪前半期俄国陷入动乱之中，一直到 1762 年凯瑟琳即位后政局才获改善。凯瑟琳大帝 (Catherine the Great，1762—1796) 原为德意志一地区的公主 (位于普鲁士与撒克逊之间)，父亲为普鲁士兵团指挥官、母亲为俄国罗曼诺夫 (Romanous) 家族成员，后嫁给俄皇彼得 (Peter) 大帝，进而成为俄国女皇。彼得丑陋愚蠢，满脸疤痕。凯瑟琳年轻貌美，聪敏大方，为寻找自我，潜心学习俄文，勤读伏尔泰 (Voltire) 作品，并与之交往。她在回忆录中曾提到："我不在乎彼得，只关心王位。"凯瑟琳在其母后伊丽莎白 (Elizabeth) 老迈垂死之际，着手阴谋对付丈夫，利用年轻军官欧罗夫 (Goregory Orlov) 在军中影响力，获得圣彼得堡(St. Petersburg)驻军支持。1763年彼得继位，但未获军队及贵族好感，在位六个月即被凯瑟琳推翻，并遭欧罗夫等人谋害，凯瑟琳成为俄国女皇。

凯瑟琳向往启蒙运动，以开明方式治国理政，首要目标为将西方精致文化引入俄国，包括建筑、雕刻、音乐、思想等。她一方面大量购买艺术品，一方面奖励哲士，礼遇伏尔泰，推崇他为"人类之光"(Champion of the Human Race)。当法国政府查禁百科全书之际，她允许在俄发行。她曾与狄德罗讨论改革，当获悉狄德罗缺钱，即购入其藏书馆，并准其有生之年仍保有藏书馆，凯瑟琳之善举义行为其本人及俄国赢得盛名。她健谈好论，勤于书写，改变了俄国贵族风气。有人说彼得大帝将俄军西化，凯瑟琳则将俄国贵族思想西化。

凯瑟琳重视内政改革，怀虔诚戒慎之心，次第推行改革计划，以法律为主。1767年任命特别立法小组，草拟新法律、严禁酷刑、放宽宗教限制、改革教育、强化地方政府，获哲士们赞誉。惟其改革于1773年出现转变。由于哥萨克(Cossack)军人普加乔夫(Emelian Pugachev)自称为真命沙皇，煽动农奴暴动，发布勒令，废除奴隶、税赋及服役，杀害地主及官员，导致俄国西南广大地区陷于动乱。凯瑟琳发兵平乱，普加乔夫的乌合之众部队无法抗衡，部旅纷纷变节，普加乔夫被捕处死，事件之后凯瑟琳态度丕变。即位之初她反对农奴，但却不动声色，不敢造次，以免步入先夫后尘，但普加乔夫叛乱事件发生之后，不再同情农奴，视农人为动乱根源，极力支持贵族。1775年凯瑟琳授权贵族对农奴操生杀大权，并将农奴制度推广至乌克兰等地。1785年更进一步允许贵族永久免税、免役并没收俄国教会之土地，分赠官员。在凯瑟琳统治之下，俄国贵族地位日隆，农奴境遇日惨。

凯瑟琳外交表现成果丰硕，除征服蒙古及克里米亚鞑靼人后裔、讨伐高加索人(Caucasus)之外，并瓜分了波兰。波兰一直无法建立一个强大的专制国家，国内重要事务须经贵族一致通过，换言之，经常是一事无成。1768年至1772年，俄军大败土耳其，从此俄、奥均势不再。普鲁士之腓特烈二世提议瓜分波兰维持均势，凯瑟琳立即附和，1771年首次瓜分波兰，1793年及1795年又两度瓜分波兰，三强领有波兰大幅土地，波兰王国从地图上逐渐消失。

综观凯瑟琳功业，外交有成，内政受挫，但对促进俄国西化功不可没。18世纪欧洲政治发展东西有别。西方以法国为代表，在孟德斯鸠政治哲学影响下，法国专制势力日衰。1715年之后，法国贵族势力重新抬头，巴黎法院反对声浪渐升，加上知识分子的批评，迫使专制王权采取守势。东欧不然，18世纪末，东欧专制君主采开明作风，进行专制之实。他们主要目标在加强国力，其次才考虑人道问题，究其原因与国际局势有关，无论奥地利之特蕾莎及普鲁士之腓特烈二世都面对外患威胁，因而重视发展国力，专制君主不得不进行改革，但各国问题不同，故发展有别。

思想与文化

18世纪人文思维受自然科学影响,出现与以前不同的想法,史家称这段时期为启蒙运动(Enlightenment)时期。启蒙时代的学者将它以前的社会归属于神话及神权治理范围,而视之为蒙昧时期,将它以后的社会视之为启迪蒙昧时期,从此神权式微,人权抬头,重视理性思维超越对信仰依附,世界迈入新的里程碑。

启蒙运动不仅是少数人的学术成就,也是人类文化发展的新方向,它建构了新的理性思维方向,培养了现代心灵,促进了进步的价值观。究其特色有三,一是依据自然科学方式,检视并了解生命,舍信仰,就理性批判及科学方式思考,导致启蒙运动与教会的神学及圣经权威对立。二是以探讨自然法则的方式,寻求人类社会法则,催生了社会学。三是启蒙运动人士坚信进步观,创造更好的社会及更优秀的人类。除此之外,启蒙运动重视世俗生活,强调经验法则,承续并扩大了文艺复兴以来的世俗观,成就有目共睹。

一、启蒙运动

1. 源起

启蒙运动的中心思想可以由思想家及作家的论述中得知。法国人称这些人为 philosophes,英国人称之为 philosophers,他们颠覆了旧思维,标榜怀疑主义(Skepticism),不重视传统权威,强调对自然与社会的质疑,相信有自然法存在,如地心引力;认为人凭理性可以发现自然规律,并以其为基础,建立人类活动准则,促成进步,使人类体制更趋完美。对启蒙运动是什么,德国哲学家康德(Immanuel Kant)写的《什么是启蒙运动》(*What is Enlightenment*)有很好的说明。康德认为启蒙运动是个人运用自己的理性,摆脱他人的指导。他采用拉丁箴言:启蒙就是"勇于知道"(Dare to know)。换言之,有勇气用理性。

启蒙运动源自欧洲思想发展而成,主要有:

(1) 怀疑论,代表人物为17世纪法国哲学家笛卡儿的方法论(Discourse on Method)。主张对每一件事在获得证明之前必须加以怀疑。另一位法国哲学家贝利(Pierre Bayle)对圣经的细节表示怀疑,认为阅读圣经需要理性。

(2) 牛顿(Sir Isaac Newton)的科学观。牛顿融通了在他之前自然科学家的观点,以太阳为中心而不再以地球为中心来探讨宇宙的现象。他认为在以太阳为中心的运转过程中,地球以高速环绕太阳,不致坠落,必定有其道理。至于太阳由东升起,至西下沉,是由人对太阳观察的视觉所造成。牛顿的思想对传统的欧洲人造成重大冲击,特别是基督教的理念。他们相信,圣神所要我们知道的是如何升天,而不是知道天如何运行,因而查禁牛顿的著作。牛顿的学说广受启蒙思想家重视,尤其是他《数学原理》(*Principia Mathematica*)

中的引力观念,让启蒙哲学家感受到,运用人的理性,可以寻获人所要知道的任何事物。牛顿的思想在历史上获得高度评价,法国哲学家伏尔泰赞许他为伟大的思想家,英国诗人波普 (Alexander Pope) 称许牛顿的自然法将人类由上帝的黑暗之中引领至光明道途。

(3) 古典主义 (Classicism) 的再生,此时的哲士与文艺复兴时代人文学者一样尊重希腊罗马文化,不同的是他们强调古代的客观观象精神,反对教条的观解。

史家多将启蒙运动之源起溯及英国光荣革命,国会势力抬头,以及法国路易十四国王取消南特诏书,迫害基督徒所致。更重要是,英国思想家洛克将探讨自然科学的理性精神用于研究社会的发展规律,使得科学革命走往启蒙运动,催生了理性时代的来临。大致说来,启蒙运动是 1687 年牛顿出版《数学原理》至 1715 年法王路易十四去世之间,循科学思想所创造出的一种新生命观,1750 年后渐成气候。启蒙运动者不是职业哲学家,而是一群文化批评家、宗教怀疑派和政治改革家,他们松散、无组织地联合在一起。巴黎是这些人的活动中心,[01] 法语是沟通的语言。他们主张人道,要求将教育与宗教分离,使世界主义与自由不受国家或教会干涉,虽然彼此之间争论不休,但在对抗迷信却是步调一致,大肆挞伐。启蒙运动之发展有赖科学思想的传播,其中最有力的人士为枫丹奈尔 (Bernard de Fontenelle, 1657—1757),他将科学简化为人人易读的作品,1686 年出版的《多元世界的对话》(Conversations on the Plurality of Worlds) 一书最为人称道,全书藉两人在公园散步谈话说明过去人类对真理之谬见,并强调人类心智可以带动进步。

2. 特质

启蒙思想以怀疑为基础,经验为依据,重视批评,摆脱神恩,讲究自然律,追求生命律则,与传统宗教的神律有极大的不同。启蒙时代思想家在处理科学与宗教冲突时,极为小心谨慎,因为在 17 世纪科学家中,大半的人仍无法摆脱天主教或基督教的羁绊,他们在从事科学工作时不便有反宗教企图。譬如,牛顿就是一位虔诚的教友,他认为所有研究都在解说上帝的意旨,他研究天使及《圣经》预言时间多于地心引力,并相信具有科学意义。启蒙哲士怀疑绝对的真理以及教会组织,但碍于法王路易十四坚信天主教,枫丹奈尔等人不便公开宣扬,只有藉助科学表述。由《科学家颂》(Eulogies of Scientists) 一书,可以发现科学家追求进步的决心与教士的偏见及反动。

启蒙思想主要有三:自然法、理性与进步。自然法受科学革命影响。哲士们相信,人类活动,无论是政府组织、经济关系、历史写作皆受自然法制约。自然法并非新奇之物,古代学者即已承认有自然法存在,科学革命只不过以一种新的自我信念来肯定自然法。在自然法的陈述中,法国哲学家孟德斯鸠提出他的政治理论。1748 年出版的《法意》(The Spirit of Laws),从社会学角度研究共和、君主及专制政体。他重视自由,反对专制,主张采均势方式制衡国君,认为要将政权分散,让不同阶级的人拥有不同的权力,才可

---

01 董乐山译,《西方人文主义传统》,第 89 页。

以避免专制政权出现。孟德斯鸠推崇英国国王、国会及独立司法的均势政治，相信法国的十三个高等法庭，可以捍卫自由，反对国王专制。孟德斯鸠虽非民主斗士，但其三权分立学说，对法国产生深远影响，1789年美国宪政、1791年法国人权思想皆以他的学说为基础。

孟德斯鸠《法意》立论的基础是依据自然律的原理，主张人民受到自然法的统治。法律不是由政府公布，由法庭执行，而是像自然科学一样，自然地存在。国家所服膺的法律，应像地心引力定律一样固定，关心人们的生存需要。除了孟德斯鸠之外，欧洲思想界此时亦开始接受自然主义思想，卢梭在《爱弥儿》(Emile) 一书中，强调自然教育的重要，他的名言是"自然不会欺骗我们，只有我们才会欺骗自己"。美国独立宣言的起草人杰佛逊也表示"人民依自然法自治"。

自然法来自怀疑主义与理性主义(rationalism)，怀疑是获取真理的第一步，理性是建构真理的另一步。然而坚持理性却导致了哲学与教会的冲突，特别是强调以信心为知识基础的基督教会。有一位教皇即表示：如果"上帝"一词可以用理性理解，就没有奇迹了。理性与宗教争辩长达数世纪，但相信理性的思想家日益增加。

他们相信理性会带来进步。中世纪及宗教改革时期思想家关心原罪及救赎，文艺复兴时代之人文主义学者虽重视世俗，但多缅怀古代，希望与古人看齐，缺乏前瞻性，启蒙承续了自然科学的观点，以进步作为动力。学者试图由自然的奥秘中找到宇宙进步的规律，进而作为人类行为的依据。

3. 思想重镇

(1) 法国

启蒙运动思想主要来自法国，由于当地教会及王室的权力式微，贵族与国王夺权的情形严重，思想家倾向：探讨生命、上帝、人性、善恶及因果关系。由于当时教会势力犹存，不容许任何诬蔑言论，哲学家们不敢直接批评时政，多采撰写小说、戏剧、历史、哲学、字典、百科全书等方式，讽刺或迂回、散播新思想。主要代表作有伏尔泰的《老实人》，又译《憨第得》(Candide)，批评旧政权，1756年出版，一年内即发行8版。卢梭的《社会契约论》(Social Contract)，1796年发行，一年高达13版。孟德斯鸠的《法意》(The Spirit of Law)1748年出版，至1751年，法文本发行了22版，至1773年英文本发行了10版。

最能代表启蒙思想的一部著作是由狄德罗(Diderot)及达兰贝尔(Rond d'Alembert)于1751年编辑至1765年完成的《百科全书》(Encyclopedia)，共28册。这是一部集科学、艺术及工艺的字典，以集体创作方式取代了过去圣经对事物解释的地位。狄德罗出身平凡家庭，中学毕业后开始翻译英国作家的作品，接触革命思想，发表了《哲学思想录》一书，揭露宗教思想对人精神的奴隶，引起法国当局不满，遭巴黎法官没收、烧毁，而声名大噪，以后又出版了《论盲人书简》，以盲人数学家对物质世界的感觉，说明客观世界的物质性，显现了无神论的立场，被捕下狱，历经三个月获释，开始主持编纂百科全书工作。达兰贝尔是欧洲知名科学家及数学家，他们两人生活圈不同，兴趣不一样，但却共同致力改变人们的思考方式，教导人们客观、批判性的思考。

百科全书并非新观念，此一词汇来自古典希腊字 encyclios，意为对学习的指导，包括科学与艺术。此书编纂困难重重，过程艰辛。1751 年首册出版，书中出现许多争议性题材如无神论 (Atheism)、灵魂 (Soul)、盲人 (blind people)，教皇将之列为禁书，要将任何阅读或购买的人驱逐教会。胆小的出版商，为讨好当局，擅自作主在后十册之中删除有争议性部分。狄德罗不为所动，坚持继往，花费十五年工夫，于 1765 完成编纂工作。百科全书系由多位学者共同撰写，因此水平不一，错误难免，但内容丰富，包罗万象，举凡科学、生活皆详列其中，观念新颖，颇多创见；全书批评旧习，质疑宗教，引起重视，为其一大特色。其最大贡献让人可以藉由人的理性，增加知识，促进社会、经济、政治进步，追求快乐人生。

在法国启蒙运动中，最受人推崇的学者是伏尔泰 (Voltaire)，本名阿罗爱特 (François Marie Arouet)，法国人，出身中产阶级家庭，著作等身，逾 70 册。本人与王室关系良好，由于经商得法，生前为百万富豪。毕生致力反对不法及不公平，早年岁月坎坷，1717 年曾因侮辱摄政王，被囚禁于巴黎巴士底 (Bastiele) 狱中 11 个月，1726 年因讽刺法国贵族遭捕并被鞭打，获释之后，前往英国居住 3 年，推崇英国政治，赞誉英国科学进步，尤其对牛顿更是推崇。他致力结合科学与理性，建立更好的社会。惟自英返法后，态度改变，于 1743 年获聘开始为王室撰写历史《路易十四时代》(Age of Louis XIV)，推崇路易十四为本世纪最杰出的领袖，令人对他的立场质疑。此外他与腓特烈大帝，(即腓特烈二世) (Frederick the Great) 建立长期友谊，并获腓特烈二世邀请前往柏林，虽然此后两人不合，但伏尔泰仍视腓特烈二世为自由思想家，启蒙的君主。

伏尔泰认为政府虽然需要一位明君，但必须要有法律来维持社会平等，保护人民自由，免受强者野心迫害。他的哲学及宗教观点较激进，在作品中经常直言不讳批判天主教会及基督神学。1759 年出版《老实人》批评战争、宗教所造成的迫害，全书极尽挖苦之能事。他相信的神是自然神，像钟匠一样，四时自然运行，痛恨宗教不宽容，视宗教纷争为野蛮行为。

法国另一位启蒙代表人士是孔多塞 (Condorcet)，出身法国贵族，是位数学家、哲学家，强调进步观，主张经济自由、宗教宽容、将启蒙思想逐渐带入理想国境界。毕生致力消除国家间不平等、阶级不平等，1793 年出版《人类思想的进步》(Progress of the Human Mind)，认为人类进步已历经九个阶段，法国大革命是第十个阶段，人类将从此达到完美地步。

(2) 法国以外地区

法国启蒙运动影响遍及全欧，有些国家大力鼓吹，有些国家则予压抑。特别在普奥两地不同。德国统治者腓特烈二世自许为哲学家，并与伏尔泰交往。他曾撰写数十本书，一百多首交响乐曲、奏鸣曲、协奏曲。德国在当时拥有预约订书图书馆、首家新闻报纸 Vossische Zeitung 及科学学院 (Academy of Sciences)。奥地利与德国不同，对启蒙思想有严格的检查及限制。在德国方面最具有影响力的是莱布尼兹 (Leibnitz)，从自然律的角度来建立科学观及哲学观。在本世纪末还有一位重要的哲学家康德 (Immanuel Kant)。1724年生，享年 80 岁，一生未离开诞生地普鲁士东部的哥尼斯堡 (Konigsberg)，出身新教徒家庭，毕生生活严谨，是一位哲学家也是一名哲学老师，其学说主要针对当时学术界对知识的看法而提出。

当时学术界对知识的取得来源有两种看法：一种称为经验主义，另一种为理性主义。经验主义以英国人为主，认为知识是经由感官而知道的；另一种理性主义认为是由人类的心灵认知。康德认为，我们对世界的了解都是透过感官而来的，但理性中有一些因素可以决定我们如何认知周遭的世界。他认为所有被知道的事物一定出现在"时间"和"空间"之中，而这"时间"和"空间"就是理性。换言之，在我们还没有经验到事物之前，就可以感知到将是一个发生在时间和空间的现象。我们所体验的世界是一连串发生在时间与空间的过程，而且合乎因果律。他认为时间、空间以及因果律都在人的理性观念之中，人所能知道的事情是有限的，一旦人所追求的知识超出人的理解范围，只有靠信仰来处理，如上帝的存在。他更以"无上命令"的"实践理性"来处理伦理学的问题，也就是每一个人都有辨别是非的智慧。

康德学说最重要是他提出"物自身"的观念。他认为"事物本身"与"我眼中的事物"是不一样的。我们永远无法确知事物"本来"的面貌，我们所知道的只是我们眼中"看到"的事物。

康德主要的作品为三大批判：《纯理性批判》(*The Critique of Pure Reason*)、《实践理性批判》(*The Critique of Practice Reason*)、《判断力批判》。1804 年去世，一生的努力使得哲学走出了理性主义与经验主义之间的僵局。其墓碑上所刻的一句话，代表了哲人的精神："有两件事我越思考越觉神奇，心中充满敬畏，那就是头顶上的星空与我内心的道德准则，它们向我印证，上帝在我头顶，亦在我心中"。

除了德国之外，重要的哲学家还有休谟 (David Hume)，苏格兰哲学家，贵族出身，早年从政，曾担任驻法大使，退休后以著作为生。怀疑论者，将英国的经验论导入怀疑论的体系。他认为人心不过是一束印象，来自感官经验包括对外界的感觉，如声、色、香、味和内部的反省，如喜、怒、哀、乐及对经验的习惯。观念是经验的反射，理性无法解决宇宙之源起或神的存在等无法由感官证实的问题。休谟思想中最重要的部分是其因果说。休谟指出，我们常说，黑夜过了就是白天，黑夜不是白天的因，白天也不是黑夜的果，前者不必然是后者的因，后者也不必然是前者的果。因果没有必然性，仅有一种概然性，与形上学不同。休谟认为，任何信念或价值观，不论是宗教的、哲学的、道德的、科学的或者是审美的，除了人类经验以外，没有别的来源，不论怎么玩弄词句，都不能给这些信念或价值观，独立于人类经验的权威性。

至于西班牙、葡萄牙以及东欧国家，受启蒙运动思想的影响有限。

4. 影响

启蒙时代思想家对社会最大的挑战是攻击基督教会与宗教思想。比如休谟指出，基督教徒从一开始就强调奇迹，至今任何理性的人在信仰基督时还是不能否认奇迹。狄德罗认为，基督教是世上所有迷信中最偏见的一支，犹太基督教所信奉的神，爱恶不定，令人难以适从。英国史家吉本 (Edward Gibbon) 在其《罗马帝国衰亡史》中，将帝国衰亡的原因归咎于基督教。

在众多批评教会的思想中最为人知晓的人士是伏尔泰。他认为基督徒缺乏包容心。在伏尔泰的认知中，容忍是启蒙运动主要信念之一，他无法接受基督教迫害异己，要求基督徒学会宽容。在 1764 年出版的《哲学字典》(Philosophical Dictionary) 中，呼吁基督教应发扬宽容的精神。

18 世纪哲学家对教会的严厉批评，让许多史学家将这一时期视为"现代异教"(Modern Paganism)。事实上，哲学家并不全然是无神论者，也有教会人士，如英国主教柏克来 (George Berkeley) 就是位哲学家。尽管启蒙运动反对天主教，但并不禁止天主教士参与启蒙运动。教皇本笃十五世 (Benedict XV) 与启蒙思想家孟德斯鸠及伏尔泰即为好朋友。他于 1744 年允许伽利略的书籍出版，1757 年解除对教导太阳为中心理论的禁令。许多哲学家开始调和基督与科学、神学与理性的矛盾与冲突。其中以自然神论 (Deism) 最具代表。自然神论不是一个有组织的宗教，也不具有强制的宗教信仰对象，它是结合理性、怀疑及德性于一身的个人行为，反对基督宗教教条主义、铲除异己及教会组织。18 世纪的知识分子大多接受自然神论。

启蒙时代思想家对社会另一项重大的挑战是对专制政府的抨击。当时许多思想家即以标榜敢言而受赞赏，譬如卢梭曾写信给腓特烈二世，自认为是国王的敌人；伏尔泰在其著作《老实人》中，藉由一位公爵晋见国王时该以何种礼节、何种跪见的方式来挖苦国王的专横。在当时，批评国王是冒着不经审判而被杀头或囚禁的危险，伏尔泰即因此被囚禁在巴士底监狱，狄德罗被关在温司尼 (Vincennes) 一座城堡的土牢中。根据一项研究显示，在 1750 年中，有 10% 作家的作品不仅遭教会谴责，并列入禁书名单。俗话说，穷则变、变则通，上有政策，下有对策，启蒙时代思想家为了逃避迫害，又想弘扬理念，改用讽刺的方式，其中伏尔泰与孟德斯鸠的表现尤为突出。孟德斯鸠在其《波斯人书简》(The Persian Letters) 中写到，西班牙国王拥有许多金矿，但法国国王更富有，因为他可以由出售官职、头衔及荣衔中致富。当时作家对检查制度的批评声浪不绝如缕，路易十五的一位官员的评语甚具代表性：报禁是侮辱国家，限制人民阅读某些书籍，是愚民及奴役人民。

启蒙运动在批评教会与政府之外，最大的贡献是提出理性的价值与意义。无论史学家或哲学家都强调理性的重要。英国史家吉本认为，研究历史要用理性去找寻资料。维科 (Giambattista Vico) 撰有《新科学》(New Science)，提出学者应探究普遍与永恒的道理。这种理性是基于反神论的主张而提出的一种学说，对 18 世纪而言，自有其重要性，但只是藉助自然科学所建构的普遍理性，是否适用于人文或社会就有商榷余地。法国大革命的"自由、平等、博爱"理性,结果演变成为弑君的暴动,令后来人文学者对科学理性产生质疑。

二、进步史学

启蒙时代,西方史学发生重大变化,其中最主要的特色是循环进步观念。严格说来,进步观是由基督神学逐渐蜕变出来的一种历史观。受文艺复兴影响,文化思维由神学回到人文,进步即成为人文社会中一个重要的观念。

18世纪之前的历史观是一种直线的进步观,以后受到古典文化中循环论的影响,呈现一种循环的进步论,认为文化是历经兴起、繁荣、成熟到衰败、终结的循环发展过程,呈现一种螺纹状的进步。笛卡儿以后,进步获得了理论基础。笛卡儿认为,客观世界是有秩序的,受一定规律支配,只要采用适当的方法,藉助理性去获取知识,便将获得丰富成果。他对人类认识和控制世界充满信心,奠定了进步观的理性基础。伏尔泰更开辟了理性主义进步学说的进步道路,他认为理性是人类进步的动力,影响人类进步的最大障碍是战争和宗教,只要去除了理性的蒙蔽,人类的进步就加快了。

启蒙时代的历史学家多服膺理性主义,将理性视为改造社会、拯救黎民百姓的惟一力量,他们以先驱的原则,用抽象的推理,重视历史的必然性和共同性,轻视偶然性和个性。[01] 这个时期的史学是继承了文艺复兴时代人文主义的史学传统,并加以发扬。其中包括反对虚妄的神学观点,提倡"自由、平等、博爱"。史家由人性出发,寻求历史的规律,开拓历史的新园地。

促进历史进步学说的主要影响人物有杜尔哥(Turgot)及孔多塞(Condorcet)。杜尔哥认为人类历史就是人类文化发展史,人类的文化从一个世纪到另一个世纪,展现出一种变动的现象,这就是进步,所有的时代都是由一系列的因果关系而相互沟通和关联的。随着时代的进步,人们生活的方式越来越高雅,人们的头脑越来越精明,原先各孤立的部落越来越接近,人类朝着更大的完美前进。杜尔哥的进步观不只以理性为基础,他认为如果理性可以支配一切,不久人们就会陷入停顿,人的激情和野心是社会发展不可缺少的动力,他们推动人类进一步的发展。

孔多塞的学说是将上帝由进步观念中去除。他认为人类历史的法则是历史本身的产物,是人类本身活动的结果,不是上帝的创造。进步是人类自主性创造的结果,不是上帝安排的结果。孔多塞认为进步不但有规律可循,而且进步是无限的,人的能力没有止境,越来越完善。孔多塞的历史观代表了18世纪理性主义历史进步观的最高成就,确定了一种彻底的世俗化的历史观。

孔多塞从历史的角度将世界史划分为十个时期,最初三个时期是原始时代、畜牧时

---

01 张广智,《西方史学史》,复旦大学出版社,第137页。

代及耕稼时代，第四与第五为古希腊和古罗马时代，第六为黑暗时代，第七为文艺复兴时代，第八为科学革命，第九为法国革命，第十尚未到来，但必然是一个繁荣的时代。这种分期的解说，反映了他对历史的进步态度，也显现了这个时代的历史精神。

除了进步史学观之外，历史哲学亦于此时诞生。历史哲学是以"历史"取代"形上学"作为哲学的基础。自中世纪以来，哲学与形而上学似乎成为一体，讨论哲学，一定是由形而上学开始。18世纪理性主义兴起之后，形而上学的地位动摇，人的地位提升，历史逐渐取代形而上学成为哲学的基础。维科 (Giambattista Vico) 被认为是历史哲学的奠基者，其思想建立在"人所能了解的仅是人所创造事物"的基础上，主要代表作为《新科学》(*New Science*)，全书分为五卷，详论人类历史社会发展，企图为历史找出一个规律的发展过程。他认为每个民族的历史发展都要经过三个阶段：神祇时代、英雄时代、人的时代。这三个时代不是呈封闭式的圆圈进展，而是渐进螺纹式的上升，其学说为理性主义的人文历史思想开启了新页，贡献匪浅。

三、文化表现

欧洲18世纪前期文化延续17世纪的巴洛克 (baroque) 精神，强调情绪与精神面，讲究奢华的装饰。从教堂及皇宫的建筑与陈设中，都可以感受到巴洛克的风味。发展至本世纪中叶，纤细华丽的洛可可以及古典希腊罗马风格逐渐取代巴洛克。随着1740年罗马庞贝古城 (Pompei) 出土，古典的建筑风格：简朴、均衡、协调再度流行。俄国圣彼得堡冬宫 (Romanov winter Palace in St. Petersburg)、米兰的拉史卡拉剧院 (La Scala)，都表现出这种风格。古典主义成为主流，吉本的《罗马帝国衰亡史》畅销流行，广为阅读。大学将拉丁文及希腊文列入课程，拥有古典研究学位的学生找工作较方便。绘画、雕刻、戏剧、诗文、作曲都重视古典气质，特别在音乐方面，古典乐风影响迄今。莎士比亚的剧作在英国乡村地区受到广大农民欢迎，莫扎特的歌剧风靡了许多下层阶级的人。

18世纪文化传播的场合有二：一为沙龙 (salon)、一为咖啡屋 (coffeehouse)。沙龙设于私人住所，是风流雅士、骚人墨客的社交场合。他们聚集此地，闲谈所见所闻、议论政治是非。沙龙性质、形式相近，由高雅的淑女负责，栽培一些青年才子，资助少数作家作品的发表与出版，交换一些小道消息，甚至进行一些政治阴谋。这些女士多半是有钱人家的太太、女儿或姨太太，其中不乏闻人：如支持女性教育工作、撰写《一位母亲对女儿的忠告》(*Advice of a Mother to Her Daughter*) 的作者兰巴特夫人 (Madame de Lambert)，以及1774年以《与爱弥儿对话》(*Conversations with Emile*) 赢得法国学院奖 (French academy's prize) 的德潘妮 (Louis d'Epinay)。沙龙崛起于法国贵族，但迅即吸引知识分子，并在欧洲各地：伦敦、柏林、维也纳、罗马、哥本哈根普遍流行，各地风味不同，譬如德国沙龙就允许犹太人进入。

咖啡屋场合所凝聚的人群与沙龙不同，属于社会另一阶层，通常是座小客栈，提供开会、阅读、讨论使用，消费低廉，在室内中间摆放日报。01 18世纪欧洲城市咖啡屋林立，法国巴黎第一座咖啡屋于1672年开张，但不久倒闭了，至1754年为止，巴黎有咖啡屋56家。1650年以前，伦敦还没有咖啡屋，至1725年超过2000家。中欧地区首座咖啡屋于1683年在维也纳出现。咖啡与欧洲人关系之深，可以想见一斑。

18世纪欧洲文化尽管有启蒙运动冲击，但基督宗教文化仍为主流。自1648年三十年战争结束后，欧洲宗教版图出现重大转变，北欧主要为基督新教、南欧为罗马天主教、东欧为希腊正教。欧洲基督教国家有英国、荷兰，德意志北部国家包括汉诺威、撒克逊、德国等，斯堪的那维亚地区全部，东欧一部分地区如匈牙利。信奉天主教国家有葡萄牙、西班牙、法国、意大利半岛各国、德意志南部国家如巴伐利亚、奥地利全部、爱尔兰及波兰一部分地区。希腊正教国家有俄国、波兰、奥特曼帝国如希腊等地。各国因宗教信仰不同形成国内的弱势团体，敌视主流教派，并经常发生冲突。

欧洲国家对基督新教的信奉有三支：英国国教、卡尔文教、路德教。英国国教信徒遍布于英格兰、韦尔斯、苏格兰、爱尔兰。路德派主要在德意志地区及斯堪的那维亚，和东欧一些国家。卡尔文教派多为西欧国家，传统以日内瓦为中心，主要在瑞典、荷兰、苏格兰（长老会）、法国、德国，在匈牙利有少数人信奉。除了上述派系之外，18世纪还出现许多小派系，如英国的贵格会(Quakers：the Society of Friends)、中欧的浸信会(Baptists)。天主教国家虽较基督新教国家团结，教皇与教廷的架构仍为权力中枢。但教廷在各国的权势已遭专制国家君王的挑战。法王路易十四志在建立一个自主的天主教会，称为"法国天主教"(Gallican Church)。02 其他国家如奥国亦开始仿效法国，摆脱教皇的制约。天主教转而重视各地方的势力发展，如耶稣会(Jesuit)。耶稣会是18世纪天主教中最重要的一支。他们积极透过教育及传教方式，培训人才，增加影响力，特别在政治方面，引起各国的惊慌与排斥。

基督新教主义(Protestantism)文化与天主教主义(Catholicism)文化在神学教条与信仰内容方面并无不同，但在结构方面显然不一样。基督教的传教士为牧师，天主教为神父；牧师可以结婚、成家，神父不可。牧师的子女可以在教会中扮演重要的地位。因此在信徒方面，基督新教多过天主教，在英格兰580万基督徒中，90%为英国国教信徒。由于信奉基督新教国家查禁天主教的寺院，没收天主教的地产，各国天主教地产占全国土地面积不一，法国占10%，西班牙为15%，南意大利及那不勒斯为40%。

尽管天主教与基督新教传教方式不同，但服务的对象相近，如穷人、残障、孤儿、老人、囚犯。教会筹办医院与学校。在18世纪仅有少数人有正式受教机会，多数人是文盲。长老会经营大多数苏格兰的学校，英国国教主导英国的学校，路德教主导斯堪的那

---

01 日报最早于1702年出现在伦敦，称为 *Daily Courant*，同年稍晚莫斯科有了日报，柏林在1704年、罗马在1716年也出现日报。
02 Gallicanism是说国王可任命法国枢机主教及主教；并决定教皇的宣告是否适合法国。

维亚的教育，希腊正教负责俄国的学校，许多天主教国家包括西班牙、葡萄牙、意大利大部分地区，也都是由教会经营学校。教会安排课程，要求学生阅读圣经。18世纪的文化普遍受到宗教影响。无论建筑、绘画、文学、音乐都与基督有关，一般的生活起居，依教堂的钟声行事，节庆也多为教会纪念日如复活节、圣诞节等。

社　会

在史家认知中，18世纪社会被视为旧社会，形态与中世纪时代相近，为阶级固定的社会。各阶级成员与生俱来，天命使然，不得造次。欧洲有三分之二地区的法律与风俗依产业划分，构成了一种合作性社会 (Corporative Society)。[01] 这种社会呈金字塔结构，多数人构成金字塔的底部，少数人在顶部，君王在尖端，社会流动性不大。以法国为例，社会分为三种阶级，第一阶级为教士，约占总人口的1%到2%；第二阶级为贵族，占全国总人口不到2%；其余第三等级占97%。中欧地区，斯堪的那维亚及德意志则分为四个等级，不同于法国的是，将第三等级分为农民与城市市民两种阶级。

旧社会只是一个概念，本身处于一种非常复杂的状态。英国到17世纪时，法律已废止了阶级的区分，但贵族仍享有特权及统治身份，不过已出现中产阶级。俄国正好相反，社会阶级受到法律严格保护，18世纪的改革更加紧阶级的束缚。至于其他地方则有不同的制度，如奥地利根据1763年的税法，将全国人口分为二十四个不同层级。在当时欧洲的阶级社会中，各地方的阶级状况不同，波兰贵族占人口的十分之一。波兰人仅1%住在城市，而英格兰及韦尔斯则有15%的人口住在城市。尽管各地情形不一，但农民仍是主要人口。英国占65%，法国、瑞典为75%，波兰为85%。各地贵族所拥有的土地也不一样，特别是东欧与西欧的差别。[02] 譬如法国农人拥有30%到40%的可耕地，尽管这些土地质量不好。但易北河以东的农民就差多了，农民地位与农奴相差无几，不受法律保护，甚至也没有土地所有权。1700年的统计显示，瑞典农民占全国人口的75%，只拥有31%的土地，贵族及国王占人口数不到5%，但占有土地的69%。奥国最富裕的地区，统治者拥有5%的土地，贵族有68%的土地，农民则只有不到1%的土地。

一、贵族社会

贵族位于社会的上层，生活悠闲自在，各国对贵族的法律保护情形不一，但均给予特权如免租税、或不必给付农民劳力所得。贵族身份来自传承，最早是由国王赏赐，颁发一张贵族特权证书 (patent of nobility)，以后世代相传，长子继承贵族名衔，其他诸子

01　Steven Hause, *Essentials of Western Civilization*, p. 312.
02　所谓的东欧、西欧的划分是以易北河—特里斯德线 (Elbe-Trieste line) 为准 (Trieste位于亚得里亚海边的一座城市)，线以东为东欧，线以西为西欧。

则可以拥有次等的头衔。

贵族人数有限，身份高低视其家族受封时间长短、财富及政治影响力而定。欧洲贵族可大略分为两类：一类称为"武士贵族"(nobility of the sword)，另一类称为"圣袍贵族"(nobility of the robe)，前者是对君王有战功，后者是对政府有贡献。在中欧及东欧地区也有以贵族拥有农奴多寡来区隔身份。贵族中有一些没有财富及土地者称为绅士(gentry)，他们往往被排除在有钱的大贵族行列之外。

贵族的身份高低决定了所获得的待遇，通常是财富及权力。排名在前5%的贵族可以有机会进入宫廷，并晋见王室家人。法王路易十五常邀请少数贵族一起在王室森林打猎，普鲁士国王腓特烈威廉一世邀请贵族一起品酒、共餐并跳舞。在宫中所获得的待遇往往决定了政治地位、军事权力，以及此后终身的俸禄。一般地方的贵族就没有这种福分。

地方贵族住在世袭的农庄里，社会、经济条件不一。以西班牙为例，大贵族拥有大产业，对国家具影响力；地方重要贵族有相当的土地，拥有一些特权；穷贵族仅有头衔，入不敷出。在波兰，少数贵族拥有广大土地，而大部分的贵族捉襟见肘。

财富与权力是贵族身份的表征。在今日比利时，阿伦伯格(Arenberg)公爵每年的收入是最富有商人的18倍；波兰雷兹威尔王子(Prince Radziwill)有仆役万人，英国前400名贵族拥有1万亩至50万亩土地不等，俄国明希可夫王子(Prince Menshikov)拥有10万亩地，波希米亚100个家族占有全国三分之一的土地。贵族的生活以奢华著称，一位公爵每月的咖啡及白兰地酒花费相当一名佣人一年的收入，歌剧票钱相当28名佣人的年收入总合。过度的开销，导致许多贵族负债累累。在权力方面，主要展现在政府及军中的地位。欧洲有些国家如瑞典、德国、俄国等地的贵族必须接受国王的征召，定期前往服务，但可获得一些特权。在18世纪俄国贵族特许状(Russian Charter of the Nobility)上即有明确的记载：贵族的头衔与特权，必须视其对国家的贡献而定。当国王有需要时，贵族必须履行责任。为了回馈其奉献，贵族得买卖田庄，不必缴税，可独占某些官位，甚至免除一些罚则。欧洲许多国家，只有贵族才能领军，担任某些官位，如法国，大革命前国王身边的重臣皆为贵族。

贵族的特权除了土地的收成之外，主要是法律上的差别待遇。法律是人的行为依据，贵族的法律与平民不同，有些国家为他们订有特别的法律，有些给予特权，免税及免受罚是最重要的恩惠。在匈牙利马扎(Magyar)贵族，得免缴所有土地及收入的直接税。此外，他们还可以免缴过桥及过路税。在刑罚方面，贵族则是不受鞭笞及烙印的。

贵族的特权在各国程度不一，英国及荷兰贵族的特权在17世纪革命时即已遭废除，两国的贵族与平民在法律之前平等，没有免税及垄断官位的权力。但还是有一些特权，如英国国会的上议院只能由贵族出任，而且在审判贵族时，陪审团必须是贵族。此外贵族的特权可以由其在地方的产业中看出，贵族，也是地主，对土地及住民拥有传统的庄园主人权力，这些来自封建社会的权力，并不因封建破产而消失，尽管有些地区农奴已不存在，贵族仍征封建税，农人还得为贵族耕种。

二、农人社会

旧世界为农业社会。社会的主要成员除了贵族之外就是农人。农人可以粗分为两类：农奴与自耕农。

农奴制度源于中世纪，农奴一生不得离开所耕种的土地，在农庄破产时被出售或送人，往往处境堪怜，遭受身体惩罚，如鞭打，理由不一，如俄国贵族规定，凡不上教堂的农奴，都将遭受鞭打，其所获待遇可以由1767年俄国的一则公告见其一斑：农奴必须顺从地主，不管是什么事都必须绝对服从。其不同处为：农奴不是动产，必须随着土地或家人一起出售，但也拥有一些权利，可以向农村会议或贵族法庭申诉，但不能提出不利贵族的要求。因为法律只是保护他们的权益，而非让他们反对贵族。

各国的农奴地位不一。在俄国，农奴基本上归属地主，但却有40%为国家所有，因为彼得大帝没收贵族土地后，将农奴交予俄国教会。贵族拥有的农奴数量不一，在俄国，30%的贵族拥有农奴不到10名，16%的贵族，拥有农奴人数高达百人，他们的工作不一样，有些做家务，有些务农，受到的待遇也不同。农奴的作息可以从1775年波希米亚的法律中见其端倪。"冬天每天工作8小时，春天及夏天每天工作12小时，农忙季节每天工作14小时"，俄国农奴每周为地主工作6天。不过每一个地方并不一样，有些地方农奴获分配一块土地，收成的一大部分则归地主。农奴的工作可以从俄国的一家八口（农奴包括女人），必须为他们的地主工作中获知：两人每周下田工作3天，从事杂务如放牧牲口10至12天，4天外出，56天做劳工，为贵族运货，42天邮运接驳服务，24天纺织。欧洲农奴除了上述工作之外，还得向地主缴谷物、羊、羊毛、鸡、蛋。他们并须留下收成中的20%到25%，作为来年的种子，向教会缴交1%税(tithe)，向政府缴交收成的30%到40%。至于农奴保有的收获，各地不同，每年的情形也不一样，但负担是不变的。

自耕农的情形不一样。根据对法国农民的两项研究结果发现，农人缴交的封建税、政府税、教会税占其总生产值的33%到40%。自耕农的生活条件不一样，最富裕的是自己有土地的农人，18世纪法国约有400万农民拥有自己的土地及自己的家，但许多人只有少许的地，入不敷出。大部分的自由农没有土地，但生活还算可以。无地的农人有两类，以佃农(tenant)最好，在法国，他们约占10%到20%，租用田地，为期九年，除了付租金之外，一切归己所有，如此可以避免一时欠收而被驱逐。也有些佃农租地但自己不耕种，以买卖农产品致富。至于另外80%的无地佃农(sharecropper)依契约租地耕作，由地主供给生活所需，但不多，最差的是一群四处流浪的农人，属于季节性的短工，四处流浪找工作。

三、市民社会

研究西方历史有一个困难的问题是：镇(town)、城(city)与都市(urban)的差别。

城与镇基本上是一个通用的称谓，属于法人实体(corporate entities)，拥有政府长久以来所颁发的法律特许状，规定了居民(burgher)的权利。城市与镇之差别是依据人口的多寡，通常1万人以上的称为都市，在18世纪时城市人口约占9.4%。以现代的建筑来说，城市是有墙的，都市是无墙的；城市多半是办公及交易的场所，都市则是人民居住与生活的地方。

18世纪欧洲的人口分布，由2000人的市镇到50万人的商业都会、行政中心。在当时10万人以上的被称为大城市，1700年柏林人口5.5万人。1730年圣彼得堡有6.8万人，许多小城市如日内瓦，在1750年只有2.8万人，一个晚上就可以绕全市一圈。欧洲最大的城市位于东南欧，君士坦丁堡居民达70万，伦敦及巴黎超过50万人，罗马在1700年有13.5万人。

城市居民所拥有的，是农民无法享受的，特别是自由气氛，缺乏贵族的特权，但也无须负担农民的责任，他们被称为"中产阶级"(middle class)。东欧地区许多国家禁止农民移居城市，寻求自由。巴伐利亚、奥地利、普鲁士等国的法律要求农民不得离开农地。西欧地区有些地区对市民的资格做出严格的规定。但随着都市的发展，移民的情形日趋增加。

城市的居民成分与农业社会不同，上层人士有银行家、金融家、商人等，他们没有贵族头衔及特权，财富不如贵族，政治权力有限，但有些却可以过贵族式的生活，并伺机获得贵族荣衔。有些人靠着联姻、替贵族服务，加入贵族行列。典型城市住民以工匠居多，在中世纪行会的影响之下，工匠是城市的主体，因此这类人口较多。都市中最下层的人是劳工及家仆，至18世纪初，家仆成为无技术人口就业的最佳选择，根据研究显示，比利时有7%，西德有15%，伦敦有20%。他们虽不如工匠那样有前景，但也不致无所适从，至少有栖身之处。

经　　济

"经济"一词源自亚里士多德的用语Oilonomia，一直到近代才对它作理论的研究。18世纪的经济研究属于道德哲学的一部分。那不勒斯大学(University of Naples)于1754年首创政治经济学，以后苏格兰加以推展，最具代表性的人物是亚当斯密·史(Adam Smith)，其"国富论"学说开创现代经济自由主义理论先河。尽管当时各国在经济理论方面所知有限，但都因缘际会，走上重商主义(mercantile system)道途。

一、经济理论

17、18世纪经济学最重要的理论是重商主义，关切制造与贸易，重视金银财货，强调政府在经济活动中应扮演干涉性的角色。重商主义的基本原理是国家经济自足：生产自足，减少进口，增加出口。为了达到目的，政府采直接支持生产及规范经济活动两种方式进行。主要是征收关税及实施航海法(Navigation Act)。征收关税是为了保护本国产品免于竞争，航海法是阻止外国货物进口。各国政府核发公司垄断性的特许状，进行独占经营，如英国的东印度公司 (British East India Company)、荷兰东印度公司 (Dutch East India Company)。重商理论为这些公司带来厚利，也为各国建立了专利，如法国王室的绣帷、瓷器，德国的烟草，俄国的盐。各国并设立国家银行，提供公司担保，1609 年荷兰首先成立阿姆斯特丹银行 (Bank of Amsterdam)，以后各国纷纷仿效，英国国会在 1694 年给予英格兰银行 (Bank of England) 特许状，并于 1718 年准予发行纸币。法国在 1717 年成立银行，普鲁士在 1765 年设立德国银行 (Bank of Prussia)。

重商主义理论盛行于 17 世纪及 18 世纪初，但发展至 18 世纪中叶即遭到质疑，一群自称为重农派人士 (Physiocrat)，在法国人奎内 (Francois Quesnay) 的领导下，提出一种新的主张。他们主张限制政府在经济活动中的地位，特别是对经济运作的干涉，废除专卖及特权，开放竞争及公开市场，以自由贸易取代关税。尽管重农主义并未获得政府重视采用，但经由其学说公开讨论，影响重商主义走向没落，古典经济家诞生，强调个人努力致富的理论。

二、经济活动

17 世纪欧洲经济活动主要路线是前往印度与远东，东印度公司是主要代表，贸易的重点地区为生产香料的岛屿以及印度大陆，利润超过 100%。18 世纪经济活动对象转往非洲及美洲，贸易内容以奴隶为主。始于 1690 年，是欧洲、非洲、美洲之间的三角贸易，英国人最具代表性。其过程是：船主将欧洲产品，特别是纺织品运往西非沿岸，与非洲当地酋长或穆斯林奴贩交易。以后展开三角贸易的第二阶段：载满奴隶的船只经大西洋驶往中南美洲的加勒比海如牙买加，以及北美沿岸交易。第三阶段是这些船主将当地的产品，特别是烟草，运回欧洲，谋取暴利。

除了英国以外，欧洲其他国家都加入了与美洲的奴隶贸易。法国将纺织品、珠宝，及军火武器运往非洲，换得奴隶后，转往加勒比海的海地 (Haiti) 等地，再换取糖和咖啡返回法国，售往欧洲各国谋利。

奴隶贸易规模庞大，1709 年英国贸易委员会 (Board of Trade) 估计，英国殖民地每年需要增加两万五千名奴隶。1713 年英国获得供应西班牙美洲殖民地奴隶的契约，需再增加 5000 名奴隶，法国在 18 世纪初的奴隶需求量为 4000 名，至 1780 年代增至 3.7 万名。18 世纪英国及法国共贩卖约 350 万名奴隶至美洲，在路途中，平均有 10% 到 20% 的死亡率，可见贩奴总数应达 400 万人，如果加上葡萄牙、荷兰、德国、丹麦的奴隶贸易，总数将超过 500 万。

18 世纪的贩奴经济未能持续长久，反奴声音在美洲及欧洲出现。各地反奴人士撰写人道手册。葡萄牙耶稣会士朋西 (Jorge Benci) 及安德罗尼 (Giovanni Andreoni) 赴巴西，目睹黑奴生活惨状，返欧后出版书籍，抨击奴制，1727 年美国贵格 (Quaker) 教会发起废奴十字军运动。但在现实利益的压力之下，反奴成效缓慢且有限。以葡萄牙为例，官方宣布于 1761 年释放来自非洲的奴隶，但到 1773 年才落实，在巴西的奴隶贸易一直维持到 1888 年。

生 活

18 世纪欧洲人的生活与古代相去不远，与近代人差距反较大。大部分的人都没到过两万五千人居住的大城市，生活在家乡及临近的市镇，90% 的人老死家乡，一生往来限于几位亲友。生活受天候与交通的影响很大，医疗难以应对，以致一般人的寿命不长。

一、天候与交通

此时各地交通不便，往来不易，只有少数有钱人才有外出机会。大致说来，上层阶级旅行机会较多。旅行最大的苦恼是天气，不论下雨、下雪，都影响行旅。除了少数邮政路线，由政府维修之外，其余都是由地方雇人修护。1691 年英国法律规定教区负责维修道路及桥梁，如果经费不足，将遭政府处罚。旅行的第二大烦恼是土匪。虽然有些绿林大盗待人友善，如英国的罗宾汉 (Robin Hood)，但对少数外出的人还是构成重大威胁。18 世纪的交通往来，以水运最便捷，但得视水流稳定性。与今日相比，当时交通极为不便，在 1734 年由伦敦到爱丁堡 (Edinburgh)，乘马车，费时十二天；由威尼斯到罗马，信差要花三至四天，到俄国要四周。法王路易十五于 1774 年去世，消息传抵维也纳和罗马费时三天，到圣彼得堡已是六天之后。

二、寿命

18 世纪人的一生"忍受大于享受"。[01] 一般人平均寿命为 30 岁，若由地区来看，英国南部大约在 35 到 45 之间，瑞典平均到 33 岁，法国北部人在 17 世纪只能活到 20 岁，俄国更糟。由于生命短暂，三代同堂的情形不多见。法国哲学家狄德罗于 1795 年在 46 岁之际重返出生地时发现，幼年的玩伴均已不在人世。富人的寿命因物质条件较好，通常比一般人多 10 年，比穷人多 17 年。

虽然统计显示寿命不长，但并不表示没有长寿的人，有 20% 的人活过 50 岁，10% 的人到达 70 岁。法国人口研究对 1740 年代的调查发现，17% 的男人及 19% 的女人活到 60 岁。至 1770 年代男人有 24%，女人有 25% 活到 60 岁。其中以帝王世家最多：路易十四活到 75 岁、路易十五活到 64 岁，英国汉诺威家族，乔治一世活了 67 岁、乔治二世活了 77 岁、乔治三世活了 82 岁；俄国凯瑟琳二世活了 67 岁、德国腓特烈二世活了 74 岁。此外 18 世纪有八位教宗，其中四位超过 80 岁，平均死亡年龄为 78 岁。

01　18 世纪作家 Samuel Johnson 说的：*little to be enjoyed and much to be endured.*

三、人生历程

人的一生简单说明如下：

1. 出生阶段

怀孕及生小孩对当时来说都是件大事。营养不良以及对胎儿疏于照顾导致难产，畸形儿、死胎情形普遍。生小孩没有麻醉药，最大的威胁是产褥热，1773 年发生在意大利北部的产褥热，无一幸免，全数死亡。由于缺乏维生素，生产不易，畸形儿不少，产妇大量失血而死的情形屡见不鲜。外科手术生产[01]的存活率为千分之一。教会则将生小孩的苦痛归于"上帝的意志"，是对屈服撒旦的惩罚。

2. 孩童阶段

一个人出生后最难养的是第一年，平均死亡率为 20% 到 30% 之间。1 岁到 8 岁以前的死亡率为四分之一，有二分之一的人长不大。在俄国一半的小孩活不过三岁，担心小孩活不过一岁，因此多半在小孩过了 1 岁才取名字。法王路易十四王妃孟德潘 (Madame de Montespan) 生了七个小孩，其中三名畸形、三名夭折，一人健康幸存。弃婴普遍，英国法律并未将弃婴视为谋杀罪，特别是在一岁以前。法国弃婴情形更严重，法王曾下令严惩弃婴，少数母亲因而被处死。一项研究显示，18 世纪巴黎有十分之一的妇女因弃婴而被控诉。中欧及东欧地区，许多"弑婴护士"(killing nurse) 替为人父母者杀害子女。婴儿被抛弃的地点多在公共场所，由于情形严重，巴黎地区于 1670 年即设有收容弃婴的医院。18 世纪下半叶巴黎的弃婴约为 5000 人，至 1772 年攀升为 7600 多人，平均每天 22 名小孩被遗弃。

统计显示，由 1700 至 1729 年在米兰出生的小孩中有 11% 到 15% 被遗弃。收容弃婴的主要机构为教会，但受限于经费以及担忧助长不合法的性关系，因此领养的场所设备简陋，死亡率很高，在 50% 的存活者中，只有 10% 可活过 10 岁。根据统计，活不过 1 岁的，在都柏林为 90%，巴黎为 80%，伦敦为 52%。

小孩生下后，通常即交奶妈喂养，1870 年巴黎有 95% 的婴儿交给乳母喂养，时间长达一年至一年半。在这段期间，只有富裕的人才会探望他们的小孩，乡下地区雇乳母情形比城市少。小孩断奶之后多半仍与双亲分居，天主教认为小孩天真无邪，基督新教则认为小孩有原罪，皆主张应与成人区隔，以免受影响。换言之，与父母分开住。这种情形在贵族阶层尤其鲜明。18 世纪的家庭教育重视纪律，较少讲情爱，宗教改革家马丁·路德曾说过："我宁愿有一个死掉的儿子，也不会要一个逆子。"

小孩与大人的分际在 7 岁至 14 岁，各国法律依经济、宗教状况有不同规定。农家小

---

[01] 此时的外科手术为用箝子伸入子宫将婴儿取出。

孩七岁之后即投入生产工作,如养鸡、除草等,城市小孩进入工会担任学徒,贵族小孩进入学堂,或请家教学习。英国法律视七岁为成年,西班牙法律则以 13 岁为成年。12 岁可以谈论婚嫁,甚至发生性关系。

3. 婚姻与家庭

18 世纪一般人的结婚年龄较 20 世纪迟。17 世纪英国南部男人的婚龄为 27 岁,女人为 24 岁,18 世纪的婚龄更晚一些,欧洲乡下地区平均为男人 28 岁、女人 25 岁至 26 岁。大半人的结婚年龄视其养家能力而定,由于人的寿命不长,婚姻携手的日子不多,有人恩爱数年,有人一生未婚。18 世纪择偶的条件与前不同,在此之前多秉父母之命,以生育为主;如今,尽管富人家庭仍需顺从父母之命,但已有自己择偶的情形,不再任由父母决定。结婚的条件除了经济、门第之外还加上了自由恋爱。

家庭形态以小家庭为主,根据研究,英国有 70% 的家庭两代同堂,24% 只有一代,6% 超过两代。家庭成员不同,差异颇大,一般家庭包括初生婴儿有五至七人,贵族的人口较多,家人除了近亲之外还有仆人。18 世纪欧洲人家庭约有 13% 到 50% 的家庭雇有仆役。男人是家庭的权力中心,女人必须听命于男人。英国的法律中写到:"'丈人'、'夫人'是一体,而'丈夫就是一体的那一个人'"(The husband and wife are one, and the husband is that one)。离婚情形不多见,天主教反对离婚,英国于 17 世纪末开始有离婚事件,但每一件都必须获得国会专案通过。

四、疾病

18 世纪婴儿的死亡率很高,在法国北部,婴儿年平均死亡率为三分之一,仅 58% 的小孩可以活到 15 岁。某些富裕的农业地区居民,一旦活过 15 岁就可以再活 50 年。18 世纪人们死亡多属自然因素:定期粮荒,疾病侵袭、自然灾害,还有战争,其中以疾病最可怕。根据对爱丁堡 1740 年的死亡纪录发现,该年病死的主因为肺病与天花,占死亡率一半。当时的疾病可以分为两类:一类是流行病,一类是本土病。流行病以肺病最多,本土病仅限于部分地区。例如由蚊子传染的疟疾,限于气温较高的地区,在 1750 年以罗马与威尼斯最严重。1796 年拿破仑率军进攻意大利,即遭疟疾肆虐。在各种流行病中,天花最可怕,1707 年冰岛因此丧失三分之一人口,1710 年伦敦死亡 3000 人。史家估计,18 世纪约 95% 的人患过天花,15% 的人死于天花。天花占年轻人死亡率的三分之一,天花对王室也造成严重的打击:在 1695 年至 1775 年间英国死了一位皇后,奥地利一位国王,西班牙一位国王,俄国一位沙皇,瑞典一位皇后,法国一位国王。

欧洲人此时对疾病了解肤浅,有人提出细菌理论,但未获官方重视,瘴气仍被视为主要病源。教会为了安慰病人,往往将疾病归咎于上帝的惩罚,举行各种游行或仪式来消灾解厄。然而事实上,不仅效果有限,更因群众集会,造成更大的感染。此时公共卫生很差,住家甚至皇宫,到处凌乱、肮脏,没有排水系统,公共场合尤其糟糕。此外低温造成生活上的重大难题,欧洲的平均温度较20世纪低,冬天既长且冷,夏天时日短。火是取暖的主要方式,然取得供应有限,穷人住在地窖及阁楼,难以保暖,只能靠人体互相依偎,睡在一起取暖。乡下地区则人畜同室,保持温度。城市居民靠烧煤及树枝取暖,但造成空气污染,导致在保温与空气污染之间的两难。

对性的了解多延续古代的认知,主要是医学及宗教的看法。古代医学认为一滴精子相当四十滴血,夏天最好避免性事,月事期间也得避免,以防生下有病的小孩。宗教方面则强调,性为不洁,要求守贞,只有夫妻才可以有性事。同性恋在法国大革命之前是非法的,在英国也一样,但至18世纪英国逐渐开放。与16、17世纪相比,18世纪的性观念比较开放。

五、饮食

18世纪欧洲人生活条件仍受限自然,食物供给不足,饥荒屡见不鲜,由于营养不良,人的免疫系统较差,对疾病的抵抗能力有限。在诸多死亡原因中饿死的比率相当高。营养主要来自淀粉,一般人所需的热量中有50%至75%靠面包。面包由小麦制成,但种植面积有限,一般农民种植燕麦与大麦。为了节约能源,有些地区每月烘烤面包一次,甚至一季一次,面包干硬,甚至要用铁槌来分割。肉品稀少,由于缺乏冷冻及保鲜能力,肉类必须现宰现吃,或者采烟熏方式保存。在对1750年代罗马地区食物供给的一项研究指出,每天肉品的消耗量为二盎司。对穷人来说这表示一周可以有少许的香肠及干肉。同一时间内,罗马人的每天吃一至二磅的面包。至于蔬果方面,多为地区性或季节性产物。在欧洲,新鲜柳橙非常昂贵,菠萝也不多见。农人只吃一些蔬菜,工人收入的工资大半用于食物。饮料方面,最普通的是水,但在许多地方水质不洁。各地都有酒,南欧生产、消费最多。1777年普鲁士国王腓特烈二世鼓励人民喝啤酒,强调喝啤酒可以强身并吃苦耐劳。除酒以外,各地因生产不同,有不同的饮料,如牛奶、巧克力,其中以咖啡最具代表性。咖啡从中东引进,1650年之后,广为流行,咖啡屋风行各地,引起部分政府惶恐,担心咖啡屋众人聚集,会成为颠覆政府的场合,也有害怕咖啡及茶的进口会破坏当地的作物行情,英国从1700年至1785年进口咖啡增长了6倍,引起政府高度关切。瑞典国王一度查禁咖啡进口,但反而促成走私,情形严重,不得已只好取消禁令,改用征税方式,反而获利。

早期欧洲人所享用的食物,限于地区的生产物,少有交流互通的情形,质量单调。自与美洲签订哥伦比亚交换(Columbian exchange)制度之后,欧洲与美洲的食物种类日渐丰富,美洲主食马铃薯与玉米纷纷引进欧洲,欧洲的小麦、葡萄、山羊、猪则进入美洲。

由于营养不良加上荒年频频、疾病常见,此时人的身材与现代人有别,男人平均身高为5尺左右,我们常讥笑拿破仑矮,事实上,与其军士差不多高。一项征兵文件指出,当时入伍的军人平均身高为5.2尺。当然也有身材高大的例子,如俄国罗曼诺夫家族的人平均身高7尺。一般说来,贵族的身材优于平民。

人权时代

　　人权是一种概念，一种思维，由政治、经济，而文化、思想，改变人心，影响生活。政治方面：自美国独立革命及法国大革命之后，人权的理念逐渐根植在人心之中。由19世纪的国家主义、20世纪共产主义与民主主义的竞争乃至民主的成就，可以看出人权的趋势；经济方面：资本主义与共产主义的路线之争，虽然没有绝对的定论，但由苏联的瓦解，可以察觉到人们追求生活的意愿；文化上：反对一元文化的价值观，尊重多元文化的成就，说明了人的发展趋向；思想上：原欲取代了原罪及救赎，生命不再是忍受，而是享受，显现了人类重视生命的意义，尊重生活的权利。

　　19世纪到20世纪的人权发展，系由政治地位的争取，至社会生存权利的维护，进而到个人智慧的尊重。它诠释了今人生命与生活的最佳写照：今生今世而非来生来世。

第9章
反理性时代(19世纪)

```
1800 年
1814—1815 年    维也纳会议
1824—1830 年    法国国王查理十世复辟
1830 年    法国、比利时、波兰革命
1848 年    欧洲革命
1861 年    意大利宣布统一
1871 年    德国宣布统一
1881 年    俄皇亚历山大二世被害
1888 年    威廉二世(William II)出任德皇
1905 年    日俄战争
```

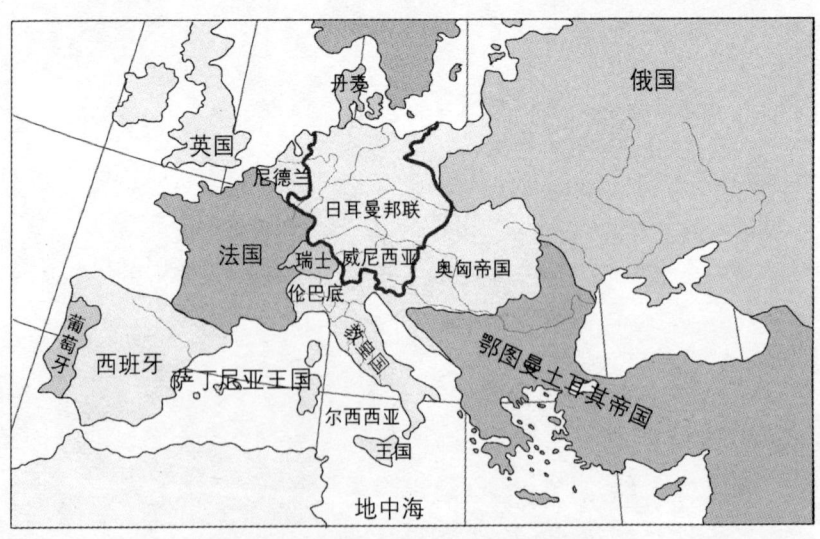

维也纳会议(1815年)之后的欧洲版图

法国回到1792年的国界,英国获得一些海港,荷兰占有比利时,德国占有莱茵以及撒克逊,俄国占有芬兰以及波兰部分土地,奥国获得意大利的伦巴底(Lombardy)。

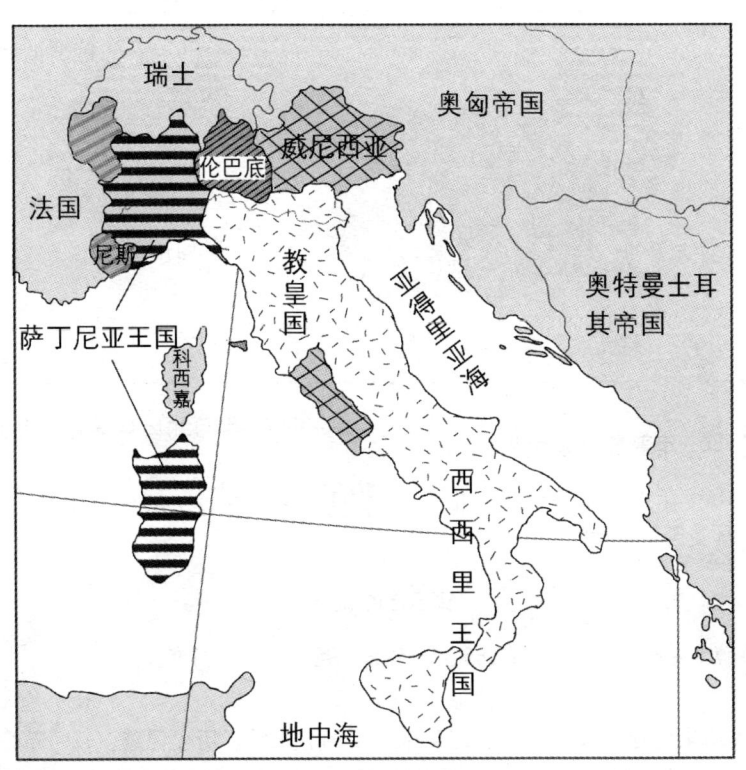

意大利统一

1859年萨丁尼亚(Sardinia)在法国支持之下，与奥国手中获得伦巴底，以后由北向南发展，1861年建立统一的意大利。

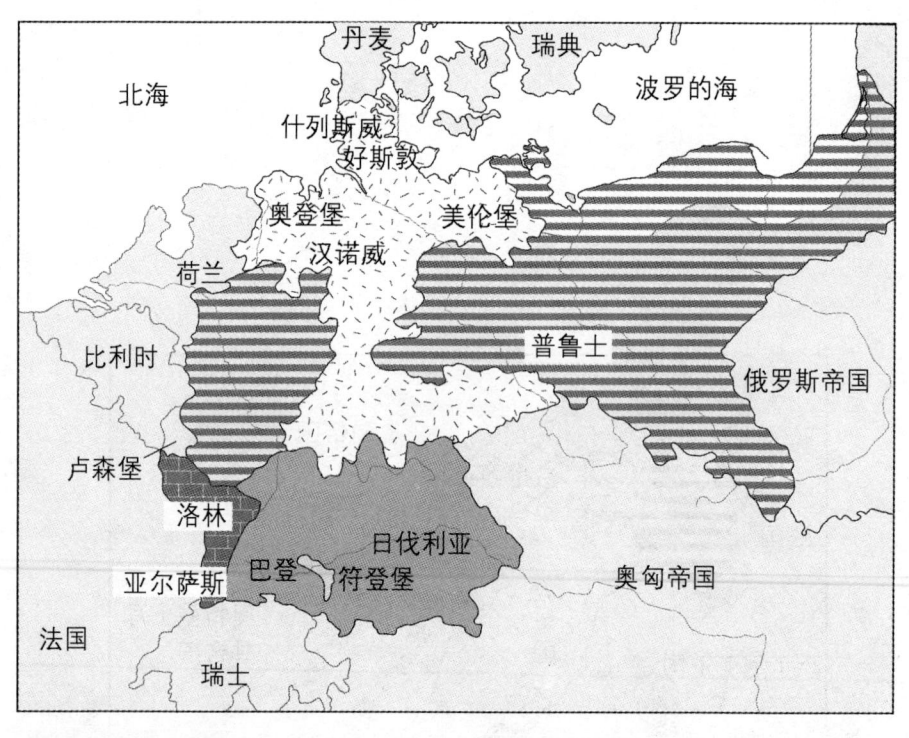

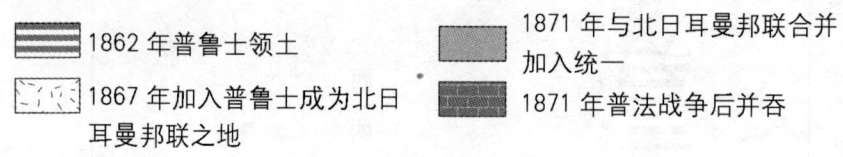

德意志的统一

德国在俾斯麦的领导之下，于1864年开始统一运动，至1871年完成。

在人类历史变迁过程中，19世纪是个重要的分水岭。历史记载多以"革命"一词涵盖其精神，著名史家艾瑞克·霍布斯邦 (Eric Hobsbawn) 在《革命的年代》(The Age of Revolution) 及《资本的年代》(The Age of Capital) 两书中提出"双元革命"的观点，他认为影响这个时期的两大历史主轴为法国革命及工业革命，确切地指出19世纪历史精神为：反宗教、反理性。根据这个论点，我们可以说这是个"主义"的时代，各种思想杂陈，各种信仰林立，各种力量冲突，影响人类文明走向多元化。

19世纪是一个反理性的时代。18世纪启蒙思想是以科学取代神学作为人类行为思想的依据，这种一反上帝而人而易为人到上帝的认知改变了人类的命运。19世纪有鉴于"上帝"或"人"均未改变"一元"的认知，进而注意到"多"的价值，因此对理性作深入的探讨，否定理性的功能。

这个世纪确立了西方白人至上的舞台角色。帝国主义取代了殖民主义，列强挟其船坚炮利的优势，席卷亚非等弱势国家，全球化成为欧洲化的代名词；经济上，工业革命改变了过去依赖自然及人力的生产方式，机器成为生产主力，量能是鉴别的依据，强弱之区分益形扩大，更趋明显；思想上，理性加上感性丰沛了人文的内涵，孕育了新文化。从此历史迈入了人权时代。

19世纪是以中产阶级为轴心的历史发展，传统贵族式微、农民困窘，社会由一批新兴的财富阶级人士所控制，他们标榜社会达尔文主义、种族歧视理论以及进步的历史观点，对后世产生相当影响。中产阶级予人的印象多以英国维多利亚(Victorian，1837—1901)时代为代表。严格遵守伦理道德规范，重视是非对错。社会学家韦伯(Max Weber，1864—1920)将中产阶级的资本家描写成一位简朴、敬业、寡欲、上进的社会人士。但是据后人考证，当时的英国中产阶级资本家中有不少性泛滥及滥用药物事例，并非完美无瑕。

除了中产阶级之外，19世纪下半叶，随着工业革命的演进，无产阶级也逐渐抬头。但在中产阶级眼中，他们是一群洪水猛兽，不敢也不愿轻易让他们问政，形成了中产阶级由与贵族夺权转而与贵族合作的历史怪现象。19世纪上半叶自由主义与保守主义的对立，发展为19世纪下半叶国家主义与共产主义对抗，群众成为政治的工具。

政治变迁——国家主义政治

历史上将19世纪的欧洲政治称为国家主义(Nationalism)时代。什么是国家主义？Nation或State？学界翻译，解释各有不同。根据历史发展经验得知，State是指政治的结构，Nation是指政治的性质。

城邦性质的国家称为(city-state，如雅典、斯巴达)；皇帝性质的国家(imperal-state，如罗马)；封建性质的国家(fedural-state，如中世纪后期的英法)；民族意识的国家(nation-state，如德义)。国家主义就是一种具共同民族意识，包括对血缘、宗教、语言、文化认同而建立的国家。

19世纪欧洲政治在法国狂风骤雨侵袭肆虐之下，出现国家主义发展，主要暴风眼有：法国、意大利、普鲁士及俄国。法国由1789年至1870年历经三次重大革命事件(1789、1830及1848)，影响遍及欧洲，势力由盛而衰；意大利结束长期分裂迈向统一；德意志经由1870年普法战争摆脱分裂状态，完成统一，此后法德成为世仇，祸及20世纪，两次世界大战；俄国藉土耳其式微，力图取代其在巴尔干半岛的地位，成为历史舞台上要角。

一、19世纪上半叶欧洲政局

1814年3月拿破仑兵败，欧洲列强在巴黎举行会议，签订和约，决定宽厚对待法国，不要求赔偿，惟法国必须放弃所占领土地，并让法国王室复辟。和约签订之后，各国代表前往维也纳集会,继续讨论相关事宜。会议之际,拿破仑逃离厄尔巴岛,震惊列国,对法国不再信任,不仅要求赔偿七亿法郎,并占有其土地。与会各国决定采用欧洲协调(Concert of Europe)方式维持欧洲既有秩序,阻止任何国家破坏和平秩序。

由1814年至1815年在维也纳召开的会议,目的在处理后拿破仑时代欧洲政治问题,重要决定皆由委员会作成。当奥国、普鲁士、俄国、英国在维也纳集会之际,欧洲小国家亦派代表与会,他们同意设法阻止法国再度向外侵略。会议决定依据"正统主义"与"赔偿办法",对法国采取软硬兼施方式,既保有各国利益并维护欧洲的均势。奥国外相梅特涅、英国外相凯索里(Castlereagh)及法国外相塔里兰(Talleyrand)皆同意均势维持国际政治及军事力量平衡,保护自由并维持各国独立,阻止任何国家或联盟侵略。均势的意义有二:一是法国不再统治欧洲;另一是维持国际关系,务使任何国家无法继法国之后再宰制欧洲。至于赔偿办法,是满足战胜国的要求,同意以某些土地作为赔偿:英国保有长期与法战争所获得的殖民地及战略据点,自荷兰手中取得锡兰和好望角,由法国及西班牙手中取得西印度群岛部分岛屿,及马耳他(Malta)、希腊外海爱奥尼安(Ionian Islands)群岛;奥国放弃比利时及德意志南部土地,获得意大利北部威尼西亚(Venetia)及伦巴底(Lombardy)以及先前占领的波兰及亚得里亚海东岸的土地;俄皇亚历山大一世(Alexander I)拥有北方之芬兰(Finland)及南方之贝色拉比亚(Bessarabia),恢复古波兰王国,由其统治;普国愿放弃占领波兰土地,要求并吞撒克逊(Saxony)广大富裕土地。俄、普的要求对凯索里及梅特涅而言,为狮子张口,将破坏中欧之均势,于是转而支持法国。1815年1月3日,英国、奥国及法国秘密结盟,反对俄国及普国。当缔盟消息传出,俄国及普国改变态度,接受梅特涅建议,俄国建立一个小波兰王国,普国占有五分之二撒克逊土地,这项妥协维持了均势。列强虽然势增,但仍不踰矩,法国重获强权地位,不再受孤立,得以阻止俄国及德国的侵袭。教皇国恢复原有地位;那不勒斯并入西西里成为两西西里王国。

1. 维也纳会议后的欧洲政局

继拿破仑兵败之后,各国致力和平及重建国内秩序,奥国、普国及俄国纷纷展开反革命行动。1815年9月在俄皇亚历山大一世倡议之下,奥、普、俄三国组成神圣同盟(Holy Alliance),宣布三国本基督精神,致力维持和平与正义。英国不赞同神圣同盟但却同意参加英、法、奥、普、俄组成的五国同盟组织,不久又退出,使得五国同盟成为四国同盟(Quadruple Alliance)。此时欧洲各国决定,一旦欧洲和平遭破坏时,应立即召开国际会议共商对策,史上称之为"欧洲协调"(Concert of Europe)。

欧洲协调通过后不久即面临考验。1820年西班牙及意大利两西西里王国之革命分子要求国王允颁富自由精神之宪法,梅特涅及亚历山大担心革命再度爆发,随即依四国同盟约定在奥地利之特洛波(Troppau)召开会议,宣称条约国遭威胁时应积极维护安全。奥军随即进入那不勒斯(Naples),恢复费迪南德一世(Ferdinand I)在两西西里的王位,法军则稳住西班牙王政权,值此各国展开镇压行动之际,惟独英国独排众议,强调英国外交政策为不干涉外国之内政,尤其反对西班牙王室,再度占有拉丁美洲殖民地。1823年美国发表门罗主义宣言,要求欧洲国家远离美洲,欧洲国家不干涉拉丁美洲事务,美洲亦不过问欧洲事务。

梅特涅干预政治自由化,虽然在拉丁美洲、法国及比利时成效不大,但至1848年为止,在中欧却有相当斩获,特别是对付德意志邦联。德意志邦联内有38个独立国家,包括奥地利与普鲁士,这些国家系以奥国主导、德国居次的议会结构,梅特涅透过德意志邦联于1819年发布卡尔斯巴德禁令(Carlsbad Decrees),要求德意志邦联38个国家查禁各大学及报社中的反动思想,同时成立一个常设委员会,查缉并严惩任何宣扬自由的激进组织。

维也纳会议系以梅特涅保守政策理念为基础。梅特涅出生于莱茵(Rhineland)地区贵族家庭,1795年与奥国政界名人之孙女郭尼慈(Eleonora von Kaunitz)结婚,承继大笔产业,从此跃登名流社交圈并且展开多姿多彩的外交生涯,1806年担任奥国驻拿破仑宫廷大使,1809年至1848年出任奥国外相,毕生捍卫既得权利及利益。梅特涅服膺保守主义,敌视自由主义,他认为法国及美国的自由主义带来血腥暴力与苦难岁月。中产阶级、商人、知识分子迷恋代议政府及民权,破坏既有的社会秩序,煽动一群无知、希望和平宁静生活的下层人士从事革命。梅特涅最担心的是自由主义掀起国家主义热情,中欧地区自由派人士相信,每一个国家有权追求独立政府,履行国家使命。但梅特涅反对国家自决,认为如此将威胁政府生存,摧毁奥地利帝国并在中欧散播革命。

梅特涅保守主义思想与奥国政情有关。长久以来,奥国系由哈布斯堡家族统治,经由战争、姻亲以及庇荫而发展,国内语言分歧,种族林立:有日耳曼人、马扎人、斯拉夫人。其中以日耳曼人的势力较大,人口占全奥的四分之一;马扎人(匈牙利人)次之,辖匈牙利;捷克(斯拉夫人)势力第三,统有波希米亚(Bohemia)及莫拉维亚(Moravia)。其余还有意大利人、波兰人、乌克兰人、斯洛伐克人(Slovenes)、克洛特—加龙省人(Croats)、塞尔维亚人(Serbs)、罗马尼亚人(Rutheueans)及罗马尼亚人(Rumanians)。奥国内部多国林立,政局复杂,就其人口土地而言,国力强大,但就其内部种族、语言认同而言,国力分散。梅特涅深知奥国无法承受革命新思潮,故反对自由主义及国家主义,自今人观之,其作为自今人观之,固有不当之处,然就奥国现实而言,亦有其不得不然之痛。

2. 改革与革命

自1815年至1848年间欧洲的政治发展,尽管受制于梅特涅的保守政策,但自由改革风气已开,各国因环境不同,时空不一,多少出现新的思潮,特别是希腊独立使梅特涅的欧洲协调遭到严峻挑战。

(1) 希腊

1815年后，追求国家及自由的革命行动首先在希腊开花结果。自15世纪以后，希腊一直为奥特曼土耳其人所统治，但保有本土语言及宗教。19世纪受革命思潮影响，希腊人热衷独立，培养国家意识；普西兰提(Alexander Ypsilanti)于1821年领导秘密团体，发动革命，此时欧洲列强如奥国之梅特涅等极端反对革命，即使反对土耳其者亦然，他们拒绝支持普西兰提，反而同情奥特曼土耳其。但许多欧洲国家却认为，希腊革命为一场圣战，他们热爱希腊古典文化，俄国也以希腊正教兄弟自居，表示同情，艺术家、作家纷纷投入革命行动，诗人拜伦(Lord Byron)前往希腊为希腊争取自由，牺牲奉献。

1827年欧洲三强：英国、法国、俄国，顺应潮流出面协调，要求土耳其停止迫害希腊人，土耳其拒绝，三强乃出兵在纳瓦里洛(Navarino)击败土耳其舰队，俄国乘机对土耳其展开另一场长期战争，获得今日罗马尼亚(Rumania)的宗主权，英国、法国、俄国于1830年宣布希腊独立，并于1832年指派德国王公出任希腊国王。希腊的独立显示欧洲人的同种同文心理大于欧洲协调精神。依维也纳会议原则，欧洲国家理应协助土耳其维持国际秩序，但却因土耳其他文异种而视若未睹，甚至出兵相助，导致梅特涅精神不见。

(2) 英国

18世纪以前英国局势稳定，贵族执政，阶级流通，显贵当道，国会由国王主导；但选举仍有多种限制，全国仅6%的人数得选举国会代表。1780年政治改革风潮渐兴，惟鉴于法国大革命之惨状，英国贵族阻挠改革，托利(Troy)党表现尤为强烈，凯索里与梅特涅合作压抑法国革命，协助中欧巩固保守政权。

A. 背景

英国改革的主因在英国会下议院席位分配不公所致。英国自工业革命之后，出现许多新兴都市，他们在议会没有代表席位；反而一些没落的城市沿袭历史传统，仍拥有相当的代表席次，如纱里斯伯里(Salisbury)附近一市镇早已无人居住，仍有两席议会代表，还有一市镇，早已沉入海底多年，但原居民仍可推出两名议会代表，这说明了英国政府的统治权仍由贵族家族所把持。随着工业革命，新兴中产阶级不甘再臣服贵族之下，积极争取政治权力。

英国之议会结构分上下两院，上院由贵族把持，无所变动。下院不然，传统上，下院议员多为乡绅，由贵族推荐出任，如今工业革命，中产阶级兴起，乡绅屈就现实，必须迎合中产阶级，导致下院情势丕变，支持贵族的形成托利党(Troy)，支持中产阶级的形成辉格党(Whig)。两党之区隔并非绝对，托利党中有同情中产阶级人士，称为托利党的自由派。

其次是英国人民对谷物法(Corn Laws)不满亦导致改革。谷物法规范了外国谷物之进口，行之有年。英法战争期间，进口中断，粮价攀升，贵族开垦新地，租金上涨，获利可观；战争结束，和平到来，谷物恢复进口，粮价下跌，百姓受惠，贵族受害，1815年经由国会修法禁止外国谷物输入，在国内粮价上涨达一定幅度时准予进口。新谷物法引发争议，不满分子举行示威、抗议。一些激进派人士纷纷响应，进而诉求国会改革。1817年英国托利政府取消人身保护令，1819年国会再通过六项法案(Six Acts)，加征报税及禁止群众集会，引起轩然大波，在曼彻斯特(Manchester)之圣彼得(Saint Peter's)广场出现大规模抗议，英国派骑兵镇压，被讥之为彼得卢之役("Battle of Peterloo")，反讽英军仿效滑铁卢(Waterloo)之役。

B. 改革内容

主要改革内容有：

a. 1832年改革法案

英国辉格党(Whig Party)重视中产阶级权益，1830年提出修正"英国及韦尔斯人民代表权"法案，在下院获通过，但却在上院遭否决。1832年受大规模群众示威影响，国王及上院议员改变态度通过了《1832年改革方案》(Reform Bill of 1832)。根据该项改革法案，下议院成为主要立法机构，选民数增加50%，英国新工业区取得国会下院代表席位，许多老旧人口稀少的城市代表权遭删减，国会席位重新分配结果，北方工业及都市地位日趋重要。1838年英国工人受经济不景气影响，提出《1838年人民宪章》(People's Charter)，要求男人普选，他们认为惟有落实全民民主才可能建立正义社会。1839年，数十万人联署要求国会赋予男人投票权，1842、1848年再度请愿，三次均遭国会拒绝。

b. 反谷物法

1845年反谷物法联盟(Anti-Corn Law League)运动臻至高潮。是年爱尔兰马铃薯欠收，粮价上涨，英格兰遭波及。托利政府首相皮尔(Robert Peel)与辉格党合作于1846年取消谷物法，使英国侥幸免于饥馑，从此自由贸易成为英国政府的支柱。

c. 《1847年十小时法案》(Ten Hours Act of 1847)

限制工厂女工及童工每日工时不得超过十小时。托利党的贵族与中产阶级竞争，争取工人支持，这样的和平竞争方式为英国政治改革一大特色。英国改革中，爱尔兰人未能获益，爱尔兰人信奉天主教，多为农人，向英国基督徒承租土地种植马铃薯为生，由于马铃薯储存不能超过一年，一旦欠收，危机四伏。1845年收成不好，爱尔兰人陷入困境。1846、1848、1851年爱尔兰及欧洲国家连续遭遇荒年，物价上涨，民不聊生，社会动荡。爱尔兰人开始大量向外移民，由1845至1851年约100万人口移民美国或英国，150万人夭折或死亡。

(3) 法国

法王路易十八登基之后，颁布《1814年宪章》(Constitutional Charter of 1814)。此一自由宪章，使得中产阶级及农民权益获保障，思想及文艺获得自由。宪章虽规定国会设立上、下院，但实质上民主精神有限，在全国3000万人口中仅10万名富人有投票权，获选代表多为富商、军阀、贵族、地主以及拿破仑家族的人。因此在1830年及1848年又发生二次革命。

A. 1830年革命

继路易十八之后，查理十世于 1824 年登基。查理十世相信君权神授，反对革命，希望重新恢复法国旧秩序，但遭议会议员反对。1830 年 7 月他取消《1814 年宪章》，解散众议院，管制报刊言论，引起哗变。三天不到，巴黎掀起革命浪潮，查理仓皇出走，中产阶级迎接查理十世堂兄奥尔良 (Orléans) 公爵路易·菲力浦 (Louis Philippe) 入主。

路易·菲力浦接受《1814 年宪章》以及法国革命红白蓝旗，并自认为是"法国人的国王"(King of the French People)，而非法国国王，任命银行家 Casimir Périer 担任首相，法国政权又恢复至少数贵族手中，他们要求维护既得利益，限制法国自由风气，造成共和党、民主党、社会改革分子及巴黎穷人之不满。

B.1848 年革命

1840 年代后期欧洲经济政治陷入困局，各国食物短缺，粮产不足，物价上涨，革命风暴笼罩各地，法国又成为众矢之的。法国自 1830 年初路易·菲力浦就任以来，顽固保守，缺乏改革，延用政要，以和为重，拒绝对选举方式做任何让步，仅富人可以角逐，激起巴黎群众骚动。法国政府于 1848 年 2 月 22 日晚开始镇压，二十四日路易·菲力浦鉴于情势不利，宣告退位，众院议员原有意孙子继位，但人民不满，要求十人委员会执政，建立第二共和国，由全民共治，解放奴隶，废止死刑，改善农人、工人地位，让成年男子拥有选举权，工人工作每日以十小时为限。惟革命分子对政治认知不同，温和派人士要求成年男子有选举权，激进派人士则不满资本主义，要求实行社会主义。随着经济不景气，失业攀升，冲突日剧，社会主义派领导人布朗 (Louis Blanc) 与工人代表要求政府设立国营工厂，收容工人；温和派人士则以为不可，认为政府仅需提供暂时救济即可。最后双方达成妥协，由政府设立工厂，并由布朗负责研究解决问题之道，巴黎附近及邻国工人闻风涌入。

四月，法国选举制宪会议代表，社会主义思想抬头，中产阶级危机意识升高，阻止工人与会，引起工人不满。5 月 15 日闯入制宪会议，政府仓皇之际大肆镇压并关闭工厂，迫使工人就范。工人拒不屈服，三天混乱嚣战，伤亡逾万人，政府征召中产阶级及农人，平定乱局。1848 年 2 月革命结束，工人失利，制宪会议建立集权政府，12 月大选，拿破仑侄子路易·拿破仑 (Louis Napoleon) 膺选，法国政权再落入少数权贵手中。

(4) 奥国

1848 年法国革命波及欧洲邻国，自由派人士要求立宪，建立代议政府，并给予市民自由，奥国地区匈牙利首先发难。自 1790 年以来，匈牙利国家主义热情升温，1848 年在葛苏士 (Louis Kossuth) 的领导之下，匈牙利人要求自治政府，给予人民充分自由，接受普选，但奥国国王犹豫不决。3 月 13 日维也纳地区学生及工人受法国革命影响走上街头提出改革要求，农人呼应，哈布斯堡国王菲迪南一世屈服，允诺改革，提出一部较自由的宪法，梅特涅不得已逃亡英国，旧政府秩序瓦解。

匈牙利革命领袖一方面追求自由、民主、宪政、普选、终止封建特权的政府，另一方面设法脱离奥国建立民族国家,由于匈牙利境内少数种族如克洛特人(Cróats)、塞尔维亚人(Serbs)、罗马尼亚人(Rumanians)均要求自治。匈牙利无法统一各派意见,哈布斯堡王室利用种族矛盾阻止匈牙利建国。奥地利及德意志地区尽管受梅特涅专制主义盛极一时,但中产阶级也开始寻求改革,要求君主立宪,给予有限选举权并提出温和的社会方案,因此当都市贫民崛起要求社会改革时,中产阶级随即反扑,在维也纳、布拉格、米兰及德意志邦联皆然,保守派贵族重新得势,奥国皇帝费迪南德一世及其继承人约瑟夫(Francis Joseph)大肆镇压革命。

(5) 德国

德意志邦联系由38个小国组成,情势格外复杂,其中以奥地利及德国力量最大,1848年德国自由派中产阶级致力将普鲁士专制政体转型为君主立宪,进而领导德意志诸邦结合为自由统一的国家,法国路易·菲力浦(Louis Philippe)下台后普鲁士自由派人士气焰高涨,他们与柏林地区的工人结合反对威廉四世(Frederick William IV)的统治。威廉四世受武力胁迫,向革命分子屈服,3月21日允诺颁布一部具自由精神宪法,并指派两位具自由主义色彩之富商主政。普鲁士情势虽趋稳定,但工人仍不满意,3月26日工人得寸进尺,提出普选、成立劳工部、订定最低工资、每日工作十小时等要求时。中产阶级不表赞同,普鲁士贵族俾斯麦(Otto von Bismarck)与一些国王身边的保守派贵族展开反革命。

值此情势紧张纷扰之际,自由派分子串联召开统一德意志的立宪会议,五月18日在法兰克福(Frankfurt)之圣保罗(Saint Paul)教堂举行首次会议,820位代表中,有200位律师、100位教授、140位商人,此外还有许多医生、法官、政府官员,颇具革命色彩。法兰克福大会召开未几即面对什列斯威(Schleswig)及好斯敦(Holstein)省归属问题,该地原为德意志人所住,但由丹麦(Denmark)治理,当丹麦国王腓特烈七世(Frederick VII)拟将两省并入丹麦时,德意志人不满,法兰克福会议经过慎重考虑,决请普鲁士以德意志之名,发兵讨伐丹麦。在这次会议中"国家"理念是大会主要论题,许多代表建议将说德语的奥地利纳入德意志新国家之中,但遭奥国反对,法兰克福大会最后草拟一部宪法,1849年选出普鲁士之腓特列威廉(Frederick William)为德意志皇帝,威廉解散普鲁士立宪会议,颁布一部保守宪法。威廉强调权力神圣而非施舍,希望由德意志各邦选他为皇帝,奥国拒绝并获俄国支持。1850年迫使普鲁士放弃统一计划,德意志又恢复为邦联,版图不变,一切回到原点,普鲁士帝国昙花一现。

二、19世纪下半叶欧洲政局

1848年为欧洲历史发展分水岭,象征着保守主义旧时代结束,国家主义新时代来临。政治上梅特涅的保守作风遭摒弃,欧洲政局变化加剧,战争烟硝日浓。19世纪下半叶政治主流趋势为国家主义,影响世局迈向新形势。

1. 法国

路易·拿破仑为拿破仑一世之侄子，为尊重拿破仑，于 1814 年逊位时将王位传子拉斯塔达公爵，故称帝后自称为拿破仑三世法兰西人的皇帝 (Napoleon III Emperor of the French)。路易·拿破仑由 1848 年当选法国总统至 1870 年普法战争兵败下台为止，享誉法国政坛 22 年，期间功过是非，人言言殊，有责之为无能、投机政客，有讥之为拿破仑传奇，亦有人持平而论，毁誉参半。大致说来，1848 年路易·拿破仑所缔造的光荣事迹及法国人的骄傲，令人难以忘怀，寄情拿破仑也是理所当然。尽管对路易·拿破仑执政 22 年有诸多微辞，但亦有其可取之处。

路易·拿破仑早年旅居海外，曾参加意大利烧炭党，两度涉及谋反路易·菲力浦，遭判刑放逐，狱中撰述《消灭贫穷》(The Elimination of Poverty) 及《拿破仑理念》(Napoleonic Ideas) 两书，奠定其个人地位。其中《消灭贫穷》一书说明了他的执政理念。他认为政府代表人民，应协助改善百姓生活，国会及政党不足成事。国会代表特殊利益，尤其是中产阶级，除了制造阶级冲突外，并无意改善穷人生活，他预言第二共和国将步入衰途。因此法国需要一位强而有力，像拿破仑一样关心百姓的人执政，关心百姓。他更认为这种领袖必须经由民主程序、成年男子普选而产生，直接代表民意，不受议会牵制。拿破仑三世的言论打动了下层工农群众的心理，使他在 1848 年大选以绝对多数当选法国总统，也埋下 1852 年称帝的野心。

路易·拿破仑在第二共和国四年执政期间与国会保守派议员合作，签订教育法则，增加天主教会对法国初等及中等教育的影响力。此外他心不甘情不愿地签署一份法令，禁止穷人选举，路易·拿破仑此举有违其信念，但是为了寻求国会支持解决个人债务，修改宪法，二度参选，不得不然。他开始暗中部署势力，1851 年 12 月 2 日解散国会，恢复普选，要求公民投票，授权草拟新宪法，1852 年 1 月新宪法完成，总统任期改为十年，集大权于一身，同年 11 月以公民投票方式改变国体，建立世袭帝国，自称拿破仑三世，1852 年 12 月 2 日即位。

拿破仑三世称帝期间 (1852—1870) 政绩得失互见。主要措施有提倡教育，特别是奖励女子教育，整顿交通，提倡工商业，致力慈善事业，改良市政，修订宪法，设责任内阁制，其中最为人称道的是支持工会，改善工人住宅。鼓励投资银行，修建铁路，厘定公共计划，重建巴黎，改善都市环境，使得穷人受惠，富人发达，亦让人津津乐道。经济方面成就最大，不仅活络市场，减少社会紧张，更化解政治冲突。至 1860 年中期为止，法国工人支持政府者众，反对者寡。

拿破仑三世时代外交上处境最艰辛。此时欧洲弥漫国家主义，维也纳会议的保守主义面临挑战。法国的问题与他国不同，不是党派之争，而是政体之战，究竟是君主立宪，还是共和政体？此外意大利、德意志寻求独立，俄国、奥地利与土耳其之间的冲突等，严重冲击了法国政局，并考验了拿破仑三世的智慧。在俄土战争中拿破仑三世介入了克里米亚战争 (Crimean War)，对法国地位造成重大影响。

拿破仑三世称帝后集大权于一身，任免内阁官员，但未废除国会，只是增加限制，他采用普选方式，每六年选一次，由官方指定候选人参选，被提名者多为名人，从1852到1863年，拿破仑三世选举策略颇为成功，但自1860年代之后好景不在，每况愈下，究其原因为其外交政策，尤其是对意大利及普鲁士的策略引起国内天主教人士及爱国人士的不满。其次是法国中产阶级对其独裁作风积怨渐深，批评他违反法国共和传统。第三是拿破仑三世迷恋民意，认为民意是最后胜利所在，1860年代以后，为了争取民意，赋予国会更大权力，使得反对派势力大增，至1869年反对派人士包括共和派、君主派、自由派人士趋近半数，最后拿破仑身体情况日差，加上尿结石影响行事判断而犹豫不决，法普战争后，第二帝国沦亡。

2. 意大利统一

至公元1870年为止，意大利不曾统一。上古时代意大利是罗马帝国的天下；中世纪时代，意大利出现许多城市国家(city-states)带动西方文化及商业活动；1494年后，列强在此角逐势力；1815年维也纳会议，意大利版图重划，分为三区：北方包括伦巴底(Lombardy)及威尼西亚(Venetia)归奥国，萨丁尼亚(Sardinia)及皮德蒙(Piedmont)由一位意大利君王统治，此外还有佛罗伦萨、塔斯坎尼(Tuscany)和一些小的公爵国；中部有教皇国，是一个独立政治实体；南部有那不勒斯及西西里，由法国波旁王朝统治。意大利分裂，被梅特涅视为一个地理名词。

由1815至1848年意大利人日渐向往统一，先后采取三种途径。第一是由理想爱国分子马志尼(Mazzini)所提出的激进计划，主张经由普选，依人民意愿建立民主共和国；其次是天主教教士吉伯堤(Gioberti)所发起，在教皇的领导之下，将现有国家建立为一联邦；最后是由萨丁尼亚、皮德蒙国王领导的统一运动。1848年奥国粉碎了马志尼的共和国美梦，由教廷领导的统一计划，也由于教皇庇护九世(Pius IX)性格保守、反对理性主义、社会主义、政教分离及宗教自由，引起人民猜疑；由萨丁尼亚、皮德蒙所推动的统一运动在加富尔(Count Camillo Beso di Cavour)领导之下完成，加富尔为皮德蒙地主之子，善于经营，投资糖业、造船、银行、铁路致富，后踏入政坛后成为萨丁尼亚首相。加富尔问政务实，目标明确，1859年前他仅致力于统合北方诸国，包括意大利中部，不曾想要合并不同文化及政府的教皇国及西西里等。1850年代极力促进萨丁尼亚在北意大利的领导地位。他筹建公路、铁路，赋予市民更多自由，反对教士特权，赢得北意大利各邦对萨丁尼亚的支持。加富尔了解若无外力支持，萨丁尼亚绝无法将奥国势力逐出伦巴底及威尼西亚，于是开始拉拢拿破仑三世，与拿破仑三世签订秘密结盟，反对奥国。公元1858年奥国攻击萨丁尼亚，拿破仑出兵协防，法萨联军获胜，但拿破仑三世却因协防遭议，甚至被教皇指责，乃背弃盟约，置加富尔不顾，并与奥国于1859年在维拉佛兰克(Villafranca)议和，萨丁尼亚仅获米兰临近之伦巴底，加富尔在民怨中下台，但其理念却已根植于意大利国家主义之中。意大利中部爱国分子也在此时驱逐当地统治者，群众示威高喊意大利及艾曼纽(Emmanuel),并要求与萨丁尼亚合并,1860年加富尔重返政坛,意大利中部人民同意与萨丁尼亚合并,加富尔统一意大利目标达成,如今仅剩下教皇国及西西里,幸赖加里波底(Garibaldi)爱国情操,意大利统一大业得以完成。

加里波底出身贫穷水手之家,个人富浪漫情操,仰慕马志尼,17岁前往罗马12年,即有"意大利人的意大利"的想法。1834年参加日内瓦叛乱活动被判死刑,后逃往南美,在乌拉圭领导独立运动12年。1848年返意大利,并于1859年率领自愿军对抗奥国,在意大利政坛上拥有一股实力。他组织了一支为数1150人的红衫军,在西西里登陆,并向大陆进军,撒丁尼亚乘机征服了那不勒斯。战后,加里波底搁下私念,与萨丁尼亚国王一起接受人民欢呼。西西里人民在一次公民投票中一致赞成与萨丁尼亚合并,其他各地除了罗马及威尼斯外,亦同意合并。1866年普奥战争后威尼斯回归意大利,1870年普法战争,法军撤出罗马,意大利军占领之,意大利统一大业完成。

3. 德意志统一

1870年德国经三次战争获得统一,并取代法国成为欧洲之强权。德意志的统一乃19世纪欧洲之盛事。

迄19世纪初,德意志仍处于分崩离析的状态,1815年维也纳会议组成德意志邦联,内部成员复杂,包括奥地利、普鲁士、汉诺威、撒克逊等30余王国及汉堡、不来梅等四贵族共和国。各邦政治不同,强弱不一,邦联中央机构为议会(Diet)由各邦元首派代表参加组成。各邦自行对外宣战媾和,无视邦联存在,邦联内各国统治方式不一,南部西部各小国受法国革命影响,政体较开明,有些国家颁布宪法,保障民权,奥地利则在梅特涅影响之下,倾向保守专制。邦联境内以奥地利、普鲁士最强,惟两国争霸影响统一计划。奥国在邦联中居盟主地位,境内日耳曼人较少,其他民族(如匈牙利、捷克斯洛伐克、波兰、罗马尼亚、意大利)人口较复杂,故奥国重视自身地位胜过关心日耳曼民族的利益。普鲁士王国势力逊于奥地利,惟境内多为日耳曼人,立国以来讲究武备,改良内政。由于奥国势力强大,德意志诸邦不合作,以致一直未能建立强大的国家。1834年普鲁士组关税同盟,1850年颁布新宪法,受各邦重视。

1848年法国革命影响德意志政情,1849年德意志邦联因普奥之倾轧,分为两党:大德意志党和小德意志党,大党接纳奥地利,小党拒绝奥地利。两党经冗长辩论,达成折衷方案,以德意志30多个小国(但排除奥地利境内的非日耳曼人的土地)组成德意志帝国,推普王为皇帝,但遭普奥君主反对而失败。各邦察觉,若要统一,德意志必须解散原德意志邦联,不容许奥国干涉。1861年威廉即位为普鲁士国王,积极扩军,1862年任命俾斯麦为宰相。

俾斯麦出身勃兰登堡容克(即贵族地主)世家,强调责任、奉献、秩序和敬畏上帝。他认为西方革命骚动不安,议会机构既不负责,又无知,个人自由是一种自私自利,只会制造混乱。他是一位政治现实主义者,讲究实效和机会,上任后,即展开与议会中的自由主义人士对抗。从1862年到1866年双方进行宪法斗争，自由主义指责政府违背宪法，要求政府提供一个自由的榜样，俾斯麦对抗议会中自由主义派攻击，强调普鲁士所关心的不是自由，而是权力，普鲁士必须利用各种机会向外扩张，他的名言是："当前的重大问题不是依靠演说和多数票，而是铁和血"。

俾斯麦利用三次战争达到统一德意志的目标。首先是丹麦战争 (The Danish War, 1864)、什列斯威 (Schleswig) 及好斯敦 (Holestein) 两地自15世纪以来属丹麦所有，惟两地有部分自治权，居民有丹麦人及日耳曼人，当地日耳曼人想脱离丹麦加入德意志邦联未果。1863年丹麦吞并什列斯威，引起日耳曼人不满，俾斯麦乃借机发动一场战争，但不是全德的战争，而是普鲁士领导的战争。他诱使奥国加入战场，打败丹麦，双方签订加斯丁和约 (Gastein)，普鲁士获得什列斯威，奥国取得好斯敦。

丹麦战争后，普奥冲突浮上台面，普鲁士为取得领导地位，致力排除奥于德意志邦联之外，另组德意志邦联帝国。他设法孤立奥国，1863年协助俄国平波兰之乱，离间俄奥的关系，1865年俾斯麦密会拿破仑三世，让法国保持中立，1866年与意大利结盟。待一切部署妥当后，即制造借口，指责奥国阴谋协助什列斯威及好斯敦寻求独立，违背加斯丁条约，于1866年6月12日对奥宣战。战争初起，德国各邦国多支持奥国，仅北方小邦依附普鲁士。由于普鲁士装备优越、战术卓越，加上毛奇 (Moltke) 将军的英明领导，在萨多瓦 (Sadowa) 一役击败奥地利人，并在不久之后将德意志其他邦国一一击败。普奥之役历时仅七周，又称为七周之役，俾斯麦采速战速决方式，在欧洲人尚未醒悟过来之前，即宣布停战。普奥双方于8月23日在布拉格 (Prague) 签订和约，奥国解散德意志邦联同盟，普鲁士获有什列斯威及好斯敦两地，并且兼并了汉诺威王国、黑斯、拿扫 (Nassau)、法兰克福。奥国赔偿军费2000万，割让威尼斯给意大利。1867年普鲁士和北部21州组成北德联邦，制定共和宪法，由普鲁士王担任联邦行政首长，设宰相辅政，成立新国会，称为联邦参议院，由各邦代表组成，帝国议会 (Reichstage) 代表由普选产生，帝国议会有表决财产议案特权，但须经过参议院同意，莱茵河以南国家，政治独立，经济依附北德联邦，各州军队由普鲁士指挥。南方各州与北德联邦缔结国防同盟及关税同盟，奥国被排除在德意志联邦之外，奥匈帝国建立。

普鲁士追求独立最主要的障碍为法国，因为南德四州向来亲法，如果对法作战获胜，一者可巩固北德联邦，消除内讧，再者可吸收南德四州，完成统一大业。法国此时鉴于普奥战争普国获胜，威胁法国地位，双方相互猜忌，战争不可免。

恰于此时，西班牙发生政变，女王伊萨伯拉 (Isabella) 逃亡法国巴黎，西班牙革命党人请求普鲁士国王堂兄弟霍亨索伦家族的利奥波德 (Leopold) 入主，法国极力干预，并要求普鲁士保证利奥波德不会就位，俾斯麦利用机会，删改法国电文，指控法人无礼，掀起普人反法情绪，促使两国于1870年7月宣战。

战争由7月19日开打，至9月2日色当 (Sedan) 一役即告结束，法国主力向德国投降，拿破仑三世成为阶下囚。法国群龙无首，废帝国，宣布共和，在巴黎设临时政府，与普人谈和，普鲁士要求法国割让阿尔萨斯 (Alsace) 及洛林 (Lorraine) 两地，遭拒，德军进兵巴黎，包围巴黎期间，俾斯麦于1871年1月18日在凡尔赛宫明镜厅宣布德意志帝国诞生，普鲁士王获得德意志皇帝头衔，十天后普军攻陷巴黎，法国中枢无人，普国要求法国成立普选国民议会，赔偿50亿法郎，割让阿尔萨斯—洛林两地。1871年5月10日双方签订法兰克福条约，六月法国偿还战债，普军撤退，法国成立第三共和。

当普鲁士军队围攻巴黎时，南德诸邦已要求与北德联邦合并，战后北德联邦扩大组织，建立德意志帝国，这个君主政体，君王享有神权及世袭权力，议会由男性普选，国家大臣只向皇帝负责，不向议会负责，帝国只是将各邦国统一起来，而不是将人民联合为一个国家，各邦有自己的法律、政府和宪法。帝国皇帝也是普鲁士国王，据有外交和军事的权力。

4. 俄土战争

欧洲从1815年至1853年间在梅特涅的均势外交斡旋之下，大体上维持一定程度的和平。但在1853年至1856年间情势不稳，出现动乱，爆发了自拿破仑战败以来列强之间的第一场战役：克里米亚战争。这是一场关系欧亚权力消长的战争，土耳其没落、英法与俄国势不两立。就历史进展而言，这场战争有两大意义：首先是，战争的动机，过去稳定国际政治的架构：意识形态的理念不再，取而代之的是国家的私利 (self-interest)，各国不再遵循梅特涅的国际理论，转而重视本身的利益，并愿意为此而战。一位英国外交部长向国会演说中曾明确表示：英国没有永久的同盟，也没有永久的敌人，只有永久的利益，英国人有义务去追求这些利益。[01] 其次是，战争的武器与运输，这是工业时代所进行的第一场战争，对后来的美国内战与德意志统一战争有很多启示，如工厂生产、冶金、利用动力运输等。特别是来复枪 (rifles) 的使用以及铁路运输。

这场战争主要是因为土耳其而起。自17世纪末以来，土耳其占有整个东南欧，除了进击匈牙利为奥法联军阻止之外，并占领了克里特岛、乌克兰，1683年包围维也纳，直到波兰国王苏比斯基 (John Sobiesk) 率军赶到，才解救了被围困长达两个月的维也纳。拿破仑战争结束后，土耳其盛势大不如前，奥国占有匈牙利及特兰西凡尼亚 (Transylvania)，俄国于1783年取得克里米亚、1812年获得比萨拉比亚 (Bessarabia)。1850年代土耳其苏丹阿不都麦吉 (Abdul Mejid) 仍统有东地中海、巴尔干、中东以及北非大部分地区，但在许多地方已心余力绌。埃及于1811年，塞尔维亚 (Serbia) 于1817年、摩尔达维亚 (Moldavia) 和瓦拉乔亚 (Wallachia) 于1829年，先后获得自治。欧洲列强对土耳其的命运看法不同，期待不一：俄国为了要实现南下政策，以达到扩张版图目的，希望土耳其帝国分裂；英国为了其在地中海的优势，以及前往印度的陆路畅通，决心让这个"病夫"苟延残喘。

这场战争的敌对双方：一方是英、法、土耳其、皮德蒙—萨丁尼亚 (Piedmont-

---

01 Steven Hause & William Maltby, *Essentials of Western Civilization* p. 494.

Sardinia),另一方是俄国。战争的导火线有二：一是俄国与土耳其间的纷争，土耳其苏丹接受了自俄国逃亡的叛变军人。二是宗教上的纷争，法国一向以捍卫天主教正统自居，拿破仑三世致力保护天主教徒在耶路撒冷的利益，对圣地的管辖权，而俄国尼古拉一世(Nicholas I)也为东正教争取同样的权力，对圣地的管辖权，英法反对，双方冲突在所难免。1853年5月尼古拉派军占领摩尔达维亚与瓦拉乔亚，英法立即派军舰，前往土耳其保护苏丹。11月俄国海军摧毁黑海南岸的土耳其舰队，战争爆发，英法舰队进入黑海，向俄宣战。1854年秋天，西方联军在克里米亚半岛登陆，在数场战役中，击败俄军，迫使俄军退守塞巴斯图堡(Sebastapol)，此后双方呈现拉锯战。在这场战役中，共25万名军士死亡，其中死于霍乱多于战斗。

克里米亚战争随着尼古拉一世死亡而告落幕，但局势并未因此安定，战胜国支配了未来的走势。1856年和会在巴黎召开，由2月25日至3月30日，英、法各有所图，法国不惜为俄国说项，最后达成协议，签订和约：俄国让出部分多瑙河土地、尊重土耳其领土完整、黑海中立。

5. 俄国

俄国在19世纪是土地最完整的国家，但也是欧洲国家中最不具自由精神的国家。俄国专制两大支柱是官僚与贵族，农民是社会的多数。俄国的专制到1855年时，37岁的亚历山大二世上任后有了改变。亚历山大二世个性与其他沙皇不同，幼承庭训，受人道启蒙，及长，关爱众人。据说，他常露宿石头或稻草上，甚至与囚犯同牢一夜，体验生活，娶民女为妃，一生致力改革，解放农奴。四年之内，遭六次暗杀。

亚历山大二世主政的改革有两个方面：一为经济面，1855年登基之后即着手解放奴隶，直言不讳地向贵族表示："我相信最好由上层开始废奴，不要等到下层开始。"他的前任尼古拉一世在位30年，共发生556次农民暴动，平均每一个月1次。亚历山大二世在位第一年发生80起农民叛乱，1857年他即组织一秘密委员会，准备释放农奴工作。1861年3月签署释放农奴诏书，长达500页。主要的内容是释放2200多万农奴，其次是要求农主拨交一部分土地予被释放的农奴；农奴获得农民的各项权利，包括土地与家庭；地主保有土地所有权，直到前农奴偿还所得之后。其余的措施有发行债券，先赔偿农主，再由前农奴偿还债务。在偿还之前有义务为农主工作。另一为政治面：1864年建立了选区议会(elective district assemblies)赋予地方政府权力。议会由三等级产生，立法要获得地方政府认可，地方议会有管理公共卫生、教育和运输的权力。他鼓励大学自由发展，从1864年到1881年俄国总共新设1.45万所学校。1864年进行司法、刑法改革，强调法律之前人人平等，建立司法独立制度，废止体罚。1861年至1865年的改革显现了俄国迈向自由的努力，但这些努力仍然不能满足需求，达到奥国的政治水平，却未达到英国的标准。经济尽管现代化，但未能工业化；开放大学走向自由，却成为不满、批评时政的场所；开放新闻自由，引来尖锐的批评；解放农奴，但却无法平息农奴的变乱。1881年亚历山大二世不幸被暗杀,其子亚历山大三世继位至1894年为止,任内则一反过去,开始加强钳制革命思想。

工业革命

19世纪欧洲人藉由科学技术、工业产品、经济力量改变了欧洲的经济及社会生活,为近代文明掀起新的一幕。工业革命肇于英国,于1780年代左右开始影响经济发展及人民生活,1815年之后波及全欧,其影响虽不若法国大革命一样产生立即性冲击,但却导致人类社会的重大变迁,可媲美新石器时代农业革命,它改变了人的工作性质,重构了社会阶层,冲击了国际政治生态,提升了生活水平。

工业革命主要是生产方式的转变,由人力转为机械,大约可分为三个时期:水力蒸气时代、电力时代、核能时代。它与物质材料和动力的使用有密切的关系。早期狩猎、农业时代人类生产活动以人力、兽力、自然力为主,物资原料有限,待进步至工业时代,生产活动改以机械生产为主,无论原料、动力皆有重大改变。影响人类生活至深且巨。在人类生活各项需求中,食衣住行四样最重要,其中又以衣着意义为大,不仅可御寒保暖,并可区分身份贵贱。早期服饰材料取自动物皮毛或植物亚麻,毛纺业奠定了手工业的基础。随着毛料来源不足,棉花成为衣饰原料新宠。棉花属植物类科,可年年生产,不虞匮乏,带动了工业革命。

一、源起

工业革命为何首先发生在英国?令人好奇。究其原因可以归纳以下几个条件:首先,英国在这一段期间没有发生重大战争,资源可用于生产,人口成倍数成长。相反,欧洲各主要国家战争频仍,西班牙对抗土耳其、法国及荷兰人,意大利因欧洲经济活动由地中海转往大西洋,盛况不再,法国受宗教战争蹂躏,德国遭30年战争破坏,荷兰是惟一可以与英国较劲的国家,但由于原料不足,如煤发展有限。其次,英王亨利八世采用货币贬值策略。导致物价上扬,工资低廉。第三,英国新教与天主教分裂,没收许多天主教土地。第四是欧洲国家大多在发展精致工业,英国在发展大众产品。最后是英国的奖励技术发明,推展自由贸易市场、自由经济体制、金融政策。此外,英格兰在1707年与苏格兰签订关税同盟,建立自由贸易市场机制,自海外所营取的利益不用于炫耀国力而用于发展工商业等,奠定了工业发展的基础。

二、经过

第一阶段的工业发展可以说是由水力到蒸气,由棉纺到运输。1733年约翰·凯伊

(John Kay) 发明了第一个棉纺机飞梭，改变了过去用手穿梭的织布操作，工人只要用脚踏动踏板，就可以使梭子把棉线与经线编组起来。织布技术进步导致对纺织技术的革新要求。第一个纺纱机由英国人约翰·惠特尼 (John Eli Whitney) 所发明的滚轮式纺纱机，但是并不理想，棉纱仍供不应求。1765 年詹姆斯·哈格里夫斯 (James Hargreaves) 发明了"珍妮纺纱机"(Spinning Jenny)，这个以他女儿名字命名的纺纱机，基本上是用手摇的，但与一般手摇纺纱机不同，普通手摇纺纱机只有一个锭子转动，只能带动一根纱，而珍妮机只要一个人摇动就可以带动 16 至 18 个锭子，使得 1780 年代产量每年成长 13%。至 1790 年，产量已为 1770 年的 10 倍。

珍妮机确是一大革新，但基本上是以人力为主。1769 年阿克来特 (Richard Arkwright) 设计出一种用水力推动的纺纱机，并建立了世界上第一座工厂。终其一生共有六座工厂，财富亿万，被英国国王授予"爵士"头衔。阿克来特的工厂突破了生产瓶颈，象征工业时代的来临。继阿克来特之后克隆普顿 (Samuel Crompton) 于 1979 年综合前人的优缺点发明了新一代的纺纱机，称为"骡机"，质量好、效率高。1785 年卡特赖特 (Edmund Cartwright) 发明了用水力推动的自动织布机。到 18 世纪末，英国的纺织业基本上已用机器代替了手工业。水力应用有先天限制，必须靠近河流地区，且受季节影响，为了摆脱地理束缚，不受气候干预，出现了蒸汽机，从此工业生产开始勇往直前大步迈进。蒸汽机是由詹姆斯瓦特 (James Watt) 发明。瓦特于 1736 年生于英国，从小即对科学有兴趣，长大后在格拉斯哥大学 (Glasgow) 修理教具，并热衷蒸汽机问题。蒸汽机并不是瓦特发明的，早在 2000 年前希腊的亚历山大时期就已了解蒸汽原理，1705 年纽可门 (Newcomen) 造出了一台新式蒸汽机，但是效率低、耗能源。瓦特于 1763 年修理纽可门蒸汽机时发现，纽可门蒸汽机效率低是因为蒸汽在汽缸内反复进行冷却，把大量热能浪费掉了，他发现蒸汽机能量的来源不是蒸汽的本身，而是蒸汽中的热。因此他将汽缸与冷却器分离，提高热效率，之后又将蒸汽的单向动作发展为复动式的动力机，使得蒸汽机达到比较完善的地步，瓦特也就被誉为蒸汽机发明人。蒸汽的运作靠燃料，煤是主要能源，促使采煤业发展，由木炭到焦煤，影响新材料的出现，木材逐渐被钢铁取代，促进机器诞生，尤其是运输工具的改良，轮船及火车的出现，增加各城市及国家间的来往。第一艘轮船是美国人罗伯特富尔顿 (Robert Fulton) 所造，命名为"克来蒙特"(Clermont) 号，1807 年在美国纽约市的哈德逊河下水试验，轮长 150 公尺、宽 30 公尺、排水量为 100 吨，试航成功，开启了航运时代的来临。从此蒸汽船代替了帆船，铁制船代替了木制船。1821 年英国第一艘铁制船下水，1837 年英国人斯密·史研制用螺旋桨代替轮子推进的木制船。轮船的出现，使水上运输进入新的阶段。陆路方面，火车的发明、铁路的出现，带来了新的交通工具；在此之前，陆上的交通多靠马车运输，后来有人铺了轨道，但仍以马车行驶，用马拉着四轮车在轨道上行走，轨道开始时都是木制的，以后随着冶金技术的发展，木制轨轨改为铁制，但仍以马车行驶，称为"铁路马车"。到 19 世纪初期，英国工程师将蒸汽机用在四轮车上，造出最早的火车，乔治·史蒂芬逊 (George Stephenson) 造出了世界上第一列火车。1823年世界上第一条铁路在英国完成。运输交通工具的进步促使人类文明迈向一个新的里程碑。

三、工业化的发展与影响

英国工业革命从1760年代开始，1840年代完成。法国于1800年开始，1860年代成，法国工业革命是直接引进英国先进的科学技术来发展，它不顾英国的禁令，千方百计将英国技术引进国内，设立许多技术学校，培训技工素质，使得法国的工业发展很快居世界第二位。德国从1830年代开始进行工业革命，至1870年完成。日本、美国随后，至1900年东欧、南欧、拉丁美洲国家亦迈向工业化。在欧洲国家工业化过程中，英国虽然起步最早，但德国、法国利用本国有利的环境，重视教育和科研工作，选择性地引进合宜本国的工业，并制定专利法，保护科技发明，很快就赶上了英国。

工业革命的影响主要有两方面：

1. 都市社会的出现

工业革命刺激欧洲都市(urban)快速成长，都市与城市(city)不同，城市为行政及市集中心，尽管官员聚集于此，但社会的中坚：贵族仍生活于乡下，生产力以农业为主；工业化改变了生产结构，工厂设置区亦为交通辐辏之地，乡村人口涌入，人口汇集，发展为都市，形成新兴的社会中心。传统城市或市镇，以国防及行政考虑为主，高墙四处，内外有别，城外农人依附农地为生，城内农工杂处，人畜相间，熙来攘往，不以为忤。城内没有行人道，也不见修建排水沟。18世纪末19世纪初兴起的都市风情不同，它不只是行政中心，更是人民生活所在地，四周没有城墙。伦敦市于1760年代开始设人行道，建立门牌，煤气灯逐渐取代烛光成为家庭照明工具，1807年伦敦街头出现煤气路灯，1820年煤气灯渐趋普遍。同一时期，伦敦、巴黎交通工具有了显著改变，铁路、火车取代了马车，法国大革命期间出现第一家旅馆，至1804年达500多家并持续成长之中。19世纪有了百货公司。

工业革命所形成的都市如曼彻斯特等，由于发展迅速，许多公共建设无法跟上，房屋、自来水、沟渠、卫生设备严重不足，情形甚虑，在小说家狄更斯(Charles Dickens)笔下，曼彻斯特一地，煤烟充斥、穷人到处，环境恶劣。诗人苏瑞(Robert Southey)更夸张，批评爱丁堡地区空气污浊时写到："只要将肉串放在窗外，就会成了熏肉"。巴黎情形较好，1800年有20公里下水道，19世纪末达到2000公里，并且从1850年代起有计划的改善旧市容，代之以宽阔的街道及美丽的住宅。

2. 新社会阶级的出现

工业革命颠覆了传统的社会阶级，催生了许多新社会阶级。先是以财富见长的新贵族。这批以资金而非土地致富的商人、店东、厂主、金融家被称为"工业巨子"(Captains of Industry)、"织布业主"(Lords of the Loom)或"铁路大王"(Railroad Kings)等。他们在短期内投资致富,形成了与传统贵族不同的新阶级。他们与商人、银行家、医生、律师、记者结合,向王室、教士、贵族争权,尽管其影响力不小,但仅限于少数人。

其次是工人阶级。工业革命之后工厂成为生产主力,工厂林立、作业员日增,各式各样工人如纺工、织工、铁工、技工。男工、女工、童工充斥市区,这批无产阶级是社会人口大宗。根据一项普查,在比利时一个以纺织为主的都市中,有一半人口在纺织工厂工作,有四分之一的人口仍以务农或传统手艺维生,而受教的中上阶级人口不到5%。

工业革命带来了新工作的形态,改变了女人的传统地位。农业时代女人多处于帮佣地位,缺乏独当一面机会,不易有独立人格身份,多依附在男人之下,惟命是从。工业革命之后,尽管未能与男人同工同酬,但逐渐开始获有独立人格地位。工业革命由棉纺业开始,不需要太多技术及力量,适于女人及小孩工作,加上女人及小孩要求不多,因此很快即被雇主视为聘雇对象。根据1848年的一项调查,女人的工资仅男人的34%,厂主也承认,聘用女工工资低廉,工作努力,导致更多的女人获得工作的机会。女人加入工作行列固然提升女人的地位,但也影响了家庭的互动与传统的社会结构。农业时代,家人在一起工作,彼此分工,相互帮助;工业时代每个人赴外工作,由雇主安排,家庭成员各居一方,工作与生活分隔两地,尤其是女人,传统女性的角色,新社会的期求,造成两地奔波,苦不堪言。

四、新生活

1. 人口问题

欧洲人口于18世纪之后有显著的成长,在此之前因粮食不足、疾病四处、营养不良、医药欠缺及政府无能,限制人口成长。据统计,从1066至1750年之间,英国人口的成长率每十年不到1%,700年间由350万增加至650万。但到了18世纪后期,有了重大转变,欧洲人口由1700年的1.1亿增至1900年的4.23亿,每十年增加10%。

19世纪欧洲各国人口增加率:奥国、意大利及西班牙为70%到85%,英国为150%,德国及俄罗斯为200%,法国因倡导节育,只有45%,比18世纪的55%还少。19世纪欧洲人的出生率与死亡率也出现转变,在1720年以前,人口的出生与死亡率相近,甚至死亡率高于出生率,随着生活条件转变,婴儿的出生与存活率均较前有显著改善,影响人口增加,社会都市化。都市发展由古代雅典、罗马到文艺复兴时代的意大利城市,再为伦敦、巴黎,都只是少数人活动的场所,大多数的人生活在农场与乡村。但到19世纪,随着人口增加,都市人口也相对增加。1800至1850年英国有7个都市人口增加3倍。

2. 疾病

根据一项对欧人 1850 年的死因调查得知，94% 死于疾病。此时主要致命疾病为伤寒、霍乱、天花。其为害生命程度胜于战争，在 1899 年至 1902 年的波耳战争中，英军死于战斗为 6425 人，而战时死于疾病的军人却有 11327 人。在各种疾病中以传染病最可怕，较心脏病、艾滋病有过之而无不及。1848 年英国人罹患传染病每 10 万人有 1296 人。当时对付天花最好的医疗方式是种牛痘，但在各国进行很慢，尤其是教廷，视种牛痘为非法，造成天主教国家人口重大死亡。其次是霍乱，多半来自水源不洁，它持续在欧洲造成疫病：由 1817 至 1823；1826 至 1837；1846 至 1863；1865 至 1875；1881 至 1896，都是天花肆虐时期。据说，霍乱来自印度，俄国人受害最深，一项研究报告指出，俄国由 1823 年至 1926 年间有 58 年为霍乱所困扰。在 1853 年到 1856 间英国有 5.2 万人，法国有 14 万人死于霍乱。

在 19 世纪以前，人对疾病形成的原因认知有限，往往束手无策，外科没有麻醉，病人痛苦不堪。此后情形获改善，开始了解细菌的存在，也发明了麻醉药，对人类生活产生重大影响。

3. 出生与婚姻

鉴于 18 世纪后半期人口增加迅速，19 世纪各国开始抑制人口成长，当时没有避孕的器材及药物，只能用人为的方式或粗糙化学药物避孕，效果很差。抑制人口出生的方式是堕胎、杀婴、弃婴。1810 年法国人口出生率为 317‰，较英国低 15%，德国的出生率更高。堕胎以及节育开始受到关注并讨论，不过在多数地区遭禁止。

19 世纪孩童的死亡率由 50% 减为 10%，导致社会出现一批新人口：少年与青少年，统称为青年。这批青年带来了经济与教育上的问题。英国首先对青年人与成人作了区隔，规定青年人最高工作时数，及最低就学年龄，法律上将 15 岁以下视为青年，15 岁以上为成年。工业化及都市化改变了年轻人的经济生活，由过去的农村生活走进都市的工业生活，年轻人离开家庭进入工厂，赚取工资，各国政府纷纷开始立法保护童工。教育方面也出现重大转变，对法国的一项研究显示，有 1.5 万座城市没有学校，俄国人在 1861 年以前，只有 0.8% 的人入学，德国的情况较好，很早就实施义务教育，在 1850 年代将近有 95% 的普鲁士成年人接受过八年以上的初级教育。至 1890 年 100% 的德国小孩受过教育。至于其他各地的受教状况，1850 年匈牙利、葡萄牙、奥特曼土耳其帝国受教学生人数总共不到 10 万人，土耳其 5000 人，葡萄牙 1.8 万人。不过英法等国在政府鼓励下，积极推展教育，由 1850 年至 1910 年之间，英国小学注册人数增加 20 倍，由 27.8 万人增至 630 万人。

教育长久以来是贵族与教士的特权，也是维护其高人一等地位的方式，因此义务教育出现后，自然遭到阻挠。保守分子极力反对，他们认为国家经办学校将给予政府太多权力，无形之中削弱了家庭的影响力。教会领袖更是反对这种无神(godless)信仰的学校，阻挠、延缓了教育普遍发展达几世纪。当时教育主要的方式是牢记事实(fact)，有老师教学的要求是"我要事实，在人生中惟一要的是事实。"[01] 但对事实之间的选择仍然是有出入的。男孩、女孩接受教育的态度不同，男孩应继续深造，女孩则无此期待，小学重视宗教课程。在法国及英国的教育强调世俗课程如数学、历史、地理、文学。古典希腊、拉丁文是读大学必修的功课，后来希腊文可以不修，但拉丁文一直到20世纪都还是必修的课程。义务教育最大好处是识字人口增加，1800年以前，欧洲人多为文盲，识字有限，既不会写，也不会读。根据一项对结婚证书签字的研究，1800年英国地区，53%的妇女在结婚签名时写"X"，1870年意大利地区58%的男人，77%的男人写"X"。识字能力与家庭工作背景有关，一般说来，家长有专业或为政府官员，子女识字能力强，工人、农人次之，仆役最差。

19世纪欧人结婚年龄，在法律规范与事实之间有相当出入。教会法律允许男人15岁、女人13岁可以行婚，但事实上，男人因经济负担多在25岁以后结婚。婚姻生活与前有所不同：首先是社会的发展由农业经济走向工业经济，改变过去由男人女人一起耕种、经营的家庭生活，成为男人女人分头工作、赚钱养家的生活方式。其次是，打破了过去父系社会男尊女卑、夫唱妇随的生活规范，女人可以掌控自己的薪资以及生育。第三是，离婚合法化。普鲁士于1794年、英国于1857年、法国于1884年允许离婚。使得英国的离婚率由1850年代后期的158人增至1906年的1000人，法国离婚率也快速攀升。1885年为4000对，1895年增加1倍，1905年增为2倍。

政治思潮

自1815年维也纳会议之后，欧洲政治思潮趋向两极化，一为梅特涅保守主义思想，另一为激进的改革思想，反对传统，尤其是贵族及教会势力，彼此之间有所不同。

一、自由主义(Liberalism)

自由主义主要理念为自由(liberty)与平等(equality)，主张代议政府，反对寡头君主，强调法律之前人人平等，反对阶级对立，鼓吹个人自由，包括出版、言论、集会及免遭滥捕的自由。当时欧洲除了英国及法国人之外，其余国家对自由知之有限，自由主义在英国、法国推展亦未竟全功。

19世纪初自由主义发展可分为经济和政治两面。从经济方面来说，自由主义人士反对政府干预社会及经济事务，称为古典(classical)自由主义，这与后来期望政府规范经济

---

01 Steven Hause & William Maltby, *Essentials of Western civilization*, p. 450.

活动提供计划的现代自由主义不同。古典自由主义即经济上的自由放任 (laissez faire)，由苏格兰哲学教授亚当·斯密 (Adam Smith，1723—1790) 提出，其《国富论》(*Inquiry into the Nature and Causes of the Wealth of Nations*) 一书奠定了现代经济基础。反对重商理论，认为重商主义系透过政府运作保护私人的垄断及政府利益，国富论倡议自由竞争、机会公平，人人皆可谋利而非少数富人私利。斯密主张提高工人工资，秉持"社会成员普遍贫穷及潦倒，社会一定不会繁荣"的信念，坚信更多的竞争意味着工人更多的报酬。19世纪初期英国经济随着对贸易及工业的限制放宽日趋自由化，促成英国工业革命持续成长，但经济自由主义也带来负面影响，从此商人藉此我行我素，工会反而因限制自由竞争而被视为非法组织。

经济自由主义经马尔萨斯 (Thomas Malthus，1766—1834) 及李嘉图 (David Ricardo，1772—1823) 两人弘扬而深植人心。马尔萨斯以其《人口论》著称，他认为人口成长 (等比级数) 远大于粮食成长 (等差级数)。李嘉图则提出工资铁律 (iron law of wages)，随着人口成长压力，工资必须相对成长，以免工人饥馑，他们两人自命为客观的社会科学家，但他们的理论却被英国、欧陆及美国的工业家及中产阶级作为追逐私利，反对政府保护工人的借口，将工人贫穷归咎于个人缺失、不长进。

从政治方面来说，19 世纪初自由派人士热衷代议政府，在此之前，选举权有财产资格限制，有钱的地主、商人及有成就的人士垄断政坛，工人、农人、下层人士如小店东、店员及工匠皆因缺钱，没有代表权。1815 年之后，情势改观，中产阶级抬头，选举资格限制已不敷时代需要，尤其是法国大革命以及美国民主发展成功，刺激欧洲人要求普选，让男人有选举权，让越多的人投票，政府越民主。

二、国家主义

1815 年后国家主义日渐重要，影响迄现代世界。国家主义要旨有三：第一，国家主义是一种文化有机体论，重视语言、历史及领土。第二，国家主义人士 (nationalists) 致力将这种文化有机体蜕化为政治现实 (reality)，导致领土疆界争执，此由 1815 年后中欧及东欧之政治混乱可见诸一斑。第三，现代国家主义精神多源于法国大革命及拿破仑战争时，为了对抗拿破仑，欧洲国家热衷国家主义。

十九世初期国家主义认为，国家发展有赖共同传统、语言、地理的结合。国家的利益大于阶级利益，每个国家均有自由发展其个别精神及特色，但必须维持各种族的和谐与统一。每一位国家主义分子不论多重视人道，皆强调种族之不同。德国哲学家赫德尔 (Johann Herder，1744—1803) 曾指出，族群的特质及才情，由其文化及语言可见诸一斑，国家主义培育出"我们"(we) 和"他们"(they) 的对峙。"他们"通常指的是敌人，如捷克人在面对德意志统治时即提出我们——"你们"的观念，由此产生了国家的使命感及国家的优越感，法国在大革命时即有"拯救人类"的使命，因此国家主义有不同表现,一者强调自由与民主;另一者则追求国家优越及使命,造成向外侵略。

三、乌托邦社会主义

"乌托邦"一词系希腊时代哲学家柏拉图提出的一种理想国精神,以后英国人摩尔承续这种观念,完成了《乌托邦》一书。原意是指世界上所没有的理想园地。发展至19世纪,少数富理想改革的人士希望通过自身的努力,或撰文、或设立实验村,在今生今世找到人间的伊甸园。这种乌托邦的社会主义源于法国及英国。英国工业革命带来政治及经济自由发展,助长个人主义,并造成团体分裂,因此如何重整社会,促进合作,建立新的团体意识,乃成为时代的趋势;法国思想家则多由过去分析现况,寻找乌托邦理想。

法国社会学家倾向计划经济,受1793及1794年之间法国颁布经济紧急措施影响,他们主张由政府合理规划经济活动,不能任凭竞争相残,这些社会学者关心穷人,保护穷人免受迫害,他们具有强烈道德意识,强调贫富经济平等,甚至要求废除私人财产,从此社会主义即标榜计划经济、经济平等、财产归政府所有。

早期社会主义思想家中值得一提的人物有圣西门(Saint Simon,1760—1825)、傅立叶(Charles Fourier,1772—1837)、布朗(Louis Blanc,1811—1882)及布劳德弘(Pierre Joseph Proudhon,1809—1865)。圣西门思想激进,投资土地获利,对工业发展前景乐观,他认为荣景就在眼前,进步的关键有赖"完善社会组织",主张贵族、律师、教士等闲人让位,科学家、工程师、厂主等人上台,这批新贵谨慎规划经济,从事公共工作计划并设立银行,圣西门富道德理念,强调社会制度主要目标为改善穷人生活。

傅立叶个性孤僻,不务实际,热衷社会乌托邦,敌视工资制度,构思一个拥有1620人。占地5000亩,结合农工业生产的自足小区,他一直等待善心人士捐款,实现计划,结果落空。不过他的计划影响不少工业巨子,朝此方向努力。

傅立叶是位女性解放运动先驱,他直言婚姻是另类卖淫行为,年轻单身女子出卖肉体给未来丈夫,寡廉鲜耻,他呼吁废除家庭制度,主张性自由,许多中产阶级男女趋之若鹜,但因骇人听闻被视为洪水猛兽。

布朗是位慧敏过人、思想深邃之新闻记者,观点务实,其作品《工作组织》(*Organization of Work*,1839)鼓吹工人争取选举权并以和平方式赢得政权。布朗认为国家应设立国营工厂,保障全民就业,工作权神圣。

布劳德弘是位无师自通的画家,1840年撰写一本小册子《财产是什么》(*What is Property*)。他认为,财产窃自工人,工人乃财富之母。布劳德弘看法与其他社会学家不同,他对政府权力表忧惧,被视为无政府论者。由1830年至1840年法国思想家开启了乌托邦社会主义之道,促进巴黎工人与学生的结合。

四、马克思社会主义

马克思 (Karl Marx, 1818—1883) 系犹太律师之子, 后改信基督教。马克思曾读柏林大学, 先攻哲学, 再钻研新闻及经济, 沉潜社会学思想, 受傅立叶影响, 主张解放女人, 废除家庭, 25 岁时对社会学提出看法, 30 岁时 (1848 年) 与恩格斯 (Engels, 1820—1895) 出版《共产党宣言》(*Communist Manifesto*)。

马克思早年为人道主义学者, 关怀世间的不平, 追求人类的幸福乐园。为了实践这项理想, 他试图由历史的经验法则中, 在具体的生活世界中寻找答案。生产工具是人类历史变动的关键, 拥有生产工具即握有权力的核心, 据此建立了唯物的历史观, 并以阶级斗争作为历史进展的律则, 展开了无产阶级的世界观。

马克思论点与当时乌托邦思想相差无几, 其学说融合了法国乌托邦思想、英国古典经济及德国哲学等当代重要思潮。1848 年法国二月革命, 马克思逃至英国继续写作, 将理念与现实结合, 影响至现代。

马克思学说深受英国思想家影响, 他接受李嘉图观点提出利润窃自工人的工资, 他和恩格斯一起控诉英国老板迫害工厂工人, 马克思学说重视历史进步观, 系以德国哲学家黑格尔思想 (Georg Hegel, 1770—1831) 为基础, 黑格尔相信历史是行动的理念 (ideas of motion), 每一个时代有其主流理念, 但随即出现反对理念, 终而导致新的综合观念。其法则为由"正"而"反"再"合", 马克思采取这种辩证史观, 以阶级及动力来说明: 由农业之封建制度衰微至工业资本主义兴起的经济发展, 马克思再三强调, 从历史观察中, 资产阶级是革命的重要成分, 一百年来, 资产阶级的生产力为以前生产力的总合。马克思又说, 如今则是资产阶级向社会主义工人让步时刻。

早期法国社会主义学者多诉诸资产阶级, 并设法帮助穷人; 马克思看法不同, 他认为, 资产阶级与工人间之利益相互冲突矛盾, 根据《共产党宣言》, 过去社会历史是一部阶级斗争史, 某一阶级剥削另一阶级, 现代工业社会, 资产阶级剥削无产阶级工人, 资产阶级将一切事情简化为金钱及赤裸裸的私利, 换言之, 资产阶级假宗教、政治为掩护, 进行无情、野蛮的剥削。马克思预言, 继资产阶级推翻封建制度之后, 无产阶级必然推翻资产阶级, 少数人拥有生产工具者日趋富裕, 无产阶级较前贫穷, 人数增加之下, 阶级对立日趋鲜明, 无产阶级在获得部分资产阶级人士奥援之下, 峰回路转, 将发动革命, 无产阶级联合将获得最后胜利。

文艺思想

19 世纪欧洲人在饱受法国大革命及拿破仑所带来的重大震荡之余, 对理性的幻梦逐渐减退, 甚至在消失之中。战争、死亡、离异、贫穷, 使得人们开始摆脱传统以自然科学为依据的"一元"信念, 走向重视个别差异的"多元"思维。物理学、化学、生物学、数学、电学、哲学、文学等各方面皆有新的表现。19世纪上半叶，历史上称为浪漫主义时代 (Romanticism)。下半期各种主义林立，各种思想呈现，称为"主义"的时代。

浪漫主义不喜欢理智，认为启蒙时代所重视的理性，过分简单化事物的真相。最初用于文学，后来泛指19世纪初期的时代精神：以信心和感情为基础，让人从传统教条中获得解放，为人类心灵活动提供更多营养；强调人类和自然的神秘性、奥妙性和复杂性；主张人是感情动物，不能控制自己的命运，必须接受人性中的缺点和过失。浪漫主义时代的作品以诗歌为主，诉诸人的感觉而非人的了解。作家们注意个人对世界的反应，世界对他们的影响，希望把自己的感受率真地展现在世界之前，关心玄妙和未知的问题，喜欢以过去的历史故事作主题，用华丽浮夸的文字，将晦暗与光明混合，在欧洲人内心深处产生一股雄厚的力量，发现在已知的真理之外，还有一个神秘的境界，人们在努力改造外在世界时，也可以在本身的精神领域当中，创造一个属于自己的世界。

一、文学

浪漫主义文学作品体裁多样，思想不一，不受严格规律约束，具有丰富的想象空间，注重内心情感倾诉，喜欢描写异域情调，宣扬个性解放，当时获美誉的作家有：

1. 法国

浪漫主义以法国思想家卢梭 (Jean-Jacques Rousseau) 为第一人，被称为"浪漫主义之父"。卢梭原为理性运动成员之一，与百科全书编者狄尔泰过从甚密，后来因理念不合，两人渐行渐远。卢梭于1712年生于日内瓦，1778年去世，享年66岁。他幼年丧母，体弱多病，多愁善感，从小酷爱小说，后遇到华伦夫人，改变了一生。卢梭一生主要作品有《论人类不平等起源》(Discourse on the Origin of Equality)、《民约论》(The Social Contract)、《爱弥儿》(Emile)、《忏悔录》。其学说强调感情重于理性，直觉重于思考，坚持"自然人"不受任何人为法令约束。

卢梭可以算是现代知识分子第一人。他的主要思想为：拒绝现存秩序，以自己的能力来重建社会秩序，注意到本能、直觉和冲动对人类行为的影响，相信人有一种无与伦比的爱。卢梭改变了理性时代对人的一些基本看法，改变了人类的一些思想内容。主要有五点：首先是提倡对自然的崇拜、对野外生活的兴趣、对天然事物的探索；其次是拒绝理性主义，认为理性本身有其局限，人的心灵具有洞察力和直觉感，却被隐藏；第三，深入自我的内部，并将它呈现在公众面前；第四，竞争的罪恶摧毁了人的公平观念，他不信任私产，并视之为罪恶的根源；最后是革新的愿望，透过社会改革，彻底改造人的行为。卢梭写作文风简洁、直率、强劲有力、热情洋溢，观点清新、生动，对后人产生重大启示。

雨果 (Victor Hugo，1902—1885) 是法国浪漫主义文学重要代表人士之一，雨果生于1802年，聪慧好学，16岁开始写诗，30岁以前即在法国文坛享有名望。后关注政治发展，写作立场鲜明，支持共和，批评拿破仑三世称帝之举，被迫流亡海外 19 年，在此期间完成《悲惨世界》(Les Miserables) 一书，又名《孤星泪》。他在书中序言写道："贫穷的生活使男人潦倒，饥饿使女人堕落，黑暗使小孩衰弱，这三个问题如不能解决的话，地上只剩下无知和悲惨。"他并提出以"爱"来消除灾难。雨果的诗简洁有力，词藻优美。小说脍炙人口，分析社会问题，揭露社会丑陋，同情受压迫的人民，情节生动，气势磅礴。雨果作品丰富，代表作还有《笑面人》、《九三年》、《海上劳工》及《巴黎圣母院》(Notre Dame de Paris) 等，其中又以《巴黎圣母院》最为人熟悉，书中表现出人类灵魂中善与恶的斗争。

此外拉马丁 (Alphonse de Lamartine) 的诗具有法国浪漫主义的文风，诗作中充满了忧郁的感伤。大仲马 (Alexander Dumas) 的作品，情节曲折动人，富有戏剧性，代表作有《基度山恩仇记》、《三个火枪手》。

2. 德国

德国浪漫主义的出现主要受到卢梭的影响。拿破仑征服日耳曼后，日耳曼人力图振作，发扬德意志精神，展开对 18 世纪法国惟理思想的革命，历史上称为狂飙运动 (storm and stress)，主要表现在诗歌、哲学、音乐等方面。

"狂飙"一词取自德国剧本的名称，歌颂反抗社会的英雄行为，主张在暴风雨中行进。这一派的作家多为年轻人，带有狂热的个人主义反抗情绪，浓厚的感伤主义，崇尚感情，追求个性解放。主要代表人物有诗人席勒 (Friedrich Schlegel) 及歌德 (Johann von Goethe)，其中又以歌德最受青睐，这位伟大诗人兼剧作家之主要代表作品有《少年维特的烦恼》(The Sorrows of Young Werther) 及《浮士德》(Faust)。《少年维特的烦恼》是说一个正在觉醒的年轻人，有抱负，有理想，热爱生命，追求幸福，但碍于社会区隔，恋爱不成，转而全力投入工作，亦不顺利，心灰意冷之余，以自杀终了，作为对世俗社会无奈的抗议。此书反映了封建社会的专制与无情，人的脆弱与无助。一经出版，立即引起强烈的反应。《浮士德》是歌德一生思想、艺术的结晶。全书分两部，刻划了歌德一生谋求自由、幸福的进取精神。第一部在 1808 年出版，述说主人浮士德与魔鬼打交道，以灵魂换取知识。第二部在 1832 年出版，说明其献身拯救人类。

席勒为作家、诗人和剧作家。他的戏剧描绘了人们在危机之中的心理状态，故事多悲壮感人。主要的代表作有《欢乐颂》、《阴谋与爱情》、《华伦斯坦》等。

3. 英国

英国的诗作在浪漫文学上有相当重大的贡献。华兹华斯 (William Wordsworth, 1770—1850) 及柯立兹 (Dorothy and Samuel Taylor Coleridge) 是其中杰出者。他两人被视为湖畔诗人。

华兹华斯剑桥大学毕业，旅居法国，与一名法国女子成婚，育有一女，返英。早年醉心法国大革命，后受法国恐怖时期影响，态度改变。以后与其妹柯立兹居住在乡下。1798 年两人共同出版了《抒情歌集》(*Lyrical Ballads*) 这是英国文学史上一部重要的作品，从诗的内容到诗的形式都带来新的风格，一反过去理性的规范，开始歌颂大自然和人的本性，推崇田园生活，刻划人物内心世界，诗风清新典雅，充分显露了浪漫主义的风格。此外，华兹华斯的《丁登寺》及柯立兹的《古舟子咏》，都是浪漫主义的代表作。

史考特 (Walter Scott，1771—1832)，苏格兰人，生于爱丁堡 (Edinburgh)，幼年在祖父农场中长大，受德国浪漫主义尤其是歌德影响，撰写长诗及历史小说，让许多苏格兰的往事及其精神再现。

雪莱 (Percy Bysshe Shelley)、拜伦 (George Gordon Byron)、济慈 (John Keats) 代表浪漫主义文学的另一面。他们的诗显现了对未来的渴望，对黑暗的鞭笞。雪莱的诗句清丽流畅，主要代表作有《艾凡赫》、《湖上美人》、《清教徒》、《小说家列传》、《解放了的普罗米修斯》等，激励人们的理想，为自由而战。拜伦的诗塑造了一批拜伦式的英雄：孤傲、冷峻、倔强、反对社会一切的不公。诗中充满对社会不满的讽刺，但也有温情的人道精神。他本人则参加了希腊独立运动，后死于军中。济慈的诗，色彩感、立体感强，笔调明丽亮人，满怀对生命的热爱。

继浪漫主义之后，欧洲于19世纪下半叶兴起批判现实主义文艺思潮。其范畴由浪漫主义对生命的关怀，进而为冷静的认识现实。19世纪批判现实主义是以希腊、文艺复兴时代的现实主义为基础，结合新的历史条件而形成的文艺思潮，由19世纪30年代至60年代，经法国、英国而传至欧洲各国。

批判现实主义作品以人道主义为基准，猛烈批评旧社会，并剖析了资本主义生活的缺失，这种批判不仅止于表面，更深及理论道德层面，希望经由改良社会弊病，为批判现实社会主义文学艺术发展提供经验材料。代表人物：司汤达 (Stendhal，1783—1842)，原名马里·昂利贝尔。他认为文学创作应学习莎士比亚，直接观察、忠实反映生活，不能像拉辛一样，只追求形式，缺乏时代气息。司汤达小说多为揭发政治的腐败和残暴，抨击天主教会和僧侣阶级的罪恶和伪善，歌颂自由、民主，其中以《红与黑》最具代表性，这部以1830年纪事为主的小说，真实描写了19世纪30年代法国的现况，贵族阶级的腐败，新权贵花天酒地、麻木不仁的表现，以及对天主教会和僧侣的抨击。

巴尔扎克 (Honoré de Balgac，1799—1850) 热爱写作，年轻时居陋巷，与贫民为伍，体验了下层人民生活，也听到不满声音，一生共写了96部小说，称为"人间喜剧"，分为"风俗研究"、"哲学研究"、"分析研究"三部分。

二、音乐

19世纪音乐人才辈出，成就辉煌。德国、奥地利表现尤为杰出，有交响乐、协奏曲、歌剧等，贝多芬 (Ludwig van Beethoven) 被视为泰斗。法国、意大利则以歌剧见长。

1. 贝多芬 (1770—1827)

生于德国音乐家庭，从小生活清苦，毕生以教学、演奏、创作为生，28 岁开始听力减退，50 岁完全失聪，但仍从事创作与指挥。早期作品古典色彩较浓，后期摆脱古典主义，升华到浪漫主义的境界，运用广阔的对比主题，富有动力的和声。贝多芬作品感人至深，110 号奏鸣曲被视为人类最杰出的音乐作品。九部交响乐震撼人心，尤其以第三首《英雄交响曲》、第五首《命运交响曲》、第九首《合唱交响曲》最脍炙人口，他是浪漫主义先河的音乐大师。

2. 舒伯特 (Franz Schubert)

奥地利音乐家，一生贫困、多病，才华出众，为多产创作家，一生共创作了 634 首曲，著名的有《魔鬼》、《野玫瑰》、《死神与少女》等。舒伯特具有浓郁的诗人气质，心灵活跃，对大自然的感受力敏锐，随兴创作，是位音乐天才。

此外在德国出名的音乐家还有：舒曼 (Robert Schuman)、肖邦 (Frederic Chopin)、门德尔松 (Felix Mendelsshon)、瓦格纳 (Richard Wagner) 等。意大利方面由于威尔第的出现，开始了大歌剧时代。威尔第的作品追求感情激动的效果，自然流畅，真诚感人，将人的感情透过音乐表达出来。

三、哲学

19 世纪哲学思想百花齐放，百鸟争鸣，德国观念论 (Idealism) 及美国实用主义 (Pragmatism) 为两大主流，两者皆为对经验主义和惟理主义的反动。在哲学家的世界中，真理来自普遍性还是个别差异性，是探究的重点，从中世纪神学的唯实论及唯名论迄今一直争论不休。近代哲学，英国重视经验，法国讲究理性，与其历史背景有关。英国为海岛国家，置身欧陆之外，强调个别的经验；法国面对宗教纷扰，自然强调理性的价值。两者各有所坚持，亦有所偏颇。19 世纪起德国、美国哲学家，为摆脱英法哲学束缚，分别从观念论及实用主义立场提出新的主张。德国政情不同英法，统一是其国家主要目标，如何让各领邦放弃己见，认同德意志，建立大德帝国，是哲学家的使命，观念论提供了统一的基础。至于美国，由移民所建立，任何形而上学都无法满足整体需求。最好的方式是以事实来取代理论。实用主义解决了现实的矛盾与冲突。这两派学说分别主导了 19 世纪及 20 世纪的人类思想发展。

1. 德国

(1) 费希特 (Johann Gottlieb Fichte, 1762—1814)

德国观念论的第一位作家，生于德国，出身寒微，苦读成名，曾任教耶拿大学，后创立柏林大学，努力发展国家主义的教育哲学，1814 年去世。费希特的哲学主张思维与存在同一，提出"自我"产生"非我"，主体产生客体，思维产生存在，精神产生物质，扩大了康德的主观唯心论。费希特的基本哲学思想可以由他的著作中见其大要，主要有《知识学的基础》、《知识学的导言》、《人的使命》等。

(2) 黑格尔 (Georg Wilhelm Friedrich Hegel，1770—1831)

西洋史上重要思想家，将西方的唯心论推到最高点，提出"绝对精神"的理念。黑格尔生于1770年，毕生从事教职，是德国学术界的偶像，死后其著作被德国文化部列为哲学必修课程。主要代表作为《精神现象学》(The Phenomenology of Mind)、《历史哲学》(Lectures on the Philosophy of History)。黑格尔的哲学体系，就是从批判实证哲学开始，认为以自然科学方式来研究社会是错误的，他把"思想"、"自然"、"精神"铸成一个辩证体系，站在思想的立场，先处理理念的问题，由事物开始发展到绝对观念。黑格尔的"观念"好比心，好比"思维"，而其"自然"好比"物"，如果把"观念"作为"正"，"物"就是"反"，而统合这正和反的就是"合"，就是"精神"。黑格尔所提出来的自然哲学，最主要的不是对自然的认识，而是对自然的把握，对自然的提升，其目标为精神界，进入"绝对精神"的最高峰。他认为精神本来是主观的，所以是"正"，客观精神出现就有了"反"，要统一这主观和客观精神，只有靠"绝对精神"。绝对精神所表现的是"美"。

(2) 叔本华 (Arthur Schopenhauer，1788—1860)

1788年生于德国一个商人家庭，尽管家人刻意栽培经商，但他却兴趣缺缺，无意钱途，反而对文学情有独钟。1805年父亲经商失败自杀，他迁怒母亲，两人从此水火不容，1807年母子离异，互不来往。叔本华以后潜心印度哲学及佛学，30岁那年出版一生中一部重要的作品《意志与表象的世界》。他在书中提出创见："世界是我的表象。"他认为，一切的事物不是客观的存在，而是人所接触的表象，换言之，意识中的东西，都是因人而存在。人们知道有太阳，其实并不是太阳，而是眼中所意识到的太阳。他认为透过理性概念获得的是现象世界，透过非理性所得到的才是真正的、本质的世界。这就是意志世界，而世界就是我的意志。这种意志是一种非理性、盲目的、永不疲倦的欲望冲动，一种求生的欲望冲动，称之为"生存意志"。

叔本华的绝对意志是激烈的反理性主义。他认为，生存意志在本质上是痛苦的，一切欲求都是对自己的现状不满，不满足就痛苦，满足就会有新的欲望，因此欲望无穷，少了欲望会无聊空虚，人就像痛苦与无聊的"钟摆"。

(4) 尼采 (Friedrich Nietzsche，1844—1900)

19世纪德国的哲学至尼采出现新的篇章。"超人"当道，上帝死亡，人的意志与权力得以伸张，奠定下一个世纪个人主义的发展基础。尼采生于1844年，1900年辞世，享年56岁，一生健康不佳，追求健康不成，走进孤独，终生未婚，强调意志，为弱势的人生开启了一扇门窗。历史上称他是孤独的勇者。他是一位教授、一名诗人、一位哲学家。出身宗教家庭，幼年丧父，与母亲、妹妹、祖母等女性结伴成长，毕生反宗教、反女性，是否与其出生背景有关，耐人寻味。

尼采自幼爱好音乐与哲学思考，受叔本华与瓦格纳影响深远。他在阅读叔本华大作《意志与表象的世界》时，对怀抱孤独产生强烈的共鸣。但他不像叔本华，他不悲观，用希腊艺术来对付孤独。他欣赏瓦格纳具有革命性的作品，将其艺术理想寄托在瓦格纳的歌剧上面。

尼采一生重要的思想为：①酒神的精神。这是来自希腊酒神的精神，认为人生的态度是舞蹈与欢笑。舞蹈象征轻扬，欢笑象征豪放与快乐，人应笑着生、笑着享乐、笑着受苦，笑着回天国；②强力意志或称为权力意志。这是一种生命的意志。追求的不是生命自身的意志，而是使生命得以超越自身的潜力，表现了生命永不枯竭的本性：逆来顺受的意志。据此，人不会逃避必然，而会按照生命的本来面貌接受生命；③超人哲学。他说，人是自己，而不是由外在塑造，人的生存令人感到恐惧，始终没有意义。要想成为一个人，就要做超人。超人是一种形象，是一种理想，不存在任何地方，能使生命的本质不停地超越。

2. 美国

美国的哲学以实用主义为代表。实用主义 (Pragmatism) 于 1895 年至 1900 年形成。严格说来，实用主义并不是一个牢固的体系，而是一种讨论、一场运动，与其说是一种明确的观念模式，不如说是一种具有明确方向的冲动，透过结果去解释每一种观念。主张用实际的效果作为真理的标准，利用"实事求是"的方法证明"事实胜于理论"，强调"什么是有用的，什么是好的"，主要代表人物有皮尔士 (Charles Peirce，1839—1914)、威廉·詹姆斯 (William James，1842—1912)、杜威 (John Dewey，1859—1952)。

皮尔士被认为是实用主义的先驱，1879 年他在《哲学评论》的一篇文章中提出"如何使我们的思想更加清晰"，他认为，思维活动并非来自信仰，而是出自怀疑，由怀疑产生观念，观念必须以行动为基础，才可能有信仰。换言之，只有在具有实践意义的效果，才能出现对象所产生的概念。他在举证时提到，圣餐时所食用的圣饼被认为是灵魂的食物，至于基督教与天主教所争执的是否为耶稣的肉，并不重要。至于威廉詹姆斯、杜威的思想和学说留待第十章解说。

四、艺术

此一时期艺术画作脱离古典画风，线条粗犷，用色大胆，画家主张创作自由、艺术独立，重视个人情感及内心感受，画作以描绘自然风景、现实生活、历史事件为主。

1. 法国

席里科 (Theodore Gericault) 的《梅杜萨之筏》，以悲剧性的手法描绘"梅杜萨"号轮船沉没。他采用夸张的手法，突显了海难时遇难者的挣扎与求生的意图，被视为浪漫主义之代表作。德拉克洛瓦(Eugene Delacroix)擅长色彩表现，画作重想象、富感情，其中以《但丁的小舟》及《自由女神引导人民前进》两幅最受瞩目。《但丁的小舟》描绘但丁巡游地狱的情景，小鬼争赴上船的惊愕、痛苦表情，昏暗的色彩及沉闷的情绪，令人动容。《自由女神引导人民前进》描绘1830年法国七月革命巴黎人民浴血奋斗的情景，一位象征自由的女神头戴革命帽，一手握枪，一手高举三色旗，走在革命队伍中间。画作气势磅礴，色彩鲜明。

2. 英国

以康斯太布尔(John Constable)及特纳(Joseph Turner)最负盛名。康斯太布尔主张人的精神应与自然保持一致，作品具有浓郁乡土气息。《干草车》一画轰动一时，该画为田园风景画，透露了英国农村的祥和景象。特纳以水彩画及油画见长，画作富幻想色彩及浪漫情趣；作品丰富，代表作有《国会大厦的燃烧》、《奴隶运输船》等。

3. 德国

代表画家为弗里德里希，擅长风景画，但不是对大自然的仿作，而是把自然景色与人内心的主观感受融在一起。

4. 印象派

19世纪的绘画除了写实主义之外，还有印象派。这是由一群法国画家的创新画作。他们反对学院派的陈旧规律，要求为艺术而艺术。认为过去的绘画色彩不够明亮，因而重视光与色彩，强调主观感受。为了表现阳光照耀下的自然景色，印象派画家特别重视自然。印象派画家的画作扩大了艺术的表现手法，解决了绘画中光与色彩的问题，丰富了艺术的样式。主要的代表人物有马奈(Edouard Manet)，作品为《草地上的午餐》、《奥林匹克》；莫内(Claude Monet)代表作有《日出印象》、《花园里的女人》等；雷诺阿(Pirre-Auguste Renoir)代表作为《新桥》、《浴女》。印象派绘画发展至本世纪90年代式微。

5. 后期印象派

后印象画派崭露头角，这派画家批评印象派绘画无定形，反对印象派画家对于自然的瞬间描绘，强调物体的结构、体积、质感以及相互关系。主要的代表画家有塞尚(Paul Cezanne)，作品有《自缢者之屋》、《女人的咖啡屋》。高更(Paul Gauguin)，代表作品有《塔希提的年轻姑娘》、《游魂》等。还有荷兰籍的梵高(Van Gogh)，1853年生，1890年自杀身亡，得年37岁。一生坎坷，求爱不成，学业不行，工作不顺，后以绘画自娱，以农人、工人为对象，他认为"绘画是要把无限的世界记录下来"，由于健康情形欠佳，性情不宁，常有幻觉，认为有人要害他，试图以作画来克制自己的病痛。可惜无法奏效，最后自杀身亡，结束短暂且悲剧的一生。主要代表画作有《向日葵》、《老农》等。

自然科学发展

一、生物学

　　随着显微镜于 1590 年问世，改变了世人的"眼光"，让人们发现到平常视力所不及的微小世界。英国科学家胡克 (1635—1703) 利用显微镜观察软木塞时发现到一些像小房间一样的结构，称之为细胞。但由于他本人并非生物学家，因此这项发现意义有限。1838 年德国植物学教授施莱登 (Schleiden，1804—1881) 对植物进行深入研究后，建立了第一个有系统的细胞学说。以后其好友施旺 (Schwann，1810—1882) 将施莱登的细胞学由植物界扩大到动物界，建立了生物学上的统一细胞学说。

　　细胞的发现使人们更了解生命的现象与本质说，说明了有机的生长、发育和繁殖不是神秘的、非物质因素作用的结果，而是自然界本身客观物质的发展，是细胞的增殖和繁衍。细胞学说诞生推动了植物学、动物学、胚胎学、生理学、病理学、解剖学的发展，对人类文明发展产生重大影响。

二、心理学与社会学

　　19 世纪各种学说林立。在基督神权时代，原罪是思维的重心，创造是生成的动力，一切循序渐进。19 世纪基督权威不再，学说生变，原罪成了原欲，创造易为进化。主要的代表人物为达尔文之生物进化论及弗洛伊德心理学。

1. 达尔文 (Darwin，1809—1889)

　　英国人，医生世家，学医不成，钟情植物、地质。1831 年因缘际会，前往南美从事科学考察，开始其科学的一生。经过五年的辛勤探勘与研究，达尔文搜集了大量丰富的资料，成为一名真正的博物专家，对物种进化有了进一步了解，并孕育了生物进化论的思想。1859 年 11 月《物种起源》一书出版，这部耗时近 20 年的巨作，正文有 15 章。达尔文经由大量的搜集，证明不同的生物之间具有一定的亲属关系，古代生物与现代生物之间有共同祖先，提出现存生物是远古少数原始类型，由低级到高级，由简单到复杂，逐渐进化的产物，并在这个基础上提出"适者生存"的理论。

　　达尔文是第一个将生物学放在科学的基础上研究，对自然界最基本的生命现象，物种的起源、和生物的发展问题，做了有规律、完整的解释，推翻了动植物之间彼此之间毫无关联的观点，否定了神造论、目的论、物种不变论的学说，严重冲击了宗教的理论。按照《旧约圣经·创世纪》的说法，上帝创造了世界和人类，每一生物都适应属于它的生活环境，如今达尔文彻底推翻了这个信仰上帝的支柱，其影响超过哥白尼、牛顿。

2. 弗洛伊德 (Freud Sigmund，1856—1939)

奥国人，精神分析大师。聪明好学，17岁入维也纳大学医学院就读，但未将行医视为未来生涯，对医学的科学研究兴趣较浓，1881年开始担任临床精神专科医生。1884年与布洛伊合作从事精神分析工作，并学会治疗歇斯底里症 (Hysterin 一词原为希腊文，是子宫的意思)，认识到催眠的威力。1897年开始对梦的解析，并于1900年出版《梦的解析》一书。

弗洛伊德认为心理障碍来自性的压抑，故对性的研究着墨很深，也遭到重大批评。他由精神分析发展出自创的人格理论，由原欲 (Libido) 开始，经潜意识到意识，也就是所谓的本我、自我、超我。本我与无意识相一致，包括性与攻击本能；自我与理智一致，介于本我与世界之间，服从现实原则；超我与良心一致，朝压抑本我的方向发展，使自我达到完美的状态。

史学——浪漫史学及历史主义

19世纪的史学受浪漫主义影响，逐渐偏离启蒙时期的进步史学，而孕育出新的史观，称之为"历史主义"。虽然浪漫主义史学并不完全等同历史主义，但基本上是相同的。

浪漫主义史学希望以情感代替理性研究历史。浪漫史家认为，历史是一种有机发展过程，强调由起源来研究历史，各民族、时代、文化因历史条件不同，各具独特性和存在价值，重视各民族的历史和文化，尤其是民族精神；反对理性主义的普遍世界史的观念及割断历史的做法。

历史主义的史观基本上与浪漫主义近似，可以透过维柯 (Giambattista Vico)、赫尔德 (ohann Gottfried Herder) 的理论窥豹一斑。

维柯的史观表现在他的《新科学》一书中，其主要论点是人类史与自然史不同，人可以创造历史，但不能创造自然。历史是人类的思维和心智的表现，由人类的心智活动中可以认识人的历史。人类历史文化是一个历经不同阶段的有机发展过程，各阶段有其特色，每一阶段发展皆以前一阶段为基础，所以历史是不能分割的。

赫尔德重视民族文化，他认为各民族文化受其地理环境和气候影响，而有其个别性。人类的各种文化是各民族精神的表现，有多少种民族精神，就有多少文化。各民族文化均有其独特的价值，所有的价值都和具体的历史条件有关，不存在一个客观的理性判断。理性的原则、抽象的概念并不能认识文化现象。一切历史和文化现象都必须从自身的具体情况中加以体验、理解。赫尔德的历史研究法是自然主义方法，由万物的根源开始。花有其根，历史也有其根源，起源揭示了物的本质。他采用非理性的移情原则来研究历史，认为只有采用设身处地的原则，即移情原则，同化于研究对象，思索其行动，体验其经历，才能理解他们，悟得真谛。

赫尔德的历史主义不是互不关联的民族，而是文化活动的整体精神。他认为人类历史和文化的多样性反映了统一性。人类历史的每一阶段有其意义，无高下之分，彼此互不分离，反映了整体，每一个个别的文化的阶段都是同等的和不可或缺的，统一是由不同的差异性中显现，所以，统一是一种过程，不是现存事物的统一。他对人类历史发展充满了乐观的进步信念，被称为"乐观的宿命论"。

历史主义大约于19世纪20年代至30年代逐渐成熟，德国史家兰克(Leopold von Ranke)，是历史主义的实践者，他把历史带到科学的领域，获得"近代科学历史学之父"美誉。他反对黑格尔抽象、思辨的历史哲学，主张哲学是哲学，探讨的是抽象的东西；历史是历史，研究的是具体事物的本质。研究历史不能从抽象的理论出发，而应从具体事物的本质着手。一般人了解兰克，多据"恰如其是"之念，其实兰克的史学有两层意义：一是观念论，一是"如实叙述"。兰克所要建立的是一套以理念为动力的历史。这种理念是来自上帝的道德力量。他的历史主义有两项原则：一是运用原始资料考证和辨析史料，探讨具体和个别的事实。二是认为历史的动力是理念，理念的背后是上帝，这股神秘的力量，不是抽象的理论原则可以把握，必须靠非理性的直觉才能体验到。而史料，只是考证的基础，是为理解历史运动中的理念而服务的。他提出"考证之后，就必须依赖直觉"，"最后要设身处地理解整体"。他抛弃了以往道德说教、宣传鼓动的历史著作，开辟历史研究的新天地，即透过历史本身来说明人类事物的可理解性、统一性和多样性。史家的任务是理解历史上的具体人和事物，但是也要理解上帝的思想，即支配历史运动的理念。人类的进步不是黑格尔的绝对精神发展论，而是一种多样面和统一性的有机发展过程。兰克十分重视具体、深入的史实，同时又致力于从个体和个别之中找到统一体。在兰克的心中，世界历史是最高法庭，不是刑事法庭，历史学家必须为判决作准备，不是宣告判决。史家不是辩护律师，即使是法官也是预审法官，搜齐证据，交付最高法庭，即世界历史。如果搜证不全，那就失职了。

第10章
后理性时代(20世纪)

1912—1913 年　巴尔干半岛战争

1914 年　奥国王储费迪南德及王妃遇害，第一次世界大战爆发

1916 年　凡尔登 (Verdun) 之役

1917 年　美军参加第一次世界大战，俄国共产党政权成立

1918 年　美国总统威尔逊发表十四点和平原则，第一次世界大战结束

1919 年　《凡尔赛和约》斯大林开始五年计划

1928 年　斯大林开始五年计划

1929 年　美国股市崩盘，全球陷入经济危机

1933 年　希特勒出任德国总理，宣布第三帝国

1936 年　德国占领莱茵区，希特勒与墨索里尼签订罗马—柏林轴心

1936—1939 年　西班牙内战

1939 年　德俄签订互不侵犯条约，曼德拉当选南非总统

1941 年　美军加入二战，第二次世界大战爆发

1943 年　苏军在斯大林格勒击败德军

1945 年　德军投降。美国在日本投下两颗原子弹，日本投降。雅尔塔会议 (yalta conference)。联合国成立

1947 年　杜鲁门主义，马歇尔计划推出，印度及巴基斯坦独立

1949 年　北约成立。柏林封锁

1950—1953 年　朝鲜战争

1955 年　华沙公约组织成立

1957 年　欧洲共同经济体成立

1962 年　古巴导弹危机

1967 年　以埃战争

1979 年　苏军入侵阿富汗

1989 年　苏联瓦解，东欧变天

1991 年　"华沙公约"组织解散。南斯拉夫分裂

1994 年　北美自由贸易区成立。以色列与巴解达成协议

1995 年　世界贸易组织成立。美国承认越南

1997 年　香港回归

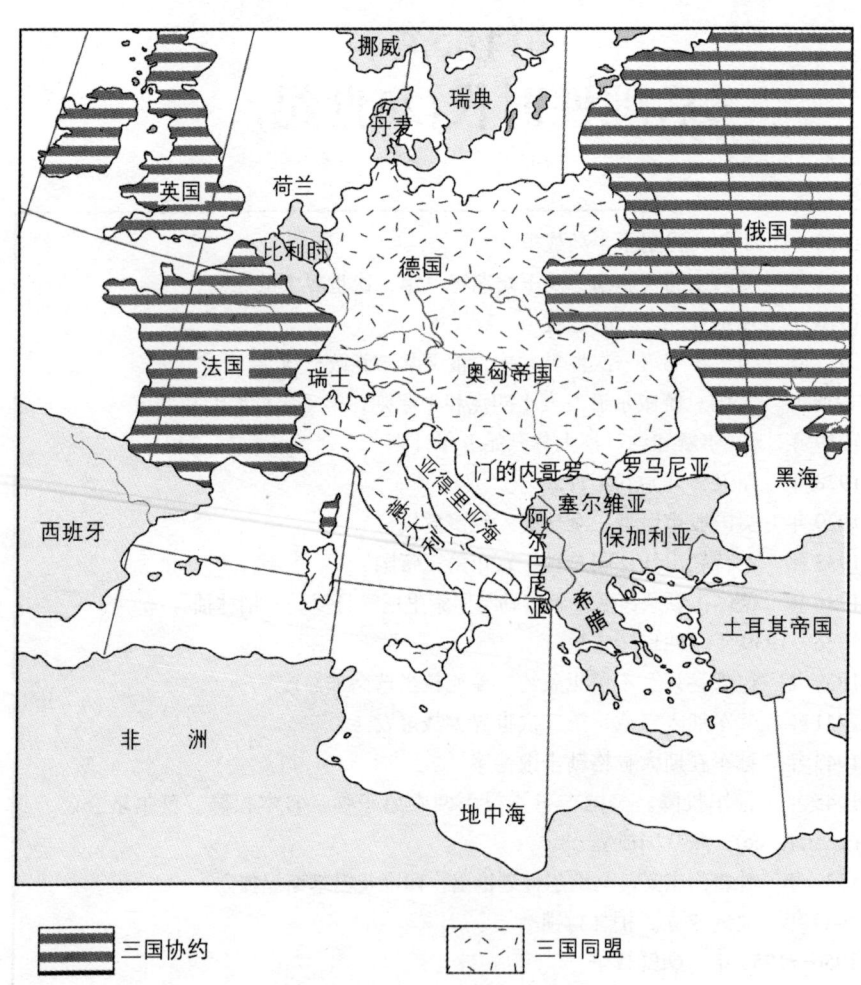

第一次大战前欧洲协约国与同盟国的形势

第10章 后理性时代(20世纪)

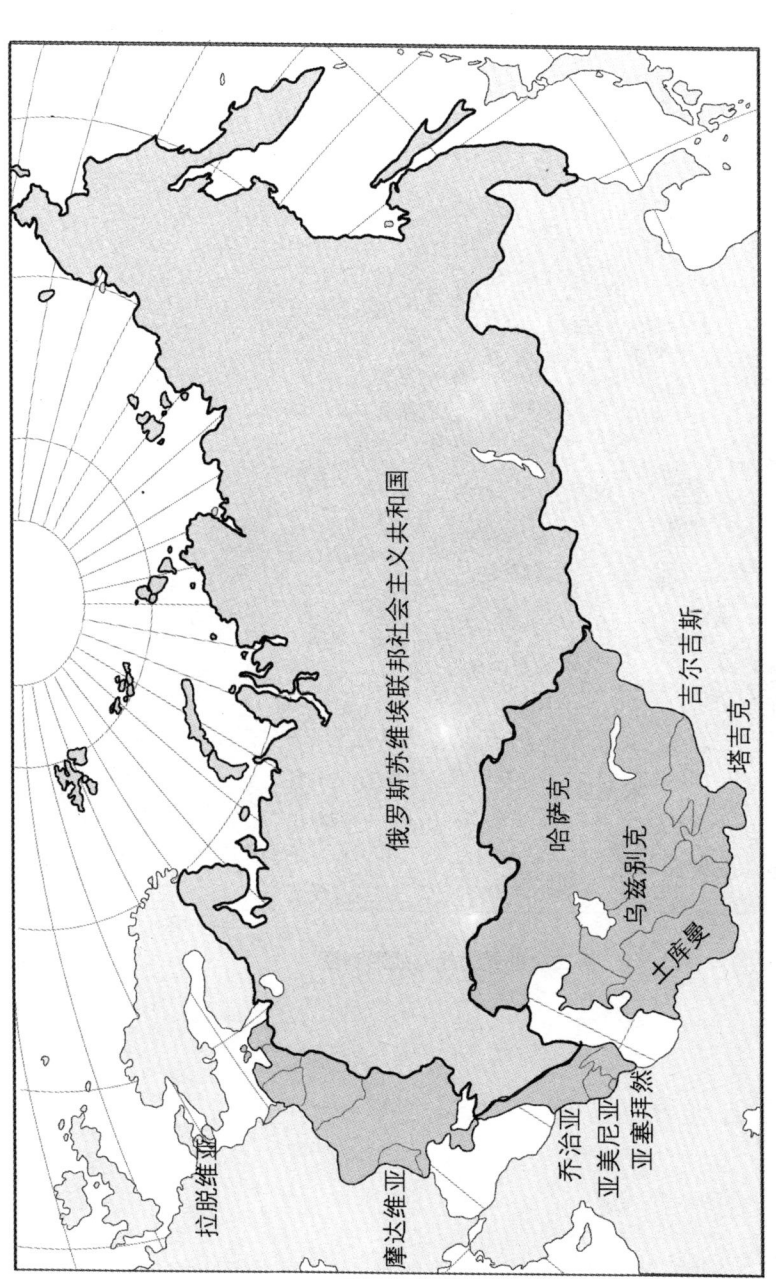

苏联的十五个加盟共和国

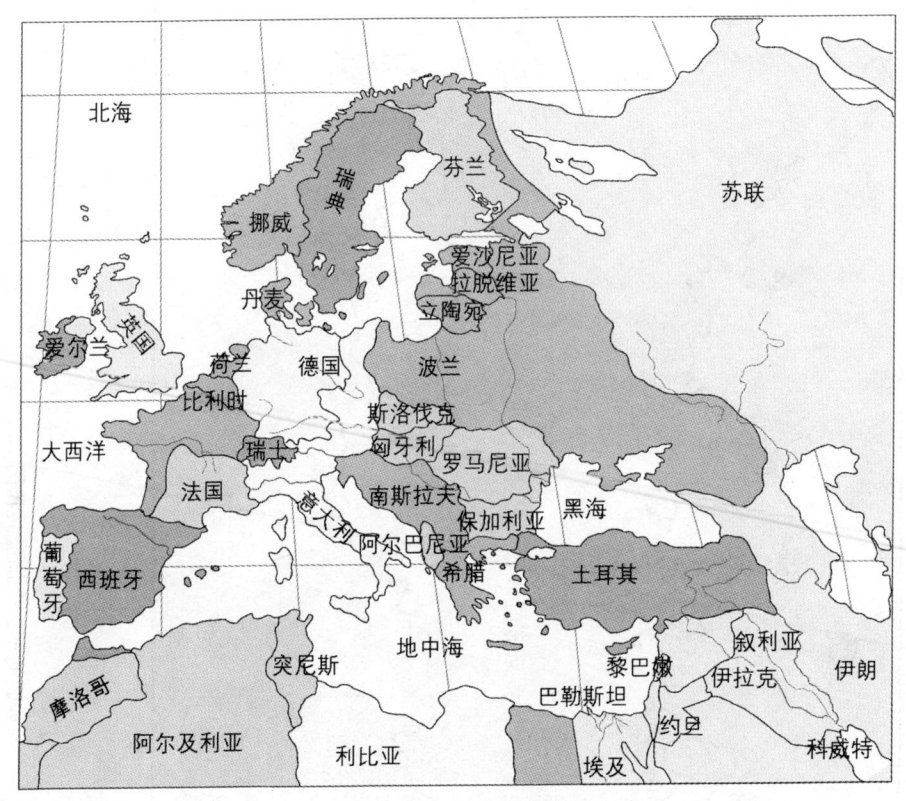

第二次世界大战欧战形势图

第10章 后理性时代(20世纪)

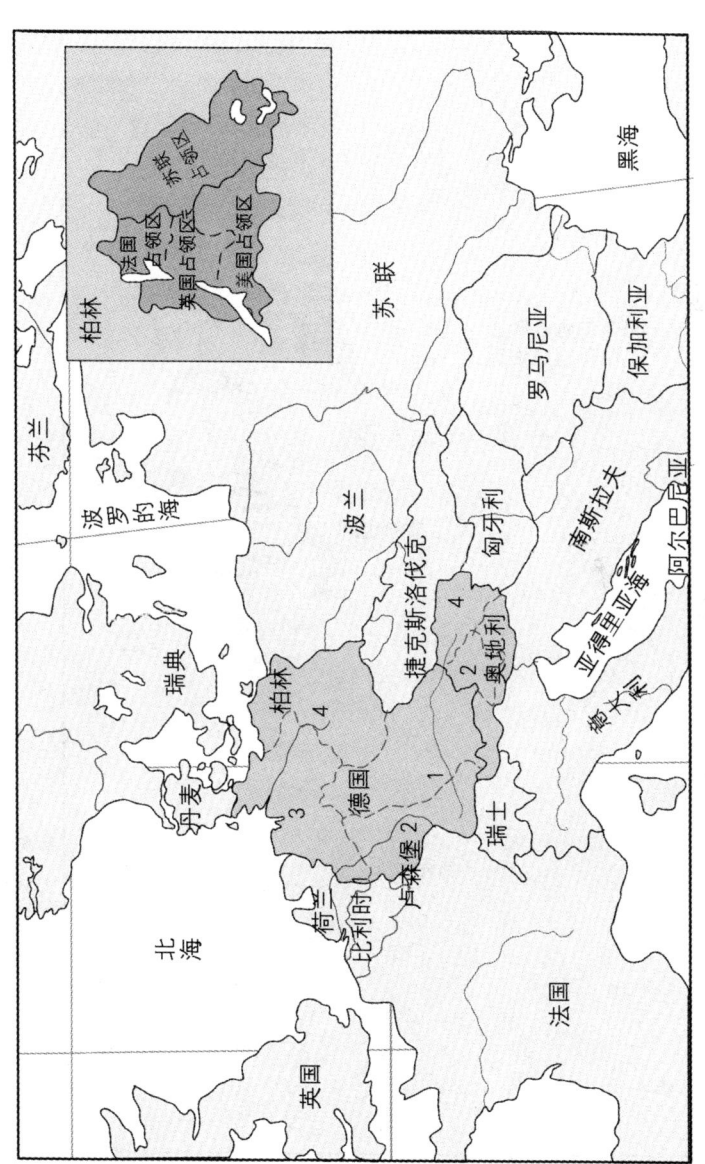

冷战：第二次世界大战胜国战后分别占领德、奥两国。
1.美国占领区，2.法国占领区，3.英国占领区，4.苏联占领区。

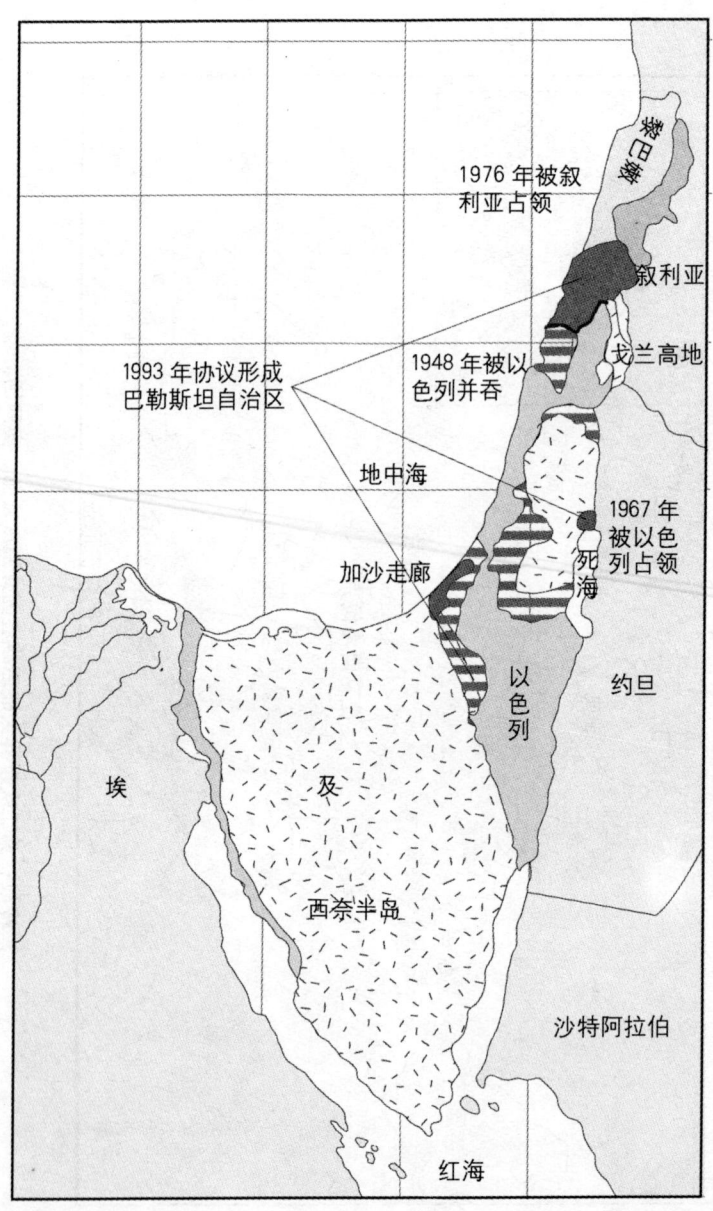

以阿冲突

此图所表示的是以色列由1948年至1982年所扩张与占领的土地。

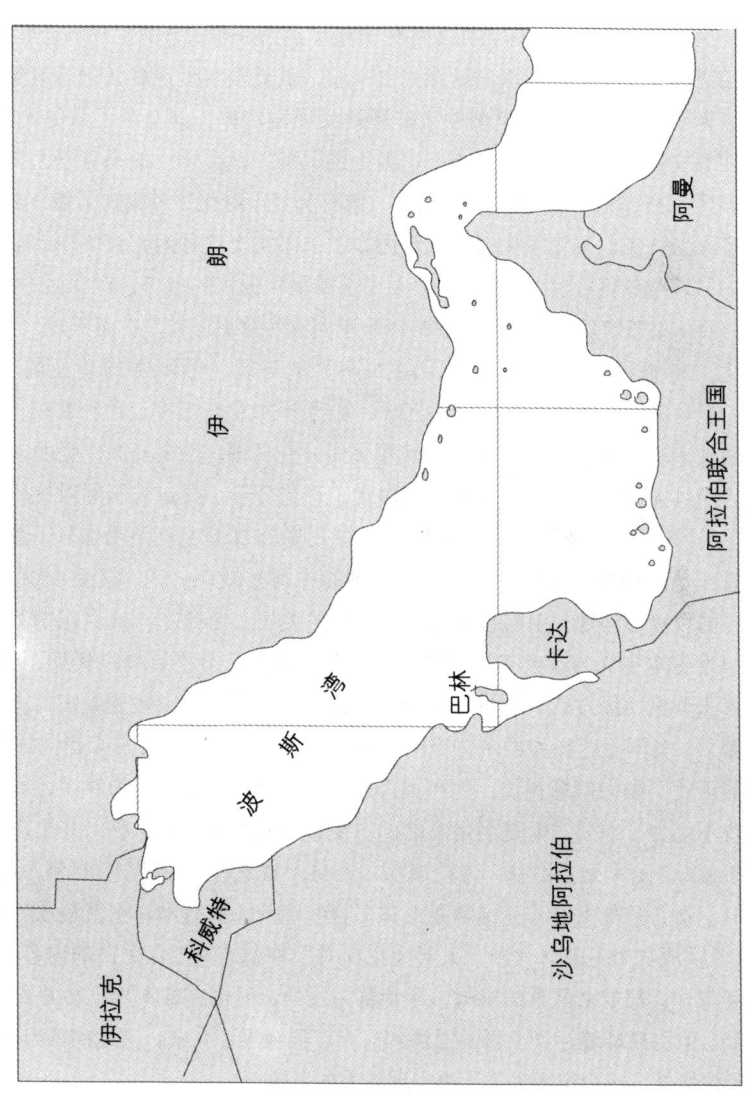

海湾战争

　　该地盛产石油，且为兵家要地，伊拉克与伊朗两强自1980年代以来兵戎相见，互不相让。1990年伊拉克入侵科威特，造成1991年的海湾战争。从此美伊陷入紧张状态，2003年美军大举进军伊拉克，驱逐萨达姆总统。

20世纪不同于19世纪,表现出"后理性"精神。对非西方国家人民而言,这是一个觉醒的时代,尽管西方的霸权依旧,盛势犹存,但全球的曙光已现,非西方人开始陶醉"多元"文化之中,幻想一个"平等"时代的出现。过去的东方主义逐渐褪色,起而代之的是"区域研究"。世界不再是欧洲霸权的代名词,亚洲、拉丁美洲、非洲国家登上历史舞台。这种历史转变究竟来自西方的使命精神,还是非西方的觉醒?是形势使之然,还是奋斗使之然?令人好奇。因为从形式上来看,世界确实呈现多元化的情状,但从实质上来看,西方的精神,无论是理性精神还是反理性精神,都左右了其他地区的发展,这种来自西方文化中的"救赎"精神:宗教上的耶稣、社会学上的马克思、文化学上的赛义德(Said)[01],所建构的20世纪,被西方人解释为"全球化"时代的来临,它固然为非西方国家带来新气象,改变了生活方式与内容,但事实上这种西方人认知的全球,以及一再呼吁的"地球危机",往往成为西方人"全球化"霸权的借口,对非西方国家而言,祸福难料,而结果通常是让非西方人甘心臣服于西方的意识形态之中而不知。

　　政治上,20世纪前期,欧洲国家仍主导世局的进展,它承续19世纪的国家主义,彼此结盟,捉对厮杀,激烈竞争,祸及全球;发展至20世纪后期,欧洲霸权不见,美苏较劲,美国独大。然而全球各地种族及宗教信仰误会日增,冲突升高,强弱悬殊,优劣分明,弱势团体无力抗衡,开启恐怖主义时代。恐怖分子一反过去国际对抗原则,采游击手段,造成国际哗然。象征美国地标的双子星大厦于21世纪初遭恐怖分子袭击,损失惨重。本世纪美国独领风骚情势依旧,但亚洲的中国亦结束内讧,接受市场开放经济,成为世界各国投资的园地,引起世人对未来发展的关切。经济上,20世纪初苏俄十月革命成功,引发资本主义与社会主义之战,美苏各显所长,分别以提供援助,染指各地,造成全球紧张气氛。经过近一个世纪的角逐,资本主义普遍为人接受,实用、利润取代了理想、道义,各国竞相拓展经济,跨国公司纷纷成立,影响社会主义趋向式微。20世纪后期机器工业发展为信息科技,生产不再是生活的目标,消费成为时尚,不同的是本世纪的消费不是为了需要,而是满足官能的享受,从此消费时代来临。在生产时代,个人无法独断独行,必须通力合作,才能成功,人与人的关系,表现在"自制"的行动上。但在消费时,不必与他人合作,纯粹是一种"自我表现"的行动,也就造成"新个人主义"。在这个以消费为主的时代中,人类文化面对一种新的挑战,生活的内容不是问题,生活的态度与方式却带来严重的挑战,尽管富裕处处,但也灾难频传。20世纪是人类历史上的荣景,但也是环境污染、毒品泛滥的时代。群众成了大众,文化的内容不同以往,大众文化应往何处,成为未来人类历史发展最大的考验。

01　犹太人,著有《东方主义》一书,提出所谓的"东方"是西方人所创造出来的,是西方霸权的产物。此书对非西方国家有重大启示,对多元文化影响甚巨。

政治变迁——国际政治

20世纪人类历史政治舞台角色易人：由法、德转换为美、苏。但戏码依旧，政争、战争不断。法国优势自1870年之后随着拿破仑三世拙劣的外交，黯然失色；德意志由俾斯麦辅佐，崭露新姿，从此德法地位互换，双方互不相让，导致1914年、1939年两次世界大战。德法对峙随着1945年第二次世界大战结束，法国式微，德国法西斯政权瓦解，而告一段落。历史舞台改由美苏担纲。冷战期间，美苏双方互不见容，相互缠斗，朝鲜战争、中国内战、越战各有支持，双方僵持长达45年之久，1989年苏联瓦解，东欧变天，冷战结束，美国独大。迄20世纪末，中国走向改革开放，形势看好，美中冲突危机四伏，亭廷顿所谓的《文明冲突与世界秩序的重整》是否成为21世纪的灾难，考验双方。

20世纪政局发展可以由几个阶段探讨：第一次世界大战前、第一次大战、战后重建时代、第二次大战、冷战、冷和。首先由第一次大战前的局势说起。

一、一次大战前的情势

在欧洲历史发展过程中，20世纪之交(1871—1914)被称为"美好的年代"(Belle Epoque : the beautiful era)，与前个时期相比，和平且繁荣。自1871年巴黎公社成立到一次大战开始期间，欧洲不见战火烟硝，亦不闻革命暴动，尽管从1870至1880年代经济仍停滞不前，有衰退的现象，但与1840年及1930年相比，则显然好多了。

这段期间，政治上值得一提的国家有德国、法国、英国、苏联。

1. 德国

普法战争普鲁士获胜，南德加入由普鲁士所领导的北德邦联(North German Confederation)，建立德意志第二帝国(Second Reich)，成为欧洲大陆最强大的国家，领土由法国获得的阿尔萨斯(Alsace)、洛林(Lorraine)到波罗的海，人口约为法国与西班牙的总和，军事优越，工业发达，1890年代铁的使用量超过英国。尽管德国军事与经济领先欧洲各国，但在政府组织与政治制度方面仍处于18世纪状态。德国系由普鲁士领导而完成统一，因此宪法也独厚普鲁士。帝国是由25个邦组成的联邦政府(federal government)，普鲁士国王被称为德国皇帝(Kaiser)。帝国包括4个王国(Prussia, Bavaria, Saxony, Wurttemberg)，6个大公国(Grand duchies)，5个公国(duchies)，7个小公国(principalities)，3个自由市(free cities)。各邦保有部分统治权：如宪法、税收、法律。波希米亚甚至拥有邮政与外交使节特权。普鲁士占有全国65%的土地，62%的人口，控制全国最富裕的经济地区如萨尔(Saar)、鲁尔(Ruhr)，领有帝国军队、决定对外战争、管理国家银行及铁路。

德国政体采帝国制，普鲁士国王威廉一世出任皇帝，新宪法是18世纪专制主义与

19世纪民意统治 (popular sovereignty) 的妥协产物，不如英法民主。皇帝任命俾斯麦担任首相 (chancellor)，由于并非民选，故仅对皇帝负责。俾斯麦主政时期不必在乎政党，也不担心国会中多数，只对帝王负责，他一再强调，普鲁士国王的王权不能像英国一样，成为虚君。国会为两院制，下院 (Reichstag) 议员由年满25岁以上成年男子投票选出，决定一些新法案以及新预算的通过；上议院代表邦，可以径行执行旧预算，而不受限于下议院。

俾斯麦于1870年建国之后即着手与保守分子合作，包括旧势力的权贵、富豪阶级、军人等，打击异己，主要的对手是天主教会。德国人民以基督新教教徒占多数，天主教徒占少数，威廉一世信奉基督新教。当时教皇为庇护九世 (Pius IX)，发表了《异端谬论之表》(Syllabus of Errors)，并要求梵蒂冈会议发表《教皇无谬声明》宣言，反对与基督教合作，并抗拒国家的权力。俾斯麦坚持德国国家优先，而非教会优先。由1872年至1875年普鲁士颁布《五月法律》(May laws) 将过去授予教会的一些权力收归国有，并驱逐不认同国家的天主教士。至1876年普鲁士地区已没有天主教主教。1870年代，教皇易人，里奥十三世 (Leo XIII) 上任，较具妥协性，俾斯麦结束与天主教冲突，转而对付社会民主党 (Social Democratic Party : SPD)，因为该党在选举中获得10%的选票。1878年通过《反社会党人法》(Anti-Socialist law) 禁止社会民主人士集会、查禁社会主义报纸、限制社会主义人士筹募经费。以后由于工会，倾向社会主义票数增加，俾斯麦不得不与现实妥协，走向国家福利方向。他向国会下院表示：国家有责照顾次等无助的国民。他更进一步表示，即使有人说这是社会主义，他也不会退缩。德国于1883年开始健保，1884年工人意外伤害保险，1889年老人及残障补偿，由于限于65岁以上，故给付数额不大。[01]

继威廉一世之后，就任皇帝的是腓特烈三世，不过数周病死，威廉二世上台，仅29岁，德国有了不同的发展。威廉二世生下来后即有肢体残障毛病，为掩饰其不安，往往出现情绪冲动，俾斯麦经常约束他，引起不悦。1890年请他退休。威廉二世能力不如俾斯麦，他希望将德国引往一个新方向，但成效有限。在内政方面，一如往昔，少有变动，惟加强军事发展，成为世界强权。

2. 法国

1870至1871年法国第二帝国随着德国第二帝国的出现而消失，拿破仑三世于1870年9月被囚于色当 (Sedan)。消息传抵巴黎，法国发生不流血政变。1875年第三共和 (Third Republic) 成立。尽管四面楚歌，但在风雨飘摇之中度过了欧洲最长的共和岁月。

1871年1月巴黎向普鲁士投降之后，民选国民会议召开，当俾斯麦表示愿与新政府展开谈判时，法国发生内讧。巴黎激进分子 (Parisians) 与共和分子 (Republicans) 不愿投降，主张作战到底，保皇分子 (Monarchists) 及各省则希望和平，1871年2月选举，共和

---

01 此时人的平均寿命只有41岁。

主义及保皇党两派人士较劲，共和主义被视为极端分子，这些人多为政治狂热分子，敌视教会，主张社会主义，约占议会成员三分之一，200 人左右；保皇党人士多为外省及乡村地区人士，人数较多，当俾斯麦提出议和条件，共和主义分子以捍卫巴黎抗御德军有功，坚拒讲和，但国民会议却打算接受。双方发生暴力冲突，尽管多数人民反对王室，但却愿接受王室代表讲和，国民会议选奥尔良王室 (Orleanist monarchy) 的梯也尔 (Adolphe Thiers) 为总统，与德国举行和谈。当梯也尔政府在凡尔赛成立时，巴黎激进共和分子另选出新政府，称为"巴黎公社"(Paris Commune of 1871)，否认凡尔赛政府的权力。公社的主要成员有共和人士、社会主义人士及无政府人士，其理念为减少中央政府集权，政教分离、进行社会福利计划。公社历时不过 2 个月，由 1871 年的 3 月到 5 月，法国即进入浴血内战。共和派公社社员杀害了巴黎大主教，国民会议最后获胜，大肆滥杀革命分子，告发了 33 万人，逮捕 3.8 万人，枪决 2 万人。梯也尔励精图治，恢复旧观，1871 年签署法兰克福和约 (Frankfurt Peace Treaty)，法国割让阿尔萨斯—洛林，并赔偿 50 亿法郎，相当 10 亿美元。1873 年偿清对德赔款，修改兵役，增加国防防御，1875 年麦克马洪 (MacMahon) 执政，法国第三共和成立。

第三共和是自法国 1789 年大革命建立共和政体以来，寿命最长的共和，从 1875 至 1914 共 40 年光景，尽管内阁不稳定，但政府政策依然靠着文官制度得以贯彻。法国政府与其他国家不同，其他国家存在的仅仅是党派问题，而法国政府是"政体问题"。究竟是共和政体，还是君主立宪政体？困扰不已。第三共和国组成，内部即呈现不稳状态。保皇党分裂为两派：一派主张由波旁家族复辟，另一派为反对波旁王室的奥尔良分子 (Orleanist)，最后奥尔良派梯也尔 (Adolphe Thiers) 执政。议会 (National Assembly) 于 1875 年通过一些基本法律，算不上宪法，规定选一位总统，有一个议会，分上下两院，并有内阁 (即部长会议)，由总理负责，上议院议员间接选举产生，下议院议员由男性普选产生，1875 年共和国成立。随即面临总统、总理权力之争，总统打算解散国会，免除总理职务，但未获成功。1877 年三方权力确定，法国采议会为主的国家，总理对立法机关负责。由于议会党派林立，多达几十个，难以形成多数，只能组联合内阁。总统、总理都不能为了举行新选举而解散国会，法国双首长制确立。

3. 英国

英国在这段期间主要是工党执政所进行的改革。1868 年工党在大选获胜后，由格拉德斯通 (William E. Gladstone) 主政，这位自由主义派人士，22 岁时即当选国会议员，毕业于牛津，成绩名列前茅，34 岁出任内阁阁员，以后担任四届首相 (1868—1874)。任内进行多项重大改革，值得一提的有：1872 年的秘密投票法 (Secret Ballot Act of 1872)，1870 年的初等教育法案 (Elementary Education Act of 1870)，又称为福斯特法案 (Forster Act：以法案作者 William Forster 为名)，让 5 岁至 13 岁的英格兰及韦尔斯的小孩都得以入学，政府补助私立学校，设立公立学校。此举让英国成年不识字人口由 20% 降为 2%。

1871年通过大学测验法 (University Tests Act)，禁止对牛津、剑桥入学学生有宗教设限，允许天主教与无宗教信仰者入学，同时剑桥地区有两所学校开放供女生就读。除了教育方面，改革还触及许多其他面向，兵役年限由12年减为6年，禁止因负债而坐牢，建立上诉法庭，工人有权组织工会，有权罢工，文官不再凭借人情升迁，重视能力。通过《爱尔兰土地法》(Irish Land Act)，保护爱尔兰佃农免于荒年欠收之苦。废除爱尔兰教会，[01]让爱尔兰人不必向基督新教会缴税。但也激起爱尔兰人追求自治的企图。

1874年至1880年英国政治由自由主义走回保守主义。保守派的迪士雷利 (Benjamin Disraeli) 主政，依循传统，反对自由改革，将施政重点由内政转为外交。1880年格拉德斯通重掌政权，以诉求民意的方式进行政治改革，特别是有关爱尔兰问题。1886年他决心让爱尔兰人自治，向国会提出自治法 (Home Rule Bill)，结果导致自由党的分裂，格拉德斯通的理念遭到重大挫折。1893年他再度提出自治法，并送交下院，但最后还是在上院受挫，直到1914年爱尔兰才获得自治。北爱尔兰人以天主教徒居多，他们不愿被并入长老会人数占多数的爱尔兰，形成北爱尔兰问题。

4. 俄国

19世纪的俄国与其他西欧国家有别，尽管在1861年通过释放农奴，但社会仍为农业传统社会，90%的人住在农村。至1870年为止。许多"都会"以西欧的水准来看，不过是个市镇而已。至于政治方面，也是一个由贵族所统治的农业国家，不受国会、宪法约束。土地划分之后，并未出现拥有土地的小农阶级，80%以上的土地属于公有，生活水平低落，83%的农民采用木犁。

俄国在这段期间，政治暗杀事件不断，亚历山大二世 (Alexander II) 遭暗杀6次而身亡，其子亚历山大三世 (Alexander III) 继位，虽然身材高大、精力过人，但缺乏改革精神，任用保守派人士，反对俄国西化，认为西化将有背俄国传统。他表示，取决民意是最愚蠢的政治原则，普选是绝对错误。他并设立秘密警察，镇压异己，加强监视，控制学校，不重视司法。为了俄化，迫害少数民族，犹太人最惨，波兰天主教信徒及其他少数教派信徒其次，1880年代的政治起诉案件达8000件。此外，他更取消多数选民的投票资格，至19世纪末圣彼得堡 (St. Petersburg) 120多万人口中，只有7000人有资格选举。

亚历山大三世的专制引起反抗，反抗人士组织民粹党 (Populist Party) 标榜俄国传统农民社会主义，采暗杀手段。在工业化的都市如莫斯科、圣彼得堡地区的不满分子则投向马克思主义，国家检察机构以为《资本论》艰涩难读，难有影响力，准予发行，导致马克思主义在俄国风行。

亚历山大三世于1894年寿终正寝，尼古拉二世 (Nicholas II) 继位，聪明且富情感，惟缺乏魄力与决心。任内延用怀特 (Sergei Witte) 为财长，后升为总理，将俄国带往工业

---

01 爱尔兰教会是指设在爱尔兰的英国教会。

国家之林。他建立国家银行，向外国举债，修建国家铁路系统，铺设横越西伯利亚铁路，长达 5000 公里。工业化虽然扩增了国力，但也造成政治上的不满与动乱。1890 年代有两位总理、一位教育部长、一位地方首长、一位沙皇的叔父遇害。由于没有国会，民意无从上达，地下党派林立。主要的政党有俄国社会民主党 (Russian Social Democratic Party)、社会革命党 (Socialist Revolutionary Party)。[01] 社会民主党于 1903 年在伦敦召开党员会议，分裂为两派，而俄国的革命大导师列宁 (Lenin) 亦在此时崭露头角。

列宁生于 1870 年，原名弗拉基米尔 (Vladimir)，家世良好，17 岁时兄长亚历山大 (Alexander) 被控参加谋刺沙皇被捕，并判处死刑，影响他走向反沙皇之路。1895 年他因散发反政府宣传品，遭逮捕并送往西伯利亚，刑期结束后于 1900 年前往瑞士，创立《火星报》(Spark)，批评政府，鼓吹马克思主义，并与普列汉诺夫 (Plekhanov) 组社会民主党。不久两人即出现不同的理念，普列汉诺夫走温和路线，列宁主张采革命路线。列宁在党内另组小团体，称为布尔什维克 (Bolsheviks：多数派)，普列汉诺夫的团体为孟什维克 (Mensheviks：少数派)。

1904 至 1905 年日俄战争，俄国战败，举国哗然，革命遂起。自由派分子在圣彼得堡集会，要求尼古拉二世召开国会。此时国内罢工、示威事件频传。1905 年 1 月一位神父领导示威，向沙皇陈情，要求俄国民主，政府应协助工人与农民。当游行队伍抵达皇宫前，军队开火，70 人死亡，240 人受伤，历史上称为"血腥的周日"(Bloody Sunday)。

尼占拉二世面对国内不稳情势，举棋不定，不知如何应对之际。最后在各方压力下颁布宪法《八月宣言》(Imperial Manifesto) 及《十月宣言》(October Manifesto)。《八月宣言》允诺成立一个权力有限的国会 (the Duma)，只有少数人有选举权；《十月宣言》则通过一部宪法：国会有立法权，国会普选。宪法仍赋予沙皇最高权力，可以否决国会的决定，及自由任免官员的权力。

二、国际情势

20 世纪初的世界政治舞台以欧洲为重心，德法之间的仇恨随着德国统一更趋紧张，各国为求自保，纷纷加入敌对阵营。其发展经过如下：

1. 三皇同盟的建立

第一次世界大战前之欧洲局势系以法德为中心而分别建立的同盟互动关系。为了迎合各国不同利益，这种盟约多采秘密方式进行，以维持国际均势。德国自 1871 年在普鲁士领导之下完成统一大业之后，即遵行俾斯麦所拟订的外交政策。俾斯麦于 1871 年至 1890 年担任德国首相，致力维护德国于 1866 年至 1870 年所获得的利益，采孤立法国

01　俄国社会民主党于 1898 年创立，社会革命党于 1901 年由激进农民所组成。

策略，争取欧洲各国友谊，避免与英俄冲突，并积极发展普鲁士陆军。他首先设法取得奥国谅解，默许其向近东发展；其次帮助意大利夺取威尼西亚(Venetia)，发表声明遵守比利时中立，取悦英国，并加强与俄建立友谊，赞同俄国恢复在黑海航行权，派兵助俄平定波兰叛乱。1872年德皇威廉一世(William I)、奥匈帝国皇帝约瑟夫(Francis Joseph)、俄皇亚历山大二世(Alexander II)在柏林会晤，成立三皇同盟(Three Emperors League)，同意三国共同处理欧洲纠纷，并维持欧洲现状。

2. 同盟国与协约国

第一次世界大战前夕，世局呈现合纵与连横拉锯状态。由于任何一个国家无法单独称霸，必须仰赖彼此合作与济助，因此结盟成为战前的政治特色。大致说来，是以德法为中心的两个敌对团体。一个是由德国领导的同盟：同盟国(Triple Alliance 1882年)；另一个是由法国领导的协约国(Triple Entente 1907年)。三国同盟源于三皇同盟，1877年俄土战争三皇同盟面临考验。俄奥争取在土耳其利益，德国夹在其中，左右为难，俾斯麦袒护奥土两国，抑制俄国，形成德奥接近，德俄疏远。为了防范俄国，德国加强与奥关系，1879年10月德奥签订攻守同盟，协议同盟中任何一国遭俄国攻击，另一国必须全力协助作战，1882年德奥义签订同盟国。意大利本来与奥不合，但鉴于法国威胁，乃勉强妥协，于维也纳参加盟约。同盟有效期限五年，1887年重订前约。

协约国：所谓协约国并非三国同时订约，而是法俄先订约，英法、英俄再相继订约。法俄同盟于1891年成立，究其原因，系德国俾斯麦去职之后，继位者不再继续以前的三皇同盟及德俄保障条约，加上俄国人对德国在柏林会议袒护奥国不满，以及俄国工业化急需法国资金挹注所致。俄法协商之后，1904年英法亦达成协议，主要是英国担心德国军备扩张，法国极力拉拢英国缘故。根据约定，法国承认英国在埃及的地位，英国承认法国在摩洛哥之特权，双方并协订纽芬兰之通商权，更改非洲尼日利亚(Nigeria)之边界。1907年英俄亦达成谅解，解决两国在波斯、阿富汗及中国之争端。

3. 近东问题

(1) 摩洛哥问题

摩洛哥位于非洲北部，一向被西班牙、法国视为保护国。但德国、英国积极试图染指该地，由1905至1911年间，列强在此发生三次冲突，使得德国势力可以进入摩洛哥。法国允许摩洛哥门户开放，割让中东一部分给德国，德国不再反对法国视摩洛哥为保护国，法国保障了德国在摩洛哥之经济利益，德国不破坏法国在摩洛哥之政治利益。

(2) 土耳其问题

自19世纪以来，土耳其式微，被欧洲国家视为"病夫"。俄国企图染指土耳其已久。1877年借口保护基督徒，指责土耳其未能根据克里米亚战争之后签订的巴黎和约进行改革而向土耳其宣战。俄国获胜，经由英国调停，签订圣斯泰法诺(San Stefano)条约：土耳其承认门的内哥罗、塞尔维亚、罗马尼亚之独立；保加利亚成为自治国；土耳其施行内政改革，多瑙河沿岸要塞撤毁，土耳其割多布鲁加 (Dobruja) 及亚美尼亚之一部分给俄国。俄国势力扩张，引起欧洲列强反对，在德国人斡旋之下，1878 年 6 月召开柏林会议决定：罗马尼亚以贝色拉西亚 (Bessarabia) 交换俄国的多布鲁加，门的内哥罗、塞尔维亚、罗马尼亚仍为独立的国家，缩小保加利亚领土，多瑙河中立，塞浦路斯 (Cyprus) 岛归英，帖撒利 (Thessaly) 归希腊 (1881 年合并)，土耳其政府改革内政，保护基督教徒。会议中俾斯麦祖护奥国及土耳其，抑制俄国，从此德奥接近，德俄疏远。

近东问题表面上看来是奥俄冲突，实质上是德法较劲。德国协助奥国向东扩张，染指巴尔干，俄国则以大斯拉夫主义拉拢巴尔干半岛小国，战端难免。由 1908 年至 1912 年此地发生三次重大冲突。其中以 1912 年最重要，半岛小国 (保加利亚、塞尔维亚、希腊、门的内哥罗) 组织同盟，对土耳其宣战，土耳其战败，在伦敦议和，同盟国间因分割土耳其土地不公，爆发冲突，战端再起，战后土地分配仍未解决，影响日后更大战祸。

三、第一次世界大战

1. 原因

探讨战争原因多循果因论，从不同角度、持不同立场，详加推究。论及一次大战原因有：工业革命以来，列强包括英、德、法、奥、俄等国向外殖民所造成的冲突，其中以有"火药库"之称的巴尔干地区最严重，欧洲各民族之间由民族主义所带来的危机，其中以大斯拉夫主义、大日耳曼主义影响最大，俄国藉大斯拉夫主义收买巴尔干地区内的南斯拉夫小国，德奥则以大日耳曼主义拉拢巴尔干半岛内的克罗埃西亚、斯洛文尼亚小国，奥匈帝国内之各民族亦纷纷寻求独立，达尔文进化论影响，德国扩充军备，各国缔结秘密外交等。尽管这些原因都可能与战争有牵连，但究竟还是一种臆测，未必是真正的原因。但惟一可以断定的战争原因是，1914 年 6 月 28 日奥国皇太子菲迪南大公 (Archduke Ferdinand) 夫妻前往波西尼亚省之萨拉热窝市 (Sarajevo) 时，遭塞尔维亚青年刺杀。奥国皇太子被杀之后，奥国曾秘密派人赴塞国调查真相，未曾发现塞国政府涉及，惟奥国外长柏奇克 (Berchtold) 隐藏事实，并做出反塞宣传，且于 7 月 23 日向塞国提出要求，允许奥国政府派员调查惨案，塞国以涉及主权，未予应允，奥国遂于 7 月 28 日对塞国宣战。

令人好奇的是，为什么奥国王储与塞尔维亚之间的恩怨会引爆欧洲，乃至全球的悲剧？发动战争的俄国及奥国，无论沙皇还是哈布斯堡王室的皇帝，皆为落后、腐败的地区，两个不起眼的国家造成世界大灾难，原因何在？史家的看法是"同盟"使之然。由于各国连坐及联保关系，任何国家无法单独行动，战争一旦发生，彼此纠缠，回首无路，只能一味前进，终而踏上不归路。

2. 经过

第一次世界大战于 1914 年爆发，1918 年结束，前后绵延 4 年多，可以 1917 年为分水岭。在此之前，同盟国军队取得优势，1917 年后，情势改观，协约国反败为胜。

(1) 1917 年以前的战局

战争初起，奥塞交火，基于盟约关系，俄国随即展开援塞行动，向奥匈边界进军，德国支持奥匈向俄宣战，法国基于法俄同盟，对德宣战，英国亦加入对德战事，意大利初期保持中立，稍后在协约国允诺战后酬以亚得里亚海东岸土地，遂对德宣战，日本以英日同盟为借口，对俄宣战，美国则以德国潜艇妨碍海上自由，藐视人权，于 1917 年 4 月对德宣战，而土耳其、保加利亚则加入德方。共计有 19 个国家动员作战，11 个国家宣而未战。

第一次世界大战同盟国的战事以德国为主，因此德国的战争动向攸关战争的胜负。大致说来可以分为四个阶段：首先采史里芬计划 (Schlieffen Plan)，利用铁路运兵，部队快速机动能力，先打击法国，再回头攻俄。为了早日攻下巴黎，德国统帅决借道边界地势平坦的比利时，但遭比军力抗，阻延攻法行动。1914 年 2 月德国在西线动员 78 个步兵师，法国和英国加起来则有 73 个步兵师，德军长驱直入，巴黎危在旦夕，幸而俄国根据法俄同盟，由东线出兵，派两支军队至东普鲁士，迫使德国增援东线，而削弱西线战力。其次是 1914 年的马恩河会战 (Marne R.)，此役甚具关键，发生于 9 月 5 日至 12 日，德军战败被迫撤退，改变了战事的发展。从此战争进入阵地壕沟战中，机关枪的威力迫使双方对峙在战壕里，不敢轻易越雷池，战争陷入胶着状态。第三是 1915 年的东线战事，以俄境为主，德奥大军深入俄境，造成俄军惨重损失，伤亡达 200 万人。英法拟派军至君士坦丁堡协助俄军，亦遭重创，死伤 14.5 万人。第四是 1916 年弗登 (Verdun) 战役，德国倾全力发动攻势，法国贝当元帅 (H. P. Petain) 一夫当关，历时 6 个月，德军无功而返，法德伤亡逾 33 万人。法军在此役表现杰出，深获世人钦佩，德军消耗庞大兵力，作战计划受挫。协约国于索姆河 (Somme R.) 开始反攻，双方炮击，战局胶着，难有进展，由 7 月至 10 月德国人损失 50 万，英国人 40 万，法国人 20 万。此役最大的特色是坦克装甲车投入战场，履带压过铁丝网，战争朝向新的形态发展。联军亦于此役后开始转守为攻。

(2) 1917 年以后的战局

1917 年后战事急转而下，此年发生两件大事影响战局：一是俄国革命；另一是美国参战。

A. 俄国退出战场

俄国系由上百个族群构成的国家，如何统一，效忠沙皇是治国的首要。俄国自认人口最多，素质最高，文化及宗教 (东正教) 代表正统，但事实上俄国问题重重。19 世纪末叶，俄皇亚历山大二世解放农奴，进行一连串行政革新，但问题并未改善，1904 年日俄战争，俄国兵败，举国不安，呼吁改革声浪再起，尼古拉二世 (Nicholas II) 虚应故事，坐失改革良机。第一次世界大战，俄军连连挫败，更引起人民不满之心。1917年间先后爆发"二月革命"及"十月革命"。革命主要原因为人民不满专制统治，以及当前的经济危机。尼古拉二世应变无方，被迫退位，罗曼诺夫300多年王朝划下句点。尼古拉二世全家后来在西伯利亚被布尔什维克(Bolshevik)分子所杀。临时政府成立，国内政争不已。1917年4月列宁返国，人民热烈拥戴，发动"十月革命"成功，苏维埃取得政权，随即着手向德奥求和。谈判由1917年12月3日开始，俄国希望在不割地、不赔款的情形下达成协议，但遭德奥反对，1918年3月3日前双方签订《布列斯特—里托夫斯克条约》(Treaty of Brest-Litovsk)，俄国丧失自18世纪彼得大帝以来所获得的土地，包括波兰、芬兰、乌克兰、波罗的海东岸以及外高加索等广大地区，并付出巨额赔款。俄军退出战场，对西线战事造成重大压力。但美国适时加入战场又有助于英法的行动。

B. 美国参战

美国自一次大战爆发以来，由于国内族群来源不一，支持不同，对于参战与否，无法取得共识。美国总统威尔逊早先采"中立"政策，不仅要求人民在行动上维持中立，并希望在思想上也保持中立。但随着战事的持续进行，美国人民情绪日见焦躁，加上受传播媒体感染，支持方向上有了不同的比重，德国被塑造成军国主义，英法成为民主的捍卫者。

美国参战的主要原因有二：美国主要是由英国移民所组成的国家，标榜民主，自然倾向英国。大战期间德国为突破英国海上封锁，采用潜艇政策。此时潜艇尚在初期发展阶段，无法在海面上与航舰对抗，只能潜伏在水底，伺机突击，采"打带跑"策略。这种战法有违传统正面大军对峙的战争规范，自然引起英法不满，加上当时英美国籍难分，造成不少美人及美舰遇害的事例。1915年5月七日"露西坦尼亚号(Lusitania)"在爱尔兰南方海域被潜艇击沉，120人丧生，1916年5月苏塞克斯(Sussex)号商船又被击沉，美国2人丧生，对德提出严重抗议，德国遂停止无限制潜艇攻击。至1917年德国为及早结束战争，在军方强力要求下，再度恢复无限制潜艇战略，刺激美国参战意愿。

其次在美洲地区，美墨关系因边界纠纷，长久以来一直处于紧张状态，德国为牵制美国，防止其参战，外相齐默曼(Alfred von Zimmermann)密电德驻墨国大使，嘱其劝墨对美采取行动，允以美国参战之后，德墨结盟，给予经援，并助其夺回被美国占有的土地，包括美国的亚利桑那(Arizona)、得克萨斯(Texas)等地。此一文件虽早被英国截获，但在2月28日才公布，引起美国人震惊。

基于上述原因以及德奥在美国的活动，美国国会于1917年4月6日通过对德宣战。美国加入战争无论在人力、物力、财力等方面皆提供相当助力。

(3) 战争尾声

1918年战争进入尾声。德国此时由陆军总司令兴登堡(Paul Von Hinderburg)、参谋总长鲁道夫(E. F. Ludendorff)等军人主政；英法联军内部则意见分歧，相互指责。1918年3月26日英法两国政府决定设置"联军联合指挥部"，派法国名将福煦(F. Foch)元帅为总司令,统一指挥英法美三军作战。8月为战争的转折点,联军开始反攻。由于美军的加入,战事日趋顺利,德国固守多年的"兴登堡防线"被攻破,9月底德国军方直觉大势已去,通知内阁,从速求和。10月4日政府改组,向美国提出请和要求,希望以十四点原则为和谈基础,美国表示无法负责,10月28日,德国爆发为期不到两周的革命,迫使德皇威廉二世退位,逃往荷兰,11月10日"魏玛共和国"成立(Weimar Republic),由"多数社会党"(Majority Socialist Party)领袖艾伯特(F. Ebert)担任总理。

在德国形势转危之际,其他同盟国家亦先后向协约国臣服。奥匈帝国境内的多种民族,包括日耳曼、匈牙利、波兰、捷克、斯洛伐克及若干南斯拉夫民族等,受美国总统威尔逊的民族自决口号影响,在德国败象显露时,纷纷寻求独立。尽管奥匈帝国末任皇帝查理(Charles)体察现实,宣布改行联邦制,由所属各民族分享高度自治,惜为时已晚,匈牙利脱离奥匈双元帝国而独立。保加利亚、土耳其、奥国则从9月29日至11月3日期间纷纷求降。德国于1918年11月11日上午11时在法国北部康培恩城(Compiegne)附近一火车厢中,签停战协定。为期四年多,伤亡高达3300多万人,直间接损失超过1600亿美元的第一次世界大战终告落幕。

四、第一次世界大战后的重建

1. 重建原则

战争结束,战胜国的态度往往决定了战后的重建以及战后局势发展。第一次世界大战战胜国主要有:英国、法国、美国,重建则是依美国威尔逊总统所提出的《十四点原则》(The Fourteen Points)为基础而展开。这项原则是威尔逊于1918年1月8日向美国国会提出,主要精神为"没有胜利的和平"。由于过分理想,欠缺实际,加上美国内部党派歧见,杯葛威尔逊,使得《十四点原则》雷大雨小,虎头蛇尾,除了"国际联盟"外,其他十三点在政治现实方面实现部分,但是在理念方面则不受重视。综观这十四点,可以分为两大部分:一部分为政治理念,另一部分为战争现实。政治理念方面包括第一点到第五点以及十四点:(1) 外交公开,废除秘密外交,(2) 公海航行自由,(3) 撤除关税壁垒,贸易机会均等,(4) 裁减军备,(5) 依绝对公平的原则,重新调整各国殖民地的争执,(14) 建立一个国际组织,制订盟约,藉以达到共同保障所有国家政治独立与领土完整目的。政治现实方面从第六点至第十三点:(6) 撤出侵入俄国境内之部队,俄国之政治前途由其自行决定,(7) 撤出比利时,恢复其原有主权地位,重建对国际法律的信心,(8) 撤出侵占法国之地区,并归还1871年夺去之阿尔萨斯—洛林(Alsace-Lorraine),(9) 按照民族分界线,重划意大利边界,(10) 奥匈帝国所属各民族,均给予最自由的民族自决的机会。(11) 撤出罗马尼亚、塞尔维亚,给予塞国自由而安全之海口,巴尔干各国之政治经济独立与主权完整,由国际提供保证,(12) 奥特曼帝国中土耳其民族部分之主权地位应予保证，给予其他非土耳其民族的民族自决机会，(13) 重建波兰，给予自由而安全之海口，并由国际保证其经济独立及领土完整。

2. 战后和会

和会在巴黎举行，共有 27 个国家，70 位代表出席。由于各国与会专家人数庞大，召开大会不易，故举行次数有限，主要靠"最高委员会"(Supreme Council) 起草细节。1919 年 1 月 18 日大会召开，1920 年 1 月 21 日闭幕，历时一年。主要负责人士有三，称为"三巨头"(The Big Three)：美国总统威尔逊、英国首相劳合·乔治 (Lloyd George) 及法国总理克列蒙梭 (George Clemenceau)。三人代表两种不同的文化理念：英法饱受战祸影响，从现实层面考虑，对德持报复立场；美国远离战场，此次兴王者之师，怀道德理想。双方各有坚持，以致和会成就不大，世局又陷入往昔的权谋之中。

和会总共签订了五条和约，总称为《巴黎和约》(Peace of Paris) 包括 (1) 对德国签订的《凡尔赛和约》(Treaty of Versailles 1919，6 月 28 日)；(2) 对奥国的《圣日尔曼条约》(Treaty of St. Germain 1919，9 月 10 日)；(3) 对保加利亚的《纳伊条约》(Treaty of Neuilly 1919，11 月 27 日)；(4) 对匈亚利的《特瑞润条约》(Trety of Trianon 1920，6 月 4 日)；(5) 对土耳其的《色佛兹条约》、(Treaty of Sevres 1920，8 月 10 日)。

《凡尔赛第约》全文共约 8 万字，分为 15 章，440 条，详列德国领土之分割、军备的限制以及赔款问题。在领土方面德国放弃欧洲地区领土达 5 万公里，其中最重要的是，阿尔萨斯—洛林两地归还法国；德国将 18 世纪末年瓜分波兰之领土，退还波兰，但重要港口旦泽改为自由市，波兰与旦泽之间，划出一条"波兰走廊"(Polish Corridor)；将取自中国的胶州湾租借地及在山东半岛的特权交给日本，但因中国反对而作罢；德国放弃在海外的殖民地，由英、法、比、南非、澳、纽、日七国代管；至于德国军备则限定陆军十万人，海军船舰数目及吨位有限定，赔款数额则由赔款委员会规定。

《圣日尔曼条约》因匈牙利独立，成为单独对奥国签订的和约。奥国损失惨重，领土只剩下四分之一，人口由 3000 万减为 600 万，约为原有的五分之一。至于《纳伊条约》、《特瑞润条约》则使得保加利亚、匈牙利的土地减少。对土耳其的《色佛兹条约》在五个条约中最棘手。瓜分土耳其是欧洲国家的共同心愿，欧洲部分，早已底定，惟近东部分因希腊加入以及俄国宣布放弃对土耳其的特权，使得情势变为复杂。1920 年 8 月对土和约完成，由土耳其苏丹穆罕默德六世 (Muhammed VI) 代表签字，土国人民不满，革命行动四起，凯末尔将军则分赴各地游说，组革命政府，在俄国援助之下，对联军展开抵抗。1922 年 9 月驱逐希腊军队，11 月废除穆罕默德六世，1923 年 10 月正式改建土耳其共和国。在此期间，联军与土国新政府举行"洛桑会议"(Lausanne Conference)，签订《洛桑条约》，确定土耳其的疆界，原被希腊占有的东色雷斯归还土耳其，割让希腊的四个爱琴海岛屿，土耳其收回两个，土耳其在近东的土地，仍依前项条约规定，暂由英法代管，黑海海峡航行权问题较复杂，最后达成协议：海峡两岸不得设防，平时各国得航行海峡地区，惟战时关闭，任何国家军舰航行该区，舰只吨位不得高于苏俄舰队的总吨位。土耳其取消治外法权。

《巴黎条约》在获得有关国家批准之后即开始生效，惟美日未签，美国因国内党争，不加入国联，影响对和约签字；日本则是不满各国对中国问题的态度而拒绝签字。

3. 国际联盟

国际联盟是美国威尔逊总统道德理念与美国实用主义精神的结晶。试图透过国际间合作，阻止任何一个国家破坏和平。这个构想立意甚佳，但忽略现实的手段，缺乏制裁的力量，因而从开始之际，即因美国未能加入而注定其失败的命运。国际联盟于1920年成立，1946年4月举行最后一次会议，共存在27年，但实际有效运作至1939年第二次大战前告一段落。国联组织成立时，有会员24国，后增至58国。主要机构有大会(Assembly)、理事会(Council)、秘书处(Secretariat)、世界法庭(World Court)、国际劳工组织(International Labor Organization)，以及委任统治地常设委员会(Permanent Mandates Commission)等。大会以法文及英文为官方语言。重要问题如裁减军队、调解纠纷、制裁侵略交由理事会决定，理事会每年召开三至四次会议。理事国分常任理事国由大国出任；非常任理事国，由中小国家担任。席位因加入国家时有变动并不一定，至第二次大战前夕有常任理事国三席，非常任理事国十席。世界法庭设于荷兰的海牙(Hague)，其功能为对大会或理事会所提请解释的法律问题担任顾问。国际劳工组织目的在保障劳工利益。委任统治地常设委员会在处理德土两国之属地委托统治问题，由委员10人向国联理事会负责。

4. 战后问题

军队是战争的罪魁祸首，为消灭战争，裁军不可避免，但此举不易，一旦裁军，如何自保，成为问题。因此在第一次大战之后，国际掀起裁军及和平运动。此外，由于战债与赔偿所引起的经济问题，无法有效解决，导致1929年的世界经济大衰退，导致第二次世界大战的爆发。

(1) 裁军

基本上说来，战后的裁军运动效果不大。战胜国要求战败国依和约开始实行裁军，引起德国不满。它认为德国裁军只能是全面裁军的第一步，其他国家必须跟进。有鉴于此，德国在裁军之际，即秘密与俄国合作，在俄国境内制造武器，并派青年至俄国接受军事训练。海军方面成就较明显，1921年11月由美国发起，共有九国(中、英、法、日、义、荷、比、葡、美)参加的华盛顿会议，签署了《五国海军协定》。将英、美、日、法、义五国的主力舰总吨设最高限额，规定为英美各52.5万吨、日本31.5万吨、法义各17.5万吨，即所谓的5：5：3：1.67：1.67比率，规定十年之内不准造新舰。华盛顿会议并达成两项协议：一是四国公约：英、美、法、日四国互相尊重各国在太平洋地区的利益；二是九国公约：与会九国尊重中国的主权独立与领土完整，并接受以"门户开放"为对中国的基本原则。

国际裁军计划虽然自战后即积极展开，但因参与国各怀鬼胎，难有进展。迟至1932年2月"裁军会议"在日内瓦正式展开，有60多国参加。但法德各有坚持，使得会议陷入僵局，待希特勒执政，裁军会议已名存实亡。

(2) 和平运动

既然裁军不易，和平运动的诉求自然呼应而出。

战后共有三次重要和平运动分别为1924年的《日内瓦草约》(Geneva Protocol)、1925年10月的《洛加诺公约》(The Locarco Pact)、1928年的《巴黎和平公约》(Paris Peace Pact) 又称为《白瑞安凯洛格非战公约》(Briand-Kellogg Pact)。日内瓦草约规定战争为犯罪行为，必须加以制裁，为了解决各国争端，除了裁军之外，并应交由国际仲裁。《白瑞安凯洛格非战公约》签字国达63国，条文简单，无具体之规定，声明反对以战争为解决国际纠纷的工具。洛迦诺公约是由英、法、德、义、比、捷、波等七国开会签署，主要内容为德、法、英、比、义签订互保条约，德国正式承认其西部边界依《凡尔赛和约》规定；法国与波兰、捷克签约，防止德国可能的侵略。会议气氛友好，为战后国际和平缔造友好关系。

(3) 经济问题

战争造成人员、财物的重大损失。第一次世界大战法国损失惨重，要求德国赔偿乃人之常情。但过度的索赔，令德国无法负担，也是事实。

A. 赔款问题

巴黎和会未规定赔款数目，联军最早提出的数目为565亿美元，德国拒绝接受，经再估算，1921年确定为330亿美元，法国获52%、英国22%、意大利10%、比利时8%、其他国家8%，德国被迫接受。这项数目远超过真正损失，也非德国所能负担。德国于付出第一期2.5亿美元之后，即无力续付，要求延付，英国同意，法国需款重建，故反对，并与比利时出兵，占领德属鲁尔(Ruhr Basin)。该地为德国主要工业区，80%的煤及钢铁产于此地，法国拟藉此迫德国就范，德国拒不屈服，导致财政严重危机。德国马克巨贬，分文不值，不得已接受现实，惟法国亦受波及，损失不轻。事后双方重谈，德国继续赔款，赔款委员会重新核算，1924年《道威斯计划》(Dawes Plan) 出炉。主要要点为：法比撤出鲁尔区；外国贷款德国2亿美元，作为财政基金。德国赔款先自2.5亿美元开始，4年之后增至6.2亿美元，自1929年9月1日开始，联军退出鲁尔。

B. 战债问题

大战期间各国向美国贷款，总共103亿余美元，年息5%。欧洲各国主张：赔偿美国之数字，应视德国赔款的数字而定。这项提议将赔款与战债牵扯在一起。美国不同意，但愿降低利息。为了彻底解决战债与赔偿问题，美国提出《杨格计划》(The Young Plan)：将德国赔款之现金总额定为90亿美元，59年内还清；成立"国际清偿银行"(Bank for

International Settlement)，负责赔偿工作之监督与执行。至 1932 年 6 月，赔款数目再减为 75 亿美元，但要求美国相对减少战债，美国反对。惟自此以后德国停止赔款，各国对美国的战债也变成象征性，至 1932 年 12 月除芬兰之外皆停止偿付。

(4) 世界经济大恐慌 (World Great Economic Depression)

由 1929 年至 1933 年，以美国为主的经济体系，因华尔街的证券崩盘，引发全球的经济恐慌，史上称为"经济大恐慌"。

经济学家对经济大恐慌的原因有不同的解释。有人认为是资本主义必然有的现象，也有人将之归于第一次世界大战的战债与赔偿问题，更有人视之为美国泡沫经济的影响。总之，1929 年 10 月 24 日美国纽约华尔街之股票狂跌，抛售不止，美国银行倒闭高达 5000 家，投资人损失惨重，影响遍及全球。奥国银行、德国银行、英国银行纷纷出现提领风波，并有倒闭之虞，英国在 1931 年 9 月被迫放弃实施多年的金本位制。

世界经济大恐慌影响长远，特别值得一提的是，自由放任经济政策 (Laissez-faire) 受到质疑，世界各国对这项经济措施信心大失，转而寻求新的方式来解决经济难题。各国政府开始插手经济活动，一方面采关税壁垒，保护本国工商业；另一方面推动公共工程，制造就业机会。用"计划经济"代替"放任经济"，由政府拟订计划，动员全国的人力、物力与财力，预订生产目标及预期成果，如苏俄的"五年计划"和美国的"新政"，使得"经济国家主义"大行其道。除此之外，大恐慌让人对民主社会的效能产生怀疑，导致法西斯政权乘隙而出，社会犯罪事件日增。

五、第一、第二次世界大战间歇期

由 1918 年第一次世界大战结束到 1939 年第二次世界大战爆发，为时不过 20 年，人类即再度陷入无情的恐怖与杀戮之中。其真相耐人寻味，令人好奇的是，历史难道没有给人教训吗？究竟人类在这段期间具有什么的心境，导致人类必须仰仗战争来解决问题。从第一、第二次世界大战的敌对国家来看，英法与德奥是主体，历史的情结、民族的仇恨、生存的挣扎、贪婪的野心等等，往往超过理性的制约，导致类似的戏码不停的上演。在这过渡期间，各国的发展情况如下：

1. 德国

战后的德国历史发展可以 1933 年分为两期：在这之前为魏玛共和时代 (1918—1933)，之后到第二次大战为纳粹独裁时期 (1933—1945)。

(1) 魏玛共和

德国战败后魏玛共和政府主政。魏玛原为德国文人哥德与席勒的家乡，战后国民大会鉴于柏林情势未定，在此集会，1919 年 7 月 31 日通过新宪法，8 月 11 日实施。依照宪法，德国为联邦国家，政府组织分为立法、行政、司法三部分。立法机构有参众两院。德国十八邦，参院 (Reichsrat) 每邦至少选出一人，大邦每超过100万人增加一名代表，但规定任何一邦的代表人数不得超过总人数的五分之二。众议院 (Reichstag) 权力大过参院，有通过法律、否决总统命令、修改宪法的权力。由全体人民代表组成，选举采比例代表制，全国分为35个选区，各政党分别在各选区提出候选人名单，每6万人可产生1名代表。选举结果，按政党名单，依序排列。各邦设有邦议会及邦政府。

行政方面，总统为国家元首，由人民普选产生，任期7年，连选连任。无副总统设置，总统职权为任免总理及其提名的各部会首长，国家遇到紧急状况时，总统可暂停人民的宪法权利。总统之下设内阁，置总理 (Chancellor) 1人，总理及其内阁向众议院负责。由于众议院为多党形态，因此内阁常呈现不稳状态。国家设有最高法院，裁决各邦之间的纠纷，各邦设有地方法院。

魏玛共和14年期间，先后由两位总统：艾伯特 (F.Ebert) 及 兴登堡 (Paul Von Hindenburg) 主政，内阁动荡不安，改组10次以上。共和问题重重，既要负起战败的危机处理，又要面对经济风暴、国际压力。新生的一代对其父执辈所带来的羞辱不满，对失业问题焦虑。军国主义及革命思想一直左右了政局的变迁，第一次大战后德国共产党蠢蠢欲动，但未能得逞；右派军人于1920年及1923年先后发动政变。1929年全球经济大萧条，德国亦遭波及，1932年德国失业人口高达600万人，政府不得已将全国工业置于政府管辖之下，给予纳粹独裁奠定了基础。共和政府的危机来自政治，作为魏玛的中间分子"只学会与魏玛政府共存，却不曾爱它，亦不对它前途看好。"

(2) 纳粹兴起

纳粹党全名为"德意志国家社会劳工党"(National Social German Workers Party)，成立于1919年，其组党方式多模仿墨索里尼的法西斯，但在理念上有些不同，强调党在国家之上，所建立的政府是一种集权政府，重视日耳曼民族，可算是"大日耳曼主义"。希特勒及其党人视其所建立的政府为第三帝国，认为德国历史有三次帝国：第一帝国 (First Reich，962—1806) 即神圣罗马帝国；第二帝国 (Second Reich，1871—1918) 为俾斯麦建立的德意志帝国；第三帝国 (Third Reich) 即纳粹所建立的纳粹德国。第三帝国虽设有国会，但并非立法机关，而是接受政府命令的人民代表，换言之，纳粹是以命令代替法律来治国。其得势与希特勒 (Adolf Hitler) 有密切的关系。

希特勒于1889年生于奥地利，父亲为奥匈帝国的海关关员。希特勒资质平平，在校期间，少与人来往。1908年前往维也纳习画，但天不从人愿，未获准入学，遂放弃艺术生涯。在浪迹维也纳期间，阅读政治文宣，受社会达尔文主义思想影响颇深。直到25岁以前，是一位潦倒不得志的画家。第一次大战前一年迁居慕尼黑，1914年加入德军派往法国作战，受伤，获颁十字勋章。30岁入"德国劳工党"(German Workers' Party)，后重组，改名为"德意志国家社会劳工党"(National Socialist German Workers' Party)，简称纳粹党 (Nazi)。1923年11月希特勒利用经济不景气危机严重之时，在慕尼黑鼓动风潮，由于时机不成熟，出师不利，革命失败被捕入狱，在狱中写了一部自传《我的奋斗》(*Mein*

Kampf）。此书文笔普通，除了述说个人一生外，主要陈述了纳粹的理想及目标。第一次革命失败后，希特勒继续扩展纳粹势力，个人声望随之看好。43岁成为党魁，44岁出任德国总理，1934年兴登堡总统去世，希特勒接任总统，不到两年废除共和国，改为"第三帝国"（Third Reich），出任元首，开始其"血海帝国"的生涯。1945年4月德国兵败，希特勒以自杀了结其疯狂罪恶的一生。死前与情妇艾娃结婚，传为佳话。

综观希特勒的一生，史学界探索不断，有关著作汗牛充栋，视之为狂人、军事家、政治家、玄学家、屠夫等，各有所见，解释不一。然就其崇拜音乐家瓦格纳，重视神秘灵异之学，素食等行径来看，是位缺乏安全感的人。希特勒性格复杂，自负、自大、自信、固执、坚强、急躁、强悍、专断，受教不多，酷爱史书及兵书，作战时的战术及战略往往出人意料，一生最为人诟病的是屠杀600万犹太人，他为此设了大小无数的集中营，专门囚禁、处死犹太人，规模最大首推波兰的奥斯维辛（Auschwitz）。迄今目睹遗物，忆及惨状，仍不胜唏嘘。

(3) 纳粹独裁

纳粹之发展乃时势所趋。《凡尔赛和约》对德国人是一重大羞辱，也是一项无法承担的苦与痛。"撕毁《凡尔赛和约》"成为德国人最大的心愿，纳粹藉此获得人民的认同。1929年的经济大恐慌、共产党的威胁、魏玛共和的软弱等更提供了良机。纳粹夺权系运用迂回方式，透过宣传，改变人民观念；采用党政机关并设方式，让党干部兼任政府要职，并安插党工至政府机构工作。1933年7月，纳粹成为德国惟一合法的政党，1934年1月它取消各邦（德国此时有十七个邦）的立法权，由联邦政府指派各邦政府首长，5月更设立"人民法庭"，负责审讯叛国案，另设有秘密警察，称为"盖世太保"（Gestapo），及集中营，进行独裁统治。

纳粹统治期间最为人争议的是其种族政策。受到希特勒的影响，反犹甚至消灭犹太人成为纳粹的主要使命。他们的理论是，人类天生有优劣之分，亚利安人中的日耳曼种族最优，闪族中的犹太人最劣，斯拉夫人次之。纳粹认为，德国战败，犹太人为内奸；德国经济因犹太人而受害，因此要重振德国，一定要消灭犹太人。纳粹反犹可以1938年为界，分为两个阶段：早期是限制犹太人的行业，禁止担任公务员、律师、专科及大学的老师、公立医院的医生及护士。稍后又取消犹太人的公民权，禁止德国公民与犹太人通婚。到了后期，由歧视到屠杀，以消灭犹太人为最终目的，前后约600万犹太人遇害，包括居住在德国、奥国、波兰、乌克兰及东南欧的犹太人。

纳粹之外交政策可由希特勒所撰之《我的奋斗》一书中见其梗概。究其重点有：打破《凡尔赛和约》的束缚，向东南欧推进，扩大生存空间。可分为东西两个面向：东进攻击中东欧国家及苏俄；西向与英联盟，主要敌人为法国；后情势变化，则与英法同时为敌。1936年以前为防守大于进取。主要的行动有1933年退出裁军及国联；1935年重整军备。先扩充党军，后再并入政府军；设私人部队"党卫军"（SS）最初仅300人左右，身穿黑衫，由希姆莱统率，以后与戈林所建之"盖世太保"合并，成为纳粹的秘密警察系统。1935年废除《凡尔赛和约》后,公开宣布整军,建立国防军。1936年3月利用衣索匹亚战争,英法无法顾及之际,重新占领莱茵河两岸之非武装地区。英法尽管不满,但由于国内意见不一,只好坐视其非。1936年之后走向扩张路线,先于1936年10月25日与意大利成立"罗马—柏林轴心"(Rome-Berlin Axis),一个月之后再与日本签订《反共公约》;1938年合并奥国,再瓜分捷克。捷克位于欧洲心脏地带,主要人口为斯拉夫人,其次有斯洛伐克(Slovak),日耳曼人数为少数民族,居住在西北部的靠近德国民党边界的苏台德区。1938年9月12日希特勒表示不能容忍苏台德区日耳曼人所受之压迫,决将使用一切手段保护,捷克此时与法俄缔军事同盟,值此危机,英国基于恐共心理,首相张伯伦自告奋勇,担任和平使者,三次亲访希特勒,欧洲人批评此行为"姑息外交"(Appeasement Diplomacy)。1938年9月29日慕尼黑会议召开,决定了捷克被瓜分的命运,捷克失去了三分之二的工业资源。1939年3月捷克在德国压力之下分裂为捷克、斯洛伐克及罗马尼亚(Ruthenia),进而成为德国的保护国,以后在欧洲版图消失,至第二次大战后再出现。此后波兰与德界临,成为希特勒下一次东进的目标。英国至此发觉德国的野心无法满足,亦察觉波兰的危机,向波兰提供安全保护,希特勒乃改变其外交策略,与俄签订《德苏互不侵犯条约》,触动了第二次世界大战。

2. 意大利

第一次世界大战意大利虽然是战胜国,但战后并未获得预期的回馈,人民不满的情绪日渐高涨,怨恨政府无能的声浪日增。在外交上,阜姆港(Fiume)问题,引起意大利人不满。按伦敦条约,此地应划归意大利,但因当地居民多为南斯拉夫人,美国总统威尔逊为遂其和平理想,将港区划给南斯拉夫,激怒意大利。其次是阿尔巴尼亚问题,意大利希望将该地交由他们委任统治,但威尔逊表示反对,英法不满义军在战场表现,亦未有支持之意,导致意大利人生怨。时有一爱国诗人邓南遮(G. d'Annunzio)组黑衫军,于1919年9月占领阜姆,自建政府。意大利政府未予支持,更与南斯拉夫签约,承认阜姆为一自由市,将邓南遮逐离,激怒义人愤慨。在内政方面:意大利参加第一次世界大战共投入人力100万,60万人丧生,战后经济恶化,物资匮乏,失业情形严重,退伍军人无所事事,影响社会动荡不安。政府应对无方,人们失望至极,法西斯逢运而生。

法西斯主义在意大利得势拜墨索里尼之赐。墨索里尼为一铁匠之子,年轻时热衷社会主义,后因其不满社会主义的温和立场而出走。一次大战入伍从军,组法西斯党,以罗马人的束棍与战斧为标志。建党之际,走社会主义路线,但在选举失利之后,改变方针,向右靠拢,强调国家主义及反宗教主义。在工业巨子及大地主的赞助之下,墨索里尼势力大增,许多退伍军人及失业青年加入法西斯。党员身穿褐色服装,接受军事训练。法西斯党没有基本教义,也没有详细计划,更没有自己的哲学,诚如墨索里尼所言:"法西斯基本上没有教条,源于行动的需要,本身就是行动,不是政党,创党的前两年是反党、反运动的。"墨索里尼在演说中一再呼吁群众反对共产党,坚定爱国信念,采用暴力方式，破坏社会主义分子及共产党人士的集会，损毁他们的刊物，打击罢工，威胁工人。意大利政府懦弱无能，制裁无方，只能任其横行。1922年10月，无视政府存在，聚众数千人，闯入罗马城，伊曼纽尔三世(Victor Emmanuel III)国王担心引爆内战，召见墨索里尼，并任命他为总理。

墨索里尼掌权后，采用极权方式统治，要求国会给予一年的专政来稳定秩序，结果，不负众望，绩效显著，罢工减少、街头动乱不见、政府效能提高。1924年大选，人民表现对其支持程度，法西斯获得63%的选票。在国会多数的有利条件之下，墨索里尼展开独裁统治，禁止罢工，禁止其他党派活动，可以行政命令统治。为了巩固权力，他与教皇改善关系，1929年双方签订拉特兰条约(Lateran Treaty)，教宗承认意大利政府，意大利则承认教宗在罗马梵蒂冈的统治权成立梵蒂冈国，并给予大笔金额补偿教皇国被兼并时的损失。教会保有对意大利的教育权。

3. 俄国

1917年，期间俄国发生两次革命，一为"二月革命"一为"十月革命"。沙皇退位时，俄国临时政府取得合法政权，并获得外国政府承认，但是由工人和士兵代表共同组成的"苏维埃"却不表支持，并与临时政府展开夺权，一直到十月取得政权为止。"苏维埃"(Soviet)是一个组织名称，1905年10月首先在圣彼得堡(St. Petersburg)成立，以后相继在各城市成立，遭政府取缔。1917年再度活跃，分为两派：一派为"社会革命党"，一派为"社会民主党"，"社会民主党"中又有"孟什维克"(Menshevik)及"布尔什维克"(Bolshevik)两派，早期"孟什维克"占多数，以后在列宁的带领之下，布尔什维克后来居上，控制全部苏维埃。1918年改党名为"俄国共产党"。

列宁为贵族出身，早年因兄长参加社会革命党谋刺沙皇被捕处死，而立志参加革命，曾多次被捕。后出国，1905曾一度返国响应革命，但未能成事，再出国。一次大战期间，旅居瑞士，经友人协助，于1917年4月重返俄国，领导革命，打倒临时政府，取得俄国政权。

"11月7日"是俄国十月革命的发难日，苏俄政府并明定为开国纪念日(公历的11月7日为旧历的10月25日)。革命军很快就攻下冬宫(Winter Palace)，7日晚间第二届苏维埃全国代表大会于首都举行，至1918年初，革命军控制了全国大部分地区的苏维埃。为了要取得政权，布尔什维克解散了立宪会议，开始列宁为期7年的政局(1917—1924)以及斯大林25年(1927—1953)的统治。

(1) 列宁时代

列宁的统治可以分为两个阶段：第一阶段为"战斗共产主义"(1917—1921)，第二阶段为"新经济政策"时期(1921—1927)。

第二届苏维埃全国代表大会于1917年11月7日召开，决定了苏俄的发展方向。会议中通过几项重要决议案，包括取消土地私有制度，声明全国土地归政府所有，重新分配；成立"临时工农政府"，并通过新政府人事，设"人民委员会"(Council of Peoples' Commissary)，相当西方国家的内阁，有委员15人，列宁出任主席，托洛茨基为外交部长，斯大林为民族部长。新政府于1918年7月19日颁布了第一部宪法，定"俄罗斯社会主义联邦苏维埃共和国"(The Russian Socialist Federated Soviet Republic)为国名，迁都莫斯科；将党名改为"俄国共产党"(Russian Communist Party)，并于来年成立"共产国际"，又名"第三国际"；成立红军(Red Army)，军中设"政治委员"(Political Commissar)；改变历法，自1918年2月14日(俄国旧历为2月1日)起开始改通行之公历。此后俄国的政治以马克思主义为最高指导原则，史上称这段统治时期(1917—1921)为"战斗共产主义"(War Communism)。

1921年苏俄经济活动再面临难题，农产欠收，工业萧条，币值下贬，战斗共产主义一筹莫展。列宁有鉴于此，排除马克思教条主义，于第十届俄共代表大会中宣布放弃战斗共产主义，改行新经济政策(New Economic Policy)，向资本主义让步，采"战术性退却"，挽救经济灾难。

(1) 斯大林时期

1922年列宁心脏病发至1924年1月去世，病榻之际未指定接班人，以致从1922年起，俄国领导中枢即陷入权力斗争之中。此时俄国政治权力有三派人士角逐：左派以托洛茨基(L. Trotsky)、加米涅夫及季诺维也夫三人势力最大；右派以布哈林(N. H. Bukharin)、托姆斯基(M. P. Tomsky)为首；中间派以斯大林为首。斯大林(Joseph Stalin)首先联合加米涅夫、季诺维也夫打击托洛茨基，再联合右派打击左派，1927年他剥夺了托洛茨基的所有权力，并将他放逐至西伯利亚。从此斯大林大权在握，展开独裁统治，1934至1938年间更大肆清党，铲除异己，遂其所愿。

斯大林生于一贫穷家庭，不像列宁遭长期被放逐至国外，文化水平不高，缺乏世界观。9岁加入社会民主党，后担任列宁的助手，洞悉权术之道。本人善于权谋，工于心机，尽管文笔泛泛，口才平平，但却懂得御人之术，利用拔擢下级方式制造矛盾冲突，而达到集权的目的。

斯大林的政绩可以由国内及国际两方面来说：

A. 内政方面

五年计划(Five-year Plan)，由1928年开始，为苏联的发展奠定了方向，并区隔了共产主义与资本主义的不同。所谓五年计划是依据斯大林所提出"一国社会主义"(Socialism in one Country)的理论而拟定的方法。终斯大林统治期间，共进行了五次五年计划(分别为第一次：1928—1932；第二次：1933—1937；第三次：1934—1942；第四次：1946—1950；第五次：1951—1955)。其主要目的是解决新经济政策中向资本主义让步的难题，说明暂时放弃世界革命，采用一国社会主义的理由，希望以建设俄国作为其他国家的典范，进而达到围堵资本主义的终极目标。

五年计划的内容主要有二：一为工业建设，二为农业改造。前三期的计划重点在工业。值此西方国家在经济大萧条的冲击之下，步履蹒跚之际，苏俄经济形势大好，工业年成长率约为 12% 至 14%，电力为世界第三位，机器卡车为世界第二位。其主要具体成果有：在乌拉山东麓建立一钢城；在西伯利亚、中亚、北俄等地区开煤田；在高加索挖新油井；建立水坝发电厂；开凿运河；修建连结土耳其斯坦与西伯利亚铁路。

B. 农业方面

行"农业集体耕作制度"，采"集体农庄"(Collective Farm) 及"国营农场"(State Farm) 两种方式。"集体农庄"是一个由若干农户组成的村庄，土地属公家所有，由政府配给农民耕种，每户可保留一小块私地使用。集体农庄采机械方式耕耘，主要生产工具如耕耘机、收割机，由政府供给，但收取费用。政府在各处设机器供应站，提供服务，但也控制了农民的生产工具。"集体农庄"有三类：一是公社 (Commune)，农民住在社内，生产工具公有；二是共耕社 (Toz) 农民合购机器，联合耕种，土地、工具及家畜在各农民名下。三是农业劳动组合 (Artel) 农民持有土地参加公营，但保有私地。在这三者之中，农业劳动组合所占比率最高。"国营农场"是农村中的"工厂"，为政府机构，耕作的农民相当工厂雇用的工人，由政府支薪。国营农场多设于偏远地区，专业化种植，早期农工多为囚犯。

农业集体耕耘是一种实验，由于其方式违反人的本性及私欲，因此在推行之际，阻力甚大。斯大林为了贯彻其理念，采用高压手段，凡是反对者，不是将他们集体移往荒地劳改，就是全数杀害，农民反抗无门，采消极方式，焚毁家当，同归于尽。尽管阻力不断，斯大林不为所动，至 1938 年集体化运动已获进展，全国 93% 农地不是集体农庄就是国营农场。尽管如此，农民关心的还是集体农庄中的私地及私利。

斯大林时期在内政上另一项重要的成就是 1936 年 12 月 5 日颁布《斯大林宪法》(Stalin Constitution)，全文有十三章一四六条。这是苏俄所颁布的第三部宪法，第一部在列宁时颁布，第二部在 1924 年颁布，主要是确定了国名"苏维埃社会主义共和国联邦"(Union of Soviet Socialist Republics)。第三部规划了苏联的行政架构。

最高权力机构为"最高苏维埃"(Supreme Soviet)。由"联邦院"(Soviet of the Union) 及"民族院"(Soviet of the Nationalities) 组成。"联邦院"代表全体人民，每 30 万人选出一名代表；"民族院"代表组成联盟的各民族，每一"加盟共和国"推举 25 名代表；每一"自治共和国"推举代表 11 人；每一"自治区"推举代表 5 人；每一"民族"区推举代表 1 人。代表任期四年，两院地位平等，有提案权力。两院联席会议选出"最高苏维埃主席团"(Presidium)，设主席 1 人，地位相当国家元首，主席团之下设内阁 (又称为人民委员会；1946 年后改为部长会议)。内阁亦设主席团，主席团再设主席，相当内阁总理。内阁中设有若干部，有"联盟部"(All-union Ministry)、"加盟共和国部"(Union-republic Ministry)"共和国部"(Republic Ministry)，数目不定。

苏联为一党政不分的国家，政务的推动受党制约，各级政府均受同级党部指导，政府各阶层领导亦由共产党干部出任。共产党的最高权力机构为"全联盟代表大会"(All-union Congress),选出"中央委员会",其下设有"政治局"(Politburo)、"组织局"(Orgburo)、"秘书处";并设有若干部局,管理人事、宣传、军事、情报、农业、工业、教育、外交。秘书处下设有书记长一人,书记若干人,地位自斯大林后日趋重要。

C. 外交方面

苏维埃革命成功获得政权之后,因其一再声明要推翻各国政府,并拒绝偿还帝俄及临时政府所积欠的债务,导致各国拒绝承认。为苏联发展带来许多困扰。列宁为实行其新经济政策,开始改变对外关系,采取"联合阵线",争取中国与英国的承认;斯大林继位之后,苏联采用"集体安全"及"人民阵线"两路,向外拓展。首先是与友邦签订《利维诺夫议定书》(Livinov Protocol),在东欧建立区域性公约,其次在1933年获得美国承认,1934年加入国际联盟,1935年与法国及捷克签订同盟条约,任何一方受到第三国攻击时,须相互援助。至于"人民阵线"是要牵制法西斯势力,维护苏联安全之下的一种妥协方法。要求各国共产党暂时放弃革命路线,与各国小资产阶级合作,组织人民阵线形式的联合政府。在法国、西班牙、中国皆获成果。

4. 英国

第一次世界大战英国是战胜国,战后光彩依旧,但荣景不再。内政上面对经济大萧条、内阁动荡不稳,工党抬头;外交上,帝国式微,导致爱尔兰独立,影响南爱与北爱的紧张关系。首先说内政,第一次世界大战结束,英国财政遭遇难题,积欠美国46亿美元,但其他国家在战时向英国借贷近90亿美元。英国鉴于索债不易,试图用抵消方式,了却债务,但债权国美国不同意,迫使英国增加人民赋税。此外,经济不景气导致失业人数增加,20年代英国的工人失业比率为十分之一,1906年成立的工党(Labor Party)至1922年后成为英国的第二大党,对政府提出各种失业保障要求,使得英国不得不采用福利政策。

由于经济不安定,连带内阁不稳定,战后英国内阁更迭频频,平均每两年多即生变。战后英国主要政党有三:保守党、自由党、工党。各党在大选中皆未能取得绝对多数,多次成立联合内阁,影响政情不稳,其中比较值得一提的是英国的工党。1924年工党在麦克唐纳(J. R. Mac Donald)领导下,首次组阁。英国工党是由"费边社"(Fabian Society)组成,其成员多为温和的社会主义学者,主张以温和渐进的方式,达到社会主义的理想。因此工党党纲与其他社会主义政党不同,主张透过议会立法程序,实行社会改革,赞成有条件工业国有化,主张殖民地自治。在这段期间英国内政上最为人称道的是,放宽选民资格,1918年规定男子21岁以上,在英居留6个月以上,有职业者,女子30岁以上皆有投票权。1928年将妇女投票权降为21岁以上,为民主一大成就。

英国的政治发展至1921年走向一个新的阶段。英国自立国后国号数变:原称英格兰王国,1707年并吞苏格兰后改名"大不列颠王国"(Kingdom of Great Britain),1801年将爱尔兰纳入议会体制,更名为"联合王国"(United Kingdom),1921年爱尔兰自治,北爱尔兰留在体制内，改国名为"大不列颠及北爱尔兰联合王国"(The United Kingdom of Great Britain and North Ireland)。1931年12月英国下院通过"西敏寺法案"(The Statute of West-Minster)，明白规定，自治领(原英国殖民地：加拿大、纽芬兰、澳大利亚、新西兰、南非联邦)为自由组成大不列颠国协之成员，共同向英国王室效忠，但内政、外交地位完全平等。从此改名为"大不列颠国协"(The British Commonwealth)，1949年后再改名为"国协"(The Commonwealth)。

5. 法国

法国虽为战胜国，但战争却为法国带来重大的创伤。工厂毁损，道路、铁路柔肠寸断，农田荒芜，房屋倒塌，重建困难。政府除发行公债之外，只能仰赖赔款，一旦德国无力偿还，法国则窘态百出，故有出兵占领鲁尔工业区之举。此时法国为"第三共和"时期，党派林立，约有10至15个之多，分为左、右、中三条路线。各党对党员纪律并无严格限制，跨党支持情事屡见不鲜。少有党派在历届选举获绝对多数，大半是联合内阁，内阁阁员异动比率高，如1931年赖伐尔(P. Laval)主政时，一年三度改组内阁，影响政策摇摆不定。法国尽管内政分歧，但在外交方面却前后一致，首尾一贯，采集体安全制度，以结盟为手段，其主要的对手为德、俄。积极支持国际联盟，先后于1920年与比利时，1922年与波兰，1924年与捷克，1926年与罗马尼亚，1927年与南斯拉夫缔结同盟条约。由于法俄之间彼此猜忌，无法产生信任感，以致一旦发生问题，盟约立即失效。

6. 美国

第一次大战之后的美国，因为威尔逊总统十四点和平原则遇挫，加上共和党主政，强调"回归正常"(back to normalcy)，使得美国在国际上走回孤立主义，政治采取保守主义态度，经济上充满资本主义投机作风。战争使得美国从债务国变成债权国，美国的地位随之提升。

从第一次世界大战到第二次世界大战之间的美国历任总统多来自共和党，分别是哈定(Warren Harding)、柯立芝(Calvin Coolidge)、胡佛(Hebert Hoover)。这三位总统在美国历史上被视为平凡的人物，哈丁政绩平平，各项措施以图利资产阶级为主。任内丑闻不断，任期未结束即因病去世。柯立芝继位，行事谨慎，奉行"无为"哲学；他不是位杰出的总统，但是位能干的政治家，致力维持国家现状。胡佛在出任美国总统之前是位国际知名的矿业工程师，也是位人道主义者。任内不幸遭逢全球经济不景气，试图以"政治工程师"的形象，领导美国走出阴霾，可惜未能成功。

1929年的经济大萧条风暴对美国产生大影响，20年代欣欣向荣的股市，一夕之间天地变色，百姓损失惨重，血本无归，全美一片愁云，胡佛以自由放任的态度面对不景气，令百姓无所适从。1933年罗斯福上任，改弦易辙，由政府协助推动多项政策，协助人民度过困难。小罗斯福的"新政"一改过去美国自由放任的经济,虽引起美国人的质疑,但由于美国人脱困心理胜于一切,在"免于恐惧"的激励之下,新政逐步推动,其中最为人津津乐道的是其设立"田纳西河流管理局"(Tennessee Valley Authority),整建田纳西河流域水运,营建二十座水坝,提供廉价电力以及就业机会,两岸百姓受惠。"新政"提出多项计划,如"农业调整法"(Agricultural Adjustment Act;AAA)同意收购农产品、提高农价;"全国工业复兴法"(National Industrial Recovery Act;NIRA)要求业主与劳工携手对抗困境,应付危机。这些政策无非是藉助政府的力量来对付困难,与美国自由经济体制背道而驰,造成违宪风波。影响新政的推动。小罗斯福以"炉边谈话"来化解民众的惶恐与疑虑,但两次"新政"并未让美国摆脱困局,1939年第二次世界大战爆发,转移了人们对不景气的注意力,也解决了不景气最大的失业难题。

六、第二次世界大战

第二次世界大战是人类历史上的一场重大浩劫,不到6年左右工夫,丧失千万条人命,损失财物不计其数。屈指算算,距离一次大战不过20年光景,人物犹存,记忆犹新,但战争不止,不禁令人怀疑,人类是否可以由经验中记取教训?战争的发生是仇恨?是难题?说不清,理更乱,总之,战争爆发了。

第二次世界大战主要的挑衅国家有日本的军国主义、意大利的法西斯主义、德国的纳粹主义。这些国家在20年代皆遭遇政治变迁、社会动荡,试图以向外扩张方式改善国内危机与问题,导致世局的混乱。日本于1931年开始入侵中国东三省,国联制裁无效,间接鼓励日本全面对中国展开攻势,1937年中日战争正式开打。欧洲方面,意大利的法西斯继日本侵华之后,不顾国联警告,入侵非洲的衣索匹亚(Ethiopia);德国在并吞奥国及捷克后,于1939年攻打波兰,英法向纳粹宣战,美国、苏联先后加入反轴心集团,亚欧两地烽火连天。1941年日本偷袭美国在夏威夷的海军基地,刺激美国介入中国战场,从此亚洲战场与欧洲战场结合,成为名副其实的第二次世界大战。

1. 战前世局

(1) 亚洲情势

主要受日本军国主义影响。对许多日本人而言,第一次世界大战所以能获胜是由于采用民主政体的关系,因此战后日本人大量引进西方文化,年轻人接受西方音乐、电影、运动,女孩穿着摩登。1913年至1926年间,日本进入大正(Taisho)民主时代,两党采民主选举方式执政,惟1926年昭和(Hirohito)登基后不久,日本即走向军国主义、帝国主义。有关日本转变原因迄今不解,但可以知道的是一次大战期间,日本经济扩张迅速,战后无法持盈保泰,尤其在1929年经济大萧条时受创甚重,日本工人及农人受害匪浅。面对恶化情势,日本人苦无对策,因此有许多人将之归咎于西方国家不肯接受日货,歧视日本人，特别是对美国总统不肯在国联中加入种族平等条款不满。

日本军国主义源于军中的年轻军官，他们对西方文化了解有限，坚守军中文化。少数极端爱国分子加入激进团体，如黑龙社 (Black Dragon Society)，鼓吹向中国及苏联发动军事行动，以解决人口过多及经济难题，他们自称代表皇意，主张日本有统治亚洲的使命。依照日本宪法，日本军人执政并不违宪。按1889年明治宪法，日本海陆军由天皇统领，文人政府无权置喙。在日皇未干预并且默许的情形下，日本军人地位日隆，逐渐位居要津，左右国事。这批军官甚至采用谋杀方式，杀害与他们意见不合的高级官员或大企业家。在1936年2月中的叛乱事件，许多政府高级官员遇害，法庭进行审判时，不少民众对施暴者表示同情，并视为烈士。此后文人政府地位日损，军方地位日隆。军方开始径行发动军事行动，1931年9月18日向中国东三省进攻，国联制止无效，日本民众在战争胜利的鼓舞之下，支持军方行动，文人政府倒台，日本退出国联，从此国联声望一落千丈。日军在华作战胜利使得日本亲军方势力大增，1931年后政府开始大肆整肃反动分子，驱逐自由派教授，查禁自由派书籍，逮捕工会领袖，修改教科书以符合国家主义需求，利用收音机、电影教育民众，丑化西方文化中的跳舞以及个人主义的活动。

日本的军国主义与意大利及德国不同，没有杰出的英雄人物。日本于1930年代末，与德国、意大利签约，组成轴心 (Axis) 联盟，与西方国家，特别是美国和苏联展开作战。

(2) 欧洲情势：独裁政体之出现

欧洲自遭逢经济大萧条之后，独裁政体逐渐得势。何为独裁政权？令人好奇。简单说来，独裁政权较专制，对社会、经济、政治及人民生活严格控制有过之而无不及。独裁者拥有大批官僚及现代技术，透过党机器的运作，以大众传媒，如收音机、电影倡导其理念及思想。独裁政权有一批忠贞不二的党员效命，以"仇恨"意识来凝聚团结力，如德国的纳粹党仇恨犹太人，苏联的共产党仇恨资本家。党员穿着制服，领薪俸，具有浓厚的党意识。几乎所有的独裁政体都是以简单易懂的口号和激情的叫嚣来唤起群众的盲动，达到其掌权的目的。

30年代欧洲独裁政权主要有意大利的法西斯政权及德国的纳粹。有关其发展已于前述。

2. 大战前夕

亚洲方面：日本在没有正式宣战的情形之下，于1937年继续对中国加强攻势，中国宣布全面抗战，开始为期八年的中日战争。日军迅速渡过黄河，进逼南京，展开令人发指、惨无人道的残酷屠杀。日军陷北京之后，宣布成立东亚"新秩序" (New Order)，这就是"东亚共荣圈"，目标是要摧毁中国蒋介石政府，驱逐西方在东亚的利益，建立一个包括日本、中国及满洲的经济圈，自给自足。

欧洲方面：

(1) 意大利进袭衣索匹亚

衣索匹亚是非洲仅有的两个独立国家之一。意大利企图染指此地已久,但一直未能如愿。1934年底意大利与衣索匹亚爆发战争,来年义军侵入衣国。衣王赫勒塞拉西(Haile Selassie)向国联求援,请求调停,意大利辩称衣索匹亚挑衅,国联未予采信,决议对意大利实施货物禁运,拒绝其贷款,效果有限,因为战争的主要物资石油不在禁运之列;英法不愿孤立意大利,未积极支持禁运;美国此时尚未加入国联;德国根本不理会禁运。1936年7月禁运取消,意大利大军进入衣索匹亚,瓦解赫勒塞拉西大军。意大利国王伊曼纽尔出任衣索匹亚国王。1938年墨索里尼又征服了巴尔干半岛上的小国阿尔巴尼亚。

(2) 纳粹重整军队

希特勒于1933年掌权后,致力恢复德国人自信。除了加强经济及军事力量之外,要求中欧德语系国家与第三帝国合作,为德国人争取东欧斯拉夫地区的生活空间。希特勒于1936年至1939年间,开始进行其伟大的计划:1936年派军进入莱茵地区。此地为重要工业地区,位于德国境内,但根据《凡尔赛和约》,已划为非军事区,作为德国与法国的缓冲区。莱茵非军事区为法国提供了安全保障,但也提醒德国一次大战失败的耻辱。希特勒冒险进军莱茵地区,让许多将领担心法国会派军保护,结果法国仅派出十五万名军队至马其诺防线部署,未有进一步行动;英国毫无动静。希特勒赌注成功,个人声望扶摇直上。事后他表示,如果当时法军挺进,德军势必败退,因为此时德军战备力不足,连防卫力量都有限。英法所以漠视德国的行动有其原因,首先是两国的民众厌恶战争,当权派人士多曾参与一次大战,自然不愿再有战争发生;其次政府在饱受经济大萧条的冲击之余,百废待举,不愿增加军费;此外,英国认为第一次世界大战后的和会对德国惩处过严,不公平,德国试图修改和约,可以同情;美国及少数西方国家认同希特勒,认为他是一位可以沟通的人物,而且野心不大;更有国家担心共产主义蔓延,害怕苏联扩张,希望以德国为缓冲。

1938年初希特勒不顾《凡尔赛和约》规定,吞并奥国,改名为奥士马克邦(Ostmark),各国未表异议,德国增加600万人口,国势大增。希特勒野心并不止于此,他将眼光朝向紧邻德国的捷克苏台德区(Sudeten)。此地住有300多万日耳曼人,被视为少数民族。1938年9月12日希特勒发表演说,表示不能坐视苏台德区的日耳曼人受到迫害,准备动员奥援,使得当地情势转趋紧张。法国、苏联与捷克缔有军事同盟条约,德国挑衅将使这些国家卷入是非之中,英国也难免,大战有一触即发的可能。值此紧要关头,英国首相张伯伦(Neville Chamberlain)展开绥靖,进行为后人议论的三次"姑息外交",三次会晤希特勒。尽管苏联此时有意协助捷克,但英法却持姑息立场。1938年9月29日张伯伦、希特勒及法国总理达拉第(Edouard Daladier)在慕尼黑(Munich)会晤,三人同意德国并吞苏台德区,但要求希特勒保证捷克维护其余部分的自由。捷克在得不到外援的情形之下,只能接受现实,让出苏台德区,丧失三分之一人口、重要工业区以及国防重地。张伯伦于约定之后,回到英国,受到欢迎,宣布赢得当代的和平光荣。但这一纸之约，只是一时之快，梦幻一场，未几，希特勒就与匈牙利及波兰瓜分了捷克其他部分领土。

(3) 西班牙内战

西班牙在 16 世纪为一流强权国家，发展至 19 世纪没落为二流国家，其主要原因在政府与教会的对立，以及少数贵族、地主、资本家、教士想维持既有的权益和地位，与广大的群众脱节，并形成对立。西班牙原为一君主立宪国家，1931 年遭逢经济不景气冲击，全国动荡，国王出走。大选结果，自由派人士在工人、部分农人及社会主义人士的支持之下，获得胜选，组织"共和国"，展开一连串社会、政治、经济改革并废止王制。1936 年失势的贵族反扑，在佛朗哥 (Francisco Franco) 的领导之下，形势转好，以后佛朗哥成为保守派领袖，组织"国民军"(Nationalists)，从 1936 年至 1939 年与共和政府展开为期四年的战争。

内战期间，欧洲自由与独裁国家纷纷介入，并就其所好选边。许多史学家因此视之为第二次世界大战的首役。尽管欧洲民主国家及美国宣布中立，但西欧的自由主义、社会主义及其他国家则纷组自愿军，协助共和国作战，其中以意大利出力最多，墨索里尼派遣数万名部队投入战场，德国的希特勒以空军支持，造成重大伤亡。佛朗哥在意大利及德国的支持之下，于 1939 年获得胜利。

3. 战争爆发

1936 年后，欧洲情势转趋紧张。1936 年至 1937 年间德国与意大利、日本签订柏林、罗马、东京轴心 (Berlin-Rome-Tokyo Axis) 阻止共产党扩张。1939 年 8 月希特勒与苏联斯大林签约 (Hitler-Stalin Pact)，双方同意互不攻击。当一方遭第三国攻击时，另一方必须保持中立。希特勒希望藉此防止英法对德动武时，不致遭苏联夹击。斯大林料到迟早要与德国对决，希望利用缓冲期，发展军事及工业力量，避免同时与德日两面作战。两国秘密瓜分波兰，承认波罗的海三小国爱沙尼亚 (Estonia)、拉脱维亚 (Latvia)、立陶宛 (Lithuania) 为苏联的势力范围。1939 年 9 月 1 日德国入侵波兰，英法出面要求维持波兰完整，二次大战于焉展开。

4. 战争经过

战争过程极其复杂，可以 1941 年为界，在此之前欧洲、亚洲战事各自为阵，此后因美国加入，欧战与亚洲战争结合，成为真正的世界大战。

(1)1941 年底前的战况

战争初起，德苏同时进军波兰。德国采"闪电战术"(lightning war)，首先以轻型战斗机，攻击波兰空军，再以俯冲轰炸机，破坏交通、制造百姓惶恐，最后以重型坦克配以轻装步兵，越过波兰平原，苏联军队则从东线进袭。英法眼见波兰危机，却无从支援，不到一个月波兰即告沦陷。之后的秋冬季节里，西线无战事，有人戏称此时为"假战"(phony war)，英国忙着整军，驱逐海上敌人，对德国实施封锁，法国则准备长期抗战。40年的战事由西线开始：

A. 西线

1940年4月希特勒展开攻势：首先北上，28天内征服挪威(Norway)、24小时内攻占丹麦(Denmark)，巩固北翼，再西向攻打比利时、荷兰，绕过马其诺(Maginot)防线，攻打法国，5月10日德军迅速瓦解荷兰及卢森堡(Luxembourg)防线，比利时在英法的支持之下，拖延些时日，亦告失守。德军并出英法意料，由南部亚尔丁(Ardennes)进攻，直逼英法海峡。聚集法兰德斯为数约35万的英、法、比利时军队面临危机，英国海军及时发挥机动力，从敦刻尔克(Dunkirk)将这批军队及时撤出，保全了英国军力，并唤起英国人的自尊。但对法国的情势并无助益。法国节节败退，墨索里尼乘机加入，6月10日对法宣战。四天之后，德军长驱直入巴黎，法国主战主和两派各有坚持，最后内阁多数主张投降，贝当元帅(Marshall Henri Petain)，一次大战英雄，认为大势已去，不要无谓牺牲，主张停火，获任总理。6月16日夜晚，向德国投降，地点在一次大战德国签字投降的火车厢。6月24日法国与意大利另签停战协议。法国分为两部分：北部约为法国领土五分之三的面积由德国占领，其余部分交由设在维基的傀儡政府管辖，法国第三共和结束。1940年起法国的国号为"法兰西邦"(The French State)。抗德人士不甘受制，在海外成立法兰西民族委员会(Free French National Committee)，由戴高乐(Charles de Gaulle)担任领袖。

法国不敌德国，应声倒地之后，英国则肩负重责，单独面对挑战。1940年邱吉尔(Winston Churchill)出任首相，决定不惜牺牲任何代价，作战到底。希特勒了解必须掌握制空权，才能派军越洋攻打英国。1940年8月德国在英军二度拒绝和谈之后，除对英国进行"海狮行动"(Operation Sea Lion)外并展开全面轰炸，试图摧毁英国皇家空军(Royal Air Force)。德国空军在对英作战数星期后，损失惨重，至九月即不再攻击空军基地、重工业区、军事据点，亦放弃对付皇家空军，改以夜间空袭伦敦及南方城市。英国人拒不屈服，拖延至冬季，希特勒眼见战事胶着，乃搁置对英作战，不列颠之役到此了结。

B. 东线

进攻英国受挫之后，希特勒将重点转向巴尔干半岛，并准备与苏联对决。1940年秋，德国即采用威胁利诱方式让匈牙利、罗马尼亚、保加利亚加入轴心阵营，惟独南斯拉夫仍保持独立。1941年春，希特勒大军以迅雷不及掩耳之速度，攻下南斯拉夫，并进军希腊，为墨索里尼解困。在此之前，墨索里尼曾于1940年10月入侵希腊，但不久即被击退，转往阿尔巴尼亚。1941年4月23日希腊不敌德国攻势，屈服投降。

东线最大的敌人是苏联，尽管因权宜之便，德国与苏联订有互不侵犯条约，但德国一直伺机对苏联用兵。希特勒与拿破仑一样，低估了苏联距离遥远，幅员广大，冬季气候严寒，补给困难等问题，以致大军受困冰天雪地之中，动弹不得。依希特勒原先计划，出兵苏联时间订在五月，但为了挽救墨索里尼在希腊的困局，改变计划，先驰援义军，以致延误对苏发兵时刻，6月22日正式攻打苏联。德国动员军队包括意大利、罗马尼亚、匈牙利、芬兰等盟军在内，超过300万人，坦克车3350辆，飞机2000架；苏联部署兵力约有230万人，坦克1万辆，飞机6000架。

德军进攻苏联不久，英国即与苏联签订互助条约，美国也在同年11月开始以租借法案规定下物质援助苏联。德国兵分三路，分别由北、中、南进攻列宁格勒、斯摩棱斯克(Smolensk)和莫斯科。苏联采焦土政策，以空间换取时间，并准备在大城市决战。战火持续4个月，德军虽攻陷斯摩棱斯克、基埔等城市，但苏联并未瓦解。11月德军倾全力攻打莫斯科，12月大军推至郊外，冬季降临，德军士兵穿着夏服无法耐寒，加上补给困难，攻打莫斯科功败垂成，苏联军队展开反攻。德军在列宁格勒亦久攻不下的情况之下，1942年8月23日开始进攻斯大林格勒，战况空前惨烈，经过一整个冬天的战斗，德军不敌，1943年2月30万部众投降。此后形势转变，苏军节节进迫，至1945年春接近柏林。

C. 美军参战

美军介入亚洲战事系因日本偷袭珍珠港所致。1940年日军在华作战陷入两难，既不能屈服中国又不能全身而退。战争旷日持久，美国民意日渐同情中国，迫使华府停止对日本输出铁及石油，并说服荷兰和英国采取同一步调。日本在作战能源中断的情形之下，开始采用南进政策，寻求东南亚地区的石油及战争原料。当时东南亚的形势对日本有利：英国忙于对付德国，法国已无暇自顾，东南亚法属殖民地被日本占有，惟有美国可以对付日本。美国要求日本退出中国，日本不从，双方关系陷入紧张状态。日本几经考虑，决定孤注一掷，对美发动战争。日本军方评估，美军介入战争会首先对付德国，无论胜负对日本均有利无弊。如果德国获胜，日本可高枕无忧；如果德国战败，日本也有足够的时间屈服中国，并稳固其在亚太的势力。日军更认为，美国出兵亚太，师出无名，不会贸然行事。日本东条英机内阁在未照会轴心国家的情形之下对英、荷在东南亚属地及美国在太平洋的军事基地发动攻势。1941年12月7日至8日，珍珠港遭日机重创，损失惨重，美国迅即对日宣战。日本及轴心国家不甘示弱，亦对美宣战。从此亚洲战事与欧洲战事结合，成为真正的第二次世界大战。战争初期，日军推展顺利，先后攻下马来西亚、占领新加坡、印尼，菲律宾及缅甸。维持中立的泰国向日本臣服，澳洲面临日军进犯之虞。日本在六个月之内席卷了东南亚大半土地，并提出建立"东亚共荣圈"、"亚洲人的亚洲"口号，对东南亚产生重大的冲击和影响。亚洲国家希望日军可以协助他们脱离欧洲国家的殖民统治，但由于日军的残暴，影响当地人民走向国家主义。

(2)1941年底后的战况

1941年底希特勒权势臻至空前，德国所辖版图幅员之广，史无前例。德国对征服国家处置方式不一，边界地区如阿尔萨斯—洛林及卢森堡并入纳粹德国；其他地区有些设立傀儡政权，由德国间接统治；有些由德国设立军政府，不过东欧卫星国家仍得保持独立。希特勒对这些被征服国家采用"新秩序"(New Order)治理，让每个国家克尽己责。目的在让这些国家提供战争所需，如原料和食物。由于德国人已全数动员赴前线作战或到占领地驻守，以致人力缺乏，人手不足，工厂所需大量劳工，只能仰赖被征服国家的人民。早期征募容易，多采自愿方式，以后战况吃紧，改以强迫方式。至大战结束为止，德国强征外国奴工达数百万人。

希特勒最为人诟病的是其种族政策，他坚信德国是最优秀的民族，并以这种态度来区隔、对待所征服的邻邦。他认为，荷兰人及斯堪的那维亚人最接近亚利安人，可获得最好的待遇；法国人及比利时人是次一等的种族，但是还可以被接受；斯拉夫人是劣等种族，只配作奴隶。因此在集中营中，苏联人及波兰人被安排从事奴隶工作，生活情形堪怜，挨饿受冻至死，大有人在。犹太人、吉普赛人、同性恋者，被视为是最劣等的人群，希特勒大肆滥杀这群人，手段残酷，令人发指。他指派党卫军执行，1941年在波兰奥斯维辛(Auschwitz)集中营中平均每天有1.2万人被杀害。据说，纳粹共屠杀600万犹太人，约占犹太人口的四分之三，迄今仍让人难以置信。

A. 北非及意大利的战况

意大利自加入轴心阵营，即力图阻挠英国在东地中海的势力。地中海是英国与其近东、远东、印度往来的主要通道，关系英国利益甚大，不能漠视。墨索里尼由埃塞俄比亚(Ethiopia)及利比亚(Libya)基地派出五十万大军攻击位于非洲东北的英军。意大利兵分两路，一支攻占英属索马里(Somaliland)，另一支由利比亚进攻埃及，希望占领苏伊士运河，但未得逞。1940年12月英军反攻，击溃意大利军队，俘虏13万义军，同时将义军逐出索马利兰及衣索匹亚。希特勒再一次展开救援行动，他派出一支精锐部队，由有"沙漠之狐"(Desert Fox)之称的隆美尔(Erwin Rommel)指挥非洲军团(Africa corps)，越过地中海，从北非登陆。隆美尔胆识过人、精于装甲部队作战，盛名在外，北非之战，一举将英军逐回埃及，震惊中东地区。若非希特勒调遣其部旅中6万名军士赴巴尔干半岛作战，隆美尔有可能占领埃及并进军中东。1942年春，隆美尔自利比亚发动攻势，挺进至亚历山大港(Alexandretta)仅60里之地。由于补给线过长，被迫停止前进，英军获得喘气，重新整装机会。1942年10月在新统帅蒙哥马利(Bernard L. Montogomery)领军之下，全面大反攻，为英国取得重大胜利：首先摧毁德军在埃及的防御，再迅速进军利比亚，非洲兵团溃败。此时美军配合作战，在艾森豪威尔将军(Dwight D. Eisenhower)的率领之下于摩洛哥与阿尔及利亚登陆，联军从西方及英军从东方的两面包围德军，1943年5月轴心国在北非的军队投降。

联军铲除轴心国在北非的势力之后，即着手对付意大利。1943年7月联军在西西里登陆，只遭遇到零星且微弱的抵抗，不到6个星期，西西里沦陷，结束了墨索里尼的政治地位。在一场不流血的政变中墨索里尼下台，意大利新政府与艾森豪威尔于9月3日交涉停战。希特勒获悉，倾全力阻止意大利沦于联军手中。意大利地形崎岖不平，山脉四处，不利作战。一直到1944年7月联军攻陷罗马，而德军也到次年最后弃械投降前一周，也就是1945年5月才被驱离意大利。墨索里尼及其随扈拟逃亡瑞士，但遭俘且处死，尸体被悬挂在米兰的广场。对一位处以恢复罗马光荣为志业，以标榜恺撒为殊荣的人，这无疑是一幕最强烈的历史讽刺。

B. 欧洲战场

美、英、苏、中联军的统帅深切了解，要彻底摧毁轴心国家，必须要组织全球联盟，并拟订战略的优先级。从1942年至1945年间美国罗斯福总统与英国邱吉尔、苏联斯大林、中国蒋介石展开一系列战略合作谈判，并以欧战为优先考虑。

战争发展至此时，法国沦陷，英、苏本土遭重创，国力耗损，后援可虑，惟美国置身战区之外，国力未损，工业生产惊人，成为盟军最主要支柱，被誉为"民主兵工厂"(Great Arsenal of Democracy)。美国政府、军方、民间企业整合，为盟军提供各种战争物资。1941年3月11日，美国国会通过《租借法案》(Lend-Lease Act)，规定美国总统可以对任何他认为有助于美国国防的国家，提供防卫用品，包括出售、转移、交换、租借或贷款的方式。至1945年美国生产为轴心国家全部生产的两倍，提供的援助高达500亿美元，其中以英国受益最大，苏联次之。

英美对德作战所采战略第一步是清除德国潜水艇，德国潜舰对联军船运造成相当困扰，大患去除之后，大批美军物资即源源不绝抵达英国，其次是在战斗机的护航之下，派出重轰炸机轰炸轴心国的军事据点、工业区、交通网及其所占据的城市。此时德国空防脆弱不堪，只好将工厂迁至地下，但由于交通多中断，原料取得不易，影响生产。

1942年底战争情势丕变，由于英美联军予德国经济及补给重创，德军后勤渐感不足。联军在东西两线皆有斩获：东线方面：苏军六百万人在英美补给奥援之下展开对德国反攻，双方短兵相接，浴血搏斗，斯大林格勒之役尤为惨烈，1943年1月德军30万人投降。此后，苏军节节进攻，德军逐步退守，1944年德军撤出波兰、罗马尼亚。1945年苏军兵临柏林城下。西线方面：1944年夏季及冬季，盟军在欧洲开辟第二战场，展开决定性的反攻。6月6日(D日：决定反攻日)英、加及美联军290万人，飞机1万架、4000艘补给舰、80艘军舰，在法国诺曼底(Normandy)登陆，德军坚守一个月，终不敌联军猛烈攻势，使得诺曼底成为欧战第二战场，8月25日盟军收复巴黎，驻守巴黎、意大利以及东线的德军撤回德国。

希特勒此时因战争失利，举止失常，纳粹部分将领欲推翻其统治，阴谋暗杀希特勒，7月20日由德国史道芬伯格上校(Claus Stauffenberg)在东普鲁士前线拉斯登堡(Rastenburg)会议室桌下安置炸弹，希特勒侥幸未遇害。随即展开整肃，杀害5000多涉嫌者，隆美尔亦被迫自尽。1945年1月至3月德军展开困兽之斗，虽有表现，但时不我予，大势已去，回天乏术。1945年3月1日苏军渡过奥德河，3月7日，美英联军打过莱茵河，4月25日美苏两军先头部队在易北河上的图谷(Torgau)会晤。4月30日希特勒在柏林空袭掩护所"元首堡"(the Führerbunker)自杀，邓尼兹(Karl Doenitz)继续希特勒遗命，东线对苏作战，西线则向英美提议投降，但遭拒。5月2日苏军攻下柏林，德国同意无条件投降，5月8日由德国参谋总长约德勒(Alfred Jodl)签署降书，史上称为"欧洲胜利日"(Victory in Europe)。

C. 亚洲战事

欧洲战事尽管优先，但美军并未放过日本。1942年春，珊瑚海之役(Battle of the Coral Sea)及中途岛之役(Battle of Midway)阻止日本南下，解除日本对夏威夷及澳大利亚的威胁，扭转了太平洋的战事。1943年6月美军对日本采用双叉策略，攻击防卫力较薄弱的小岛，孤立防卫较强的大岛，使其无法得到援助。这种名为"跳岛"(island hopping)的战略使美军可以集中攻击力量，而不至于陷入散弹打鸟的困境。日军对美作战，英勇牺牲，令美军刮目相看。日本军人基于"士可杀，不可辱"的民族精神，拒不投降的战法，令美军头痛，只好用火焰喷射枪、手榴弹、炸药，逼出日军。至1944年中在尼米兹海军上将(Admiral Chester Nimitz)的指挥之下，美军占领了马绍尔群岛(Marshall Islands)、马里亚纳群岛(Mariana Islands)的塞班岛(Saipan)、广岛(Guam)，由此以超级空中堡垒(superfortress)轰炸日本本土。另一支由麦克阿瑟将军(Douglas MacArthur)指挥沿新几内亚(New Guinea)进军，1944年10月在雷特(leyte)登陆，为美国夺回菲律宾。1945年2月马尼拉光复。1945年春，美军开始对日本本土展开积极攻势，3月攻下硫磺岛(Iwo Jima)，4月再夺下琉球(Okinawa)，严重威胁日本本土。值此最后关头，日本仍做困兽之斗，派出"神风特攻队"对美国军舰进行自杀式攻击。尽管日军英勇表现令人钦佩，但随着硫磺岛及琉球的失陷，美军对日本的空袭更加密集，日本处境越见可虑：本土暴露在美军的轰炸之下，海军优势不见，海外据点陷入孤立。但日本军方宁死不屈，要求战至最后一兵一卒。

联军对日作战，除中国本土之外，美军是主力。美国在太平洋跳岛作战中，牺牲惨重，因此一直希望苏联能协同作战。从莫斯科外长会议、德黑兰会议到雅尔塔会议，美国对苏联动之以情，诱之以利，不惜以库页岛(the Kuriles)、千岛群岛(the Kuriles)及中国利益来交换苏联对日作战。苏联则以打败德国之后为借口，迟迟未对日宣战(一直到第一颗原子弹投下后，才对日作战)。美军基于日军冥顽不灵，降服不易，决采投扔原子弹，及早结束战争。美国总统杜鲁门(Harry S. Truman)于7月15日接获原子弹实验成功报告，26日发表《波茨坦宣言》要求日本全面投降，遭拒绝。8月6日第一颗原子弹在广岛(Hiroshima)投下，全城毁损泰半，死亡人数超过7万人，日本仍犹豫不决，苦撑待变。8月9日美军于长崎(Nagasaki)再投下第二颗原子弹，死亡人数相当。日本眼见大势已去，回天乏术，不得已求和，日皇裕仁于8月14日下令日军停火。美军于8月26日登陆日本，9月2日日本代表团在美国军舰"密苏里"号(U. S. S. Missouri)正式签约投降，第二次大战正式结束。

有关美军投掷原子弹一事，美国方面看法不一。海军方面认为日本已无力阻挡美军攻击，逐岛战争已见成效，不希望前功尽弃。陆军不以为然，认为对日作战仍将造成重大伤亡；科学家们较关心的是他们研究的成果是否有效；政府官僚集团渴望战功，杜鲁门则希望早日结束战争。在少数专家的密商之下，美国圈定了三处地点作为攻击目标，主要的考虑是军事区、工业区、工人集结的地区，目的在制造心理威胁，并要求日本无条件投降。第一颗原子弹投掷之后，日军封锁消息，日皇并未察觉事态的严重，仍要求有条件投降，即保留天皇国体，保有皇位。美军乃再投第二颗原子弹，日皇见事态严重，屈服投降。

综观此次大战，确为名副其实的全球战争。战场波及三个大陆以及各海洋。战争期限各地不同：中国8年、欧洲6年、美国4年。损害惨烈，为历史之最，据估计，死亡人数约5000万左右，城市被毁不计其数，农田荒芜，交通阻断，财政损失达1.5千亿美元，交战国经济，除美国外，皆面临破产边缘。战争中残存未死的，身心都有重大创伤。大战结束，英法地位式微，美苏成为世界的新主人。

5. 战后对日、德两国的处置

第二次世界大战主要的元凶为日本及德国，对两国的处置方式也就格外引人注视。与第一次世界大战不同的是，一次大战后有一次正式的和会（巴黎和会），而第二次世界大战是在战时及战后的一连串会谈中，达成双边或多边会谈协议。德国分裂一直到1990年才获得统一，日本与苏联的领土争端迄今尚未解决。

(1) 对德国的处置

战争期间同盟国本打算永久分裂德国，并贬为农业国家，但各国利害关系不同，英国需要德国来牵制苏联，法国及苏联不愿德国强大。因此在1945年，同盟国同意保留德国为一个国家，但设法使其不再威胁欧洲和平，德国不得武装，分为四区，分别由英、法、美、苏四个国家占领一部分。依照当时的构想，大约经过三至五年，德国去纳粹化，并建立一个为各国可接受的政府时，联军即可退出。同盟国依照各国受损情形来分配占领地，苏联获最大部分，并将占领区内的工厂、器具，拆运回国。柏林为德国的首府，自然受到各国的关切，由于西方国家要求分享对柏林统治权，而柏林位于苏联的占领地内，因此引起紧张情势。最后达成协议，将柏林分为四区，由四国占领，西方国家得经由空中交通，越过苏联占领区与西柏林连系。至于德国战犯，则由联军于1945至1946年在纽伦堡(Nuremberg)召开特别法庭审理。包括首要战犯、次要战犯，罪名是残害囚犯以及各种不人道行为。12名首要战犯被判死刑，7名战犯被判终身监禁，3名获释。其中以戈林元帅的下场最令人侧目，他骗过警卫，上吊自杀。战后欧洲另一项重要问题是东欧的领土及版图。苏联保有其于1939年至1940年所占、于第二次世界大战仍拥有的东欧土地，包括爱沙尼亚(Estonia)、拉脱维亚(Latvia)、立陶宛(Lithuania)、罗马尼亚及芬兰部分土地，还有波兰东半土地，捷克一个省份、东普鲁士的北半部，使得苏联的国界往西移。至于波兰则以德国东界的土地赔偿其损失；希特勒盟国如意大利、芬兰、匈牙利、罗马尼亚、保加利亚未受到严惩，只是做了一些赔偿。德国则恢复至其1937年的版图，阿尔萨斯─洛林还给法国，奥国与德国分离。

(2) 对日本的处置

日本在战后所遭遇的命运与德国不同。日本未被同盟国联合占领，保有日本政府及皇帝，但军人遭罢黜。麦克阿瑟 (MacArthur) 虽名为联军统帅，但却直接听命美国政府。日本放弃自 19 世纪末以来所获得的土地：库页岛南部让给苏联，台湾及澎湖列岛还给中国，韩国独立，琉球群岛空军基地由美国管理。此外日本并放弃在东南亚的殖民地，并对当地人的损害提供一部分赔偿。麦克阿瑟在统治日本期间，将日本由帝国主义国家蜕变为一个爱好和平的国家。战后联军在东京国际法庭 (Tokyo International Court) 审理日本战犯，东条英机 (Tojo) 被判死刑，其余分别依罪行判刑。战后好战分子不得参与未来决策，日军解除武装，海外日本殖民地官员及日人均遭遣返回国。1946 年 1 月，日皇宣布放弃其神性地位，在麦克阿瑟及其顾问监修之下，日本草拟了新宪法，并于 1947 年公布。这部宪法具有浓厚的美国精神，内容仿自《美国宪法》、《权利条款》(Bill of Rights)、《盖兹堡宣言》(Gettysburg)，将统治权归日本人民，女人有选举权，采用英国的内阁制。宪法并规定，日本无权作战，不得拥有海上、陆上、空中以及其他军事力量。在联军最高指挥部的监督之下，日本进行教育、经济、社会改革，日本由父权社会过渡到自由、个人主义的社会。1951 年《旧金山和约》(Treaty of San Francisco) 日本获得完全独立。该约由 49 个国家签署，惟苏联及中国拒绝。中国国民党"政府"随后也签约，中国共产党新中国至 1970 年代亦对日签约。

6. 二次大战中的和会

自从苏联革命成功，大力推行无产阶级专政，以及工人无祖国的意识形态之后，英、美两国与苏联的关系，就呈现在猜忌与不安之中，而美国也是到 1933 年才承认苏联国家地位。二次大战，双方面对共同的敌人德国的军事威胁，尽管无奈与不信，譬如斯大林批评西欧盟军作战的态度，以及邱吉尔阻挠苏联军队进入欧洲，但三国领袖仍然召开多次会议，谋求战后和平。

(1) 大西洋宪章 (Atlantic Charter)

1941 年 8 月在美国尚未介入第二次世界大战之前，美国总统罗斯福即与英国首相邱吉尔在纽芬兰 (Newfoundland) 海域外的一艘军舰上会晤，并发表了宣言，即所谓的《大西洋宪章》。它系依据威尔逊的十四点和平原则精神为本，而草拟的文件，主要有八点，包括两国不追求领土及其他方面的扩张，尊重各民族自由选择其政府形式的权利，摧毁纳粹暴政，确立和平，放弃武力等，成为后来联合国宪章的基础。苏联在 1941 年 9 月 24 日宣布同意《大西洋宪章》的基本原则，但有部分保留。大西洋宪章确定了战后列强的地位：英国丧失了在海外的殖民地，开始没落，美苏取而代之，势力抬头。

(2) 莫斯科会议

自美国与苏联加入第二次世界大战后，有关政治的议题暂遭搁置，1942 年各国忙于战事，1943 年 10 月同盟国外长在莫斯科集会，决定一致对纳粹作战直至无条件投降为止，并于战后在联合国继续合作。

(3) 德黑兰会议 (Tehran)

1943年英、美、苏三国领袖在伊朗首都德黑兰举行首次三巨头会议。会中英美同意于1944年在法国开辟第二战场，斯大林同意在德国战败后对日作战，会议在友好的气氛中协商战后土地占领问题。斯大林要求保有与希特勒协议的部分，并瓜分德国，罗斯福与邱吉尔为息事宁人，未表反对，但亦未做出承诺。在这次会议中最大的争议是第二战场的地点在法国而不是地中海，苏联不满可以预期，因为它必须在自己的国界内与德军作战，但也因此有机会在战后占领东欧。

(4) 雅尔塔会议 (Yalta)

1945年2月，美、英、苏三巨头在克里米亚 (Crimea) 的雅尔塔集会。此时西方盟军尚未渡过莱茵河 (Rhine)，苏军离柏林不到100里，美军对日仍陷入苦战，原子弹亦未试爆，罗斯福总统值此困难之际，苦无良策，惟有劝诱苏军尽速对日作战，减轻其压力。罗斯福对邱吉尔一向存疑，他认为邱吉尔志在欧洲建立英国势力范围，此举将促使苏联有样学样，也寻求势力范围，如此一来，世局将趋动乱，战争不止，世人永无宁日。

这次会议决定战后德国由英、美、苏、法四国占领，杜绝纳粹主义，波兰建立自由选举的民主政府、三方并同意于1945年4月在美国旧金山集会，成立世界组织。为了让苏联对日作战，美英两国领袖对苏做出许诺，允许占有库页岛南部及千岛群岛，保有外蒙古，并拥有中国东三省的不冻港，对中国造成伤害，但苏联认为他只取回日俄战争时属于他的部分。

《雅尔塔协定》是第二次世界大战最重要的一次会议决定，它是战后世界秩序建构的蓝图，也是美苏冷战的依据，此后欧洲式微，世局迈向新里程。

(5) 波茨坦会议 (Posdam)

1945年7月，盟军美英苏领袖在柏林近郊波茨坦举行第二次世界大战最后一次三巨头会议。世事多变，人物更迭，情境不同。德国兵败，原子弹试爆成功，轴心国兵败之余，只能任人宰割。会议确定了对德国的瓜分，德国与波兰的国界重新划分，德国版图缩减，波兰重建。这次会议并决定了对战犯的处理方式(见前述)。

七、二次大战后世界秩序的重建

二次大战后世界秩序之重建泛指1945到1975的30年间，西欧、东欧以及其他国家的发展。

1. 英国

英国是欧洲惟一真正的战胜国，战后所面对的主要问题是如何维系大英帝国昔日风华。二次大战后世局生变，过去支配世事的国家如法国、意大利、德国等盛势不再，英国尽管风韵犹存，但也力不从心，邱吉尔魅力大不如前。国外方面，自从大西洋宪章签订之后，英国已开始丧失在海外殖民地，而如何保有这些既得利益便成为英国外交的当务之急；国内方面，保守党的作风已无法满足社会需求。邱吉尔在外交方面周旋于美苏之间，尚有所获，但在国内方面却招人民唾弃，保守党将政权拱手让给工党。

二次大战期间为了团结御侮，英国保守党与工党，捐弃成见，共赴国难，组成联合内阁，并实行许多进步社会政策，让英国人以为工党代表新的精神。

1941年5月，联合内阁中有17名工党党员，其中以副首相艾德礼最为人熟知，而工党党员表现也让人满意。1945年大选，工党提出福利国家政策，发表了《让我们面对未来》的竞选小册子，宣布国有化计划，表明将对英国经济进行大规模改革，受到人民支持。7月大选工党获得大胜，拥有393席位，而保守党只有198席。工党领袖艾德礼组阁，展开6年执政。

工党上台，面对英国经济困窘时刻，财政困难，资金不足，美国终止租借法案，国内人民日常生活用品严重不足，如何将战时经济转入正常轨道，平衡国际收支，成为施政的纲领。工党政府采用国有化政策，对一些行业进行大规模投资，并透过建立国民保险和社会保险，改善人民生活。在国有化方面，1951年"工业社会化委员会"开始负责执行国有化政策，发行高利息国债券，委托中央机构接管企业，包括英格兰银行、民航、煤炭工业、电缆、无线电、运输业、煤气、钢铁业。社会保险方面，对每个人提供免费医疗，让每一个人从生到死都会获得社会保障。工党政府将英国带入"福利国家"时代，但由于改革需要庞大资金，提高税赋，增加人民负担，政府大规模投资刺激通货膨胀，引起人民不满；英国传统重视自由，工党采严厉管制措施，日久失人心，待党内大老年迈、纷纷病故后，好景不再。1950年大选，工党虽然以315席对297席获胜，但显然已走下坡。1951年英国遭遇一连串外交挫折：伊朗将英伊石油公司收归国有，埃及废除英埃条约，美国与澳大利亚及新西兰签署，《美澳新公约》未照会英国，影响工党无法继续执政，1951年10月5日议会解散，10月26日举行大选，由邱吉尔领导的保守党以321席比295席获胜。他以77岁高龄再度主政至82岁退休。

邱吉尔二度上台在内政上继续与工会合作，逐步取消国家在各方面的管制，促进繁荣；外交方面维护英国的国际地位，与法国关系疏远，反对欧洲一体化，使得英国与欧洲关系倒退。1955年邱吉尔引退，艾登继任为首相，在位仅20个月，任内问题重重，内政上主要为英镑问题，由于长期大量投资，造成通货膨胀，影响国际抛售英镑；外交上，苏伊士运河问题打击了英国的地位。苏伊士运河于1869年凿通，1875年后英法联合共管，1952年埃及纳赛尔主政，要收回苏伊士运河，1954年7月27日，英埃签约，言明英国在20个月内撤出苏伊士运河，但埃及激进派人士不满，要求英国及早撤出。1956年7月26日纳赛尔宣布将苏伊士运河收归国有，引起英国愤怒，7月27日英国冻结埃及在英国的资产，并联合法国准备向埃及动武。英国并鼓励以色列向埃及发动第二次中东战争，英国对苏伊士运河的态度引起美国抗议及联合国干涉，在众怒难犯、孤立无援情形下，英国不得已退兵，结束了不光彩的一页。艾登也因此下台。1957年麦克米伦(Harold Macmilliam)被任命为新首相。

麦克米伦执政8年是英国最繁荣时期(1957—1964)，人口增加，由世纪初之3820万人提高到1961年的5280万人，国民平均年龄男人由世纪初之45.8岁提高到1961年的68.1岁，女人由52.4岁提高到73.9岁。洗衣机、电视机、吸尘机、小汽车日见普遍，人民生活有显著改善。外交方面积极改善与美国的关系，并着手修复与欧洲友谊，1962年展开申请加入欧洲共同体。由于英国长期以来一直重视与大英国协间的关系，忽视与欧洲国家间来往，而国协各国又积弱不振，影响英国经济发展。

2. 法国

1944年8月法军光复巴黎，一扫先前耻辱，由战败国变为战胜国，法国所面对的是如何消除德国的威胁及所造成的伤害。法德宿敌，自俾斯麦统一德国之后，法国屡遭侵略，甚而沦亡，因此占领工业重地即成为战后的诉求。法国夺得了阿尔萨斯—洛林，成立鲁尔工业区管制委员会，一方面削弱德国力量，一方面藉此地资源重建法国力量。但法国自废墟中重新站起来必须面对国内及国外双重压力。国内方面，首先是化解内部分歧，协调党派冲突。法国自拿破仑以来，未曾出现一位强势领袖，加上共和诉求，导致国内政局不稳，二次大战后国内主要政治派系有戴高乐所领导的"法兰西民族解放委员会"(National Council of Resistance)、社会民主党及共产党。本来三党各有坚持，互不相让，难以统一。所幸自1943年5月以来戴高乐即被拥戴为全国抵抗运动领袖，奠定了他在国人心目中的地位。1943年6月，由戴高乐及吉罗(Henri Giraud)领导的"法兰西民族解放委员会"(French Committee of National Liberation)在阿尔及尔成立，不久戴高乐成为惟一的主席，并于6月成立临时政府。8月戴高乐返回巴黎，9月改组临时政府，吸收各派人士，广纳各方意见，获得各界认同。戴高乐之成功与其个人魅力有关。在法国情势困难之际，他与"自由法国"(Free French)组织首先展开抵抗运动，待法国面对是否应投降之际，毅然出走英国，举起抵抗大旗，赢得民族英雄美誉。戴高乐处理问题手法高明，他察纳雅言，容纳异己，行事果断，11月特赦共产党领袖多列士(Macirice Thorey)，使得他很快即获得法国人的认同。除了政治问题之外，法国的经济也面临难题，自工业革命以来，法国并未赶上时代步伐，无论在技术方面或是企业组织方面都远远落后英美德等国。而如何急起直追也就成为战后主要的工作。根据1946年法国之数据显示，当年法国每名工人的工业产值为992美元，英国为1120美元，戴高乐采用国家资本主义路线，恢复国民经济。国外方面，德国战败，法国崛起，亦非美苏所乐见，美苏不希望法国过分强大，也不希望法国成为欧洲强权。使得法国外交政策无法顺利展开。

戴高乐于1945年11月13日被推选为总理，但不久他即因国家体制问题与各党派出现矛盾。戴高乐认为，法国积弱不振主要原因为立法权大于行政权，为提升行政效率，必须削弱党派力量，增加行政领导权力。遭到激烈反对，双方关系紧张，摩擦时起，冲突转烈。此外戴高乐的反美政策亦引起人民不满。1946年1月20日戴高乐突然宣布辞职，令人错愕。共产党、社会党、人民共和党组成三党联盟，继续执政。10月13日三党妥协，制定新宪法，并获全民投票通过，第四共和诞生。第四共和为多党议会制国家，议会为国家最高权力机构，由参议院及众议院合组而成。众议员任期五年，由全民依比例选举制选出，参议员则是间接选出。两院联合选举总统。任期七年。总统主持全国最高司法会议，提名内阁总理候选人，议会颁布法律，批准国际条约，内阁对议会负责，国会可以经由不信任案解散内阁。法国第四共和由公元1946到1958年，共计12年。

3. 美国

第二次世界大战美国是惟一本土未受战祸伤害的国家，因此在战后的复原工作较其他国家顺利且有效。也正因为美国这种优势，使得美国于第二次世界大战后成为世界的警察，担负起维持世界和平的角色。

1944年美国总统罗斯福病逝，杜鲁门继位，以两颗原子弹结束为期5年多的第二次世界大战，并负起英国及法国在各地撤出的殖民地重建工作。杜鲁门治绩平平，任内推动"公政"(Fair Deal)，扫除贫穷，由政府补助公立学校，支持医疗保险，协助农人，提高最低工资。外交方面，经由杜鲁门主义、马歇尔计划、北大西洋公约，强化美国地位，领导民主阵营与共产党集团"冷战"。

美国在这段期间因战争的不安迟迟未能平服，加上苏联积极向外扩张，出现恐共心理，历史上称为"红祸"(Red Scare)，特别是参议员麦卡锡(Joseph R. McCarthy)的控诉案。1950年2月麦卡锡在林肯纪念日演说中，指控民主党叛国20年，并列出国务院中共产党同路人名单，但经调查，这一切均子虚乌有，是一幕骗局。尽管真相大白，不过对美国的知识分子受到的迫害却难以抚平。

继杜鲁门之后，美国第二次世界大战欧洲盟军统帅艾森豪威尔(Dwight D. Eisenhower)入主白宫。美国政府在民主党执政20年后转入共和党人手中。艾森豪威尔在位8年，甚受人民爱戴，美国人称呼他为艾克(Ike)。就职后经济上采中间路线，注意企业利益，引导美国由"反托拉斯"的经济结构走向"托拉斯"的经营方向。

艾森豪威尔任内对美国影响最大的是提升美国的国防工业，1957年10月苏联第一颗人造卫星升空，令美国人惊慌不已，为了迎头赶上，艾森豪威尔下令成立国家太空总署(National Aeronautics and Space Administration：NASA)，动支庞大教育经费，优先发展太空计划，并于3个月之后，1958年1月发射卫星探险家一号(Explore I)，让美国的太空发展迎头赶上。此外他更提倡科技教育，1958年国会通过国防教育法(National Defense Educational Act)，奖励学校教授数学与科学，重视理工、外语，改变了过去教育重视人文的方向，对现代教育造成重大影响。

1961年后美国进入一个新的时代：年轻的一代。美国史上最年轻的总统肯尼迪(John

F. Kennedy) 以 43 岁的盛年入主白宫。在位 3 年即遭人暗杀,[01] 举国哀悼,令人怀念。肯尼迪任内,适逢美苏冷战最热化之际,幸赖其意志,得以化解苏联在古巴的飞弹威胁,让美国在国际社会受人尊重。肯尼迪留给美国人最有名的一句话是:"不要问国家为你做了什么,要问你为国家做了什么。"

4. 苏联

二次大战苏联所遭受苦难最大,70 万座农庄被毁,战火弥漫全国 80 万平方公里,8 万所学校不见,2500 万人丧亡。这也是为什么斯大林于战后强烈追求俄国的安全原因所在。战后斯大林从德国及日本强取赔偿,接收各种工业生产品,并在国内展开整肃,许多作家及电影制作人受害。1953 年初斯大林去世,苏联政局由苏联秘密警察首脑贝利亚 (Lavrenti Beria)、斯大林助手马林诺夫 (Giorgi Malenkov) 以及外交部长莫洛托夫 (Molotov) 接管,展开集体领导,惟不到 3 年即为赫鲁晓夫 (Nikita Sergeyevich Khrushch) 起而代之。赫鲁晓夫自学成功,才智、能力卓越,了解问题关键,抓住问题重点。尽管聪明有余,但苏联知识分子却鄙视他为一位未受教化、粗暴的人。赫鲁晓夫执政后,重视改革农业,激励农民生产,增加西伯利亚及中亚地区的新生地农耕面积,从 1953 年到 1958 年间苏联农业生产量提高 50%。但这项努力后继无力,由于环境未能改善,加上开垦新的农地造成经济浪费和其他问题,影响个人地位声望下降。

赫鲁晓夫在位期间为巩固领导,发动贬斯大林运动。1956 年 2 月他在第 12 次党大会中发表一篇论《斯大林时代的罪行》(The Crimes of the Stalin Era) 演讲,批评这位前国家领导人是个残酷的暴君,指责他在二次大战期间的错误,以及严酷整肃的不当,他将苏联的一切不幸都归咎于斯大林过去 25 年的错误作为,并指其独裁为人格的缺失。赫鲁晓夫的说词在世界各地引起重大回响,波兰及匈牙利因路线问题出现动乱,中国与苏联开始决裂,1956 年后中苏关系紧张,1960 年赫鲁晓夫撤出苏联对中国的技术援助。以后中苏裂痕愈益扩大,毛泽东不甘示弱,改走中国民族主义路线,试图与赫鲁晓夫一争高下。

八、冷战

第二次世界大战后美苏进入一场敌视斗争,包括经济、外交、军事的对立,称为"冷战"。由第二次世界大战结束后开始,1980 年代达到最高峰,1990 年结束。在此期间美苏两国未发生直接冲突,更未导致核子战争,只有地区之间的战争。1950 及 1960 年代,冷战由欧洲蔓延至亚洲、拉丁美洲。地域之间,如中国、韩国、越南,冲突不断,战争不已,烽火连天,伤亡惨重。美苏两国除幕后遥控,提供各项援助外,并在这段期间大肆研发核子武器,对世局产生重大心理威胁。

---

01 1963 年 11 月 22 日肯尼迪在美国得克萨斯州的达拉斯遇刺身亡。凶手奥斯瓦德 (Lee Harvey Oswald) 于刺杀肯尼迪两天后亦遇害。有关遇刺详情,迄今仍在调查中。

一般人论及冷战，多从柏林危机开始：由德国分裂为东西两部分，一直到1990年恢复统一为止。柏林危机肇于西方国家对德国采比较友善的态度，让苏联感到不安。苏联一直不愿见到统一又强大的德国出现，对其构成军事上的威胁。1948年3月31日苏联借口修筑火车铁轨及公路，先后下达三道命令，首先是任何搭乘西方军事火车的人员及行李必须接受检查，否则不仅可能行程会延误，更可能被斥回。其次是任何货运火车未获苏联许可，不得离开柏林。最后是任何客运火车不得离开柏林，阻挠西方国家军事运补作业。西方驻守柏林的三个国家获悉后，反应不一：法国人遵照办理；英国人担心柏林无险可守，不愿表态；惟有美国决心留守。6月24日，苏联展开全面封锁，所有来往西方与柏林之间的铁路交通因技术理由中断行驶，美军展开空中运补(Operation Vittles)，为驻守西柏林200万平民及军人提供食物、衣服、燃料及其他补给品，苏联封锁未能见效，不得已于1949年5月12日，结束封锁。

1949年9月美国及法、英两国将其对德国的占领区结合，成立德意志联邦共和国(Federal Republic of Germany)，又称西德；苏联为了对抗西方的联盟，亦将其所占领的区域成立德意志民主共和国(German Democratic Republic)，又称东德。从此世界成为两大集团对峙，冷战也因此形成。

1. 冷战的形成

冷战的形成，可以从两方面来看。一是意识形态，二是国际现实。在意识形态方面，苏联所标榜的社会主义与西方国家追求的资本主义，无论在观念及做法上，都无法见容对方。社会主义认为人民的幸福仰赖政府的领导，资本主义则主张个人的幸福由自己负责。两种不同的幸福观导致了不同的政治理念、经济发展，进而形成冲突。美国驻苏联的外交官乔治凯南(George Kennan)在1946年2月对美国传达了一篇8000字对苏的政情分析报告，肯定了这种想法，对冷战的形成有催生作用。凯南认为，苏联坚持推翻外国的政治力量是他们的责任，他们经由世界是他们敌人，来证明自己行为的正确性。他认为苏联的敌意永远不会改变，直到资本主义被毁灭为止。凯南的分析在美引起重大回响，美国决策当局接受这种看法，作为冷战的理论依据。

在国际现实方面，二次大战改变了国际的政治生态，在此之前，英、法、德三国主导了世局的进展。第二次世界大战，法国尽管获得最后胜利，但战争过程中的挫败，导致元气大伤，欲振乏力，丧失国际地位。德国为战败国，优势不再，只能任人摆布，硕果仅存的英国、苏联及提供奥援的美国在战后主导了世局。英国想维系其旧势力，但已心余力绌。美苏势力方兴，尽其所能，向外扩张。形成美苏两强争霸的时局。大致说来，其经过如下：

在欧洲政治舞台上，英美是站在与苏联敌对的立场，发展至1941年6月22日德苏爆发战争，美、英、苏关系开始改变，1941年7月12日苏英签订对德作战行动协议，9月24日苏联发表声明，支持《大西洋宪章》的基本原则，英国随后在德黑兰、雅尔塔、波茨坦会议中承认了苏联的国际地位。从此敌人成为战略伙伴。[01]至于英美的关系，英国素来无视美国的地位，第一次世界大战后英国仍傲视群雄，惟二次大战饱受德国威胁，盛况不再，不得不屈就现实。邱吉尔在《大西洋宪章》中承认了美国的领导地位，也显示了英国由第一流的大国变为二流的国家。

在冷战形成过程中，美、英、苏三国各有所图。美国自介入第一次世界大战之后，传统的孤立主义已无法见容，1929 年的世界经济萧条更无法置身事外。因此美国企图透过联合国组织领导世局发展，成为世界的新主人，建立世界自由贸易市场。苏联由于在第二次世界大战中遭德国重创，死亡人数高达 2000 万，特别重视国家安全，斯大林要求加强对控制东欧，并寻求战争损害赔偿。这一切使得苏联在战后采取一连串的行动，引起美英两国的不满；至于英国，则试图保持其大国地位及其殖民利益，力阻苏联染指欧洲。

二次大战后世局出现三大问题：第一是东欧问题。战后战胜国间因彼此需求不同，对世局的态度有重大歧异。美国因战争获利，希望重建德国，作为贸易伙伴。苏联在战时受创甚重，希望由德国获得赔偿，重建家园。战争后期，苏联军队将德军驱逐出境后，占领东欧。斯大林力图驻守该地，以巩固苏联的国家安全及战略地位。西方国家不然，希望苏联撤军，让东欧国家建立民主政府及自由贸易市场。美国为了迫使苏联开放东欧，中断对苏联的租借计划，并停止协助苏联运载德国的工业设备。东欧成为二次大战后东西双方的新冲突地区，苏联极力拉拢东欧国家，提携友好政府，阻止可能遭遇的攻击，并抗拒美国提出举行民主选举，建立自由贸易区的要求，苏联掌控了东欧八国中的七国：波兰、罗马尼亚、保加利亚、阿尔巴尼亚、匈牙利、捷克及东德政府及政权。惟有南斯拉夫例外，虽然铁托 (Tito) 是共产党人士，但却因战后领土归属问题，与苏联不合，进而标榜国家主义，保持独立。苏联对东欧的态度，除了对政治控制之外，在经济上亦不放松，强调社会主义革命和建设的成果，将东欧的经济与苏联的经济结合为一。英国首相邱吉尔鉴于苏军对欧洲的野心，提出"铁幕" (iron curtain) 一词，表示他对苏联的认知，1946 年 3 月在美国富尔敦的演说中，他公开阐释这个观点。斯大林面对邱吉尔的指控，则向人民呼吁，苏联已被敌人包围，为了维持军队力量，必须忍受物资短缺之苦。

第二是原子弹问题。美国拥有原子弹影响战后美苏关系发展。为了保持军事优势，美国提议巴鲁克 (Baruch) 计划，要求各国不得制造原子弹，并另设国际机构：联合国国际原子能组织，检查核原料及原子能工厂。但美国坚持保留其所有的原子弹，苏联拒绝，并提出反建议，要求美国销毁现有原子弹，再谈禁止生产原子武器，美国不表同意。

第三是地中海问题。此时地中海区域最主要的冲突场所有二：土耳其和希腊。土耳其为获得西方国家援助，于 1946 年及 1947 年初拒绝苏联所提，土苏两国联合监督连接地中海与黑海水道的博斯普鲁斯海峡 (Bosporus) 地区，美国为了帮助土耳其抗拒苏联，正

---

01 参看李世安著，《世界当代史略》，第 22 页。

式介入土耳其问题。

至于希腊，二次大战以来由共产党支持的游击队与政府军一直处于战争状态。长久以来协助希腊政府的英国，由于战后为经济所苦，不得已于1947退出希腊，2月21日英国驻美使馆向美递交两份照会，说明希腊及土耳其情势危机，英国打算于三月退出，希望美国适时介入。美国总统杜鲁门(Truman)政府评估，希腊危机将导致意大利不安，进而影响法国政局，故一反美国150年以来所奉行的孤立主义外交政策；惟在美国安全受到威胁时，才与外国发生关系，于1947年3月12日发表"杜鲁门主义"，宣示了美国战后的新外交方向。杜鲁门在对国会的演说中，指出苏联对自由国家的威胁，并强调援助希腊与土耳其的重要性；是"使我们和其他国家共同建立一个不受逼迫的生活方式"，"美国的政策必须是支持自由人民，支持那些正在抵抗少数人用武力或外部压力想使之屈服的自由人民"。他认为透过经济及财政援助是必要的。这份宣言就成为冷战的重要文献。在杜鲁门总统及国会议员的大力游说之下，美国国会通过给予土耳其1.5亿美元、希腊2.5亿美元的援助。希腊、土耳其形势因此改观，土耳其得以继续对苏作战，希腊则有效剿共，1949年希腊共产党在无法获得南斯拉夫援助之下，弃械投降，苏联共产党向外扩张也因而遇阻。

东欧的情势获得改善，西欧混沌依旧。1947年以前美国贷款西欧国家已达数十亿美元，但西欧经济情况并未获改善。法国、意大利尤为严重，食物短缺、通货膨胀、失业普遍、住宅不足，许多人因而对资本主义失望，转而支持社会主义及共产党，使得这两党的势力逐渐提升，美国有鉴于此，不得不对西欧国家拟订经济方案，协助其发展。1947年美国国务卿马歇尔(George Marshall)提出计划，建议欧洲国家彼此之间协商或单独对美国提出重建经济所需援助金额。苏联认为美国此举不无扩张经济之嫌，禁止东欧国家参加。1948年美国国会设立欧洲复原计划(European Recovery Plan)，又称为马歇尔计划(Marshall Plan)。最初援助款项为40亿美元，到1951年增为130亿美元，英国、法国、意大利受惠最多。马歇尔计划除了经济方面的成就外，在政治方面亦获得相当效益，意大利及法国的共产党自1947年后即退出内阁，由共产党领导的工运遭政府摆平。美国国会于1950年提出四点计划(Point Four program)，将这项援助扩及非西方国家，以免他们因经济问题，走向共产主义。具体言之，马歇尔计划不仅挽救了欧洲国家的经济，并提升了美国的经济地位。

2. 冷战期间的对抗

冷战是美苏间的对峙，以意识形态为主，军事为辅，分欧亚两地进行。

(1) 对立时期

A. 欧洲方面

1949年美国杜鲁门总统采与盟国合作方式，用围堵政策来对抗苏联。1949年成立北大西洋公约组织(North Atlantic Treaty Organization)，对付苏联，成员包括：美国、加拿大、英国、法国、西德、冰岛、挪威、丹麦、荷兰、比利时、卢森堡、葡萄牙、意大利。会员同意，任何会员国家遭攻击时，其他国家必须提供援助，以后又加入了希腊及土耳其。北大西洋公约国会员国的军队由美国领导，美国战略空军司令部 (U. S. Strategic Air Command) 在西欧以及非北大西洋公约国的西班牙和利比亚 (Libya) 设立空军基地，以便对苏联产生恐吓作用。美国在欧洲的围堵政策对西欧国家构成重大压力，苏联担心盟军带来的威胁，相对的扩大军事力量，双方互不见让，造成军备扩充，恶性循环，欧洲国家成为美苏冲突的人质。欧洲人认为在未来可能冲突过程中，欧洲必然成为战场，欧洲人将沦为核战的牺牲品。

1955 年苏联为了对抗北大西洋公约组织的威胁，与东欧国家组成军事同盟，称为华沙公约 (Warsaw Pact)，由苏联领导。苏联亦于此时承认东德为一独立国家，并让它加入华沙公约。1950 年代苏联的一些卫星国家对苏联赫鲁晓夫 (Nikita Khrushchev) 的领导不满，希望可以拥有部分自由。在美国的鼓动之下出现骚动，1953 年东德、1956 年波兰及匈牙利都出现要求改革行动。当匈牙利提出自由选举，并表示要退出华沙公约时，苏联军队坦克立即驶入匈境，占据每一个军事据点。美国此时正忙于处理苏伊士运河问题，无意卷入东欧纷争之中，尽管同情匈牙利的遭遇，但并未有实际的行动。苏联在匈牙利展开血腥镇压，杀害自由派领袖，巩固了其在东欧的统治地位。1950 年代中期，美苏两强有意沟通，消除歧见。美国总统艾森豪威尔与苏联领袖赫鲁晓夫于 1955 年在日内瓦举行高峰会议，双方同意终止对奥国占领，恢复其独立地位，两国保持中立，苏联承认西德独立。这次会议气氛良好，会议有许多建设性内容，开启了未来定期高峰会谈的大门。尽管如此，双方猜忌依旧，貌合神离，岁序转入 1960 年代，两国又恶脸相向，并有核战一触即发的危机。1960 年 5 月，苏联在其领空击落一架美军高空侦察机 (U-2) 引起两国外交紧张关系，导致美苏取消计划中的高峰会议。

1961 年柏林问题趋紧张，赫鲁晓夫一直对西欧国家驻军柏林，如芒刺在背，惶惶不安，除了军事威胁之外，成千上万的东德人越界逃亡西柏林，对东德人口及经济造成重大影响。苏联在一筹莫展、无计可施的情形之下，授权东德政府于 1961 年 8 月建立柏林墙，阻止东德人逃亡，柏林墙成为冷战的象征。随后紧张情势高涨，美军进驻柏林，美国总统肯尼迪 (Kennedy) 亲赴柏林，高呼"我是柏林人"，强调了美国保卫柏林的决心。柏林一直是冷战的火苗，也是美苏两军面对面之地。

B. 亚洲方面

亚洲的冷战以中韩为重心，美苏在此争权，造成中韩两国的分裂与内讧。

a. 中国 (国共冲突)

自 1911 年中华民国推翻帝制，建立民国以来，即因外国势力介入，特别是日本与苏联，形成党争，其中以国民党与共产党之斗争最为惨烈。第二次世界大战期间双方因为日本入侵，携手合作抗日，奈何互信基础不够，缺乏诚意，一旦外患去除，冲突再现，且较前更为严重。美国总统杜鲁门指派特使马歇尔将军来华调停，在其努力之下达成三次停火协议,但对重大议题,如"军队整编与统编问题"、"东北停战问题"均无法取得共识,令美国人深感不悦。1947 年战事再起,国民党政府肆应无方,美国眼见大势将去,将责任归咎蒋介石,并于 1949 年 8 月发表白皮书,不讳言对国民党政权的失望,并表明不再对国民党提供援助,使得共产党可以顺利席卷中国大陆,而国民党政权于 1950 年则转进台湾、金门与马祖。

中国政权的转移影响亚洲的情势,美国原期待与中共改善关系,无奈落花有意,流水无情,中共并不领情。基于中国共产党对美国最后一任驻华大使司徒雷登(John L. Stuart)的态度,加上朝鲜战争爆发,美国为维护其在亚洲的地位及与苏联抗衡的角色,改变对中国共产党的看法,转而支持国民政府,形成亚洲地区中国的分裂与对立。

b. 韩国(朝鲜战争)

第二次世界大战结束后,美苏共同占领朝鲜半岛,并以北纬三十八度划分美苏在韩国的军事区域。苏联在北方组织共产政府,美国支持南方建立韩国政府。1948 年联合国承认韩国政府(South Korean Republic)为代表全韩的合法政府。次年美国自韩撤军。1950 年 6 月 25 日朝鲜大举入侵韩国,美国召集紧急安理事会,6 月 27 日联合国下令会员国援助韩国,麦克阿瑟(Douglas MacArthur)将军出任驻韩联军总司令。

朝鲜战争爆发后,战况呈拉锯状态,1950 年夏天朝鲜将联军逐至半岛南端之釜山;秋天,麦克阿瑟自半岛中线之仁川登陆,将朝鲜军一切为二,联军越过北纬 38 度,将战事推往朝鲜,11 月抵中韩边界鸭绿江,中国以 20 万大军支持朝鲜,美军被逐回。由于美军将领麦克阿瑟与杜鲁门总统对战局的态度不同,杜鲁门受制于国会,要求将战事限于北纬 38 度以南,麦克阿瑟则从胜战考虑,要求将战事扩及中国大陆,两人互相较劲,朝鲜战争延宕不决,1953 年南朝鲜双方兵困马疲,展开停火谈判,韩国重新处于分裂状态,亚洲冷战情势底定。

(2) 对峙时期

1955 年后苏联领导人赫鲁晓夫的政治地位逐渐稳固,开始施展个人的政治抱负及理念。他反对社会主义终将与资本主义决战的说法,认为核战将导致毁灭,因此拟采回归列宁的和平共存路线,寻求改善与美国的关系:1955 年与美国在日内瓦举行高峰会议;1956 年与美国合作解决苏伊士运河问题。惟好景不长,由于双方理念不同,加上长期以来的不信任,1957 年情势转趋恶化,是年苏联科学家发射了第一颗人造卫星旅行家号(Sputnik),绕地球轨道运行,并建立了一支洲际飞弹(ICBMs)舰队,可以在 25 分钟内攻击美国本土,美国不甘受制苏联,艾森豪威尔总统在国会同意之下,编列大笔经费从事科技研发工作,成立国家太空总署(National Aeronautic and Space Administration: NASA),推动太空研究计划,建造大规模洲际飞弹,发展潜艇发射飞弹。1958 年并发射了一枚人造卫星,使得冷战越发危险。1960 年代美苏关系发生一连串的冲突,双方濒临核战边缘。1961 年春,美国总统肯尼迪(John F. Kennedy)上任,苏联见其年轻可欺,展开全面施压,要求西方国家自柏林撤军,西方国家根据战后协议,拒绝屈从,东德在苏联的授意之下,在柏林建立了一道围墙,即历史上有名的柏林墙。

A. 古巴危机

1962年10月世局更趋紧张,古巴事件使得核子大战有一触即发的可能,这是美国自第二次世界大战以来本土遭遇的第一次严重危机。1959年古巴强人卡斯特罗 (Fidel Castro) 领导左翼游击队推翻了右翼政府巴提斯塔 (Juan Batista) 的独裁统治,并将古巴转型为一共产党国家。美国对拉丁美洲国家的态度,长期以来是循着"门户开放"干涉政策,将美国利益视为外交政策的主要考虑,罗斯福总统在二次大战期间,为免除后顾之忧,改用"睦邻外交",惟至战后美国又重回老路。冷战爆发,受战略考虑,美国将亚洲及拉丁美洲的社会革命均视为苏联的鼓动,不愿让共产党政权在其床边打鼾。肯尼迪上任后秉持这种想法,中情局在其同意之下发动"猪罗湾"(Bag of Pigs) 行动,拟推翻卡斯特罗政权,惟事发密泄,无功折返,也让古巴人警觉自身安危,加强拥抱苏联。苏联军力顺势进入古巴,部署导弹,造成"古巴导弹危机"。美国认为古巴此举威胁冷战的权力均衡架构,肯尼迪总统采强硬手段,要求苏联撤走部署在古巴的导弹,并以海军封锁古巴海域。双方剑拔弩张,大有山雨欲来风满楼之势,美国舆论将之喻为"两瞪眼",更以赫鲁晓夫先"眨眼"来说明事件的落幕。究竟是什么原因,无法详解,不过苏联撤军了,赫鲁晓夫下令移出部署在古巴的导弹,但同时要求美国保证尊重古巴的领土完整,撤走部署在土耳其的美军导弹。此事影响双方人民陷入战争的危机意识状态之中,走入备战的状态,竞相发展军力,赫鲁晓夫则因个人的软弱表现及其农业政策在国内未能达到效果而失势。

B. 越战

冷战最高潮为越战 (1945—1975)。古巴危机让苏联丢尽颜面,越南战争则让美国人灰头土脸,这场由美国导演、长达30年的战役,改变了世人对美国的观感,也怀疑了美国人的民主,更重要是战争形态改变,强弱的区分有别,弱势团体抬头,亚文化受到重视,多元的价值显现。

越战问题源于二次大战之后,欧洲强权势力不再,殖民地谋求独立的问题。亚洲地区经日本征服统治,受日本鼓励,在日本兵败之后,寻求独立,导致紧张情势。二次大战法国式微,统治长达80年的中南半岛国家(越南、老挝、高棉)面临转型,法国被迫容许高棉及老挝独立,但在越南却形成重大麻烦。1945年日本兵败,越南共产党组织越盟 (Vietminh) 在胡志明的领导之下,建立越南民主共和国 (Democratic Republic of Vietnam),法国则在英协助下,重返越南南方,支持保大 (Bao Dai) 傀儡政权。1946年爆发战争,长达八年之久,双方各有所据,一为反殖民战争,一为意识形态的反共产战争,过程惨烈,手段残暴。1950年5月美国鉴于法国处境日蹙,提供军经援助。尽管如此,法军仍然不敌,1954年奠边府 (Dicn Bien Phu) 一役,法军万名军士弃械投降。是年年底双方在日内瓦召开停战会议,决定在举行全国大选之前,暂以北纬十七度为停战区。这项选举始终未能举行,停战线南部的越南人士在西贡建立了南越共和国 (Republic of

South Vietnam)。从此南北越渐行渐远，终而兵戎相见，至南越被击败为止。

法国退出越南，美国先是派遣军事顾问，提供武器，协助西贡稳固南越政权，对抗越共及其同路人。并推动成立东南亚条约组织 (Southeast Asia Treaty Organization：SEATO)，阻止共产党在老挝、高棉及越南的活动。而越共亦展开游击战攻击吴廷琰的南越政府，阻挠大选。吴廷琰面对内忧外患的交相煎迫之下，逐渐走向专制独裁，减缓改革，导致华府改变对南越政策，由艾森豪威尔"协助建国"到肯尼迪"阻止变乱"。

迄 1960 年，美国介入越南尚浅。据统计，此时美国在越南仅派驻有八百名军事顾问，4 年后多达 2.3 万人，战争也逐渐美国化。越战由内战演变为美国介入的大规模战争，主要理由有二：美国许多军方及民间领袖相信多米诺理论 (Domino Theory)，认为越南一旦失陷，东南亚其他国家也会随之瓦解；其次美军舰只在东京湾 (Gulf of Tonkin) 遇袭，尽管后来证据显示无法证实确为越共所为，但是在当时引起美国惊慌。美国总统约翰逊 (Johnson) 立即派军至越南并派军机轰炸胡志明小径以及北越的南部城市。1968 年美军派驻越南人数达 50 万人。美军大规模介入越战，并未化解困窘，空军大肆投掷炸弹，亦未能降服越共，反而激发国内民怨，许多美国人开始质疑美国的越南政策。1968 年初春，越共发动攻击，虽然遭美军及越军联合围攻，损失惨重，但是战场上血淋淋的惨状，透过电视画面，传至美国人的家中：婴儿的哀号，农民的逃亡，战士死亡的悲情，令人触目惊心。美国人对越战有了另一层思考，美军的胜战成了约翰逊总统的政治负担，更影响总统的政治生涯告终。约翰逊总统任内最后一段时间，与越南有关各方在巴黎召开和会，经过数年冗长的谈判，至 1973 年 1 月美国尼克松总统时，达成协议，双方停火，美军撤出越南，越共释放所有的战俘。但北越并未停止攻势，继续向南挺进，1975 年初河内发动大规模攻击，越南在没有美军的援助之下，北界兵溃，4 月西贡失守，越南沦陷，大批越南人亡命海上，成为海上难民，14 万越南人获得美国庇护，成为美国境内另一支弱势团体。

C. 柬埔寨

1970 年春美军将越战战事扩展到高棉，美国判断高棉是越共根据地，希望此举可以切断北越补给，并消灭其老巢。1975 年北越获得军事胜利，共产党控制了高棉及老挝。红色高棉政权 (Khmer Rouge) 展开恐怖统治，并将国名易为柬埔寨 (Kampuchea)，将首府金边 (Phnom Rouge) 200 多万居民逐往乡下，并以相同手法整顿其他城市，人民颠沛流离，贫病惨死者不计其数。当地政府建立农村公社社会体制，凡不顺从者格杀勿论。由中国共产党支持的波尔布特 (Pol Pot) 政权，宣称要建立一个自足的农村社会，人民衣食无虞，但没有所得。据估计，由 1975 至 1980 年大约有 300 万高棉人民死于枪杀、饥饿、殴打。其悲惨情状在近代实为罕见。1990 年代后期，中南半岛情势转趋稳定，美国恢复与越南的贸易与外交关系。柬埔寨在联合国的监督之下，情势逐渐稳定，国内各党派举行选举。1994 年红色高棉政权因继续从事军事活动，被排除在金边政府之外，1998 年波尔布特死后，金边政府与红色高棉达成协议，柬埔寨终获和平。

九、冷战后期至后冷战时期(1975—2000)

史家将 1975 年至 1990 年的世局称为冷战后期，1990 年至 2000 年为后冷战时期，冷战后期形成的原因有二：第一是越战的结束；第二是东西德的和解，后冷战时期则肇因于苏联的瓦解。首先说越战，这场来自二次大战之后，让东南亚人驱逐了包括日本、法国、美国，外国势力，而获得独立的战争在 1975 年落幕。尽管共产主义在这场战争中获得最后胜利，但冷战并未恶化，各国的关系反而好转。其次是西德总理布兰特(Willy Brandt)于 1970 年代初期展开东进政策(Ostpolitik)，由于越战的结束，美国、西欧、苏联及中国的关系改善，1975 年的《赫尔辛基协议》(Helsinki Accord of 1975)象征和解时代的来临。与会 35 个国家决定保证维持 1945 年所划定的国界，支持联合国的决定，以和平方式解决国际争端，尊重主权国的地位与平等，扩大经济合作，反对武力威胁，尊重人权。尽管它没有执行的机构，但至少为人类和平带来希望。后冷战时期源于 1989 年苏联领导人戈尔巴乔夫在苏联推动改革，由于他允许半开放自由的选举，导致共产党挫败，使得共产主义在国际间失去威信，东欧集团开始出现裂缝。

这段时期的世局主要问题有美国的利益、新苏联的出现、欧洲的整合、亚非太平洋地区日渐重要、伊斯兰世界的冲突。

1. 美国

越战结束后，美国开始与共产国家走向和解的大道，福特总统沿用尼克松时代的外交重臣基辛格，与苏联商议寻求限制核武之道，致力改善与北约盟国关系。1975 年 5 月，美苏签订赫尔辛基协议(Helsinki Agreement)，并加强与中国关系。

从 1976 年起，先后入主白宫的美国总统分别为民主党的卡特(Jimmy E. Carter)、共和党的里根(Ronald W. Reagan)和布什(George W. Bush)、民主党的克林顿(Bill Cliton)以及共和党的小布什(George Bush)。从政党的属性来看，似乎是轮替形式，说明了美国人求变的心情。卡特在位四年，任内面临能源危机，1977 年石油输出国组织(Organization of Petroleum Exporting Countries：OPEC)提高油价，严重影响美国经济，导致通货膨胀扶摇直上，卡特提出抑制物价上扬计划，平衡政府预算，减少联邦支出，限制消费者使用信用卡购物，不仅未能缓和困难更加速经济恶化。卡特政策摇摆不定使得美国人对他丧失信心，在四年执政之后，即弃他而去。转而支持共和党的里根。尽管内政不如人意，但在外交方面却有新意，他提出"人权外交"口号，与苏联展开第二阶段限武谈判(SALT II)，中止对拉丁美洲国家提供军事经济援助，批评柬埔寨及智利政府迫害异己，谴责南非种族政策，与亚洲、非洲第三世界国家建立关系，特别是与中华人民共和国建交。

1978 年 12 月 15 日卡特宣布承认中华人民共和国并发表《建交公报》，白宫发表声明："美国与中华人民共和国建交之日，将与台湾断绝外交关系，并照美国与中华民国共同防御条约的规定废除该约，美国将于 4 个月内撤出其在台湾的剩余军事人员"。国会不满这项声明，制定《台湾关系法》(The Taiwan Relations Act)"协助维持西太平洋的和平、安全与稳定，并授权继续美国人民与台湾人民之商务、文化及其他关系，以及其他目的，以促进美国外交政策之法律"于 1979 年 6 月 21 日由卡特签发执行命令。

1981 年里根以 70 高龄出任美国总统，尽管演员出身，但却获美国人民爱戴。他和蔼可亲，待人坦诚，能言善道，妙语横生，对生命抱持乐观。1981 年 3 月 30 日下午，在华府希尔顿饭店遇刺，大难不死，临危之际所表现的镇静，令人动容，传为佳话。里根任内，美国赤字预算扩大，每年达 2000 亿美元，主要原因为国防预算大幅增加。里根是保守派人士，外交上主张反苏、反共。为了防止苏联野心，推行全球战略，重整军备，与苏联展开军备外交。1983 年发表演说，提出新防御构想，计划在太空部署新型非核武器，称为"星战计划"(The Star Wars Program)，以一层牢不可破的反导弹网，拦截并摧毁来袭的苏联导弹。这项计划花费庞大，开始时即受到质疑，自 1989 年苏联解体后受支持程度愈来愈低，1993 年后正式宣布星战时代结束。

里根在位 8 年为联邦政府带来庞大财政赤字，1989 年布什主政后，即面对困难，人民冀望他提出对策，但却雷大雨小，尤其是提高税率，更引起人民不满，影响他在位 4 年即告下台。布什曾担任里根副总统，做人守分，做事重实际，求效率。在他任内，东欧局势，石破天惊，东欧集团瓦解，苏联变天，数十年相持不下的冷战局势，一夕之间转变。1991 年 11 月 9 日象征冷战的柏林墙倒塌，世局进入后冷战时期。布什任内美国的外交难题由苏联转向伊拉克，自伊拉克于 1990 年对科威特发动闪电攻击，加以占领，试图控制国际原油价格，引起美国关切，派兵干涉。布什于 1991 年 1 月宣布"沙漠风暴"(Operation Desert Storm) 行动展开，历时 6 星期，伊拉克死亡数万人，美军死亡 137 人，失踪 7 人。波湾战争让美国人拾回了越战所丧失的自信心，但也结下了美国与阿拉伯世界的梁子，并刺激恐怖分子更加采用报复行动。

自苏联变天，东欧集团瓦解之后，世局即进入后冷战时期。"后"指涉的是一种灰暗不明确的情状，冷战对峙长达 55 年。其间所建构的思维及行动模式，突然在瞬间出现变化，各国都出现适应不良的状态，国际大规模的战争不见，但地区的冲突复现，尤其是种族之间的对立更加明显。

民主党的克林顿总统于 1992 年上台，就任之际，美国经济陷入谷底，人民生活捉襟见肘。克林顿采干预方式，由政府投资促进经济发展，以大笔资金从事公路、铁路、桥梁、通讯、建筑等基础事业，加强人才培训，创造就业机会。对他八年政绩，美国人们给予好评，虽然发生与白宫女助理莱温斯基 (Monica Lewinsky) 的性丑闻案，险遭国会弹劾，但美国人依然宽恕了他。外交方面，他推动自由贸易，建立美加墨三国北美自由贸易区协议，调解科索沃 (Kosovo) 问题，与俄国发展"民主伙伴关系"，并提出战略导弹防御系统 (TMD)，试图由国际多边控制，拟定一套外交与军事结合的力量，作为防务。

后冷战时期美国成为世界的警察，苏联的敌对势力不见，美国对外国的干预也日渐增多，但各国对美国的不满也随之增多，尤其是阿拉伯世界，在下一个世纪就出现惊人之举。

2. 欧洲

第二次世界大战期间欧洲国家饱受战祸肆虐，经济衰败。至1950年代后期情况好转，许多国家开始走出战争阴霾，1960年代逐渐赶上美国，其中以德国的表现最杰出。1970年代后期成为欧洲最繁荣的国家，国民生产总值超过英国与法国。德国走福利国家路线，提供工作保障，经济快速成长，1970年代外销达到1300%。此外法国的表现也不逊，尤其在农业方面，成为世界第二大农业输出国。至1990年为止，法国的国民生产总值是1.6万美元，德国为1.85万美元，美国为1.98万美元。经济的快速成长加强欧洲国家间的凝聚力。

欧洲问题的症结为法德间的冲突。自1871年德国独立之后法德之间因煤钢问题，水火不容，兵戎相见，导致两次世界大战，造成欧人身家财产重大损失。为了消弭彼此之间的裂隙，法国外交部长舒曼(Robert Schuman)于1950年5月9日提议建立"欧洲煤钢"组织(European Coal and Steel Community：ECSC)，获得西德总理阿登纳(Konrad Adenauer)的热烈回响，开启了欧洲联盟组织的新页。

欧洲联盟的发展由"欧洲煤钢"开始，1952年正式成立，有六国参加，分别为：法国、德国、意大利、比利时、荷兰、卢森堡。1957年6会员国签订《罗马条约》，建立"欧洲经济共同体"(European Economic Community：EEC)和欧洲原子能组织(European Atomic Energy Community：Euratom)。[01] 英国早先担心受组织约束，不愿参加。1960年英国、奥地利、丹麦、挪威、葡萄牙、瑞典和瑞士另成立"欧洲自由贸易区域"(European Free Trade Area：EFTA)。1961年英国和丹麦申请加入欧洲经济共同体，但遭法国反对。迟至1973年英国、丹麦和爱尔兰才正式加入欧洲经济共同体，来年九国政府首长同意每年固定集会三次，催生了"欧洲会议"(European Council：EC)，各国首长决定以直接选举产生欧洲议会(European Parliament)，并且成立欧洲区域发展基金。

欧洲经济共同体于1979年起开始推行欧洲货币系统，同年欧洲议会举行欧洲议员直接选举，采比例代表制，以后希腊、西班牙、葡萄牙亦加入，使得会员国至1990年达12国，目前有626名议员。

1991年欧洲整合进入新阶段，12月11日欧洲经济共同体会员国签署《马斯特里赫特条约》(Maastricht Treaty)同意成立"欧洲联盟"(European Union：EU)，1993年欧洲联盟简称"欧盟"正式成立，尽管困难重重，推行阻力不断，但在德法两国领袖携手合作之下，消除公民疑虑，使得联盟工作获得进展。1994年开始推行单一货币计划，1999

---

01 1967年7月欧洲执行委员会议将欧洲经济共同体、欧洲原子能组织，和欧洲煤钢组织整合为欧洲共同体。

年1月1日欧元 (Euro) 正式施行。2003年草拟新宪法,并决定在2005年实施。

欧盟是二次大战后欧洲国家为消除战端、维系和平的新构思。以美国联邦为师法对象,将货币统一与新宪法颁布作为欧盟的基础。然而事实上,美国联邦的凝聚力是语言,以及宗教思想,由加州到新英格兰,由佛罗里达到华盛顿州,话语讲得通,尽管政争不断,官员参加教会不同,但都坚信《圣经》,宣誓依据《圣经》。欧洲不然,各国语言讲不通,教会派系分立,长期以来的纷争以及历史情结,要达到真正的统合并非易事。但在全球化竞争日趋激烈之下,欧洲国家若不携手合作,将丧失其竞争力。

3. 苏联

赫鲁晓夫下台后,勃列日涅夫 (Leonid Brezhnev) 掌权,开始新一阶段的冷战,在科西金 (Aleksei Kosygin) 的配合下开始发展军力,与美国抗衡。

(1) 后斯大林时期

从1964到1974年勃列日涅夫与科西金开始分权领导,勃列日涅夫担任党书记,科西金则出任总理,督导各种改革。稍后勃列日涅夫依1977年宪法成为苏联总统,但由于健康因素晚年政绩不彰。苏联的政治路线仍依斯大林以及赫鲁晓夫的修正路线,内政方面重视工业生产,减少消费品供应,外交方面一面提升军力,一面与美国谋求和平共存。苏联积极发展军力,与西方国家一较长短之际,国内的民间经济遭到波及,生产停滞,农业景况更形恶化。从国外进口大量农产品以纾解国内的欠缺,但在途中以及市场的损耗情形非常严重,令苏联的统治阶层伤透脑筋。

1982年安德罗波夫 (Yuri Andropov) 继位。这位出身低微的铁路工人之子,凭个人努力,攀升到苏联最高权位,令人刮目相看。他深深了解苏联基本结构的危机,因此上任后从地方延览了许多人才至中央服务,并立即展开打击犯罪,加强军力,增加生产,取缔酗酒、欺骗等不良行为,建立社会善良风俗。安德罗波夫公忠体国,为国事辛劳,积劳成疾,自1983年夏即卧病在榻,1984年2月辞世。由契尔年柯 (Chernenko) 继位。契尔年柯自1950年代起即依附勃列日涅夫立足政坛,但1982年受阻于安德罗波夫,未能更上层楼,如今峰回路转,终而如愿,惜岁月不再,加上身体健康堪虞,无法胜任国事,注定只能扮演过渡性角色,1985年3月即不复于人世,从此苏联政坛人事出现重大转变。

(2) 外交及限武

古巴危机让美国及苏联领导人警觉到核战的威胁,进而有意展开交涉谈判。终于达成一连串约定:1963年英国、苏联、美国签署禁止核武条约,1968年、1970年、1971年、1978年相继签订类似条约。其中以两次战略武器限武谈判 (SALT I & SALT II:Strategic Arms Limitation Talks) 最重要。在这两次限武谈判过程中,美苏两强同意各拥有相等的杀伤武器。经过两年复杂的谈判过程,尼克松与勃列日涅夫在1972年春于莫斯科签署第一次限武协议,规定五年内中程核子导弹数目,以及双方的反导弹系统,以维持等同的杀伤力。随着军事武器的研发,技术的革新,对第一次限武的约束,不久即告失效。美苏双方皆成功发展出多弹头导弹，增加杀伤力，造成极大的恐惧，有鉴于其威胁性，美苏双方再度展开限武谈判，而于1974年由美国总统福特与苏联领导人勃列日涅夫达成第二次限武协定。

(3) 阿富汗问题

苏联于1978年与阿富汗签订友好条约，1979年苏联支持的阿敏 (Hafizullah Amin) 政府遭叛军攻击，有倒台之虞。苏联担心阿富汗沦陷外人手中，乃派5000名军事及行政顾问前往协助。12月底数千名苏联军队越过边界，占领机场，围攻卡布尔 (Kabul) 总统府，罢黜过去的盟友阿敏，另扶植卡梅尔 (Babrak Kamal)，但以后几年，苏联的进攻遭到重大挫折，叛军在美军的大力支持之下，特别是防空导弹，瓦解了苏联的空中优势，从此苏联陷入泥淖之中，与美国在越南的处境相似。阿富汗人民也因此饱受战火创戕，哀鸿遍野，都市断垣残壁，不忍卒睹。1989年苏联在久战无功的情形之下，撤出阿富汗，但阿富汗内战并未结束，重返至部落时期的政治生态之中。

(4) 戈尔巴乔夫的统治

1985年苏联领导人契尔年柯去世，戈尔巴乔夫 (Mikhail Gorbachev) 继位，对苏联经济、社会问题提出较大胆、开放的方式，导致苏联共产党政权瓦解，十五个加盟共和国走向独立，冷战也告终了。

戈尔巴乔夫上台后为增进苏联的竞争力，提高生产力，扫除现代化的阻碍，采用两项治国理念：开放 (openness) 以及重组 (restructuring)。开始重新检讨30年代所犯的一些错误，并于1986年4月承认切尔诺贝利 (Chernobyl) 危机事件，这在以前几乎是不可能的。他更允许电视及报刊公开批评政党领袖。立意虽好，但也导致苏联加盟共和国出走，寻求独立。戈尔巴乔夫本来只想调整中央计划组织，以及党和国家的决策过程，但由于列宁式的体制已完全无法适应时代，需要更大规模的改变。他于1988年10月改革克格勃，循美国中央情报局的模式。至1989年最高苏维埃已成为橡皮图章，大权落入由总理所负责领导的部长会议 (Council of Ministers) 中，在1989年3月及4月的选举中，许多权贵下台，人民代表大会 (Congress of People's Deputies) 由每一年改选一次改为每五年改选一次，其地位取代过去的最高苏维埃。戈尔巴乔夫领导面对的最大难题是共产党中的列宁忠贞信徒，这些人冥顽不灵，食古不化，戈尔巴乔夫不得已减轻共产党在国会中地位，从此政治局中除了总统以外，没有重要政治人物，政党地位在国家之下，丧失其领导地位。影响许多共产党党员退党，前往城市及各国家工作，谋求更好机会。

戈尔巴乔夫采用开放及重建的政策刺激奄奄一息的经济，尽管国内生产总值仍居世界第二位，但事实上，由于技术陈旧过时，工厂效率不彰，工人工作意愿低落。戈尔巴乔夫想依循列宁的治国方式，以较民主的方式，由党中央介入，但却告失败。因为在列宁时代，共产党是为无产阶级奋斗，但至斯大林时代，共产党已成为既得利益者，不再为无产阶级服务。苏联情势至此一发不可收，随着经济恶化，戈尔巴乔夫不得不向党内强硬派及投机分子妥协，希望以时间换取空间，维护其权力。1989年春，数十万人聚集莫斯科,游行抗议使他从自由主义阵营退却,波罗的海三国:立陶宛、拉脱维亚、爱沙尼亚以及乌克兰、摩尔达维亚(Moldavia)的分离行动日趋严重,苏联人的生活条件急速恶化。8月19日戈尔巴乔夫至克里米亚度假,一个八人"国家紧急委员会",包括克格勃、军队、内政部领导及其他中央部会的官员,准备夺权,副总统宣布戈尔巴乔夫生病,国家进入紧急状态,为期六个月。这场政变迅即遭叶利钦(Boris Yeltsin)严厉指责。叶利钦被选为俄罗斯总统,他在莫斯科的国会大厦内,要求军队及克格勃不要服从中央方面的指示,政变开始崩盘。8月21日危机化解,叶利钦成为扭转乾坤的人物。政变后第6天,情势逐渐明朗,戈尔巴乔夫辞去党主席一职,并解散共产党中央委员会。叶利钦主导了政局的发展,苏联共产党在掌权七十四年之后,失去其领导地位,其资产财富转移至各共和国的国会。戈尔巴乔夫保有总统职位至下届大选为止,此后,苏联只存续了4个月。1991年12月21日,苏联结束了69年的政权,由各独立国组成的松散的联盟代替。

戈尔巴乔夫任内尽管对苏联国内经济危机问题一筹莫展,无法振衰起弊,但在外交上的贡献却是有目共睹,深受世人肯定。1990年他获颁诺贝尔和平奖,即为最佳的事证。他摆脱勃列日涅夫用军队干预社会主义国家的做法,允许苏联集团、华沙公约国家摆脱军事羁绊。事实上,这种军事关系自1989年底之后已不存在。就其任内,其外交主要措施有:1989年自阿富汗撤军,寻求非洲地区的和平,如安格拉(Angola)等情势紧张地区;不阻挠德国统一运动;1990年支持联合国谴责伊拉克侵占科威特,并于1991年加入盟军击退伊拉克的入侵军队。在限武方面,亦有相当的成果,1985年11月他与美国总统里根在日内瓦会晤,讨论有关限武问题,导致美苏两强于1987年在华盛顿签署中程核武限定条约,3年之内销毁所有短程及中程导弹,并由两国专家至现场检查,是否履行条约的规范。冷战的梦魇随着双方销毁核子武器而告终结,1991年7月双方签订战略武器裁减条约(Strategic Arms Reduction Treaty:SART),展开首次销毁大规模核弹头,1994年莫斯科与华盛顿正式修改导弹程序,将彼此的战略目标删除,保证合作阻止核子扩散。

(5) 叶利钦的统治

1991年8月叶利钦成为俄罗斯的真正领导。他发现尽管俄罗斯政权易人,但问题依旧:通货膨胀、财政赤字、少数民族问题、私有财产、新的国际贸易等。叶利钦八年统治,问题并未获得改善,1998年俄国男人的生命平均年龄为57岁,与美国人相比较差了15岁,和印度人差不多,出生率明显下降,婴儿死亡率上升。叶利钦总统的最大难题是经济,如何由共产主义走向市场经济,困难重重,政府试图采用增加货币供给额方式解决问题,导致通货膨胀,卢布(俄国货币)下贬,由1992年1美元兑换300卢布,至1997年变成1美元兑换6000卢布。1998年俄罗斯经济崩盘,人们生活越发困窘,1999年退休工人每月退休金为18元,而工人所得亦不过150至200元,尽管少数人生活优越,但大多数的人入不敷出,捉襟见肘,生活艰难。女人失业情形严重,造成家庭生计问题。叶利钦的改革使他面对国会的反对势力,这群由旧体制之下选出的人民代表反对叶利钦的市场改革经济,特别是对非食物类的货品采自由价格机制,他们批评叶利钦屈服西方的压力。尽管他在俄罗斯颇具声望,甚受民众爱戴,但对国会却少有影响力,他们继续阻挠他的法案,双方关系于1993年9月陷入僵局。10月3日反对党占据莫斯科市长办公室,攻击国家电视台,根据电视台播出现场报导,在动乱中有62人遇害,次日叶利钦派出坦克及大炮制裁叛乱。12月大选,叶利钦派系获得胜利,赢得国会足够席位,阻止反对势力对总统的弹劾。为了要化解敌对势力的阻力,叶利钦采中间路线,重振大俄罗斯的地位,摆脱西方的干涉,特别是北约国家对南斯拉夫的干涉。叶利钦的努力并未能使俄罗斯的经济像波兰、捷克、匈牙利快速走向市场经济,许多俄罗斯人的经济生活持续恶化。至于苏联早先的加盟国,由高加索到乌克兰的经济及政治亦逐渐恶化,惟有靠俄罗斯的军队维持短暂的和平,亚美尼亚(Armenians)及亚塞拜疆(Azeris)争夺纳戈尔诺卡拉巴赫(Nagorno-Karabakh)。1995年开始,俄罗斯与境内的车臣(Chechen)反对派人士展开全面战争。

4. 东欧集团

1948年之后,东欧情势趋稳,苏联在面对美国提出复兴西欧经济的马歇尔计划压力之下,成立了"经济合作理事会"(COMECON)贸易组织,以便有利于苏联的战后复苏。苏联采用重商主义政策,高价输出原料,低价输入成品,导致东欧国家严重受害,造成东欧国家贫穷潦倒。此由德国共产政权与资本主义政权的贫富显著差异,可见诸一斑。1960及1970年代东欧集团由廉价进口能源以及向苏联出口货物而获利。随着经济改善,人民生活水平提高。惟好景不长,1970年代"经济合作理事会"面临重大危机,由于东欧集团经济采用中央计划体制,禁止双边贸易,所有的经济行为必须经由莫斯科,譬如布拉格(Prague)与布达佩斯(Budapest)不能直接进行有效的贸易,使得许多地区的经济势力远落后世界其他各地。各国的贸易障碍,基于彼此的货币不能通用,只能在本国使用,因此发展无法与西方共同市场相比。1980年代后期世界能源危机,东欧国家饱受冲击,许多东欧国家向西方国家贷款,加上投资不当,造成国力重大伤害。此外,苏联中央集权的经济发展为东欧各国带来严重的环境污染问题。纵观苏联对东欧地区的50年统治,造成当地的重大负担。戈尔巴乔夫的解放计划对东欧集团国家造成重大影响,1987年之后许多执政当局认为苏联杂志的言论太泛滥了,因此禁止苏联杂志进口。同时,分析家发现,西德的生活水平比当地好多了,他们的机构、管理及观念影响了东欧的发展,至1989年底,共产党政权瓦解。

在东欧集团中值得一提的国家为南斯拉夫,它是斯大林重大的挫败事例之一。南斯拉夫领袖为铁托(Marshal Joseph Broz Tito)于1930年代是斯大林的忠贞信徒,对共产党忠心耿耿。二次大战期间抵御外国侵略,包括德国、意大利以及右翼团体的攻击,表现杰出。战时与西方国家来往密切,战后并接受西方国家援助。1948年南斯拉夫被逐出苏联的东欧集团,但他也抗拒斯大林的压力,并躲过了几次暗杀,铁托可以称为国家主义的共产主义。1948年之后由10个种族组成的6个共和国而形成的南斯拉夫,在世界两强及经济危机的压力下,依然幸存。但许多观察家怀疑铁托以个人魅力治国,死后,南斯拉夫是否如常?事实上,南斯拉夫在他死后仍暂时维持统一,由各共和国领袖轮流执政,任期1年,但南斯拉夫经济问题每下愈况,通货上升80%,人民生活水平下降。1991年南斯拉夫无法维持多国统一,步向分裂。

十、非洲

第二次世界大战后,世局的发展由欧洲及中东地区转向亚洲及非洲地区。主导世局的强权也由欧洲国家转为苏联及美国。在19世纪这些地区许多国家沦为欧洲国家殖民地,尽管欧洲国家统治势力不在,但其影响力犹存,殖民国家独立所面临的问题即陷入"体用"之争。如何在保持民族的"体"之下,采用西方国家之"用",换言之,新兴国家在驱逐欧洲国家政权、重建自己政权时,如何发展经济,采用西方科技,又兼有民族本位,考验统治者的智慧。如果不沿用西方经济方式,无法与世界接轨;若采用欧洲制度,又无法建立民族自尊心,使得这些地区成为世界问题的焦点。

1945年后,亚洲及非洲的殖民地纷纷独立,在往后的30年中,一度被殖民的国家摆脱欧洲人统治,获得独立,许多新兴国家亦于此时出现。他们在美苏影响之下,各自加入不同的阵营,增加冷战的冲突范围。1947年8月15日印度总理尼赫鲁(Jawaharlal Nehru)在庆祝印度独立时发表祝词指出:"值此世人沉睡之际,印度人将从追求生命与自由中觉醒。这个历史上稀有且伟大的一刻降临,我们由旧世界走向新世界,当旧时代结束,长久被压抑的国魂有了新的出口……今天在此庆祝独立只是一个迈向伟大胜利的一步,象征着西方国家结束其在亚非的统治。"西方帝国主义对殖民地的态度转变始于英国,1931年英国国会通过《西敏寺法案》(The Act of Westminster),正式承认殖民地中白人所统治地区独立,包括加拿大、澳大利亚、新西兰、南非。这些国家在大英国王名义之下,自治管理。但法国及荷兰并未跟随英国的政策,一直维持其对殖民地统治,到第二次世界大战为止。

亚非各国独立方式不一,但有其相似之处。基本上说来,反殖民运动的领袖多半受过西方教育,具有个人魅力,他们富有相当西方思想,标榜西方制度,利用西方武器,推翻西方统治。在反殖民运动中有些是采用和平方式,由于部分欧洲国家在二次大战中受创严重,无心于殖民地,因而对殖民地的独立仅予些微干预,有些国家却不肯罢手,特别是那些可以从殖民地中获取重大利益者,如法国统治的中南半岛、阿尔及利亚,葡萄牙统治的莫桑比克(Mozambique),比利时统治的刚果(Congo),就是如此。当地原住民都经过长期抗战,采用较激烈手段,如游击突击或炸弹攻击驱逐了殖民政权。

1. 非洲

从文明的角度来看,非洲一直在地球的边缘地带孤寂地存在,尽管其土地是世界第二大，且位于世界的中心：赤道，但未进入世界的体系，一直到近代才在西方的介入之下，现身舞台。在西方国家的宰制之下，非洲被视为"欧洲人的非洲"，迄今为止，对非洲的认知，多存有一种"偏见"，对其解读也失之公平。非洲被称为黑非洲，于15世纪与西方正式展开接触，从此进入了不幸的500年岁月。第二次世界大战之后，非洲许多国家开始以独立的身份进入历史舞台，使得黑非洲成为世人关注的对象。迄今发展为拥有50多个国家的地区，对世局产生相当的影响。

非洲地理不同于其他各地，撒哈拉沙漠及赤道分布其中，形成重大的影响。撒哈拉沙漠是世界上最大的沙漠，范围广蜒，阻绝了南北的往来（有少部分商旅利用骆驼来往双方），将非洲文化分为北非的阿拉伯文化以及南部的黑非洲文化。惟从撒哈拉沙漠以南至好望角(Cape)之间，赤道横跨其间，撒哈拉至赤道间的地区被称为苏丹，文化不同于南北，兼具两者之长。在习惯上，仍将之归为南方黑非洲。过去研究非洲文化多依传统地理概念，以地中海为界，将非洲与欧洲作一区隔。事实上，区隔非欧的不应是地中海，而应是撒哈拉。从文化的角度来看，北非的阿拉伯文化与地中海周边文化融为一体，与欧亚国家有较密切的往来；撒哈拉以南的黑非洲，则是在封闭的环境中，虽然在其南方有大洋，但由于海岸轮廓平直，缺乏利于发展航海事业的港湾和半岛与沿海岛屿，海岸地区地势险峻，岩石高耸，终年惊涛拍岸而难以接近，因此文化存于独立状态，代表了真正的非洲文化。一般所指的非洲文化则属于此一地区的文化，包括西非的西苏丹文化、几内亚文化，东非的东苏丹文化和南非以班图部族为主的尼格罗人的文化，他们生活在撒哈拉沙漠以南地区。由于该地经年处于对外隔绝的状态，因此受外界的影响甚微。根据研究，主要特色是：稳固而持久的村庄部落文化，社会成员忠于部落，强调团结互动、集体意识；文化的内部差异性很大，各地区缺乏往来，形成独立、平行的文化风格；保存口传文化，具有强烈的经验性、生动性与示范性。

非洲是人类最早活动的地区，这个拥有灿烂的古代和多难的近代地区，在人类学家的眼中，是人类文明的摇篮，其中以古埃及文明最为人津津乐道。迄15世纪以前，北非沿地中海地区与欧洲文化水平相去不远，且较之有过之而无不及。但在南部许多地方仍过着半农、半牧的原始社会生活。16世纪西方展开海外殖民主义活动，非洲地区开始其悲情的命运，西方从黑奴交易到原料争夺，将西非洲国家视为掠夺的对象。19世纪下半叶，欧洲各国扩大势力范围，加强向外发展，进一步无情的剥削与瓜分，一直到第二次世界大战后才让非洲国家逐渐摆脱束缚，走向独立。

2. 人种

黑非洲的人种不同于其他地区，非常复杂，以尼格罗人为主体。此外其他较重要的民族还有科伊桑人种和尼格利罗人种。尼格罗人种的特征并不完全一致，不过有其共同的点：黝黑的皮肤，头发短曲，体毛较少，额部突出，鼻宽、鼻梁较低，嘴唇较厚。一般人将尼格罗人分为两类，一类是肤色较深的班图尼格罗人，分布在赤道线地区一直向南抵达南非之角开普顿的整个非洲大陆南部地区；一类是肤色较浅的苏丹尼格罗人，分布在撒哈拉沙漠边缘与赤道雨林地区的广大地带。

除了尼格罗黑色人群外，撒哈拉以南的非洲大陆上还有一些次要的种族，一是当地的土著如匹美人、桑族（原称布须曼人）；另一是黑非洲的混合型种族，如科伊桑种人、尼格利罗人、马尔加什人等无数族群。

3. 语言

黑非洲由于地形封闭，人群来往有限，语言呈破碎与分割状态。据了解，非洲语大约有 1650 种，学术界认可的独立语言有 800 种，大致分为：(1) 亚非语系，主要是古埃及人、柏柏尔人、苏丹人使用；(2) 尼日尔—刚果语系，主要是班图人与苏丹人使用；(3) 撒哈拉语系，主要苏丹人中之东苏丹人使用；(4) 科伊桑语系，主要是非洲南部科伊桑人使用。在黑人成百上千的语言中，除了少数语言稍晚通过阿拉伯文字的引入而创立文字外，其余黑非洲的语言都是没有文字的口头语言。对文化的统一造成重大的影响。近代欧洲势力进入，欧洲语言在黑非洲许多地区迅速扩散，分割破碎的黑非洲语言，由于欧洲某个宗主国单一语言的普及，而趋向统一整合，许多部族开始使用一种统一的欧洲外来语言，作为商业贸易、学校、教育、宗教活动的用语。

4. 政治发展

非洲本自成格局，与外隔绝。惟自西方入侵之后黑非洲内部即产生矛盾与冲突。西方殖民主义者为了有效统治，培训了一批当地知识分子，将黑非洲西化，或殖民化，这些黑非洲知识分子对西方国家态度不一，有些认同，支持西化；有些反对，视之为帝国主义暴行，掀起黑人文化的复兴运动，更刺激了黑人自觉，兴起民族主义运动。

非洲对欧人的诱因有二：一为奴隶，解决了欧洲的劳动力问题，另一是非洲的自然资源。早先欧洲人需要非洲人的劳力，待工业革命全力推动之后，非洲的自然资源[01]成为各国觊觎的目标。

(1) 奴隶时代

北非摩洛哥是西方在非洲的第一块殖民地；1441 年葡萄牙船带回 10 名黑人至欧洲，开始欧人对黑奴的掠夺。1444 年葡萄牙开始捕捉黑奴，并送至市场上拍卖，开启了黑奴买卖，为黑人带来悲惨的命运，并为非洲带来空前的浩劫。1807 年英国禁止奴隶买卖，反奴团体并派人巡视东非及西非沿岸，阻止贩奴船只交易，释放了约 16 万名奴隶，但效果有限。从 1807 至 1888 年之间仅西非地区的奴隶交易人数达 130 万人。1891 年在布鲁塞尔召开国际会议通过了禁止奴隶贸易的总议决书，但真正有效执行一直到 19 世纪末才

---

01 当时欧洲人最热衷的原料是棕榈油 (palm oil)，可以做肥皂、蜡烛，在石油被发现使用之前是机械主要的润滑剂。

开始。

(2) 殖民时代

19世纪西方掀起一股新帝国主义殖民浪潮，这股浪潮的浪花与前不同，它吞噬了非洲国家的生机。究其原因可归纳为：

①欧洲工业先进国家需要新的商品市场与廉价原料，这些原料包括煤、铁、铜、橡胶、石油等。市场则为人口众多的埃及、尼日利亚、印度及中国，这些地区除了有庞大的购买需求之外，并可为西方国家提供大量廉价劳动力。②依据列宁 (V. S. Lenin) 的说法，资本家为追求更多利润，必须扩大对外投资，控制经济活动以及原料和市场。这种说法引起许多争议，尤其是英法的学者，他们质疑为什么在1815至1870年间，工业并不发达的法国占有非洲广大的土地。③欧洲国家为求生存，致力推行国家主义，增加土地与财富，建力军事据点，特别是开凿运河、建立海军军事基地。④西方国家的船坚炮利使他们深信自己是世上最杰出的人种，拥有最优秀的文化、最好的政府、基督的宗教，为人类带来光明。他们有一种天职，一种使命，教化其他地区的人民，因此他们的帝国主义是情非得已的。⑤欧洲人为了要为其行动寻求理论庇护，将英国生物学者达尔文提出的进化论加以运用，并以斯宾塞 (Herbert Spencer) 社会进化论为基调开始合理化其帝国主义行为。视东方为神秘主义，西方为合理性的社会，文化亦然。⑥19世纪基督教传教士的力量逐渐增大，其影响力超过过去天主教的传教成就。此外本世纪的探险家前仆后继的冒险精神亦加速了对非洲的殖民活动。至19世纪之前，西方国家约侵占非洲国家面积的10%。欧洲国家垂涎非洲土地源自比利时的国王利奥波特二世 (Leopold II)，他长久以来一直醉心建立一个大帝国，鉴于比利时政府对他的梦想兴趣缺缺，乃于1876年组织国际非洲协会 (International African Association : IAA)。这个协会征募许多科学家及探险家工作，其中最有名的是斯坦利 (Henry Stanley)，远赴中非，与许多部族签订条约，至1882年为比利时取得沿刚果河约90万平方公里的广大土地。英国主要活动的地区在南非，1867年好望角一带发现钻石引起各国钻石热，当地黑人偷钻石风气日趋严重，英国于1899年开始镇压，造成后来当地的反英情势。继英国及比利时在非洲的发展之后，德国亦不甘示弱。在俾斯麦宰相的推动之下，从1884年2月起，一年之间取得4个殖民地，分别是西南非 (South-west Africa)、多哥兰 (Togoland)、喀麦隆 (Cameroon)、德属东非 (German East-Africa)。从此之后欧洲国家在非洲建立各自的势力范围：英国统治北非的埃及、位于撒哈拉沙漠与赤道之间的苏丹、南非的好望角；法国侵占阿尔及利亚，葡萄牙占有安哥拉及莫桑比克。俾斯麦为调解各国在非洲的冲突，于1884年11月召开"柏林会议" (Berlin Conference)，有15个国家参加，会中谴责奴隶贸易，禁止在非洲某些地区贩卖酒品及武器、基督教传教士传教不受阻，各殖民者避免会导致冲突的竞争，刚果河口由比利时管辖。但开放自由航运及贸易，各国有进一步行动时必须先知会其他国家，各国纷争必须交由仲裁。这次会议所达成的协议不少，但多止于口惠，实质效益不大，鲜有国家遵守协议。会议之后各国继续对非洲的瓜分。至1914年第一次世界大战时，除

了利比里亚(Liberia)[01]与衣索匹亚(Ethiopia)[02]之外，列强包括英国、法国、葡萄牙、西班牙、德国、比利时、意大利，占有非洲面积高达96%，其中以法国、英国势力最大。列强在非洲的活动，也以英法最多。法国在西非的殖民最广，试图从阿尔及利亚(Algeria)、西非(West Africa)沿刚果河(Congo River)下游的北方，建立一个大帝国，并据此向东及向北发展。英国则在西非的沿海地区发展，建立贸易据点，并在赞比亚(Gambia)、狮子山(Sierra Leone)、黄金海岸即加纳(Gold Coast 即 Ghana)、尼日利亚(Nigeria)，建立势力范围，在东非方面英国占有乌干达(Uganda)、肯尼亚(Kenya)。英法两国在北非方面因埃及问题，关系紧张。英国为了战略需要，保护印度的安全，必须控制埃及。法国为了国家颜面不愿放弃，双方剑拔弩张。1989年分别遭军至埃及的法绍达(Fashoda)，所幸双方作战意愿不强，宣示立场之后，相互撤军，危机化解。南非方面主要是英国的势力。英国在南非的发展主要是罗德(Cecil Rhodes)的贡献。罗德曾梦想建立一个由好望角可直抵开罗的大殖民地，并向英国政府提出看法，惟英国政府犹豫不决，罗德乃独资建英国南非公司(British South Africa Company)。1890年派人占有此地，后来即以他的名字命名此地为罗德西亚(Rhodesia)。此外，在非洲地区活动较多的还有葡萄牙及意大利。葡萄牙想将其在中非莫桑比克(Mozambique)及安哥拉(Angola)的殖民地联结起来，但受阻于英国。意大利在红海海岸及临印度洋区的荒芜地区，价值不高。

大致说来，西方国家对黑非洲的了解多限于海岸地区，探险家活动范围止于河流两岸，对内陆地区知之有限，关注地区亦为利益所在，以致后来在划分势力范围时依其实力而定，不考虑各民族原来边界、自然条件和语言情况，造成当地的政治情势不稳。

第一次世界大战后欧洲国家完成对非洲社会的控制，他们派出少数官员治理。譬如在科特迪瓦(Ivory Coast)，法国一名官员得管理1.8万人；在尼日利亚(Nigeria)南部，英国一名官员得面对7万人。尽管管理方式不大相同，但基本目标皆在维持法律及秩序，镇压暴动。

欧洲国家对非洲的管理多采"分治"方式。英国采间接或经由非洲旧权势进行统治。这些旧权势包括族长及他们的议会，英国殖民地行政当局任由他们处理日常事物，甚少干涉，但要求他们尊重法律、征税，并处理殖民事务。

(3) 近代非洲国家出现

近代非洲国家来自对西方国家殖民的反抗。从15世纪开始，非洲地区即出现反对奴隶贸易及殖民者的侵害行为。由15至19世纪的反抗行动多半各自为政，组织松散，武器简陋，南非地区最激烈。霍屯督人于1510年抗拒葡萄牙，1652年抗拒荷兰，班图人于1770年抗拒英国，表现英勇，史迹斑斑。19世纪70年代之后对西方国家特别是法国与英国的入侵，展开反抗行动，遍及非洲北部、南部、西部及东北部等地。在埃及、阿

---

01 利比里亚系为接纳美国自由黑奴而建立的国家。
02 衣索匹亚系为防止意大利人侵略而建立的国家。

尔及尔以及南非等地，非洲人的英勇事迹，令人动容。

第二次世界大战后非洲国家纷纷走向独立。但长期在西方国家干预之下，问题重重，独立的道路途坎坷不已。迄1945年止，非洲只有4个独立的国家，发展至20世纪共有53个独立国家，其中以1950年代中期至1960年代最多，有数十个国家独立。这些国家在独立之初，莫不充满乐观气氛，但未几即面对殖民以来留下的包袱，其中最困扰的问题是如何调和多元的宗教、文化、地域及种族差异。

综观非洲国家摆脱殖民所面临的困扰有：①国界问题：非洲国家发展与欧洲不同，欧洲国家系长期演进而成。非洲国家不然，许多国家的边界是由帝国主义强行划分，1963年非洲国家建立"非洲统一组织"(Organization of African)时，决定维持现有疆界，而不重新划分边界，这种分法未顾及原来的种族及其分布情形，造成许多冲突。如尼日利亚(Nigeria)即是由数百个族群组成，彼此争取国家资源，自然政局不稳。②政治问题：非洲国家建国，领导革命者往往成为国家领袖，这些人缺乏治国的政治经验，不谙政党运作，文化修养不足，模仿殖民者的统治形式，整肃异己，打压反对党。他们集大权于一身，自命为"终身总统"(president for life)。③各国独立步调不同，进度不一。如英国在南非已建立了一个现代化国家，而许多其他地区则仍处于落后状态。④二次大战后白人大量移民非洲，增加其殖民地的影响力，使得非洲问题更加难以解决。⑤非洲国家大部分地区仍处于未开发状态，殖民地者控制经济，经济荣枯依赖世界市场，至1960年代非洲国家80%输出为矿产及土产，价格取决于国际消费市场，使得非洲国家徒有独立之名，而无独立之实。有些国家走资本主义路线，有些走社会主义路线。不论采何种方式，大体说来，非洲国家经济情况不佳，在四十七个国家中有三分之二被"世界银行"(World Bank)评比为最落后的国家。[01]

非洲国家独立是近代历史的盛事，各国经过不同：

A. 北非

a. 阿尔及利亚 (Algeria)

阿尔及利亚长久以来受法国治理，1962年走向独立。法国长久以来对此地进行移民，至1960年代，占阿国人口的十分之一。当地人口以穆斯林为主，敌视外国统治，于1958年发动革命。经过四年血战，从法国总统戴高乐手中获得独立。由领导革命的"国家解放阵线"(Front for National Liberation：FNL)与军方共同治理，长达30年。阿尔及利亚富原油与天然气，吸引外人前来投资，独立之后，农工业皆有进展。然至1980年代经济、社会渐趋不稳，人民要求政治革新，1992年全国首次举行多党选举，伊斯兰解放阵线(Islamic Salvation Front)意外获得胜利。军方不愿承认失败，开始干预，宣布选举结果无效，并查禁伊斯兰解放阵线。从此军方与伊斯兰解放阵线冲突不断，1999年的大选

---

01 在英文里，这些国家被称为least developed国家，但这种翻译是西方的思考，不拟采用，还是用中文的习惯。

亦因此停摆。

b. 利比亚 (Libya)

1969年一群利比亚军官，受埃及强人纳赛尔革命影响，推翻统治的君王。革命领袖卡扎菲 (Muammar al-Qadhafi) 成为利比亚统治者，他结合伊斯兰与社会主义思想，反对多党的民主政府，提出"群众国家"(jamahiriya : state of the masses) 概念，建立了一个以"人民委员会"(people's committee) 及"民众议会"(popular congresses) 为架构的政府，并宣布利比亚为"社会人民利比亚阿拉伯国"(Socialist People's Libyan Arab Jamahiriya)。利比亚经济财富来自石油，以此促进工业发展，并进行社会计划，如住宅、医疗、教育等。卡扎菲一方面没收外国人的财产，并予国有化，另一方面降低油价，激发私有性的竞争。

利比亚的外交政策系以泛阿拉伯国家主义 (pan-Arab nationism) 为基础，支持巴解组织 (PLO)，干涉中东与非洲事务，与西方和美国对抗，被认为支持国际恐怖主义。国际间多起恐怖意外事件如泛美航空飞机 (Pan American Airlines) 及法国航空 (French UTA) 的爆炸案皆被指与利比亚有关，联合国并对其采贸易及航空禁运方式制裁，一直到1999年利比亚交出泛美航空爆炸案的主嫌之后，才取消禁运。

B. 中非

a. 加纳 (Ghana)

是撒哈拉以南第一个获得独立的国家。长期以来受英国统治，1957年在库鲁马 (Kwame Nkrumah) 总理领导下，发动革命，脱离英国，走向独立，成为非洲国家自由与民主的象征。库鲁马成为追求非洲统一的偶像。但为期不久，库鲁马即开始钳制新闻、镇压异己，1964年加纳成为一党专政的国家，大肆建设，修水坝、加强军备，因而贪污不断、经济大坏、社会不安。1966年军队政变，推翻库鲁马，为了加速恢复经济，并给予部分政治自由，军方在1969年决恢复国会制度，使得加纳成为第一个历经军事统治之后重返多党政治的国家。此后加纳一直在政变的动荡不安之中发展。

b. 尼日利亚 (Nigeria)

为英国殖民地，1960年独立时，为非洲国家带来远景。该国拥有数千名训练优异的公务员，五百多名医生，以及工程师，还有相当不错的大学，国内油矿丰富。1966年，军方在一场流血政变中夺得政权，1967年位于尼日利亚东南部的伊波 (Ibo) 族搞分裂，并成立比阿弗拉共和国 (Republic of Biafra)，尼日利亚采军事围剿以及经济制裁，过程惨烈，数十万人因饥饿死亡。1970年以阿弗拉降服，重返尼日利亚。经过13年军事统治，1979年尼日利亚恢复文人政府，订立新宪法，采联邦制，防止重回过去种族与地区分裂的时代。但非洲国家种族问题严重，非一纸一令即可化解纷争。1983年战事再起，军人复掌权，至1999年军方才将政权转移为文人政府，由一位退休军人出任总统。

c. 刚果 (Congo)

沿刚果河两岸，千余部落分布，由法国与比利时管辖，面积与欧洲相当。法属刚果面积较小，戴高乐时给予自决，比属刚果于1960年从比利时手中获得独立，但不久即面临多种族与多党派的斗争，无法维系统一。首次全国大选时，共有来自 120 个地区、种族的代表竞选。新政府组成未几，内战即告爆发。位于南部、富矿产的卡坦加 (Katanga) 省宣告独立。刚果政府向联合国请求援助，1964 年联合国维和部队平乱。1965 年军方再发动政变成功，莫布托 (Mobutu Sese Seko) 上校更改国名为扎伊尔刚果 (Congo Zaire)，统治期间侵占国库，导致百姓穷困，成为非洲人收入最低国家之一。莫布托利用西方国家反共的心理，扮演阻挡共产党的角色，但最后还是被卡维拉 (Laurent Kabila) 所推翻，更名为刚果 (Congo) 民主共和国。

C. 东北非

此地被称为非洲之角 (Horn of Africa)，包括衣索匹亚 (Ethiopia)、索马里 (Somalia) 及其他小国家。此地近红海及波斯湾，1945 年后，因战略关系，地位日趋重要。

a. 衣索匹亚

在 1975 年以前由赛拉西 (Haile Selassie) 皇帝统治，由于无法重新分配土地，采封建无为而治。1973 年全国遭受荒年迫害，20 万人饿死，政府应对无方，引来民怨。1974 年军方发动政变，赛拉西下台。由马里亚姆 (Mengistu Haile Meriam) 领导的激进派系于 3 年后取得政权，废止封建制度，建立一个类似斯大林一党统治的社会主义国家：企业国营，土地国有，集体农庄，控制舆论，囚禁反对者，杀害万名异己。新政府不久即陷入与奥加登 (Ogaden) 省分离运动的长期战争中。奥加登省邻索马里 (Somalia)、底格里 (Tigre)、厄立特力亚 (Eritrea)，先后被意大利及英国统治，1961 年并入衣索匹亚。1993 年厄立特力亚成为自治省，这是非洲第一个分离运动成功的事例。马里亚姆的统治路线引起不满，尽管后来努力修正，但为时已晚，底格里的叛军推翻其统治。

b. 卢安达 (Rwanda)

原为比利时所统治，1962 年独立。1994 年爆发大屠杀事件，震惊国际。卢安达境内种族矛盾情形严重，主要为图西族 (Tutsi) 与胡图族 (Hutus) 间的战争。卢安达独立后，胡图人当权，罢黜图西族君王，屠杀数千图西族人。许多图西人逃亡邻国，1972 年胡图族哈比亚利马纳 (Juvenal Habyarimana) 在一次政变中夺权成功。1990 年图西叛军入侵卢安达，从此内战不已。1994 年政府军与叛军达成协议，建立过渡政府，但 4 月哈比亚利马纳在与叛军谈判结束搭机返国时，突然被一枚导弹击中身亡。政府军谴责图西人阴谋，展开报复。短短几个月内，100 万人在双方大屠杀中丧生，200 万人逃往国外。经过这场混战之后，叛军图西族人获得政权，胡图政权瓦解。

D. 南非

19 世纪非洲东南部势力最强大的一个部落是祖鲁族人 (Zulu)，在沙卡 (Shaka) 的统治之下，以优异的作战方式，精良的作战武器，征服近邻各部族。但由于他个人好大喜功，转战各地，长年军旅，兵困将疲，导致将领二心，于 1828 年被谋害。在沙卡统治期间，许多异议分子流亡国外，与邻族结合，建立国家。

欧人中最早抵南非的是荷兰农民，称为波耳人 (Boer：荷语农夫)，以后改称为"阿非利坚人"(Afrikander)。他们在非洲南端建立"海角殖民地"(Cape Colony)。拿破仑帝国覆亡后,英国为保护其前往好望角(Cape of Good Hope)的海上通道,于 1806 年占有海角殖民地,对当地荷人进行迫害,荷人不堪压迫向北迁移,史称"大迁徙"(Great Trek)。英国在治理南非期间,因人道呼吁,于 1834 年宣布释放奴隶。1830 年代中期波耳移民中的一支约 1.5 万人决定进一步逃离英国人的控制,进入南非洲的内陆地带,建立了两个王国:奥伦治自由国(Orange Free State)及特兰斯瓦尔(Transvaal)。英国为阻止波耳人进入印度洋,乃于 1877 年建立白人统治国家联盟,并从阿非利坚人手中夺得特兰斯瓦尔。为了讨好阿非利坚人,英国人开始攻打祖鲁人,尽管祖鲁人长期以来试图与英国人和阿非利坚人保持友好,但在白色统治的偏见之下,英国还是牺牲祖鲁人,但此举并未取信阿非利坚人。1881 年他们反叛英人统治,迫使英国退出特兰斯瓦尔。

1867 年非洲南部发现钻石,1886 年发现金矿,改变了当地的经济与政治生活。早期矿石开采没有限制,逐渐开始限制黑人开采,白人拥有所有权。从 1886 年至 20 世纪初,南非的黄金产量由占全球的 1% 发展至 25%;南非的重心也由开普顿转至约翰内斯堡(Johannesburg)。英国再度对特兰斯瓦尔感兴趣。1899 年战争爆发,约 3 万阿非利坚人及 1.5 万黑人死于集中营,造成阿非利坚人对英国人以后几代的仇恨。

非洲南部的独立运动有三个国家比较重要。第一个是 1975 年的安哥拉(Angola)独立。由于列强介入加上三派政党分赃政权,流血冲突事件不断。美国、苏联、古巴、南非分别支持不同党派,并派军队进驻,以致战火不断。第二个是津巴布韦(Zimbabwe),即前罗德西亚(Rhodesia)1960 年代,为数 25 万名白人统治罗德西亚五百万名非洲人。这些白人于 1965 年要求自英国统治中独立,建立罗德西亚,英国表示,除非给予非洲人充分政治权利,否则不予承认。但无论是英国采贸易禁运,或联合国采经济制裁,这些白人都抗拒不屈。1960 年代中期非洲人发动游击战,推翻了白人统治,经过十年战乱,祸及邻国,后经英国调停,取得协议,1980 年举行大选,穆加贝(Robert Mugabe)赢得胜利,被选为总统,改国名为津巴布韦。他主政后由马克思社会主义转向市场社会主义,进行温和、务实的改革。1948 年南非阿非利坚人领导的国家党(National Party)在大选中意外获得胜利,开始实施种族隔离政策(apartheid),国会通过数百条不平等新法,在住宅区或商业区进行种族区隔。这种隔离政策系以地区为基础,黑人部落必须住在"班图斯坦"(Bantustans),又称为"家园"(homeland),内,这些家园地处偏远,经济生活落后,为了谋生,黑人被迫离开家园前往白人农场或城市找工作。如果找不到工作就被视为非法移民并被遣返家园。1970 年代政府开始颁布法令,让白人在下一个世纪可以继续掌权:禁止不同种族间的通婚,公众场合种族来往采隔离政策。1984 年的国会接纳了白人、印第安人以及杂色人种,但将黑人排除在外。

几世纪以来黑人对所遭遇的不公平待遇,采用非暴力方式进行抗议活动,1956 年新法律要求女性出门必须携带通行证后,2 万名妇女走向位于比勒托利亚(Pretoria:南非都城)的总理办公室申诉。政府在面对持续不断的抗议之际,开始查禁政党如非洲全国会

议 (African National Congress)、泛非会议 (Pan Africanist Congress)，黑人不甘示弱，改采武装行动，迫使政府以更严的方式对付，甚至在未经审讯的状况下，扣押反对者。许多后来的知名人士于此时身陷囹圄，如曼德拉 (Nelson Mandela)，未遭逮捕的人士则逃往异地，组织反抗军。

这项反抗在政府积极运作之下，逐渐消沉。但至1976年随着工人与学生的觉醒，抗议行动再起。学生对教育政策阻止黑人学习技能不满，展开抗议，经政府打压，青年人转往外地从事武装斗争，南非政府对任何支持这些反抗者的国家施以经济制裁，并越境突击反抗军基地。1980年代南非政府在国际经济、武器、运动的制裁之下，面临经济破产，不得不终止其种族隔离政策。1989年9月克拉克 (F. W. de Klerk) 当选南非总统，开放党禁，并释放被囚禁30年的曼德拉。克拉克不是一位改革家，曼德拉是坚决反对种族分离者，两人南辕北辙，但却达成协定。1994年大选曼德拉当选总统，克拉克出任副总统，南非开始修补种族裂痕，改善教育、失业的问题。

十一、东北亚

东北亚地区主要的国家为中国、日本与韩国。其中又以日本的动向，左右了亚太情势的发展，因此了解日本为掌握此一地区变动的关键。

1. 日本

日本崛起于明治维新，茁壮于日俄战争。一次大战后接管了欧洲列强在中国的权益，二次大战期间，试图经由对美国挑衅，侵略中国，建立以日本为权力核心东亚共荣圈。奈何天不从人愿，战败投降。从此一改军事侵略，易以经济扩张，成为亚洲强权，与美分庭抗礼，一争高下。战后日本在美国的扶持之下，经济发展、政治民主。首先是颁订新宪法，包括序论及正文11章共103条，主要精神为主权在民、和平主义、尊重人权。其次是进行农地改革，让农民拥有土地，为日本经济改革奠定了基础。此外更解散财阀，激起经营者革命，促进日本工业现代化。外交方面，随着冷战的出现，日本的地位逐渐重要，在马歇尔顾问乔治·凯南的建议下，美国对日本的态度出现重大转变，从敌对关系成为伙伴关系，日本成为美国对付苏联的桥头堡。1952年与美国签订了"美日安保条约"象征美日关系的转变。战后日本经济迅速发展，1956年日本政府制定"经济自立五年计划"，经济年成长率达到9.3%。

日本战后重建，党派林立。1955年自由、民主两党合并为自由民主党(简称自民党)，由鸠山一郎出任总裁，从此日本进入自民党与社会党两党对立的"五五年体制"，长达38年，带领日本经济起飞，一直到1993年才结束一党独大的局面。[01] 从1966年至1968年，

---

01 参看陈水逢编著，《日本文明开化史略》。

日本国民生产总值超过法国、英国、德国，在西方国家仅次于美国。70 年代受到石油危机影响，成长减缓，但仍保持 5% 的成长趋势。80 年代日本改变经济现代化方向，朝科技立国，扩大了知识密集型产品的生产及资本和技术输出，1987 年国民生产总额占世界第二位。但日美之间的贸易摩擦日趋严重，特别是 1981 年的"汽车"之战，最后由日本自己设限对美输出在 168 万辆之内，而告平息。同时日本的急速发展引起美欧国家的财政干预迫使日圆升值，造成产业大量外移，影响国内产业空洞化，失业问题日增。

2. 韩国

第二次世界大战之后的韩国因美苏之间的争霸，分为南北两半。1948 年韩国由李承晚出任大总统，并于 1950 年与朝鲜展开为期三年的朝鲜战争，至 1953 年为止。1963 年朴正熙夺权成功，成为韩国总统。他采用军事独裁方式治国，注意经济发展，展开第一个五年经济开发计划，为韩国经济发展奠定基础。1965 年 6 月 22 日韩日在东京签订"韩日基本关系条约"，使两国关系正常化。此举引起国内不满人士反弹，爆发大规模抗议行动，也引起政争。朴正熙采高压方式，逮捕民运人士及学生，导致政局不稳。1979 年 10 月 26 日中央情报部长金载圭枪杀朴正熙，韩国政局再见动乱。1980 年全斗焕藉政变，取得政权。任内因采高压统治，爆发史上闻名的"光州事件"，三百多人死亡，数千人受伤。但也在民众强烈的要求下，通过总统由人民直选。1987 年卢泰愚当选总统，给予韩国人民更多自由，但不是真正的民主。1993 年金泳三以反对党领袖的身份当选总统，他是韩国 32 年来第一位文职总统，可惜任内经济丑闻不断，尤其是韩宝集团贷款丑闻，多名政要涉案，影响政府威信。

韩国政局最主要的问题是南朝鲜统一。1990 年起双方展开接触，1991 年 12 月签订"互不侵犯条约"，惟缺乏互信，朝鲜要求美国撤军，韩国要求朝鲜停止发展核武，关系未见进展，1996 年美韩总统提议召开四方会谈 (中国、美国、韩国、朝鲜)，迄今仍未有具体结果。

十二、东南亚

1. 印尼

1940 年代欧洲帝国主义在东南亚地区第一个面对挑战的国家是印尼。此地原为荷兰人所统治，二战后当地民族主义分子要求脱离荷兰统治。1949 年在联合国的调停之下，荷属东印度改名为印尼共和国 (Republic of Indonesia)。此地物质富裕，但由于政治情势复杂，因此独立之后并不平静。

印尼面积包括陆地与水域，与美国相当，惟境内岛屿林立，多达 3000 余，各岛经济、文化水平落差悬殊，有些与西方文明国家几近，有些还在原始状态。荷兰人统治印尼，并不进行直接管理，而是透过华人进行，使得人口不到 3% 的华人控制三分之二的经济活动，导致印尼人与华人的冲突，甚至造成无情的排华运动。印尼独立后，总统苏加诺 (Achmed Sukarno) 开始向苏联大举借贷，购买武器，围剿马来西亚游击队，没收外国投资昂贵的企业。苏加诺在印尼独立之前就是一位杰出的游击领袖，先利用引导民主 (guided democracy) 方式夺权，1959 年握有实权，1963 年自己宣布为终身总统。印尼为多宗教信仰国家，但以伊斯兰教为多数。1965 年共产党企图政变，为苏加诺剿平，开始大肆捕杀共产党分子，50 多万人遇害。1966 年，伊斯兰教学生不满苏加诺，与军方领袖苏哈托 (T. N. J. Suharto) 合作推翻苏加诺，3 月苏哈托开始握有实权，1968 年正式成为印尼总统。尽管他加强经济发展，提升文化水平，但政治上的高压统治，引起许多暴动，特别在东帝汶 (East Timor)。1997 年印尼经济走衰，印尼人不满情绪高涨，学生走上街头，要求民主、重新订定选举办法，甚至要苏哈托下台。在全国陷入混乱与动荡不安时，华人成为代罪羔羊。1998 年苏哈托在群众压力之下，被迫下台，次年新政府组成，东帝汶独立。

2. 泰国

原名暹罗 (Siam)。19 世纪欧洲列强殖民东南亚各地时，泰国置身事外，成为英法两国在东南亚的缓冲地带。1939 年改名泰国 (Thailand)，朝现代化方向迈进：改革教育、发展经济，革新政治。1932 年新宪法出炉，泰国成为君主立宪国家，国王为虚君，拥有名衔，无统治实权。国会设有两院，政治实权操纵在一批高级将领手中。1946 年起泰王蒲美蓬 (Phumibol Adulyadej) 登基，成为拉玛九世 (Rama IX)。二次大战后 30 年间，政局不稳，内阁人事浮动。1973 年后，学生反政府情事越演越烈，政府改组，转型为文人政府。

3. 马来西亚 (Malaysia)

原为英国殖民地，1957 年获准加入大英国协 (British Commonwealth)。1963 年独立，面对印尼苏加诺的敌意。马来西亚建国主要的问题与印尼一样，都是种族问题，当地以马来人与穆斯林为主，但主要财富在信奉佛教的华人手中。1960 年代及 1970 年代当地的种族及宗教问题趋向严重。

4. 新加坡 (Singapore)

东南亚最富裕的国家。全国面积不大，约为美国华盛顿特区的三倍。1965 年 8 月退出马来西亚联邦 (Federation of Malaysia)，宣布独立，由李光耀领导的"人民行动党"(People's Action Party) 主政。新加坡得地利之便，发展迅速，以其经济奇迹享誉全球，但李光耀治国仅求繁荣富裕，政治上的措施仍有许多为人诟病之处，如不准贩卖口香糖等。

5. 菲律宾 (Phipippines)

菲律宾原为西班牙所有，1989年美西战争，美国战胜，菲律宾脱离西班牙统治。1901年7月4日美国协助建立菲律宾政府，由塔夫脱 (William H. Taft) 担任文人总督。美国总统麦金莱 (McKinley) 宣布美国将协助菲律宾成立自治政府。1907年菲律宾举行首次大选，1913年菲律宾人握有两院多数席位，但行政总督权仍在美国人手中。1935年"菲律宾共和邦"(Philippine Commonwealth) 成立，新宪法生效，并决定十年之内独立，在这十年之中外交权与国防权仍由美国负责。由于美国在菲所进行的经济发展策略不利菲国人民走向独立，引起当地人不满，时有骚动。二次大战期间，日本占领菲律宾，菲国总统奎松 (M. Queson) 于1942年5月逃往澳洲，1943年10月日本扶持劳瑞尔 (Laurel)，成立傀儡政权，控有全国四分之一省份，其余四分之三则为共产党所领导的"虎克党"(Hukbalahaps : Huks) 游击队所控制。二战结束，日军投降，菲国重建共和政府，由罗哈斯 (M. Roxas) 出任总统。菲国则面临共产党及经济贫穷问题，政局不稳，1965年马可仕 (F. Marcos) 当选总统，1972年借口为安定政局，宣布戒严。但长期执政，风气败坏，贪污严重，引起人民不满，造成政局动乱。艾奎诺夫人主政后，情形好转，但菲国共产党问题犹存，且成为国家发展致命伤。

十三、南亚

1. 印度

印度近代史可以由印度独立开始。在第一次世界大战之前即有人预言，英国在战争中必须仰赖印度，事实不出所料。战争期间成千上万的印度军人，前赴战场，为英国效命。战争结束，印度人要求英国回报，在帝国的管辖范围内，建立一个较自治的政府。1918年英国派遣一个委员会 (commission) 赴印度研究自治问题，并研拟一套新宪法 (The Government or India Act)，采二元政府 (dual government) 制，即英国政府保有某些中央权力，印度人则拥有一些地方权力。对印度国家主义人士而言，这项法律为德不卒，1919年他们与英国展开冲突，英国为应付困难，通过一条法律，名为《罗拉特法》(Rowlatt Act)，容许警察及其他政府官员有搜查颠覆政府行动的特权。由于双方立场不同，加上英国政府缺乏通盘计划，印度人又不愿耐心等候，使得问题转趋恶化。其中甘地扮演了关键性的角色。

(1) 甘地 (Mohandas Gandhi) 与不合作运动 (civil disobedience)

甘地于1869年生于中产阶级家庭，1948年被一名印度教人士刺杀身亡，享年79岁。一生与印度近代史的命运息息相关，被誉为"国父"。有关其行径可以分为三期：早年赴英国伦敦学习法律；后往南非捍卫印度人的权益，反对地主的剥削，在外奋斗20年，成为人权斗士；1915年从南非回到印度，领导印度人民为自治进行长期抗争，使得印度获得自治与自尊。

历史上对甘地的描述是一位从穿硬领衬衫的律师,一变为裸着上身,系一条短围腰巾,鼻梁上架着一副圆框眼镜的小老头。在印度大家起初喊他为"甘地先生",后来称他为"圣雄",然后昵称他为"老爷爷"。事实上,他不是神,不是圣雄,也不是神秘主义者或贤人,一位法国学者称他是一个"试验"。[01] 从童年时代天真的试验到最后一次绝食,都是试验,试验自己的行动对世界所起的作用。他对后世的启发不是不合作运动,也不是非暴力主义,而是绝食求死的壮举,激起了一股对抗强权的神奇力量,为弱小民族生存带来了生机。

甘地对印度的贡献唤醒了印度人的自觉,重建了印度人的自尊。幼年叛逆的个性,注定了牢狱的一生。但乱世的岁月却让他走入圣人的殿堂,印度在他执著之下,走出自己的天空。不过令人好奇的是,甘地的"不抵抗运动"对付英国人有效,但用在纳粹以及印度人本身却不起作用。这是否说明了英国人的人道精神不同于其他国家?总之,甘地的"不抵抗运动"发挥了人性道德的理念,也显现了政治的现实与残酷。

(2) 印度的独立

印度人是一个多信仰的民族,三分之二人口信奉印度教和佛教,三分之一信奉伊斯兰教和锡克教。在英国统治下的印度可以分为"英属印度"(British India),以及由"大君"(Maharajah) 统治的"土邦"(Native States)。在印度争取独立期间,有两个重要政党组织,一个是由甘地及尼赫鲁(Jawaharlal Nehru)[02] 所领导的"国大党"(Indian National Congress),另一个是由真纳(Mohammed Ali Jinnah)领导以伊斯兰教为中心的"伊斯兰教联盟"(Moslem League)。伊斯兰教人数较少,担心印度独立后他们的前景,全力要求与印度人分治,1933年一群在英国剑桥念书的伊斯兰教徒学生,散发小册子,呼吁在南亚建立一个新国家:巴基斯坦(Pakistan),为印度分裂开启了新页。

二战期间日本占领印度,联军为求胜战要求英国向印度人让步。1942年英国同意在战后给予印度独立,并加入大英国协。战后印度与伊斯兰教人士的冲突益加恶化。英国于1947年3月派蒙巴顿公爵(Lord Mountbatten)担任印度总督,主持政权转移工作,伊斯兰教联盟要求建立巴基斯坦国,蒙巴顿建议以宗教为划分的准则。1947年8月12日英国撤出印度,将政权交予两个国家:印度与巴基斯坦。这两个国家循宗教信仰来划分,不顾现有的经济、种族、语言等问题,严重影响了贸易、社交及日常生活。许多印度人担心受歧视或遭暴力伤害,纷纷逃离家园。回族人逃往巴基斯坦,印度人则逃往印度新国家。数百万难民四处流窜。分裂过程中,数十万人死于动乱与屠杀。克什米尔(Kashmir)问题最严重,因为此地多为伊斯兰教徒,但却由印度人来统治。

---

[01] 参看施康强译,《甘地:神圣的骡子》,时报出版社,第123页。
[02] 尼赫鲁(1889—1964)是印度国大党领袖,出身婆罗门世家,受过良好教育,获有英国剑桥三一书院的学士学位,并拥有律师资格,但他无意于法律,返印度作一名自由斗士。

1948年2月印度制定新宪法，变更国体：由自治领改为共和国。1950年新宪法生效，由国大党执政，尼赫鲁出任总理，国会分上下两院，上院称参议院(Council of Staate)有议员250席，总统提名12人，其余由各州议会选出；下议院称为人民院(House of the People)，有议员500席，由人民选举产生，任期5年，内阁向下议院负责。尼赫鲁在位20年，印度政治仍未摆脱贫穷。1964年5月尼赫鲁去世，沙斯特里(L. B. Shastri)继位，经过1年多时间突然死亡，1966年起由尼赫鲁之女甘地夫人(Mrs. Indira Gandhi)继续主政。

甘地夫人不让须眉，施政令人刮目相看。1971年击败巴基斯坦，催生了孟加拉国(Bangladesh)，个人声望达到顶点。但由于经济问题未见改善，加上国内反对党势力扩增，1975年6月宣布全国进入紧急状态，逮捕批评者万人，钳制舆论、取消基本民权。尽管甘地夫人声称此举是过渡措施，但部分评论家却视之为"从独裁到家天下"。[01]1977年甘地夫人释放政治犯，并举行全国大选，由于印度人对她的严苛法律不满，如铲除贫民区、生育控制等，使得甘地夫人在这次大选中落败，由反对者组成联盟推德赛(Moraji Desai)出任总理，政治转趋民主，但由于各党派意见分歧，合作难成，人民思念甘地夫人，1979年重新再选她出来主政。就任后采中间路线，与苏联维持良好关系。

甘地夫人治理下的印度在政治、经济方面均有长足进步，但种族与地方的冲突不断。位于南部的斯里兰卡(Sri Lanka)、坦米尔(Tamils)以及位于北方的锡克(Sikhs)要求独立。锡克人在旁遮普省占多数，信奉锡克教(Sikh)，[02]神庙设于阿木里查(Amritsar)，1947年随着领土分割被印度人占有，1984年锡克激进分子占领圣地，甘地夫人派军讨伐并驱逐锡克人，引来骚动与暴乱。同年10月甘地夫人被她的锡克侍卫暗杀。

甘地夫人身亡，其子拉吉夫(Rajiv)继位，勤于理政，将印度引往民主道路，发展资本经济。但国内的种族与地方的独立忧虑依然存在，1989年大选，拉吉夫失利，1991年被坦米尔分离人士暗杀。

印度独立后，经济循甘地"自足"(self-sufficiency)的理念发展，强调由本地人控制经济，消费品的生产不依赖进口，印度人必须握有在本地外国公司股权的51%，甚至不准可口可乐违规营业。印度在这种努力之下获得一些具体成就，但至1990年印度放弃社会主义路线，改朝资本市场经济发展，获有相当的成长。如今印度的问题仍然是种姓与地方独立的问题。1996年以企业家为主的巴拉蒂拿、雅拿塔党(Bharatiya Janata Party)赢得大选。

2. 巴基斯坦

"巴基斯坦"一词，原指印度次大陆西北地区。在地理上包括西东两部分：西巴基斯

01　Palmira Brummett, *Civilization：Past and Present*，p.654.
02　16世纪初创立，教主为 Nanakj 一神信仰，教义取自印度教与伊斯兰教，后受蒙古人所建立的蒙兀儿王朝(Moghols)影响，成为一个带有军事色彩的宗教。

坦在印度河流域，东巴基斯坦在恒河流域，宗教信仰相同，语言、文化不同。1947年独立建国，1956年完成制宪工作，采共和国组织。由1958年10月至1971年12月分别由两位陆军将领执政：一位是穆罕默德·阿犹布汗 (Mohammad Ayub Khan, 1958—1968) 另一位是叶海亚汗 (Yahya Khan, 1968—1971)。统治期间，西巴基斯坦日趋繁荣，东巴基斯坦则遭剥削，导致当地社会动乱，要求分离。巴基斯坦政府于1971年派军至东巴基斯坦镇压，印度则派军奥援东巴基斯坦，击败巴基斯坦政府军，并鼓励当地人脱离。1972年东巴基斯坦建立为一新国家：孟加拉国，主要为伊斯兰教信徒，经济落后，人口1.21亿，但国民生产总值不到一百五十五元。

1971年12月布托 (Zulkifar Ali Bhutto) 担任巴基斯坦总统，进行经济改革。他本人曾受教于柏克来大学 (Berkeley)，甚具众望，任内实行国有化政策与文官制度。1977年哈克 (Mohammad Zia ul-Haq) 将军发动政变，推翻布托，实行军事管理，颁布戒严法，延迟选举，在外交上与中国共产党保持友好关系，对抗苏联与印度。1979年伊朗革命，苏联进军阿富汗，提升了巴基斯坦在冷战中的国际地位，成为美国的盟友，提供阿富汗反抗军军事基地。1985年哈克取消戒严法，但于1988年被害。布托的女儿贝那兹 (Benazir) 以35岁的年龄登上伊斯兰教国家领袖宝座，在位20个月，被军方指控无能与贪污而下台。综观巴基斯坦的政治，自独立以来，一直呈现不稳定状态，主要原因是总统与总理的夺权。1985年哈克任总统时曾修宪，规定总统有任免总理及解散国会的权力，种下了乱源。尽管1997年谢里夫上台，再修宪，废除了总统解散议会和政府的权力，但巴基斯坦的政治不会因此而平静。

巴基斯坦目前主要的问题是人口过多与经济不稳定，特别是与印度有关克什米尔的争端。1998年印度主张拥有此地的主权，并不顾西方国家劝阻，进行核子试爆；巴基斯坦不甘示弱，也进行核子试爆，美国强力谴责双方的核子竞赛，但两国都置若罔闻，强调以国家生存为主要考虑。

十四、中东

中东与西亚异名同实，对西方国家而言，在地中海以东的国家都为东方国家，依其与西方地理关系的远近，分为近东、中东、远东；对中国而言，这些国家都在中国的西方，且在亚洲，故称为西亚。至19世纪初，中东地区有两个王国：波斯的卡扎儿 (Qajar) 王朝以及奥图曼王朝 (包括阿拉伯半岛及北非)。奥图曼土耳其人一直扮演伊斯兰世界的守护者角色，但自19世纪受欧洲国家主义影响，巴尔干半岛陆续出现分离运动，影响土耳其帝国的治权。1804年塞尔维亚 (Serbs)、1821年希腊、1850年代的罗马尼亚 (Romanians)、1870年代保加利亚 (Bulgarians)。20世纪起，帝国开始没落，许多地区追求国家独立。

第一次世界大战改变了中东地区的政治、文化与地理结构。在一次大战以前，中东地区的北非，大部分为欧洲列强的殖民地，英国于 1882 年取得埃及，法国控制突尼斯、阿尔及利亚，意大利于 1911 年自奥特曼手中获得部分利比亚。一次大战后波斯仍维持完整，但土耳其的领土则残破不堪，由战胜者瓜分。此后中东的国家可以分为两类：一类为独立国，一类为英法所统治的国家。

1. 土耳其

一次大战期间列强鉴于土耳其衰败可欺，蠢蠢欲动。俄国垂涎地中海港口，英国希望控制苏伊士运河及其附近之地，法国长久以来即注意地中海东部沿岸地区，德国希望在地中海东岸以及北非地区找到一些基地，而其中又以耶路撒冷争议最大，它是西方各主要教派的信仰中心，导致问题重重。

土耳其长期在英、法、俄国的威胁之下，积怨满腹。一战爆发，即试图与德国合作，以摆脱英俄的制约。战争期间，英国利用埃及作为军事基地，驻开罗指挥部最高指挥官麦克马洪 (McMahon) 向伊斯兰教圣地的守护者胡森 (Sharif Husain of Mecca) 表示，如果阿拉伯人反抗土耳其，英国将承认阿拉伯独立。1916 年英国、法国及俄国签署《西克斯皮克》(Sykes-Pico Agreement) 秘密协议，由英法来划分叙利亚与伊拉克，俄国获得土耳其在亚洲的部分领土，巴勒斯坦交由国际组织。胡森相信英国将助其成立阿拉伯国 (Arab State)，于 1916 年发动革命，由他的三子领军作战。虽然阿拉伯人献身不多，效忠土耳其的大有人在，但此举已引起西方国家重视，并予土耳其当头棒喝。"阿拉伯的劳伦斯"这部电影就是叙述这段历史的过程，劳伦斯与阿拉伯人并肩作战，情节感人。

尽管土耳其在战时全力奋斗，但装备不足，训练不良，无法与英国等强权抗衡，失败显然可见。战后的土耳其即在英、法、意大利、希腊等国家的宰制之下被瓜分。这些列强并未考虑到种族及语言问题，循私利进行国家认同，以致造成家庭被分化两地的悲剧不断上演，有的大家族一部分在英国托管的巴勒斯坦，一部分在外约旦 (Transjordan)，100 多万土耳其人、希腊人被迫离开家园，造成战后中东的悲剧，迄今未已。

一次大战期间土耳其将领凯末尔 (Mustafa Kemal)，表现杰出，获得赏识，战后被派前往解散在安那托利亚 (Anatolia) 的土耳其军队。他未依指示行事，反与一些军官重整军队，建立新政府，主张人民自觉，废止外人在土耳其的特权。他的军队从希腊人手中解放了伊士麦 (Ismir：土耳其在亚洲的一海港)，获得俄国与法国的援助。英国因战争之苦，无力阻扰，凯末尔废止了苏丹，于 1922 年建立土耳其共和国。并于 1923 年获得西方同盟国承认。1923 年凯末尔被选为总统，凯末尔执政后，由于情势紧张，被赋予较多的权力与声望，1934 年土耳其国会尊他为"土耳其国父"（阿塔特克：Ataturk 即 Father Turk)，这位土耳其救星，上任后即展开一连串的激进改革计划，建立新的民主宪政，提高教育水平，改善人民生活水平，采一党专制统治。他以欧洲国家为典范，进行西化与现代化：查禁伊斯兰教苏非派 (Sufi) 的禁欲规则，关闭传统宗教学校，坚持政教分离，废除伊朗法律，代之以瑞典模式的民法，并改变习俗，如禁止男士戴伊斯兰教传统的无边帽,此举引起反弹,教徒认为干预了生活;改变女性的穿着与打扮,让女性接受教育,1935年给予女性投票权,准予竞选国会代表。在各种现代化过程中,影响最大的是将日常通用的阿拉伯文改为拉丁文,由教学课本到政府文件皆受冲击。1938年凯末尔去世,土耳其走向一个新国家。

凯末尔死后,继位者萧规曹随。1945年开放党禁。

2. 伊朗(波斯)

中东的另一个地区是波斯(Persia)。自1794年以来即由卡扎儿(Qajar)王朝统治,[01]但西方国家尤其是英俄两国却对此地保持高度兴趣。英国为维护其至印度的通道,俄国则寻求南下的出海口。1828年波斯与俄交战失利,国王被迫对俄让步。签订领事裁判权、贸易优惠权,不久,英国也要求同权利。1856年英国与波斯发生战争,波斯战败,承认阿富汗独立。1907年英俄两国为了共同对付德国,相互勾结,划分了在波斯的势力范围,北部属俄国,南部属英国,中部为缓冲区。19世纪下半叶欧洲列强在此活动增加,卡扎儿王朝为稳固政权,不惜向外贷款,给予外国商人优惠,甚至聘请俄国军事顾问,成立哥萨克(Cossack)部队。

20世纪初,俄国与英国加强对波斯与波斯湾的控制,沙皇为波斯训练军队,铺设电线,建立邮政系统,发展贸易。波斯国王为平衡列强在波斯的势力,分别向英、法、俄贷款。1901年更给予英国在波斯除了北部省份之外的全部探油权,此外英国获得由苏伊士运河至印度的海上航行权。波斯国王的举措,以及人民对代议政治的期待,导致1905年爆发革命,激起一连串的群众示威与游行,以及哥萨克军队的屠杀。为了平息众怒,波斯国王屈服内外压力,决定举行全国大选,并准在首府发行新报纸。1906年国王穆扎伐尔·欧丁(Muzaffar al-Din)辞世,默罕穆德·阿里(Muhammad Ali)继位,迅即推翻立宪团体,波斯陷入内战。阿里向俄国请援,立宪派向土耳其求援,经过一场厮杀,立宪派获胜,阿里遭放逐,波斯成为宪政国家。

一次大战期间波斯图摆脱英俄势力,采中立政策。但俄国不顾其立场,派军进入波斯。1917年俄国革命,不得已撤军,但英国为维护在波斯的油田,继续留守,引起当地人仇外情绪。卡扎儿的统治面临危机,各省的部族蠢蠢欲动。1921年2月哥萨克的将领礼扎汗(Reza Khan)起义,将卡扎儿国王驱逐,建立新王朝:巴勒维王朝(Pahlavi Dynasty),进行现代化的改革,成立一个专制的宪政政府,采用新的法律制度,并进行世俗化努力:要求男性穿着西服,女性揭露面纱,官员携伴参加宴会。这些措施违反传统,引起议论与反弹。1935年改国名为伊朗。

礼扎汗统治伊朗十六年(1925—1941)后,被苏联及英国赶下台,其子默罕穆德·礼

---

01 伊朗位于亚洲西南部,意为"亚利安人之地",中国人与欧洲人以伊朗西南的波斯为伊朗的全称,1935年波斯正式改国名为伊朗。

扎(Muhammad Reza)被扶植上台，继续巩固巴勒维王朝，朝世俗的方向迈进。至1978年为止，其间仅于1951年至1953年间因总理默沙德格(Mohammad Mosaddeq)要求将伊朗石油国有化，发动革命，中断政权两年。但在美国中情局的协助之下又重新夺回政权，开始亲美。默罕穆德统治在1960年代遭遇挑战，由左派学生与宗教右翼激进人士所领导的群众不满其亲西方路线，以及独裁作风，要求土地改革以及其他朝社会主义方向的改革。巴勒维国王采严厉镇压方式，事端更加恶化，1978年1月受伤死亡人数攀升，罢工、示威蔓延全国，军队及特工肆应无方，1979年1月国王亡走，先赴美，再转巴拿马，最后抵埃及，1980年死于埃及。

伊朗革命推翻了巴勒维政权后，霍梅尼(Ayatollah Ruhollah Khomeini)被举为领袖，这位什叶派的教主因批评、谴责巴勒维国王，于1963年遭驱逐出境，由伊拉克到巴黎。他在海外大肆反对巴勒维的各种亲西方国家措施，获得伊斯兰教团体的强烈支持，取得政权。他保存宪法，改变教材内容，课程充分反应了伊斯兰教的意识形态。霍梅尼在国内鼓动反美风潮，1979年11月一群伊朗学生包围并攻占美国驻伊朗大使馆，扣留53名人质，长达1年。此举造成西方世界对伊朗的疑虑，恶化了先前的友好关系。西方国家担心霍梅尼所建立的伊斯兰政权将颠覆了中东的现况以及秩序，至于紧临伊朗的其他伊斯兰教国家亦担心霍梅尼的革命输出。伊拉克领袖萨达姆(Saddam Hussein)于1980年出兵，攻击机场及油田，希望以迅雷不及掩耳的方式解决伊朗政权。这场战争让原已受革命影响的伊朗经济，再度陷入窘境，并迫使伊朗不得不释放美国人质，以换取美国解除对伊朗的经济制裁。

3. 伊拉克

伊拉克位于古代肥沃月弯东部的美索不达米亚地区，原为土耳其领土，近代以来受英国托管。1921年8月费瑟(Faisal)担任国王，至1933年。1932年英国与伊拉克达成协议，准许伊拉克独立，并加入国联，二次大战期间伊拉克与英国合作，战后与西方国家保持友好关系。1955年与英国、土耳其、伊朗、巴基斯坦签订《巴格达公约》成为西方国家围堵苏联的主要据点。三年之后伊拉克出现政变，亲苏势力取得政权，伊拉克改走反西方路线，巴格达公约组织迁往土耳其，改称"中部公约组织"。

(1) 两伊战争

由1980至1988年，伊拉克与伊朗两个信仰伊斯兰教的阿拉伯国家，进行一场长达8年的战争。这是第二次世界大战之后，开发中国家间规模最大，损失最惨重的战争。[01] 伊朗与伊拉克之间因信仰隶属教派不同，而猜忌不已。伊朗为什叶派，伊拉克为逊尼派，当霍梅尼向外输出革命时，伊拉克惶惶不安，担心政权受害，乃决定乘伊朗情势未定之际出兵。战争的导火线可追溯至1975年3月双方所签订的边界协议。依照协议，伊拉克

---

[01] 参看金重远主编，《20世纪的世界：百年历史的回溯》，第114页。

同意两国间的界河阿拉伯河全线按主航道中心线划分,伊朗允诺将其境内300平方公里的土地划归伊拉克。但不久伊朗反悔,伊拉克不满,双方发生边界冲突,1980年9月22日两伊战争爆发。这场战争旷日持久,不仅两国人民死伤惨重,经济受创严重,更波及各国。美苏表面介入调解,暗地伸援。由于两伊战争使波斯湾紧张情势升高,引起全球关注。1987年7月停火之议出现,伊朗来年呼应。1980年8月20日停火,25日开始在日内瓦直接谈判。战争结束,死亡百万人,耗资数千亿美元。

(2) 波湾战争 (Gulf War)

两伊战争结束之后,伊拉克强人萨达姆在该地区又发动另一起战争。1990年8月伊拉克军入侵科威特 (Kuwait) 并占领全境。伊拉克与科威特间的矛盾主要来自伊拉克一直认为科威特为其国家的一省。当1961年科威特独立时,伊拉克未予承认,后在英国干预之下才于两年后承认。其次在两伊战争期间伊拉克积欠沙特阿拉伯与科威特300亿美元,萨达姆想藉战争将债务一笔勾销。最后是伊拉克对科威特大量生产石油影响价格不满。

伊拉克的侵略行动危及沙特阿拉伯和其他西方国家对油源的疑虑,联合国安理会召开紧急会议,通过660号决议,要求伊拉克立即撤军。这次美苏站在同一阵线,但伊拉克不为所动,并提出撤军三条件:以色列撤出占领区、叙利亚撤出黎巴嫩、美国撤出沙特阿拉伯,均遭拒绝。伊拉克下令扣留西方国家在科威特及伊拉克的公民为人质,美国采禁运对策。1990年11月29日安理会再通过678号决议,规定1991年1月15日伊拉克撤军的最后期限,伊拉克拒从,美军制定"沙漠盾牌"响应。1991年1月代号"沙漠风暴"的反伊拉克军事行动展开,在多国部队的空中密集轰炸,以及以美军为主的地面部队的进击之下,科威特获得解放,2月27日伊拉克接受联合国决议,波湾战事暂告一段落。

4. 埃及

埃及在地理上位于北非,但在历史领域内,却被视为中东的一部分。1517年埃及成为奥图曼土耳其的一省,至18世纪在名义上隶属土耳其管辖,但实际上已由当地人治理。英国鉴于它为英国本土经地中海通往印度的要地,一直觊觎此地。拿破仑于1796年入侵埃及,将大批文物载往法国,掀起后人对古埃及的探索与好奇。拿破仑失败后英国控制埃及。英国对埃及的关注源于"苏伊士运河"的营运权利。1854年埃及国王沙伊德 (Said) 授权法国人雷斯匹思 (Ferdinand de Lesseps) 修建一条连接地中海至红海的运河。该运河于1869年完工通运,由于财务吃紧,埃及乃将苏伊士运河44%的股票,以四分之一的价格卖给英国,使得埃及丧失在苏伊士运河的权利。"苏伊士运河公司"取得经营权99年,依约应于1968年交还埃及。英国取得苏伊士运河股权后,加强对当地的管理,引起当地人不满。1882年英军占领埃及,1918年正式成为其保护国,迄1936年为止。总共殖民埃及长达五十四年 (1882—1936)。1936年埃及独立,英国被迫提前交还苏伊士运河经营权。1956年苏伊士运河危机再起,美国、苏联介入,埃及问题转趋复杂,成为冷战的重要部分。

埃及的独立运动可分为三个阶段：首先是在1879年，一群主张国家独立，强调"埃及是埃及人民的埃及"的人组织政党，由陆军中校乌拉比(Urabi)率领，展开和政府对抗。1882年英国征服埃及，指派巴林(Evelyn Baring)爵士，后改名为科隆(Crome)，整顿埃及财政，消灭贪污，改善棉花工业，监督埃及国事。由1883年至1907年共24年间，科隆表现优异，稳定埃及经济，但其强势作风、严厉手段，忽视当地人引起反弹，助长了埃及人的国家主义运动。

其次是在一次大战后，埃及有志之士，组华夫脱党(Wafd Party)，展开民族独立运动。1922年英国迫于现实，终止对埃及的保护国地位，但保留国防的权益，将埃及国王称号由"苏丹"改为"国王"。1923年埃及颁布宪法，设立两院制议会，1924年大选，华夫脱党获胜，塞格鲁尔(Saad Zaghlul)出任总理。1935年埃及国王福德(Fuad)去世，其子法鲁克(Fauqr)继位。

第三是在第二次世界大战后，埃及政治情况如同战前，少数地主和资本家掌握政权，政府腐败无能、官员贪污、人民生活困苦，引发不满。1952年一批青年军官在纳赛尔(G. Nasser)的领导之下，组"自由军官社"(Free Officers Society)筹划革命，7月23日举事，推纳吉布(M. Nagib)将军为领袖，革命成功，法鲁克流亡海外。1953年埃及成为共和国，由纳吉布出任总里，1954年改任总统，纳赛尔继任总理，1956年升任总统，1970年去世，沙达特(Anwar Sadat)继任，任内与以色列和解，承认以色列的地位。1974年改走亲美路线，在经济上采门户开放政策，1977年亲访耶路撒冷，1981年遭暗杀，由穆巴拉克继位。并努力改善与巴解关系。

5. 以色列

以色列于1948年5月正式由犹太人建立为一独立国家。以色列建国的难题为巴勒斯坦(Palestine)土地划分问题。该地早先为犹太人所占有，以后相继为巴比伦、波斯、罗马、阿拉伯帝国及奥特曼土耳其帝国征服或统治。犹太教、基督教、伊斯兰教更以此地为圣地，誓死捍卫，导致局势紧张，冲突不断。

(1) 建国

犹太人自从亡国，浪迹天涯后，即不断的努力于复国工作。19世纪受民族主义的影响，世界各地的犹太人展开寻求建立民主主义国家运动。一次大战期间犹太人支持英国作战，使得英国于1917年表态，支持犹太复国主义运动(Zionist Movement)，[01] 11月2日外交大臣贝尔福(Arthur Balfour)发表《贝尔福宣言》(Balfour Declaration)，宣称英国政府"赞成犹太人在巴勒斯坦建立民族家园"。一次大战后巴勒斯坦由英国托管，当地犹太

---

01 世界犹太人组织(World Zionist Organization)于1897年创立，由赫哲(Theodore Herzl)领导，1904年赫哲死，惠兹曼(Chaim Weizmann)继续。他与贝尔福私交甚笃，影响英国支持犹太复国运动。

人约占 9%，其余为阿拉伯人。犹太人希望依《贝尔福宣言》，阿拉伯人则要求独立。奥图曼土耳其政府试图阻止犹太人获得巴勒斯坦，但未获成功。

在英国托管期间，犹太人获得许多特权：如有自己的国旗、希伯来语被视为官方语言、犹太人在政府机构工作薪资较高、犹太团体可以武装，阿拉伯团体则不可。许多犹太人倾向社会主义，组织农社，他们与阿拉伯人争的不是宗教的信仰，而是土地的归属。巴勒斯坦在英国管理下，既未建国会亦未立宪法，英国提出一连串建议，希望满足双方，但往往是偏袒犹太人，可惜阿拉伯人不团结，无法像犹太人一样，有一个团结的复国组织。自1919年至1926年犹太人大举移民巴勒斯坦，引起阿拉伯人忧虑，担心英国有意将巴勒斯坦交给犹太复国组织。1929年双方在哭墙 (Wailing Wall) 爆发冲突。

1933年至1936年德国希特勒迫害德国犹太人造成大量移民，让阿拉伯更加不安，他们采游行、罢工、示威等方式抗议，反对犹太复国主义及英国人。英国在事端发生6个月后，展开镇压，但未能消除当地人的敌意。1937年英国提出建议将巴勒斯坦划分为一个阿拉伯国家和一个犹太国家，英国控制由地中海至耶路撒冷的走廊。但此议遭双方反对，并激起阿拉伯人掀起另一起叛乱，一直到1939年，告一段落。

巴勒斯坦问题在30年代引起全球关注。犹太复国主义宣称，巴勒斯坦在历史上是他们的圣地，而且《贝尔福宣言》也允诺让他们建国，犹太人的移殖将为中东地区带来民主与进步。巴勒斯坦人不以为然，他们自认为已在此地生活千年，《贝尔福宣言》未曾与他们协商，因此不具约束力。他们认为犹太人是一群移民，他们怎能坐视一群少数民族自外移入，反客为主，夺占他们的家园？1939年战事转趋紧张，英国为获得阿拉伯国家的好感，巩固它在中东的地位，发表《白皮书》(white paper) 宣布将于10年之内，建立一个独立的巴勒斯坦国家，并在五年内只准有7.5万犹太人移入，5年之后如再有移民，须先获阿拉伯人同意。此一建议未获双方同意，且备受指责。

二次大战后犹太人开始大规模移民巴勒斯坦，引起英国的不满。英国为维护其对《白皮书》立场，限制移民，导致犹太人与英国关系紧张。犹太人乃将建国希望转向依赖美国。1947年英国将巴勒斯坦问题交由联合国处理，11月29日联合国大会通过阿犹分治案，将巴勒斯坦大部分土地划归犹太人。阿拉伯联盟拒不接受，英国宣布于1948年5月15日起终止对巴勒斯坦托管，5月14日犹太人宣布建立"以色列"国，并获美国及苏联的承认。

(2) 中东战争

以色列建国后面临四周阿拉伯国家的浓厚敌意，乃发展为一军事、经济、政治的强权。以色列建国后即与临近的阿拉伯国家发生四次中东战争，分别是第一次中东战争 (1948)、第二次中东战争 (1956)、第三次中东战争 (1867)、第四次中东战争 (1973)，平均每6至10年就有一次战争。在这四次战争中，以阿双方各有两次主动出击。第一次战争是阿拉伯世界不满以色列建国而发起，由于约旦与埃及各有所图，未能步调一致，导致以方先败后胜，120多万巴勒斯坦人被迫外迁，产生了巴勒斯坦难民问题。第二次战争是因埃及要收回苏伊士运河而引起，以军在英法的默许之下，向西奈半岛发动攻击，引发以埃战争。后在苏联及美国的干预之下，以色列自西奈撤军。战后，巴勒斯坦人鉴于阿拉伯国家无法为他们争获生存权，决心自行对抗以色列。1964年成立巴勒斯坦解放组织 (The Palestine Liberation Organization：PLO)，朝建立独立的巴勒斯坦共和国努力。第三次战争时间最短，史上称为"六日战争"(1967年6月5日至10日)。此役源于埃及强人纳赛尔 (Nasser) 在1967年打算以军事方式解决以阿之间的冲突，他要求联合国撤出维和部队，并封锁以色列通往红海的阿奎巴湾 (Gulf o Aqaba)。以色列知悉，迅即展开报复行动，采迅雷不及掩耳之势，在短短72小时之内，击垮纳赛尔及其联军。6天之内以色列占领西奈半岛、苏伊士运河东岸地区、东耶路撒冷、约旦河西岸以及叙利亚境内的戈兰高地 (Golan Heights)。战争结束后，联合国于1967年通过242号决议文，承认以色列生存权，但要求退出占领地。以色列则坚称这些土地关系以色列生存，且是圣地的一部分，拒绝放弃，并展开犹太人屯垦计划，让新获得的土地永远为犹太人所有。并将以色列的居民分为三类：犹太人居首、巴勒斯坦人是第二类公民，占领区的人民没有公民权。第三次战争之后美苏双方积极介入巴勒斯坦问题，苏联支持阿拉伯国家，美国也支持阿拉伯国家，但坚持以色列人的生存权。1973年第四次战争爆发。10月6日埃及与叙利亚趁犹太人忏悔节 (Yom Kippur)、全国休假之时，发动突击，攻打以色列。美苏皆介入，造成全球危机，幸而双方均能自制，经由联合国斡旋，历时18天的战事结束。在这次战争中，阿拉伯人采用了一种新式对抗西方国家的方式。

石油最早是英国人于20世纪在伊朗探获的能源。1933年沙特阿拉伯统治者将石油开采权让予美国石油公司 (American Oil Company)，巴林岛 (Bahrain) 于1934年输出石油，成为波斯湾第一个石油经济国家。以后在阿拉伯以及科威特等地区，相继发现原油。沙特阿拉伯与其他波斯湾国家的原油储存量占全球半数，第二次世界大战后开始急遽生产，1950代西方国家逐渐控制中东地区的原油及其组织。1960年中东国家伊朗、伊拉克、科威特、沙特阿拉伯及委内瑞拉组织石油输出国组织 (Organization of Petroleum Exporting Countries：OPEC) 控制石油输出与价格。

第四次中东战争后，石油输出国以石油作为武器，沙特阿拉伯对美国实施石油禁运，阿拉伯产油国减少产量，不仅对工业化国家造成重大冲击，也显示世界权力体系另一种平衡方式。1974年禁运解除，但工业国家已认识到石油作为权力的一环，其不可忽视的一面。

(3) 埃以和谈

1977年11月埃及新总统萨达特 (Anwar Sadat) 一改过去纳赛尔的亲苏作风，采亲美立场，亲自前往耶路撒冷，与以色列领袖展开和谈。美国强力支持萨达特的和平提议，卡特 (Jimmy Carter) 总统于1978年9月邀请以色列总理贝京 (Menachem Begin) 及萨达特至美国总统在华府附近的休闲胜地戴维营 (Camp David) 会谈，并拟订和平架构：以色列同意将西奈半岛全部归还埃及，但对住有100万巴勒斯坦的约旦河西岸的地位，则未达成协议，仅同意继续协商，结束以色列的军事统治，并成立一个民选的巴勒斯坦自治政府。这个问题迄今仍未获解决。

1978年萨达特与贝京因对促进中东和平有功，获得诺贝尔和平奖。从此西奈半岛归还埃及，苏伊士运河开放以色列船只航行。1980年埃以边界开放，交换使节，展开空运，但萨达特也因此被阿拉伯人视为叛徒，埃及被逐出阿拉伯联盟 (Arab League)，丧失过去的领导地位。1981年10月萨达特在一次阅兵时，遭伊斯兰好战分子暗杀，由穆巴拉克 (Hosni Mubarak) 继位。萧规曹随，循萨达特路线，接受美援，改善与现代化阿拉伯国家的关系，解决因人口过多所形成的经济问题。

(4) 阿以关系发展

中东战后，以色列对美国的依赖日深，平均一年超过30亿美元。可是，当以色列对占领区内的阿拉伯反抗运动者施以血腥暴力的画面在电视上出现时，美国及世界各地舆论纷纷转向同情巴勒斯坦。从伊朗革命到巴勒斯坦反抗行动至波湾战争，都可以发现电视对中东问题的影响。美国对中东问题采两手策略，特别是布什 (George Bush) 总统，他一面对以色列安全做出承诺，一面援助一些反对以色列，但对美国友善的国家。如沙特阿拉伯，出售大量精密武器，并于两伊战争后期，派海军至波斯湾，维持海运畅通。

1993年9月，以色列总理贝京与巴勒斯坦领袖阿拉法特 (Yassir Arafat) 在美国华府会晤，双方签署协议，以色列将部分占领地交还巴勒斯坦，以换取以色列的安全。巴勒斯坦认为，此举将有助于他们解决财政上的难题以及伊斯兰教派对他们的敌视，并为未来巴勒斯坦建国奠定基础。这项协议为巴勒斯坦人在加萨地带及杰里科 (Jericho) 地区的有限自治，勾勒了五年的架构，巴勒斯坦学校可以公开告诉学生有关巴勒斯坦问题，但整个方案大部分是行不通的，以色列总理拉宾 (Rabin) 稍后遭以色列激进分子暗杀。许多巴勒斯坦人对他们所获得的不满，巴勒斯坦对以色列人不时发动恐怖攻势事件，使得和平遥遥无期。1998年以色列庆祝建国50年之际，巴勒斯坦人仍步履蹒跚的在建国的道途中摸索，对未来充满疑惑与不安。

十五、拉丁美洲

翻阅拉丁美洲历史可以发现，这是一部欧洲人的殖民史，也是一部美国人的霸业史。从1492年哥伦布意外发现这个地方之后，欧洲人即将之视为殖民天堂至1914年第一次世界大战为止，前仆后继，不仅剥削当地资源并大量引进黑奴。1538年巴西引进第一批奴隶，从此奴隶成为拉丁美洲地区经济生产的主力。原住民印第安人，在欧洲白人的强势入侵之下，人口锐减，以后经由通婚，才逐渐增加。

拉丁美洲国家发展不似美国，未能走向联邦体制，反而是诸国林立，令人好奇！究其原因肇于殖民者的心态，拉丁美洲早先为西班牙及葡萄牙殖民地，西人以敛财为主，少有培植当地人计划，以致当地人缺乏政治素养及政治磨练。加上重视原料的取得而不关心当地工业发展,导致财富集中在少数人手中。此外,教会势力庞大,垄断教育及社会计划和文化发展,使得政治情势复杂。独立战争期间,许多地区饱受战祸影响,各方人士充满敌视与仇恨,效忠前政府的军人拥有武器,造成政局经常动乱不稳。随着欧洲文明的进展,拉丁美洲地区亦接受自由、平等思想。19世纪初,许多国家纷纷走向独立。然而大部分国家独立之后的情况并不好,搞独立的当地人不谙政情,无法掌控局势,大权落入军人手中。地方军头出现,大国在地方主义的威胁之下,逐渐分割为许多小国。

20世纪后欧洲对拉丁美洲的影响力衰退,紧临的美国势兴,取而代之,将早期保护该地区安全的"门罗主义"蜕变为追求美国利益的"罗斯福主义"(Roosevelt Corollary),并自许为地区盟主,不仅干涉各国政治,并操纵各国经济发展。兹分别说明其发展大略:

1. 墨西哥

墨西哥于1821年独立之后,即进入将近半世纪的动乱。首先是伊杜拜德(Augustin de Iturbide),自许为拿破仑,建立了帝国。但仅幸存几个月,即为后来的联邦共和所取代。不出十年,军方又发动政变,军事将领安那(Antonio Lopez de Santa Anna)展开独裁统治。1836年杀害反对党领袖阿莫(Almo),从此墨西哥政治日趋败坏。1848年与美进行为期两年的美墨之战,兵败受辱。1855年军政府垮台,自由派人士贾瑞士(Benitl Juarez)掌权,进行改革,试图削减教会在政治与经济方面的影响力,建立一个较民主的共和国。然其反宗教措施却引起国内动乱,1861年贾瑞士平乱,掌握权力,墨国恢复一统。

不久,墨西哥即因积欠外债未还,欧洲债权国入侵索债,法国更藉此成立傀儡政府,引起临近的美国不满,并造成墨国骚动。美国干预,法军被迫退出墨国。政局转趋稳定,贾瑞士着手改革,成效有限。死后,狄亚士(Porfirio Diaz)两度出任总统至1911年期间,墨国政局稳定,外国资金流入,人口增加,经济发达,墨西哥市成为拉丁美洲最亮丽的都市。惟1910年后墨国又陷入政争,地方军头纷出,各据一方,至今未止,墨西哥在拉丁美洲国家中具有相当影响力。

2. 阿根廷

阿根廷自建国起即为一自由国度,其重要港口布宜诺斯艾利斯(Buenos Aires)人们敬业,鼓励欧洲资金、贸易涌入。其间虽然一度受到内陆地区牧场主的威胁,但自1950年左右即开始现代化发展,并在十年左右时间建立了一个稳定的共和国。宪法受到尊重,人权伸张。阿根廷人口以欧人为主,印第安人及黑人为少数人种,海外投资以英国人为主。

3. 巴西

巴西原为葡萄牙殖民地,由于独立时没有遭遇重大失序及动乱,因而整体发展情形较邻近国家安定。斐得罗一世(Pedro I)在位期间,于1824年通过宪法,1840年斐得罗

二世 (Pedro II) 继位，政治开明，经济、文化进步，持续近半世纪。但巴西经济发展却逐渐失衡，有利东南部，而不利于北部糖农。1888 年颁布废奴政策，更严重创伤北方糖农，造成风潮，进而发难反对王室并获得军方支持。王室不得不于 1889 年宣布退位。在往后的 10 年之中，巴西一如其他拉丁美洲国家，政局动荡不安，最后政权落入军人手中，政局恢复安稳，外资及移民热络，巴西成为一进步的国家。

4. 其他国家

除了上述三个国家之外，其余拉丁美洲国家多处于政治骚动、种族冲突之中。玻利维亚 (Bolivia) 境内革命不已，秘鲁 (Peru) 也无所进展，大哥伦比亚 (Great Colombia) 于 1830 年分裂为哥伦比亚 (Colombia)、委内瑞拉 (Venezuela)、厄瓜多尔 (Ecuador) 亦陷入内战之中。巴拉圭 (Paraguay) 成为独裁国家。乌拉圭 (Uruguay) 位于阿根廷与巴西之间，长期饱受两国的干政。惟一较稳定的国家是智利 (Chile)，为开明寡头统治，大地主及大商人受惠。

中美洲于 1822 年几乎成为墨西哥的一部分，经过 15 年的奋斗，建立了中美洲联盟，包括危地马拉 (Guatemals)、圣萨尔瓦多 (St. Salvador)、洪都拉斯 (Honduras)、哥斯达黎加 (Costa Rica)，要求独立。加勒比海的多米尼加 (Domninican) 及海地也获独立。

5. 20 世纪的政情演变

拉丁美洲国家资源丰富，吸引欧洲大商人前往投资，但也造成拉丁美洲国家积欠欧洲国家庞大债务。1902 年至 1903 年委内瑞拉因欠债不还，导致德国、英国与意大利出兵催讨，封锁海岸线。美国总统罗斯福 (Theodore Roosevelt) 首先采观望态度，认为委内瑞拉应为其债务接受惩罚，但不久却怀疑德国的动机，要求将此事交由国际仲裁，并呼吁德国撤军。他更因循门罗宣言，发表《罗斯福宣言》(Roosevelt Corollary)，强调拉丁美洲国家必须承担债务，否则美国将代为催讨。这项宣言被解读为"巨棒外交"(speak softly but carry a big stick)，将"门罗主义"欧洲国家不得干涉美洲事物扩大为美国对拉丁美洲国家的经济利益。

1989 年美西战争因古巴问题而爆发，此役改变了拉丁美洲国家的命运。西班牙战败，美国成为加勒比海的盟主。美国并吞了波多黎各，占有菲律宾，并成为古巴的保护国。巴拿马不久也成为美国保护国。以后美国又采用"金元外交"(dollar diplomacy) 加强美国对拉丁美洲国家的投资，影响此地与世界其他国家的往来。

第二次世界大战后，拉丁美洲国家政情依然不稳，而较稳定的政府多为一党执政的国家。从 1950 年至 1966 年间有 14 个国家政府被推翻，半数以上的国家人民接受独裁统治。拉丁美洲国家最大的问题是贫富悬殊不均，大半的人口贫穷、饥饿、疾病、犯罪。平均寿命较美国人短少 17 年，约 55 岁。

美国介入拉丁美洲国家活动甚深，无论政治或经济方面皆然，约 200 万员工受雇美国公司。美国在当地缴纳的税款占全部税收的25%，出口占三分之一。为了对抗欧盟及亚太经合会的势力，美国在1993年与墨西哥、加拿大组织北美自由贸易区(North American Free Trade Association)。冷战期间美国对拉丁美洲国家的关系以阻止共产党蔓延为主轴。1948年美国与中南美国家组织"美洲国家组织"(Organization of American States：OAS)，以经济及社会援助协助抵抗共产党蔓延。1960年代起美国与古巴的关系因卡斯特罗(Fidel Castro)亲苏反美态度而出现紧张。1961年肯尼迪总统试图推翻其统治，未获成功，从此拉丁美洲成为美苏竞争之地。美国唆使美洲国家组织对古巴采禁运政策。1975年美洲国家组织16个成员国同意停止对古巴禁运，美国也开始想和古巴和解。1991年苏联集团瓦解，无法再对古巴提供援助，卡斯特罗并未如人所预期崩盘，它改弦易辙，走中间路线。1998年邀请教宗保禄二世(John Paul II)往访，开放部分私人企业，特别是旅游业，改善与欧洲、拉丁美洲国家的贸易关系。而美国对古巴仍维持敌意。

拉丁美洲另一个令美国不悦的国家是智利(Chile)，阿连德(Salvador Allende)总统信奉马克思，将工厂国营化，重新分配土地，引起军方不满。1973年在美国中情局的支持之下，军方发动政变，皮诺切特(Auguste Pinochet)将军夺权成功。展开高压统治，铲除反对党，1990年下台，但仍掌握军权，一直到1998年。

1990年代起拉丁美洲许多国家由军政府转变为文人政府，尽管腐败、贫穷犹存，民主政权不稳固，但已较以往进步许多。

经　济

20世纪的经济表现可以分为资本主义经济与社会主义经济两大形态。资本主义以利润与市场为导向，重视自由贸易理论，强调竞争生存的意义。社会主义以公平与计划为主，重视维持稳定的交易。强调互惠与合作。第二次世界大战后国家资本主义因法西斯战败而渐遭唾弃，私人资本主义及共产主义当道。惟社会共产主义经济走入封闭体系，私人资本主义盛行各国。1929年因调节不当，引发经济风暴。二次大战后，同盟国对一次大战后全球经济问题所造成的风暴，心悸犹存，极力设法未雨绸缪，以免重蹈覆辙。1944年7月，44个国家在美国新罕布什州(New Hampshire)的布雷顿森林(Bretton Woods)集会，研讨如何为承平时期的世界经济寻求巩固之道。与会代表咸认为1930年代的经济危机肇于各国的保护政策，因此如何促进国际贸易流通成为首要之务。他们提出许多计划，特别是马歇尔计划及道奇计划(Dodge Plan)分别为欧洲及日本提供了重建资金。更重要的是成立了国际机构，为此后的全球经济发展，开启了新方向。

一、国际新经济架构

首先是：1945年建立了国际货币基金组织(International Monetary Fund：IMF)，以稳

定国际货币。鉴于前一时期，各国为解决经济难题，放弃金本位，采货币贬值、保护关税及配额等政策，造成国际货币兑换困扰，决定改采固定汇率制。以美金为基准，每一盎司黄金兑换三十五美元，由国际货币基金组织监督。国际货币基金组织之资金由会员国提供，为少数会员国提供短期贷款，解决债务问题，避免少数国家采贬值或变更汇率方式来解决经济难题；并规定各会员国未获国际货币基金组织同意，不得变更货币价值。尽管困难重重，国际货币基金组织仍为战后的世界带来了稳定的发展，除了维持国际货币稳定之外，并且让各国企业得以顺利推展业务。

其次是：1945 年 12 月成立"世界银行"(World Bank)，又称为"国际重建及发展银行"(International Bank for Reconstruction and Development)。最初 10 年的工作集中在重建欧洲，以后 30 年则致力协助亚、非、拉丁美洲国家走出未开发国家之林。1990 年代开始帮助苏联及东欧国家从共产的中央计划经济走向西方市场经济。

第三是：1944 年成立关税贸易总协定 (General Agreement on Tariffs and Trade：GATT)。同盟国鉴于 1930 年代保护政策所造成的全球经济危机，决定设立一国际机构，建立全球企业规范，让各国可以免于国际贸易壁垒伤害。关贸总协定由美国领导，透过国家间的谘商或会议来解决贸易障碍。依协定规定，会员国之间为"最惠国"关系，任何国与国之间的贸易优惠，适用于会员国。但在实际运作时，受制美国，并配合美国的利益及战略需求。譬如马歇尔计划，为西欧国家重建提供资金与技术，但整个计划规定非常严格，要求受援国必须允诺平衡预算、打击通货膨胀，稳定货币、消除贸易障碍。道奇计划也有同样的规定。不过尽管如此，布雷顿森林会议对战后的国际经济发展仍有重大贡献。在战后 25 年内将通货膨胀维持在 7%。当 1870 年代石油输出国组织采用禁运措施，以及 1980 年代各国银行发生危机时，维持世界金融体系的活力与动力。

苏联及共产党集团国家早先拒绝参加以美国为首的国际贸易体系，因此在西方国家经济持续繁荣之际，显得萎缩、停滞不前。1980 年代双方差距益形扩大，苏联及华沙公约国开始讨论加入关贸总协定问题。

国际关贸总协议为了避免重蹈 1920 年代与 1930 年代的经济困境，成立后不久即召开乌拉圭会谈 (Uruguay Round)。共有 116 个国家参加，会议于 1993 年 12 月结束，成立"世界贸易组织"(World Trade Organization)，继续消除贸易障碍工作。

二、跨国经济体制出现

1945 年世界经济空前繁荣，各国互赖程度加深，贸易趋势转变。至 1971 年金价盯住美元政策已因美国大量进口导致黄金外流情形严重，不得不改弦易辙。美国总统尼克松 (Richard Nixon) 决定取消美金盯住黄金，改采"流动汇率"(flowing rates) 政策，由市场机制来决定汇率。这项政策性的转变有利跨国公司的经营：将企业总部设于一国，营运公司设于各国，避免汇率差别造成的损失，减少公司成本。但也造成国际经济新危机，一些依赖原料出口的国家在面对冲击之际，组织联盟，提高货物价格，以便确保币值。石油输出国组织为惩罚1973年以阿战争时支持以色列的国家，于1973年及1979年二度发起石油禁运，对国际经济稳定产生重大冲击。石油输出国组织在提高石油价格4倍之后，获得厚利。但靠输入石油营生的一些穷国而言，必须向国际金融贷款购买石油。美国、欧洲、日本对东欧、拉丁美洲、非洲等国家提供贷款，至1970年底，数额高达1.3亿美元，巴西欠债1000亿美元，墨西哥将近900亿美元，这些债务国无力偿债，影响国际银行体系面临挑战。

1978年至1985年世界经济再出现紧缩，对不同地区产生不同影响。全球失业率大幅攀升，尤其是低度开发国家，因人口急剧增加受害尤烈。美国在这波经济不景气冲击之下，遭到相当的打击，巨额的贸易赤字与联邦预算赤字让美国从债权国变成债务国。

亚洲太平洋地区国家在面对全球各地区整合之际，亦开始寻求合作之道，其中以亚太经合组织(Asia-Pacific Economic Cooperation Organization：APEC)最具成果。随着世界经济迈向互依互存，亚洲太平洋地区的经济地位除了美国、日本有卓越表现之外，亚洲四小龙：台湾、韩国、香港、新加坡的经济发展突飞猛进，摆脱落后的状态，迈入工业化国家之林。亚太地区的繁荣使有关国家认识到经济合作的重要，并出现组织经济合作单元的构想。1989年11月在澳大利亚总理的提议下，在堪培拉举行了第一届亚太经济合作组织部长会议，澳大利亚、文莱、印尼、日本、韩国、新加坡、马来西亚、菲律宾、新西兰、美国及加拿大等国均派代表参加，与会成员皆有感必须加强彼此的合作，但对是否应设立机构则看法不一。1991年第三届部长会议在汉城(已改名为首尔)举行，中国、中国台湾、中国香港首次派代表参加。会后发表《汉城宣言》，说明了亚太经合会议的宗旨、活动范围和活动方式。1992年部长会议在新加坡举行，决定设立亚太经合会议秘书处，次年美国总统克林顿建议在部长会议之后召开第一次领袖会议，但未获全体会员同意，而将之改为"非正式高峰会"，以后循例每年集会一次。

亚太地区经济发展的主要问题有二：一为加强经济技术合作，另一是主张贸易投资自由化，两者之间矛盾冲突。经济发达国家大力推动贸易自由，经济开发国家重视技术合作，两派人士相互角力，经过几年磨合，到20世纪末已有21个会员国，对促进该地区经济发展贡献良多。

技术革新

技术的发展与能源的开发是一体两面之事，20世纪的技术能源主要依赖核能。无论电力的开发与产品的更新，与核能都有密切的关系。从人类使用能源的过程：由人力、兽力、水力、电力可以感受到其影响。19世纪以来，电力逐渐成为生活的主要动力来源，早期电力开发靠水力，以后靠火力。但随着工业成长，不敷所需，开发核能成为趋势。

它不仅带动了新产品的问世,更改变了现代人的生活内容,也构成了新的危机。如1986年乌克兰切尔诺贝利(Chernobyl)的意外事件,引起全球各国惶恐,加速反核运动。

技术之革新与科学的发展息息相关。大致说来,20世纪的技术发展可以分为前后两期,以第二次世界大战结束为分野,而又以核能的运用为基准:

一、二次大战前的科技发展

1. 物理学

19世纪的物理学是以牛顿的经典物理学为基础,20世纪的物理学系以爱因斯坦的相对论为基础。受X放射线发现的影响,[01]物理学否定了过去原子是一切物质不可分割的基本单元的观念。相对论否定了牛顿的绝对时空观,空间与时间不再是与物质无关的实体,物体的运动状态、时空特性、惯性质量呈现的不是绝对性存在,而是相对性存在。在新的物理学中,时空不是绝对的,属于一种关系的性质。

由于放射线的发现及对原子可分性的认识,核物理学顺应而生。它提高了人们对物质组成的认识,知道各种原子都是由电子、质子和中子组成的,将他们与光子一起称为基粒子。但是粒子是不是最基本的?它们的性质和运动转化的规律为何?是现代物理学重要的课题。

2. 化学及新材料的出现

20世纪化学工业发展,突飞猛进。化肥与农药的使用大大提高了农业生产,高分子化学的进步促成有机高分子合成工业蓬勃发展,许多新的材料出现。

首先是铝的生产力提高,1909年德国生产出铝合金,又称为杜拉铝,用来造飞机。以后研发改进,促进航空工业发展。除了飞机之外,铝合金还用于制造车辆、船只及建筑材料。其次是合成橡胶,19世纪末交通运输蓬勃发展,对橡胶的需求日殷,天然橡胶只产于亚热带地区,产量有限,大部分工业化国家不生产橡胶。为了解决这种苦恼,开始研发合成橡胶。德国首先于1912年开发出甲基橡胶,以后又和苏联研制丁钠橡胶。1940年杜邦公司生产出氯丁橡胶,再来是丁基橡胶。经过改进,这些产品具有天然橡胶所没有的优点:耐腐蚀、耐老化、不易燃,具有军事价值。随着新的材料问世,塑料广泛使用,制作鞋底、皮包、雨衣和包装材料。聚苯乙烯具有良好的绝缘性能,为电视、雷达提供了重要的零件材料。此外,化学合成纤维的使用对女士带来重大影响,1940年尼龙丝袜应市,震撼了纺织市场。

---

01 X射线是由德国物理学家伦琴发现,它是由阴极射线打到玻璃管壁上产生的。使用X射线照相,可以照出绝缘包皮中的金属线。打破了当时物理学的自满观念,走向一个未知的领域。

3. 电讯技术

20 世纪电讯发展以无线电波的传递成功最重要。电波的原理与水波一样，将石头投入水中就会出现波纹。利用电波的震动，一端发话，一端受话，从此诞生了无线电报和无线电话。在电子学的发展史过程中，1906 年的三极电子管、1947 年的半导体晶体管，加速电子技术的革新，对经济、文化、军事乃至社会生活都产生重大影响。1903 年美国用无线电向英国传送新闻，无线电开始成为全球性事业。无线电话使用未几，无线广播就开始了。1906 年美国人开始利用交流发电机播发讲话与音乐。1920 年美国匹兹堡 (Pittsburg) 的 KDKA[01] 广播电台开始播音，开启了广播时代的新纪元。

电视的发明与硒元素发现有关。硒能产生"光电效应"，可以将光变成电讯信号发射出去。1884 年德国工程师尼普科 (Paul Nipkow) 发明了电视扫描盘，达到传真效果，后人称他为"电视鼻祖"。之后英国人发明了机械电视，将电视画面从英国伦敦发射至美国纽约。30 年代之后各国纷纷投入人力及财力从事研发工作。美国人发明了电子图像显示管，将电视发展带入新阶段。

4. 交通运输

汽车在 19 世纪 80 年代出现，至 20 世纪开始迅速发展，最早是由德国人设计的，但美国人亨利·福特 (Henry Ford) 将之普及化。1902 年福特生产的 T 型汽车问世，次年开始量产，售价降至原来的十分之一。从此汽车与生活关系密不可分。据统计，1916 年世界汽车年产量比 1900 年增长 166 倍，达 150 万辆，1948 年达 5590 万辆。随着汽车的大量使用，公路建设也积极进行。美国于 1930 年开始修建高速公路，40 年代出现高速公路系统。

20 世纪另一种新的交通工具是飞机。1903 年 12 月 17 日，美国人莱特兄弟在北卡罗来纳州成功地飞行自制的螺旋桨飞机，开始世界上最早的飞机飞行。1911 年英国开始了飞机运输。第二次世界大战后，无论飞机生产或民航事业都有重大发展。1937 年至 1945 年世界飞机生产从 2 万架增至 17 万架。

二、第二次世界大战后的科技发展

第二次世界大战后人类的科技发展走向新的里程碑，历史上称为人类第三次工业革命，一种建立在核能基础之上的工业发展。

1. 计算机

计算机之发明与数学计算有关。约于 1880 年代问世，缘起于美国人口调查局员

---

01 美国第一个正式注册的电台的呼号。——编者注

工赫尔曼·豪勒里斯 (Herman Hollerith) 于某日搭车时，注意到火车检票员用打孔机剪票，激发他发明第一张打孔卡，并于 1890 年用于计算人口调查。1890 年豪勒里斯成立第一家计算机公司，后来发展成为国际商业机器公司 (International Business Machines Corporation：IBM)，以后各国纷纷跟进。1943 年英国用计算机来破解敌人密码的工具，1946 年第一部用于一般目的的计算机 (Electronic Numerical Integrator Calculator) 由美国宾州大学的毛胥里 (Mauchly) 与爱克特 (Eckert) 研发成功。这部计算机重达 30 吨，有 7 万个电阻器，1.8 万个真空管，体积有整个运动场那么大。1951 年这座机器开始商业化量产，并成功地完成了人口普查的工作。1971 年微体电子学引发了一场"革命"，它可将整部计算机容量放在一个芯片上。从此计算机的发展出现大跃进，虚拟世界正式诞生。

微电脑的出现加速了计算机的普及。1971 年美国硅谷地区两名辍学生沃兹尼克 (Steve Woznick) 和贾柏斯 (Steve Jobs) 发展出商品化的微电脑，建立了苹果二号的品牌。1981 年国际事务机器公司开发出自己的微电脑，称为个人计算机 (Personal Computer：PC)。从 1980 年代中期以后，单一的微电脑已经无法满足人们的需求，网络的需求与功能更为迫切，人们藉由网络的运作增加内存和处理数据的功能。

2. 网络 (Internet)

网络是一种电子通讯，崛起于 1960 年代美苏争霸时期。1957 年苏联成功地将第一颗人造卫星旅行家号 (Sputnik I) 发射进入太空，美国担心国防安全不再。为了避免战争时计算机系统中枢遭破害，成立先进研究计划局 (Advanced Research Project Agency：ARPA)，于 1968 年设计出一个无控中心的网络系统 (ARPANet)，让数据在计算机当机的情形下，仍能在在线自由流通，开启网络新页。1969 年秋季 ARPANet 的第一个网络转接点在加州大学洛杉矶分校架设完成，从此网络社会降临。在 ARPANet 到因特网发展过程中，除了体制内的相关研发努力之外，1970 年代初期，许多草根团体也投入推动因特网的标准。与过去不同的是，以前制定标准都是由上而下，须经多年才有效果。新的团体是以非正式的方式运作，尝试一种速成的观念，观察的不是"管用"而是"觉得不错"。这种群龙无首的做法将网络稳定地向前推动，全球信息网 (World Wide Web) 就是依照这种方法来定标准。

网络的特色是，呈流动状态而非固定状态，以光速作为流动的衡量标准，没有远近的距离之分，属于一种开放式而非封闭式的结构，能够无限的扩充。网络的时空概念与传统不同，强调弹性时间，空间是一种虚拟实境，在这种空间中，没有内、外、远、近之分，各种区隔不再存在。

网络的发展从一开始就采用开放系统，因此没有任何一个人或单位可以完全掌控网际网路。网际网路就像我们所生活的宇宙，有广阔的空间等待人们去探索。根据数据显示，至 1996 年年底，全球已有 186 个国家连接了网络，联机国家以美国最多，其次是日本、德国、加拿大、英国。亚洲分别为香港、韩国、台湾。

3. 生命科学

受达尔文进化论影响，20世纪人类逐渐摆脱上帝造人的想法，开始积极探讨生命的来源。1906年遗传学(genetics)的诞生，对人有了更新的认识。遗传学主要的目的是为了解答生物既变又不变的现象。1953年生物化学有了重大突破，美国的沃森(James D. Watson)及英国的克里克(Francis H. C. Crick)发现了有氧核糖核酸DNA双螺旋结构的分子模型。从此，遗传研究转入对细胞中核酸、蛋白质等成分的研究。DNA双螺旋结构是携带遗传密码的基因，经由基因复制，一个双螺旋结构分子可以变成两个与原来完全相同的双螺旋分子。遗传密码破译对遗传工程的建立具有重要的意义，使人类在生命起源研究上，往前跨进了一大步，并对医疗科学产生重大影响。

遗传学不仅用于人类，更进而用于植物的杂交，推动了绿色革命。其方法是先了解农作物的遗传性，培养优良农作物品种，建立各种农作物品种资源库，查明遗传性状作物品种的特性，用数字仿真方法加以处理，存入计算机，预测杂交后代的遗传特性，提高育种的成功率，推动了世界粮食生产的发展。60年代，小麦、水稻的杂交都获得重大突破，带来了一场绿色革命。

社会生活

随着工业技术成为人类生活的主要手段，社会形态进入工业社会时期，并被分为前工业社会、工业社会、后工业社会。前工业社会为人与自然界的竞争、工业社会为人与机器的竞争，后工业社会为人与人竞争。20世纪的现代社会属于工业社会与后工业社会，并可以第二次世界大战为区隔，两者之差别在前者为产品经济活动，后者为以信息为主的知识经济活动。美国学者贝尔(Daniel Bell)将后者称为后工业社会，他强调不用"超"而用"后"系因为，在后现代社会中，人们丧失了信仰，无法在破碎的世界中超越自然、超越文化，生命处于空白荒地的边缘。而如何重建精神崇拜是最主要的课题，因此是一种"后"的状态。

现代社会为科学与技术合作的社会，称为科技社会(technocratic society)，又称为富裕社会或消费社会、开放社会。其特色为阶级改变，阶级壁垒松绑，阶级划分不明，中产阶级成员增加，新的经理专家出现，社会朝向更民主的途径发展。究其原因，科学发展快速，大公司出现，新人辈出，传统家族事业已无法垄断市场；教育发达，下层人士受教机会增加，透过教育管道提升个人社会地位，进而影响社会议题。开始注意下层人民生活，改变社会观瞻。

现代社会可以简称为资本主义社会。金钱是生活的指标，科技是生活的手段。财富决定了成员的社会地位，人与人的关系因金钱的介入，日趋功利，感情日薄。社会系以都市活动为中心，自1980年代开始，全球约有42%的人口居住在城市之中，亚洲地区城市发展尤为迅速。社会最大的特征是富裕与消费，生活其中的人为各种"物"所包围，人们不再和同伙进行日常交换，改从事财货和讯息的取得与操纵。广告是人与物接触的媒介，它从让人对物的着迷开始，延伸到让"物"萦绕人心，使人活在"物"的韵律之中，依造"物"的不断循环度日，形成了今日的消费社会。消费社会不同于生产社会，生产活动讲求合作，消费活动重视自我，形成自私自利的新个人主义。消费不是为了需要，而是满足个人的"想要"，消费的不是物品，而是一种符号，一种概念，特别是对名牌的追求，含有个性表达以及自我意识的风格，追求的是时尚而不是风格，人们对事物的了解没有规则，只有更多的选择。

  在消费社会中大众是主角。大众不是民众的结合，而是一种意识，出现在民主社会。美国学者黎士曼（Riesmann）认为，工业化与科技进展提供更广阔的人文发展空间，赋予人们更大的自由，民主政治在大众社会之中因而得以走向多元政治。[01] 在民主大众社会中人民生活获得改善，愈来愈多的人得以参与高雅文化的消费活动，艺术不再是少数的文化成果，而是多数人的生活，电视剧的文化表现较一幅画家的画作更吸引人注意。休闲方式与过去完全不同，以前跳舞，衣着整齐，到一定场合；如今，穿着随便，在街头随兴表演。街舞成为大众社会娱乐最写实的传真。黎士曼认为，现代人生活在一个由社会引导的行动之中，与过去人的行为或由家长引导，或由自己引导不同。在这种集体意识的个人主义之中，个人往往找不到生命的意义，而只能追求生活的快感，社会群众所呈现的往往是一种无奈与叛逆。而新的宗教也成为社会发展的新趋势。

  自1960年代以后，人类经由第三次工业革命，走入资讯化社会。因着电讯的互通，知识的交换，生活不再限于一隅，全球化于焉展开。全球学源于未来学，早在1940年代在德国学界即出现"未来学"（Future Studies）一词，开启了未来学的研究，惟限于学术研究。随着科技革命的影响，未来学扩及全球研究。1968年4月罗马俱乐部（the Club of Rome）成立，将全球问题从未来学的研究中分出，赋予独立地位，从而创立了全球学，并对全球的问题展开研究。依罗马俱乐部的研究，当代全球的问题有八：南北差距、战争威胁、生态失衡与环境污染、资源短缺、人口爆炸与粮食危机、海洋与宇宙开发、国际人权与民族主义、国际恐怖主义与毒品和艾滋病的侵袭。其中又以人口的急速增加最受关切，至20世纪末世界人口已达60亿，据估计，未来50年内将再增加一倍，因着人口增加所带来的生态问题将是人类最大的难题。而如何解决其中的困难是人类共同努力的目标。

---

01 参看黎士曼，《寂寞的群众》，远流出版社。

文 化

20世纪可以被视为新的创世纪，与人类初起时代不同的是，这个创世纪的造物主不是上帝而是人类自己。因此所创造的政治、经济、思想、文化成果皆与前不同，尤其在文化上的表现，更是焕然一新，呈现一种多元化的情景。

一、思想方面

20世纪人类思想在历经一连串的外在环境挑战之后，出现不同的主流思想，以生命哲学、存在主义哲学、分析哲学、实用主义哲学为主流。这四种哲学思维依其发生场合，可分为欧洲与美国两地。欧洲遭两次大战肆虐，百姓身家财产损失惨重。法德人民受害尤烈，思想家由对战争的好奇，开始关心人性，进而探讨生命的意义，生命哲学、存在主义哲学应运而生。

1. 生命哲学

由德国人狄尔泰(Wilhelm Dilthey)所创，法国博格森(Henri Bergson)集大成。博格森为法兰西学院哲学教授，曾获诺贝尔文学奖，著作等身。主要代表作为《物质与记忆》、《时间与自由》、《创造进化论》等。强调生命冲动的重要性，以时间为本质、将直觉作为认知的方法。他认为，理性或科学只能认识物理世界，认识假象，找到暂时的真理，而不能得到生命的、永恒的、绝对的真理。认识生命只能靠直觉，它不是一种思维，也不是一种逻辑，而是意志生命的交融，把自己置于对象之内。博格森指出，人类本来有直觉的本能，但在适应环境时，由于经常使用理性，整理实用知识，制造工具，久而久之，直觉本能变得十分微弱，难以被人察觉。想要找到直觉本能，只能从意志上做一番努力，摆脱功名、社会、语言，返回自我，感受只能意会而不能言传的生命本质。

2. 存在主义

存在主义之兴起受第一次及第二次世界大战影响甚深，主要的发源地为德、法两国。代表人物，在德国有：海德格尔(Martin Heidegger)、斯贝尔斯(Jaspers)、尼采(Friedrich Nietzsche)、叔本华(Arthur Schopenhauer)；法国有萨特(Jean Paul Sartre)、加谬(Albert Camus)。

存在主义学者多半是哲学家，但同时又可能是小说家、戏剧家或政治家，善于用通俗的形式诠释自己的思想。因此存在主义思想可以传播久远，渗透到人文各领域，进而席卷全世界。有关存在主义的思想内容，各家说法并不一致，但皆反对理性的功能，强调观念来自意志，而非理性。现就其共同部分加以说明：依萨特的看法，存在主义就是人道主义。换言之，存在主义主要探讨的是人的问题，而不是神的问题（尽管早期许多存在主义大师是基督徒),尼采更提出"上帝已死"的骇人言论。上帝传统以来被视为造物主,宣布上帝死亡,并不是在亵渎上帝,而是强调人是造物主,人是惟一意识到自己存在的生物,每样东西的存在是在己 (in itself),而人类却是为己 (for itself)。[01] 萨特更进一步指出,人的存在比任何其他事情都重要,故"存在先于本质"。

至于什么是"存在"?可以由海德格尔的《存在与时间》一书窥豹一斑。海德格尔认为自柏拉图以来,思想家在面对"存在是什么"这个问题时,解答的方式是从"存在的结果"来处理,每一种存在都是另一种存在的结果,如此一直往前追究,永远找不到第一个存在的原因。因此他提出"在者"与"在"两个观念,认为以前所获得的是"在者"而不是"在",如今要探求"在"就必须讨论"存在何以存在"。换言之,存在如何展现出来?展现是一种过程,具有时间性的特征。因此"在"必须与时间连在一起,一切存在只有透过"在"的过程才显示出来,而人是惟一可以决定他"在"的方式的"在者"。如此也就解决了第一因的困难。

本世纪存在主义的代表人物为萨特 (Jean-Paul Sartre),法国人,因不齿第二次世界大战时法国战败主和人士的作为,而提出一连串的言论,鼓励法国人的士气。萨特在面对敌人残暴时提出一个问题"如果他们折磨我,我能保持沉默吗?"他认为人在世界上的命运是荒诞的,只有自由的意志才能决定人的行动,人的存在同人的自由是分不开的,人可以透过他的自由去选择决定他的本质。因此"自由先于本质"、"存在先于本质",存在主义也就成了人道主义。

另一位重要的人士是加谬 (Albert Camus)。法国文学家,作品出色,代表作有《异乡人》(Outsider)、《鼠疫》(The Plague)、《西西弗斯神话》(The Myth of Sisphus)。1957 年曾获颁诺贝尔文学奖,后死于意外车祸。他认为世界是荒谬的,人无法理解他与周围社会的关系。他以希腊神话中西西弗斯,被神判罚苦役,每日每夜将落石推上山顶,次日又将掉下来的落石再推往山顶,如此反复不已,来说明世界的冷酷与无情。虽然他对世界抱持悲观认知,但却表现强烈的生命斗志,以清醒的意志,敢于面对外在挑战。

3. 实用主义哲学 (Pragmatism)

实用主义哲学是美国人服膺的思维,于 1895 至 1900 年成型。美国不同于其他国家,是一个由移民所组成的国家。来到此地的人,各有所本,看法、想法不一,如何产生共识是立国的根本。据此,实用主义应运而生。它最早的目标是让人观念清楚明白的一种方式,强调行动所产生的实际效果。它的目标是针对未来,而不是针对过去,方式侧重行动,而不偏向反省,建立了起步、创新与自由意志之间的联结。实用主义中心思想为"经验",经验是一种生活,也是一种实践,必须根据对象而存在。换言之,没有对象就没有经验存在,而真实就依附在对象之中,形成所谓"有用的就是好的"价值观。实用

---

01 Jostein Gaarder,萧宝森译,《苏菲的世界》,第 638 页。

主义的主要代表人士有皮尔斯 (Charles S. Peirce)、詹姆斯 (Williams James)、杜威 (John Dewey)，他们分别由实用主义来诠释科学、宗教及伦理学。

皮尔斯被认为是实用主义的创始者，他的学说主要论点是"如何使观念正确"。

詹姆斯称自己建立的哲学为实用主义，也称为彻底经验论或多元主义。所谓彻底经验论是重视部分、因素、个体，并且视整体为一集合，视共相为抽象，[01] 与理性论相反。理性论主张在逻辑秩序与存有秩序上整体先于部分，在一瞬间可以掌握宇宙万有。彻底经验论着眼在个别形式，相信人的知识永远无法达到完美。经验主张最大的难题是如何解决"意识"问题。詹姆斯认为，一个人的知识来源有二：从知觉获得，或从概念获得。知觉能够增进人的知识，概念是为知觉所用，它不是知觉的结果，而是获得新知觉的一种工具。意识来自经验加上经验，而不是由经验减去内容。意识不是实存物，思想来自经验。观念之为真，并非其内在不变的性质，而是恰好发生过的，它是由事件造成的，是一个过程，这个过程使它本身证实无误。

詹姆斯确定了自由、可能性，与人的未来之间的关联。他认为未来不可能完全重复与模仿过去，而应该不断创新。决定论阻碍了创新，自由使创新成为可能。

在美国实用主义的代表人士之中，杜威最为人熟知，特别是中国人，因为他曾于 1919 年 5 月至 1921 年 7 月来中国讲学两年，先后到过 11 个省份，进行上百场演讲，造成重大影响。杜威享誉学界在其教育理念，他提出民主主义教育，并将教育与生活结合，对传统以来的制式教育产生重大冲击。他的思想深深影响了美国人的精神生活，在一定程度上代表了美国精神。其主要代表作为《学校与社会》、《经验与自然》、《民主主义及教育》等。杜威强调经验的重要性，经验不是一种静止的事物，而是一种能动的过程。它不是物理的事物，也不是心理的事物，而是两者的相互作用，一种有机体与环境的相互作用。杜威提出工具主义，把观念、理论、学说都当作行为的工具。真理的标准在于是否使人的行为成功，是否有用。

4. 分析哲学

分析哲学起于 20 年代。一群学者认为第一次世界大战肇于科学精神丧失，因此他们提倡恢复科学的理性，反对思辨的形而上学。这群学者都曾在英国剑桥大学任教，所以被称为"剑桥学派"，主要的知名学者有：罗素 (Russell)、怀海德 (Whitehead)、摩尔 (G. Moore)。他们之间的看法尽管不同，但都反对把认识主体与认识对象的关系当作内在关系，强调认识对象是一种客观的实在，鼓吹一种客观主义。分析哲学与欧陆的维也纳的"新实证论"相关。"新实证论"是发源于维也纳的哲学运动，形成"维也纳学圈"(Viennese Circle)，他们试图将逻辑与经验结合。这个学圈的寿命不长，1938 年奥国沦陷时，成员就各奔东西，特别是英美两地，为当地哲学带来不少冲击。第二次世界大

---

01 Bernard Delfgaauw，傅佩荣译，《20 世纪的哲学》，第 68 页。

战后，重新恢复。新实证论者强调"检验原则"，认为检证只能在经验认识中获得肯定，凡是在原则上不能由经验认识所肯定的判断都是毫无意义的，而形而上学的判断永远无法获得事实肯定，当然是无意义的。罗素与怀海德从数学原理中，将数学化约为少数根本的逻辑，认为只要人类掌握一切原子事实，就可以用逻辑运算的方法构造出全部人类的知识。

逻辑分析哲学至维特根斯坦 (Ludwig Wittgenstein) 发扬光大，他认为哲学的目的是使思想在逻辑上明晰，哲学不是理论，而是活动，哲学工作主要是解释，不是某些数量的哲学命题，而是使命题明晰。逻辑分析就是语言批判，维特根斯坦说："我的语言界限就意味着我的世界的界限。"

5. 结构主义 (structuralism) 与解构理论 (deconstruction)

结构主义兴起于 60 年代，是一种试图用自然科学的精密研究方式来探讨社会、经济、政治与文化生活模式的哲学思潮。主要观点是要将以前的"历时"性，也就是由过去到现在的看法，改变为"共时"性看法，也就是没有时间性但却同时存在的看法。结构主义是继存在主义之后在西方所出现的哲学，鉴于存在主义对人的关怀无法解决问题的困窘，故反对以"人"为中心的学说，反对"主体"、"个人"、"存在"的观念，寻找无意识的结构性与客观性，由语言学开其端。1910 年瑞士语言学家索绪尔提出"共时态"[01]的方法后，结构主义应运而生。法国人类学家列维·斯特劳斯 (Claude Levi-Strauss) 将索绪尔的研究方法应用至人类学的领域，代表作为《野性的思维》(The Savage Mind)。该书认为，语言组合成句子，有声音的表层及语法的深层。人类社会中的亲属关系也一样，有表层的亲属关系及深层的亲属结构，不能只重视表层关系而应注意内部的深层结构。野蛮人与文明人之差别不在原始的或现代的，也不是初级的或高级的，而是使用了具体的或是抽象的不同思维方式，就像植物可以放在庭园也可以野生，但植物的根是一样的。结构主义致力寻找一个在多样性背后的统一性和不变性，它在 60 年代有长足的发展，获得重大成就，特别是在人类学方面。

解构理论系不满结构主义的中心论而出现。它不是一种主义，只是一种具体的批评，认为语言不能说明事实，因此主张将事实与语言分家。主张对文学采用阅读方式。解构大师德里达 (Jacques Derrida) 将自己比喻为零杂工，而不是工程师。他认为阅读是随便挑一本书，选一个词开始，玩阅读游戏，不是由头到尾看完一本书。文化像阅读一样，读文本，是让读者融入游戏中，展开读和写的双重活动，文本向阅读开放，读者和作者一块儿创作。德里达认为解构者像一群流浪汉，无家可归，不像过去叛逆者，逃家之后再去寻找另一个家。他们四海为家，一切均为己有，颠覆了传统西方文化之普遍性与确定性。

---

[01] 所谓共时态是主张研究同一时间内各种语言现象间的关系，尤其是它们同整个语言系统的关系，突破了传统重视历史演变的"历时态"束缚。

二、文学

文学是生活的反映。20世纪的文学可以1950年代分为前后两个时期来说明。受工业革命影响，生产工具依赖机器成分大于人的成分，使得现代人与人的关系较前疏离、冷漠，缺乏合作的意愿，影响文学的写作出现"非人化"的倾向。文学思潮都是思想内容与艺术形式紧密结合的产物，现代文学的思想内容，与传统文学大相径庭，新的表现法相应而生。主要为象征主义、意识流、未来主义、表现主义、超现实主义。

1. 象征主义

象征主义在不同的国家中因不同的学者有不同的看法。强调在自然世界中的理念世界，轻视自然主义所关心遗传和环境对个人的影响，要求以个人的敏感和想象来创造自然的艺术。因此他们在题材上重视人的幻景和内心的感受，强调以暗示、对比、联想等手法进行创作，以明确与含糊相结合的办法，深刻地表现了错综复杂的内心世界。象征主义的开创者是法国诗人波德莱尔，代表作为《恶之花》，他认为自然界是一个神秘场合，万事万物都是相互感应的，互为象征。他的作品抛弃了空洞的修饰，把事物的互相感应、互相象征作为创作诗歌的理论基础，使得全书的结构非常清楚。第一次世界大战后，象征主义开始注意到社会重大题材，涉及的范围变得宽广。主要代表人物为艾略特(T. S. Eliot)，他提出"非人化论"，主张现代诗人要对人性做最少的要求，对诗人的艺术做最大的要求。代表作为《荒原》，运用蒙太奇的手法，对比手法。

象征主义的文学为世人留下一些作品，但由于其写作手法重视暗示，只适合宣泄内心的情感，因此影响有限。

2. 意识流

意识流是指流行于20世纪前期的小说创作方法及流派，兴起于20世纪初，盛行于二次大战期间，1950年代后逐渐平息。

这派小说作家受美国心理学家威廉·詹姆斯、法国哲学家博格森、奥地利心理学家弗洛伊德的影响，注重内心的独白，从自我的境域中找到真实的人。意识流的小说表现方式摆脱传统按情节先后秩序的发展方式，随着人的意识活动，透过自由联想来组织情节。因此不能按正常的时空秩序，借用了蒙太奇手法如"特写"、"多视角"等方法。小说为了加强效果，重视诗化、音乐化。代表作品为普鲁斯特(Marcel Proust)的《追忆逝水年华》，这部小说的成功不在故事的特别情节，而在艺术上的创新。除了结构的独特外，并有相当细腻的心理分析，他采用"自由联想"的手法来揭示人物的内心。另一位作家是爱尔兰籍的乔伊斯(James Joyce)，代表作《尤利西斯》(*Ulysses*)，描写三位都柏林市民在近十九个小时的活动和思想，他利用与人物年龄、生活特点相适应的语言和思维方式，再现人物内心世界和意识活动。此外美国的福克纳(William Faulkner)，被称为意识流大师，这位诺贝尔文学奖得主善于挖掘人物的内心活动，以凶杀、乱伦作为小说的主题，代表作为《喧嚣和骚动》。

3. 未来主义

源于意大利，于20世纪初开始逐渐流行于欧洲文坛。未来主义主张同旧的传统文化彻底决裂，否定一切文化遗产和传统价值。1909年2月20日意大利诗人、演说家、剧作者马里内蒂(Filippo Tommaso Marinetti)在法国的《费罗加报》上发表了《未来主义宣言》，开始了一场争取彻底改变思想状态和艺术习俗的广泛宣传运动。未来主义在形式上反对理性和逻辑，主张用自由自在的句子表现随心所欲的幻觉。它是一群活跃、热情、明晰、灵巧的诗人、画家、雕刻家、音乐家所组成，憎恨废墟遗址、憎恨图书馆、墓地、博物馆，讨厌迂腐、卖弄、学院作风、模拟过去、拖泥带水、精雕细琢，不喜欢悲剧，喜欢有乐队伴奏的咖啡厅，观众可以在那里吸烟、欢笑，与演员打成一片。他们希望意大利艺术甩掉衰老的风格，加强活力，呈现一派喜洋洋的风貌[01]。

未来主义的除旧布新、大胆创新的风格，为西方文学带来重大的冲击，可是正由于其走极端，打破传统的作法，无法持久，到了20年代中期，即告式微。

4. 表现主义

这是以德国为中心，于20世纪前25年所出现的一种文艺活动形式。其主要特色为反理性主义，强调小说应表现主观的感受，客观应服从主观思想的表现。在表现主义的作品中，看到的不是现实生活的图画，而是一种被扭曲的社会现实，由于这类的作品重视人的内心世界，因此大量采用内心独白，用强烈的对比方式来表现人物的复杂性。

表现主义多出现在小说、诗歌与戏剧之中。其中以德国的小说家卡夫卡的影响最大。他共写了三部长篇小说及一些中篇小说，《变形记》最具代表性，小说中的主人在社会异化力量压迫下，蜕变为一甲壳虫，又在家人和社会的唾弃中悲惨死去。一般解读这部小说，将它视为资本主义社会中大众受害的写照，代表现代人的困境。在诗歌方面，德国的青年诗人用慷慨激昂的诗句向世界发出呐喊，他们接受了未来主义的暴力论，强调主观意识决定性的作用，喜欢创造新词，破坏传统语法。

5. 达达主义与超现实主义

达达与超现实主义是前后呼应的一种思想行动。达达是一个反审美团体的名称，1915年左右开始活动。他们不承认任何理论，反对一切体系，摧毁一切偶像，视无意识为创作的根源。所谓的达达精神就是怀疑一切、否定一切。由于他们没有正面目标，且有惊人骇俗之举，加上内部领导人不合，1923年之后逐渐式微，主要人物纷纷转向超现

---

01 黄文捷译，《未来主义》(*Futurism*)，四川人民出版社，第7页。

实主义。他们与达达主义者最大的不同是他们有理论、有目标。超现实主义要求的写作，是真实与幻想相结合，把日常琐事和心理失常放在一起，夹叙夹议，亦真亦幻，希望以爱来化解世间的矛盾。

50年代以后文学的发展以英美两国的影响最大，主要为英国的"愤怒青年"、美国"垮掉的一代"(Beatniks)及"黑色幽默"(black humor)等学派。

"愤怒青年"于1950年代出现在英国。一群剧作家不满现存的英国制度和社会秩序，但又不想从根本上加以改变，只好致力情绪表达与发泄。他们之间写作风格各不相同，但表达直接，给人一种清新的感觉。可惜未能创造出个性，他们的作品体裁限于英国社会、英国制度，使得小说脱离普遍经验，限于地区之中。

"垮掉的一代"是美国50年代文学表现，这个词汇是指"打垮"当时社会的压抑。他们身穿奇异服装，藐视传统观念，厌恶学业和工作，追求无所拘束的自我实现和自我表达。这批作家的灵感来自酗酒、吸毒、性、欢乐。较具代表性的作家为凯鲁亚克(Jack Kerouac)，其作品《在路上》描写一群处于社会边缘、不务正业的青年流浪汉，疯狂而又充满刺激的生活，反叛传统生活方式和道德观念，对二次大战后的青年产生重大冲击，被大批精神苦闷青年奉为"生活教科书"。反映了美国青年在文化和精神上的茫然、困惑和失望。他们的作品专注于自我表达、激发内心思想解放，反映出年轻一代的心路历程，对美国亚文化带来重大影响。

"黑色幽默"(black humor)是60年代盛行美国文坛的一个文学派别。一群作家以嘲讽与讽刺的方式批判社会现实，他们在小说中将自己的生活与社会及周遭的世界中的畸形、残忍，加以渲染、夸大、荒谬化，以一种玩世不恭、玩笑怒骂的态度看待世界，表现出荒诞不经、滑稽可笑、反常无理，甚至可恶可憎的一面，令人感到沉重与不安。小说欠缺首尾一贯的故事情节，没有逻辑联系，将现实生活与回忆和幻想混合，将严肃的哲理与病态的玩笑混为一谈。属于"黑色幽默"的作品很多，较具代表性的有海勒(Joseph Heller)所写的《第二十二条军规》，是一部描写第二次世界大战的经典之作。书中描写美国空军一名轰炸手满怀正义参加战争，目睹战争的虚妄、荒诞、疯狂、残酷之后，感到受骗，决心逃离，但未能如愿，因为"第二十二条军规"无所不在，让你无所遁逃，让你永远无理。书中出现的理性行为，让人对世界充满了疑惑与虚幻。

三、史学

20世纪以来西方社会呈现在一种动荡不安的状态，19世纪传统史学中所笃信的史料史学、进步观念和乐观精神等观念开始动摇，在方法或诠释方面都出现重大的转变，各种派别林立。20世纪上半叶主要有跨学科研究、新史学、年鉴学派、文化形态派等。下半叶新兴的有影视史学、口述历史、后现代史学等。

新史学扩大了历史学的研究领域,增加了历史学的研究方法,用分析解释替代叙述归纳,用跨学科的综合方法取代史料批注。在新史学的研究之中,历史学科与其他科学相结合,如历史学与人类学相结合成为历史人类学,与地理结合成为历史地理学。为了建立更严谨的论证体系,数理统计与计算机开始应用于历史之中。

新史学与传统史学最大的不同在于,传统史学研究的重点为政治事件与上层文化,新史学关心的是人类的全部活动,特别重视普通人的活动,认为研究历史的目的不是叙述过去,而是回答问题。史学所强调的不是史料,而是对话。

1. 跨学科综合研究

法国学者亨利·贝尔(Henri Berr),创办了《历史综合评论》杂志,代表了历史的新研究方式诞生。贝尔认为,兰克的史学只是事件的历史,仅仅叙述历史上发生过的事件,缺乏解决问题之道,这种史学只能挖掘历史的一个角落,造成史学成为一门孤立的学问。因此它建议用综合的方法,采跨学科的研究来解释历史,就能改变史学中过分专业化与孤立化的倾向。

2. 新史学

以美国的史家鲁宾逊(James H. Robinson)为代表,1912年他的大作《新史学》出版,对传统史学做出重大挑战。鲁宾逊的新史学系以美国实用主义的哲学思想为基础,重视史学的社会功用与实用价值,他认为历史是研究人类全部过去的活动,目的是帮助我们了解我们自己,我们的同类以及人类的种种问题和前景,因此研究历史的题材与兴趣应是多面向的,包括经济、地理、心理等。

3. 年鉴史学

1929年由费弗尔(Fucien Febver)和布洛克(MarcBloch)所创立的《经济与社会史年鉴》(又名《年鉴》)杂志而得名。依该杂志的发刊辞得知,他们的立论是要打破学科之间的围墙,建立跨学科研究,不是方法上的空谈,而是实例与具体的研究。他们认为历史是一门人的科学,但与以前历史中所讲的人不同,以前的人偏重个人,现在的人是多数的人。历史所研究的是整体人类的生活,除了政治、军事之外,还应包括经济、思想、文化、宗教等,不只个别的研究,还要进行综合研究,扩大了历史家的视野。

年鉴学派史学至二次大战后出现了新的发展,代表人物为第二代的布罗岱尔(Fernand Braudel),法国人,代表作为《地中海与菲力二世时期的地中海世界》、《十五至18世纪的物质文明、经济和资本主义》。表现出年鉴学派的历史理论,综合利用了地理学、气象学、生态学、经济学、社会学、人口学、统计学、人类学的研究成果,进行跨学科研究,展现人类生活的全貌,这种史学产生重大影响。

4. 文化形态学

所谓文化形态学是把文化视为一种高度自律性，同时具有生、长、盛、衰等发展阶段的有机体，并透过比较，找出其不同点，解释人类历史发展历程。德国的施宾格勒 (Oswald Spengler) 首先提出此一观点，其代表作为《西方的没落》，打破过去沿用"古代—中世纪—近代"的编年历史结构，认为那种以西欧为中心的历史毫无意义，只是虚构人类历史的幻象。其实每一种文化都以原始的力量从它的土生土壤中勃兴起来，历史就是文化，世界历史是人类各种文化的集体记忆。

施宾格勒认为文化是一个有机体，如同人一样，具有生、长、盛、衰等规律性和可测性的过程，亦如同岁月一样，历经春、夏、秋、冬四季的更替，每一种文化都无法避免这一自然运动周期性的过程。世界上有八种自成一体的文化：埃及文化、巴比伦文化、印度文化、中国文化、古典文化、阿拉伯文化、墨西哥文化、西方文化。每一种文化有其历史风格和历史形式，有独特的个性，自己的观念、情欲、生活、愿望、感情等等。这八种文化，不管特点如何，都要遵循同样的规律："生、老、病、死"的命运，这就是文化形态学的主要观点。

文化形态学的另一个重要代表人物为汤因比 (Arnold Joseph Toynbee)，英国人，代表作为《历史研究》，被誉为近世纪以来最伟大的历史学家。他从世界性的角度去看历史，将历史视为一整体。他与施宾格勒一样，抛弃了传统史学中国别史与断代史的概念，而代之以一个文明或社会，将施宾格勒的八种文化扩充为 21 种文明：西方基督教、拜占庭东正教、俄国东正教、伊朗、阿拉伯、印度、远东、日本朝鲜、希腊、叙利亚、古代印度文明、古代中国文明、迈诺斯文明、苏美、西台、巴比伦、埃及、安第斯、墨西哥、马雅、印加等，后来又加上 5 个停滞发展的文明，共有 26 个文明，并在其书最后一卷将其扩大为 37 个文明。

汤因比以"挑战与反应"来作为其史学的解释基础。挑战会激起成功的应战；挑战不足，就不能激起成功的应战；挑战过头，又无法应付，因此挑战必须适度，刺激和强度必须在最能激起应战的位置上。因此不是所有的文明都能顺利成长壮大的，有些文明流产了，有些在生长的早期就停止了。他认为文明的生长与衰弱不在外部环境，而是本身的"自决能力"。综观汤因比的史观，可以发现他对西方社会的现状充满忧虑、不安与失望，他把希望寄托在东方，提出"21 世纪是东亚人的世纪"的惊人之语。

5. 伦理政治史

以意大利的克罗齐 (Benedetto Croce) 为代表。他认为历史的真正创造者是统治的知识上层，伦理政治史观高于一切，其他的历史只是生活史。克罗齐最有名的一句话是"一切历史都是当代史"。他认为，人们研究历史是从现实生活中涌现出来，为当前目的服务，当现实生活的发展需要历史时，死的历史就会复活，过去的历史就变成是现在的。

6. 后现代主义的史学

后现代主义是一种反传统、反体系、反中心的思维模式，表现出多民族、无中心、反权威、叙述化、零散化、无深度概念的思考。反对线型的历史观，认为历史不是一种连续的过程，而是多重的，多层面的，不存在一种时间，而是存在着许多时间。其最大的特点是否定历史学的科学性，否定客观的真实性，将历史学视为"诗学"，是一种语言的虚构。这种说法引起不少争议，其未来发展却有待考验。

四、心理学

20世纪初各国竞争激烈，人民遭受莫大的灾难与苦痛，其中以奥国尤为明显。无论资本主义理论或是共产学说，都无法安定人心。弗洛伊德(Sigmund，Freud)满怀救世之心，献身心理学探究，为世人谋一理路，开启分析心理门户。在此之前，济世乃宗教盛事，俗人难以越俎代庖，"原罪"是道德的基础，"救赎"是伦理的终极。随着启蒙时代对人的重视，原罪已无法启迪人心，弗洛伊德的"原欲"适时取代"原罪"，成为济世的良方。

弗洛伊德为犹太裔奥国人，1856年生，共活了83岁。毕生关心人类，致力研究与医疗工作，著作丰富，主要有《梦的解析》、《图腾与禁忌》、《自我与本我》、《性欲理论三讲》等。其学说的主要理论基础为生命哲学，认为人的本质就是神秘的生命冲动，也就是生物的遗传本能的冲动，并以此建立了精神分析的理论基础。按弗洛伊德的分析，人的心理结构可以分为三个系统：潜意识、前意识与意识。潜意识是人的基本欲求，又称为"力必多"，原意为性欲。人的本能具有一定的心理能量，永远处于流动之中，要实现和满足之后人才会快乐，但这不是能顺利实现的。当无法满足欲望时，人的本能就受到压抑，进入了不为人察觉的潜意识系统，影响了人的行为。其次是前意识，又叫作下意识，人的感知、知觉、印象和观念，经常出现在思维过程中，而且储存在前意识系统，随时准备把前意识送入思维过程。第三是意识系统，是人类思维过程中运用的思想，它是精神生活的最高形式。弗洛伊德依此将人格分为三个层次：本我、自我、超我。潜意识构成本我，前意识构成自我、意识构成超我。他更据此将人类文化的发展视为性的本能，当性的本能受到压抑，就会升华为文化艺术的创造力。

弗洛伊德的精神分析揭示了人的意识系统，对了解人的全面具有重大意义。他开辟了心理学研究的新领域，使人的本能和欲望受到重视，其最大的贡献是改变了中世纪以来对精神病患的医疗方法。在此之前是以酷刑驱邪的方式，此后从脑受伤的角度来治疗精神病患。

30年代之后，心理学开始蓬勃发展，主要有阿德勒(A. Adler)的个体心理学、荣格(Carl Jung)的分析心理学、弗洛姆(Erich Fromm)的心理学。阿德勒认为，人具有一种先天的潜意识追求的强力欲望，以及一种自卑感。为了克服自卑，每个人都会表现出一种优越感，追求欲望与实现欲望就形成不同的行事风格。荣格是瑞士著名的心理学家，他将潜意识分为个体与集体两个层次，并认为集体意识是个体意识的基础。集体意识由遗传而来，深刻在群体的大脑之中，一个人在群体的无意识的支配之下，不需要经验的帮助，只要与祖先相似的环境，就会出现相似的行为。弗洛姆是德国心理学家，以心理分析来研究文化与社会问题，主要著作有《逃避自由》、《爱的艺术》、《心理分析与宗教》、《禅与心理分析》等。他从心理学的角度研究自由问题，以弗洛伊德的"性本能冲动"为出发点，考虑社会人群关系中所形成的冲动与欲求，但反对"泛性主义"。他最具建设性的论点是在《逃避自由》一书中所指出的，现代人的自由问题不仅仅是遭到机械主义或集体主义的压力，更重要的是因为人类根本想逃避自由、放弃自由。他建议由自发的爱与工作上寻求自由。

五、艺术

受科技进步影响，特别是照相机的发明，20世纪的艺术风格由"外向艺术"朝"内向艺术"发展。画家不再以描绘事物的表面形态引起共鸣，转向以内在精神来打动人心。艺术的功能由社会、教育转向满足人的精神需求。西方艺术在东方中国的水墨画、日本的浮世绘、印度的艺术的影响下，出现了一股新的风气，表现出四大路线：野兽主义 (Fauvism)、立体主义 (Cubism)、表现主义 (Expressionism)、未来主义 (Futurism)。

野兽派画家追求的是平面的，二度空间的装饰效果，强调的是个人的主观精神，采用大色块和豪放的线条，达到单纯、直率的效果。在他们看来，绘画纯粹是美的经验表现。主要的代表人物为法国的马蒂斯 (H. Matisse)，他以感情与自我意识为创作动力。野兽主义是继印象主义之后更进一步朝颓废派道路发展的一种艺术。

立体派绘画的影响大于野兽派。他们注重形的研究。舍去传统的立体主义而改采用一种按结构重新组建物体形象的方法体系，透过各个面的形态组成完整的、真正的、立体的形。换言之，它是一种透过简化物像使之与周围空间联系更为密切的方法，这一派艺术家的创作思想来自黑人的雕刻，法国画家塞尚 (P. Cezanne) 曾说过："你必须在自然中看到圆柱体、球体与立体的形"。主要代表人物为毕加索 (Pablo Picasso)。他生于西班牙，父亲为图画老师，自幼习画，早期作品以凄凉悲哀的蓝色调油画为主，称为"蓝色时期"，1907年从非洲原始雕刻中获得灵感，开始创作由几何图形构成的图案，掀起一股反传统画风。毕加索在画中所突显的不是一眼就能看到的东西，而是透过细细体验才能得到的东西。

表现主义的绘画源于德国，这派画家的画风是"反对一切法则，只相信自己所创造的现实"，他们扭曲物像，与野兽主义相似，不运用虚视，标榜独树一帜。未来主义是第一次世界大战前产生于意大利的画派，强调表现情感的爆发，和飞速运动的力量，他们会把同时发生的声音、光线和运动放在一幅画中。

除了上述四大画派之外,第一次世界大战中在中立国瑞士的苏黎世城,一些来自不同国家的流浪者创立了一个反传统的美术、音乐、戏剧的文艺团体,称为"达达主义"(Dada),他们标榜"破坏就是创造"。主要代表人物是马塞尔·杜桑(Marcel Duchamp),他最引人注目的一项杰作是将达文西的画作《蒙娜莉萨》的嘴唇和下巴添上胡须,成为嘲讽古典艺术的典范之作。1920年代之后达达主义的绘画开始没落,一股新的画风出现,称为"超现实主义"。受弗洛伊德的精神分析影响,这派画家放弃绘画的道德使命感,从心理分析层面作画,从极端具象和写实,表达极端的抽象。代表人物为达利(Salvanco Dali),在《内乱的预感》一画中,他以撕裂的肢体横放在布满乱云的天空之中,给人一种恐怖的感觉。

第二次世界大战之后绘画艺术承续战前现代画风,但绘画的重镇由巴黎转向纽约。1929年石油巨子洛克斐勒举办了"现代艺术馆",让现代主义的画作有了展示的场所。战后的艺术思潮被称为"后现代主义",不再以社会的意识为基础,改以技术及信息为基础。后现代文化与商品化结合在一起,有波普艺术(pop art)、欧普艺术(op art)、偶发艺术、ABC艺术、观念艺术、大地艺术、身体艺术等。此时最风行的有行动绘画与色彩抽象绘画。所谓行动绘画是画家沿着画布边走边滴颜料,藉由身体运动与滴色动作的协调来达到绘画结果。这种绘画方式随意性强,不受绘画理论及技巧支配,与一切传统相背离,只关心材料本身和绘画语言,追求色彩的效果。至于色彩抽象绘画往往是由简单的形状、彩色的方块、粗线条构成了一种抽象的空间,常人不易看得懂。欧普艺术又称为"光效应艺术"或"视幻艺术",利用各种黑白或彩色的几何图形的排列,造成视觉上的错乱,给人一种虚幻、超脱,光怪陆离的感觉。ABC艺术又称为最低限度艺术,将绘画的热度转趋冷淡,使用最少的色彩。波普艺术是采用广告、电影报刊、照相等技术,复制生活中普通物品的形象,反映艺术与人的关系。波普艺术流行于60年代,以纽约和伦敦为中心。创作者以罐头、可口可乐、广告张贴、总统肖像、明星照片、卡通画等来表现,带来了多样的魅力和冲击,商业气息浓厚。照相写实艺术出现在60年代后期,属于高科技的产品。它的基本方法是将摄影片放大再加以临摹,透过琐碎的细节临摹,达到比照片更真实的视觉效果。

六、电影

20世纪人类生活最大的转变是电影的出现,电影又被称为梦幻工厂。有关电影的理论在1895年之前已被人探讨,但到这一年12月28日法国的卢米埃尔(Lu Miere)兄弟用活动电影机放映了自己拍摄的影片"卢米埃尔的工厂大门",才使得电影成为人类生活的一部分。卢米埃尔是位摄影师,因此他对电影的态度是把现实生活用摄影机真实的记录下来,让电影发展停留在技术层面,未能走入艺术层面。卢米埃尔的活动电影机流行18个月后即被梅里埃(Georgers Méliès)引往一个戏剧的方向,他以戏剧的艺术手法叙述电影，与卢米埃尔强调电影真实记录生活相反，他把银幕当成另一个舞台，所摄影的是幻想或艺术的场景，完全不同于日常生活情景。梅里埃执著于戏剧，没想到去移动摄影机，拍片总是从同一个角度，以致不久也到达瓶颈，而无法突破，更因此潦倒，晚景堪怜。促使电影事业的第三个转机是格里菲斯(Griffith)，1915 年他拍制了《一个国家的诞生》，将真实的自然背景与人工布景协调一致，使影片的运用从场景变成镜头，在镜头的交错运用之下，大特写出现，加上剪辑，充分展现了电影的艺术，从此电影成为独立的艺术，也确立了电影的传统。从 1895 年到 1927 年为止，电影处于默片阶段，以后华纳(Walter Warner)兄弟冒进拍了第一部有声电影《爵士歌王》，在无声影片中加入几段旁白和歌唱，获得空前成功，有声影片时代降临。语言成了电影的重要表现手段，戏剧强调对白，蒙太奇手法成为电影的基础。

"蒙太奇"(Montage)一词原出法语，是古代建筑术语，有装配、构成之意，后用于电影界，有剪辑、组合之意。所谓蒙太奇手法是在电影的制作过程中，将全片内容分为几个不同的镜头，分别进行拍摄，再按照原定创作构思，将其有机组接，产生连贯、对比、暗示、联想，使得全片结构完整，条理通畅、发展生动。在电影事业发展过程中，美国好莱坞(Hollywood)有决定性的影响力。好莱坞坐落美国西部，1915 年孕育了美国电影八大公司，其制片具商业气息，适合大众，不惜工本，采大制作、高科技、聘请名导演和大牌明星参与演出，被称为世界电影的万花筒。1950 年代之后，受电视发展影响，好莱坞拍片改变方向，不再拘泥于故事及叙事之中，改由尺寸与技术上着力，发展三度空间。新艺综合体电影(Cinema Scope)，加上彩色拍摄，使得电影不再是深刻的见解与动作，而成为壮观的画面。电影院也分割成较小的单位，符合少数特定人士的需求。

七、音乐

第二次世界大战之后人类音乐走向一个新的里程碑，密纹唱片的问世，将音乐带给大众欣赏。作曲家的成就不在作品多少，而在录制多少。同时电子音乐与合成音乐的出现，将音乐艺术与技术和商业结合。此后的音乐，成为大众生活的一部分，其中以美国的爵士乐与摇滚乐表现最亮丽。

"爵士"(Jazz)这个词取自 1915 年成立的"爵士"乐队，系美国黑人音乐，由美国南方密西西比河三角洲地区，以新奥尔良(New Orleans)为中心，由南向北逐渐向沿岸及支流各城市发展。1917 年后成为一股流行新乐风，迄今未衰。

爵士乐是将黑人音乐与欧洲乐器及乐理混合为一体的产物，主要乐器为短号、簧管、吉他、钢琴、低音提琴和打击乐器等。乐手在演奏中即兴发挥，形成个人的独特风格，利用身体的晃动，来制造音乐效果、乐手将乐器作为人声音的延伸。由于黑人长期被排斥于白人的交响乐之外，自己形成了一个独有的音乐圈子，因此藐视一切传统音乐的东西，并进行各种音调试验，如在喇叭口上放一顶皮帽子，创造哑音的效果。

"蓝调"是爵士乐的代表,来自棉花田的农人与火车工人,他们为了谋生,在街角弹吉他和手风琴乞讨,由新奥尔良到芝加哥。

第二次世界大战后,另一股新乐风在美国诞生,魅力四射,成为全球化的先锋,那就是摇滚乐。摇滚乐源自美国黑人的节奏与蓝调,以及美国乡村与西部音乐的结合。50年代美国白人青年对黑人乐风蓝调及节奏,兴趣日增,并开始将它放入白人的音乐中,成为摇滚乐,不久即成为青少年的时尚。其特点包括强烈的拍子脉动,曲调长短不一,常用复杂的和声、旋律,有时充满一连串尖叫或演奏的装饰,及未解决的不和协音。歌词除了应用乡村歌曲和黑人蓝调的题材外,也时常表现对社会现象的嘲讽和抗议。

第一代的摇滚歌手以猫王埃尔维斯·普莱斯利(Elvis Presley)最受欢迎。这位来自美国南方田纳西州的卡车搬运工,以疯狂、粗野、大胆的表演,成为青少年的偶像,吸引大批歌迷,带动摇滚乐为流行音乐。60年代英国"披头士"(The Beatles)的动人演出,全球轰动,将摇滚乐的地位,提升为全球音乐。80年代摇滚乐发烧未止,越演越烈,在灯光、音响等先进技术配合下,台上台下打成一片,代表人物有麦可尔·杰克逊(Michael Jackson)及麦当娜(Louis C. Madonna)。同时饶舌摇滚(Rap Talk),一种活跃于街头的即兴唱说音乐开始流行,节奏强烈、鲜明、音调简明,深受年轻人喜欢。

八、次文化

在现代思潮之中,学生是一股新生力量,学生权力(student power)与民权(civil right)、黑权(black power)一样,于本世纪开始其在历史上的夺权行动。1960年代表现引起世人侧目,其中以在美国的行动较受关注,有人将此一阶段的美国历史(1960—1970)称为学生反文化(counter culture)时期。

1. 学生运动

学生问题由来已久,惟独在此时声势壮大,与学生人数有关。1940年代美国大学生只有150万人,到了1960年代增至700万人,学生人数增加,学生在学年限随着教育水平提升而延长,学生自然成为一种阶级,产生新问题,特别是价值与意义等问题。

美国学生问题以大学生为主,其形成原因极其复杂。历史上的解释也不同,不过与美国当时的历史处境有关,后资本主义社会的影响、消费社会的刺激、越战问题、种族问题的僵局等,均导致了学生运动的进行。大致说来,他们由50年代沉静的一代(silence generation),经60年代垮掉的一代(beat generation)、反抗的年代(A Decade of Defiance)到批判的年代(A Decade of Critical)。反对理性的中心思想,也反对自私的个人主义思想。

美国学运最早源起与黑人民权运动有关。美国在内战之后对黑人采用分离且平等的分治方式。但到了 60 年代,反对声浪不止,1960 年 2 月 4 名黑人学生在北卡罗来纳农工学院福利社只许白人坐的餐桌前坐下来,一直到被捕为止。这项静坐 (sit-in) 点燃了美国学运。四月"学生非暴力支持委员会"(Student Nonviolent Coordination Committee) 成立,稍后美国学运的最重要组织"学生民主社会"(Student Democratic Society;SDS) 成立。该同盟成立的主旨是"创造一个对教育和政治持续关心的社团,将自由主义者、激进主义者、行动主义者、学者、学生、职员等联结在一起"。"学生民主社会同盟"于 1960 年底在美国只有八所校园有分支机构,会员不过 250 人。到了 1968 年,已有了 350 个分支机构,会员也增至 10 万人。其主要活动目标为攻击社会的保守心态、攻击核武、抨击自由主义已告崩溃,主张一种新的激进主义。1962 年发表了长达 66 页的"宣言",即著名的《休伦港宣言》(The Port Huron Statement),这篇宣言用了五分之四的篇幅批评美国的现况,并提出改革的建议;另外五分之一的篇幅说明批评的基础信念及对新一代的召唤。内容强调"参与民主",批评意识形态的僵化不变,注重行动的有效性,攻击共产主义与其他的种种独断主义和权威主义,期望学生、学术工作者和知识分子参加新左派,以大学作为根据地和媒介,推动一个改变社会的运动。

美国学生运动是在学生民主社会同盟指导下进行的,在 1965 年以前只属于理论阶段,除了《休伦港宣言》之外,1964 在加州柏克莱分校进行的"自由言论行动"(Free Speech Movement) 最受瞩目。这项行动的兴起是学生有想讲什么的冲动,想要为自己生活的社会做些什么。学生在 7 月 14 日宣布,禁止校外的政治活动命令在校内采用。学生所针对的不是美国大学,而是美国的生活方式,美国学者赛尔评论说"加州事件来自学生对美国梦的幻灭"。

早期的学生运动与校外的黑人运动结合,后转为校园言论运动,1965 年之后成为反越战运动。1965 年 4 月,在 SDS (学生民主社会)的策划下,在华府举行了大规模的反战游行,从此学生运动被激化为反抗行动。自 1968 年后更进一步发展为革命,惟自 1970 年后,学生运动逐渐式微。追究其原因,系美国的自由传统得以包容异见,大学校园进行改革,政府放宽选举年龄,学生就业的困难等造成。

1960 年代美国受上个时代麦卡锡恐共流言影响,加上经济发展迈入消费时代,社会风气必然生变。过去 20 年代的一些思潮,再度冲击美国。各式各样的静坐、游行在各地出现。非裔美人对自身权利的要求,象征多元社会的来临。在此一时期,最引人注意的人士是嬉皮士 (Hippies),他们敌视一切权威,从此艺术、文学的区隔不再,台上台下打成一片。"上帝是否死亡了"成为人们最关心的话题。

60 年代俗称为"反文化"(counterculture) 时代,因消费资本主义而产生,其中心理念为"新个人主义"(new individualism):追求个人权利、个人自主 (individual autonomy)。新个人主义是一种"权利革命"(rights revolution),个人可自行决定该如何消费、赚钱、过日子、与人来往。一言以蔽之,新个人主义是让人做自己的事情。在新时代中，人们开始释放对个人感官的约束，追求"自我实现"、"自我表现"。不再要求回到以往的道德价值中，他们向往个人的实现 (self fulfillment)，讲究更大的包容，追求更自由、更欢乐的社会。但这种生活态度也引起疑虑，"一个缺乏责任感，不对别人忠诚的人，如何可能自我实现"。

影响60年代青年文化的突起原因很多，可以被提出的首先是司波克 (Dr. Benjamin Spock) 的 Baby and Child Care (1946) 一书。此书的发行量在二战之后仅次于圣经，影响遍及全美。该书的主要论点是：注意小孩的需要与快乐。要大胆地爱小孩，并与他同欢，要与小孩玩乐，谈话。其次是电视对此一时期的小孩成长有重大影响，包括广告及同侪等。第三是都市下层工人及黑人的影响，特别是头发。第四是摇滚乐。

青少年文化除了政治行动之外，并有不同以往的行为，他们不关心阶级斗争，重视疏离感 (alienation)，拒绝竞争及积极的个人主义 (acquisitive individualism)，不再延续父母的生活方式。他们热衷药物、音乐及性生活，以俗称为 pot 的大麻取代酒及香烟。喜欢的音乐有两类：一是民俗音乐，另一是摇滚乐。民俗歌曲题材在抗议种族歧视、越战；摇滚乐由披头开风气，他们穿着鲜艳的衣服、蓄长须，唱腔歌词以药物及性为主题，鼓吹爱好和平。

2. 性革命

60年代美国新思潮以性革命最叛逆。美国性思想的转变起于20年代。一些前卫人士将性视为感情的正常表达，相互的欢愉、心理的表述。美国性行为研究专家金赛 (Alfred Kinsey) 在对1948年至1953年的调查报告指出，90%的男性及50%的女性在婚前有性行为；50%的男性及四分之一的女性有婚外情。尽管金赛的报告引起惊慌，但在60年代之前，社会对性行为还是有相当的约束，特别是女孩子。但随着婴儿潮的降临，政府透过控制生育的药丸上市，以及电影开始放映性暴露的影片，而有了改变。此时最热卖的书是由布朗 (Gurley Brown) 所写的《性与单身女子》(Sex and the Single Girl, 1963)。1973年后同性恋不再被视为一种病。

九、新文化

20世纪开启了一个文化的时代，与19世纪所强调文明的时代不同，所关注的不是生活的结果，而是生命的过程；所重视的不是进步与落后，也不是文明与野蛮，而是文化的心灵，多元的并立。1960年代以前，人类的文化课题是成就，如今则为表现。以前的文化是少数精英人士努力的硕果，现在是大众的生活。文化研究成为新的精神，一种"正在成长"的精神，而不是"已经成长"的精神。什么是文化研究？它是资本主义发展至现代，由生产转为消费所形成的一种文化心灵。与19世纪不同的是，马克思从"生产"的角度来看待资本主义。60年代英国一群左派思想家从"消费"的角度探讨资本主义，特别从工人阶级开始，提出文化的意义与价值。有关这方面的研究与英国新左派的形成有关。新左派于 50 年代后期崛起，目的在创造一个民主社会主义政治，批评斯大林主义是一种化约的经济认知，要求用一种更复杂的方式来处理经济与文化的关系。最能代表他们思想的刊物是《新左派评论》，除了批评经济化约论，并把文化看作社会过程本身，而经济与政治是这构成的主要因素。代表人物有：利瓦伊斯 (Leavis) 及"细绎"集团：利瓦伊斯著有《文化与环境》、《小说与大众》。他出身社会精英阶层，重视文化的价值与意义，但对大众文化缺乏道德的严肃性和审美价值提出批判；霍加特 (Richard Hoggart) 撰有《文化的用途》(*Uses of Literary*) 一书，赞美战前工人阶级文化，批评战后美国式大众文化，如将美国电视、流行音乐、犯罪小说视为一种文化赝品；威廉斯 (Williams) 著有《文化与社会》、《漫长的革命》，试图将文化的意义不断的扩张到与我们的日常生活几乎成为等义。他放弃了马克思的经济决定论，重视经验的描述，认为文化有三种定义：理想的文化定义、文化的文献式定义、文化的社会定义。把文化从文学道德转变为人类学的文化意义，文化成为一种经验，是一种感觉结构。汤普森 (E. P. Thompson) 着有《英国工人阶级的形成》(*The Making of the English Working Class*)，认为文化是不同生活方式之间的斗争。工人阶级不是只追求经济生活，而是文化的表现。

在新文化中另一个值得一提的课题是东方主义。什么是东方？犹太裔作家赛义德 (Said) 提出划时代的看法。他认为，东方是西方的一种发明，是欧洲理念延伸，可作为学术研究使用的，也可以在博物馆展示。在殖民者办公室重建，在人类学、生物学、语言学、种族与历史中说明。他从历史的解释中发现，西方人对东方的认识可以分为两个不同的阶段：一是以英法为代表，一是以美国为代表。美国人的东方指的是远东，英国、法国的东方是指欧洲的殖民地。在 19 世纪以前，东方指的其实只有印度及《圣经》有关的地区。从 19 世纪至第二次世界大战，英、法支配了东方和东方主义，但自第二次世界大战之后，美国支配了东方。

东方不是一种被动的地理存在，也不是一种想象的东方，而是欧洲物质文明与文化整体中的一部分。东方主义指的是文化，甚至是意识形态的层面，将这一部分表现与再现的一种论述模式。它与西方是一种权力、支配和霸权关系，因此，东方主义是西方为了支配、再结构并施加权威于东方之上的一种形式，是欧洲大西洋对东方权力施展的符号表现。简言之，东方主义是一套论述，它并非有直接、赤裸的政治权力关联，而是在一种不公平的权力交换的场域中被塑造：包括政治性权力、知识性权力、文化性权力、道德性权力。

西方对东方的研究可以分为两个时期：第一期是在 18 世纪末，19 世纪初的东方文学。这股东方热来自东方新的文本如梵文、波斯的祆教，阿拉伯文被西方发现、翻译。第二期是在拿破仑讨伐埃及之后，东方被西方现代化了，东方成为一种专门知识，逐渐形成 19、20 世纪的东方主义。

东方主义是站在"有用"的立场来进行研究,因此西方人常常被认为是理性的、和平的、自由的行为,而东方人却没有这些美德。基辛格在论及外交政策用"前牛顿"、"后牛顿"时也是采用文化差异来处理东西方问题。赛义德的东方主义为西方的多元文化找到了一个理论基础,并为西方的霸权文化提出了一种解释,但由于他是西方人的背景,也不无让人怀疑是否是一种"文化救赎"的心理表现。

展望21世纪

21世纪序幕掀起,世局即陷入纷扰之中,20世纪末全球的巨人美国在新世纪之初,遭逢史无前例的恐怖分子攻击。一向置身战火之外的美国本土,2001年9月11日在恐怖分子利用美国民航机的自毁性攻击之下,代表美国精神的地标双子星大厦,在众目睽睽之下,成为废墟。世人一阵错愕、震惊之余,不免究其原委,其故何在?

对美国人而言,孰可忍,孰不可忍。美国一向自许为一流强国,国防安全更是固若金汤,如今竟然为恐怖分子轻易突破,其内心之愤懑可想见一斑。9·11事件后,美国开始向外清剿恐怖集团,由阿富汗的本·拉登到伊拉克的萨达姆,这些被视为匿藏恐怖分子的元凶,在美国高科技武器的肆虐攻击之下,国破家亡,百姓流离。2003年12月,萨达姆遭美军逮捕,惟伊拉克反美情绪仍未平息。美国固然拾回颜面,但美国人与阿拉伯国家的关系却日趋紧张。美国史无前例地成立"国土局",加强国家安全措施,但美国人的内心焦虑是否可以因此抚平,令人好奇。而伊斯兰世界对美国的粗暴行为,亦深恶痛绝,反美情绪高涨,值此变故之际,又无可奈何,恐怖行动持续继往,世局将永无宁日,以巴之间的和局亦将遥遥无期。

史家汤因比在其历史巨作《历史研究》中曾预言21世纪是中国人的世纪,让美国人对中国在21世纪的表现产生许多忧虑,美国是否能延续其在20世纪的光辉成就,还是将其霸权地位拱手让人,无法作历史推断。尽管未来的世局混沌不明,但全球化已是不可避免的趋势,人类所面对的不再是意识形态的对立,而是自然环境的困难,惟有同心协力,人类才能共存共荣。

结　论

"文明"与"野蛮"是人类活动优劣分际的指标。尽管有许多人反对以此作为区隔的方式，但不容讳言的是，文明一直是人类向往的目标。在历史的场域中，文明与文化不同，文明是世界的舞台，文化是各民族国家的舞台。因此严格说来，只应有世界文明史，而不应有世界文化史才对。西方文明发达的国家之所以提倡文化史，是试图以民族国家的文化作为世界文化的一种"霸权"意识。本书采用文明史是根据这项认知而撰。

17世纪以来，西方活动重心由神明转为人文，从此文明的重心对神明依赖逐渐减少，对人的执著更深，由人文主义进步为人道思想再发展为人权观念。神学与科学是重要的分水岭，在17世纪以前人类的思维以神学为依据，重视推论法则，此后以科学为依据，重视经验的归纳，影响文明快速进展，短短不到400年光景，突飞猛进，成就超出过去数千年的累积。但文明的明天往何处去？在焦虑、破碎、撕裂声中，人类的未来前景引起多方关切。

西方史学家施宾格勒著有《西方之没落》一书，强调文化是一种生机，文明是一种衰亡。他从生长与生成两个不同角度剖析西方文明的危机。尽管有许多的异议，但从史实的层面来看，却有许多若干符合之处。17世纪的荷兰，18世纪的法国，19世纪的德国，20世纪的美国。这些国家文化跨入世界舞台，成为世界文明的重心之后，多步向式微，惟美国迄今仍屹立不摇。但21世纪之初即面临伊斯兰世界的挑战，结果迄今未定。

世界文明史述说了人类的进展，由神意到人文的过程，指出人由有限的存在扩大为无限的努力。尽管人的努力改善了人的生活情状，但人仍无法解决死亡的难题，而只能面对。基督讲永生，佛教讲来生，不论是自我超越还是转世投胎，神明一直常存人心，成为纾解现代文明焦虑之良方。本书的撰述即试图从人类的过往与未来之中，理出一条方向，从历史之中找到存在的定位。

附录：
历史中的文化课题

——对西方"文化"概念的省思

摘要

研读历史的过程中，接触到"世界文化"这个课题，产生一连串的疑虑。在历史中文化所指涉的对象及范围究竟是什么？翻阅书籍，提到文化的机会，不胜枚举。有从编年，如：上古文化、中世纪文化、近代文化；有从宗教派别，如：基督教文化、伊斯兰教文化、犹太教文化；有从社会生产方式，如游猎文化、农业文化、工业文化、后工业文化；亦有从社会阶层，如：贵族文化、商人文化、大众文化等讨论，林林总总，不一而足。各家对文化认知的歧异与多元性，加上各类教材因人撰写而异，对文化的理解出入悬殊，使得学习者对文化一词困惑不已，不知文化所代表的主旨为何，更不知它与其他的历史差别何在，在一般的历史教材中，政治、经济、社会、思想、文化是汇集一堂。晚近以来，各领域分治，有政治史、经济史、社会史、思想史、文化史。惟文化史的领域为何，却莫衷一是。究竟文化指的是什么？

在19世纪以前，讲到文化，多半将之作为一种现象加以描述。特别是艺术、文学、建筑、思想，对古代贵族社会而言，这种对贵族生活的描绘，确实反应了一些社会现状，因为大多数的农民、劳工在谋生困窘的情形之下，除了生活之外，所能给后来提供的意义甚少。可是当社会条件转变、人类的生活方式转化之后，尤其是工业革命之后，文化的现代意义出现了转变，它不再是一种现象，而成为一种对象。文化由记载"文艺的成就"、"人类思维的演变"，而成为20世纪之后探讨人类在社会、经济、政治、生活上的改变及其带来的挑战与反应。文化不是已生成之物，而是正在生长历程之中。

将文化作为对象的研究，可以从人类生活的过程中窥豹一斑。文化往往是随着"行有余力"而出现，由贵族、中产阶级至大众，参与文化的对象不同，对文化的关怀也就不同。以前贵族及教士垄断文化的内容，工业社会中产阶级开拓文化的新页；至后工业社会科技释放了生产的束缚，大众成为文化的主人，大众文化成为探讨的指标，文化研究走出新的方向。因此笔者将西方的文化研究从"文化的研究"论及"文化研究",也就是将文化从一般的讨论,发展为专门的论述。换言之,由人类思想、社会行动、异文化接触、经济生产结构至当代的文化研究,尤其是当代文化研究。这种文化研究是英国60年代一群"新左派"学者在20世纪对英国政治及社会危机的一种反思与批判,它们掀起一阵文化研究风。

本文之撰述乃一重大尝试,试图对西方文化的概念作一探讨,内容仍有许多不成熟之处,敬请前辈指教。

一、文化的定义

论及文化不能不先视其定义。依照科鲁伯(A. L. Kroeber)在1950年出版的《文化:观念与定义的反思》(Culture: a CriticalReview of Concepts and Definitions)一书的看法,在1950年以前,西方学者对文化的定义就有一百五十多种,对文化的认知也就有相当大的区别,[01]因此妄图为文化下一定义无异是缘木求鱼。

在讨论文化这一课题时,许多学者喜欢由"文明"与"文化"的差异,阐释文化的理念,将文明视为一种进步的结果,文化视为生活的表现。这种源自18世纪启蒙运动之后的学说,有其时代性,它是随着西方向外扩张而出现对非西方人的一种认知态度。作为解释东西文化差异的准绳,它认为西方是文明的,而东方是西方的过去,处于一种蒙昧、野蛮的情境,被视为不文明。惟至第二次世界大战后,西方与东方关系生变。随着欧洲殖民地的自觉与独立,西方的优势转变,文明与不文明一词渐遭排斥,对东方的包容与宽恕出现,使得多元文化取代文明,成为主流趋势。

英国学者艾萨克·柏林(Isaiah Berlin)[02]认为,维柯(Giovanni Battista Vico)是第一位了解什么是人类文化的人,他确定了对文化的认识。[03]维柯撰写《新科学》(New Science)一书提到,人类最适合的研究就是人本身,"自然"的产生与理解留给上帝解决。新科学处理的是可理解的范围,就是人类所创造的事物,人所能了解的事物,也就是文化。[04]维柯的文化观将人类的研究由对自然转为对人的创造物,是一大突破。从此人所关心的是人与人之间的互动。尽管维柯为文化找到一个方向,不过在学界中,大家所接受的定义却是英国人类学家泰勒(E. B. Tylor)的看法。这位英国牛津大学社会人类学家最早为文化下过具体的定义:"文化包括知识、艺术、道德、法律、习俗,以及其他由社会成员所习

---

01 冯建三译,《文化帝国主义》,时报出版社,第10页。
02 1909年生于巴尔干,后随父母移居彼得格勒,1919年移居英国。曾在英国情报单位工作,后至牛津大学担任教授。1974年至1978年任英国学术委员会会长,赢得许多荣誉学位。
03 杨孝明译,《艾萨克伯林的对话录》(Conversations with Isaiah Berlin),正中书局,第97页。
04 Chris Jenks:俞智敏等译,《文化》(Culture),巨流公司,第27页。

得的能力与习惯，所构成的复合体"，[01] 为文化的研究提出一条途径。

二、文化的研究

对文化的解读透过上述的观察，可以获得一些概念，但是在面对林林总总的说词时，仍然莫衷一是，不知由何说起才好。有鉴于此，笔者谨就个人所见，尝试为文化的研究，梳理出一些脉络。基本上，这项立论是根据维柯的理念，将文化视为人的创造物。既然是以人为中心，就必须从人与动物的区别探究文化的意义。大致说来，可以分为四个面向：哲学思维、社会行动、异文化接触、马克思的唯物论，也就是由个人到团体再整体而批判。

1. 文化是一种思维

究竟文化这个概念是一种什么样的思维？对人类活动有多大影响？在人类的活动过程中，"文化"语词与"文化"概念有所不同，亦如"历史"一词与"历史"概念不同一样。历史是人类活动的记载，而历史概念是在历史之后出现的一种思维。文化是人类独有的一种活动，也是人之异于禽兽之所在。天生万物，林林总总，植物、动物、人类，杂居一堂，相生相克，构成一幅生命的景象。其中植物能成长，却没有情感；动物能成长，有情感，却没有思维；人类能成长、有情感、更有思维，创造出意义与价值。这是人为万物之灵的主要区辨，也是文化的基本特质所在。

文化作为一种思维，必须为它找到一条理路。既然思维是人的本质，则如何呈现其特色成为重要的篇章。思维包括思维的对象及思维的主体，依人体的构造，人有耳目之聪，亦有理性之辨。眼看四面，耳听八方，对象不可少；日有所思，夜有所梦，主体不可缺。可见人的活动总不能脱离对象与本体。就思维对象来说，英国伦敦大学社会学教授克里斯·简克斯 (Chris Jenks) 的看法有其见解，可供参考。[02] 他将哲学作为一条通路，并从希腊哲学家亚里士多德 (Aristotle) 开始追述。一般哲学史叙述，论及希腊部分多溯及苏格拉底，或更早的宇宙观学者，简克斯视亚里士多德为文化思维的开端。他依据亚里士多德伦理学中所提出的"目的论"为基调，认为文化是一种有目的行为，是人从现实到理想的一个方向。人生的目的是善，善激发了人的潜能，开启了人的善行，并朝向善的终极。这种"目的"就是文化，它区别了人与动物的不同，也奠定了历史的基础。简克斯的陈述为西方"文化"找出路，但并未指出文化与对象的关系。不过他的观念却让笔者藉由亚里士多德对理则学及三段论法的重视中，找到文化对象的探讨。西方文化思维在此后即进入三段论法命题之中。而对象也就成为文化最主要的课题。这种思维方式主导了西方人的认知，一直到黑格尔，走向主体的认知，才有重大转变。黑

01　E. B. Tylor, *Primitive Culture*, Gloucester, MA: Smith (1958) p.1.
02　Chris Jenks Culture, Routledge, Inc. 1993.

格尔提出世界精神的概念，[01]认为世界存在我的心中，这种由对象转为主体的思维，正代表了西方人对文化的态度，也象征世界文化的一大转折。在黑格尔之前，普遍的命题、永恒的真理是人类最终的目标。而历史哲学却一改过去的陈见，历史成为思维的依据。历史呈变动不羁的特性，真理也因此无法一定。举个简单的例子，站在台北故宫对外双溪的认识，与站在明德乐园对外双溪的认识一定不同。为什么？因为人所处的地位、境界不同，自然所见所闻不一，不是对象有何差异，而是人的立场。究竟什么才是真正的外双溪？恐怕只能由观念中得知，这就是黑格尔的观念论。不论学者对这种认知是否同意，毕竟，它为人类思维提供了一个新的里程碑。当然在哲学史的进展过程，不便用化约论的方式来处理一个复杂的认知，但从亚里士多德与黑格尔的分歧见解之中，的确可以感受到文化思维的不同，进而看出人文活动的差异，由客体返回到主体的认知。

2. 文化是一种社会行动

神、自然、社会是文化的共生结构。人早先生活于自然之中，面临自然的挑战，对自然各种现象困顿莫名，肆应无方，进而创造了"神明"来对付自然的迫害。此由，世界各地原初人类生活信仰众神可得知一斑，由巫师到祭司代表了神明文化由个体走向集体的发展经过，由多神发展为一神说明了人的共同需求大于人的个别要求。社会的结构也就在这个过程中逐渐成型。社会虽然凝聚了个别力量处理自然的难题，减少了自然的迫害，却也制造了问题，一种人为的问题：人与人相处的问题，由家庭到国家。可见，自然带来的是身体上的病痛，而社会带来的是心理上的伤痛。因此在讨论文化之际，不能忽视社会的重要性。

社会是人的结合称谓，可分为象征与符码两种形式。[02]象征是一种社会结构，又可分为两类：血缘与认同。"血缘"的结合是透过男女的结合，产生共生关系，由家庭到家族再氏族、胞族而种族。这种以血缘为主的社会结构，关系呈垂直联系，来往互动因身份而异。"认同"是在没有血缘的共同基础下，基于共同需求所产生的社会结构。宗教提供了"认同"基础，关系呈水平联系，来往互动因地位有别。符码与象征不同，它是一种指涉认知，能指与所指的差异，使得文化的中心论面对质疑，普遍的共识动摇，但却创造多元的社会结构。

文化若是社会的反映，与社会结构及社会行动有关，对社会的认知就成为文化的课题。社会学所关心的问题是在社会行动之中，个人意识、个人自由的分量，也就是一般人所好奇的"人有多少自由"或人的行为自主性，是否可摆脱社会约束。西方早期社会学属于哲学的范围之内，科学主义兴起之后，社会学开始与哲学分家，发展为独立的学

---

01 谢诒征译，《历史哲学》，大林书店。

02 Ibid., p. 48.

科,希望循自然科学的模式,为社会科学找到一条类似自然的定律,解决社会的问题。尽管社会派别林立,难以穷尽,但若就其大势,可以从实证社会学与诠释社会学的发展中看出端倪,两者在强调社会存在的客观性与合理性。实证社会学以孔德(Comte)为启蒙者,他将社会视为自然的一部分,认为社会与自然之间有统一性,因此可以科学的方法,从客观角度来研究社会,循其证实性或重复性,使社会成为一个客体,一种超有机体。以后斯宾塞(Hebert Spencer)承续了康德的观念,进一步解说自然与社会的统合,他认为社会与自然生物之间存有许多相似之处,因此可以用分析生物有机体的方式来分析人类社会。[01] 法国学者涂尔干(Emile Durkheim,1858—1917)更依此途径,强调从实用的科学而不是传统的哲学方法来看待社会。他认为社会是一种客观的存在,社会现象与自然一样,有一种强制力,不仅独立于个人固有的存在性,而且作用于个人。社会问题来自社会,必须从社会环境中找答案,解释社会必须从因果及功能两方面着手。[02] 美国社会学家帕森斯(Parsons)从社会行动的立场,提出"行动的自由意志理论",透过讨论行动的结构,解决社会秩序、社会系统、社会行动、社会思想、社会方法、社会意志等问题。[03] 除了实证社会学从科学与客观的角度认识社会之外,德国学者韦伯(Max Weber)从诠释的方向,为社会找出一个"合理"的行动解释。在《经济与社会》(*Economic and Society*)、《基督新教伦理与资本主义精神》(*The Protestant Ethnic and the Spirit of Capitalism*)[04] 两书中也探究了近代欧洲资本主义的理性化机制。[05] 让我们明了社会的合理化行动过程。

人类的文化活动经过社会学的探索,就不再是个人的行为,而是社会的行动。随着西方研究文化学者关心社会议题,社会学的内容愈加丰富,发展派别林立。尽管看法悬殊,但探讨个人在社会中是否有自由可言,个人的自由是否可以摆脱社会的束缚,社会是否为一超有机体结构,是共同的意向。了解社会的集体意义,文化领域更形扩大,对文化的研究也就有了新的方向。

3. 文化是一种接触

对文化的认识在西方人接触到非西方民族(异文化)之后,起了重大的转变,激起西方人类学的诞生。人类学是西方人对非西方人的好奇。当西方开始向非西方展开殖民时,遇到一些与他们不同生活方式的人,产生了一些好奇。他们质疑:为什么世上会有不同信仰与文化,而且较西方落后?为了打破这个迷失,他们由西方历史的过去,将这些人视为他们的过去,讥之为"历史的余存",进而提出"野蛮与文明"的分际。这种西方说

---

01 Raymond Aron, *Main Current in Sociological Thought I*, Doubleday Company, 1968, p. 110-120.

02 Raymond Aron, *Main Current in Sociological Thought II*, Doubleday Company, 1968.

03 谢立中主编,《西方社会学名著提要》,江西人民出版社,2000年,第95页。

04 Marx Weber, *The Protestant Ethnic and the Spirit of Capitalism*, New York, 1958; Marx Weber, *The Sociology of Religion*, Beacon Press.

05 参看 Max Weber:*The Protestant Ethnic and the Spirit of Capitalism*, Beacon Press, 于晓中译。

创造了想象的"东方",并形成了西方优越论,惟第一次世界大战后西方与东方有了更深的接触,转而肯定东方的价值,更进而批评西方的霸道与霸权。这种研究的方法开拓了西方人的眼界,让世界文化由一元走向多元。有关其学说演进可以由不同时期的演化过程可以看出文化接触的不同风貌。[01]

由15世纪至18世纪,西方社会开始与非西方展开接触,刺激西方人士对非西方地区的好奇。早期的认知只限于传教士、商人与殖民地的官员,至18世纪开始因殖民活动增加,将非西方作为"研究的对象"。19世纪进化理论问世,达尔文的生物学、赫胥黎的解剖学纷纷进入科学史舞台。人类学采用了进化的理论,包括人类生物进化论及人类社会进化论,特别是社会进化论,而有文明与野蛮之别。主要代表人物有:斯宾塞(Herbert Spencer,英国哲学家)、泰勒(Edward Tylor,英国人类学家)、摩根(Lewis Henry Morgan)、弗雷泽(James Frazer)、施米特(Wilhelm Schmidt)、佩里(William Perry)。[02]

19世纪之后人类学的研究开始转向,主要有英国功能学派、美国具体主义和心理学派和法国社会学派。英国功能主义以马林诺夫斯基(Branislaw Malinowski)及布朗(A. R. Radcliff-Brown)为代表,马林诺夫斯基为波裔英籍人,布朗为英国人。他们的学说重点为"需要与功能",认为人类的任何社会现象、文化现象,都是为满足现实的需要而存在的。重视田野调查,反对把非西方文化看成是没有现实作用的历史余存,强调不同文化间的平等存在空间,以及非西方文化的合理性,更指出了与以欧洲文化为中心的不同文化形态不能被贬低为次等文化。美国方面以波亚士(Franz Boas)为代表,他主张采文化独立论与文化相对论为基础的文化区域研究。文化独立论认为,文化具有决定性影响。文化相对论是一种文化的研究态度,认为各民族文化的价值是平等的,不可以高低加以划分,发展出文化区域研究的理论。[03]

随着第二次世界大战的结束,英国功能主义也开始面对修正,特别是他们强调社会文化的整体性、文化功能和个人需求的合理性,以及被忽略的社会中个人情感和情绪的差异。功能主义提供了人类学的田野调查与描述方法,他们采用参与观察方式,走进非西方社会,接近他们文化不断冲击的对象,形成一种跨文化,反映出世界政治经济体系与文化接触的变迁。他们更利用人类学知识批判西方的弱点,进而对西方产生一种新的看法。功能主义尽管对文化平等精神有重大帮助,但也有不少引人诟病之处:忽视社会中的个人角色;没有注意思维和文化的独立性;未考虑社会冲突;忽视历史变迁及文化差异。

除了功能主义之外,美国的新进化论主张多线性的新进化论,将更多的自然科学概

---

01 参看 Tom Bottomore:《法兰克福学派》(*The Frankfurt School*),廖仁义译。
02 王铭铭,《文化格局与人的表述》,天津人民出版社,1996年,第20—36页。
03 Elvin Hatch:《文化与道德》(*Culture and Morality:The Relativity of Values in Anthropology*),于嘉云译,第15页。

念与方法引进了人类学的领域,用比较客观的态度讨论变迁的问题。上世纪60年代人类学的研究以结构主义著称,重视思维,将思维当作第一体系讨论,而不是社会规则的反映。以法国的列维·斯特劳斯(Claude Levi Strauss)为代表。继结构主义之后文化的研究重点转向语言学的发展有密切关系,经由索绪尔对语言学的分析,语言区分为代码(code)和信息(message),信息的传递不再是个人的意图,而是组成代码的规则,也就是它的结构。上世纪60年代世局出现重大转变,人类学的研究处于分歧多元的状态。学说林立,过去断代的学派分析,已无法解释。主要的学派有:象征人类学(symbolic anthropology),主张,文化人类学的任务在于,透视和理解被研究者的理念与象征形态;结构马克思主义(structural Marxism),主张决定社会文化发展的因素存在于社会关系的结构或生产的政治组织之中,它是生产方式的社会关系结构,如政治或经济,不是社会结构的社会关系,如家族、氏族等;政治经济学派(political economy),以沃勒斯泰恩(Immanuel Wallerstein)为代表,从较大规模的政治经济体系,讨论资本主义对不同地区的渗透,侧重文化、象征的内容、市场网络、阶级或阶层形成及文化再生产过程。[01]

综合上述的解说,我们可以得知,经由人类学的研究途径,人类文化的发展已由西方推展到非西方的地区,西方人随着与非西方的接触,逐渐了解到非西方文化的意义与价值,由肯定异文化的成就进而批评西方文化的缺失,迈向多元文化的途径,"己"文化与"异"文化的融通,开启了多元文化的互动。

4. 文化是一种生产结构观

在文化历史研究过程中,马克思对人类的文化省思影响与冲击最大。他提出社会的经济生产结构概念,推翻了以往人类依附血缘与宗教认知的家庭及宗教结构概念,更将社会的发展由合作转往斗争,改变了传统的思维模式。马克思的学说融合了当时欧洲三大国家的重要思潮:德国的哲学思想、法国的革命情感以及英国的资本社会问题。在批判继承前人一切优秀成果的基础上,吸收了古典政治经济学和乌托邦社会主义的精华,创立了新的经济学范畴,提出了社会经济发展的规律。

马克思学说基本上说来可以分为两个阶段,30岁以前为哲学思想时期,30岁以后为社会行动思想时期。30岁以前是其思想建构时期,30岁以后是走出哲学思想跨入社会关怀的时期。马克思的哲学思想可以由其所撰写的《德意志意识形态》(*The German Ideology*)窥豹一斑。他承续并批评了黑格尔的辩证体系,视其哲学从天上降到地上,而他的哲学是从地上升到天上。他认为意识形态是由实际生活中获得,当下层的经济结构发生变化时,意识形态就会与现实产生矛盾并发生冲突。因此意识其实是一种无意识,它不能解释社会,必须根据社会来解释意识。意识形态是为保护阶级利益而给真实的关

---

01 周蔚、徐克谦合着,《人类文化启示录》,上海学林出版社,第85—96页。

系蒙上神秘色彩的虚假意识。意识不会决定生活,是生活决定了意识。[01]这是马克思对未来社会的预测的理论基础,成为他的理解文化与分析文化的重要篇章。[02]

马克思学说的最重要的部分是他提出了资本的概念。依马克思的观念,生产者与产品的关系本来处于对等的状态。譬如农业社会,农产品由农人生产之后,直接运销至市场交易,其中没有工资或利润问题。一旦进行大规模生产,或工业化量产之后,就出现第三者:资本,以及资本的累积问题。换言之,在生产与产品之间,因为有了资本出现,产生了利润与剥削。而如何认识资本,避免由资本所形成的剥削,就成为他的学说重点。马克思以生产关系取代传统家庭伦理及宗教伦理,建构社会秩序,形成一种新的文化观,一种建立在人际冲突观点下的文化模式。这种思维尽管有其创见,但从17世纪东欧社会与西欧社会的发展结果,可见其缺失。在东欧社会贵族将劳动者产品直接运销至市场,导致中产阶级不见,社会发展贫富悬殊。反观西欧社会,中产阶级扮演中介角色,累积资本,创造财富,带来繁荣,从此可以看出马克思学说的不足。

在马克思的《资本论》中,异化是一个重要的创见。马克思的异化是指劳动者因配合资本的需求,而出现的劳动异化。劳动不再是劳动者本身的需求,而是为资本服务。他将异化视为人类文化的基础,异化是一种过程,人类在劳动创造的世界里逐渐转变为异己者的过程。他从分工的角度分析异化,认为物的价值是以人的生命逐渐贬值为代价才得以实现的。人类透过自己的活动创造人类社会时,就发现这个社会是异己的和敌对的。马克思的异化社会是建立在劳动力之上,异化的过程是以对人类的关系而非人的关系,只有透过剥削劳动力才能创造财富。他认为商品具有两种价值:交换价值与使用价值,在受交换价值支配的社会里,资本与劳动的不平等关系是看不见的。现代社会财富的集中越来越大的部分来自异己的和统治的权力,同劳动相对立。

马克思的学说对政治经济学着墨最深。他认为经济规律和自然规律一样,具有客观性,不以人的意志为转移。所谓客观经济条件,是指一定的社会生产力和社会生产关系的状况,对人们经济活动的支配有强制性。马克思主张辩证唯物论以及历史唯物论,运用对立统一、质量互变、否定的否定来看待问题。他认为,历史唯物论就是把辩证唯物论的原理运用于社会经济问题,把社会经济形态的发展和更替,看作一种客观必然的历史过程。他由物质资料的生产作为出发点,展开研究工作,将物质资料生产分为人的劳动、劳动资料(生产工具)和劳动对象(劳动加工的一切物质资料)。社会的生产包括生产力与生产关系两个方面,生产力是人征服自然,改造自然的能力;生产关系是人们在物质资料生产的过程中形成的相互关系,政治经济学就是研究社会生产关系的科学。在社会生产中,生产力是生产物质的内容,生产关系是生产的形式。生产力与生产关系的

---

01 Francis Wheen:《资本主义的先知马克思》(Karl Marx),洪仪真等译,时报文化出版公司,2001年。
02 前揭书,《文化》,第118—120页。

相互关系是：生产力决定生产关系，生产关系对生产力也有反作用。[01]

5. 后马克思的文化思维

马克思学说一改过去社会结构，对人类的文化认知造成重大影响，特别是批判性诠释，更是对西方思想带来重大冲击。此后西方学说，不论赞成与否，皆以马克思为中心来讨论。特别在第一、第二次世界大战之后所出现的西马与新马。但两者有许多重迭之处，[02]本文以西马为讨论对象。西马的代表人物以匈牙利的卢卡奇(Gyorgy Lukacs)、德国的科尔什(Karl Korsch)、意大利的葛兰西(Antonio Gramsći)为主，他们认为苏联斯大林所认识的是强调社会行动的马克思，而不是哲学思想的马克思，两者显然不同。马克思主义的哲学主要来自黑格尔的主体和客体的辩证法，具有强烈的批判性。斯大林则是僵化了马克思精神，一种局限于社会行动的马克思经济史观，故主张摆脱斯大林的马克思，而回到西欧的非教条的马克思主义及黑格尔式的马克思主义，故称为西方马克思，简称西马。

西马选择了马克思的黑格尔辩证哲学，倾向革心重于革命，重视日常生活批判，将之作为社会变革的起点。他们远离实际政治，不涉及劳工运动，讲究抽象理论、逻辑方法、主观精神，将早期马克思的观点应用于当代资产阶级与文化批判之上，从而与西方资本主义相抗衡。主要的代表学派为法兰克福学派。1923年2月3日在德国法兰克福大学社会研究所成立。早先只是一位富商之子所组织的读书会，后来发展成为社会研究所。[03]

法兰克福学派的发展可以分为四期：创立时期(1923—1933)；流亡美国时期(1933—1950)；重返德国时期(1950—1970)；现代(1970—)。首任主席格林博格(Carl Grunberg)，是位社会、经济学家，认为马克思主义是一门社会科学，唯物史观不是哲学系统，而是发展与变化过程中的现有具体现象。此时的研究是多样性的，而不像后期专注于特定的马克思主义的思想概念，较重视经济学。稍后在流亡美国期间，引进黑格尔主义的批判理论，霍克海默(Max Horkheimer)致力以哲学取代史学与经济学，社会哲学成为研究的重点。"批判理论"成为法兰克福学派的思想重点，它是在试图找到一个普遍性的企图之下，对形而上学及实证论的批评。霍克海默认为实证论的缺点是：将具有活动能力的人类仅仅视为机械决定论程序中的事业与对象，并且在事实与价值之间设立了绝对的分际，未能区分事物的本质与现象。他同意"辩证理论"所主张的，个别的事实往往是在一种特定的关联下出现，真实是从整体中反映出来的，辩证思想重视历史的地位。流亡美国期间出现了一位重要的人物，对美国60年代的学生运动产生重大影响，那

---

01 汤小应主编，《马克思主义：政治经济学》，启忠出版社，2002年。
02 洪镰德，《新马克思主义和现代社会科学》，森大图书有限公司，第22页。
03 Ed. Andrew Arato and Eike Gebhardt, *The Essential Frankfurt School Reader*, New York, 1982.

就是马尔库塞 (Herbert Marcuse)，主要代表作为《理性与革命》(*Reason and Revolution*)、《单面人》(*One Dimensional Man*)。他提出"辩证的社会理论"，批评实证科学想把社会研究与自然研究视同是一种错误，并提出工业社会的危机。[01]1950 年回到法兰克福，阿多诺 (Adorno) 成为重要人物。阿多诺的哲学为"否定的辩证 (negative dialectics)"，否定人类思想的任何绝对起点或最后的基础，他的主要贡献为文化批评，在《启蒙的辩证》(*Dialectic of Enlightenment*) 一书中，他认为科学思想将形成"启蒙自毁"(self-destruction of the Enlightenment) 以及理性的自我破坏。更提出"文化工业"(cultural industry)，认为科技在大众文化形成过程中，扼杀了批评。1970 年代整个法兰克福学派以哈贝马斯 (Jurgen Habermas) 为代表。他一方面延续了对实证论的批评，一方面提出新的知识论，将知识区分为三种形式：技术的 (物质的需求)、实践的 (社会团体间的沟通) 与解放的 (自我反省与批判)。特别是他的沟通理论，对后来的文化研究有重大影响。[02]

综观法兰克福学派的思想脉络，依英国社会学家巴托莫尔 (Bottomore) 的看法，系以批判实证理论为主，可分为三个面向：对社会科学的实证论批判、对科技作为宰制工具理性的批判、对文化工业的重视。[03] 他们批评实证论将人类视为机械决定论程序中的事实与对象，由直接经验的层面来理解世界，不能将事实与价值区隔。并反对藉助一种纯粹从外在观点建立的概念体系，因为"孤立的事实"其实都是从那些自己呈现出来的无数个事实中任意选择出来的，"科学的事实与科学的本身，都只是社会生活的片段，要了解科学的意义，必须先掌握正确的社会理论"。他们认为实证哲学想把社会研究和自然研究视如等同，将使社会实践遭受扼杀，因为这是一个不正确而且会造成误导的路径，不能掌握社会生活的真正意义，只注意到目前存在的事物，倾向于维持现有的社会秩序。他们反对科学主义宣称：科学是"惟一的知识与惟一的基础"，以及对哲学的诽谤。批判理论学者的目的，不是表达一种具体的历史处境，而是一种内在于它以及激发改革的力量，目的在从事社会的改造与人的解放。

三、当代的文化研究

"文化研究"一词大约于 20 世纪 60 年代在英国兴起，与德国法兰克福学派，前后呼应，皆为对当代科技文化霸权的反思。不同的是，这群以英国的新左派为主的文化论者由历史下层工人阶级开始探讨文化的价值。他们对当时的时政不满，特别是斯大林的经济理论，试图经由对经济化约论的批判建立民主社会主义政治，主要代表人物有霍加特 (Richard Hoggart)、威廉斯 (Raymond Williams)、汤姆森 (E. P. Thompson)。[04] 霍加特的

01　Hebert Marcuse, *One Dimensional Man*, Boston, 1964, p.134-154.
02　Jurgen Habermas, *Knowledge and Human Interest*, Beacon Press, 1971.
03　Tom Bottomore：《法兰克福学派》(*The Frankfurt School*)，廖仁义译，桂冠图书公司，第 10—32 页。
04　Culture Studies Reader：《文化研究读本》，罗钢等译，中国社会科学出版社，第 2—10 页。

论点可由其代表作《文化的用途》(The Use of Literacy) 见其一、二。在这本书中，他首先描绘了年轻时代的工人阶级生活，并持正面肯定的态度来解说工人生活的意义，稍后，再提到美国大众娱乐对工人阶级文化的冲击，并展开对大众文化的批评，将电视、音乐、言情小说，视为一种文化赝品。威廉斯在其《文化与社会》(Culture and Society，1780—1950) 将文化理论视为整体生活方式中各种成分之关系的理论，他认为文化分析就是对整个生活方式中各种因素之间关系的研究，为文化研究的发展开辟了广阔的天地。[01] 汤姆森追溯工业初期工人阶级意识和文化的形成。在《英国工人阶级的形成》(The Making of the English Working Class) 一书中，他提出，文化是不同生活方式之间的斗争，在阶级意识中，文化发挥了积极的重要作用，它使得每一个团体都有自由选择的空间。他们三人把文化看作是社会过程本身，由工人讨论阶级的文化价值研究到当代文化、大众文化、边缘文化、次文化；由跨学科、超学科、反学科的研究方法中，为文化研究奠定了基础。

由英国左派学者所倡议的"文化研究"与对文化的研究不同。其中最大的区别在：对文化的研究是由历史的演变过程中，从以血缘结构为主的伦理文化、以宗教结构为主的信仰文化发展为以生产为主的阶级结构文化。"文化研究"则承续此一路线，从消费结构为主的大众文化来探讨人存在的意义。文化研究将人视为文化人，而不是另一种有机的动物，是"有意识的代理者"，而不是活动的物体人，不是将人的思维、组织、接触、结构分论，而是将人的意志、行动、目的、方式、反应、选择和规则综合一谈。文化论者将文化的价值由文学批评转至社会生活，经由批判的途径，强调文化研究与社会的密切关系，并涉及权力问题，包括社会差异与社会斗争。文化研究重视意识形态，而非社会行动，主题由阶级转向性别、种族、学生等，主要表现在大众文化、消费文化、后现代主义文化以及虚拟文化等四方面。

1. 大众文化

大众文化是依据大众社会所形成的文化观。一次大战后，美国形成了一种新社会秩序，社会中人口的大多数被整合进入社会中，过去的社会中心体及其价值观开始扩大，使得大众获得一定的地位。这种以"公民权"进行整合的社会，所有的人在此可以拥有更多的自由、更多的选择、更多的表现。"大众"一词来自英国学者的说法：威廉斯在其《文化与社会》一书中指出，"大众"一词来自群众，惟在法国大革命时，群众指的是暴民，属于负面的语言；待社会转型之后，群众成为社会的多数，群众也就成为大众，代表的是多数，是一种正面的语言，探讨的内容也就不一样。

传统以来对大众文化的认识一直被理解为高尚文化的对立，处于低劣地位。这种观念随着第一次世界大战结束，美国的抬头，新大众社会的形成，而有所改变。当大多数

---

01 Raymond Williams：《文化与社会》(Culture and Society, 1780—1950)，彭淮栋译，联经出版公司，1985 年。

人被整合进入社会中，社会中心价值体系开始扩充新版图。社会阶级的特质出现重大转变，人们获得更多的自由，更多的选择，同时有更多的自我表现空间。大众文化满足了一种或多种特殊且真实品味之需求与欲望，补充了一种属于一般大众的品味、意识以及一系列的欲望。

一般讨论大众文化多将大众视为"人民"，并以为他们生活在一个社会之中，具有共同的性质。根据约翰·费斯克 (John Fisk) 的看法："人民 (大众) 是一个多元的不同的变化概念"[01]，"人民"不是被动无助，无分辨能力，靠上层经济、文化、政治恩赐过活的一群。大众绝不是总体的，而是一种分众，具有对立的力量，他们从消费中建构其意义。因此大众商品文化要流行，就必须符合使其流行的那些人的利益以及生产者的利益。

大众文化是一种资本文化，包括两种：一种是经济资本，一种是文化资本，两者透过商品进行交流。经济资本表现在使用上，文化资本表现在快感上。透过符号的力量，而非社会的权力，寻求文化认同。在大众文化中的符号，表现在同质化与差异、一致性与冲突之间的斗争。广告是手段，诉求的关键不在于我们生产了什么，而在于我们消费了什么。广告藉由召唤来发挥功能，创造了主体，消费者被召唤来制造意义，最后在召唤之下进行购买行为，进行消费，循环不已。1950 至 1960 年代，无论欧洲或美国都出现富裕的劳动大众，他们不再只从需要，而可以从欲望的观点进行消费。劳动大众开始利用文化消费的模式，阐述他们的认同感。他们所认同的文化是"新感性文化"。这种流行文化，是指很多人喜欢的文化，打破了过去文化中的高级与低级之区分。有人视之为"解放了长久被压抑的声音"，一群新的知识分子，来自边缘的声音，从差异的位置上发言，包括族裔、性别、阶级、性好偏向等。大众文化认同并不是固定一致的，而是在不断的化成的过程中被建构出来，永处于未完成的状态，无论就未来或过去而言，都不完整。

2. 消费文化

大众文化与消费文化呈一体两面之势。消费文化盛行于 20 世纪 60 年代，指的是消费社会的文化，追求的是商品的价格而不是商品的价值，奉行"及时行乐"的人生哲学。透过广告，鼓吹得过且过，强调自我表现，逃避社会任务，培养生活情趣。有关其起源，众说纷纭，有将之推至 18 世纪英国中产阶级及 19 世纪英美法的工人阶级所生产的广告、百货商店、大众娱乐；有将之归于美国两次世界大战时所出现的电影业、时尚、化妆品、体育运动。亦有将之归于宗教文化影响力日衰、宗教瓦解所致。

认识消费文化必须知其特性、理论及消费方式。消费文化的特性有：(1) 以资本主义商品生产的扩张为前提。(2) 对商品的满足程度，取决于获得商品的社会结构途径。

---

[01] 约翰·费斯克著，《大众经济》，取自罗钢主编，《文化研究读本》，第 238 页。

(3) 重视消费时的情感快乐及梦想与欲望等问题。[01] 消费文化最重要的是商品,但消费者满足的不是商品的使用价值,而是透过广告及其他方式所获的快感。它动摇了原来商品的使用观念,追求新的影像激发人的联想与欲望,将文化推至社会生活中心。这是一种意识形态,表现出片段化,不断重复再生产的文化,其中以文化媒介人的角色最具影响力。在一群从事经销、发行和供应文化者的努力下,文化定义也变得较为宽广,不仅包括宗教制度和运动,还有摇滚音乐会等。它使得常规性日常世界转变成一个非同寻常的神圣世界,激发更直接的情感团结,人们暂时生活在团结一致的空间中,几达理想之境。

消费文化的消费理论与以前不同,消费成为一种社会性的结构方式。当人们使用消费商品的时候,社会关系就显露出来,商品表现出生活对社会地位差异的区分。以前的社会关系靠血缘来区隔,如今的社会关系靠商品来划分,人们将商品当作一种标签,并以一种"无价性"来抬高他们的价格。譬如,一位喜欢福特汽车的消费者就会和另一位有同好的人建立一种社会关系。而用某一种价位物品的人在社会上就会有某一种社会认同道理是一样的。消费的指针不是价值,而是价格。

消费文化是一种再生产文化。什么是文化再生产?这是马克思理论的再生。马克思注意到生产与产品(商品)的关系,并以资本作为剥削的霸权。再生产则研究产品与消费者间的关系,以传媒作为剥削的霸权,即一般所谓的文化霸权。对消费文化的共同解释是:这是一种支配的阶级性文化观,有助于巩固支配阶级统治的延续。这个词汇是20世纪70年代布迪厄 (Pierre Bourdieu) 所创,主要的理论是物(商)品不是货品,有其表现性,可作为与人沟通的工具,要了解物品的价值,必须由整体讯息系统中考虑。对物(商)品的选择是文化的结果,人们透过消费与其他消费者沟通,形成了社会区分模式,品味代表阶级的标记。文化成为一种操纵,一种沟通(劝诱),也是一种反抗。阿尔都塞 (Althusser) 认为,先进资本主义以一套精密的控管机制理论,维持一个特定的秩序、一套特定的生产关系以及一种不为人所察觉的特定权力运作。个人不是被操纵的对象,而是被"收编"的对象。阿尔都塞以"征询"(interpellation) 来说明支配性意识形态的运作方式,劝诱个人投入复合体机制之中,却还以为是自身自由选择的结果。

消费文化的成长催生了后现代主义,后现代主义从消费文化中吸收了生活的审美,认为美的生活就是道德的、善的生活,与人性和真实的自我无关,生活的目标是新体验、新价值、新用语和无止境的追求。在消费文化中,神圣性可以在宗教与国家之外的团体中获得。

3. 后现代主义文化

什么是后现代主义?按照法国学者李欧塔 (Lyotard) 的说法,"后"代表的是历史中

---

01 John Storey:《文化消费与日常生活》(Cultural Consumption and Everyday Life),张君玫译,巨流图书公司,2002年。

前瞻与回顾的辩证，借着不断的辩证过程，避免文化模式的垄断、惟我独尊，代表的是一种状态、一种心态，而不是一种哲学。它包含各种主义，具有强烈的"自觉性"并有嘲弄的特征，打破了过去的文化界限如高级与通俗。后现代处于一个影像及信息的时代，没有永恒的事物，个人喜欢在屏幕上注意自己，抹杀了现实与幻想的界限。大众媒体成为现实生活的本身。

"后现代"概念源自西方情境，是对西方现代性长期发展轨迹的一个戏剧性的突破。"后现代主义"一词最早出现在1947年史学家汤因比对西方文明的描述。艺术界则是在用来批评高级现代主义的枯竭。60年代开始流行，70年代广泛用于建筑、视觉与表演艺术与音乐之中。国内学者蔡源煌认为，造成后现代状况的因素有经济上空前的成长；社会上专业的分门别类愈来愈细，理论的言说孳生不已，知识言说增加，人们的怀疑论提高，形成一种离心的知识结构。西方学者詹姆森（Jameson）教授认为，后现代是对20世纪60年代文化现象的泛称。后现代主义与以前学说最大的不同是采用"开放型"的结构，以自由与游戏的思想方式来破除权威，一切都是支离破碎，尤其是历史，成了"一件事接着一件——没完没了"。[01] 詹姆森教授认为，后现代社会囊括了后工业社会、消费社会、传播媒介社会、信息社会、电子或高科技社会。

后现代主义原本只是针对艺术与建筑，后来演变成对一种生活方式的知识与价值形式的探讨，与现代文化的关系愈益密切。其实它并没有提出新的思想途径，只是藉由不断的攻击现有的知识论，对于各种诠释进行化约并否定其潜在效力。惟一的规则是没有规则。它有两个特色：意味着一个转变的时代；感知现实生活的短暂性与偶然性，一种反讽英雄化过程，不断努力创造他自己个人。真实的实在转化为各种影像，时间碎化为一系列永恒的当下片段。媒体是主要的表述。人们陶醉在许多画面所形成的紧张与感官刺激之中，但不知道它是如何开展的。

福柯认为文化不是传统由血统跟遗产的概念所构成的。文化领域是透过一个象征系统所构成的，它是一种经由权力的运作建构出来的意义。后现代主义标示了我们目前的文化状态，19世纪末期开始，科学、文学以及艺术的游戏规则已经有了改变，至20世纪60年代，成为气候。后现代不是一种概念，一种抽象、一种情绪或者一种时尚，而是立下一种规范，带有价值判断，开启了一种讨论空间，让所有的事物都处于竞争的平等地位。每一位理论家和评论者都以不同的方式建构后现代主义，并且朝向不同的目标。它是一种"知识断裂论"，在过去与现代之间放置一个史无前例的裂缝。李欧塔提出"局部层面的语言游戏"来取代"专家的一脉相传"。后现代主义不是一种思想内容，也不是一种方法，而可能是一种面对文化的态度。后现代文化是一种超越时代的、普遍的、去脉络化的、去传统化的、自发而公平的象征主义。从生产性社会秩序向再生产性社会秩序

---

01 Angela McRobbie：《后现代主义与大众文化》(*Postmodernism and Popular Culture*)，中央编译出版社，第Ⅳ页。

转变过程中，技术与信息的新形式占有核心地位，人们用虚假、仿真的方式不断扩张建构世界。李欧塔称之为"社会的计算器化"，语言游戏的多样性替代了宏大叙述的知识，地方主义代替了普遍主义，视像(visions)与习语(idioms)伴随现代化成为新宠。[01]

4. 虚拟文化

现代社会传讯媒体当道，文化是由沟通历程所创造出来的，[02]在这个以信息为主的社会中，所有的沟通形式建基于对符号的生产与消费，事实本身是完全被捕捉的，完整地在一个虚拟意象的情境中。因此，这是一个让人相信的世界。在新社会之中，以电子为基础的传播才是沟通。新式的传播具有多样性、多重模式以及易变性，能够拥抱与整合所有的形式，并包括社会冲突的展现。这种将大多数的文化表现，纳入以数字电子生产分配与交换讯号为基础的整体传播系统中，对社会形式与过程产生重大影响。它削弱了过去的象征权力或已编码的社会符号，除非旧式价值在新体系中重新为自己编码。所有的惊奇都在线上，并可以被结合到自我建构的意象之中。新的传播系统改变了人的生活基本面向：地域性解体，人进入一个功能性的网络或意象的拼贴之中，流动空间取代地域性的空间。时间在新传播系统中也被除掉了。简言之，新文化的基础是流动空间与无时间性之时间。

四、结论

西方对文化的解读多半从学术与艺术的角度，将文化视为学术与艺术的反映。上古时代、中世纪时代贵族、教士当道，文化成为贵族的闲暇遗存。随着工业化的降临，中产阶级抬头，无产阶级自觉，学术与艺术已不再是贵族的专利。日常生活的各种活动因着平民的参与，也成为文化的一部分，学术和艺术与日常生活的界线越加模糊。尤其在马克思提出意识形态的观念之后，经济结构与意识形态的关系拉近，文化与大众结合。对文化的认知就摆脱传统的束缚，而有新意。

在对文化的诠释过程中，西方学者共约提出150多个定义，让人无所适从。尤其是国内的一些译本，翻译之艰涩，令人难以了解，阅读原文，也为一些专有名词所苦，以致对文化一知半解。基于这些原因，决定尝试为西方的文化理论做一些整理工作。

在选材与整理的过程中，想到若为文化找一个基本立足点，必须从人的特征着手。换言之，根据人与动物的差别找出文化的特性。依维柯的见解，文化是人的产物，而人惟一真能了解的是人所创造的物，因而决定从比较的角度找到文化的意义。大致说来，人与动物的差别在：思维、组织、接触、经济生产等四方面。据此，本文根据西方对哲学、社会学、人类学、马克思的唯物论陈述，整理出一些看法。或许只是一些浅见，但

---

01 见田晓菲译，《后现代主义与大众文化》。
02 参看夏铸九译，《网络社会之崛起》，第382页。

也是一项重要的工作，否则在文化史的教学工作中，将出现各说各话的情形。

本文之写作从两方面着手。首先，是从"文化的对象"入手。"对象"与"现象"不同，"对象"必须有确定的方向，不能是泛泛之谈，"现象"则是一种描述。在全文的撰写过程中，论证的情形不多，但已尽力将主要的论点概括，不足处是个人能力问题。其次，将文化分为"文化的研究"与"文化研究"，两个面向，说明60年代西方对文化的专业认知。对历史系的老师，这是一项困难的工作，难以如人所愿。凡写过论文的人都知道，由小而大的论文比较容易讨好，由大到小则吃力不讨好，但还是要有人努力。这是本文的精神，也是作者执著之所在。

参考书目

Gifford Geertz, *The Interpretation of Cultures*, Basic Books, Inc., 1973

Raymond Aron, *Main Currents in Sociological Thought I*, New York, 1967

Thought II

Edit by: Andrew Arato and Eike Gebhardt, *The Essential Frankfurt School Reader*, New York, 1982

T.M.Knox, *Hegel's Philosophy of Right*, Oxford University, 1967

Jurgen Habermas *Knowledge and Human Interest*, Beacon Press, 1971

Herbert Marcuse *One Dimensional Man*, Beacon Press, 1964

Isaiah Berlin, *Four Essay in Liberty*, Oxford University Press, 1969

王铭铭《文化格局与人的表述》,天津人民出版社,1996 年

刘凝译, Karl Mannheim: *Mensch und Gesellschaft im Zeitalter des Umbaus*《变革时代的人与社会》,桂冠图书公司,1987 年

俞智敏等译 Chris Jenks: *Culture*《文化》,巨流图书公司,1998 年

刘精明译 Mike Featherstone: *Consumer Culture and Postmodernism*《消费文化与后现代主义》,南京,译林出版社,2000 年

罗钢等译 *Culture Studies Reader*《文化研究读本》,中国社会科学出版社,2000 年

林志忠译 Terry Eagleton: *The Idea of Culture*《文化的理念》,巨流图书公司,2002 年

于嘉云译 Elvin Hatch: *Culture and morality: the relativity of values in anthropology*《文化与道德》,时报出版,1994 年

冯建三译 John Tomlinson: *Cultural Imperialism*《文化帝国主义》,时报出版,1994 年

洪镰德《新马克思主义和现代社会科学》,森大图书有限公司,1988 年

彭准栋译 Raymond Williams: *Culture and Society*《文化与社会》,联经,1985 年

中国哲学会编辑《文化的生活与生活的文化》，立绪出版社，1899年

周蔚、徐克谦《人类文化启示录》，上海，学林出版社，1999年

贾士蘅译 E.P.Thompson：*The making of the English working class*《英国工人阶级的形成》，麦田出版社，2001年

廖仁义 Tom Bottomore：*The Frankfurt School*《法兰克福学派》，桂冠图书公司，1984年

张君玫译 John Storey：*Cultural Consumption and Everyday Life*《文化消费与日常生活》，巨流图书公司，2001年

于晓中译 Max Weber：*The Protestant Ethic and the Spirit of Capitalism*《新教伦理与资本主义精神》，唐山出版社，1991年

夏铸九译 Manuel Castells：*The rise of Network Society*《网络社会之崛起》，唐山出版社，1998年

丘为君译 Isacc Berlin：*Karl Marx*《马克思传》，时报出版，1989年

谢立中主编《西方社会学名著题要》，江西人民出版社，2000年

洪仪真译 Francis Wheen：*Karl Marx*《马克思》，时报出版，2001年

汤小应主编《马克思主义：政治经济学》，启忠出版社，2002年